蒲魯塔克札記 II

Moralia *by* Plutarch

蒲魯塔克◎著

席代岳◎譯

目 次

第二冊

第三冊

第四冊

第二十一章
羅馬掌故

1 為何叮囑新娘在婚禮當中要接觸到水與火？

兩種認定為最基本的元素，火與水分別擁有陽剛和陰柔的特性[1]，前者供應最原始的動能，後者是維持生命所需的物質。

或者出於火的純潔和水的清淨，已婚婦女必須保有這兩種德行。

或者因為火沒有水氣滋潤，會使生命無法延續變成不毛之地；同樣水分沒有熱力的作用，物種喪失繁殖的作用而且缺乏活動的能力[2]。男性與女性的隔絕，帶來「孤陰不生，獨陽不長」的後果，兩性的結合在於婚姻，共同的生活才有綿延不絕的生命。

或者在於兩造之間不能出現離異的結局，共同分擔形形色色的命運和處境，即使像水與火那樣無法並存，對於命中注定之事也只有盡量忍耐。

2 為何婚禮儀式當中要點燃五支用蠟製成稱為「燭光」的火炬，數目不能多也不能少？

瓦羅[3] 曾經提到，法務官在夜間可以使用三支火炬，市政官有權[4]用更多，婚禮宴會點燃的火炬可能是來自市政官的排場。

---

1 參閱瓦羅《論拉丁語文》第5卷61節；談起性別只有ignis「火」與aqua「水」，這些都不是希臘文的語源。

2 本書第77章〈會飲篇：清談之樂〉第3篇問題3，說是女性擁有滋潤的體質，主要的成分都是水，用來構成細膩、平滑和色澤鮮明的肉體，還給她們帶來月經。魏吉爾《埃涅伊德》(Aenied) 第4卷167行提到塞維烏斯，參閱拉克坦久斯(Lactantius)《神聖的原則》(Institutiones Divinae)第2卷9節之21。

3 瓦羅(Marcus Terentius Varro, 116-27 B.C.)是羅馬共和國末期極為著名的學者作家，著述豐富而且包羅萬象，撰寫《人事與神事考古》(Antiquitates Rerum Humanarum et Divinarum)共四十一卷，僅少數殘句傳世。

4 市政官擁有很大的權力，特別是穀物的分配和麵包的派發。

　　使用的數量要考慮到它的目的能夠吉祥有利，當然以奇數爲佳，因而會採用於婚禮之中。偶數可以分成相等的部分，因而聯想到帶來的紛爭和對立。奇數不會分爲相等的部分是必然之理，同時在分爲兩份以後，一定有一份是偶數，另外一份保有原來的奇數性質。現在，五這個奇數是婚禮最常使用的數目，因爲三是第一位奇數（一是基數）而二爲第一位偶數，五是這兩個數的結合，可以代表男性和女性的佳偶天成[5]。

　　光是分娩的記號，婦女的生育能力與生俱來，最大的限度是一胎五個子女[6]，所以婚禮要用這個數目的火炬。

　　他們認爲婚禮需要五位神祇的參與：大能的宙斯[7]、大能的赫拉、阿芙羅黛特[8]、佩蘇（Peitho）[9]以及阿特米斯[10]；在生產的陣痛之中都祈求最後這位神明的幫助。

3 羅馬有很多黛安娜（Diana）神廟，爲何有一座稱爲維庫斯·帕垂修斯（Vicus Patricius）的廟宇不能讓男子進入？

　　出於當時流行的傳聞；有位男子企圖侵犯正在膜拜女神的婦女，竟然被一群狗咬死；出了這件事以後，所有的男子產生迷信的畏懼之心，當然不敢進入這座神廟。

4 黛安娜神廟都將鹿頭釘在牆上作爲裝飾，爲何唯獨位於阿溫廷（Aventine）山[11]的黛安娜神廟釘的是牛頭？

　　他們記起古代發生的意外事件[12]；這個故事是說薩賓（Sabines）的牧人安特

5　參閱本章第102節，特別提到奇數代表男性而偶數代表女性；本書第27章〈埃及的神：艾希斯和奧塞里斯〉56節；以及第30章〈神讖的式微〉35節；利杜斯（Lydus）《論判斷的標準》（De Mensibus）第2卷4節。

6　參閱本書第30章〈神讖的式微〉36節，在蒲魯塔克那個時代，明確的證據顯示，有個婦人一胎生下五個小孩，還有學者引用奧盧斯·傑留斯和亞里斯多德類似的說法。

7　宙斯和赫拉都是泰坦神克羅努斯和雷亞的子女，後來在宙斯的統治之下，奧林匹克山建立眾神的團體，宙斯是居首的主神而赫拉成為天后；本章祂們要用羅馬神話的名字朱庇特（Jupiter）和朱諾（Juno）才對。

8　阿芙羅黛特是出生於海洋的愛情女神，這裡應該用羅馬名字維納斯。

9　佩蘇就是說服女神（Persuasion），祂是命運女神的姊妹。

10　阿特米斯是月神和狩獵女神，這裡應該用羅馬名字黛安娜。

11　阿溫廷山是羅馬七山之一，它的位置在城牆的南邊，右側以台伯河為依託，形勢最為險要。

12　參閱李維《羅馬史》第1卷45節；以及華勒流斯·麥克西穆斯《言行錄》第7卷3節之1。

羅・庫瑞阿久斯(Antro Curiatius)，有了一頭新生的小母牛，體型壯碩，儀態優美，較之其他的牲口有雲泥之別。有位預言家向他說起，要是他們城裡的人士將這頭小母牛帶到阿溫廷山，當作犧牲向黛安娜獻祭，獲得神明的保佑和照應，薩賓就會成為統治義大利最偉大的城市；安特羅的打算是前往羅馬去完成這項任務。他有一個奴隸在暗中將預言告訴羅馬國王塞維鳥斯，國王交代祭司高乃留斯(Cornelius)出主意，祭司指示安特羅在獻祭之前先要在台伯(Tiber)河沐浴淨身；高乃留斯的說法是這種古老的習俗，每位來到神廟膜拜女神的信徒不得有違。安特羅只有走下山去沐浴，塞維鳥斯趕緊將這頭小母牛向黛安娜獻祭，並且將牛角釘在神廟的牆上，這時安特羅還未返回。朱巴(Juba)[13]和瓦羅都曾提起這個故事，只是瓦羅沒有說到安特羅這個名字，他說那個欺騙薩賓人的傢伙，不是祭司而是神廟的管理員。

5 任何人誤傳在國外亡故，為何在他返家之際不得入門，非要爬上屋頂才能進到家中？

瓦羅對於這個習俗的成因做了一番解釋，只是聽起來有點匪夷所思。他說西西里的征討發生大規模的海戰，很多人因為錯誤的報告，讓家人得到他們已經陣亡的消息。等到這些人返家以後，很短的期間之內全都一命歸西，只有一個人倖存於世。這個人抵達門口的時候，發現大門自動關上不讓他進去，費了很大力氣還是無濟於事。於是倒在門楣的前面睡了起來，夢中見到一個幽靈交代他要爬上屋頂，再從那裡下來進入家中。他按照這樣去做，後來家庭非常興旺，自己也享有高壽。因為這件事故才衍生傳統的習俗，後代子孫奉行不渝。

如果能深入考量，就知道羅馬人在這方面的習俗，沒有像希臘人那樣的明理，因為希臘人不會有太多的幻想，不允許出現類似這方面的談論，更不會假定在外的人已經死亡，就會到廟宇裡面為他們舉行葬禮或是營建墓穴。有個故事告訴我們，提到亞里斯蒂努斯(Aristinus)就是迷信的犧牲者，因為受到習俗的牽涉陷入困難的處境，他前往德爾斐祈求神明助他脫離苦海，擁有預言本領的女祭司給予答覆：

13　這位朱巴二世是茅利塔尼亞(Mauretania)國王，幼年就為凱撒從阿非利加帶到羅馬接受教育，後來娶安東尼之女為妻，雖然身為蠻族國君，學識淵博而且見聞極廣，運用希臘文寫作羅馬和中東各國歷史，經常為當代人士引述。

慈母順利生下你這個男嬰，
向保佑的神獻祭獲得回應。

這樣一來，亞里斯蒂努斯做出明智的選擇，他把自己當作剛出生的嬰兒交到一個婦女的手中，經過洗淨以後用布條當作襁褓將他包裹起來，然後再對他哺乳；從此所有像他遭遇這種處境的人，全都如法炮製，於是他們被人稱爲「老運臨頭的人」。早在亞里斯蒂努斯之前的人，有很多遇到類似的情況，他們採取的對策也都大同小異，可見這種習俗已經相當古老。要是羅馬人認爲讓不幸的人從大門進去欠妥，雖然可以從這裡外出獻祭，或是奉上犧牲再從這裡進去，就加以禁止也沒有什麼奇怪之處。他們認爲某人一旦遭到埋葬，那眞可以說萬事俱休，他已經成爲亡靈的同伴。所以要他用爬上屋頂的方式進入家中，就是讓他在光天化日之下被大家所承認。還有一個很好的理由，那就是他們可以當眾舉行祓禊的儀式，這也是很自然的事。

6 爲何婦女要與男性親戚接吻表示歡迎之意？

眾所周知的權威說法，出於禁止婦女飲酒[14]的緣故，爲了不讓她們在飲酒以後逃過被人發覺的可能，所以家中的男子抓住機會就要檢查一番，親嘴的習俗因而流傳下去。

哲學家亞里斯多德曾經記載這種習俗的理由，只有特洛伊的婦女才會做出驚世駭俗的行爲，在很多地方出現毫無忌憚的景象[15]，即使義大利的濱海地區都無法避免。特洛伊人逃離家園到達此地的岸邊，男子下船向四周探索，婦女不願到處漂泊冒著浪濤的危險，舉火燒掉所有的船隻。她們還是畏懼自己的丈夫，所以對遇到的親戚和家中的成員，都用親吻和熱情的擁抱表示問候，等到無可奈何的男子怒氣消除大家和好如初，婦女還是繼續運用籠絡的手段，對他們保持濃情蜜意。

---

14 參閱蒲魯塔克《希臘羅馬英豪列傳》之〈萊克格斯與努馬的評述〉3節，提到羅馬的婦人除非是與她的丈夫在一起，否則不得飲酒；其他像是波利拜阿斯《歷史》第6卷11節之4；哈利卡納蘇斯的戴奧尼休斯《羅馬古代史》第2卷25節之6；西塞羅《論共和國》第4卷6節；普里尼《自然史》第14卷13節，都有這方面的記載。

15 本書第20章〈勇敢的婦女〉1節，對於特洛伊婦女的行爲，有更爲詳盡的記載，可以參閱它的本文和注釋。

或許這種行為是授與婦女某種特權，可以讓她獲得榮譽和權力，從而可以看到她的親屬當中，或是在她的家庭裡面，有很多教養良好的男子。

或許是按照習俗的規定有血緣關係的男女不得結婚，僅能用接吻表示親人的關懷和祝福，這種行為只能保持在親屬中間，成為可以參與家庭生活的表徵。過去男子不得娶血緣相近的女子為妻，甚至到現在還是不能與自己的姑姑或姊妹成親[16]。經過很長一段時間以後，他們讓步特准表兄妹可以結為夫婦，那是根據下面提出的理由：有位男子沒有財產，其他方面都非常優秀，比起公眾人物更讓市民感到滿意。他有一位表姊妹是擁有龐大家產的女繼承人，認為娶她為妻就可以成為財主。他因而受到控訴，市民大會不願審判這個案件，撤銷起訴的理由，制定一條法規允許娶表姊妹或關係較遠的親屬；近親結婚仍然受到禁止。

7 為何禁止男子接受妻子的禮物？反之亦然[17]。

梭倫（Solon）曾經頒布一項法律[18]，一個人除非受到外力的強迫或妻子的說服，否則死者留給他的遺產才能發生效用。然而他可以對外來的力量置之不理，究竟有違在自由意願之下所立的遺囑，同時還很高興對於法院的判定產生誤導的作用。運用這方式會使妻子和丈夫的遺產變得讓人感到可疑。

或許他們認為贈送禮物對夫妻的愛情是毫無用處的表徵（甚至可以說只有不相認的陌生人或是感情不夠親切的人士才會送禮來建立友誼），婚姻關係是如此的脆弱，才會需要用這種形式給對方帶來歡樂，要知道夫妻之間的愛情毫無拘束而且自由奔放，完全因個人的需要而存在，根本不必有任何值得送禮物的理由。

或許婦女最容易受到陌生人的誘騙，主要是她們接受所送的禮物起了歡娛之心；看來做丈夫的人沒有投其所好，然而妻子仍舊愛她的良人，這種行為真是何

---

16 塔西佗《編年史》第12卷5節，提到克勞狄斯皇帝要與阿格里萍娜（Agrippina）結婚，考慮到雙方是叔父和姪女的關係，不僅無前例可循，而且是一種亂倫的罪行。

17 本書第12章〈對新婚夫婦的勸告〉34節，提到結婚的男女要將他們的身體、財產、朋友、親戚相互融合在一起。基於這種觀念，羅馬的立法者禁止夫妻之間餽贈或接受禮物，認為多此一舉，毫無必要。

18 梭倫（640-561 B.C.）是雅典政治家、立法者和詩人；他認為過去死者的財富和產業全部屬於他的家族，現在獲得法律的允許，任何人要是沒有子女，可以將他的財產遺贈給他所屬意的人，同時確定每個人的家產真正屬於自己所有；此外，他不同意遺產的贈與毫無限制，認為要確定繼承的資格，不受任何外在的影響和勒索，無論是疾病引起的瘋狂、誘惑、囚禁、迫逼或妻子的勸說。參閱蒲魯塔克《希臘羅馬英豪列傳》之〈梭倫傳〉21節。

其尊貴。

　　或許丈夫的財產已經掌握在妻子手裡，即使妻子對丈夫亦復如是。任何人要是處於這種狀況，無論是贈送還是接受都沒有區別，那又何必多此一舉。

8 羅馬人為何禁止岳婿之間贈送禮物？

　　岳父不得接受女婿贈送的禮物，免得這些禮物最後又回到自己妻子的手裡，那是她從她父親的手裡取得；女婿同樣不得接受岳父的東西，道理很明顯，那就是兩免之下雙方都不吃虧。

9 一個人從外地或異域歸回，如果家有妻室，為何丈夫先要派人通知她說他即將返家？

　　這是一個男士為人處世的準則，相信自己的妻子沒有任何過錯；不會在無預期的狀況下突然返家，帶有某種圖謀和不夠光明磊落的窺伺之意。他們應該表現出熱誠的態度讓妻子接到好消息，做丈夫的人一直都知道，留在家中的愛妻在渴望和思慕著他。

　　或許是丈夫外出以後，妻子的責任和工作加重，家庭當中的成員會發生爭執，她的情緒有時會爆發開來。早先獲得通知，妻子可以改善自己的言行，將所有事物處理得更為妥當，丈夫返家不僅受到熱烈的歡迎，可以免於煩惱和不快。

10 為何他們在祭神的時候要將頭蓋住；當他們遇到尊貴的人士，即使已經將長袍拉起蓋在頭上，還是要放下來不得遮住自己的面孔[19]？

　　後面所說的事實對於解釋前面的狀況更加增強了困難度。有個故事關係到伊涅阿斯[20] 而且所言不假，戴奧米德[21] 從他旁邊經過的時候，他把頭蓋起來去向神明獻祭，一個人當著仇敵的面掩蓋他的頭部，這種做法非常有理也符合言行一致的要求；然而遇到正人君子或者自己的朋友，這樣做就會失禮。事實上這種行為要是與神明有關，如同所提及的習俗就極其不宜，可能是偶然相似而已，也只有伊涅阿斯的時代堅持要照例行事。

19　參閱普里尼《自然史》第28卷17節。

20　參閱哈利卡納蘇斯的戴奧尼休斯《羅馬古代史》第12卷16節。

21　這位英雄人物是泰迪烏斯的兒子，身為亞哥斯國王，加入希臘人的陣營圍攻特洛伊，城破以後當然會大肆殺戮。

不管所說的理由何在，要想知道是否真實不虛，只有一件事情需要查明：為什麼主持儀式的人在祭祀神明的時候要將頭蓋住，其他參加人員都要如法炮製。要是在場的某些人士比主持者更有權勢，這時參與者不會將頭蓋住，不是為了對來客給予更多的禮遇，而是要轉移神明的嫉妒之心；因為這些人並沒有要求獲得與神明同等的尊榮，即使沒有人對他們像對神明那樣專注，主持人也會受到寬恕；何況這些來客對這方面不會覺得有慶幸之感。他們之所以用這種方式祭拜神明，遮掩頭部一方面是表示謙遜，再者拉起長袍蓋住耳朵，是讓他們在祈禱的時候無法聽見不祥和惡意的話語，大家對這些事情都保持高度的警覺，特別是前去占卜的時候更加明顯，四周不斷有青銅器在撞擊發出嘈雜的響聲。

或許如同卡斯特的記載，他想把羅馬的習俗與畢達哥拉斯的教條扯上關係：等到聖靈進入我們體內，再也無須向神明提出懇請和祈求，因而他把頭蓋起來象徵著靈魂被肉體遮蔽和隱匿。

11 為何向農神(Saturn)[22] 獻祭不必將頭蓋住？

獻祭要蓋住頭部，這是伊涅阿斯規定的習俗，主要是為了表示態度的虔誠；至於向農神奉獻犧牲，早在很久以前就已實施，按照往例當然無須遵守新的規定。

他們要在奧林帕斯(Olympus)的天神面前蓋住頭部，農神管轄的地區在塵世陽間，可以免除這些繁文縟節。或者大家認為農神是信仰之神的父親，然而向信仰之神祭祀的時候不要掩蓋頭部，免得在對比之下相形失色，所以向農神獻祭也無須如此。

12 為何他們認為農神是信仰之神的父親？

就像某些哲學家[23] 的所作所為那樣的奇特，他們認為農神就是時間之神(因為農神的名字叫作Kronos，而時間之神的名字叫作Chronos，兩者雷同才會視為

---

22 羅馬的農神就是希臘神話中十二泰坦神之一的克羅努斯，祂和雷亞的結合生出宙斯和祂的五個兄弟姊妹。

23 參閱本書第27章〈埃及的神：艾希斯和奧塞里斯〉32節，這裡只提到神名的假借，並沒有論及與農神的關係；參閱亞里斯多德《論天體》(De Mundo)第7卷，知道僅是字面的意義；以及馬克羅拜斯(Macrobius)《農神節對話錄》(Saturnalis)第1卷8節之7。

同一神明），唯有「時間」可以領悟「信仰」。或者由於傳說中的農神時代，已經達到世界大同的理想，最主要的特色是信仰的虔誠。

13 爲何他們向「尊貴之神」獻祭無須蓋住頭部？有人將「尊貴」兩字譯爲「名聲」或「榮譽」。

因爲名聲具備正大光明的特質，應該表露出來讓大家知道，所以當著正人君子和獲得榮譽的偉大人物面前，不應該將頭部遮住或是掩蓋起來，就是去膜拜擁有「尊貴」這個名諱的神明，亦復如是。

14 子女護送父母的靈柩前往墓地，爲何兒子要將頭蓋住而女兒披頭散髮即可？

因爲男性後裔推崇他們的父親如同神明，只有女兒將他們視爲死者痛哭流涕，習俗的作用在指定兩性有不同的分工，從而產生最適當的結局。

或許哀悼的喪禮最適合表達異常的態度；婦女現身公眾場合通常會將頭蓋住，男子無須如此。希臘人只要遭遇不幸，婦女悲傷之餘剪去頭髮，反倒是男子留得很長，通常的狀況是男子理成平頭的樣式，女性蓄長髮顯得更爲美麗。

或許出於習俗的要求兒子應該將頭蓋住，所持理由前面已經說過[24]。他們離開塋地之際，根據瓦羅的說法，對於埋葬父親的墳墓，那種虔誠的態度有如對神明的廟宇。等到他們爲雙親舉行火葬，只要發現一根骨頭，就說死者已經飛升成爲神祇[25]。

過去的婦女無論如何都不能將頭蓋住，至少有這樣的記載：斯普流斯·卡維留斯（Spurius Carvilius）[26]是第一位與妻子離婚的男子，所持理由是她不能生育；第二位是蘇爾庇修斯·蓋拉斯（Sulpicius Gallus）看到妻子將披風蓋在頭上；第三位是巴布留斯·森普羅紐斯（Publius Sempronius），他爲父母的喪禮舉辦表演活動，妻子表現的態度竟然就像一位觀眾[27]。

---

24 最主要的理由：父親要像神明一樣受到推崇和尊敬。
25 參閱西塞羅《論法律》（*De Legibus*）第2卷22節。
26 本章第59節也提到這事；其他還可以參閱蒲魯塔克《希臘羅馬英豪列傳》之〈萊克格斯與努馬的評述〉6節，說到斯普流斯·卡維留斯與其妻的離婚，是羅馬建城二百三十年來，第一次發生的訟案；〈帖修斯與羅慕拉斯的評述〉則提到這次離婚的理由是女方不能生育。
27 參閱華勒流斯·麥克西穆斯《言行錄》第6卷3節之10。

15 雖然他們將特米努斯(Terminus)視為神明，為了膜拜特別舉行特米納利亞(Terminalia)祭典，為何不能用活的動物作為獻祭的犧牲[28]？

羅慕拉斯(Romulus)沒有在他的國土上面設置界石，所以羅馬人可以向四周發展，認為所有一切都歸他們所有，誠如斯巴達人所說他們的疆域在於長矛所及之處。因為努馬·龐皮留斯(Numa Pompilius)[29]是一位為人公正的政治家，對於哲學非常精通，他在羅馬和鄰邦之間標明邊界，正式任命特米努斯的職責在於埋設界石，成為友誼與和平的監督和警衛，他認為特米努斯一定盡心盡力，不讓邊界發生衝突以至於造成血流成河的慘劇。

16 為何不能讓女奴進入馬圖塔(Matuta)神廟？為何可以帶一位女奴進入廟中加以責打[30]？

責打奴隸在於表示禁止之意，不讓出身低賤的人士進入神廟完全出於傳統的要求。據說英諾[31]之所以瘋狂嫉妒一位女奴，是由於她的丈夫移情別戀的緣故，後來還把狂暴之氣發泄在兒子的身上。希臘人提到這位女奴的出身是艾托利亞人[32]，她的名字叫作安蒂菲拉(Antiphera)，因此在我的故鄉奇羅尼亞，廟宇的守衛站在琉柯色的內院，手裡拿著皮鞭大聲宣布：「奴隸不准進入，還有艾托利亞人無論男女都不可以。」

17 信徒進入奉祀女神的神廟，為何不得為自己的子女祈福，姊妹的兒女反而可以[33]？

因為英諾非常喜愛她的姊妹，同時還哺乳給姊妹的兒子，她自己的子女卻遭到不幸的厄運。或許還有相當牽強的理由，養成優良的習俗在於對親戚要表達善意。

28　後來的時代已經沒有這種說法，參閱賀拉斯《抒情詩集》第2卷59節。

29　蒲魯塔克《希臘羅馬英豪列傳》之〈努馬傳〉16節，提到他是第一位為羅馬的疆域定出邊界的人；參閱哈利卡納蘇斯的戴奧尼休斯《羅馬古代史》第2卷72節。

30　蒲魯塔克《希臘羅馬英豪列傳》之〈卡米拉斯傳〉5節，羅馬人將這位神明稱為「眾神之母」，有人說祂就是琉柯色；參閱奧維德《歲時記》(Fasti)第6卷551行以及它的注釋。

31　英諾是一個希臘婦人，她受到暴力的侵犯，亡故以後，成為希臘的女神，稱為琉柯色；馬圖塔是羅馬人對祂的封號，相當於希臘的兩個名字。

32　伊托利亞位於希臘的中部，南邊瀕臨科林斯灣，主要的城市是瑙帕克都斯和卡萊敦。

33　本書第35章〈手足之情〉21節，提到琉柯色撫養過世姊姊的兩個嬰兒，後來帶著成年的姪子成為享有祭祀的神祇。

18 有錢人將財產的十分之一捐獻給海克力斯，爲何會出現這種習俗[34]？

海克力斯將傑里安[35]的牛群中十分之一，作爲犧牲奉獻給羅馬。或許是他減免羅馬人的負擔，不要支付十一稅給伊楚里亞人。

或許這些故事缺乏歷史的根據所以可信度很低，羅馬人把海克力斯看成難以饜足的食客和飯量很大的人，習於奉獻極其豐富的祭品。

或許他們想要削減目前所擁有的大量財富，形成的風氣使市民同胞感到極其厭惡，想要將這些墮落分子從他們之中除去，必須有到達顛峰極其充沛的體力和勇氣，他們認爲海克力斯所以受到推崇和喜愛，在於他能從事辛勞的工作而且自奉甚薄，要知道他一直過著節儉、樸素和不事奢華的生活。

19 爲何採用January作爲新年度開始的月份[36]？

古代的曆法March就是現在的January，是每年第一個月份；可以找出很多不同的例證，特別是月份的次序從March算起，Quintilis是第五個月，而Sextilis是第六個月，一直到最後一個月即December，是第十個月。從而我們知道古代的羅馬人，他們所謂完整的一年只有十個月而非十二個月，所以每個月增加多餘的天數，總數全都超過三十天以上。還有人提到羅馬人的曆法從March算起，第十個月是December，而January是第十一個月，而February是第十二個月。特別在February要舉行齋戒的儀式被除不祥，以及向亡靈獻祭，因爲這是一年的終結。月份的次序後來發生改變，根據他們的說法January成爲第一個月，因爲在這個月的新月那一天，就是後來大家稱之爲January的朔日，國王遭到罷黜以後，首任執政官在該日任職。

所持的理由更能獲得大家的相信，就是他們把羅慕拉斯視爲一個武士，非常喜愛征戰之事，何況他還是戰神馬爾斯的兒子，所以他用馬爾斯的名字來稱呼第

34　參閱蒲魯塔克《希臘羅馬英豪列傳》之〈蘇拉傳〉35節以及〈克拉蘇傳〉2和12節；都提到他們「用十分之一的財產奉獻給海克力斯，舉行盛大宴會招待民眾，發放每個市民三個月的糧食」，這裡所說的財產，是全部所有或僅指年度的收入，那就不得而知了。

35　傑里安是力大無窮的巨人，他的雙親是鼎鼎大名的克里索爾(Chrysaor)和凱麗里(Callirrhoe)。

36　蒲魯塔克《希臘羅馬英豪列傳》之〈努馬傳〉18-19節，提到January和February這兩個月份是努馬新添加上去，最初他們的一年只有十個月，像是有些蠻族只有三個月，希臘的阿卡狄亞人只有四個月，阿卡納尼亞人是六個月。參閱瓦羅《論拉丁語文》第6卷33節；以及奧維德《歲時記》第3卷99-166節。

一個月為March，以表示對神明的尊敬。努馬的作風完全相反，他是一個和平的擁護者，懷著偉大的抱負，要使城市從戰爭中脫身轉向農業生產，因為傑努斯（Janus）[37]這位神明是政治家和農夫而不是武士，努馬為了給予最大尊榮，就讓January取自他的名字。要說努馬沒有用這個月份作為年度的開始，或許是為了遵循古老的概念要配合自然的狀況。一般來說我們可以確定，在一個循環過程中並沒有自然產生的結局或開端；完全出於習俗才會在這個時期採用一個開始的月份，至於其他人還有另外的辦法。無論如何，採用開始的月份最好是在冬至以後，這時太陽停止遠離我們而去，要回歸到朝向地球前進的軌道之中。年度的開始月份對人類來說這種方式非常合乎自然之道，白晝的時間在增加而黑夜逐漸縮短，在上位的領導者要採取積極的行動，現在更要接近我們。

20 婦女在家中為稱作波納‧迪（Bona Dea）[38]的女神設置神龕，可以拿花朵盛開的植物作為裝飾，為何唯獨不能用桃金孃？

神話學家曾經提到這位女神是先知福努斯（Faunus）的妻子，後來酗酒成癮遭到丈夫發覺，被他拿桃金孃樹幹做的棍子打了一頓，這是祂為何不讓她們將桃金孃帶進來的理由，同時在酗酒的時候將葡萄酒稱之為「牛奶」。

或許是她們服侍神明要有虔誠之心，為了保持齋戒淨身必須禁絕很多行為，特別是性交更要暫時停止。她們不僅不讓丈夫進入家門，就是所有的雄性動物都要趕出去[39]，然後舉行傳統的儀式用來膜拜女神。因為桃金孃是奉獻給維納斯的聖物，她們出於宗教的禁忌將它排除在外，不得使用。她們將眾所周知的愛神稱為維納斯‧穆西亞（Venus Murcia），古代的名諱是邁爾夏（Myrtia）。

21 為何拉丁人尊敬啄木鳥，嚴格規定不得傷害[40]？

37　傑努斯最早是司掌城門和門戶的神祇，祂的神像有兩個前後相對的面孔，表示出完全相反的功能，也有不同的稱呼如傑努斯‧帕圖修斯（Janus Patulcius，接納之神）和傑努斯‧克祿西維斯（Janus Clusivus，拒絕之神）。

38　這位女神相當於希臘人的琴昔西亞（Gyncaecea），弗里基亞人加上一個特殊的頭銜，說祂是邁達斯王的母親；羅馬人稱祂為山林水澤的仙女，嫁給福努斯為妻；希臘人說祂是酒神巴克斯的母親，只是不知名諱而已；參閱馬克羅拜斯《農神節對話錄》第1卷12節之21-28。

39　蒲魯塔克《希臘羅馬英豪列傳》之〈凱撒傳〉10節，提到這個節慶期間，舉行儀式的場地，所有的男性都要離開，即使是執政官和法務官都要迴避，因而凱撒的府邸發生影響深遠的醜聞。

40　這裡的傷害意為「不能吃它」，因為捕捉小鳥作為食材是天經地義的事。

他們常常講起一個故事，皮卡斯(Picus)[41] 吃下妻子調配的仙丹靈藥，立刻變成一隻啄木鳥，有人向牠占卜想要知道凶吉，就會用降下神讖的方式給予極其靈驗的預兆。

這種說法非常奇特讓人難以置信，另外的故事[42] 比較有點道理，那是說羅慕拉斯和雷摩斯(Remus)剛出生時遭到遺棄，除了有一頭母狼為他們哺乳，還有一隻啄木鳥經常飛來探視，帶一小撮食物餵他們。根據尼吉狄斯(Nigidius)的記載，直到今天在丘陵地區和草木叢生之處，只要發現狼的出沒，附近就有啄木鳥在飛翔。

或許他們認為這種鳥是奉獻給戰神馬爾斯的聖物，才會獲得這種待遇，雖然其他的神明也有類似的說法，只是沒有受到人們的重視而已。還有就是在飛禽當中，啄木鳥以無畏的勇氣和奮鬥的精神受到大家的讚譽，特別是牠的喙極其堅硬有力，就是質地細密的橡樹都經不起牠啄洞的能耐，可以到達樹幹的深處。

22 為何傑努斯神有兩個臉孔，羅馬人到處為祂懸掛畫像或設置雕像？

根據他們的說法，傑努斯出生在希臘的佩里比亞(Perrhaebia)[43]，後來他渡過大海來到義大利，定居在一群野蠻人之中，能夠改變這些人的語言和習慣。或許是義大利的民族接受他的勸告，以往雖然茹毛飲血不受傳統習慣約束，後來開始耕種田地和組織政府，生活的方式和型態發出驚天動地的變化[44]。

23 羅馬人將維納斯稱為黎比蒂娜(Libitina)[45]，何以會在祀奉祂的地點販賣供葬禮使用的器具？

羅馬國王努馬為了教化人民，製作很多器具用於宗教的祭典和儀式，這些東西不會引起大家的反感，也不認為是一種凶器，要規避所帶來的厄運，所以將其

---

41 參閱奧維德《變形記》第10卷320行及後續各行。
42 參閱蒲魯塔克《希臘羅馬英豪列傳》之〈羅慕拉斯〉4節，得知皮卡斯是義大利本土職掌耕種和收成的神祇，擁有預言的能力，通常會化身為啄木鳥，在農村受到頂禮膜拜。
43 佩里比亞是帖沙利管轄的區域。
44 參閱本章第41節；蒲魯塔克《希臘羅馬英豪列傳》之〈努馬‧龐皮留斯傳〉9節；阿昔尼烏斯《知識的盛宴》692D；以及馬克羅拜斯《農神節對話錄》第1卷7-9節。
45 黎比蒂娜是義大利的喪葬女神，在羅馬建有廟宇，死者的家屬要在那裡辦理登記；葬禮在入殮或下葬後九天舉行，關於死者的祭祀有兩個節日，就是2月的「祭祖節」(Parentalis)和5月的「渡亡節」(Lemuria)。

中一些器具轉用於葬禮之中。

黎比蒂娜是掌管人類出生與死亡的女神，所以用於葬禮的器具成爲喚醒記憶之物，那就是說「有生必有死」。在德爾斐有一種稱爲「阿芙羅黛特之墓」的小型雕像，他們在舉行酹酒儀式的時候，召喚亡靈前來此處暫息。

24 他們的月有三個起算點或固定點，點與點之間爲何沒有採用相等的間隔[46]？

朱巴和他的門人子弟都曾提到，官員通常在朔日召集市民聚會，宣布初盈是在隨後的第五天[47]，認爲望日是神聖的日子。

或許他們用月相來量測時間，觀察到每個月份的月亮會出現三種極其明顯的變化：首先，月亮的軌道運行到太陽與地球之間的交會點，反射的光受到掩蔽，因而不見月亮的蹤跡；其次，月亮表面反射的太陽光線在日落以後剛剛可以看到；第三，地球處於太陽和月亮的中央位置，就會出現滿月的月相。羅馬人將月亮消失和隱藏稱爲Kalendae「朔日」，因爲任何事物「隱匿起來」或是「保持秘密」稱爲clam，以及「受到遮蔽」稱爲celari。月亮剛開始出現稱爲Nones「初盈」，更精確的說法是新月，羅馬人的文字就「new」和「novel」的意義而言，跟希臘文可以說是大同小異；Ides「望日」這個名字來自eidos「形成」滿月的美麗景象，或者這個字的語源出於朱庇特的頭銜。我們不可能對太陽年的天數從事最精確的計算，即使對大致的估算也無法給予責難。甚至天文學家現在已經有很大的進展，月球不規則的運動仍舊超越數學家具備的能力，計算的結果還是無法達成所希望的成效[48]。

46　羅馬人的曆法，日期的算法非常複雜，每個月有三個固定的日子，就是朔日（每月1日）、初盈（3、5、7、10月每月的7日，其餘各月是5日，也就是望日前9天）、望日（3、5、7、10月每月的15日，其餘各月的13日）；除了這固定的三天以外，其他的日子拿這三天當作基準，由後向前推算：譬如我們說「7月3日」，換成羅馬人的說法是「7月初盈前5日」，而「8月3日」是「8月初盈前3日」；我們說「7月10日」，羅馬人說是「7月望日前6日」，「8月10日」則是「8月望日前4日」；我們說「7月21日」，羅馬人是說「8月朔日前10日」，「8月21日」則是「9月朔日前10日」。

47　這裡的第五天是指1、2、4、6、8、9、11、12八個月份；3、5、7、10四個月份是第七天。

48　蒲魯塔克《希臘羅馬英豪列傳》之〈亞里斯泰德傳〉19節，說是普拉提亞會戰按照雅典人的記載，發生在Boedromoin第四天（9月4日），要是依據皮奧夏人的看法是Panemus第二十七天（7月27日）；這個日期的計算有很大的差異倒也不足爲奇，甚至就是今日天文學的數據遠比過去更爲精確，月份的開始和結束，每個地方的時間還是有所不同。

25 為何他們認為跟隨在朔日、初盈或望日之後這一天,不適合離家或旅行?

最權威的人士認為這種說法出於李維(Livy)[49]的記載,Quintilis即七月望日的「次日」,軍事護民官所率領的軍隊,在阿利亞(Allia)河之戰被高盧人打得潰不成軍,以至於羅馬都落入敵人手中。等到望日後面這一天大家認為不吉利,帶有迷信的風氣使得這個日子延伸到初盈和朔日後面的一天,全部受到不幸的牽連。

或者還包括很多毫無道理的假定:因為在不同的日期他們在會戰中被敵人打敗[50],所以會有一天稱為Alliensis就是來自阿利亞河,這是一個當成贖罪之用令人感到可怕的日子[51]。雖然他們有很多不吉利的時刻,幾乎每個月都有運氣不好的事情發生,並沒有一一提到它的名字[52],只是很簡單的說是朔日和初盈的次日是凶日,要說完全歸之於迷信也很難讓人相信。

可以考量下面的推論:羅馬人將每年頭一個月奉獻給奧林帕斯的天神,第二個月要為亡靈和地府的神祇舉行齋戒的儀式和奉獻犧牲,同時每個月有三天是節慶和神聖的日期,我在前面已經提過,就是朔日、初盈和望日,也是用來當作計算曆法的基礎,居有更為優勢的地位。他們將這三天的次日用來祭祀亡魂和死者,認為會產生不吉利的朕兆,不適於開始進行任何重要的工作。事實上,希臘人是在新月出現即初盈那天祭拜神明,次日理所當然奉獻給英雄和亡靈,同樣酹酒儀式第二碗酒用來敬所有亡故的英雄人物,不論男女都包括在內[53]。根據大家都能接受的說法,時間的計算是一序列的數字,開始的數帶有神聖的意味,可以稱為不可分割的單體;接著的數稱為兩元,與前面的數可以說不相容,也是第一個偶數。偶數的性質定為不完美、不完整和不明確,相對於奇數的完美、完整和明確。因此,運用類似的方法,初盈接續在朔日的後面有五天的間隔,望日接續在初盈的後面有九天的間隔。這三個開始的日子都是奇數,接續在後面的次日都是偶數,難以具備優勢的地位和強大的權力,所以這幾個日期不利於開始重大的事務或出外遠行。

49　李維《羅馬史》第5卷37節和第6卷1節之11。

50　阿利亞河之戰的傳統日期是西元前390年7月18日。

51　蒲魯塔克《希臘羅馬英豪列傳》之〈卡米拉斯傳〉19節,對於日期的凶吉有很詳盡的說明。

52　像是每月的朔日、初盈和望日都有同樣的名字,不因凶吉出現相異的稱呼。

53　這些英雄時代(Heroic Age)的人物,不論男女在亡故以後,有的居住在極樂之島(The Isles of the Blest),有的在哈得斯的庇護之下。

提米斯托克利[54]也提出一些原則性的理由。他有一次用打比喻的方式，說「節慶次日」故意吹毛求疵批評「節慶當日」，整天又忙又亂還怕準備不周，只有等到第二天的來到，大家才會安靜享受自己的生活，「節慶當日」回答道：「你的說法很有道理，只是如果沒有前面的我，你就沒有存在的餘地。」提米斯托克利講這個故事的目的，是要讓接替他職位的雅典將領知道，要不是他拯救這個城市，那麼他們一點好處都得不到。

由於所有的外出旅行或重大事務，都需要獲得充分的供應和準備；然而古代的羅馬人在歡度節慶的時候，除了要服侍神明和使自己忙著這方面的工作，對其他任何事務都沒有準備或計劃，甚至祭司在這個日子也只是公開宣布，要大家排成隊伍去向神明獻祭，所以在節日之後沒有馬上出發去旅行，也不會立即處理公務，這也是很自然的事，主要原因還是他們沒有準備。所以他們這一天會留在家中，完成所有的計劃和準備的工作。

甚至就是現在的人們，遇到節慶要去祈禱和獻祭，按照習俗會在廟宇裡面待上一段時間[55]，所以不會在神聖日子之後就忙碌起來，總會暫停一下留出喘息的工夫，否則的話會讓人感到討厭而且覺得沒有必要。

26 為何婦女服喪要穿白色的長袍以及戴白色的頭飾？

人們都說祆教祭司（Magi）這樣做他們才如法炮製，裝扮好了後使得自己顯得光明燦爛，用來對抗哈得斯和黑暗地獄的勢力。

或者如同他們將死者穿上白色服裝一樣，認為所有在世的親屬也應該穿上同樣顏色的衣物。他們所以要裝飾肉體在於他們不能裝飾靈魂；然而他們卻希望靈魂能夠光明又純潔，由於這些亡靈已經打完美好的仗，不論在塵世運用那些方式，現在總算得到解脫能夠自由自在的飛揚。

或者出現在類似的場合，唯有這種穿著最為誠摯又簡樸。經過漂染的長袍，有些看起來要價很高，還有一些讓人覺得過於精心的打扮，他們認為使用普通的黑色與尊貴的紫色，就服喪而言並沒有什麼不同，特別是「廉價的長袍使用低賤

---

54 參閱本書第24章〈論命運女神庇護羅馬人〉8節；蒲魯塔克《希臘羅馬英豪列傳》之〈提米斯托克利傳〉18節；而且蒲魯塔克在討論〈雅典的光榮〉這篇隨筆中，本文一開始就提到這個他所喜愛的故事。

55 蒲魯塔克《希臘羅馬英豪列傳》之〈努馬‧龐皮留斯傳〉14節，對於羅馬人敬神的活動和態度有嚴格的規範；參閱普羅帕久斯《悲歌》第2卷28節之45-46。

的染料」[56]。染成黑色不需要多少技術，這是大家都知道的常識。等到純黑的顏色配合當前的需要，達成的效果遠超過大家的想像。因此只有白色[57]代表純潔，沒有與別的顏色混雜在一起，或是受到各種染料的玷污，更不必拿來冒充其他的裝束，可以說葬禮當中最適合死者之用。一個人只要逝世，拋棄這副臭皮囊就會變得簡單、樸實和純潔，總比受到渲染更勝一籌。蘇格拉底說過，亞哥斯的人民在服喪期間，只穿經過洗滌的白色袍服[58]。

27 爲何他們將所有城市的城牆視爲神聖不可侵犯，然而城門卻未包括在內？

瓦羅把這部分的道理寫進他的著作裡面，說是人們爲了全心全意防衛城牆的安全，不惜犧牲性命奮戰到底，因此這種地方當然視爲神聖不可侵犯。後來雷摩斯在這樣的地點縱身一躍而過，犯下褻瀆神聖的罪行，所以才被他的兄弟羅慕拉斯殺死在現場，這也不是沒有道理可言。

城門不可能視爲神聖的地點，因爲不斷有令人討厭的東西經過其間，包括死者的屍體[59]在內。因此一座城市最早的奠基者，要用一頭公牛和一頭母牛拖犁，在打算建造城牆的土地上面做出記號，當他們繞著城市的位置走一圈的時候，要預留興建城門的空間，到了這個地點就將犁頭舉起來通過，他們只讓犁過出現畦溝的土地，保有神聖不可侵犯的特權[60]。

28 爲何他們吩咐小孩不得在房間裡面用海克力斯之名發誓，光天化日之下反而可以[61]？

---

56 這句話可能來自希羅多德《歷史》第3卷22節，只是與它的原意有很大的出入；本書第77章〈會飲篇：清談之樂〉第3篇問題1第2節，以及亞歷山卓的克里門《兵略》第1篇第10章48節，同樣引用這句話，原來的錯誤還是未能改正。

57 參閱柏拉圖《國家篇》729D-E，說是唯有純白的羊毛才能染成紫色；當然這段話可以引伸爲高貴的人物必須擁有純潔的心靈。

58 參閱穆勒《希臘歷史殘篇》第4卷498頁。

59 本書第40章〈論做一個多管閒事的人〉6節，提到城市總有一個城門，用來處理帶有凶兆和遭到厭惡的事物，像是判刑確定的罪犯，流放和驅逐出境的人員，以及那些可憐的代罪羊，都會規定從這裡進出。

60 參閱蒲魯塔克《希臘羅馬英豪列傳》之〈羅慕拉斯傳〉11節；以及瓦羅《論拉丁語文》第5卷143節；哈利卡納蘇斯的戴奧尼休斯《羅馬古代史》第1卷88節；奧維德《歲時記》第4卷819行及後續各行。

61 參閱瓦羅《論拉丁語文》第5卷66節。

有人提到海克力斯不高興留在室內，喜歡過戶外的生活，夜晚睡在星空之下。

或者海克力斯不是一位本土的神祇，而是來自遠方的異鄉客。巴克斯也是從奈薩（Nysa）[62]前來羅馬的異國神明，同樣不願大家在屋頂下面立下誓言。

或者說這只是跟小孩開玩笑；誠如法弗瑞努斯（Favorinus）所言，有這樣的吩咐是要子弟不能在倉促之間，輕易說出賭咒發誓的話語。即使要表明心跡，務必深思熟慮而後已，不能隨意信口開河，同時要做拖延不決的準備。然而還是有人拿出事實來反駁法弗瑞努斯，特別針對海克力斯而言，從他的傳說可以得知這種傳統完全因人而異，也可以看出他對發誓非常慎重，過去他只對奧吉阿斯（Augeas）的兒子菲勒烏斯（Phyleus）有這種舉動，而且他一定會履行。因此他們認為具備先知先覺能力的女祭司，提出對斯巴達人不利的證據，說他們立下的誓言無法兌現，所以要他們三思而後行[63]。

29 為何他們不允許新娘跨過夫家的門楣，要由送親者將她抱過去[64]？

因為她們受到武力的侵犯被帶到夫家，特別是羅馬人之中首位新人更要忍受強制的舉動，須知所有的婦女都不會主動走進去。

或者她們明顯表示希望如此，完全出於逼迫而非個人的意願，才會進入令她們喪失貞操的住處。

或者是她們故作姿態的表徵，如果不是出於劫掠絕不會放棄原來的家庭，如同她們在強制之下才會進入夫家的大門。皮奧夏（Boeotia）的傳統與我們很類似，他們在夫家的大門前面，燒掉迎親車輛的輪軸，表示新娘必須留下來，因為回去的交通工具已經遭到摧毀。

30 為何他們交代新娘進門要說：「你是該猶斯（Gaius）而我是蓋亞」？

這是她進入夫家之際一定要交代的措辭，表示立刻要分享家庭的一切，負起

62　奈薩是一個小鎮，位於小亞細亞的利底亞地區。

63　本書第17章〈斯巴達人的格言〉54節之2，提到賴山德對於海克力斯的推崇之辭，打敗敵人非僅力克還要智取。

64　蒲魯塔克《希臘羅馬英豪列傳》之〈羅慕拉斯傳〉15節，可以想見薩賓人的處女受到暴力的劫持，落在完全身不由己的狀況。

應盡的義務,所以這句話的眞正意義是她在說:「從此以後你是主人而我是主婦。」類似的名字也用在不同的場合,像是法官要說該猶斯·塞烏斯(Gaius Seius)和盧契烏斯·提久斯(Lucius Titius)[65];而哲學家提到的名字是狄昂(Dion)和提昂(Theon)[66]。

或者他們用這個名字是出於蓋婭·西昔莉婭(Gaia Caecilia)[67]的緣故,成為羅馬國王塔昆之子的配偶,是一位德容俱備的貴夫人,她有一座青銅雕像矗立在桑克都斯(Sanctus)神廟[68],旁邊放著她穿的涼鞋和用的紡錘,當作信物表示她愛自己的家庭,願意善盡自己的職責。

31 為何要在婚禮中唱出著名的「塔拉西奧」(Talassio)之歌[69]?

塔拉西奧這個字來自talasia即「紡織」之意。他們將木頭容器稱為talasus。他們引導新娘進門的時候,會在她的腳下撒一些羊毛,她自己要帶著捲線桿和紡錘,同時將毛線繞在丈夫的家門上面。

或者諸如此類的陳述出於歷史的往事。他們提到一位年輕人,作戰有顯赫的功勳,個人有高尚的德操,他的名字叫作塔拉休斯(Talasius)。這時的羅馬人趁著薩賓人前來參觀賽會,將他們的女兒搶走,其中一位少女非常美麗,被一群平民出身的門客帶著要送給他們的主人,生怕有人半途劫走或是出面干涉,一路上大聲喊叫,說這位少女是塔拉休斯的妻子。每個人都對塔拉休斯極其禮遇,跟在後面參加護送的隊伍,為他表示高興一路上不斷的歡呼。塔拉休斯的家庭生活非常幸福,以後凡是舉行婚禮,按照習俗要懇求塔拉休斯的保佑,如同希臘人向許門(Hymen)訴願使得婚姻美滿無缺。

---

65 這是法庭中訴訟兩造「原告」和「被告」的代稱,英文通常用John Doe及Richard Roe,如同我國使用的「甲方」和「乙方」。

66 參閱本書第74章〈伊庇鳩魯不可能過快樂的生活〉2節。

67 她與塔昆紐斯·普里庫斯(Tarquinius Priscus)的妻子塔納奎爾應該不是同一個人;參閱普里尼《自然史》第8卷48節。

68 桑克都斯(Sanctus)這個名字應該訂正為桑庫斯(Sancus),手抄本的普羅帕久斯《悲歌》第4卷9節之71出現類似的錯誤。

69 參閱蒲魯塔克《希臘羅馬英豪列傳》之〈羅慕拉斯傳〉15節、〈龐培傳〉4節;以及李維《羅馬史》第1卷9節之12;可見這不僅是「合巹」之歌,還是一種歡呼的聲音。

32 他們爲何要在五月的月圓之夜將人形的泥偶從蘇布利修斯（Sublicius）橋上投入河中，況且稱之爲「溺斃亞哥斯人」[70]？

古代住在義大利地區的蠻族，通常會殺死所有被抓的希臘人。等到海克力斯受到他們的擁戴，謀害外鄉人的行爲不再發生，在他的教導之下，把木偶投入河中用來模仿迷信的習慣。古老的年代，居住在義大利的民族會把所有的希臘人都稱爲亞哥斯人；直到阿卡狄亞人[71]與亞哥斯人接鄰而居，雙方爭執不斷引起戰爭，這時他們才將對手與希臘人有所區分。後來伊凡德（Evander）帶領他的手下[72]從希臘逃到義大利定居，這時他們與阿卡狄亞人建立的殖民區，仍舊保持古老的宿怨和敵意。

33 爲何古代人士在外用餐都會帶著自己的兒子，即使還是未成年的小孩亦復如是？

這是萊克格斯建立的傳統，父親很高興帶著兒子到公共食堂用餐，後來慢慢變成一種大家都遵循的習慣，兒童在長者的監督和教導之下，不僅避免反常和脫序的行爲，更能養成審愼和服從的個性。事實上這對父親也很重要，當著兒子的面，他們的舉止一定會謙恭有禮，柏拉圖曾經說過：「老年人要是毫無羞辱之心，年輕人當然會寡廉鮮恥。」[73]

34 羅馬人的酹酒和向亡者獻祭通常在元月辦理，根據西塞羅[74]的記載，爲何迪西穆斯‧布魯特斯（Decimus Brutus）要改在十二月舉行？可能是布魯特斯正在那個月份入侵露西塔尼亞（Lusitania）[75]，首次到達如此遙遠的國度，率領一支軍隊渡過列什（Lethe）河[76]。

大多數民眾習慣上在每日的黃昏和每月的月末向死者上供，等到年終開始換

70　參閱本章第86節；奧維德《歲時記》第5卷621行及後續各行；瓦羅《論拉丁語文》第5卷45節；蒲魯塔克認為亞哥斯人的起源和爾後的發展，還是一個不解之謎。

71　阿卡狄亞位於伯羅奔尼撒半島的中部，是一個多山而且難以進入的地區，長久以來為斯巴達所控制，主要的城市有特基亞、曼蒂尼和麥加洛波里斯。

72　伊凡德應該是阿卡狄亞人；參閱魏吉爾《埃涅伊德》第8卷52-151行。

73　出自柏拉圖《法律篇》729C，多次引用於本書第1章〈子女的教育〉20節和第12章〈對新婚夫婦的勸告〉47節。

74　參閱西塞羅《論法律》第2卷21節之54。

75　露西塔尼亞後來成為羅馬一個行省，它的位置和幅員相當於現代的葡萄牙。

76　列什河是露西塔尼亞境內一條河流，與在地府的河流同名；這次入侵行動是在136 B.C.。參閱阿庇安《羅馬史：西班牙戰爭》74節，以及弗洛魯斯《羅馬史概論》第2卷17節之12。

季，這時爲亡靈舉行祭祀，說起來也不是沒有道理。要知道這時的December已經是最後一個月。

或者這時要祭拜的神明都居住在塵世，最適當的季節是在作物都已收穫之後，可以感激神明給予的恩典和保佑。

或許這時最適於讓神明記住下界的農事，因爲人們在播種季節開始之前，就要著手翻土的工作。

羅馬人因爲農神是地獄而非天國的神明，所以December因爲農神的關係而被視爲神聖的月份。

或者他們將「農神節」（Saturnalia）訂爲最重要的節慶，包括很多交際應酬的聚會和消遣表演的活動，因此布魯特斯在祭祀儀式中，要向亡者奉獻最早成熟的水果。

或者有人提到，要說只有布魯特斯在這個月向亡靈獻祭，純屬騙人的謊言，因爲在December，他們要向拉倫夏（Larentia）奉獻犧牲，並且在她的墳墓舉行酹酒的儀式。

35 拉倫夏曾經做過娼妓，爲何受到羅馬人的愛戴？

根據記載另外一位拉倫夏的名字叫阿卡（Acca），她是羅慕拉斯的保母，爲了推崇她的功績，在April舉行盛大的祭典。他們說起當過娼妓的拉倫夏有個綽號叫法布拉（Fabula），她之所以出名有如下面所述[77]：海克力斯神廟的廟祝鎮日無所事事，每天大部分工夫花在飲酒賭錢上面，有天出現這種狀況，竟然沒有人前來探視，好像與他往常那樣消磨空閒的時光。他在感到無聊之餘，向神明提出挑戰用擲骰子決一高下，雙方同意的條件是他贏了以後，可以從神明給他的服務獲得好處；如果他輸了就得給神明供應一桌豐盛的酒席，找來一位美麗的女孩陪祂過夜。他們輪流出手的結果是這位廟祝認輸，就要忠實履行雙方的約定，除了精美的飲食還召來拉倫夏，她公開從事出賣身體的古老行業。等到宴會完畢，就把她鎖在安排床鋪的房間裡面，好讓神明享受雲雨之歡。據說海克力斯與她幽會是確有其事，還交代她早晨步行前往市場，路上遇到第一位男子就向他殷勤致意，

---

77 蒲魯塔克《希臘羅馬英豪列傳》之〈羅慕拉斯傳〉5節；馬克羅拜斯《農神節對話錄》第1卷10節之11-17；以及奧古斯丁（Augustine）《上帝之城》（*De Civitate Dei*）第6卷7節，對於這個故事都有詳盡的記載。

要把他當成自己的意中人。結果她遇到一位年紀很大名叫塔魯久斯（Tarrutius）的長者，非常富有也沒有子女，還過著獨身的生活。他接受拉倫夏以身相許，對她極其寵愛，在他亡故以後成為唯一的繼承人，擁有龐大的產業，後來拉倫夏在遺囑中將大部分錢財送給貧民，所以受到大家的追思。

36 他們為何要將一座城門稱為fenestra「窗戶」，相鄰的城門稱為「幸福女神的寢室」[78]？

因為羅馬國王塞維烏斯是頭號最有福氣的人物，據說「幸運女神」跨過一扇窗戶進去與他談話。

或者上面所提只是一個傳說；真正的原因是國王塔昆紐斯・普里斯庫斯[79]崩殂以後，他的妻子塔納奎爾是個極有見識又能展現皇室風範的貴婦，將頭從窗戶中伸出來向市民說話，勸他們同意塞維烏斯接位，所以才有這樣的故事流傳下來[80]。

37 所有奉獻給神明的物件，為何只有戰利品放在廟裡任由時間腐蝕，不能移動也不可修理[81]？

有人相信早年建立的功勞，由於事過境遷被人遺忘，連帶個人的名聲無法持久，所以要不斷展現英勇的行為，提醒大家他對城邦的貢獻一如往昔；所以對於戰利品才有這樣的處置方式。

或許他們與敵人意見分歧產生的爭執，因為時間的影響逐漸模糊不為人知，要是重新提出來只會引起反感和厭惡，特別是羅馬人與附近城邦關係改善更是如此。希臘人的做法則大相逕庭，在他們的倡導之下，用石頭或青銅[82]作為材料，建立戰勝紀念碑，使得名聲得以永垂不朽。

78　本書第24章〈論命運女神庇護羅馬人〉10節，提到命運女神變成一位名叫波塔・菲尼斯提拉（Porta Fenestella）的嬌婦，來到羅馬國王塞維烏斯・屠留斯（Servius Tullius）的寢宮，就在那裡與他發生肉體關係；參閱奧維德《歲時記》第6卷569行及後續各行。

79　羅馬的王政時期一共有七位國王，塔昆紐斯・普里斯庫斯是第五任。

80　參閱本書第24章〈論命運女神庇護羅馬人〉10節；以及李維《羅馬史》第1卷41節。

81　只有戰利品爛成碎片以後才能搬走，古人通常會定期清理神廟。

82　這是皮奧夏人在琉克特拉會戰贏得勝利採行的方式，後來的希臘人全部沿用蔚為風氣；讓大家看到神明的四周擺滿精選的祭品和十一稅的錢財，全部來自謀殺、戰爭和搶劫，祂的神廟到處都是希臘各地獲得的戰利品和掠奪物。參閱西塞羅《論創作》（De Inventione）第2卷23節；以及戴奧多魯斯・西庫盧斯《希臘史綱》第13卷24節之5-6。

38 奎因都斯・梅提拉斯(Quintus Metellus)[83] 是一位見多識廣的政治家，爲何在出任祭司長或最高神祇官以後，禁止在八月(即過去的Sextilis)舉行鳥卜？

一般而論，我們參加這種儀式都在正午之前或黎明之際，提起月份則是上旬由虧轉盈的周期，避免在衰變或沒落的區隔或時辰，那就是每日的下午或是每月的下旬，庶信這段期間諸事不利。因之梅提拉斯認爲每年前八個月之後這段期間，相當於每日午後以至夜晚，處於衰弱和轉虧的周期當中，用來舉行鳥卜自是不太適宜。

或許在於我們了解鳥類的生長過程，知道牠們在什麼時候可以保持最佳的身體狀況。通常是在夏季結束之前，到了秋天有些鳥類會變得虛弱而多病，還有一些剛剛孵出的雛鳥沒有完全長成，以及每年這個時候開始遷移的關係，很多種類的候鳥已經全部消失。

39 一個人沒有完成兵役登記，僅僅滯留在軍營之中，爲何不允許他對敵人投擲標槍或有任何傷害對方的行爲？

老加圖在給他兒子的一封信中[84] 對這件事交代得非常清楚，叮囑這位年輕人在完成服役的期限和解除所負的職務以後，要趕快返回家中。如果他要停留在軍營一段期間，無論是要給敵人帶來任何傷亡，都要獲得將領的允許。

因爲只有出於絕對的需要和構成正當的行爲，才能下手奪取一個人的性命。如果沒有經過合法的程序或者獲得指揮官的同意，任意殺人的後果將使他成爲一個謀殺犯。基於這樣的理由使得克里桑塔斯受到居魯士的讚揚[85]；當克里桑塔斯高舉武器正要殺死一位敵人之際，聽到鳴金收兵的信號不再下手，讓這個對手能夠保住性命，相信到今天他仍會遵守接戰的規定。

身爲軍人必須與敵人格鬥到分出勝負，不能任意放棄自己的職責，更不能像一個懦夫沒有受傷就退了下去。要是拿逃走和撤退帶來的傷害做比較，即使他擊斃或打傷一位敵人，對自己這邊也沒有多大的幫助。因此，他只有解除職務之後才能免於軍事法規的約束，要是他要求留下來履行一個士兵的責任，那他就要遵

---

83 這位是奎因都斯・西昔留斯・梅提拉斯・庇烏斯(Quintus Caecilius Metellus Pius)，他是80 B.C.的執政官。

84 參閱西塞羅《論義務》第1卷11節。

85 參閱色諾芬《居魯士的教育》第4卷1節之3；以及本書第17章〈斯巴達人的格言〉71節和它的注釋。

守法規的規定和服從將領的指揮。

40

為何不容許朱庇特大燃火祭司在露天之下沐浴塗油[86]？

兒子在父親可以看到的地方赤身裸體是不合禮法的行為，就是女婿當著岳父的面也不能如此，古代的父子或岳婿都不能同浴[87]。朱庇特是我們的父親，所有空曠的地方認為都是祂視線所及之處。

任何人在神龕的前面或廟宇的內院寬衣解帶全都違背神聖的法條，因此他們要盡量避免在室外或上天可以俯視的空間有類似的行為，因為這個區域到處都是神明和亡靈。因此，我們把許多必須要做的行為放在屋頂之下實施，我們的家庭可以發揮藏匿和掩蔽的作用，不讓神明的權勢可以窺伺我們的隱私。

或許有些規定的制訂完全針對祭司而言，還有一些與大家有關的法律要獲得他們的同意。因此，在我所居住的城邦，出任執政要有下面的限制：必須穿長袍；必須留長髮；身體不得有任何烙印即不得犯法或曾出售為奴；以及不得踏進福西斯的疆域。還有像是在秋分之前不得享用水果，以及在春分之前不得修剪葡萄樹，這些規定要經過執政的配合務期貫徹實施，特別是每一種行動要適合季節的要求。

基於同樣的方式，羅馬的祭司顯然有特定的義務，像是他們不能用馬匹當成座騎；不能離開城市超過三個夜晚[88]；以及他在獲得大燃火祭司這個頭銜的地點，不能將戴的帽子留在那裡[89]。還有很多的規定經由祭司，才會暴露出來讓大家知道，其中之一是禁止光天化日之下在自己的身上塗抹油膏。因為羅馬人對於塗油按摩身體抱著極其猜疑的態度，直到今天他們認為就希臘人的奴顏婢膝和優柔寡斷而言，沒有比這件事情更受到他們的責備，如同希臘人的體育館和角力場，在所有的城市當中養成一群怠惰成性的人民，這些場地只能用來浪費寶貴的時間，好比愛好男色的雞姦，那些合乎規定的睡眠和散步，有韻律的行動和嚴格

86　參閱奧盧斯·傑留斯《阿提卡之夜》第10卷15節。

87　參閱西塞羅《論演說家》第2卷55節及威爾金(Wilkins)的注釋。

88　李維《羅馬史》第5卷52節之13，說是離開一夜都不可以；塔西佗《編年史》第3卷58節和71節，提比流斯皇帝的裁示，身為朱庇特祭司即使生病，經過祭司長的准許可以離開聖職兩夜，必須不是在祭典期間，而且每年不得超過兩次；同時重申前令，依據奧古斯都的規定，朱庇特祭司不能離職一年到行省出任總督。

89　參閱蒲魯塔克《希臘羅馬英豪列傳》之〈努馬·龐皮留斯傳〉7節及〈馬塞拉斯傳〉5節；瓦羅《論拉丁語文》第5卷84節；瓦羅的語源學認為Flamen就是filamen。

的飲食，只會損害年輕人的身體。他們在練習的過程中不知不覺喪失對武藝的興趣，能夠成為身手敏捷的運動員和賣相出色的角力手就感到滿足，不願成為優秀的步卒和騎士。總而言之，一個人要是在露天赤身裸體，很難逃避羞辱的後果；他要是在自己家中塗油來保養身體，就不會冒犯到天神的尊嚴。

41 為何古代的錢幣一面打上傑努斯神雙面像的銘記，另一面是船舶的船首或船尾[90]？

很多人肯定的表示，為了推崇農神坐一艘船渡過大海來到義大利。

或許很多人提到傑努斯、伊凡德和伊涅阿斯都經歷一段海上航程，最後在義大利登陸。有人會臆測到下面的狀況：有些事物會對城邦帶來好處，還有一些事物極其需要，前者以擁有健全的政府為首要，後者在於供應充分的糧食。因此，傑努斯的教化能使他們過文明的生活，用來建立一個秩序井然的政體；當地的河流可以航行，經由海上和陸地的運輸，供應相當豐富的生存必需品。所以錢幣用立法者的雙面像作為銘記，如同前面所述，表示經由他的努力使得整個大環境獲得改善；另一面的船舶用來表示河流對他們做出不可磨滅的貢獻。

他們還使用另一種類型的錢幣，銘記是一條牛、一頭羊或一隻豬的圖案[91]，他們的財產大部分來自這些牲口，經由畜牧才能過富裕的生活。這也是很多古老的世家像是蘇留斯家族(Suillii)、布布庫斯家族(Bubulci)、波修斯家族(Porcii)取名的來由[92]，菲尼斯提拉有詳盡的敘述[93]。

42 為何要把農神廟當成國庫還要在裡面儲存所有的契約書[94]？

根據當時的輿論和傳統，農神當國王的時代，人民沒有受到貪婪和嫉妒的敗壞，社會充滿祥和與公正的氣氛。

90　參閱阿昔尼烏斯《知識的盛宴》692E；奧維德《歲時記》第1卷229行及後續各行；普里尼《自然史》第33卷3節；以及馬克羅拜斯《農神節對話錄》第1卷7節之21-22。

91　蒲魯塔克的說法與實際狀況有很大的出入，羅馬早期的錢幣沒有使用這一類的銘記和圖案。

92　蒲魯塔克《希臘羅馬英豪列傳》之〈波普利柯拉傳〉11節；說是羅馬人用波西伊(Porcii)之類小名稱喚他們的兒子，像porci就是「豬」。瓦羅持類似的說法，諾紐斯‧馬塞拉斯引用在他的著作之中。

93　參閱彼得(Peter)《羅馬史籍殘卷》之〈編年史篇〉272頁No.5。

94　蒲魯塔克在《希臘羅馬英豪列傳》之〈波普利柯拉傳〉12節中，將農神廟當成國庫是波普利柯拉的安排，目的是不容許任何人將公款搬到私人家中或是據為己有。

或許是這位神明是穀物的發現者和農耕的倡導者，雖然沒有像赫西奧德[95]那樣明確的敘述，把祂的鐮刀當成一種象徵，後來安蒂瑪克斯（Antimachus）[96]還是寫出下面的詩句：

> 農神的手裡拿著鐮刀工作，
> 看來就像粗魯的克羅努斯；
> 留在身旁受傷成殘的國君，
> 是阿克蒙的後裔烏拉努斯。

豐富的收成和他們的處理方式，經過發展成為一種貨幣系統，因此這位使他們致富的神明，也被他們尊為錢財的保衛者，獲得的證據可以用來支持這樣的說法，非常明顯的事實像是每八天一次的「市集」被稱為nundinae[97]，可以說是為了推崇農神的功勞，因為只有過剩的農產品，才會從而產生「買」和「賣」的行業。

或許這是古代歷史留下的記載，華勒流斯·波普利柯拉（Valerius Publicola）是第一位將農神廟當成國庫的政治人物，那個時候正當國王受到罷黜，局勢非常混亂，他認為農神廟這個地點有良好的防衛設施，地勢開闊，很難在暗中加以襲擊。

43 為何無論那個國家派往羅馬的使節，都要前往農神廟向行政長官完成到任登記？

由於農神是一個外國人的緣故，所以後來對國外的來人都表示好感，或許可以從歷史當中找到解答這個問題的資料。好像在早年的時候，司庫[98]要送lautia「禮物」給外國的使節，要是他們生病也會給予妥善的照顧，一旦逝世辦理後事的費用全由公家支付。等到現在使節的人數極其眾多，龐大的開支無法繼續負擔下去；一旦發生任何事務，仍舊可以用辦理登記做藉口，立即與國庫的行政長官舉行初步的會議。

95　赫西奧德《神譜》160行及後續各行；參閱阿波羅紐斯·羅狄斯（Apollonius Rhodius）《阿爾戈英雄號歷險記》（*Argonautica*）第4卷984-986行。

96　安蒂瑪克斯是一位抒情詩人，在蘇格拉底和柏拉圖時代享有盛名，認為他是僅次於荷馬的文壇重鎮，事實上是過譽之辭；參閱金克爾（Kinkel）《希臘史詩殘卷》之〈安蒂瑪克斯篇〉287頁No.35。

97　按照羅馬人的算法，將市集這天包括在內是第九日；參閱馬克羅拜斯《農神節對話錄》第1卷16節之34。

98　很可能是財務官的職掌。

44 爲何禁止朱庇特大燃火祭司賭咒發誓[99]？

因爲誓詞是一種檢驗程序，用來證明這個人具備自由人的身分，所以不會做不實的陳述。然而祭司無論是肉體或靈魂，都不必接受任何檢驗程序。

或許一個人要是對瑣碎小事都不能相信，反而能夠相信極其神聖的重大事務，這種認定的方式極不合理。

或許無論任何誓詞都會對偽證和謊言做出某種詛咒，然而任何惡言相向就是不祥的朕兆和陰鬱的事物。這也是祭司不會詛咒任何人的理由。不管怎麼說雅典的女祭司還是不願詛咒亞西拜阿德(Alcibiades)[100]，雖然市民大會通過議案給予同意，這位女祭司公開表示，她們的職責是向上天祈求賜福，並不是要神明降禍於人[101]。

或許一位邪惡又犯下偽證罪的人物，領導大家爲著城邦祈禱以及奉獻犧牲，這時偽證的罪行會給公眾帶來危險。

45 爲何他們要在維里拉利亞(Veneralia)節慶從維納斯神廟倒出大量的酒[102]？

很多權威人士肯定表示這是實情，伊楚里亞人的將領密珍久斯(Mezentius)派人去見伊涅阿斯，和平的條件是要把該年生產的葡萄全部送給他。伊涅阿斯嚴辭加以拒絕，這時密珍久斯向伊楚里亞人提出承諾，只要他們在戰場獲勝，他會把得到的酒分給大家。伊涅阿斯得知這回事以後，就將酒當成祭品奉獻給神明，等到他獲得勝利，就將所有的酒全部蒐集起來，然後傾倒在維納斯神廟的前面。

或許這是一種象徵的行動，指示市民在慶典的節日不能酗酒要保持清醒，因爲大家能把烈酒倒掉而不是喝進肚中，神明對於養成節制的習性一定會很高興。

---

99 參閱李維《羅馬史》第31卷50節；以及奧盧斯·傑留斯《阿提卡之夜》第10卷15節。

100 亞西拜阿德(450-404 B.C.)是雅典將領，才華和膽識出眾，平生行事最富爭議；因為神像破壞事件受到舉發，逃亡斯巴達宣告犯罪確定，除了家產全部充公，還下令對他發出詛咒之辭。

101 這位女祭司名叫第安諾，她是門儂的女兒；參閱蒲魯塔克《希臘羅馬英豪列傳》之〈亞西拜阿德傳〉22節。

102 參閱奧維德《歲時記》第4卷877行及後續各行；哈利卡納蘇斯的戴奧尼休斯《羅馬古代史》第1卷65節；以及普里尼《自然史》第14卷12節，瓦羅引用當成權威之言。蒲魯塔克因為維納斯的緣故，所以說與維里拉利亞節慶有關，那是因為維納斯和朱庇特都是葡萄樹的保護神。

46 為何老年人要讓賀塔（Horta）神廟保持在繼續開放的狀況？

根據安蒂斯久斯‧拉比奧（Antistius Labeo）[103] 的說法，hortari這個字表示「催促」之意，賀塔這位女神催促和驅使我們要有高貴的行為。因為大家認為祂是如此的積極，所以無論如何祂不會耽擱落後，也不會關上廟門，更不會無所事事。

或者就目前的狀況來說，大家將第一個音節拉長把祂叫成賀拉，這位女神對人類非常關懷和體諒，處處給予保佑和維護，大家認為祂對人類的事務不會冷漠到置身度外。

或者如同很多拉丁單字一樣，祂的名字如果用希臘單字來表示，說祂是一位負責監督和保障的女神。因為祂不會偷懶也不睡覺，所以祂的廟門一直打開不會關閉。

如果拉比奧指出Hora這個字沒有錯的話，應該是來自parorman即「催促」之意，經過慎重的考量，是否我們不應這樣宣稱，說orator「演說家」的來源就是如此；須知演說家是一位顧問或者是民眾的領袖，要發揮鼓勵和煽動的作用。還有人明確表示，這個字並非來自orare即「求神降禍」或「虔誠祈禱」之意[104]。

47 為何羅慕拉斯將火神廟建造在城市的外面？

根據眾所周知的傳說，伏爾康因為維納斯[105] 的緣故對馬爾斯起了猜忌之心，羅慕拉斯以馬爾斯的兒子自居，所以不讓伏爾康享用他的家庭或他的城市應該供奉的香火。

或許有一種相當愚蠢的解釋，最早建築這座廟宇的目的，是當成集會和協商的秘密場所，供羅慕拉斯和他的同僚塔久斯（Tatius）使用，他們可以在這裡與元老院的議員開會討論公共事務，非常安靜不會受到打擾。

或許是羅馬從建城以來，一直為大火帶來的危險所苦，他們決定要對職掌「火」的神明表示尊敬之意，所以沒有在城內為祂興建一座廟宇[106]。

---

103 拉比奧（50 B.C.-10 A.D.）是羅馬最著名的法學家，一生奉獻給教學和寫作，對於後世編纂查士丁尼法典，發揮最大的影響力量。

104 蒲魯塔克經常自以為是，對於語源和數量很容易出現錯誤，這就是一個很好的例子。

105 荷馬《奧德賽》第8卷266-359行。

106 參閱魏特魯維烏斯（Vitruvius）《論建築》（*On Architecture*）第1卷7節。

48 爲何他們在坎索利亞(Consualia)節慶將花圈掛在馬和驢子的身上，並且讓牠們休息？

他們舉行這個節慶是爲了祭祀海神波塞登，同時祂還是「職掌馬匹」[107]的神明，這個日子所有的座騎都是大家注意的對象，驢子也可以分享馬匹獲得的好處。

或許是海上的航行和運輸發展起來以後，馱獸就某種程度而言，可以獲得較多的方便和休息。

49 根據加圖的記載，按照習俗爲何在爲官員拉票的時候不能穿短袍必須是正式的服裝[108]？

因爲短袍有束腰，裡面藏錢可以用來賄選。

或許他們評估候選人是否適合要選的職位，不在於他的家世、財富或聲譽，而是身上的傷口和疤痕。所以他們出去拉票，寬袍在相遇之際可以讓大家看得很清楚，要是穿上束腰帶的外衣，身上的傷疤很不容易讓人看見。

他們想要用羞辱自己的方式來獲得民眾的好感，像是穿著用料很省的服裝，還有就是與選民握手致意，或者個人的懇求，甚至擺出一副乞憐搖尾的樣子。

50 根據阿提烏斯(Ateius)[109]的記載，爲何朱庇特大燃火祭司(Flamen Dialis)只要妻子亡故就要辭去職位[110]？

因爲一個人的妻子亡故較之從未娶妻更爲不幸；已婚男子的家庭才談得上圓滿，要是結婚以後妻子過世，這樣的家庭可以說已經陷入殘破的處境。

或許是舉行宗教儀式要妻子從旁協助丈夫，如果沒有妻子在場很多步驟無法實施，一個人的妻子過世就想立即再娶，這種方式過於唐突也不符禮法的要求。因此，大燃火祭司要與妻子離異，在過去是不合法的行爲，雖然現在看起來還是違犯法律的規定，在我們這個年代就是圖密善(Domitian)皇帝在位的時候，有人經過陳情獲得這方面的允許。現在的祭司要參加離婚的典禮以及舉行很多恐怖、奇特又陰鬱的儀式[111]。

---

107 羅慕拉斯對外宣稱他發現一個地下祭壇，供奉的神明稱爲坎蘇斯，可能是智慧之神或是騎在馬背上的海神(Neptune)；參閱蒲魯塔克《希臘羅馬英豪列傳》之〈羅慕拉斯傳〉14節。

108 參閱蒲魯塔克《希臘羅馬英豪列傳》之〈馬修斯‧科瑞歐拉努斯傳〉14節。

109 阿提烏斯‧卡庇多(Ateius Capito)是羅馬法學家，與拉比奧是同時代的人物，亡故於22 A.D.。

110 參閱奧盧斯‧傑留斯《阿提卡之夜》第10卷15節。

111 參閱《劍橋古代史》第7卷422頁。

　　或許大燃火祭司的罷黜可以引用現成的例子，倒是不會令人感到奇怪，因為兩位監察官之中只要有一位過世，另外一位必須辭去現職[112]。監察官利維烏斯·德魯薩斯(Livius Drusus)亡故以後，只有他的同僚伊米留斯·斯考魯斯戀棧權勢不肯下台，最後還是護民官要將他關進監獄，才解決這個問題。

51 為何拉里斯(Lares)雕像身邊的那隻狗大家將它稱為paraestites，而且拉里斯的身上要披上狗皮[113]？

　　因為他們把「站在前面的人」稱之為paraestites，凡是站在府邸的前面那些狐假虎威擔任警衛的傢伙，用來恐嚇陌生人，對於認識的人擺出討好的樣子，那種態度與狗沒有多大的差別。

　　或許有些羅馬人非常肯定這件事，那就是開辦文理學院的克里西帕斯[114]，認為神明的身邊有一群邪惡的幽靈，被祂當成劊子手和報復的工具，用來對付那些褻瀆神聖和罪惡滔天的人，甚至拉里斯也如同弗里斯(Furies)是一位執行懲罰的幽靈，同時是人類的生活和家庭的監督者。因此他們的身上披著狗皮，還有一條狗伴隨在身旁，可以非常熟練的追躡和跟蹤作惡多端的人。

52 為何他們用一條母狗當作犧牲奉獻給稱為吉尼塔·瑪納(Geneta Mana)的女神[115]，還不能祈求所有的家屬變成「行善之士」？

　　因為吉尼塔是一位神祇，掌管著因生育而夭折的生靈，祂的名字代表某種含義，像是「漲潮和生育」和「順利的分娩」[116]。因此，如同希臘人用一條母狗向赫克特[117]獻祭，羅馬人用同樣的祭品代表所有的家屬向吉尼塔祈福。蘇格拉底提到亞哥斯人用一條母狗向艾莉歐妮婭(Eilioneia)[118]獻祭，用幼犬將母狗引到前面更加容易。祈禱的著眼是要成為犧牲的狗，變得更為馴服而善良，所以對象不是家中的成員。特別是當時所養的狗都非常凶狠而好鬥。

112　參閱李維《羅馬史》第5卷31節、第6卷27節及第9卷34節。

113　參閱奧維德《歲時記》第5卷129行及後續各行。

114　克里西帕斯(280-206 B.C.)是斯多噶學派哲學家，來自西里西亞的索利，後來在雅典開辦學院，著作非常豐富，除了零星殘篇，都已散失殆盡。

115　參閱普里尼《自然史》第29章4節。

116　無論是「漲潮和生育」以及「順利的分娩」，它的語源來自genitus和manare兩個單字。

117　參閱本章第68節。

118　艾莉歐妮婭是掌管分娩的女神，可能就是赫拉的女兒艾莉昔婭(Eileithyia)，只是稱呼有點不同。

或許當時對死者有個比較文雅的稱呼「行善之士」，所以不能在祈禱裡面將這個名字用在家屬的身上，豈不是說他們已經亡故。我們對這種說法也無須感到驚異：事實上亞里斯多德曾經說過，阿卡狄亞人和斯巴達人簽訂的條約中有這樣一段文字：「任何一位市民，只要在特基亞對斯巴達的陣營給予援手，都不能把他當成『行善之士』。」[119] 意思是只要幫忙斯巴達的人，都不可以處以死刑。

53 爲何他們在卡庇多賽會中當眾宣布：「要將薩迪斯人發售爲奴！」[120] 爲何要嘲笑一位領隊前進的長者，說他的頸部掛著用在兒童身上稱爲bulla的護身符[121]？

伊楚里亞的維愛人（Veians）與羅慕拉斯作戰長達十年之久，最後他占領該城[122]，將他們的國王以及俘虜發售爲奴，用以嘲笑他們的固執和愚蠢。因爲伊楚里亞人從利底亞遷移至義大利，薩迪斯是利底亞人的首府，所以羅馬人用這個名字把維愛人出賣成爲奴隸。甚至到今天還保留拿這種話來開玩笑的習慣。

54 爲何他們將肉類市場稱爲macella和macellae？

這個字是出於mageiroi「廚師」的以訛傳訛，如同很多東西之所以流傳下來，都是出於習慣的力量。拉丁文當中c與g這兩個字母的關係密切，經過很多年的演變，g逐漸被c所取代，斯普流斯‧卡維留斯[123] 對這方面有非常嚴謹的著述。同時因爲發音的問題，由於口齒不清使得r與l很難辨別，同樣出現相互轉換的現象，所以mageiroi先變成maceiloi，再變成macella或macellae。

或許這樣的問題必須從歷史中獲得解決；有個故事說是羅馬有一個很凶暴的人物，也是犯下很多搶劫重案的強盜，名字叫作馬西拉斯（Macellus），當局費很大的力量將他抓住處以死刑，後來用他的財富興建肉類市場，從他的名字Macellus獲得目前macella或macellae的稱呼。

---

119 參閱本書第22章〈希臘掌故〉5節，得知阿爾菲烏斯（Alpheius）與亞里斯多德對「行善之士」有不同的解釋。

120 拉丁文「Sardi venales」這句話的意思是「薩丁尼亞人要發售為奴」，只是蒲魯塔克把它弄錯成為「薩迪斯人」；須知薩迪斯位於小亞細亞的內陸地區，居民向外的遷徙和殖民非常不便。

121 參閱《希臘羅馬英豪列傳》之〈羅慕拉斯傳〉25節，這裡所說的bullae可能是項圈或玩具。

122 這種說法與實際狀況有很大的出入，按照李維《羅馬史》第6卷21-23節的記載，羅馬人占領維愛是在396 B.C.。

123 本章第59節記載斯普流斯‧卡維留斯曾經開辦一個初級學校。

55

爲何他們在元月望日允許笛手穿女性服裝在市內到處走動[124]？

據稱所持的理由非常普通。努馬王在位的時候，由於他對神明表現出虔誠的態度，所以這些笛手也獲得相當的禮遇，讓他們感到非常高興。後來的「十人委員會」（decemviri）制度使得執政官掌握大權，笛手的既得利益遭到剝奪，於是他們離開羅馬。等到祭司爲獻祭沒有音樂的配合而發愁，害怕神明因而降罪，於是要詢問他們的去處。出走的笛手對前來召喚他們返家的要求充耳不聞，仍舊留在提布（Tibur）過著無所事事的日子。這時有位解放奴暗中答應羅馬當局，會想辦法讓這些人回去。藉口向神明獻祭，準備盛大的宴席邀請所有笛手參加。除了婦女還有美酒，攙雜表演和歌舞使得聚會延續整個夜晚，突然之間這位自由奴打斷他們的興致，現在他的庇主要來見他，全場陷入混亂之中，說服這些笛手爬進一輛大車，四周用皮幕遮蓋得非常嚴密，要把他們運回提布。這些都是他玩的花樣，因爲笛手飲了酒又在黑暗之中，根本分不清行進的道路，等到天亮他將他們帶進羅馬。由於他們當中大多數人要參加夜間的狂歡酒會，身上穿著女性的華麗衣服，因此在與官員協調以後，留下來相安無事，以後每逢這個日子，可以打扮成這種裝束在城裡大搖大擺的走動。

56

爲何他們認爲一群貴夫人是卡門塔（Carmenta）神廟最早的奠基者，特別是這座廟宇目前何以最受市民的尊敬？

這裡提到某個故事就是元老院禁止婦女乘坐馬拖的車輛[125]，羅馬的貴夫人彼此同意不再懷孕和養育子女，排拒自己的良人接近要保持一段距離，逼得做丈夫的人改變心意只有讓步。等到以後她們生出小孩，感到做母親的欣喜和滿足，便建造卡門塔神廟表示向神明感激之意。

有人斷言卡門塔是伊凡德的母親，隨同其子一同來到義大利；還有其他的人說她的名字叫作底米斯（Themis）或奈柯斯特拉提（Nicostrate），她用押韻的語句誦讀神讖，所以拉丁人把她稱爲卡門塔，因爲他們把「韻文」稱之爲carmina。

更有人認爲卡門塔就是一位命運女神，所以這些貴夫人才會向祂獻祭，名字的眞正意義是「神志不清」[126]，說她因神明降體陷入意識恍惚的狀況。因此卡門

124　參閱李維《羅馬史》第9卷30節；奧維德《歲時記》第6卷653行及後續各行；華勒流斯・麥克西穆斯《言行錄》第2卷5節之4。

125　參閱李維《羅馬史》第5卷25節之9、第34卷1-8節。

126　「神志不清」的原文是carnes mente，與Carmenta這個神的名字有相似的音節，所以才有

塔取名並非來自carmina這個字，反倒是carmina這個字來自她的名字。等到她表達極度興奮的情緒，就會用合乎聲韻和旋律的方式吟唱神讖[127]。

57
爲何婦女要將牛乳倒在奉獻給魯米娜(Rumina)的祭品上面，同時整個典禮不得使用酒類？

因爲拉丁人將「奶頭」稱爲ruma，魯米納利斯(Ruminalis)祭典[128]獲得這個名字，可以說是來自母狼用牠的奶頭使羅慕拉斯得以長大成人。同樣的道理我們將「哺乳的奶媽」稱爲thelonai來自thele即「奶頭」之意，我們將執掌養育幼兒的保護女神稱爲魯米娜，袖之所以祭品用牛奶而不用酒，因爲葡萄酒對嬰兒有害。

58
爲何他們稱某些元老院議員爲尊貴的元老，其他的成員僅稱之爲元老[129]？

有人說元老這個名稱來自他們是合法子女的父親；也有人說，所謂元老是可以交出一份有效的文件，證明他們的父執輩建立非凡的成就，那些投奔到城市的賤民在開始都無法辦到；還有人認爲，凡是施與恩惠和提出保證使部從可以獲得庇護的人，都被身分低下的庶民稱爲尊貴的元老。

59
爲何海克力斯和繆司通常共用一個祭壇？

如同朱巴的記載，提到海克力斯讓伊凡德的人民認識字母[130]。這種求知的方式就部分人士而言視爲高貴的行爲，他們用來教導自己的朋友和親戚。等到很久以後才爲接受教育奉上束脩，開辦一所初級學校的倡導者是斯普流斯·卡維留斯，這個人是卡維留斯的自由奴；然而身爲主人的卡維留斯卻是第一位與妻子離異的人。

(續)
「以訛傳訛」的解釋。

127 像是蒲魯塔克《希臘羅馬英豪列傳》之〈羅慕拉斯傳〉21節；哈利卡納蘇斯的戴奧尼休斯《羅馬古代史》第1卷31節；斯特拉波《地理學》第5卷33節，以及奧維德《歲時記》第1卷619行及後續各行，都有這方面的記載。

128 參閱本書第24卷〈命運女神庇護羅馬人〉8節；蒲魯塔克《希臘羅馬英豪列傳》之〈羅慕拉斯傳〉4節；以及奧維德《歲時記》第2卷411行及後續各行。

129 蒲魯塔克《希臘羅馬英豪列傳》之〈羅慕拉斯傳〉13節，提到羅馬人最初將議員稱為元老，後來才加上「尊貴的」這個頭銜。

130 參閱穆勒《希臘歷史殘篇》第3卷470頁。

60 要是海克力斯有兩個祭壇，為何婦女不能分享或食用奉獻給較大祭壇的犧牲？

由於卡門塔的朋友在舉行儀式的時候已經到得太晚，就是皮納紐斯家族（Pinarii）的成員亦復如是。因而他們被排除在宴會之外，其餘的人員都能入席用餐，所以那些無福享受的人獲得Pinarii「餓瘦者」的稱呼[131]。或許出於笛阿妮拉（Deianeira）和布衫的傳說[132]。

61 無論那一位神明或女神，只要他的特定職責是保護羅馬，為何禁止提到、詢問或說出這位神祇的名字[133]？

這項禁令與迷信有關，華勒流斯‧索拉努斯（Valerius Soranus）之所以厄運當頭，就是因為他洩漏保護神的名字。

有位羅馬作家曾經記載，他們用召喚和誘惑的方式影響神明，願意脫離敵人的陣營，前來與他們住在一起[134]；同時也怕對手用這種方式，如法炮製來對付他們。根據泰爾人（Tyrians）的說法，竟會用鍊條綁住供奉的神像[135]；還有一些民族也提到這回事，說他們將神像抬出大沈浴或是舉行襖襠的儀式，都要當事人提出保證。因此羅馬人相信要是不讓其他人知道或者提及神明的名字，可以對祂提供最安全和最確切的保護。

或許如同荷馬[136]所寫的詩句：

　　大地仍舊歸我們三位所有。

---

131 或許因為這個字的語源來自希臘文「餓餓」；參閱李維《羅馬史》第1卷7節；戴奧尼休斯《羅馬古代史》第1卷40節。

132 笛阿妮拉是海克力斯的妻子，她在一件衣衫上面沾染馬人尼蘇斯（Nessus）的血，再派人將它送給海克力斯，使她的丈夫受到魔力的蠱惑，從此痛恨所有的婦人，就不會做出拈花惹草的事；參閱索福克利的悲劇《特拉契斯的婦女》以及奧維德《希羅伊妮》（Heroines）第9卷。

133 參閱馬克羅拜斯《農神節對話錄》第3卷9節之3；以及普里尼《自然史》第28卷4節。

134 哈利卡納蘇斯的戴奧尼休斯《羅馬古代史》第13卷3節；李維《羅馬史》第5卷21節（提到他們將朱諾從維愛接回羅馬）；以及馬克羅拜斯《農神節對話錄》第3卷9、14-16節，都提到軍隊的攻敵許願，俾能很快占領對方的城市。

135 亞歷山大圍攻泰爾長達七個月，當地人士夢到他們的保護神阿波羅感到不滿，要離開城市投奔亞歷山大，於是泰爾人將這位神明視為捉回的逃兵，用一根黃金鍊條綁住阿波羅的雕像，另一端釘在海克力斯的祭壇上面。

136 荷馬《伊利亞德》第15卷193行；這裡的三位是指天神宙斯、海神波塞登和冥神哈得斯。

人類必須尊敬和膜拜所有的神明，因為祂們擁有整個大地；甚至就是早期的羅馬人，對於保護他們能夠獲得安全的神明，都要隱瞞祂的身分，因為他們希望所有的市民要一視同仁，不僅對這位神明表示敬畏，就是其他外來的神祇都要禮遇。

62 羅馬人所稱Fetiales，就是希臘人提到的「和平談判人」或「條約簽訂者」，這些人當中還有一個人被稱為pater patratus[137]，為什麼我們認為這個人就是「首席」？

一個人要是他的父親還活在世上，這時他已經有了子女，就會被人稱為pater patratus，甚至等到他獲得某種擢升和信任，那是因為執政官將羅馬的區部託付給他，只要在他管轄之下，無論是美麗的少女還是英俊的青年，都要給予周詳和審慎的保護。

這些人之所以獲得別人的尊敬和器重，在於他們不僅有子女，還有在世的父親。或許是別人給他的稱呼可以聯想到獲得尊敬的理由何在。因為patratus有「完美」或「圓滿」的含義，他命中注定有兒子可以克紹箕裘，加上還有父親在世，比起別人更為完美且圓滿。

或許一個人負責簽訂和平的誓約和協定，可以用荷馬[138]的話說他是一位「繼往開來者」。這樣一位人士比所有的人更為卓越，因為他規劃的事物，有兒子可以享受帶來的成果，也有父親可以使他的規劃更為周詳有效。

63 為何「神聖典禮的首要人物」（rex sacrorum）不得出任官職或公開向民眾發表演說[139]？

因為在古老的年代，最主要的儀式大部分由國王親自主持，在祭司的協助之下向神明奉獻犧牲。身為君主無法保持謙遜的習性，逐漸變得傲慢開始壓迫人民，很多希臘城邦剝奪他們的職權，僅僅讓他們舉行祭典事奉神明。羅馬人做得更為徹底，他們驅逐所有的國王，指派其他人員負責奉獻犧牲，卻不讓這些人出任官職，或者向人民發表演說；僅僅在他們主持神聖儀式的時候，將他們視為擁

---

137 蒲魯塔克錯在用patratus 這個字取代patrimus；與李維《羅馬史》第1卷24節及塔西佗《歷史》第4卷53節敘述的狀況，得到完全相反的意義。

138 《伊利亞德》第2卷343行，這是尼斯特對阿格曼儂說的話；或者是《奧德賽》第24卷452行，奧德修斯對他父親的致意。莎士比亞在他的悲劇《哈姆雷特》，以及雪萊《雲雀之歌》都曾引用。

139 參閱李維《羅馬史》第2卷2節、第9卷34節和第40卷42節。

有國王的身分，出於崇敬神明的緣故容忍他們擺出君主的排場。總而言之，他們在稱爲「公共聚會所」（Comitium）的廣場，舉行傳統的儀式向神明奉獻犧牲，等到典禮一結束，扮演「國王」（rex）的主持人應該盡速逃離廣場[140]。

64
爲何他們不讓餐桌在空空如也的狀況下搬走，上面總要留點食物[141]？

象徵我們對生活必需品的態度，目前擁有的糧食可以留下一部分供未來之用，即使填滿今日的肚皮也要想到明日的需求；或者我們能把帶來歡樂的物資仍舊掌握在手中，認爲出於個人的教養要能克制或壓抑個人的食欲。就一個人的習性來說，對所無之物的渴望遠勝對所有之物的節儉。

或許這種習慣在於對奴僕表示仁慈之心。因爲他們不可能入席像來賓一樣獲得滿足，仍舊希望能用其他的方式與主人分享餐桌上面的東西[142]。

或許餐桌可以視爲神聖之物，如果上面空無所有就難以符合高貴的特質。

65
爲何丈夫第一次接近新娘要在黑暗之中不得有一點光亮？

他要表示出謙遜和尊敬的感情，特別是兩人沒有完成結合之前，丈夫不能將新人視爲自己所擁有之物。或者出於習俗的要求，新郎要用莊重的態度接近他的妻子。

或許是梭倫[143]曾經規定，新娘進入新房之前口裡要含著一個榲桲，爲了首次的相聚雙方要很愉快，避免出現不中意的後果；甚至就是羅馬的立法者，要讓兩造的身體即使有殘疾或瑕疵，由於黑暗沒有光亮，能夠保持隱匿和掩飾的狀況。

或許這種方式有別於不合法的性欲所帶來的惡行，要是合法的愛情與它有所關聯，就會給一對新人帶來羞辱。

66
爲何會有一座賽車場的名字叫作「弗拉米紐斯」（Flaminian）？

---

140 參閱奧維德《歲時記》第2卷685行及後續各行；以及《劍橋古代史》第7卷408頁。
141 參閱本書第77章〈會飲篇：清談之樂〉第7篇問題4，對於這個題材有更爲詳盡的說明。
142 參閱賀拉斯《諷刺雜詠》第2卷第6首66-67行。
143 合卺時新郎和新娘吃榲桲是為了多生子女的好彩頭，也象徵他們要過甜蜜的生活；因為這種水果很甜而且有很多種子。

很久以前有位名叫弗拉米紐斯（Flaminius）的有錢人[144]，將這片廣闊的土地捐獻給羅馬當局，配合年度的稅收興建一座大賽車場，還有剩餘的款項，用來修築一條大道，都用弗拉米紐斯作為這兩項重大工程的名稱[145]。

67 為何他們稱執杖者為「扈從校尉」（lictors）[146]？

因為這些官員的職責是用繩索綑綁不守法的犯人，他們隨著羅慕拉斯的扈從隊伍一起前進，將綁人的皮帶藏在懷中。大部分羅馬人用alligare這個字表示動詞「綑綁」之意，那些發音非常純正的人士，在交談的時候會說成ligare。

或許c這個字母是後來才插進去，他們在早期將它叫作litores，這種階層是「公眾的奴僕」。事實上即使到今天，在希臘很多法律的條文之中，「公眾」這個字用leitos來表示，幾乎已經沒有人注意這件事。

68 為何要「祭司」（Luperci）[147]用一隻狗作為犧牲？這些祭司全是男性，他們在「逐狼節」（Lupercalia）跑遍整個城市，身上披著一塊獅皮當作服裝，所遇到的人員被他用鞭子輕輕抽打。

因為城市要遵守規定辦理祈禱和齋戒的儀式。事實上他們認為February這個月份以及這個特別的日子，所以得名來自februata這個字。他們把「用一種皮帶打人」稱為februata，這個字的意義是「淨化和洗滌」。幾乎所有的希臘人在祓禊典禮中，用狗當成奉獻給神靈的犧牲品，至少還有一些沿用到今日。他們為了祓除不祥，用小狗和其他的物品來祭祀赫克特[148]，那些接觸或撫摩過小狗的人都要經

144　217 B.C.漢尼拔在特拉西米尼湖（Lake Trasimene）之戰大獲全勝，羅馬軍有一萬五千人被殺，這一位弗拉米紐斯當時出任執政官；這座賽車場大約建於221 B.C.。參閱瓦羅《論拉丁語文》第5卷154節。

145　弗拉米紐斯大道沿著台伯河河谷修到翁布里亞的納尼亞（Narnia），後來越過亞平寧（Apennines）山脈抵達亞里米儂港（Port of Ariminum）。

146　扈從校尉擔任執政官或有軍事指揮權將領的護衛，攜帶權標和斧頭，象徵有打殺的權力。扈從人數為十二員，因為古代的伊楚里亞地區有十二個城市，每城派出一名執法人員為執政官服務。

147　盧帕西（Luperci）這個祭司團體又稱逐狼兄弟會，主要的職責是舉辦盧帕卡利亞節；它由兩種不同的祭司組成，各自稱為奎蒂利祭司（Luperci Qunctiales或Quintilii）和費比祭司（Luperci Fabiani或Fabii），很可能在最早成立的時候，分別代表羅慕拉斯和雷摩斯。

148　狗會公開交尾，視為一種非常污穢的動物，不能當成犧牲奉獻給奧林匹克的天神，只能送到十字路口作為冥府女神的晚餐。

過滌淨的程序，這種祭典他們稱之爲periskylakismos，可譯爲puppifrication，即「以小狗作爲禳禊之用」的含義。

或者lupus這個拉丁文的單字就是「母狼」，所以盧帕卡利亞是「狼節」或稱「逐狼節」，因爲狗是狼的大敵，所以會在這個節慶用狗作爲犧牲。

或者有成群的狗對著祭司吠叫，把他們趕得滿城亂跑。

或者這種犧牲是奉獻給潘神，因爲狗會幫助祂放牧羊群，雙方的關係非常親密。

69 爲何他們在塞普蒂蒙屯姆（Septimontium）節慶[149]會盡量克制不要使用馬拖的車輛？甚至到此時何以人們還會尊重古老的習俗不敢輕易違犯？

羅馬是「七山之城」，塞普蒂蒙屯姆節慶是爲了紀念城市在七山的基礎上向外擴張。

還有一些羅馬的作家心裡有這種想法，那就是這個城市的各個部分沒有完全連接在一起。

或許帶有「戴奧尼蘇斯對城市毫無貢獻」[150]的意味。在他們的想像當中，完成羅馬四周各城邦的統一這個重大任務以後，目前向外更進一步的擴張已陷入暫時停止的狀況。他們和馱獸都獲得休息的機會，舉行的節慶使他們享受更多的福利。

或許他們希望無論舉行那一種慶典，所有的市民都能到場，給節日帶來裝飾和榮耀，特別要對「城市的統一」這個最爲重大的日子，要給予永恆的紀念。因此爲了不讓大家離開城市，慶典可以保持最熱鬧的狀況，所以這一天禁止使用車輛。

70 爲何他們將犯下偷竊罪的人或罪行確鑿的奴隸稱之爲「架刑犯」（furciferi）[151]？

---

149 參閱《劍橋古代史》第7卷355頁及後續各頁，對於各種祭典都有完整的介紹和說明。
150 他的意思是「在這種狀況下只有什麼都不做，免得『城門失火，殃及池魚』遭到無妄之災」；參閱本書第77章〈會飲篇：清談之樂〉第1篇問題1第5節，提到戴奧尼蘇斯，只能為他感到不平。
151 死囚也可以稱為furciferi，叉架的功能有如釘十字架，更像我國的「站籠」，掛上去以後穩死無疑，本節的說法太過於輕描淡寫。

這也是老年人善於精打細算極其明顯的證據。任何人發現家養的奴隸犯下重大的惡行，命令他從車裡拿出一根頭上帶叉的木杖，接著就在社區或鄰近一帶遊行示眾，讓大家認清這位犯者的面目，以後對他不能相信還要嚴加看管。這種木杖我們稱為撐桿，羅馬人用的拉丁文是furca即「木叉」，因而那些攜帶它的人稱為furcifer即「負叉者」。

71 凶暴的公牛在田野放牧會傷人，為了警告起見，為何人們會在牠的角上掛一頂草帽？

因為公牛、馬、驢子和人，在填飽肚子以後很容易變得火氣沖天。索福克利據此寫出下面的詩句[152]：

> 饜足草料昂首長嘶的小駒，
> 你的腸胃和嘴巴裝滿食物。

因而羅馬人經常提到馬可斯・克拉蘇（Marcus Crassus）在他的角上掛著草帽[153]：有些人常常質問城邦的首要人物，卻不敢對克拉蘇肆意抨擊，因為知道他受到人民擁戴而且很難對付，特別是他是羅馬的首富，花錢豢養一大群走狗和打手。後來根據到處流傳的說法，只有凱撒能將克拉蘇頭上的草帽給扯了下來，因為凱撒是第一位在公開場合反對克拉蘇的政策，而且對待他的態度相當傲慢無禮。

72 為何祭司要從飛鳥獲得徵兆，過去稱為Auspices而現在是Augures即「鳥卜」，祭司使用的油燈何以一直要將蓋子保持在打開的狀況？

他們如同畢達哥拉斯學派的人士[154]，拿一些微不足道的瑣事作為徵候，用來推斷軍國大事所能獲得的成效；因此他們禁止人們坐在量穀物的木斗上面，也不可以刀劍去撥火；甚至老年人運用很多費解的問題，有些看起來如同謎語，特別是與祭司有關的更不會遺漏；像是油燈就屬於這一類的事物。因為油燈如同為靈

152　瑞克《希臘悲劇殘本》之〈索福克利篇〉No. 764；參閱伊斯啟盧斯的悲劇《阿格曼儂》1640-1644行；以及米南德的《英雄人物》（*Hero*）16-17行。

153　要是有人養一條會經常撞人的莽牛，就會在牠的角上掛一頂草帽，看到這種危險的標誌，好讓人可以繞道而行。

154　參閱本書第1章〈子女的教育〉17節，上面列出十條規定，都是日常生活遇到的瑣事，寓意深遠非常管用。

魂圍繞的肉體，內部的靈魂像是可以發射出去的光線，要保持開放的狀態最爲重要，這樣才不會受到遮蔽，使人無法看到明亮的本體。

鳥類在大風的吹襲之下不能保持穩定的姿態，一旦出現飄移和曲折的動作就難以提供不容質疑的徵兆，因此他們根據習慣要求鳥卜者在颶風的時候，不能著手進行占卜的程序，怎麼樣才能知道出現平靜和穩妥的天候，只要讓油燈保持打開的位置，立刻就很清楚看到火焰的狀況。

73 祭司坐下觀察飛鳥的動作以獲得徵兆，何以此時他的身體不得有任何不適或疼痛？

這也是一種象徵性的指示，任何人從事神聖的事務，肉體不能遭到煩惱和病痛的打擊，就是靈魂也不能陷入陰鬱和痼疾之中，他應該處於遠離困難、沒有損傷和情緒正常的狀態。

或者這僅是合理的思惟程序，沒有人會忍著極大的痛苦去奉獻犧牲或進行鳥卜。就他們所擁有的職掌來說絕對要能保護自己，特別是他們前去解釋來自神明的徵兆，所有的機能一定要保持純潔、正常和健康。身體的任何不適或疼痛都表示身體受到損毀或污染[155]。

74 爲何塞維烏斯·屠留斯王要建一座人們稱爲Brevis的「小幸福女神神廟」[156]？

塞維烏斯·屠留斯當時沒有任何名氣，行動非常低調，何況他的母親還是一位奴隸，完全歸功於命運女神的幫助，後來他才能夠成爲羅馬的國王。或許這是非常巨大的變化，顯示女神能將凡人從卑微的行列提升到偉大的地位，由於塞維烏斯超越很多競爭者脫穎而出，這也是命運女神的行動較之從前能夠發揮更大的效果，掌握的權力能夠獲得更多香火的緣故。因此他不僅建造了「希望的賜與者命運女神神廟」、「厄運轉移者神廟」、「溫和之神神廟」、「頭胎保護神神廟」，以及「男性之神神廟」，還有一個私人專用的「命運女神神廟」，以及「善良的命運女神神廟」和「處女之身的命運女神神廟」。等到他建立「捕鳥者命運女神神廟」，大家把它稱爲Viscata，表示我們雖然在很遠的地方，出於機緣湊巧，還是

155　有關這方面的論點，可以參閱本書第27章〈埃及的神：艾希斯和奧塞里斯〉78節，可以獲得更爲明確的認知。

156　哈特曼(Hartman)認爲蒲魯塔克堅持的觀念，在於塞維烏斯·屠留斯能夠掌握機運。

能很快被命運女神所掌握；我們從這裡就會知道，不需要再爲那些神廟的命名竟會如此怪異而傷腦筋[157]。

是否我們可以進一步的考量，塞維烏斯並沒有看到這種現象，那就是命運女神擁有巨大的潛力卻只出現很少的變化。

75 爲何人們不吹熄油燈而要讓它自行滅掉[158]？

羅馬人對從不熄滅和永恆照耀的火保持尊敬的態度，如同他們對待自己的尊長和最親近的家人，或許這是一種象徵性的指示，要我們不能毀滅或是除去任何活在世上的生命，因爲火就像充滿活力的有機體，不能任由我們加以傷害。火需要維持發光的原料，這是本身的動能，在它沒有用盡之前，任何熄滅的行爲如同對它的殺戮。

或許是習慣在教導我們不能讓聖火絕滅，以及任何其他的必需品，我們只要夠用即可無須額外的浪費，要讓那些有需要的人都能夠加以運用，即使我們對那些必需品不再有需求，也要把它們留給那些可能用得到的人。

76 爲何他們認爲名門世家的子弟會在靴子上面打上新月形的標誌[159]？

根據卡斯特的說法，這樣做象徵神話中描述的事物，那就是在月亮上面的居所；同時還特別指出等到他們過世以後，靈魂會重返月球再度在上面翱翔[160]；或許這是羅馬最古老世家無可比擬的特權。還有就是那些追隨伊凡德的阿卡狄亞人，他們被人稱之爲新月族[161]。

或許這些也如同很多其他的習慣，喚醒他們記起人類事務當中，因爲流動易變所產生的得意和高傲，無論是非對錯，他們都拿月亮的盈虧作爲一個實例[162]：

---

157 有關這些神廟的稱呼，可以參閱本書第24章〈論命運女神庇護羅馬人〉5節，知道還有其他的羅馬人，建立很多名字極其怪異的命運女神神廟。

158 參閱本書第77章〈會飲篇：清談之樂〉第7篇問題4，會有更爲深入的解釋和說明。

159 參閱伊希多爾（Isidore）《溯源尋根》（Origines）第19章34節；以及朱維諾（Juvenal）《諷刺詩》（Satires）第7卷192行。

160 參閱本書第62章〈論月球的表面〉30節。

161 參閱羅斯編《亞里斯多德殘篇》No.591；阿波羅紐斯‧羅狄斯《阿爾戈英雄號歷險記》第4卷264行；以及亞里斯托法尼斯的喜劇《雲層》398行和它的邊注。

162 瑙克《希臘悲劇殘本》之〈索福克利篇〉No.787；蒲魯塔克《希臘羅馬英豪列傳》之〈德米

> 初生如新月，夜夜增光輝；
> 天道忌盈滿，衰減至朔晦。

　　或許可以視為服從權威的學習課程，教導他們在國王的統治之下，不能表現出不滿的態度，就像自己如同月球從屬次格，全心全意把注意力集中到居上位的天體：

> 要用敬畏的眼色凝視太陽，
> 極其明亮而又閃爍的光芒。

　　這是巴門尼德所寫的詩句。他要我們滿足於低等的位階，生活在統治者的庇護之下，從他那裡享受所獲得的權力和職位。

77　為何他們相信年要歸於朱庇特而月要歸於朱諾？

　　因為朱庇特和朱諾統治無形和基於概念所產生的神明；太陽和月球卻是可見的神祇。現在用太陽來解釋紀年，用月球來定義月份，然而有人不相信能把太陽和月球想像成朱庇特和朱諾的模樣，太陽就它的質量形式來說，就是真正的朱庇特；月球對朱諾而言也完全相似。這也是為什麼羅馬人會用朱諾這個名字來取代我們的赫拉，因為命名的由來出於月球，含有「年輕」或「資淺」的意義，當然這是與太陽比較以後得到的結論。他們還將月球稱為Licina即「明亮」和「發光」之意。他們相信這位神明對婦女的生產大有助益，可以減輕她們分娩時遭受的痛苦。甚至就是月球本身：

（續）

　　特流斯傳〉45節引用全詩：

> 人有悲歡離合，
> 月有陰晴圓缺；
> 貪圖榮華富貴，
> 瞬息灰飛煙滅。
> 世事何似弈棋，
> 浮生直如春夢；
> 嗟爾造化小兒，
> 吾等任憑播弄。

　　　通過布滿群星的廣大蒼穹，
　　　就會使生育有快速的過程。

所以大家認為婦女在滿月之夜的生產順利，可以將陣痛減到最低限度。

78 為何他們將顯示吉兆的鳥稱為「左邊」？

　　這種說法並非真實不虛，只是語言的特性使然，經常出現捨棄常規的狀況。就以拉丁文的sisnistrum「左」和sinere「允許」而言，他們說sine就是「給予許可」，因此對於見到的鳥同意鳥卜者「進行占卜」，用avis sinisteria這句話來表示，如果聽錯沒有經過改正，以訛傳訛成為sinistra，以後就這樣的沿用下去。

　　或者如同戴奧尼休斯[163] 所說的那樣，就在伊涅阿斯之子阿斯卡紐斯（Ascanius）列陣對抗密珍久斯之際，手下的人員進行鳥卜，突然在他們的左翼出現一道明亮的閃電，預兆他們會獲得勝利，從這時起他們在占卜當中經常發生這種例子。或許這種說法確有其事，某位權威人員非常肯定的表示，這件事發生在伊涅阿斯本人的身上。真實的狀況與底比斯人有很大的關係，琉克特拉會戰他們先在左翼擊潰敵軍[164]，接著才能獲得重大勝利，以後他們在所有的會戰當中，主將的指揮位置一定在左翼。

　　或許如同朱巴[165] 宣稱的解釋，任何人面向東方的時候，北方一定在他的左手，因為有人指出北方是整個宇宙最正確的方向，占有上方的優勢地位。

　　是否無須考量左方是較弱的一邊，他們要是主持鳥卜就會用均輸法，來加強和支持先天不足的力量。

　　或許他們認為這很像拿塵世和人類去與天國和神明相比，其實我們可以知道其中的含義，任何在左邊留給我們的東西，都是神明從右邊給我們送過來。

79 黎帕拉（Lipara）的皮朗有明確的記載，一個人享有舉行凱旋式的榮譽，死後經過火葬，可以撿起一塊骨頭安厝在城市裡面，為何他能

163　參閱哈利卡納蘇斯的戴奧尼休斯《羅馬古代史》第2卷5節之5；魏吉爾《埃涅伊德》第9卷630行；以及魏吉爾《牧歌》（*Georgics*）第4卷7節和它的注釋。

164　會戰那一天，伊巴明諾達斯指揮左翼的部隊，就將步兵排列成斜形隊形，逼得斯巴達人改變作戰方向，造成戰線的左右分離，導致遭到包圍殲滅的命運。

165　參閱穆勒《希臘歷史殘篇》第3卷471頁。

獲得這樣的允許？

　　這是對死者表示尊敬之意。事實上，對那些建立功勳的人士而言，特別是出征的將領，不僅是他本人，就連他的後裔，也可以獲得元老院的同意，擁有安葬在羅馬廣場的權利，像是華勒流斯(Valerius)和法布瑞修斯俱是如此處理[166]。他們還提到這些人的後裔亡故以後，遺體運到羅馬廣場，點燃一根明亮的火炬跟在後面，剛一露面立即撤走，不僅可以獲得榮譽，還可以避免別人的嫉妒，這樣做的主要目的是要肯定延續下來的特權。

80 一個人獲得舉行凱旋式的榮譽，公眾會為他設宴慶祝，為什麼先要邀請執政官，還要通知他不能前來參加這次宴會[167]？

　　獲得舉行凱旋式的人士，理所當然會在宴席上受到最高的禮遇，等到用餐完畢大家護送他回家。如果執政官在場，所有的禮儀都要用在他的身上，任何人不可以逾越。

81 官員穿鑲有紫邊的寬袍，何以護民官不得有這樣的裝束？

　　因為護民官根本不是政府的官吏，所以不會穿上正式的官服[168]。除了這項規定以外，護民官沒有扈從校尉的隨扈；他們不能坐在官椅上面處理公務；每年的元月朔日[169]，除了他們，其他的官員都要進入官廳；等到選出笛克推多只有他們的職責不受影響；雖然笛克推多將其他官員的職務轉移到自己身上，護民官即使不是正式的官員仍舊保留原有的職位。甚至有些護民官的擁戴者也不可以不理抗議者提出的訴訟程序，從而能夠保有所望的成效，在於反對既定的訴訟程序；因為訴訟程序是要將案件帶進法庭獲得判決，這時護民官擁有抗議者的身分，可以

166　參閱蒲魯塔克《希臘羅馬英豪列傳》之〈波普利柯拉傳〉23節，提到波普利柯拉死後享有國葬的榮譽，每個人繳納一夸德拉作為支付的費用，全城的婦女還為他守喪一年。當然華勒流斯和法布瑞修斯都會如此辦理。

167　參閱華勒流斯‧麥克西穆斯《言行錄》第2卷8節之6。

168　羅馬歷史上發生三次平民脫離事件：第一次在羅馬建城260年，即494 B.C.，結果是設置平民護民官以保護平民；第二次是449 B.C.；第三次是287 B.C.，確立市民大會的權利。護民官的人數最早是五位，後來又增加五位，同時制定法律，任何人當選護民官，擁有神聖不可侵犯的身分。

169　護民官當選以後，是在每年12月10日進入官衙奉行職責；參閱哈利卡納蘇斯的戴奧尼休斯《羅馬古代史》第6卷89節之2；以及李維《羅馬史》第39章52節。

將案件帶出法庭，同時可以宣布判決無效。運用同樣的方式，他們相信護民官的功能在於對官僚體系發揮阻遏的作用，所擁有的職位不在於成爲行政官員，而是對行政官員構成制衡的力量。因而護民官的威信和權力在於制止官員濫用權力，以及不讓他們獲得逾越本分的威信。

如果有人沉溺於杜撰的才能，或許他能解釋這些觀點，使得其他人對此產生好感。只是護民官這個職位的起源來自人民，輿論的支持賦予他強大的力量，他一定要認清重要的事實，那就是絕不能自視過高，要與普通市民在外觀、服飾和生活等方面毫無差別。執政官和法務官可以擁有鋪張和奢華的排場，護民官誠如該猶斯·古里歐(Gaius Curio)經常所說的那樣，必須讓自己看起來風塵僕僕。他不能表現倨傲的神色，也不能讓人覺得難以接近，更不能對群眾擺出粗魯的態度，他要不屈不撓爲他人的利益而努力，而且很容易與人民溝通。因此他家的大門按照習俗是永不關閉，日夜開放，要爲需要的人士提供安全的庇護所。他對外表現的面容愈是謙卑，愈能很快增加他的權力。羅馬人認爲最適當的做法，就是他要有利於一般民眾的需求，那就會對整個國家做出最大的貢獻，他的機能如同向神明奉獻犧牲的祭壇，那就是要做到有求必應；這時人民授與他的榮譽是使他成爲神聖不可侵犯的人物。當他出外在公眾之間行走，只要有任何事故發生在他的身上，按照習俗，他要舉行淨化和祓褉的儀式，好像他已經受到凶兆的污染。

82 爲何法務官的棒束要附上斧頭？

這是一種象徵表示官員的脾氣不要很快發作而且要有節制。或許在從容解開棒束之際，暴躁的脾氣獲得遲延和緩衝的時間，通常對懲罰的方式會改變原來的心意。特別是有些壞人可以治療，還有一些已經喪失作用，棍棒可以矯正那些有希望的人，斧頭對無可救藥者給予最後的了斷。

83 羅馬人得知稱爲布里托尼西人(Bletonesii)[170]的蠻族部落，用活人作爲犧牲奉獻給神明，就把部落的酋長召來，打算給予懲罰，等到他們非常坦誠的表示，這樣做完全是遵照某些習慣；爲何羅馬人會將他們飭回，只是吩咐他們爾後不得再犯？然而羅馬人曾經將兩對男女，分別是希臘人和高盧人，活埋在現在稱爲鮑里姆廣場(Forum Boarium)的地點，這件事發生的時間離

---

170 布里蒂薩(Bletisa)是西班牙一個城市，該地的居民是塞爾特人。

目前也沒有多少年。羅馬人自己照做不誤，卻去責備蠻族犯下對神明大不敬的行為，令人看來難免會感到不以為然。

羅馬人認為拿活人當犧牲向神明獻祭是褻瀆神聖的行為，然而用來作為祭祀亡靈的犧牲卻有這個必要。或許在他們的信念之中，人要是依據傳統和習俗行事，這在宗教而言是一種罪孽，然而他們這樣做是遵奉《西比爾神論集》（*Sibylline Books*）的指示。他們提到一個故事，說是一位名叫赫爾維婭（Helvia）的少女，騎在馬背上面遭到雷擊，她的座騎倒在地上，所有的馬具都被剝除，她自己赤身裸體，衣袍像是故意置放在遠處，所穿的鞋子、佩戴的手鐲和頭飾全都散落在四周，她張著嘴讓舌頭伸出來。巫師宣稱這對灶神處女而言是極其可怖的羞辱，很快就會傳播到遠處，惡意的暴行發現與騎士脫離不了關係。因此某位涉嫌者有一個蠻族出身的奴隸，提供的隱情不利於伊米莉婭（Aemilia）、黎西妮婭（Licinia）和瑪西婭這三位灶神處女，說她們幾乎在同個時間開始墮落，長久以來與愛人過著荒淫的生活，其中一位名叫維圖久斯·巴魯斯（Vetutius Barrus）[171]，就是告密者的主人。因此這三位女祭司定罪受到應得的懲處。有鑑於這些行為的罪大惡極，祭司團經過商議要徵求《西比爾神論集》的指示，他們的說法是神論已有先見之明，這件事會成為羅馬人的禍根，為了免於迫在眉睫的災難，他們應該向奇異的外來亡靈奉獻犧牲，就是將兩位希臘人和兩位高盧人，活埋在上面所說的地點[172]。

84 為何他們計算一日的時間起於午夜[173]？

因為羅馬這個城邦起源於一種軍事組織，大部分的事務必須運用於戰役之中，應該先期在夜間完成工作。或者他們要把日出當成發起行動的時刻，開始準備應該在夜晚。任何人採取行動一定要有準備，不能任發起行動以後再從事準備的工作，像是邁森趁著冬季的閒暇做好一根乾草叉，希臘智者契隆提到這件事[174]。

171　參閱西塞羅《布魯特斯》46節，說他是最雄辯的演說家，有些演說詞還能保留至今。賀拉斯《諷刺雜詠》第1卷第6首30行，要是修訂沒有錯誤，也提到他的名字。

172　蒲魯塔克《希臘羅馬英豪列傳》之〈馬塞拉斯傳〉3節提到這件慘劇，說是有人為此事私下舉行神秘的祭祀，時間在每年的11月份；參閱李維《羅馬史》第22卷57節。

173　參閱普里尼《自然史》第2卷77節；奧盧斯·傑留斯《阿提卡之夜》第3卷2節；以及馬克羅拜斯《農神節對話錄》第1卷3節。

174　戴奧吉尼斯·利久斯《知名哲學家略傳》第1卷106節，提到這個人的先見之明，在於及早修好耕田用的犁。

或者如同大部分人一樣,處理有關公眾的重大事務,都會在正午以前告一個段落,因而讓他們覺得一天從午夜開始是最好不過的事。還有不容質疑的證據,羅馬人從來不會過了日中以後,才去簽訂條約或協定。

或許用日出和日沒來計算一天的開始和結束是不可能的辦法。要是我們運用這種方式,如同大多數人經由他們的知覺,把自己的經驗加以有系統的歸納,認為白天的開始是從太陽剛從地平線上露頭為起算點,夜晚的開始是最後一道光線受到切斷。但是這樣做的先決條件是不能有春分和秋分。通常我們認為夜晚與白晝的時間概略等長,事實上因為太陽直徑[175]的關係,白晝的時間要稍微長一些。數學家為了合於這種異常之處,所用的矯正辦法,規定太陽中線接觸到地平線的那一瞬間,才是日與夜的分界點,這種明確的事實卻無法存在,因為造成的結果是還有光線留在地球上面,太陽仍舊在照耀我們的時候,我們不能承認它是白晝,硬要說是夜晚。太陽上升和下落的時間存有誤差,所以白晝和夜晚的開始很難由這個來決定,因此地球自轉所形成的天頂和天底,可以作為時間的起算點。其中以第二種方式用天底做起算點看來更好:因為從正午起算太陽運行的軌道對我們而言,看起來好像一直在下落;從午夜起算的軌道始終是在上升。

85 為何他們過去不讓妻子磨粉或烹調[176]?

羅馬人還記得當年與薩賓人講好的條件。由於他們搶走薩賓人的閨女,雙方引發一場戰爭,後來談和在相互接受的協議當中,薩賓婦女不做磨粉的粗活,也不必為她們的夫婿烹調食物。

86 為何他們不在五月舉行婚禮[177]?

因為這個月份正好在April(4月)和June(6月)之間,他們認為April為了推崇維納斯,同樣June的得名來自朱諾,這兩位神明的職掌都將婚姻包括在內。所以大

---

175 早在蒲魯塔克那個時代之前,希臘人精確計算出太陽這個球體形成的弦相對應地球的射入角度,可以沿用很長的時間都無須修正。參閱阿基米德(Archimedes)《計算的法則》(*Arenarius*)110節。

176 參閱蒲魯塔克《希臘羅馬英豪列傳》之〈羅慕拉斯傳〉15和19節,特別是磨粉這種勞累的工作。

177 參閱奧維德《歲時記》第5卷489行。

家將婚期定在稍早的四月或稍晚的六月，自然而然就會避開五月。

　　或許因爲這個月份要舉行最隆重的祓禊典禮，從橋上將泥偶丟進河中，在古老的日子要用這種方法將活人淹斃。因而產生一種習俗，我們將奉獻給朱諾的女祭司稱爲弗拉米尼卡(Flaminica)，這個時候她們要裝出非常嚴肅的神情，不可洗浴也不能佩帶任何飾物。

　　或許因爲很多拉丁人要在這個月份爲死者供奉祭品。可能基於這樣的緣故，他們在這個月要祭祀麥邱利(Mercury)，同時我們知道May(5月)的名字來自大地之神邁亞(Maia)[178]。

　　或許有人提到，May的得名來自maior，即「長者或資深」之意；而June的得名來自Junior即「幼者或資淺」之意。當然以幼者更適合於婚事，所以優里庇德有下面的詩句[179]：

　　　　老年要與愛情永久的告別，
　　　　阿芙羅黛特更加討厭長者。

因此他們不可能在五月結婚，勢必要等到下一個月即六月。

87 爲何他們要用長矛的矛頭來分開新娘的頭髮[180]？

　　這是一種象徵，要讓大家記得頭一位羅馬妻子[181]的婚姻，出於伴隨著戰爭的暴力行爲；或許是要做妻子的知道，現在她們要匹配的對象是英勇無敵的男子漢，只有樸素、純眞和簡單的美容和化妝，才會受到他們的贊許。甚至就是萊克格斯也都曾經頒布論令，只能用鋸和斧頭來整修住宅的大門和屋頂，其他的工具都在禁止之列，用來遏阻奢侈和浪費的風氣[182]。

　　或許這種程序在於暗示雙方的分離要採用的方式；看來只有兵戎相向才能解

178　邁亞是神的使者麥邱利的母親；這位神明的希臘名字是赫耳墨斯。
179　出自優里庇德的悲劇《伊奧盧斯》；參閱瑙克《希臘悲劇殘本》之〈優里庇德篇〉No.369。
180　參閱蒲魯塔克《希臘羅馬英豪列傳》之〈羅慕拉斯傳〉15節。
181　羅慕拉斯搶劫薩賓人的婦女作爲妻子，這個女孩的名字叫作赫西莉婭(Hersilia)。
182　參閱蒲魯塔克《希臘羅馬英豪列傳》之〈萊克格斯傳〉13節，據說斯巴達王李奧特契達斯沒有見過其他形式的木工，有次在科林斯接受極其禮遇的款待，看到天花板有精美的雕刻和藻井，請教主人是否他們國家的樹木天生就是這個樣子。

除婚約。

或許大多數的婚姻習俗與朱諾有關。朱諾手裡所握的矛現在視爲神聖之物，她的雕像常見的姿態是身體倚著長矛，女神因而得到奎瑞蒂斯(Quiritis)的稱號，古代人士所說的「長矛」(curis)，過去他們曾經提過，羅慕拉斯獲得這個稱號，因爲只有他能與戰神馬爾斯相比，此外善戰的伊尼阿留斯(Enyalius)也被羅馬人稱爲奎林努斯(Quirinus)[183]。

88 羅馬人經常爲公眾舉辦大型的表演活動，爲何他們將這種花錢方式稱爲Lucar？

因爲環繞城市有很多奉獻給神明的「叢林」，他們稱之爲luci，在那裡興建廟宇所能獲得的稅收，他們通常拿來辦理公眾的表演活動。

89 爲何他們稱奎林納利亞(Quirinalia)典爲「愚人節」[184]？

根據朱巴的說法，他們將那天分配給無法辨別親朋好友的人士。或許是有些人因爲工作的忙碌，或者人不在羅馬，或者出於疏忽，福納卡利亞(Fornacalia)祭典沒有向所屬區部的亡靈獻祭，特別指定這一天用來彌補前愆，同時也可以享受節慶的歡樂。

90 當他們向海克力斯獻祭的時候，不得提到其他神明的名字，根據瓦羅的記載，爲何在神廟的圍場之內不能看到有狗出現[185]？

他們所以不會提到其他神明的名字，是因爲大家認爲海克力斯只是一位半神。誠如有些人[186]的描述，說是他仍舊活在世間的時候，伊凡德爲他建造一個祭壇，然後向他奉獻犧牲，所有的動物當中還是以狗最讓他感到滿意，從實情得知這一類的畜生給他帶來很多的困擾，諸如色貝魯斯(Cerberus)[187]就是如此。最

---

183 參閱蒲魯塔克《希臘羅馬英豪列傳》之〈羅慕拉斯傳〉29節；哈利卡納蘇斯的戴奧尼休斯《羅馬古代史》第2卷48節；以及奧維德《歲時記》第2卷475行與後續各行。

184 參閱奧維德《歲時記》第2卷513行與後續各行。

185 參閱普里尼《自然史》第10卷29節。

186 哈利卡納蘇斯的戴奧尼休斯《羅馬古代史》第1卷40節2；以及李維《羅馬史》第1卷7節之12。

187 色貝魯斯是冥神哈得斯豢養的惡犬，牠的任務是守衛地獄的入口。

糟的事情莫過於希波庫恩(Hippocoon)的幾個兒子，竟然爲了一隻狗謀殺黎西姆紐斯(Licymnius)的兒子厄奧努斯(Oeonus)，海克力斯被迫要與這些凶手發起一場戰爭，他有很多朋友以及他的兄弟伊斐克利(Iphicles)因而喪生。

91 爲何他們不允許貴族住在卡庇多神殿的周邊？

馬可斯·曼留斯(Marcus Manlius)當時住在那裡[188]，他想登上寶座當國王。他們認爲這是因爲他的關係，所以曼留斯的房屋受到誓言的約束，以後住在裡面的成員不能取馬可斯這個名字。

或許這個令人害怕的日期來自更早的年代。不管怎麼說，雖然波普利柯拉[189]是一位對民主政體最爲擁戴的人物，貴族還是要不停地加以誹謗和中傷；因爲他住的府邸所在的位置，對於羅馬廣場形成高屋建瓴之勢，等到他把這座建築物夷爲平地，從此大家接受他的表態，不會對他再起猜忌之心。

92 爲何他們將橡樹葉子編成的花冠授與戰時救過市民性命的人[190]？

因爲橡樹到處都可以生長，戰場上面很容易找到它的葉子。

或許他們將朱庇特和朱諾視爲羅馬的保護神，這種花冠是奉獻給祂們的神聖之物。

或許這種習慣是來自阿卡狄亞人的古老遺物，他們好像與橡樹有某種親屬關係。他們自認是地球上面最早出現的人種，橡樹在植物當中名列第一。

93 爲何他們常用觀察兀鷹的活動進行鳥卜？

因爲羅馬建城之日羅慕拉斯看到十二隻兀鷹。或許這種鳥很難出現也不熟

188 參閱蒲魯塔克《希臘羅馬英豪列傳》之〈卡米拉斯傳〉36節，元老院下令將他的房屋夷爲平地，今後不許貴族居住在卡庇多山，免得有人占領形勢險要的堡壘，控制整個城市，產生登基稱帝的念頭。

189 參閱蒲魯塔克《希臘羅馬英豪列傳》之〈波普利柯拉傳〉10節，屋舍拆除以後在原地建了一座廟宇，市民稱它爲維卡·波塔(Vica Pota)。

190 參閱蒲魯塔克《希臘羅馬英豪列傳》之〈馬修斯·科瑞歐拉努斯傳〉3節；普里尼《自然史》第16卷4節；波利拜阿斯《歷史》第6卷39節之6；以及奧盧斯·傑留斯《阿提卡之夜》第5卷6節。這種花冠是公民冠的一種；對於羅馬人而言，公民冠是很多特權的基礎。

悉。很不容易發現兀鷹的巢，這種鳥總是突然從遠處飛撲下來，因而能看到牠就代表某種朕兆。

或許他們從海克力斯那裡知道這些事。如果希羅多德說的沒錯[191]，海克力斯從事任何重要工作之初，很高興見到兀鷹出現在天際，比起其他鳥類使他感到更為安心。他始終認為在所有肉食動物當中，兀鷹的行為最合乎正義的要求，首先是牠只吃腐敗屍體，不會殺害有生命的物種，這與鷹、鵟和夜行性鳥類的習性大相逕庭，牠們生存的方式完全靠著殺戮。還有就是有些鳥類不食同類，但是沒有人看過兀鷹拿另外的鳥類當食物，像是鷹和鵟這些猛禽非常特殊，牠們對於同類仍舊追逐和攻擊。然而，如同伊斯啓盧斯的詩句[192]：

　　同類相殘的鳥豈能自認清白？

我們可以說兀鷹是對人最無害的鳥類，牠們不會損毀任何作物或果木，也不會傷害任何一種家畜。埃及人的神話裡面，整個族群的兀鷹都是雌性，牠們之所以受孕是由於接受東風帶來的精氣，甚至就是樹木的繁殖歸之於西風的力量，因此他們相信從兀鷹帶來的徵兆不僅正確而且可靠。但是就其他鳥類的狀況來說，在交尾的季節情緒異常興奮，無論是誘敵、退離和追逐的行動，受到干擾之後變得極不穩定。

94 為何要將伊司庫蘭庇斯(Aesculapius)神廟[193]建在城市之外？

因為他們考慮到生活在城市外面比起城牆裡面更加有益健康。事實上希臘人根據他們的構想，阿斯克勒庇斯神廟興建的地點，要達到潔淨和高爽的要求。

或許他們相信神明之所以會降臨，出於來自伊庇道魯斯(Epidaurus)的召喚，然而伊庇道魯斯人興建的阿斯克勒庇斯神廟不在城內，離開城市還有相當路程。

或許那條蛇離開三層槳座戰船到達要去的島嶼，接著就消失不見，因此他們認為神明已經指出興建的地點。

191　穆勒《希臘歷史殘篇》第2卷31頁，提到希羅多德的著作有這方面的記載；有關作為鳥卜的兀鷹，可以參閱蒲魯塔克《希臘羅馬英豪列傳》之〈羅慕拉斯傳〉9節；普里尼《自然史》第10卷6節；以及伊利安《論動物的習性》第2卷46節。
192　引用他的悲劇《哀求者》226行。
193　參閱普里尼《自然史》第29卷4節；以及李維《羅馬史》第10卷47節。

95

爲何在神聖的日子按照嚴格的規定不得食用豆莢[194]？

他們如同畢達哥拉斯的追隨者，出於宗教的禁忌不能食用豆類，所持的理由非常普通，從「野豌豆」和「鷹嘴豆」的名字lathyros和erebinthos，讓人聯想到列什(Lethe)和伊里帕斯(Erebus)[195]。

或許他們對豆莢有特別的用途，出現在葬禮的宴席當中，或是當成祭品奉獻給死者。

或許一個人要保持身體的潔淨和輕盈，目的是適應神聖的生活和祓除的儀式。豆莢是一種使人腹中脹氣的食物，產生多餘的物質需要通便的瀉劑。

或許因爲這種排氣和脹腹的食物，對人的欲望產生刺激的作用。

96

爲何灶神處女犯下通姦[196]的罪行，唯一的懲處是活埋[197]？

因爲羅馬人對死者的遺體用火化的方式處理，一個婦女要是無法盡到保護聖火使之純潔的責任，那麼她在葬禮中沒有使用火的權利。

或許他們認爲一個婦女在最重要的祓除典禮中授與聖潔的責任，現在要使她的身體受到摧殘，必定會違背神明的規定，甚至對一個神聖的婦女施以致命的打擊，同樣是不得體的褻瀆行爲。基於這種理念，他們想出適合的辦法就是要她自行了斷；在把她引進修建在地面之下的小室之中，留下一盞點燃的燈、一塊麵包和一些牛奶和清水，然後他們用泥土將整個小室掩埋起來，讓她在黑暗之中慢慢窒息而斃命。這種方式無法避免罪行的產生也難逃對迷信的畏懼，只是今天的祭司會列隊來到此地，向死者奉獻祭品。

194　參閱普里尼《自然史》第18卷12節；以及奧盧斯‧傑留斯《阿提卡之夜》第10卷15節之12。

195　列什是冥河的名字，伊里帕斯是地府的別稱，所以聽起來很不吉利。

196　無論是蒲魯塔克《希臘羅馬英豪列傳》之〈波普利柯拉傳〉8節，還是本書第6章〈如何從政敵那裡獲得好處〉6節，蒲魯塔克對於灶神處女並沒有用這個刺耳的表達方式。

197　蒲魯塔克《希臘羅馬英豪列傳》之〈努馬‧龐皮留傳〉10節，對於懲處的過程有詳盡的介紹，讀來真是令人毛骨悚然；參閱奧維德《歲時記》第6卷457-460行；哈利卡納蘇斯的戴奧尼休斯《羅馬古代史》第2卷67節之4和第8卷89節之5；以及普里尼《書信集》第4卷第4封6節。

97 十二月望日[198] 年度大賽車的優勝隊伍，要將右轅的馬當作犧牲奉獻給戰神，帶到稱爲Regia的「王宮」，剁下尾巴，接著在祭壇上面放血，來自薩克拉大道（Via Sacra）和蘇布拉（Subura）地區的代表，要爲贏得砍下的馬頭舉行格鬥；請問爲何會有這樣的習俗？

有些人[199] 持這樣的說法，他們相信敵人奪取特洛伊在於用一匹馬作爲工具，因此要對牠施以懲罰，確實如此，羅馬人都是

　　有高貴身分的特洛伊後裔，
　　竟與拉丁的婦女混雜一起。[200]

或許馬是積極、活潑又好戰的牲口，神明能夠獲得這樣的祭品必然感到喜悅，用牠們作爲犧牲是最適合禮儀的要求，特別是戰神馬爾斯的職掌是勝利和權勢，用獲得優勝的馬匹奉獻到牠的祭壇更是無上的尊榮。

或許神明的工作要求堅定不移，人類當中不能固守陣地者被打敗以後只有逃走。怯懦的下場是懲罰立即降臨，讓他們知道退縮毫無安全可言。

98 爲何監察官就職以後，先要簽訂供應聖鵝食物的契約[201] 以及完成雕像的清洗[202]，才能進行其他工作？

他們從最瑣碎的事務開始著手，花費最少而且執行起來沒有多大困難。

或許是爲了紀念牠們在高盧戰爭[203] 的貢獻，不僅感謝而且深表虧欠之意。蠻族在夜晚正要爬上卡庇多的城堡，雖然所有的狗都已入睡，鵝群發覺入侵者，騷動的囂鬧驚醒守軍。

或許因爲監察官是國計民生的保護者，要讓自己克盡督導的責任，整日忙於城邦和宗教的例行事務，還要評鑑人民的生活、品德和行爲。他們之所以剛任職

198　蒲魯塔克弄錯時間，應該是十月才對。

199　波利拜阿斯《歷史》第7卷4節，提到這個人是歷史學家泰密烏斯（Timaeus）。

200　這首詩模仿荷馬的風格，有點類似《伊利亞德》第18卷337行和第10卷424行的綜合體。

201　參閱普里尼《自然史》第10卷22節。

202　親自動手清洗的雕像位於卡庇多山的朱庇特神廟，神明獲得朱庇特·卡皮托利努斯（Jupiter Capitolinus）的稱號；參閱普里尼《自然史》第33卷7節。

203　參閱本書第24章〈論命運女神庇護羅馬人〉12節；蒲魯塔克《希臘羅馬英豪列傳》之〈卡米拉斯傳〉24節；哈利卡納蘇斯的戴奧尼休斯《羅馬古代史》第8卷7-8節；以及戴奧多魯斯·西庫盧斯《希臘史綱》第14卷116節。

就得關切警覺心最高的動物，那是他們在照顧鵝的同時等於是規勸市民，對於神聖的事物務必戒愼恐懼不得掉以輕心。

清洗的工作確有必要[204]，古老的雕像通常都刷上一層紅色顏料，只是很快褪色變得老舊不堪。

99 任何一位祭司受到定罪和放逐的處分，職務即將罷黜並且選出接替者；爲何唯獨占卜官是終身任職，即使犯下十惡不赦的重罪，祭司的身分仍不能剝奪[205]？

他們認爲「占卜官」負責決定徵兆的凶吉。

有人持這樣的說法，他們的意圖是一個人只要不是祭司，就不應該知道神聖儀式的機密。

或許因爲占卜官受到誓言的約束不得將神聖的事物告訴任何人，即使他涉及案件因而貶降到平民的身分，他們還是不能任意解除他在立誓以後應盡的義務。

或許「占卜官」是基於知識和技藝所獲得的稱呼，並非某種階級或職位。不讓一位預言家克盡本分的工作，如同用表決的方式不許一位樂師成爲樂師，或者醫生不能成爲醫生，這是相當荒謬的事。因爲他們即使可以拿走他的頭銜，卻無法剝奪他的能力。因爲他們要保持占卜官最初核定的員額，當然不能指派一位繼任者。

100 爲何他們把八月（即過去的Sextilis）望日訂爲奴隸的假日，無論男女都停止工作，特別是羅馬婦女一定要洗頭整髮？

羅馬國王塞維烏斯生於八月望日，他的母親是一位被俘的奴隸，爲了紀念這個日子，所有的奴僕都免於工作。大家要把頭髮洗濯得非常乾淨，因爲是奴僕的假日，所以先從女奴開始，然後才是有自由人身分的婦女。

101 爲何他們要在兒童的頸脖上面掛著當成裝飾稱爲bullae的護身符[206]？

---

204 羅馬的雕像整理得光潔如新，相較之下雅典人很懶惰，他們的公眾紀念物極其污穢；所以雕塑家普拉克色特勒斯（Praxiteles）的作品，甚至在奧林匹克山引起諸神的論戰。

205 參閱普里尼《書信集》第4卷第8封1節。

206 這個護身符的外形很像一個氣泡，所以稱爲bullae；參閱蒲魯塔克《希臘羅馬英豪列傳》之〈羅慕拉斯傳〉20節；普里尼《自然史》第33卷1節；以及馬克羅拜斯《農神節對話錄》第1

這些做法就像很多其他的事情，拿來討好被他們用武力搶得的妻子，他們還投票通過提案，讓她們所生的子女戴上這種傳統的飾物。

或許是為了推崇擁有大丈夫勇氣的塔昆。有個故事說他還是一個小孩的時候，參加作戰攻打拉丁人和伊楚里亞人的聯軍，他策馬向著敵陣直衝，雖然從座騎上面摔了下來，還是奮勇抗拒一大批向他猛撲過來的敵人，這樣一來激勵羅馬人整隊再戰的精神，隨後擊潰對手獲得光輝的大捷，有一萬五千人被他們殺死，他從父王的手中接到這個護身符作為英勇行為的獎品。

早期的羅馬人認為，在年輕力壯的時候愛上女奴，並不是見不得人的事，毫無任何羞辱可言，就是現在從各種喜劇[207]的場面，可以證明這種風氣非常普通。只是他們嚴格禁止有自由人身分的兒童不得有這樣的行為，為了避免無法辨識，即使他們脫光衣服還是要戴上這種標誌。

或許這是一種安全裝置要確保他們遵守規矩，或者是一種記號讓大家知道他們處於無法自制的年齡。他們在取下這種表示兒童身分的標誌之前，要是有人把他們像成人一樣對待，就會讓他們感到無地自容。

瓦羅和他的學院所持的觀點並不值得相信：他們說伊奧利亞人把boule「律師」這個字讀成bolla，所以兒童戴上這種飾物當作他是一個好律師的標誌。

他們長大以後不再戴它是因為月亮的關係。月亮可見的形狀初期並不像一個球，只是類似小扁豆或套環，如同伊姆皮多克利的想法，這個天體的外形變化永遠不會平靜下來。

102 為何他們給男嬰取名是在出生後第九天而女嬰是第八天？

女孩優先是出於自然的成因，事實上女性的成長要比男性為快，較早到達成熟和完美的年紀。要是用天數來算，兩性的取名都在七天以後，無論出生的狀況如何，因為臍帶通常會在第七天脫落，所以前七天可以說是危險期，要過了這個階段再取名比較保險，而且在臍帶完全脫落之前，嬰兒如同植物而不是動物[208]。

或者他們如同畢達哥拉斯的追隨者，認為偶數合乎女性而奇數適於男性；因為奇數具備繁殖的能力，等到加上偶數，可以獲得最大的優勢。我們要是將偶數

（續）————————
　卷6節之7-17。
207 有人說那時的羅馬人把喜劇稱之為togatae，只是找不到確鑿的證據；普勞都斯和特倫斯提到的palliatae，它的緣起就是希臘的新喜劇，只是這也無法加以證實。
208 參閱奧盧斯·傑留斯《阿提卡之夜》第16卷16節之2-3。

分為兩等分，如同女性一樣，這兩個數之間變得一無所有；然而奇數的兩部分，兩數之間始終存在一個整數。因此他們認為奇數適合男性而偶數適合女性。

　　或許在所有的數當中，九是第一個奇數的平方，同時在以三為基數的數列中，九可以說是最完美的數；在所有以二為基數的偶數中，八是第一個偶數的立方。我們現在要求一個男人要做到正方形[209]所代表的卓越和至善，一個婦女正像一個立方體，表現出個性穩健、照顧家庭和堅定不移的氣質。這裡還要加上一點，八是二的立方而九是三的平方，所以婦女的姓名只有兩個，而男人的姓名由三個組成。

103 為何他們將「父不詳」的兒童取名為spurii[210]？

　　雖然希臘人都相信的確如此，就是法庭上的律師也都言之鑿鑿，我還是可以找出理由，證明這些兒童的出生絕不是來自雜交和粗俗的男女關係。我們要知道斯普流斯如同色克都斯、迪西穆斯和該猶斯，都是羅馬人的第一個名字（羅馬市民的姓名通常由三個字構成，分別是「名」（praenomen）、「族姓」（nomen）和「家姓」（cognomen），常用的「名」約十七個，所以同名之人極多）。一般在書寫的時候很少寫出全名，縮寫用一個字母像是T.代表Titus，L.代表Lucius以及M.代表 Marcus；兩個字母像是Ti.代表Tiberois以及Gn.代表Gnaeus，三個字母像是Sex.代表Sextus以及Ser.代表Servius。因為Spurius是一個常用的名字，拿兩個字母的Sp.作為代表。然而這個兩個字母也可以用來敘述一個兒童在身世方面，屬於「父不詳」的範疇， 拉丁文Sine patre即「沒有父親」之意，可以用s代表sine，而p代表patre，出現這樣一個sp縮寫；因而很容易產生訛誤，就是這個縮寫同時可以用在sine patre和斯普流斯的名字上面。

　　我還提到一種極其荒謬的說法，很多人斷言薩賓人用spurius這個字來表達pudenda muliebria「私生子」之意，把未經正式結婚所生的兒子取這個名字，帶有嘲笑和諷刺的味道。

209　參閱貝爾克《希臘抒情詩集》之〈賽門尼德篇〉No.5；以及艾德蒙《希臘抒情詩》第2卷284頁。

210　參閱該猶斯（Gaius）《羅馬制度》（Institutiones）第1卷64節；以及華勒流斯‧麥克西穆斯《論姓氏》（De Praenominibus）6節。

104 爲何他們將酒神巴克斯稱爲Liber Pater「自由自在的父親」？

在那些可以隨心所欲痛灌黃湯的人看來，祂就是他們的父親。大部分的人只要沉醉在杯中，就會一反常態變得無所忌憚，恨不得將心中的塊壘全部一吐爲快。或許祂可以提供酗酒的機會，使大家能夠正大光明的飲用。或許如同亞歷山大[211] 強調這件事的起源，那是戴奧尼休斯從皮奧夏的伊琉瑟里(Eleutherae)獲得伊琉瑟里烏斯(Eleuthereus)[212] 的稱呼。

105 按照習俗少女不能在公眾假日結婚而寡婦再醮就要選這種日子，其理由何在[213]？

瓦羅曾經說過，少女在結婚的時候非常憂傷，年紀較長的婦女能夠嫁人感到愉快，一個人在公眾假日不應表露出悲哀的神色，或者受到強迫變成不得不爾。

或者出於少女的婚禮有相當多的賓客參加，這才合乎禮儀的要求；寡婦的再婚要是擺出盛大的場面，不僅沒有榮譽可言，反而讓人感到羞辱。要知道第一次的婚禮會受到友伴的羨慕，第二次只會引起旁人冷言冷語的責備，要是一個婦人當第二任丈夫在娶她的時候，前面那位離異的良人還活在世上，她本人當然會感到慚愧，即使前夫已經過世，她只要想起往事仍舊會傷感不已。因此他們慶幸會有一個安靜的婚禮，總比出現吵鬧的迎親行列要好得多。假日讓大多數人都忙亂不堪，沒有人願意管再婚新人的閒事。

或許是他們在節日的祭典中，將薩賓人未出嫁的女兒搶走，結果引起雙方的戰爭，因而他們認爲在假日迎娶少女，會給城市帶來不吉利的朕兆。

106 爲何羅馬人重視Fortuna Primigenia[214]，有人將這個字譯爲「頭胎生的」？

這完全是命運女神一手造成的，他們都說是祂將好運賜給塞維烏斯，一位女奴所生的兒子，後來成爲羅馬極具聲望的國王。有人臆測所以出現這種狀況，是

---

211 這位亞歷山大的名字叫作波利赫斯托(Polyhistor)，他是一位抄錄者，與蒲魯塔克是同時代的人士。
212 雅典劇院供戴奧尼蘇斯祭司使用的座椅，上面刻著這個頭銜。
213 參閱馬克羅拜斯《農神節對話錄》第1卷15節之21。
214 參閱本書第24章〈論命運女神庇護羅馬人〉10節；西塞羅《論法律》第2卷11節；以及李維《羅馬史》第34卷53節。

他獲得大多數羅馬人全心全意的擁戴。

　　或許是命運女神從建城開始就將大吉大利的運道賜給羅馬這個城市[215]。

　　或許這種說法獲得更為合理又毫不勉強的解釋，我們可以假設命運女神的決定是一切事物的根源，經由命運的操控使得自然可以建立堅實的架構，不論創造的程序有什麼樣的安排，命中注定的事物還得透過偶發的條件，才能相互聚集在一起。

107 為何羅馬人將「酒神風格」的藝人稱為histriones[216]？

　　克祿維斯‧魯弗斯(Cluvius Rufus)[217]的著作有這方面的記載。他提到在古老的時期，那一年[218]正是該猶斯‧蘇爾庇修斯(Gaius Sulpicius)和黎西紐斯‧斯托洛(Licinius Stolo)出任執政官，羅馬發生一場瘟疫，所有在舞台上面討生活的人士全都喪失性命。出於羅馬人急迫的需要，從伊楚里亞來了很多優秀的演員，其中一位名叫希斯特(Hister)，早已在各地享有盛名，到了羅馬更是如虎添翼，在劇院獲得很多年的成功；因此有些藝人都從他那裡獲得histriones的稱號，意為「媲美名角者」。這裡所說的「酒神風格」就是「出類拔萃」之意。

108 為何他們不應娶血統相近的同族婦女為妻？

　　他們希望用婚姻來擴展親屬關係，運用嫁女和娶妻的方式獲得更多的親戚。

　　他們害怕近親的婚姻會出現任何的不和與爭執，基於這種理由，他們趨向於要將天賦的權利連根拔除。

　　或許他們提過婦女由於體質較弱需要很多保護者，她們並不希望在夫家的婦女當中找到相互支持的友伴，因為她們要是受到丈夫的虐待和欺負，女方的親友會給予援助。

215　參閱本書第24章〈論命運女神庇護羅馬人〉，對這個問題會有更深刻的體認。

216　參閱李維《羅馬史》第7卷2節；隨後的華勒流斯‧參克西穆斯《言行錄》第2卷4節之4，同樣有這方面的記載。

217　參閱彼得《羅馬史籍殘卷》之〈克祿維斯篇〉314頁No.4。

218　時為羅馬建城393年即361 B.C.。

109 爲何他們不許朱庇特大燃火祭司接觸到麵粉或酵母[219]？

因爲麵粉是一種粗糲又無法入口的食材，或許現在它已經不是麥子，然而卻又不是麵包；這個時候它不僅喪失種子的發芽能力，甚至沒有成爲有用的食物。詩人用隱喻的方式將大麥粉取一個諢名稱之爲mylephatos[220]，因爲它的機能在碾磨的過程中，受到破壞而消失殆盡。

酵母本身就是食材腐化所獲得的產物，等到它與生麵糰混合在一起，又開始促進腐化的作用，生麵糰變得鬆軟喪失彈性，可以說發酵的過程就是物質發生變化的一種方式[221]，總而言之，不要多久的時間麵粉開始變酸，如果不能盡快處理，這些材料全部無法食用。

110 爲何禁止祭司接觸到新鮮肉類？

出現這種習俗的著眼在於完全禁絕人們食用生肉，因此他們所持的理由如同麵粉，要求對於新鮮肉類能夠一絲不苟的遵守規定。這種食材現在已經不是有生命的個體，然而還沒變成烹調好的食物。無論是煮或烤都能改變原來的質地，因爲生肉的外觀難以保持潔淨，就像一個傷口使人產生厭惡之感。

111 爲何他們要求祭司避開犬和羊，不能接觸也不可呼叫牠們的名字？

他們厭惡山羊的淫亂好色和羶騷氣味，或許這種動物很容易感染疾病。有人認爲羊經常患上癲癇這種惡疾，如果將病羊的肉吃進肚裡[222]，或者經由接觸都會受到傳染。他們提到突然發作的原因，在於空氣的吸入變得更爲狹窄，這是從病羊的聲音極其微弱，經過推斷獲得這樣的結論。如果人類有了這種徵狀，那麼他在癲癇發作的時候，從說話的變化可以得知，就會聽到他像羊一樣有咩咩的叫聲。

---

219 參閱奧盧斯·傑留斯《阿提卡之夜》第10卷15節之19。

220 參閱荷馬《奧德賽》第2卷355行；mylephatos意爲「磨得粉碎」。

221 本書第77章〈會飲篇：清談之樂〉第3篇問題10第3節，人們常說麵粉在望日發得最好，這是月圓的關係；其實發酵作用與腐敗的程序完全類似，發酵會使麵糰變得多孔而質輕，如果沒有掌握好時間，最後會出現同樣的變質和敗壞。

222 普里尼《自然史》第28卷16節，提到吃下羊肉會引起癲癇發作。

狗或許不像羊那樣好淫和帶有羶味，有人認為狗會公開交尾，所以不讓牠們進入雅典的衛城[223]，就連提洛島[224]也都絕跡不見蹤影；然而牛、豬和馬只在有圍牆的廄內交配，不會那樣渾無顧忌不受任何的約束。事實上人們對真正的理由反而不知道：因為狗是好戰成性的動物，當然會被神聖不可侵犯的廟宇排斥在外，這些聖地要為求情的罪犯提供一個安全的庇護所。朱庇特的祭司要模仿神明的作為，以祂的代理人自居，當然要為陳情人和乞求者準備庇護的場所，不能用任何方式阻止他們進入，更不能施加威脅要他們離開。基於這樣的理由，祭司要將他的臥榻放在家中的前廳，任何人只要屈膝下跪，在那一天都可以免於鞭打或懲戒。任何一位凶犯要是能夠到達祭司的面前，就可以暫時獲得自由，身上的枷鎖可以取下，這些行動只能在屋頂的下面實施，就是在門口也沒有保障。如果一個人需要獲得庇護，這時有一條狗站在他的前面，擺出威脅的姿態要把他趕走，那麼溫和與人道的待遇對他而言已經毫無效用。

就事論事，古代的人士認為這種動物一點都不潔淨，不會用它作為犧牲奉獻給奧林匹克的天神；等到將牠送到十字路口作為冥府女神赫克特的晚餐，類似的各種祭品只能作為惡行的贖罪和補償之用。斯巴達的風俗是他們宰殺幼犬用來祭拜最血腥的神祇伊尼阿留斯，皮奧夏舉行公眾的被襖儀式，他們將一條狗殺死砍成兩半，分放在道路的兩邊，遊行的隊伍就從中間走過。羅馬人在齋戒的月份[225]要為狼舉行祭典，這個稱為Lupercalia「逐狼節」的慶典，他們敬神用狗作為犧牲，除了一個人的職位高到可以服侍最顯赫和最純潔的天神，否則禁止用狗當祭品，因為牠們是家庭裡面最親密的夥伴和朋友。

112 他們禁止朱庇特大燃火祭司接觸到常春藤；道路兩旁的樹木上面有葡萄藤盤繞，這時不得從懸掛枝葉的下方通過，其理由何在[226]？

還有其他的規定像是「不要坐著小板凳進食」、「不要呆坐在糧斗上面」、「不要跨過地上的掃帚」；都會讓人提出質疑。畢達哥拉斯的門生弟子並不重視瑣

223 參閱蒲魯塔克《希臘羅馬英豪列傳》之〈德米特流斯與安東尼的評述〉4節；以及戴奧尼休斯《論演說家狄納克斯》(De Dinarcho)3節。
224 雅典與希臘各主要城邦結盟，將金庫設在提洛島以「提洛聯盟」知名於世；每年派遣聖船前往該地向阿波羅致敬，成為全希臘公認的聖地；參閱斯特拉波《地理學》第10卷5節之5。
225 羅馬人的齋月是二月(February)；參閱本章第68節。
226 參閱奧盧斯·傑留斯《阿提卡之夜》第10卷15節之12。

事，更不會刻意的提防[227]，只是經由這些簡單的要求，進而對於重大的事物有所禁止和限制。像是行經葡萄樹之下就與酒發生關係，禁止通行等於明確表示祭司沒有飲酒的權利，還有就是對靠近身邊的誘惑保持排斥的信念，要使自己成爲歡樂的主人，絕不能落入它的掌握之中。

他們認爲常春藤是一種不結果實的植物，對於人類的實質貢獻眞是一無是處，特別是它需要別的植物給予支撐，讓人感到它的缺乏骨氣和虛弱；就大部分民眾的看法，常春藤只能給人帶來陰涼的遮蔽和綠色的美景，其餘可以說是乏善可陳。所以把它種在家中沒有什麼好處，纏繞的生長方式反而有害於支撐的植物。或者是它只能在地面向四周蔓延，不能成長爲高大的樹木；因此爲奧林匹克的神明舉行的儀式中，所有裝飾的物品都將常春藤排除在外，雅典的赫拉神廟和底比斯的阿芙羅黛特神廟都見不到它的蹤影，然而無論是阿格瑞歐尼亞（Agrionia）[228]或奈克提利亞（Nyctelia）[229]這些祭典，大部分的儀式在夜間舉行，就會拿這種植物環繞在各種器物的上面。

或者用來作爲禁止舉行酒神祭典和歡宴的特殊表記。婦女一旦陷入酒神信徒的狂熱情緒，就會立刻走向常春藤把它的葉子扯下來，緊抓在手裡不放，接著用牙齒將它咬得粉碎。因此多少出現這種似是而非的看法，他們認爲常春藤帶有讓人發狂的性質，一開始感到無所適從，直到陷入心煩意亂的處境，好像沒有飲酒就帶有醉意一樣，雖然產生歡樂的情緒，想要使內心獲得欣慰那是靠不住的事[230]。

113 爲何他們不允許祭司謀求一官半職，卻可以獲得扈從校尉開道和坐官椅的權利的[231]？

希臘有些地區出現同樣的狀況，祭司階層獲得的尊嚴與國王不相上下，一般民眾難以望其項背。

或者是祭司擁有不容置疑的職責，官員的職責經常違背常情而且不夠明確，

---

227 參閱本章第72節，以及本書第77章〈會飲篇：清談之樂〉第8篇問題7第1節；不像這裡表示出無所謂的語氣，事實上他們從細微之事的身體力行，才能養成良好的習慣。
228 這是皮奧夏人每年為酒神戴奧尼蘇斯舉行的祭典。
229 奈克提利亞又稱「夜之祭典」，這是希臘人用來膜拜酒神戴奧尼蘇斯。
230 蒲魯塔克對於常春藤的特質有深入的研究，參閱本書第77章〈會飲篇：清談之樂〉第3篇問題2。
231 參閱奧盧斯·傑留斯《阿提卡之夜》第10卷15節之4。

如果將所有的職責授與一個人，一旦出現需要同時運作的局面，就會左支右絀難以兩全，受到雙方所給的壓力，如果忽略一邊就會冒犯神明，犯下褻瀆的罪行，要是不理另一邊，則會使自己的市民同胞受到傷害。

或者他們曾經有這樣的說法，暗示凡人組成的政府擁有職權的同時要加上很多的限制，希波克拉底提到人民的統治者有如醫生[232]，不僅親眼看到，還要接觸處理很多慘不忍睹的事物，患者受到疾病的折磨使得他們感同身受，痛苦的情緒會一直留連不去。如果一個人已經判處市民的死刑，或者像布魯特斯命中注定那樣，要對自己的親戚或家人痛下毒手，同時還要負責向神明奉祭或者領導宗教儀式的進行，他們認為這是大不敬的行為[233]。

---

232 參閱希波克拉底著，御特編纂之《論呼吸》(*De Flatibus*)第6卷213頁；以及盧西安《罪加一等》(*Bis Accusatus*)第1卷。

233 他是第一位擔任執政官的羅馬人，曾經下令處死自己的兒子；參閱李維《羅馬史》第2卷5節；以及蒲魯塔克《希臘羅馬英豪列傳》之〈波普利柯拉傳〉6節。

第二十二章
希臘掌故

1 哪些人是伊庇道魯斯[1]的「泥腿」和「督導」？

當地負責治理城邦的人數共有一百八十位，大家從這些人當中推舉稱為「督導」的執政官員；絕大多數的民眾生活在鄉間，他們來到城市的時候，腳上滿是塵土，所以被人叫成「泥腿」[2]。

2 何人會在庫米[3]成為「騎在驢背上的婦女」？

任何婦女與人通姦被查獲，就會帶到市場，鎖在一塊大石頭上面，讓她在眾目睽睽之下出醜丟臉。或者先要她騎在驢背遊行全城示眾，接著再站在同一地點，從此以後終生得到「騎驢者」這個羞辱的稱呼。經過這樣的懲處以後，他們認為這塊大石頭受到玷污，要為它舉行淨化的儀式。

庫米的市民要選出稱為「護衛」的官員，主要的職責是管理監獄；他們參加元老院的夜間會議，先將國王帶出議場嚴密看管不得進入，直到案件經過秘密投票獲得裁決為止，因而無論對錯都與國王沒有關係。

3 誰在索利[4]的人民當中是稱之為「點火者」(hypekkaustria)的婦女？

他們將這個稱呼給予雅典娜的女祭司，因為她們經常要舉行避邪改運的祭典

---

1 伊庇道魯斯是位於伯羅奔尼撒半島東部的城市，瀕臨愛琴海的亞哥斯灣。
2 這些人原來屬於農奴階級，後來僭主讓他們獲得自由；參閱《劍橋古代史》第7卷554頁。
3 庫米是義大利南部的城市，位於康帕尼亞地區。
4 稱為索利的城市有兩處，一個位於塞浦路斯島，另一個位於西里西亞海岸，兩城隔海相對；這裡提到的索利應是後者。

和儀式。

4 哪些人是尼杜斯[5]的「善忘者」(Amnemones)以及誰是「受拒者」(Aphester)[6]？

尼杜斯人從貴族當中選出六十名終身任職的人員，擔任監督和顧問負責軍國大事的審查和諮詢。根據推測他們之所以稱爲「善忘者」，除非其中某些人士能記得很多事情的來龍去脈，否則不可能將過去的行動解釋得一清二楚。任何人要他們提供意見就被稱爲「受拒者」，因爲他們通常守口如瓶不發一言。

5 誰是阿卡狄亞人和斯巴達人當中的「行善者」？

等到斯巴達人和特基亞人[7]達成協議以後，阿爾菲烏斯當眾樹起石柱，將簽訂的和約及有關事項刻在上面，特別提到：「必須將梅西尼人從這片國土趕走，任何人對他們行善做好事都是違法的行爲。」[8]然而亞里斯多德的解釋與眾不同[9]，他說這項條文的意義是：凡是加入斯巴達陣營的特基亞人，不會受到死刑的處分。

6 誰在歐庇斯人(Opuntians)[10]當中是「撿麥者」(krithologos)？

希臘人用大麥當成祭品有非常古老的根源，市民通常用它當成頭一批收成的作物。因此他們將帶著這些祭品主持奉獻儀式的官員稱之爲「檢麥者」。他們有兩位祭司，一位的職責是服侍神明，另外一位服侍的對象是精靈。

7 何謂「飄浮的雲」？

---

5 尼杜斯是小亞細亞一個城市，位於卡里亞的西南端，瀕臨愛琴海，392 B.C.斯巴達的艦隊在此地被雅典和波斯的聯軍擊潰。

6 蒲魯塔克《希臘羅馬英豪列傳》之〈萊克格斯傳〉6節提到斯巴達的「市民大會」(apellazein)，英國歷史學家格羅特(Grote)認為Aphester就是那種機構，只是這種說法還是過於牽強。

7 特基亞是伯羅奔尼撒半島中部阿卡狄亞地區的城市，南下進入斯巴達的門戶，形勢非常險要，自古以來都在斯巴達人的掌握之中。

8 在一塊希臘的墓碑上面刻著這兩句話。

9 參閱本書第21章〈羅馬掌故〉52節。

10 歐庇斯是希臘中部洛克瑞斯地區一個城市。

他們常說雲在天空飄浮，特別是快要下雨的時候，或是被風吹得不斷的移動；狄奧弗拉斯都斯(Theophrastus)[11] 在他的《氣象學》(*Meteorology*)第四卷敘述這方面的狀況，有一段文章寫著：「這些飄蕩的浮雲和塊狀的積雲，都在那裡運動而且顏色潔白，顯示它們受到水和風的影響，就組成的成分而言沒有什麼不同。」

8 誰在皮奧夏人當中是「鄰居」(platioiketas)？

這個名字是伊奧利亞的方言，用來稱呼那些住在第二棟房屋裡面或是與家產相鄰而居的人，因為這些人的土地就在手邊。我可以從監護法的有關條文增加一項條款，雖然更能夠[12]……。

9 誰在德爾斐人當中是「執事」(hosiōtēr)以及他們為何要將一個月份的名字叫作Bysios？

每當一個「聖職者」[13] 上任的時候，他們稱他為「執事」，要向神明奉獻犧牲。德爾斐有五位「聖職者」，可以終身擁有這個職位，他們在很多事務方面要與神讖解釋者合作，還要參加神聖的儀式，由於他們出身杜凱利昂世家，完全來自繼承，是一脈相傳。

很多人認為Bysios是physios「生長」的月份，這是春天的開始，植物萌芽接著很快進入花期。這種解釋與實情有很大的出入，德爾斐人不會用b來取代ph(不像馬其頓人將Philip念成Bilip、phalacros念成balacros或者Pheronicê念成Beronicê那樣)，而是用b來取代p；因而他們非常自然將proceed念成broceed或是painful念成bainful。這麼說來Bysios應該是Pysios，也就是請求頒發神讖的月份[14]，人們向神明請求指示迷津，神明要能有求必應，這是合法和遵守傳統的程序。神讖通常

11　狄奧弗拉斯都斯在亞里斯多德的門人弟子當中，享有很大的名聲，後來成為逍遙學派的領袖人物，是當代的哲學家、科學家、教育家和文學家，他生於列士波斯島的伊里索斯(Eresos)，287 B.C.亡故於雅典，時年八十五歲。

12　抄錄者漏寫所引用的條文。

13　本書第27章〈埃及的神：艾希斯和奧塞里斯〉35節，提到蘇格拉底的《聖職者》(*The Holy Ones*)一書，有詳盡的解釋和說明；參閱本書第30章〈神讖的式微〉49節。

14　希臘每個城邦的月份有不同的稱呼，雅典將一年分為十二個月，開始的月份是7月，各月的名稱是：Hekatombaion(7月)、Metageitnion(8月)、Boedromion(9月)、Pyanopsion(10月)、Maimakterion(11月)、Poseideon(12月)、Gamelion(1月)、Anthesterion(2月)、Elaphebolion(3月)、Mounichion(4月)、Thargelion(5月)、Skirophorion(6月)；從Pysios這個字來看，應該是10月才對。

在Bysios降下，而且該月第七天大家認爲這是神的生日[15]。他們將這天稱爲
Polyphthoos「多言之日」，並非要phthois「烘焙蛋糕」，因爲這天很多人要向神明
請示，就會頒布較平日爲多的神讖。凱利昔尼斯（Callisthenes）[16]和安納山卓德
（Anaxandrides）[17]都有這方面的記載；從而得知現在每個月都有訴求者前來請求
指示迷津，以往的阿波羅女祭司每年只在這一天給予答覆。

10 何謂「羊群避開」？

這是一種非常矮小的植物，接近地面生長，放牧的動物很喜歡它的嫩芽，一
旦頂端遭到切斷或者傷害莖部就會立即枯萎，等到這種植物長到某個高度，能逃
過牲口的齧食，長出的刺非常尖銳，不小心扎到以後會很疼痛，所以他們將它稱
爲「羊群避開」。伊斯啓盧斯的詩句是有力的證據[18]。

11 哪些人獲得「敗於投石者」的稱呼？

離開伊里特里亞[19]遷移到外地的民眾，通常會定居在科孚（Corcyra）島[20]；等
到他們與科林斯開戰，查瑞克拉底（Charicrates）率領一支軍隊前來征討，伊里特
里亞人接戰以後大敗，登上船隻向著故國啓航。當地的市民同胞在戰敗者到達之
前，已經得知發生的狀況，爲了斷絕他們歸鄉的念頭，就用投石器射出有如陣雨
的矢石。由於當地的市民人數眾多而且冷酷無情，移民沒有說服或擊敗他們的能
力，只有離開向著色雷斯航行，占領一片國土作爲安身立命之地。 傳聞提到奧
菲烏斯[21]的祖先梅桑（Methon）曾經在此居住，所以伊里特里亞人將建立的城市取

---

15 參閱本書第77章〈會飲篇：清談之樂〉第8篇問題1第2節，提到柏拉圖的生日是Thargelion第
   六天（5月6日），要比阿波羅早一天。七這個數字除了生日還與阿波羅大有關係，參閱凱利瑪
   克斯《頌歌集》第4卷251行與後續各行。

16 凱利昔尼斯生於奧林蘇斯，是知名的歷史學家和哲學家，他是亞里斯多德的外甥，陪同亞歷
   山大遠征東方，直到328 B.C.被處死為止，除了記錄亞歷山大的功勳，還寫出一部希臘編年
   史。

17 安納山卓德是西元前3世紀德爾斐的歷史學家。

18 瑞克《希臘悲劇殘本》之〈伊斯啟盧斯篇〉No. 447。

19 伊里特里亞是優卑亞島中部一個城市，居民善於航海，曾在地中海和黑海建立殖民地。

20 科孚是希臘西部的島嶼，坐落在愛奧尼亞海的北方，與伊庇魯斯僅有狹窄的海峽相對，是控
   制進出亞得里亞海的要地，主要城市與島嶼同名，位於島的東岸。

21 奧菲烏斯是傳說中的吟遊詩人和樂師，以主張素食知名於世。

名為梅松尼（Methone）[22]，他們的鄰居用「敗於投石者」這個綽號來稱呼他們。

12　何者是德爾斐人當中所謂的「查瑞拉」？

德爾斐人每八年一次要連續舉行三個祭典[23]，第一個他們稱之為塞普提瑞昂（Septerion），第二個是希羅伊斯（Herois），第三個是查瑞拉（Charilla）。

塞普提瑞昂表示阿波羅與皮同這條大蛇的戰鬥，以及牠逃到田佩[24]以後，阿波羅的趕盡殺絕。一些人肯定表示，阿波羅的遁走在於他想要洗滌他的罪孽，因為在接續而來的行動當中，他的殺氣太重。有人說他緊跟受傷的皮同不放，逃走的小徑現在稱為「聖路」，僅僅追了一陣子，那個怪物就倒斃在地，完全是戰鬥之中受了重傷的緣故，據說身為兒子的艾克斯（Aix）埋葬了皮同。德爾斐人為了紀念此一重大事件或者某些性質相同的傳聞，所以舉行塞普提瑞昂祭典[25]。

希羅伊斯祭典很大部分為神秘的氣氛所籠罩，塔德斯[26]女祭司明瞭整個狀況，部分儀式要公開舉行，有人推測還是用來象徵塞梅勒的召喚。

他們談起查瑞拉的故事有如下述：一場饑荒隨著乾旱之後降臨到德爾斐人的頭上，他們帶著妻兒子女來到國王的宮殿要求給予救濟，國王將部分的大麥和豆類發給地位顯赫的市民，因為數量不夠分配給所有人。這時一位年幼又喪失雙親的女孩，走到國王面前不斷提出哀求，國王不予理會，還用所穿的涼鞋打她，還將涼鞋丟到她的臉上。名叫查瑞拉的女孩雖然生活貧窮而且孤苦無依，個性卻非常倔強剛烈，回家以後用腰帶自縊而死。後來饑饉的災情更為嚴重，加上瘟疫流行，具備預言能力的女祭司對國王降下神讖，他必須安撫自殺身亡的查瑞拉，免得她作祟給市民帶來災禍。他們用死去女孩的名字來稱呼最後這場祭典，舉行奉獻犧牲和齋戒淨化的儀式，一直到現在他們還是每八年舉行一次。國王身穿禮服莊嚴就座，將大麥和豆類分給每一個人，外國人和市民不分軒輊，同時將一個容貌像查瑞拉的木偶帶進來。等到每個人領到發給的糧食以後，國王就用穿的涼鞋打這個木偶，首席塔德斯女祭司拾起木偶，帶到一個到處都是裂罅的地點，將繩

22　梅松尼是馬其頓的濱海城市，位於色麥灣（Gulf of Thermai）的頂端，是航運和貿易的中心。

23　參閱本書第30章〈神讖的式微〉21節，提到阿波羅為殺死皮同這條巨蛇，被迫前往另一個世界，要經過八個世代的循環才能赦回。

24　田佩山谷在帖沙利的奧薩山左側，是從馬其頓進入希臘的門戶，歷來是兵家必爭之地。

25　參閱本書第30章〈神讖的式微〉15節；伊利安《歷史文集》第3卷1節。

26　參閱本書第20章〈勇敢的婦女〉13節，提到那些狂熱的酒神信徒，要是女性就被稱為塔德斯。

索繞著木偶的頸部綁好，再將它埋在土中。就是查瑞拉亡故以後安葬的同一位置。

13 何謂伊尼斯人（Aenianians）所稱「乞丐食用的肉」？

伊尼斯人曾經有幾次遷移的行動。一開始他們定居的地區靠近多蒂安（Dotian）平原，後來被拉佩茲人[27]趕到伊昔西亞（Aethicia）[28]。他們從那裡繼續前進，據有奧阿斯（Auas）河流經的摩洛西亞（Molossia）地區，獲得帕勞阿伊人（Parauaei）這個稱呼。接著他們占領色拉，當他們受到神明的指使，用石塊擊斃國王厄諾克盧斯（Oenoclus），離開山區向下走到愛納克斯（Inachus）周邊的國度，那裡居住著愛納克斯人和亞該亞人。過去有一份神讖曾經做出這樣的指示，如果愛納克斯人放棄一部分領土，接著就會全部喪失殆盡；反之，如果伊尼斯人從自願給予者那裡獲得任何田地，他們就會成為整個地區的主人。

提蒙（Temon）是伊尼斯人當中地位顯赫的人物，他穿上襤褸的服裝帶著一個布袋，打扮成乞丐的模樣去見愛納克斯人，他們的國王出於藐視和嘲笑的心理，將很小一塊泥土送給他，提蒙接受以後將它放置在布袋裡面，顯然他對這份禮物感到非常滿意，因為他沒有要求其他的東西就立即退下。愛納克斯的長老聽聞此事大感驚駭，因為他們記起神讖的示警，前去見國王要他對後續的發展不可掉以輕心，同時更不能讓提蒙安然離去。等到提蒙得知他們的意圖，便趕快逃走，還向阿波羅起誓，只要能夠化險為夷，他會為神明舉行百牛祭。

為了解決爭端，由兩位國王進行搏鬥決定勝負，伊尼斯國王菲繆斯（Phemius）看到愛納克斯國王海帕羅克斯（Hyperochus）前來應戰，後面跟著一隻狗，就說海帕羅克斯的做法不夠公正，因為他帶著一位助戰的幫手。就在海帕羅克斯轉過身體去趕狗的時候，菲繆斯趁機投出一塊石頭將對手擊斃。伊尼斯人擁有整個國土，然後將愛納克斯人連同亞該亞人一起驅離。從此他們尊敬石塊視為神聖之物，獻祭的時候用犧牲的肥肉將它包裹起來，當他們為阿波羅舉行百牛祭的時候，還用一頭公牛當作祭品奉獻給宙斯；他們將經過精選的胙肉分給提蒙的後裔子孫，將它稱之為「乞丐食用的肉」。

---

27 伊尼斯和拉佩茲都是位於帖沙利地區的城市。

28 伊昔西亞是帖沙利所屬一個區域；參閱本章第26節。

14 哪些人在伊色卡[29]的居民當中是「科利阿斯家族」（Coliadae）的成員，以及何謂phagilos？

等到求婚者被奧德修斯盡行殲滅以後，死者的親友聚集起來要討回公道。雙方都同意由尼奧普托勒穆斯（Neoptolemus）擔任仲裁人[30]出面解決紛爭。他的判決是奧德修斯要為這件慘案負責，犯下殺人的罪行必須離開西法勒尼亞（Cephallenia）、札辛蘇斯和伊色卡這三個地區，接受流放的處分；至於求婚者的朋友和親人每年供應奧德修斯相當的實物，用來賠償他的家產所受的損失。奧德修斯因而離開故鄉前往義大利。賠償的實物合法轉移到他的兒子名下，於是命令伊色卡的居民要按規定供應。這些賠償的實物包括大麥、酒、蜂蜜、橄欖油、鹽以及可以作為犧牲的獸類，送來牲口的年歲要較phagilos為長，根據亞里斯多德的說法，phagilos就是一隻「小羊」。特勒瑪克斯將自由權利授與優米烏斯（Eumaeus）和他的同伴，使得他們能與市民和諧相處。後來的科利阿斯家族即源於優米烏斯，如同布科利斯家族（Bucolidae）源於斐洛伊久斯（Philoetius）[31]。

15 什麼是洛克瑞斯人所稱的「木狗」？

洛克魯斯（Locrus）是菲斯修斯（Physcius）之子，也是安斐克提昂之孫。歐庇斯（Opus）是洛克魯斯和卡拜（Cabye）的兒子。後來洛克魯斯與他的兒子發生口角，憤而率領相當數量的市民前去尋找神讖應許給他們的殖民地。神明特別告訴他，如果有一天他被木狗咬到，就要在該地興建一個城市。等到他越過另外一面的海洋到達一個地方，不小心踩到一棵名叫「咬人狗」的植物[32]，傷口變得紅腫不堪，就在那裡停留幾天，他勘察整個國土，興建菲斯庫斯（Physcus）和厄安昔亞（Oeantheia）兩個城市，隨後陸續出現許多市鎮，因而稱為歐佐利亞（Ozolian）的洛克瑞斯人所居住的地區。

有人說洛克瑞斯人之所以被大家稱為歐佐利亞人，那是因為馬人尼蘇斯的關係；也有人認為是出於那條巨蛇皮同的緣故，牠的身體斷成數截被海浪捲走，腐爛在洛克瑞斯人的鄉野。有人說這些人穿羊毛和羊皮製成的衣服，大部分時間用

---

29 伊色卡是希臘西部位於亞得里亞海的島嶼，它是奧德修斯的家鄉。
30 參閱阿波羅多魯斯《史綱》（Epitome）第7卷40節。
31 優米烏斯是奧德修斯的牧豬人，斐洛伊久斯是他的牧牛人。
32 參閱阿昔尼烏斯《知識的盛宴》70C-D。

在放牧羊群上面，變得全身羶臭不堪[33]。還有人持相反的論點，因為整個國度長滿花卉，所以他們的名字來自撲鼻的香氣。他們之中有位是來自安斐沙的阿克塔斯(Archytas)，寫出下面的詩句[34]：

啊！這可愛的瑪西納，
四周圍繞美麗的城垣；
原野裝飾成簇葡萄藤，
到處都是甜蜜的芬芳。

16 什麼是麥加拉人所稱的aphabroma？

奈西亞(Nisaea)這個地方的名稱來自在位的國王奈蘇斯(Nisus)，他娶的妻子哈布羅特(Habrote)是皮奧夏人，她是安奇斯都斯(Onchestus)的女兒和麥加里烏斯(Megareus)的姊妹。哈布羅特的見識過人而且行事審慎，可以說是女中豪傑。等到她逝世以後，麥加拉人全都感到無比悲痛，奈蘇斯為了要讓大家永久記得她的懿德，下令所有的婦女要穿上她經常穿著的服裝，所以大家將這種樣式的「衣物」稱之為aphabroma。甚至就是宙斯對於哈布羅特也是讚揚備至，麥加拉的婦女想要改換衣服的樣式，祂甚至降下神讖加以阻止。

17 何謂「長矛之友」？

古老的麥加拉地方定居的鄉村社區將所有的市民分為五個團體，分別取名為赫拉伊斯(Heraeis)、派里伊斯(Piraeis)、麥加瑞斯(Megareis)、賽諾蘇里斯(Cynosureis)和垂波迪修伊(Tripodiscioi)。因為科林斯人一直在暗中使力，想要將麥加拉置於他們的控制之下，後來雙方發生內戰，基於公正的觀點，他們對於戰爭的指導採用的方式要合乎人道，不能破壞相互之間的親屬關係。像是不得殺害在田野工作的農夫；任何人被俘以後要支付特別訂出的贖金，等到這些人釋放回去以後，捉到俘虜的人才能接受這筆錢，不可以提早獲得免得有傷感情。科林

33　參閱鮑薩尼阿斯《希臘風土誌》第10卷38節。

34　阿克塔斯是出生在塔倫屯的希臘人，當代知名的哲學家、數學家、將領和詩人，大約於西元前5世紀前後望重士林。

斯人要將捕獲的俘虜先帶回自己的家中，共享鹽和食物，然後再將他們遣返。等到他們將贖金籌措好送給科林斯人以後，這些俘虜和捉到他們的人從此成為朋友，由於科林斯人通常使用長矛這種武器，所以獲得「長矛之友」的稱呼。任何人放回去後不願支付贖金，會遭到失去榮譽和不守信用的指責，不僅是他的敵人就是自己的市民同胞都有這種共識。

18 什麼是「歸還利息」？

就在麥加拉人驅逐僭主瑟吉尼斯[35]以後，他們的施政作為在短期內相當穩健，表現出明智和審慎的作風。後來等到民選的領袖將任性而為的自由風氣灌輸到整個社會，如同柏拉圖預測的狀況[36]，市民墮落到腐化不堪的程度。他們用誤導的方式對富有的家庭展開打擊行動，貧民可以大搖大擺進入他們的家中，要求安排宴會給予盛大的接待，如果不能滿足所需，家屬會遭到惡言的侮辱和暴力的凌虐。最後他們還頒布敕令，凡是先前付給債權人的利息要全部歸還原主。

19 預言本事高明的女祭司念出下面的神讖：

由於你沒住在安塞敦，
喝了渾酒令人難為情。

皮奧夏的安塞敦(Anthedon)[37]並不盛產美酒，何以還有這種說法？

古老的過去用艾里妮這個名字稱呼卡勞里亞(Calaureia)[38]，來源是出於一位名叫艾里妮的婦女，根據傳說她的雙親是波塞登和麥蘭昔婭(Melantheia)，須知麥蘭昔婭是河神阿爾菲烏斯的女兒。後來等到安蘇斯(Anthus)和海佩拉(Hypera)的友伴在那裡定居下來，就將兩個主要的島嶼取名為安塞多尼亞(Anthedonia)和

35　參閱修昔底德《伯羅奔尼撒戰爭史》第1卷126節。

36　參閱柏拉圖《國家篇》564A，僭主政體只能從民主政體發展而來，從極端的自由中產生最凶狠的奴役。

37　安塞敦位於伯羅奔尼撒半島的東部，瀕臨薩羅尼克灣(Saronic Gulf)。

38　卡勞里亞是一個小島，位於薩羅尼克灣的南方，成為特里真這個城市的屏障；笛摩昔尼斯在這個島上的海神廟服毒身亡。

海佩里亞（Hypereia）。因而亞里斯多德認爲神讖有這樣的說法：

> 由於沒有住在安塞敦，
> 喝了渾酒令人難爲情；
> 神聖的海佩拉無差別，
> 出產的美祿沒有渣滓。

這些只是亞里斯多德個人的觀點。根據史家納賽吉頓（Mnasigeiton）的說法，海佩拉的兄弟安蘇斯還是一個小孩，從家中走失以後，她四處流浪前去尋找，抵達菲里，來到一個名叫阿卡斯都斯（Acastus）的市民家中作客，湊巧安蘇斯成爲奴隸賣到此地，擔任執壺者負責倒酒的工作。就在宴會當中這個小孩認出他的姊姊，前去爲她斟酒，對著她輕聲低訴：

> 由於沒有住在安塞敦，
> 喝了渾酒令人難爲情。

20 爲什麼普里恩[39]會有「讓橡樹帶來厄運」的說法？

每當薩摩斯人和普里恩人發生戰事，通常雙方的損失並不嚴重，都在可以接受的範圍內，有次出現一場巨大的會戰，普里恩的市民殺死一千名薩摩斯人。六年以後普里恩人在一個名叫「橡樹」的地點與米勒都斯人接戰，優秀和顯赫的市民幾乎全部陣亡。就在這個時候哲人畢阿斯奉派出使薩摩斯，到任以後贏得很大的名聲。普里恩的婦女陷入殘酷的經驗和可憐的災難之中，以致以後對重大事項發誓賭咒，會說出「讓橡樹帶來厄運」這句話，因爲無論是她們的兒子、父親和丈夫，都在那場會戰中被殺[40]。

21 哪些人在克里特人當中被稱爲「伙夫」？

---

39 普里恩是希臘人在愛奧尼亞的殖民城市，知名的人物像畢阿斯和赫摩吉尼斯（Hermogenes），城內廟宇甚多，以愛奧尼亞柱式聞名於世。

40 參閱羅斯《亞里斯多德殘篇》No.576。

人們提到第勒尼安人[41]定居在林諾斯和因布洛斯這兩個島嶼的時候，就從布勞隆劫持雅典人的女兒和妻子。後來雅典人將他們從這些地方趕走，前往斯巴達尋求庇護，與當地的婦女成親，有的還生下子女。斯巴達人對他們起了猜疑之心，也受到不實的指控，逼得只有離開斯巴達的國土。所有人員帶著自己的妻兒子女，他們在波利斯(Pollis)和德爾法斯的領導之下，能夠成功在克里特島登陸[42]。接著爲爭奪全島的主權引起鬥爭，很多人被殺曝屍戰場，一開始因爲處於戰爭的危險之中，沒有閒暇去埋葬死者，過了一段時間屍首腐爛發臭大家都爭相退避。波利斯提出優厚的條件和特權，贈給神明的祭司和願意埋葬死者的人。這種榮譽甚至授與安息在地下的英靈，讓他們要繼續擔任不能撤回的命令。有一個階層使用祭司的名字，另外一個他們稱之爲「伙夫」。

波利斯用抽籤的方式與德爾法斯分手，各自統治獨立和分離的城邦，可以共享所需的糧食和慈善的關懷，使得雙方免於衝突和傷害；不像其他的克里特人習於自相殘殺，經常在暗中進行搶劫和掠奪。就是克里特人也不敢去找第勒尼安人社區的麻煩，更不會偷竊或搶奪屬於他們的東西。

22 什麼是卡爾西斯(Chalcis)人所謂的「兒童之墓」？

祖蘇斯(Xuthus)之子科蘇斯(Cothus)和伊克盧斯(Aeclus)前往優卑亞定居，這個時候正值伊奧利亞人據有島嶼大部分的地區。科蘇斯從預言獲得指示，只要能買到土地，從此就會無往不利，比他的敵人獲得更大的好處。他帶著少數人在島上登陸，正巧看到一群小孩在海邊遊戲，他加入玩耍的隊伍，爲了贏得他們的好感，就將很多來自外國的玩具展示出來。等到他看到他們很想擁有這些東西，他表示除非從這些小孩手中接受一些泥土，否則他不會將玩具送給他們。於是這些小孩從地上拾起土塊交給科蘇斯，然後拿著玩具離開。等到伊奧利亞人發現大事不好，這時敵人已乘著船隻大舉進襲，他們在憤怒和悲傷之餘，就將犯下錯誤的小孩殺掉，埋葬在從城市到優里帕斯(Euripus)那條道路的旁邊，他們把這個地點稱之爲「兒童之墓」。

41　根據希羅多德的記載，利底亞人遭遇荒年，一半人民向外遷移，後來到達翁布里亞，建立一些城市定居下來，因爲是在利底亞的王子第勒努斯(Tyrrhenus)領導之下，所以後來自稱第勒尼安人；可以參閱《歷史》第1卷94節。
42　參閱本書第20章〈勇敢的婦女〉8節及它的注釋。

23 亞哥斯這個城市裡面，誰是「聯合奠基者」（mixarchagetas），以及誰是「閃避者」（elasioi）？

他們把卡斯特稱為「聯合奠基者」，認為他死後就埋葬在亞哥斯人的國境之內；同時對於波利丟西斯（Polydeuces）非常尊敬，將他視為奧林帕斯山的諸神之一。要是有人患上癲癇能夠免於發作，會被大家稱作「閃避者」，認為他們是阿勒克西達（Alexida）的後裔子孫，阿勒克西達是安菲阿勞斯的女兒。

24 亞哥斯人把什麼事稱為「烤肉」（enknisma）[43]？

亞哥斯人要是親戚或好友逝世，發喪以後要立即向阿波羅奉獻犧牲[44]，過了三十天再向赫耳墨斯舉行祭禮。他們相信如同土地接受死者的遺體一樣，赫耳墨斯要使靈魂在地府有歸屬之處。他們將大麥贈送給阿波羅的祭司，同時接受從犧牲的動物身上割下的胙肉，這時他們認為家中的火受到污染要全部熄滅，再從別人的爐灶中接過火種重新點燃，燒烤分得的胙肉他們稱之為enknisma。

25 alastor、aliterios及palamnaeos這幾個字是什麼意思？

對於這幾個字所表示的意義很難讓人信以為真。他們說發生饑荒的時候，有人在旁邊窺伺磨房主人的行動，然後趁機對他大肆搶劫，這種人被稱為aliterioi[45]。有人要是做了alesta「令人難忘」的事情，那是過很久以後還是讓人記得，他們將這種「事情」稱之為alastor。有人若是對於自己的弱點能夠aleuasthai「避免」或是加以防備，就將這種人稱之為aliterios。根據蘇格拉底的陳述[46]，他們將這些事情寫在palamnaeos「青銅板」上面。

26 男子趕著牛從伊尼斯到卡西奧庇亞（Cassiopaea）[47]，要求少女當成護送的隊伍陪他們直到邊界，興高采烈唱著：

---

43 參閱穆勒《希臘歷史殘篇》第4卷498頁。

44 有些學者認為要向冥神普祿托奉獻犧牲而不是阿波羅，因為後者潔身自好不會接觸喪葬之事。

45 本書第40章〈論做一個多管閒事的人〉16節，aliterios 這個字的意義應該是「背德者」或「罪人」，在本章卻要做另外的解釋。

46 這位蘇格拉底是亞哥斯人，只知道他是歷史學家，其他付之闕如；參閱穆勒《希臘歷史殘篇》第5卷498頁。

47 卡西奧庇亞是位於伊庇魯斯地區的城市。

不再返回可愛的故鄉；[48]

這種習俗的意圖何在？

　　伊尼斯人被拉佩茲人趕出自己的家園[49]，開始全部遷往伊昔西亞周邊地區，後來才定居在摩洛西亞和卡西奧庇亞。等到他們發現在該地無利可圖，同時還要與邊界上面不友善的民族打交道，就在國王厄諾克盧斯率領之下，向著色拉人的平原遷移。這時極其嚴重的旱災降臨到他們的頭上，據說他們遵從神讖的指示，用石塊將厄諾克盧斯擊斃。然後四處飄蕩直到抵達現在所據的疆域，土地極其肥沃可以生產各種作物，因此有很好的理由向神明祈禱，不願再返回祖先居住的故鄉，仍舊留在現地過幸福繁榮的生活。

27 為何羅得島人不准傳令官進入民族英雄奧克瑞狄昂（Ocridion）的祠堂？

　　難道是為了奧契穆斯（Ochimus）將他的女兒賽迪普（Cydippe）許配給奧克瑞狄昂的關係？然而奧契穆斯的弟弟色卡法斯（Cercaphus）愛上這位少女，說服傳令官（遵照傳統通常要傳令官去接送新娘）接出新娘以後帶到他那裡。等到事情如他所願以後，色卡法斯帶著少女遠走高飛。後來，奧契穆斯已經垂垂老矣，色卡法斯才敢返回家鄉。這時在羅得島人之中出現傳統規定，因為傳令官做了破壞婚姻的壞事，不可以進入奧克瑞狄昂的祠堂。

28 為何特內多斯島（Tenedos）[50]的居民不准笛手進入特尼斯（Tenes）的祠堂？何以不許任何人在祠堂裡面提到阿奇里斯的名字？

　　特尼斯的後母對他提出不實的指控[51]，說特尼斯想要與她發生肉體關係，笛手摩爾帕斯（Molpus）事先串通作偽證，所以特尼斯逃到特內多斯去投奔他的姊姊，難道是因為這個緣故？至於就阿奇里斯來說，他的母親帖蒂斯用嚴厲的口吻禁止他殺害特尼斯，因為這位少年受到阿波羅的寵愛。為了防備出現不幸的事故，她特別派一位僕人到阿奇里斯的身邊，時時提醒他，免得在無意之中對特尼

48　改寫自荷馬《奧德賽》第18卷148行或19卷298行。
49　參閱本章第13節。
50　特內多斯島位於愛琴海的東北部，離開小亞細亞的特羅阿斯（Troas）地區不過十公里，是控制海倫斯坡海峽的門戶。
51　參閱阿波羅多魯斯《史綱》第3卷23-26節及它的注釋。

斯下了毒手。特尼斯的姊姊是位容貌美麗的少女，阿奇里斯用很快的速度要越過特尼斯去追逐他的姊姊，特尼斯迎上前去給予保護，她雖然安全逃脫，特尼斯已被阿奇里斯殺死。當他倒斃在地上以後，阿奇里斯認出特尼斯的身分，怒而拔劍砍下僕人的頭顱，因為這位僕人在場並沒有提醒他不可殺害對方。他安葬特尼斯的地點現在建立一座祠堂，不讓笛手進入，同時在裡面不准提到阿奇里斯的名字。

29 誰在伊庇達努斯人（Epidamnians）當中是所謂的「賣者」？

伊庇達努斯人與伊里利亞人隔鄰而居，他們發現有些市民與伊里利亞人來往以後，受到影響，生活變得腐化。伊庇達努斯人害怕社會發生動亂，每年要從市民當中選出一位名聲最響亮的人士，負責對外的通商貿易和以物易物的交換。這位人士前去拜訪周邊的蠻族，為他們準備一個市場，讓所有的市民有機會將物品販售給買方。因此他們將這位促進商業行為的人士稱之為「賣者」。

30 什麼是色雷斯的「阿里努斯海灘」（Beach of Araenus）？

安德羅斯人（Andrians）和卡爾西斯人組成移民隊伍[52] 向著色雷斯航行，要在那裡覓地定居，他們聯合起來占領一個名叫薩尼（Sane）的城市，之所以能夠得手，是因為城中有人將它出賣的關係。等到他們知悉蠻族準備放棄阿康蘇斯（Acanthus），於是派出兩位細作前去打探。快要接近城市就發覺敵人全部逃走，於是卡爾西斯人派出的細作立即趕過去將城市據為己有。安德羅斯人的細作舉著長矛，行動沒有能像競爭對手那樣的快速，就將長矛刺進城門，大聲喊叫說是憑著他手執的武器，這座城市已經為安德羅斯人的子孫所有。結果雙方的口角日益激烈，只是未到引發戰爭的程度，雙方同意邀請埃里什里人、薩摩斯人和帕羅斯人的代表出任仲裁人，解決有關的問題。埃里什里人和薩摩斯投票支持安德羅斯人，帕羅斯人認同卡爾西斯人，這時安德羅斯人在鄰近地區得知投票的結果，立下誓言要與帕羅斯人斷絕一切關係，他們不會讓一個女子嫁給帕羅斯人，同時也不會從他們那裡娶回一個妻子。因為這個緣故，他們將這個地點稱為「阿里努斯

---

52 安德羅斯和卡爾西斯分別是安德羅斯島和優卑亞島的城市；因為這兩個島頭尾相接，可以採取聯合的行動。

海灘」[53]，雖然過去的名字叫作「蛇灘」。

31

爲何伊里特里亞的婦女在帖斯摩弗里亞(Thesmophoria)祭典，燒肉不用火而用太陽的光線；以及他們何以沒有將這個祭典稱爲凱利吉尼亞(Calligeneia)[54]？

之所以會出現這樣的問題，是因爲阿格曼儂將特洛伊俘虜的婦女帶回家鄉的途中，她們就在臨時下船的地點舉行帖斯摩弗里亞祭典。等到天候的狀況突然好轉，他們立即出海將還未處理完畢的犧牲留在後面。可能是這個緣故，才沒有將它稱爲凱利吉尼亞祭典。

32

哪些人在米勒都斯被稱爲「永遠的水手」？

等到僭主連同蘇阿斯和達瑪辛諾(Damasenor)都被推翻以後，米勒都斯爲兩個政黨控制，一個稱爲普祿蒂斯派(Plutis)，另一個是奇羅馬恰派(Cheiromacha)[55]。因此，一旦有影響力的人士獲得優勢，就會將所有的事務帶進他們控制的黨派之中，爲了對重要的軍國大事能夠深思熟慮，他們登上船隻駛離陸地相當距離，經過一番討論，達成最後的決定，他們才開船回航。因爲這個緣故，他們獲得「永遠的水手」這個美稱。

33

爲何卡爾西斯人將監視鄰居的警戒人員稱爲「青年營」(The Young Men's Club)？

他們提到瑙普留斯(Nauplius)，當他被亞該亞人追捕的時候，打扮成懇求者的樣子，來到卡爾西斯人那裡請求獲得公正的處理。一方面對於控告他的罪行進行自我辯護，一方面對亞該亞人提出反訴。卡爾西斯人不願將他引渡給亞該亞人，同時害怕那些持反對立場的叛徒將他殺害，所以把一些身強力壯的年輕人，安置在他的住處附近擔任警衛，因而大家生活在一起，過了一段時候，卡爾西斯人就把他們看成是瑙普留斯的衛隊。

53　蒲魯塔克根據他參考的資料，認爲這個地方應該是「立誓之灘」。

54　雅典人將第三天或最後一天的祭典稱爲凱利吉尼亞，或許是作爲某些女神的頭銜用於儀式之中，特別是穀物和耕種女神德米特。

55　兩個黨派代表對立的階級，前者是資方而後者是勞方。

34 誰是那位爲恩主殺牛的人[56]？

伊色卡島的外海停泊一艘海盜船，上面只有一位老人帶著幾個裝著瀝青的陶甕。伊色卡有一位名叫皮里阿斯（Pyrrhias）的擺渡者，湊巧駕著船隻從旁邊經過，受到這位老人的說服和可憐他的處境，願意將他救走也沒有提出任何報酬。出於老人的吩咐他接受幾個陶甕。因爲這時海盜都已經離開船隻，沒有什麼可以畏懼，老人要皮里阿斯上船去拿陶甕，同時指給他看在瀝青中間混雜著黃金和白銀。皮里阿斯突然成爲富翁，在各方面都盡心盡力善待這位老人，甚至爲他殺一頭牛供應肉類給他食用。從此有一句諺語表示發橫財的狀況：「沒有人能像皮里阿斯那樣爲恩主殺一頭牛。」

35 爲何波提亞（Bottiaean）少女會在跳舞的時候唱著「讓我們回到雅典！」的歌曲[57]？

他們提到克里特人爲了履行誓言，就將一群男子當成神聖的祭品送到德爾斐。這些男子到達該地以後，發現那裡的物產不夠豐富，要想生存下去很不容易，於是他們駛離德爾斐要去尋找一個殖民地。他們首先在伊阿披基亞（Iapygia）開墾，後來才占領色雷斯境內稱爲波提亞的區域。他們之中還包括一些雅典人，看來很早以前雅典將一些年輕人當成貢品送給邁諾斯，並沒有被他殺害，只是用來當成奴僕。因此這些雅典人的後代，克里特人將他們視爲當地人，包括在送往德爾斐的團體之中。後來這些波提亞人的女兒，想起流傳下來的家世，習慣上會在舉行慶典的時候，唱出「讓我們回到雅典」的歌曲。

36 爲何伊利斯婦女一邊唱著讚譽戴奧尼蘇斯的頌歌，一邊召喚他要「踏著公牛的步伐」到她們那裡去[58]？頌歌的詞句：

> 啊！我們的英雄酒神，
> 進入廟宇用優雅姿勢；

---

56 或許它的意義是「祈求上天保佑他的恩主，特別殺一頭公牛作爲犧牲向神明獻祭」；只是對於活在世上的人用動物當犧牲，就當時是難以相信的事。

57 蒲魯塔克《希臘羅馬英豪列傳》之〈帖修斯傳〉16節敘述這一段經過，來源是亞里斯多德《波提亞人的政治制度》，可以參閱羅斯《亞里斯多德殘篇》No. 485。

58 酒神信徒將公牛視爲戴奧尼蘇斯的化身或象徵；參閱阿昔尼烏斯《知識的盛宴》35E和38E。

這是伊利斯莊嚴聖地，

隨著公牛急速的腳步。

最後要分兩次唱出疊句：「啊！高貴的公牛！」

或許基於有人將神明稱為「母牛所生」或「公牛」的緣故。或許「公牛的腳步」意思是「有力的腳步」，詩人用「牛眼」表示「水汪汪的大眼睛」[59]（用來稱呼赫拉），以及用「牛頭牛腦的傢伙」表示「笨嘴拙舌」[60]。

或許是牛的四隻腳對人無害，不像頭上的尖角有極大的殺傷力，他們用這種稱呼向神明召喚，希望神明的來臨，會運用一種舉止溫柔對人無害的方式。

或許基於很多人相信神明是耕地和播種的先驅者這層緣故。

37 為何坦納格拉的人民過去能忍受他們的城市裡面，竟然有名字叫作阿奇勒姆（Achilleum）的區域？老實說阿奇里斯對這個城市並不友善，反倒是充滿敵意，因為他在這裡劫走珀曼德（Poemander）的母親斯特拉托尼斯，還殺死伊斐帕斯（Ephippus）的兒子阿塞斯特（Acestor）。

那個時候的坦納格拉地區仍舊居住大群農民，伊斐帕斯的父親珀曼德不願加入亞該亞人的遠征行動[61]，所以被他們圍困在一個名叫司提豐（Stepjhon）的地點。他趁著夜暗放棄據有的要塞，集中力量加強珀曼卓（Poemandria）的防務[62]。波利克瑞蘇斯（Polycrithus）是首席建築師當時在場，言語之間對於都城的工事表示藐視之意，嘲笑之餘竟然縱身跳過壕溝。珀曼德盛怒之下，拿起地上一塊大石頭向他投擲過去，誰知這塊大石頭很有來歷，從古老的時代開始，放置在該地供奈克提利亞祭典舉行儀式之用[63]。珀曼德在抓起的那一剎那，根本沒有想到這一回事。他沒有擊中波利克瑞蘇斯，倒是將他的兒子琉西帕斯（Leucippus）當場砸死。按照法律的懲處他必須離開皮奧夏，成為一個懇求者，要在外鄉人的灶房中獲得食宿之地。即使這樣的苟延殘喘也並不容易，特別是亞該亞人已經入侵坦納格拉地區。於是他派自己的兒子伊斐帕斯去求阿奇里斯主持公道。阿奇里斯被伊

---

59 荷馬特別愛用「牛眼」這個形容詞表示「美目盼兮」之意，還將天后赫拉稱為「牛眼夫人」。

60 荷馬《伊利亞德》第13卷824行，以及《奧德賽》第18卷70行。

61 這個遠征行動是為了攻打特洛伊。

62 珀曼卓是皮奧夏地區的城市，它的名字來自奠基者珀曼德，後來改名為坦納格拉。參閱鮑薩尼阿斯《希臘風土誌》第9卷20節之1。

63 這個儀式用來紀念奧塞里斯（Osiris）的肢解和復活；參閱本書第27章〈埃及的神：艾希斯和奧塞里斯〉42節。

斐帕斯懇切的言辭說動，願意去見他的父親，同行的人還有海克力斯之子特利波勒穆斯(Tlepolemus)，以及海帕克瑪斯(Hippalcmas)之子佩尼勒斯(Peneleos)。後來他們將珀曼德護送到卡爾西斯，就在埃里菲諾(Elephenor)的家裡舉行禳禊的儀式洗淨他所犯的罪行。因此他為了感激這些英雄人物的恩情，就為他們每個人都準備一塊神聖的區域，用來建造廟宇和祠堂，所以送給阿奇里斯的聖地當然使用他的名字。

38 波提亞人當中誰是Psoloeis而誰又是Oleiae？

他們提起米尼阿斯(Minyas)的三個女兒琉西普(Leucippe)、阿西妮和阿爾卡昔(Alcathoe)，她們後來都成為喪心病狂的瘋子，竟然產生吃人肉的欲念，用抽籤的方式犧牲自己的子女[64]，結果琉西普中籤，就將她的兒子希帕蘇斯(Hippasus)獻出來，殺死以後分食。這幾位婦人的丈夫處於極端悲傷和憂愁的狀況下，穿起讓人看到就討厭的衣服，被大家稱之為Psoloeis即「污穢」之意；米尼阿斯家族被稱為Oleiae「一群女凶手」。甚至到今天奧考麥努斯的民眾，還用這個名字來稱呼米尼阿斯家族的女性後裔，每年的阿格瑞歐尼亞祭典[65]，供奉戴奧尼蘇斯的祭司手裡拿著刀劍，對這個家族的婦女發起戰鬥和追逐，凡是被捉住的人就會當場處死。在我那個時代的祭司佐伊拉斯(Zoilus)曾經殺死米尼阿斯家族一位婦女。這種暴行對於奧考麥努斯的民眾沒有半點好處：後來佐伊拉斯不過擦破一點皮卻引發重病，傷口化膿拖了很長的時間，最後還是一命嗚呼；該城的市民涉入多起有關損害的案件，得到的都是不利的判決。因此他們不讓佐伊拉斯家族包辦祭司的職位，要從所有市民當中選出最優秀的人員充任。

39 為何阿卡狄亞人要用石頭擊斃意圖進入黎西昂(Lycaeon)的人員？如果這些人是出於無知，為何要將他們遣送到伊琉瑟里(Eleutherae)[66]？在他們被釋放並擁有自由後，這些故事才獲得證實；對他們而言，Eleutherae

---

64 參閱伊利安《歷史文集》第3卷42節；安東紐斯‧黎比拉利斯(Antoninus Liberalis)《變形記》(Metamorphoses)第10卷，這與奧維德的記載有很大的出入，特別是後者略過希帕蘇斯遭到殺害的情節。

65 本書第77章〈會飲篇：清談之樂〉第8篇的序文提到阿格瑞歐尼亞祭典，參加的婦女舉行一個儀式，要去搜尋已經逃走的戴奧尼蘇斯，最後說祂在九繆司那裡得到庇護。

66 伊琉瑟里是阿提卡地區一個市鎮，距離皮奧夏的邊界不遠。

這個字等於表示「至自由的市鎮」，具有相同意思的是「至無憂(Sans Souci)之地」是「你來到稱心如意之地」。

或許這件事與傳說有關，伊琉瑟(Eleuther)和勒巴杜斯(Lebadus)是黎卡昂的兒子，他們沒有像父親那樣向宙斯獻祭[67]，反倒是離開家鄉逃到皮奧夏；後來這個社區的市民與勒巴迪亞(Lebadeia)的人民以及阿卡狄亞人都有密切的關係，他們不讓宙斯的聖地受到褻瀆，然而對於無意之中闖入的人，只是將他遣送到伊琉瑟里。

或許如同阿契蒂穆斯(Architimus)在他的《阿卡狄亞史》中敘述的狀況[68]，說是某些人的進入完全出於無知，他們被阿卡狄亞交給弗留斯人(Phliasians)去處理，再由弗留斯人交付給麥加拉人，接著奉命從麥加拉前往底比斯，上天降下大雨和雷電以及其他的徵兆，使得他們在靠近伊琉瑟里的地點停了下來。事實上，有人斷言這個地方就是基於前面的狀況，所以才獲得伊琉瑟里的稱呼。

有個傳聞提到一個人進入黎西昂的來龍去脈，雖然大家相信裡面的情節[69]，事實上完全出於杜撰。可能的狀況有下面幾種：或許是烏雲密布使得天色變得暗淡無光，這樣才會使他出現誤闖的狀況；或許他的進入是因為他受到死刑的判決，然而畢達哥拉斯的追隨者宣稱，死者的亡靈不會投下陰影，就連眼睛都不會眨動[70]；或許法律的規定是陽光之下不能進入，然而現在因為日蝕的關係，投下的陰影使大地一片黑暗。

他們還有一種說法帶有寓言性質：任何進入的人都被稱之為「鹿」。當伊利斯人與阿卡狄亞人發生戰事的時候，有位名叫康薩瑞昂(Cantharion)的阿卡狄亞人變節投向伊利斯人，帶著劫掠的物品越過不可侵犯的聖地，雖然在雙方講和以後他逃到斯巴達，後來斯巴達人還是將康薩瑞昂引渡給阿卡狄亞人，因為神明指示他們要將「鹿」送回去。

40 坦納格拉的優諾斯都斯(Eunostus)為何是一位英雄人物？何以婦女不得進入祭祀他的叢林？

67　黎卡昂殺人割下肉向宙斯獻祭；參閱奧維德《變形記》第1卷163行與後續各行。

68　參閱穆勒《希臘歷史殘篇》第4卷317頁。

69　參閱鮑薩尼阿斯《希臘風土誌》第8卷38節之6；波利拜阿斯《歷史》第16卷12節之7；兩者的資料來源都是出於狄奧龐帕斯的著作。

70　參閱本書第45章〈論天網恢恢之遲延〉24節；以及但丁《神曲：淨界篇》第3章25-30行及94-97行，但丁會投下陰影，他的引導人魏吉爾則否。

優諾斯都斯的父親是伊利烏斯(Elieus)，祖父母是西菲蘇斯(Cephisus)和賽阿斯(Scias)。人們說他獲得這個名字是因為他被優諾斯塔(Eunosta)這位精靈撫養長大。他的容貌英俊，為人正直無私，不僅重視名聲而且潔身自愛。他們提到他的表妹渥克妮(Ochne)是科洛努斯(Colonus)的女兒，芳心對他思慕不已，優諾斯都斯拒絕她的投懷送抱，還將這位少女譴責一番，離開以後要將這件事告訴她的兄弟。渥克妮由愛轉恨，決定要先下手為強。她唆使她的兄弟愛奇穆斯(Echemus)、李昂(Leon)和布科盧斯(Bucolus)去殺死優諾斯都斯，說他用強迫的方式對她非禮。他們設伏出其不意奪去年輕人的性命。伊利烏斯將犯事的幾位兄弟監禁起來，這時渥克妮心中極其驚懼感到悔恨莫及，想從嘔心瀝血的愛情中獲得解脫，同時也對她的兄弟起了憐憫之心，於是就將事情的經過源源本本告訴伊利烏斯，然後伊利烏斯向科洛努斯說清楚。等到科洛努斯判決渥克妮的兄弟受到流放的處分，她就從懸崖上面縱身跳了下去。以上是安塞敦的抒情女詩人邁爾蒂斯(Myrtis)[71]敘述的情節。

優諾斯都斯的祠堂和叢林都受到嚴密的防護，不讓婦女接近和進入。每逢發生地震、乾旱或天象示警，坦納格拉的民眾更加重視，開始不斷的巡邏，免得任何婦女在不知情的狀況誤闖這個區域。還有人提到一件事，據說知名之士克萊達穆斯(Cleidamus)和一群人，在路上遇到要去海邊洗浴的優諾斯都斯，因為有位婦女的腳曾經踏進神聖的區域。戴奧克利《英雄的殿堂》(*Shrines of Heroes*)[72]其中一章，引用坦納格拉的市民大會頒布的命令，表示他們對克萊達穆斯親身經歷的事情極其關切。

41 皮奧夏有一條流經伊勒昂(Eleon)附近地區的河流，為何取名為斯坎曼德？

戴瑪克斯(Deimachus)是伊勒昂的兒子也是海克力斯的友伴，參加特洛伊的遠征行動。等到戰事拖延下來，有次他在營地遇到斯坎曼德的女兒格勞西亞(Glaucia)，這位少女對他一見傾心，兩人相愛使她有了身孕。後來戴瑪克斯在與特洛伊人交戰中陣亡。格勞西亞害怕私情被人發覺，想要逃走去尋求庇護，於是將她與戴瑪克斯相愛的狀況和目前的情形告訴海克力斯。海克力斯一方面是可憐這個少女的遭遇，另一方面因為這位勇士是他的好友，現在為他有後深感慶

71　參閱艾德蒙《希臘抒情詩》第3卷3頁。
72　戴奧克利是一位歷史學家，有關他的作品可以參閱穆勒《希臘歷史殘篇》第3卷78頁。

幸。海克力斯帶著格勞西亞上了他的艦隊，等到她為戴瑪克斯生下一個兒子，他將這個小孩和母親帶到皮奧夏交給伊勒昂。為了紀念小孩的外祖父就把他取名為斯坎曼德，長大以後成為皮奧夏的國王。後來他將原名愛納克斯的河流改名稱之為斯坎曼德河，還將附近一條溪流用他母親的名字稱為格勞西亞，至於阿西杜莎（Acidusa）泉則用他妻子的名字。他的妻子給他生了三個女兒，直到今天她們還受到人們的懷念，獲得「純潔少女」的稱呼。

42 何時大家喊出如同諺語的呼聲：「有效！有效！」？

塔倫屯[73]的戴儂（Deinon）是個勇敢的士兵，後來成為將領，有次他的提案需要市民同胞投票表決，結果不能通過。傳令官前來報告未能獲得大多數的贊成票，他舉起右手說道：「這比多數票更有力量。」以上是狄奧弗拉斯都斯對這件事的記載。阿波羅多魯斯（Apollodorus）[74]還要加以補充，塔倫屯的傳令官宣布：「大多數人的意見是反對。」戴儂說道：「我卻提了更好的意見。」提案雖然只獲得少數票的同意卻擁有法律的效力。

43 伊色卡人的城市何以稱為阿拉柯米尼（Alacomenae）？

安蒂克萊婭（Anticleia）還是一個處女的時候，受到西昔浮斯的暴力侵犯，因而懷孕有了奧德修斯。幾位權威之士都提到這件事[75]。亞歷山卓的伊斯特（Ister）[76]在他的《評論集》中，增加了若干情節，說是安蒂克萊婭許配給利特斯（Laertes），就在接她前往夫家的途中，到了皮奧夏靠近阿拉柯米尼姆（Alacomenium）的地方，她生下奧德修斯。因為這個理由，我們知道阿拉柯米尼姆是他的出生地，後來他將伊色卡的城市取同樣的名字作為紀念。

44 哪些人在伊吉納被稱為「沉默的進食者」？

伊吉納人參加特洛伊的遠征行動，很多人在會戰中陣亡，歸航途中更多人員

73　塔倫屯位於義大利南部，瀕臨塔蘭托灣，最早是希臘人建立的殖民區。
74　阿波羅多魯斯（180-109 B.C.）是雅典的文法學家、歷史學家和編年史家。
75　參閱索福克利的悲劇《斐洛克特底》417行及它的注釋。
76　參閱穆勒《希臘歷史殘篇》第1卷第426頁。

受暴風雨的襲擊喪失生命。因而只有少數大難不死的倖存者，就在親人歡迎他們
返家的時候，看到其餘的市民陷入哀悼和悲傷之中，倖存者認為最適當的行為，
就是不要面露興高采烈的模樣，更不要公開獻祭向神明表示感恩之意。只是私下
和個別在自己的家中舉行飲宴，為他們的安然無恙感到無比的歡欣快慰。他們這
個時候只與父母兄弟以及親戚相聚，家庭以外的人員都不許參加。以後他們沿用
目前對波塞登獻祭的做法，稱之為「團圓飯」（thiasoi），自行設宴享用長達十六
天，奴隸不得在場，等到他們舉行阿芙羅黛西亞（Aphrodisia）祭典才結束這個節
期。因為這個緣故，他們被人稱為「沉默的進食者」。

45 為何卡里亞的拉布蘭登（Labrandean）神廟裡的宙斯神像，手中拿著
一把斧頭而不是閃電或權杖？

海克力斯殺死希波利特（Hippolyte）以後，就將她的武器收集起來，只拿走她
用過的戰斧，將它當成禮物送給歐斐利（Omphale）。繼承歐斐利的利底亞國王通
常會隨身攜帶這件兵器，當成神聖的王權標誌之一，然後代代相傳直到坎道勒斯
（Candaules）接位。他並不重視這把戰斧的價值，便交給他的友伴[77]負責保管。等
到捷吉斯[78]叛變與坎道勒斯交戰，阿西利斯（Arselis）是捷吉斯的盟友，率領一支
軍隊從邁拉薩（Mylasa）前來增援，坎道勒斯和他的友伴戰死沙場，阿西利斯將這
把戰斧和其餘的戰利品一起運到卡里亞。因此他塑造一座宙斯雕像，將利底亞稱
為labrys的戰斧[79]放置在祂的手上，所以神明獲得拉布蘭狄斯（Labrandeus）的稱號。

46 為何特拉勒斯（Tralles）[80]的人民將野豌豆視為「純潔的物品」，特別
用於贖罪和禳禊的儀式之中？

古老的年代勒勒吉斯人（Leleges）和米尼伊人（Minyae）將特拉勒斯人
（Trallians）趕走，據有他們的城市和田地，後來特拉勒斯人回來在各方面占有優
勢，很多勒勒吉斯人沒有遭到殺害也沒有逃走，已經陷入貧窮和衰弱的處境，只
有留下來，至於是死是活完全無從考慮。他們制定一條法律，任何特拉勒斯人殺

---

77 早期的利底亞人有這種稱呼，蒲魯塔克拿來運用，事實上應該是國王的廷臣或侍衛才對。

78 捷吉斯的傳奇有很多不同的版本，最早出現在希羅多德的著作當中，可以參閱《歷史》第1
卷8-14節。

79 這是一種雙刃的巨斧，克里特島古代的紀念碑上還可以看到雕出的樣本。

80 特拉勒斯位於小亞細亞的呂西亞地區，瀕臨米安德河，距離海岸約有三十公里；另外還有一
個同名的城市位於色雷斯和馬其頓的邊界。

死一位米尼伊人或一位勒勒吉斯人，只要量一個蒲式耳的野豌豆給被害人的家屬，就可免除刑責的追究和神明的報應。

47 為何伊利斯人有「身受之慘莫如桑比庫斯(Sambicus)」這樣的諺語？

這個故事提到一個名叫桑比庫斯的伊利斯人，組成一個人數眾多的犯罪集團，然後自己出任首領。他們在奧林帕斯山將很多許願的青銅雕像鋸斷以後出售，最後還搶劫保護神阿特米斯的神廟，這個地點位於伊利斯他們稱之為亞里斯塔契姆(Aristarcheum)。發生這件褻瀆神聖的劫案以後，很快他被逮捕受了一整年的酷刑。他們每次審問都要他按照順序供出同謀的罪犯，最後他終於熬刑不過死於非命，所以才有諺語提到他不幸的遭遇。

48 為何斯巴達的奧德修斯神廟建造的地點竟然靠近琉西帕斯之女的家祠？

厄金努斯(Erginus)是戴奧米德的後裔，受到提米努斯(Temenus)的唆使要到亞哥斯，將帕拉丁姆(Palladium，「雅典娜的雕像」)偷走；這件事被利格魯斯(Leagrus)得知還獲得他的協助，因為他是提米努斯的朋友。後來利格魯斯與提米努斯發生爭執斷絕關係，利格魯斯遷往斯巴達，還將帕拉丁姆一併帶走。斯巴達國王接受這份禮物感到極其愉悅，於是給了一塊地來為帕拉丁姆修建神廟，位置正好靠近為琉西帕斯的女兒所建的家祠。他們非常關心雕像的保管和安全，特別派人前往德爾斐求得神讖的指示。神讖上面指出帕拉丁姆曾經遭竊，必須為祂設立護衛，於是斯巴達人建造奧德修斯神廟，因為他娶珀妮洛普[81]為妻，所以就說這位英雄人物與他們的城市關係極其密切。

49 為何卡爾西頓的婦女有這樣的習俗，那就是路上遇到陌生人特別是官員，要立即用面紗遮住臉孔？

卡爾西頓人陷入與俾西尼亞人(Bithynians)的戰爭不能自拔，他們所以會如此，那是出於強烈的憤怒，形成的原因可以說是多得不勝枚舉。就在季皮特斯(Zeipoetes)成為俾西尼亞國王的時候，卡爾西頓人使用全副力量加上色雷斯人的盟軍，侵入俾西尼亞地區大肆燒殺擄掠。季皮特斯在靠近所謂費利昂(Phalion)的

81　珀妮洛普是斯巴達人愛卡流斯(Icarius)的女兒。

地方,向進犯之敵發起攻擊,卡爾西頓人過於鹵莽而且軍紀不良,吃了敗仗,喪失八千人馬。由於季皮特斯要討好拜占庭人,同意雙方休兵,否則卡爾西頓人會遭到趕盡殺絕的下場。這個時候全城缺少男人,大部分的婦女逼得要與自由奴或居住此間的外國人成親。這些婦人寧可沒有丈夫,也不願有這種婚姻關係。所有的事務全部自行處理,需要去見法官或者與官員洽商的時候,就將戴在頭上的面紗拉下來遮住臉孔。那些已婚的婦女雖然害羞,覺得這種處理的方式很好,採用的結果使古老的習慣發生改變。

50 為何亞哥斯人想要讓羊群交配,就將牠們趕進亞傑諾爾(Agenor)的領地?

因為亞傑諾爾非常用心照顧他的羊群,比起其他國王,他擁有更多的牲口。

51 為何亞哥斯的兒童在某個節慶開玩笑自稱為「拋梨者」?

根據他們的說法,最早那批人在愛納克斯(Inachus)率領之下,願意從山區搬到平原來生活,就是為了可以吃到野生的梨子。他們還說野生梨樹是希臘人在伯羅奔尼撒半島發現,那個時候的這個區域仍舊被人稱為阿庇亞(Apia)[82],因此「野生梨樹」的名字叫作Apioi。

52 為何伊利斯人牽著他們的母馬到國境以外的地區去與驢子交配[83]?

在所有國王當中以厄諾茅斯(Oenomaus)最喜愛馬這種動物,他曾經發出極其恐怖的詛咒之辭,任何人不得在伊利斯讓母馬生下驢子。大家害怕遭到惡報只有盡力加以避免。

53 為何諾蘇斯人(Cnossians)的習俗是借錢要用搶了就走的方式?

如果借錢的人不能履行債務,這時他們受到的指控不是欠債不還而是暴力搶奪,就會得到更重的懲罰。

---

82 參閱鮑薩尼阿斯《希臘風土誌》第2卷5節之7;以及伊利安《歷史文集》第3卷39節。
83 參閱希羅多德《歷史》第4卷30節;以及鮑薩尼阿斯《希臘風土誌》第5卷5節之2。

54

為何他們在薩摩斯要召喚供奉阿芙羅黛特的笛西克里昂（Dexicreon）？

薩摩斯的婦女過著奢華而放縱的生活，有人說笛西克里昂是一位男巫，經常舉行禳禊的儀式，使得她們能夠痛改前非。

還有人認為笛西克里昂是一位船長，定期前往塞浦路斯做生意，有次正在船上裝貨的時候，阿芙羅黛特吩咐他除了飲水，船上不得帶其他的物品，還要盡快啓航。他服從神明的指示，將飲水裝好以後立即啓碇出港。過沒多久，風不再吹拂，所有的船隻在大海中間停泊下來，其他的商船因為缺水使人員陷入焦渴的狀況，他出售飲水獲得很大一筆錢。他製作一尊女神的雕像，用自己的名字稱之為笛西克里昂的阿芙羅黛特。如果確有此事，看來女神並不是要一個人發財，而是藉著這個人救了很多人的性命。

55

不管薩摩斯人何時向「帶來歡樂」的荷馬獻祭，為何都允許他們偷走東西和竊取衣裳？

薩摩斯人聽命神讖的指示，將他們的居所從薩摩斯島搬到邁卡里（Mycale），開始經歷十年的海盜生涯。後來他們回航薩摩斯島制服原來的敵人。

56

薩摩斯島的潘希瑪（Panhaema）這個地方何以獲得這樣的名字？

亞馬遜人盡力逃避戴奧尼蘇斯的追捕，他們從以弗所人[84]的國度啓航越過薩摩斯島。戴奧尼蘇斯建造船隻，趕上亞馬遜人以後發生激戰，很多人死於刀劍之下，觀戰的人在驚愕之餘，就將那個地點稱之為潘希瑪，因為鮮血將戰場染成紅色。還有人說一些戰象在靠近弗勒姆（Phloeum）的地方被殺，留下的骨骸可以指出正確的位置，甚至有人提到，戰象發出響徹雲霄的淒厲叫聲，使得弗勒姆的地面為之裂開。

57

薩摩斯島有個很大的廳堂為何取名為「牢房」？

等到薩摩斯的笛摩特勒斯（Demoteles）遭到謀殺，他建立的君主政體完全瓦

84　以弗所位於小亞細亞的愛奧尼亞海岸地區，距離薩摩斯島不到五十公里。

解，地主階級控制城邦的政局[85]。就在這個時候，麥加拉人對佩林蘇斯發起遠征行動，據說他們帶著足械，準備將它用於俘虜的身上。因為佩林蘇斯是薩摩斯人建立的殖民區，地主階級得知這個信息，立即指派九位將領，編成一支軍隊並且整備好三十艘船，盡速前去幫助佩林蘇斯人。援軍剛剛啟航，就有兩艘船在港口前方的海面，被閃電擊中起火焚毀。這些將領還是執行原來的計劃，打敗麥加拉人，還抓到六百名活生生的俘虜。他們為這次勝利興奮不已，想辦法要在本土推翻地主階級所建立的寡頭政體，恰巧負責政務的官員提供他們一個動手的機會，來函要將領在俘虜身上用麥加拉人自己帶來的足械，很安全的押解回去。因此這些將領收到信暗中展示給幾位麥加拉人觀看，說服對方加入光復城市重獲自由的行動。他們一起商議如何下手的方法，決定把固定足械的圓環敲鬆，再把它夾在麥加拉人的兩隻腳上，然後用一根皮索吊在他們的腰帶上面，這樣一來足械不會從腳上脫落，只要拿下圓環，對步行便沒有阻礙。等到一切準備妥當，每個人發一把劍，他們開始回航薩摩斯，抵達以後人員下船，引導這些麥加拉人經過市場前往議事廳，所有的地主坐在那裡等候，這時下達一個信號，麥加拉人衝上前將他們全部殺死。城市獲得自由以後，這些麥加拉人只要願意都可以成為市民，他們還蓋好一個相當壯觀的建築物，將那些足械放在裡面展示，因此這座建築物獲得「牢房」的稱號。

58 考斯島[86] 舉行安蒂瑪契亞（Antimacheia）祭典的海克力斯祭司，為何在奉獻犧牲之前，先要完成打扮，穿戴婦女的衣服和頭飾？

海克力斯率領六艘船從特洛伊啟航，途中遭遇暴風雨的襲擊，其餘的船隻全部沉沒，只有他乘坐的這艘船被狂風吹到考斯島。他在拉西特（Laceter）的外海拋錨停泊，這個地方對他遭到海難毫無助益，損失的裝備和人員都得不到救援。登岸以後看到羊群，他就向牧羊人提出要求送給他一頭牡羊。這位牧羊人的名字叫作安塔哥拉斯，年輕力壯而且身材魁梧，提出條件要與海克力斯角力，只要能贏就可以將牡羊牽走。當海克力斯與對手纏鬥不休的時候，麥羅普斯人（Meropes）前來聲援安塔哥拉斯，希臘人幫助海克力斯，結果引起一場激烈的混戰。據說海克力斯雖然全力施為，還是不敵眾多對手，最後精疲力竭，逃到一位色雷斯婦女

---

85 修昔底德《伯羅奔尼撒戰爭史》第8卷21節，提到薩摩斯的人民發生暴動，反抗統治階級。

86 考斯島靠近卡里亞海岸，位於斯坡拉德斯（Sporades）群島的中央，波斯戰爭爆發，成為掩護小亞細亞的要點。

的家中，經過裝扮穿上女人的衣服，避開檢查才能安全脫身。不久以後，他在另一次遭遇戰中擊敗麥羅普斯人，舉行淨化和齋戒的儀式，方才娶卡爾西歐普（Chalciope）為妻，在婚禮當中他穿上彩色繽紛的裝束。爾後祭司接著在戰鬥最激烈的地點舉行奉獻犧牲的儀式；而且新郎在迎接新娘進門的時候，要換上女性穿著的服裝。

59 麥加拉人當中因何有個名叫「推車者」的氏族？

民主政體缺乏約束力量的時代，出現「歸還利息」的不當行為，還有就是對寺廟的褻瀆和劫掠。這時一個伯羅奔尼撒的神聖使節團，奉派前往德爾斐求取神讖，行進途中抵達麥加拉地區，他們的大車上面載著妻子和兒女，宿營在伊吉里（Aegeiri）一個湖泊的旁邊。麥加拉人當中有些個性鹵莽的傢伙，飲酒帶來的刺激使他們喪失理智，竟然用極其野蠻的行動將這些大車推進湖中，使節團有很多成員和家屬慘遭淹斃。因為當前的政局處於不穩的狀況，麥加拉人對於這樣重大的罪行，仍舊抱著不以為意的態度。安斐克提昂會議（Amphictyonic Assembly）[87] 基於使節團的神聖性質，認識到這件事情要是處理不當，會產生極其嚴重的後果，對於犯下這宗罪行的人員給予應有的懲罰，有人遭到流放的處分，還有人被判處死刑。這些罪犯的後代被人稱為「推車者」。

---

87 安斐克提昂會議由安斐克提昂聯盟召開；關於安斐克提昂聯盟，參閱本書第16章〈羅馬人的格言〉9節注33。

第二十三章
希臘和羅馬情節類似的故事

　　絕大部分人士認為古代的故事，由於情節令人難以置信，完全出於杜撰或者源自神話。我發覺類似的狀況在當代一再出現，特別經過挑選都是羅馬歷史上重大的事件，可見「日光之下無新鮮之事」的諺語，真是信而有徵毫無虛假。

1　達蒂斯（Datis）是波斯的省長，率領三十萬大軍長驅直入阿提卡（Attica）[1]，紮營在馬拉松平原，向居住在當地的市民挑戰。雅典人對蠻族的烏合之眾抱著藐視的心理，只派九千人馬迎擊，任命的將領是賽尼吉魯斯（Cynegeirus）、波利捷盧斯（Polyzelus）、凱利瑪克斯和密提阿德（Miltiades）[2]。就在這支部隊要與敵軍接戰的時候，波利捷盧斯看到一個不可思議的幽靈，失去視力變成瞎子。凱利瑪克斯的身體被幾支標槍戳穿，死後還是屹立不倒[3]。還有賽尼吉魯斯為了拽住波斯人的船隻，不讓它從海上逃走，有一支手臂遭敵人砍掉[4]。

　　迦太基國王哈斯德魯巴（Hasdrubal）占領西西里，接著向羅馬人宣戰。元老院選擇梅提拉斯（Metellus）出任將領，在戰場贏得勝利，他的麾下有一位名叫盧契烏斯·格勞柯（Lucius Glauco）的貴族，為了拉住哈斯德魯巴的座艦不放，竟然失去雙手。米勒都斯人亞里斯泰德（Aristeides）[5]在他的《西西里史》第一卷中有

1　阿提卡位於希臘中部最東側，是一個三角形的海岬，面積大致有二千五百平方公里，西元前7世紀發展成為城邦國家，雅典是主要的城市和政治與宗教的中心，其他的城市有伊琉西斯、馬拉松、阿斐德尼（Aphidnae）和索瑞庫斯（Thoricus）。

2　密提阿德（550-489 B.C.）是雅典的將領，奧林匹克七十二會期第三年即490 B.C.，領導希臘軍隊在馬拉松會戰，擊敗波斯人獲得決定性的勝利。

3　可以對照盧坎（Lucan）的史詩《內戰記》第4卷787行；安米阿努斯·馬利西努斯（Ammianus Marcellinus）《羅馬史》（*Roman History*）第18卷8節之12有同樣的敘述。

4　參閱希羅多德《歷史》第6卷114節，這裡提到波斯軍的損失是六千餘人，雅典陣亡人數不到兩百；以及斯托貝烏斯《花間飛舞》第7卷63節。

5　亞里斯泰德是西元前2世紀的歷史學家和文學家，著有《米勒都斯故事集》（*Milesiaka*），現在僅有殘句留在他人的作品之中。

詳盡的敘述，戴奧尼休斯‧西庫盧斯(Dionysius Siculus)從而得知此事。

2 澤爾西斯的軍隊有五百萬之眾，乘坐的艦船在阿提米修姆(Artemisium)附近泊錨，對當地的希臘人帶來熊熊的戰火，雅典陷入混亂之中，於是派遣提米斯托克利的兄弟亞傑西勞斯擔任奸細去行刺澤爾西斯，然而他的父親尼奧克利(Neocles)在夢中看到兒子失去雙手。亞傑西勞斯穿上波斯人的服裝，混雜在蠻族當中，趁機殺死瑪多紐斯(Mardonius)，他認為這個人就是澤爾西斯，那知道瑪多紐斯只是國王的侍衛。旁邊的人將他逮捕，五花大綁送到國王面前。這時澤爾西斯正向太陽神獻祭，亞傑西勞斯將他的右手放在祭壇的火焰上面，忍受令人髮指的酷刑沒有發出一聲呻吟。等到國王下令將他鬆綁，他還是強硬的宣布：「雅典人都是像我一樣的好漢，如果你不相信的話，我可以將左手放在祭壇，任憑你如何的燒炙和敲掐，我絕不會皺一下眉頭。」澤爾西斯聽到以後非常驚慌，下令加強個人的安全防護工作[6]。薩摩斯人阿加薩契德(Agatharchides)[7]在他的作品《波斯史》第二卷，陳述此事的本末。

伊楚里亞國王波森納與羅馬人發生戰事，領軍入侵台伯河的對岸地區，截奪對手大批穀物，使得羅馬人面臨饑饉的災禍[8]。元老院一籌莫展，穆修斯(Mucius)是一位貴族，當時出任執政官的職位，率領四百位年齡相同的人士，穿著平民的服裝，渡過台伯河前往對岸。穆修斯看到僭主的一位貼身侍衛將糧食分配給官員，以為這個人就是波森納，於是拔出劍來將他殺死。當他被抓住押到國王面前的時候，就伸出右手放在燒炙犧牲的火焰上面，天生一副鐵石心腸可以掩飾無比的痛苦，還帶著笑容說道：「惡棍，無論你願不願意，還是拿我一點辦法都沒有。你要知道整個營地有四百個像我這樣的人，在找機會要將你除掉，血流五步是在所難免的事。」波森納的生命受到威脅，只有與羅馬人簽訂和約[9]。有關史料記載在米勒都斯人亞里斯泰德的《歷史》第三卷。

6　參閱斯托貝烏斯《花間飛舞》第7卷64節。

7　西元前2世紀的阿加薩契德應該生於卡里亞的尼杜斯，他是當代的歷史學家、地理學家和文法學家，曾經在托勒密五世的宮廷服務，平生著述極其繁多，現存的作品為《亞洲的重大事件》(*Events in Asia*)、《歐洲的重大事件*》(*Events in Europe*)以及《論紅海》(*On the Red Sea*)。

8　本章第8節敘述同樣的狀況。

9　參閱李維《羅馬史》第2卷12節。

3 亞哥斯和斯巴達相互爭奪昔里蒂斯(Thyreatis)的主權，安斐克提昂會議
最後裁示，雙方各派三百人進行戰鬥，獲勝一方可以擁有爭執的地區。
斯巴達人和亞哥斯人分別任命奧什拉德(Othryades)和瑟山德(Thersander)為兩軍
的將領。會戰結束以後，亞哥斯一方有亞傑諾爾和刻羅繆斯(Chromius)生還，兩
人回到城邦報告勝利的信息。等到亞哥斯人放棄戰場，奧什拉德從虛脫中恢復生
氣，用折斷的長矛支撐身體，將對方屍首旁邊的盾牌收集起來當作戰利品，建成
一座戰勝紀念碑。然後蘸自己的血，寫上「致勝利的保護神宙斯」幾個大字。等
到亞哥斯的兩個人還在爭辯不休之際，希臘城邦人會已經派員前往戰場視察，判
定斯巴達人合於勝利的規定[10]。克里塞穆斯(Chrysermus)在他的《伯羅奔尼撒
史》第三卷有這方面的記錄。

羅馬人與薩姆奈人發生戰爭，市民選出波斯都繆斯‧阿比努斯(Postumius
Albinus)出任將領[11]。他在一個稱為考丁三岔路口(Caudine Forks)(這裡是一條很
狹窄的隘路)的地方中了敵軍的埋伏，喪失所率領的三個軍團，自己也受了致命
的重傷。到了深夜他的體力稍微恢復了一些，就將敵人身邊的盾牌收集起來，然
後架好成為一個戰勝紀念碑，再用手蘸自己流出來的血，在上面寫出「羅馬人從
薩姆奈人獲得的戰利品，呈獻給供奉在菲里特流斯(Feretrius)神廟的朱庇特天
神」幾個大字。綽號稱為「老饕」[12]的麥克西穆斯成為將領，奉到派遣帶兵出
戰，來到這個地點看見戰勝紀念碑，非常高興能夠接受吉利的徵兆。他對敵軍發
起攻擊最後獲得勝利，薩姆奈人的國王成為他的俘虜，被他押解回羅馬好在凱旋
式中亮相。米勒都斯人亞里斯泰德在他的《義大利史》第三卷，記載這次戰爭的
始末。

4 波斯人有五百萬大軍前來攻打希臘人，斯巴達當局派遣李奧尼達斯率領
三百勇士，前往色摩匹雷防守這個要地。就在他們進食和飲水的時候，
蠻族的烏合之眾向他們發起攻擊，李奧尼達斯看到蜂擁而來的敵人就對大家說

10　參閱希羅多德《歷史》第1卷82節；斯托貝烏斯《花間飛舞》第7卷68節；以及華勒流斯‧麥
　　克西穆斯《言行錄》第3卷1節。斯托貝烏斯引用帖修斯權威之作，雖然情節的發展完全類
　　似，但描述的手法大不相同。

11　按照李維《羅馬史》第9卷1節的記載，波斯都繆斯‧阿比努斯是羅馬建城433年即321 B.C.
　　的執政官，他是吃了敗仗以後因病亡故，逝世的情節一點都不壯烈。

12　「老饕」的拉丁名稱為古吉斯(Gurges)；參閱馬克羅拜斯《農神節對話錄》第3卷13節之6。

道:「現在趕快吃完午餐,享用晚飯看來要在另外一個世界。」[13] 當他向著蠻族衝了過去,身上被很多根長矛刺穿,還是對準澤爾西斯沒有停下腳步,直到抓住他的冠冕才倒斃在地。這時蠻族的國王將他的心臟挖了出來,發現上面長滿毛髮[14]。亞里斯泰德的《波斯史》第一卷[15] 有這樣的說法。

羅馬人要與迦太基人開戰,他們派遣三百人馬,起用費比烏斯·麥克西穆斯(Fabius Maximus)[16] 爲將領。他對敵人發起攻擊竟然全軍覆沒,自己受到致命的重傷,還是瘋狂衝向漢尼拔,最後總算打落他所戴的頭盔,求仁得仁,死在漢尼拔的手中。米勒都斯人亞里斯泰德提到這件事。

5 弗里基亞[17] 有座名叫西利尼(Celaenae)的城市,地面突然裂開還伴隨著傾盆大雨,很多家園連帶裡面的居民,全都墜落到無底的縫隙之中,這場劇變帶來慘重的傷亡。身爲國王的邁達斯獲得一份神讖,他要把最寶貴的所有物扔進深淵,這個裂隙才會合攏。他將金銀財寶丟進去還是不起作用,邁達斯的兒子安丘魯斯(Anchurus)認爲最珍貴的東西莫非人的生命,在擁抱他的父親和他的妻子泰摩莎(Timothea)以後,縱馬躍入黑暗的深淵。等到地面恢復原狀以後,邁達斯爲愛達山的宙斯建造一座祭壇,用手觸及以後質地變爲黃金。過了若干歲月又發生地面開裂的狀況,這座祭壇變得像是由石頭築成,等到這段期間過去,看起來又是金光閃閃[18]。凱利昔尼斯的《變形記》第二卷有諸如此類的記錄。

塔皮烏斯(Tarpeius)神廟供奉的朱庇特[19] 大發雷霆,使得台伯河氾濫成災,大水沖進羅馬廣場的中央,地面裂開成爲巨大的深淵,很多房舍遭到吞噬。有份神讖給予指示,要想平息面臨的苦難,他們要將最貴重的物品投入其中。雖然用了金銀還是毫無反應,克爾久斯(Curtius)是出身貴族家庭的年輕人,仔細思考神讖的含義,認爲只有人的生命最爲寶貴,於是他跳上馬背躍入深淵,拯救全體市民免於這場災禍[20]。亞里斯泰德的《義大利史》第十四卷有這方面的記載。

13　參閱本書第17章〈斯巴達人的格言〉51節之11-12。

14　參閱斯托貝烏斯《花間飛舞》第7卷65節;以及利杜斯《論判斷的標準》167節。

15　斯托貝烏斯認爲這件事記載在第3卷。

16　費比烏斯·麥克西穆斯(275-203 B.C.)是第二次布匿克戰爭的羅馬將領,運用持久戰對抗漢尼拔以確保羅馬安全;本章所述沒有依據,完全是無中生有之事。

17　弗里基亞是小亞細亞一個內陸區域,境內多山,控制東西之間的陸上交通線。

18　參閱斯托貝烏斯《花間飛舞》第7卷66節。

19　大家將這裡的神像稱為卡皮托利努斯;奧維德《歲時記》第6卷34節。

20　很多書籍上面經常會提到這個故事;參閱李維《羅馬史》第7卷6節;以及哈利卡納蘇斯的戴

6 波利尼西斯和手下的隊長正在聚餐的時候，一隻老鷹俯衝下來攫走安菲
阿勞斯手裡的長矛，飛到高空再將它丟了下來。長矛插在地面變成一棵
月桂樹。翌日，這些隊長都參加戰鬥，安菲阿勞斯就在那個地點，連帶他乘坐的
戰車都被敵人摧毀，現在那裡已經成爲一個名叫哈瑪(Harma)的城市[21]。垂西瑪
克斯(Trisimachus)在他的《城市興建史》(*Founding of Cities*)第三卷記載相關的
資料。

羅馬人在與伊庇魯斯的皮瑞斯(Pyrrhus)[22] 對陣接戰之際，伊米留斯‧包拉
斯接到一份神讖，如果他建立一個祭壇，可以從那裡見到一位出身貴族的人士，
連帶他乘坐的戰車被深淵所吞噬，這樣一來他就能夠獲得勝利。三天以後，華勒
流斯‧科納都斯(Valerius Conatus)在夢中見到一個幽靈，吩咐他穿上最值錢的服
裝(事實上他是一位經驗豐富的占卜官)。等到他率領所屬發起攻擊，殺死很多敵
人，自己反而陷入地面的裂隙之中，因而喪失性命。伊米留斯建造一個祭壇，對
敵作戰獲得大捷，將一百六十頭安裝角塔的大象，當成戰利品送回羅馬。過了一
年，皮瑞斯大敗之後在戰場陣亡，祭壇能夠及時獲得神讖的指示。克瑞托勞斯
(Critolaus)[23] 在他的《伊庇魯斯史》第三卷有詳盡的記載。

7 優卑亞的國王皮里克米斯(Pyraechmes)與皮奧夏人有了戰事，海克力斯
當時雖然只是一個年輕人，還是制服來犯的敵手。他對皮里克米斯施以
五馬分屍的酷刑，殘缺的軀體暴露地面不予埋葬，那個位置以後被稱爲「馬匹奔
騰之地」；由於坐落在赫拉克列烏斯(Heracleius)河畔，當馬群前往飲水的時候，
不自禁的發出長嘶震耳之聲。《河經》(*Concerning Rivers*)[24] 這部書第三卷登載
這件傳聞。

羅馬國王屠盧斯‧賀斯蒂留斯(Tullus Hostilius)對阿爾巴人(Albans)發起戰
爭，阿爾巴人這時的國王是梅久斯‧福菲久斯(Metius Fufetius)。屠盧斯對於會
戰一再向後拖延，阿爾巴人認爲他未戰先敗產生輕敵之心，舉行宴會大吃大喝以

(續)——————————————

　　奧尼休斯《羅馬古代史》第16卷11節。
21　「哈瑪」意爲「馬車之城」；參閱鮑薩尼阿斯《希臘風土誌》第9卷19節之4；以及亞歷山卓
　　的克里門(Clement of Alexandra)《對希臘人的勸戒》(*The Exhortation to the Greeks*)第2卷11
　　節之1和它的邊注。
22　伊庇魯斯的世襲國王皮瑞斯，後來擁有馬其頓王國；參閱本書第15章〈國王和將領的嘉言警
　　語〉36節。
23　克瑞托勞斯是希臘的歷史學家和逍遙學派的哲學家，平生事蹟不詳。
24　《河經》是託名蒲魯塔克的偽作，成書的年代約在西元2世紀末葉。

為慶祝，等到他們酒醉防務鬆弛，屠盧斯乘機發起攻擊，他們的國王被俘，就用兩匹公馬將他分屍[25]。亞歷薩克斯（Alexarchus）在他的《義大利史》第四卷記載這件史實。

8 菲利浦的打算是洗劫梅松尼和奧林蘇斯兩個城市，就在他搶渡桑達努斯（Sandanus）河之際，眼睛被流矢射中，據稱弓手是一位名叫阿斯特（Aster）的奧林蘇斯人，而且有詩為證：

> 阿斯特給了菲利浦致命的一箭。

菲利浦跳入水中游到朋友的身邊救了性命，僅只喪失一目而已[26]。凱利昔尼斯的《馬其頓史》第三卷對菲利浦的征戰有詳盡的記錄。

伊楚里亞國王波森納入侵台伯河對岸地區，要對羅馬人發起戰爭，半路截走供應的穀物，數量極其龐大，使得羅馬人面臨饑饉的災難。賀拉久斯‧柯克利（Horatius Cocles）是羅馬人選出來的將領，他據守一座木橋阻止蠻族的烏合之眾渡過這條天險。當他看到情勢不利將要被敵人擊潰，命令他的下屬將這座橋梁拆毀，這樣一來人多勢眾的蠻族無法渡過河流。這時他的眼睛被箭矢射中，只有縱身跳進河中，泅過激流來到朋友的身邊獲得拯救。狄奧蒂穆斯（Theotimus）的《義大利史》[27]第二卷如此記載。

9 愛卡流斯款待戴奧尼蘇斯的故事，伊拉托昔尼斯（Eratosthenes）[28] 在他的《厄瑞古妮》（Erigone）一劇中，表達極其動人的情節。

薩頓（Saturn）有次受到某位農夫[29]熱情的招待，誰知這位主人竟然有一個非常美麗的女兒名叫英托里婭（Entoria）。薩頓騙了她的身體，後來陸續生下傑努斯

---

25 參閱李維《羅馬史》第1卷23節到最後；以及哈利卡納蘇斯的戴奧尼休斯《羅馬古代史》第3卷30節。

26 參閱戴奧多魯斯‧西庫盧斯《希臘史綱》第16卷34節之5；以及斯托貝烏斯《花間飛舞》第7卷67節。

27 還有馬丘利（Macaulay）的《賀拉久斯守橋記》（Haratius at the Bridge）有同樣的記錄。

28 伊拉托昔尼斯（280-194 B.C.）出生於塞倫，擔任亞歷山卓圖書館的館長，是當代的天文學家、地理學家、數學家、哲學家和編年史家，從本章看來還是一位劇作家和詩人，他的作品除了被引用的部分沒有存世。

29 這個人就是愛卡流斯。

(Janus)、許努斯(Hymnus)、福斯都斯(Faustus)和菲利克斯(Felix)。他將釀酒的方法和種植葡萄的技術教會了她，同時要她將這些知識與鄰居分享。等到周遭的鄰人按照所教的方式去做，就能釀出酒來，只是他們喝得比平常的分量要多，因而陷入熟睡當中。旁人看到以爲他們中了毒，愛卡流斯在亂石飛擲之下慘遭擊斃。他的四位外孫感到絕望只有上吊身亡。等到瘟疫在羅馬人當中廣泛的流行開來，阿波羅降下神讖，要想免於災難，必須平息薩頓的怒火，安撫受到非法懲處因而慘死的冤魂。盧塔久斯‧卡圖拉斯(Lutatius Catulus)是一位羅馬貴族，在靠近塔皮亞(Tarpeia)崖的地點爲神明建造一座廟宇，位於上方的祭壇有四個面，分別代表愛卡流斯亡故的外孫，也可以看成一年有四個季節，同時卡圖拉斯用January作爲月份的名稱。薩頓將他們都安置在星球上面，雖然其他三位都獲得「種植葡萄的先驅者」[30] 這個稱號，事實上傑努斯要在他們的前面升起。大家可以看到他的本命星位於處女座底部的前方。克瑞托勞斯在他的《自然現象》(*Phaenomena*)第四卷登錄有關的資料。

10 就在波斯人進犯希臘之際，斯巴達將領鮑薩尼阿斯接受澤爾西斯五百泰倫黃金的賄款，打算出賣斯巴達給敵人。等到事機不密被人發覺，他的父親亞傑西勞斯[31] 幫助大家前去追捕不肖之子，這時鮑薩尼阿斯逃到雅典娜神廟的銅殿尋求庇護。亞傑西勞斯用磚塊封死神廟的大門，將他的兒子活活餓死[32]。後來鮑薩尼阿斯的母親不肯埋葬他的屍首，讓它暴露在外化爲一堆白骨[33]。克里塞穆斯在他的《歷史》第二卷有這方面的記載。

羅馬人與拉丁姆的居民引起一場戰爭，他們推選巴布留斯‧迪修斯(Publius Decius)出任將領。有位貧窮但出身高貴的年輕人名叫卡休斯‧布魯特斯(Cassius Brutus)，貪圖敵人答應給予大筆金錢，願意在夜間打開城門。等到事情洩漏出去，他逃進「助戰者」密涅瓦(Minerva Auxiliaria)的神廟。他的父親卡休斯‧西格尼菲(Cassius Signifer)將他關在裡面，結果只有活活餓死，屍體被拋到野外不

30　參閱阿拉都斯(Aratus)《自然現象》(*Phaenomena*)138行，提到只有一個名叫溫迪米阿托(Vindemiator)的星球，要到秋天才會出現。

31　這個人應該是克里奧布羅都斯才對。

32　參閱修昔底德《伯羅奔尼撒戰爭史》第1卷134節，得知鮑薩尼阿斯是死在民選五長官的手裡，跟他的父母沒有關係；至於蒲魯塔克敘述的方式，特別是鮑薩尼阿斯之母第安諾的大義滅親，戴奧多魯斯‧西庫盧斯《希臘史綱》第9卷45節之6；波利努斯《謀略》第8卷51節和高乃留斯‧尼波斯《鮑薩尼阿斯傳》第5節都有記載。

33　參閱斯托貝烏斯《花間飛舞》第39卷31節。

予埋葬。克萊托尼穆斯(Cleitonymus)的《義大利史》提及此事。

11 波斯國王大流士與亞歷山大大帝在格拉尼庫斯[34]鏖戰不休,開始就喪失七位省長和五百零二輛裝著鐮刀的戰車;大流士打算在次日再度發起攻擊。他的兒子亞里奧巴札尼斯(Ariobarzanes)倒向亞歷山大,希望獲得他的幫助登上王位,於是背叛自己的父親,大流士在暴怒之下將他斬首示眾。尼杜斯的阿里塔德(Aretades)在他的《馬其頓史》第三卷,詳敘此事的本末。

布魯特斯受到全民一致的擁戴成為執政官,就對「傲慢者」塔昆(Tarquin the Proud)[35]施以放逐的處分。這位受到罷黜的國王前往伊楚里亞開始對羅馬發起戰爭。塔昆的幾位兒子要背叛他們的父親,等到事機不密遭人告發,塔昆就將他們的頭全都砍了下來。米勒都斯人亞里斯泰德的《義大利史》有這方面的資料。

12 底比斯將領伊巴明諾達斯統率軍隊與斯巴達人作戰,選舉的期間來到要返回國門,命令他的兒子司提辛布羅都斯(Stesimbrotus)不得與敵軍交鋒。斯巴達人得知伊巴明諾達斯不在軍營,嘲笑這位年輕人缺乏大丈夫氣概。他一時氣憤竟然忘懷父親的交代,領軍與敵人接戰斬獲甚豐。他的父親嘆息司提辛布羅都斯何其不智,在授與勝利的冠冕以後,還是將這位年輕人依軍法處以死刑。帖西奉在他的《皮奧夏史》第三卷有為將之道的記載。

羅馬人與薩姆奈人之間發生戰事,他們指派曼留斯出任將領,同時給予「凱旋將軍」的頭銜。等到他要回到羅馬從事執政官的選舉,下令給他的兒子不得與敵人接戰,薩姆奈人得知此事,用侮辱的言辭把這位年輕人稱為「無用的儒夫」。他聞言大怒,率軍出戰擊敗對手,曼留斯還是揮淚將他斬於陣前。米勒都斯人亞里斯泰德提及此事,認為羅馬人嚴肅軍紀的要求,是戰無不勝的關鍵因素。

13 海克力斯向愛奧勒(Iole)求婚遭到拒絕,就要洗劫厄查利亞(Oechalia)[36]。愛奧勒從城牆上面縱身跳下,情願身亡也不想落到海克力斯的手裡;她身穿長袍被風吹得鼓脹起來,毫無損傷安然降到地面。瑪拉斯

---

34 格拉尼庫斯河流經小亞細亞的特羅阿斯地區,亞歷山大在此擊敗大流士的波斯大軍。
35 塔昆紐斯・蘇帕巴斯是羅馬王政時期末代國王,在位期間534-509 B.C.,也是唯一伊楚里亞人出身的君主,稱為塔昆二世或「傲慢者塔昆」,自從羅馬建立共和將他驅逐以後,不斷發起復國行動,造成羅馬人和托斯坎尼地區各城市連年的戰爭。
36 厄查利亞是位於優卑亞島的城市。

（Mallus）的尼西阿斯提及此事爲之嘖嘖稱奇。

羅馬人要去攻打伊楚里亞，他們推選華勒流斯・托奎都斯（Valerius Torquatus）爲將領。當他看到國王的女兒克祿西婭（Clusia）的時候，就向伊楚里亞人提出要求，能夠得到這位美麗的少女。等到他的如意算盤遭到拒絕，下定決心要洗劫整個城市。城破之際克祿西婭縱身從雉堞之間跳下去，維納斯有先見之明，所以讓她的長袍鼓脹起來，能夠安全降落地面。華勒流斯・托奎都斯還是強暴了她，羅馬人認爲將領不應有這種傷天害理的行徑，當眾發布敕令將他放逐到科爾西卡（Corsica），這是位於義大利邊陲的一座島嶼。狄奧菲拉斯（Theophilus）在他的《義大利史》第三卷，詳細記載這件事的來龍去脈。

14 迦太基人和希裔西西里人協議成立聯盟對付羅馬人；身爲將領的梅提拉斯在出征的時候，唯獨對於灶神沒有奉上祭品。因此，神明感到不滿，就對梅提拉斯的船隊颳起頂頭風。占卜官該猶斯・朱理烏斯（Gaius Juius）提出報告，要想風平浪靜，梅提拉斯必須用他的女兒作爲奉獻神明的犧牲。迫於情勢的需要，他只有忍痛將女兒梅提拉（Metella）送出來。這時灶神起了惻隱之心，同意用一條小母牛取代，要求將少女送到拉奴維姆（Lanuvium）[37]，當地的民眾頂禮膜拜一條大蛇，指派她成爲服侍此類異物的女祭司。皮索克利（Pythocles）的《義大利史》第三卷記載各種奇聞怪談。

伊斐吉妮婭（Iphigeneia）[38] 在皮奧夏的奧利斯（Aulis）有類似的遭遇。麥尼拉斯在他的《皮奧夏史》第一卷有這樣的記載。

15 高盧國王布倫努斯（Brennus）率領軍隊蹂躪亞細亞（Asia），來到以弗所對於少女笛摩妮絲（Demonice）一見鍾情。她同意滿足對方的欲念以及背叛以弗所人，條件是國王要將高盧人的項圈和手鐲以及婦人的首飾，送給她作爲禮物。布倫努斯要求他的士兵將身上佩帶的黃金，全部拋向這位生性貪婪的婦女。等到他們奉令行事，笛摩妮絲活生生葬身在成堆的黃金之中[39]。克萊托奉（Cleitophon）在他的《高盧史》第一卷提及此事。

塔皮婭（Tarpeia）是有顯赫家世的少女，羅馬人與薩賓人發生戰事期間，她在

37　拉奴維姆是位於義大利境內的城市，據說創建者為特洛伊的英雄戴奧米德；參閱普羅帕久斯《悲歌》第4卷8節之3。

38　伊斐吉妮婭是希臘聯軍統帥阿格曼儂的女兒，被她的父親當成犧牲奉獻給神明。

39　參閱斯托貝烏斯《花間飛舞》第10卷70節。

卡庇多擔任警衛的工作。她答應塔久斯的要求，讓他進入瞰制羅馬的塔皮亞崖，條件是薩賓人要將他們當成飾物的項圈，送給她當成應得的報酬[40]。薩賓人明瞭此事關係匪淺，就將她活埋在當地。米勒都斯人亞里斯泰德在他的《義大利史》中，記載這個傳聞，內容方面與其他來源有很大的出入。

16 特基亞人和菲尼烏斯人（Pheneans）之間引起一場戰爭，繼續很長一段期間，最後雙方同意派出三胞胎的兄弟進行肉搏，用來決定那一方獲得最後的勝利。特基亞人選擇的出場人員是雷克西瑪克斯（Rheximachus）的兒子，菲尼烏斯人派出笛摩斯特拉都斯（Demostratus）的三位少君。等到雙方開始交戰，雷克西瑪克斯的兒子當中有兩位被殺。第三位名叫克瑞托勞斯（Critolaus），運用計謀沒有落入像他兩兄弟那樣的處境。因為他的策略是裝著不敵逃走，然後接二連三翦除在後追擊的對手。等他回到家中，大家興高采烈出來歡迎，只有他的姊姊笛摩迪絲（Demodice）對他不假辭色，因為他誅殺與她訂下婚約的笛摩迪庫斯（Demodicus）。克瑞托勞斯心痛這種不當的待遇，一時氣憤拔出劍來將她殺死。他的母親控告他犯下謀殺之罪，經過審判當庭開釋[41]。笛瑪拉都斯（Demaratus）[42]的《阿卡狄亞史》第二卷有這樣的記載。

羅馬人和阿爾巴人發生戰事，他們選出三胞胎作為決定勝負的勇士，阿爾巴人這方面出自庫瑞阿久斯家族（Curiatii），他的對手由賀拉久斯家族（Horatii）中徵召。等到雙方開始交戰，賀拉久斯家族這邊有兩人被殺，倖存的一位裝著不敵敗逃，然後逐一擊斃在後追趕的敵手。整個家族為他的勝利欣喜不已，只有他的姊姊賀拉夏（Horatia）面帶愁容，因為他殺掉與她訂有婚約的庫瑞阿久斯。賀拉久斯（Horatius）憤而手刃他的姊姊[43]。米勒都斯人亞里斯泰德在他的《義大利史》中，敘述令人難以置信的情節。

17 位於伊利姆（Ilium）的雅典娜神廟陷入烈焰之中，伊盧斯（Ilus）衝進去將帕拉丁姆搶救出來，這時發現自己的眼睛已經瞎了。因為帕拉

---

40 蒲魯塔克《希臘羅馬英豪列傳》之〈羅慕拉斯傳〉17節，提到塔皮婭為了出賣城市，索取薩賓人戴在左臂的金鐲，俗語說「人為財死，鳥為食亡」，成為叛徒，最後還是喪生在敵人的手中。

41 參閱斯托貝烏斯《花間飛舞》第39卷32節。

42 本書提到笛瑪拉都斯有三位，一位是西元前6世紀斯巴達國王；另一位是西元前4世紀科林斯政治家也是菲利浦的知己；還有一位是希臘的歷史學家，平生事蹟不詳；本章所說是最後一位。

43 參閱李維《羅馬史》第1卷24-26節。

丁姆這座雕像是上天賜與的聖物，任何人不得直視，犯下褻瀆之罪就會變成盲目的聾者。後來他向女神誠摯的懇求，終於恢復原有的視力。德西拉斯（Dercyllus）在他的《城市的起源》一書中，記錄有關的情節。

安特拉斯（Antylus）[44]是一位貴族，有次在市郊行走，受到一群烏鴉的攔阻，同時還用翅膀搧打他的臉，他對這種徵兆的凶惡感到驚懼不已，趕快掉頭返回羅馬。他看到灶神廟冒出熊熊的烈焰，就將帕拉丁姆的雕像搶救出來，接著發現自己成為兩眼漆黑的瞎子。後來他向女神祈禱說明所以不敬的緣故，終於能夠恢復原來的視力。提到的狀況記載在米勒都斯人亞里斯泰德的《義大利史》之中。

18 色雷斯人要與雅典人開戰，這時雅典人接到一份神讖，說是只要他們捨得失去科德魯斯，就會贏得勝利[45]。於是科德魯斯打扮成一個窮人，手裡抓著一把鐮刀，趕上前去迎擊敵人。他殺死一名對手，接著死在第二位的手中，因而雅典人贏得戰爭的勝利。蘇格拉底在他的《色雷斯史》第二卷敘述這方面的事蹟。

巴布留斯·迪修斯是一位羅馬人，參加對阿爾巴人的戰爭；他在夢中見到神明向他顯靈，說是只要他陣亡，羅馬就會變得日趨強大，於是他衝進戰場當中搏鬥最為激烈的陣線，殺死很多敵人，後來還是以身殉國。他的兒子迪修斯在對抗高盧人的戰爭當中，同樣犧牲自己，將羅馬人從不利的狀況中拯救出來[46]。米勒都斯人亞里斯泰德有這樣的記載。

19 敘拉古人賽阿奈帕斯（Cyanippus）唯獨忘了向戴奧尼蘇斯獻祭，神明氣憤之餘讓他喝得酩酊大醉，處於喪失神志的狀況，就在黑暗之中侵犯自己的女兒賽阿妮（Cyane）。她取下他的戒指交給奶媽當作發生亂倫事件的證據。等到敘拉古發生瘟疫帶來災害，侍奉阿波羅的女祭司降卜神明的指示，說是他們必須向報復之神奉獻邪惡的罪人作為犧牲，所有的市民都不了解這道神讖的含義，只有賽阿妮心知肚明，她抓住父親的頭髮將他拖到群眾前面，用刀割斷他的喉嚨然後自殺而亡。多西修斯（Dositheus）的《西西里史》第三卷記載這件慘劇。

---

44 有些學者認為這個人應該是祭司長西昔留斯·梅提拉斯；參閱修辭家塞尼加《爭論》第4卷2節；普里尼《自然史》第7卷43節；以及奧維德《歲時記》第6卷437行與後續各行。
45 參閱斯托貝烏斯《花間飛舞》第7卷67節。
46 參閱李維《羅馬史》第8卷9節和第10卷28節；以及本書第37章〈惡習是否足以引起不幸〉3節。

酒神信徒在羅馬舉行狂歡宴會大事慶祝，只有阿隆久斯(Aruntius)生下來滴酒不沾，好像對於神明的權勢，表現出視若無睹的模樣。戴奧尼蘇斯使他陷入醉得不省人事的狀況，因而侵犯自己的女兒梅杜莉納(Medullina)。這時她從一個指環認出雙方的關係，然後想出一個計謀，過人的智慧絕非這個年紀的女子所能擁有。她找到機會讓父親喝醉以後，給他的頭上戴著花冠，然後將他帶到閃電之神[47]的祭壇前面，流著眼淚將奪去她貞操的人殺死。亞里斯泰德將這件事記載在他的《義大利史》第三卷當中。

20 伊里克蘇斯(Erechtheus)[48]要與優摩帕斯(Eumolpus)[49]開戰，他知道如果在趕赴戰場之前，將他的女兒奉獻給神明作為犧牲，就可以打敗敵人獲得勝利，他在與妻子普拉克西瑟商量以後，決定按照這樣的方式去做[50]。優里庇德將這段情節寫進他的悲劇《伊里克蘇斯》之中[51]。

馬留(Marius)與辛布里人的作戰陷入不利的狀況，神明在他的夢中顯靈，要想得勝必須在開戰之前用女兒作為祭品；因為他有只一個千金名叫卡普妮婭(Calpurnia)。他始終將履行市民的職責重於血緣的親情，犧牲自己的女兒贏得前所未有的大捷。甚至到今天在日耳曼還有兩個祭壇，每年這個時候就會發出慶祝獲勝的號角聲音。多羅修斯(Dorotheus)在他的《義大利史》[52]第四卷有這樣的記載。

21 出生在帖沙利的賽阿奈帕斯極其喜愛狩獵，新婚不久的妻子懷疑他迷戀其他的女子，否則怎麼會留連在森林裡面整夜不歸，於是決定隨著賽阿奈帕斯的足跡，查看究竟是怎麼一回事。她隱藏在濃密的樹叢後面，在那裡等待和窺伺。她的行動使得樹枝發生搖晃，一群獵狗認為她是一隻野獸，全部撲上去將美貌的婦人咬得血肉淋漓，以至於慘死在當場。賽阿奈帕斯是這件意

---

47 「閃電之神」(Fulgora)是朱庇特眾多頭銜之一；戴上花冠表示他是作為犧牲的受害人。

48 伊里克蘇斯是傳說中古代的阿提卡英雄人物。

49 優摩帕斯是伊琉西斯國王，制定西瑞斯的秘密祭典和儀式，後來就由他的後裔負責管理，等到他的世系斷絕以後，凡是傳承這項職能的人士都稱為優摩帕斯家族的成員。

50 參閱斯托貝烏斯《花間飛舞》第39卷33節；亞歷山卓的克里門《對希臘人的勸戒》第3卷42節；以及優西畢烏斯(Eusebius)《教會史》(*Ecclesiastical History*)第4卷16節之12。

51 參閱瑙克《希臘悲劇殘本》464頁。

52 參閱優西畢烏斯《教會史》第4卷16節之12；以及利杜斯《論判斷的標準》147節。

外事故的目擊者,感到內疚因而自裁身亡[53]。帕昔紐斯(Parthenius)根據當時的情節寫出哀怨的詩篇[54]。

西巴瑞斯[55]是位於義大利境內的城市,當地有位名叫伊米留斯(Aemilius)的年輕人以容貌俊美著稱於世,特別喜愛狩獵活動。剛剛娶回家門不久的妻子懷疑他與其他女子有苟合的行為,進入林木陰森的深谷前去查看。行動之際難免會使樹枝沙沙作響,狗群撲上去將她的身體撕得支離破碎。她的丈夫看到這種狀況,傷心之餘自刎相隨於地下。克萊托尼穆斯在他的《西巴瑞斯史》第二卷提到這件慘劇。

22 西麥娜(Smyrna)是辛尼拉斯(Cinyras)的女兒,由於激怒阿芙羅黛特遭到天譴,使得她愛上自己的父親。她把這件事透露給奶媽知道,說是要想盡辦法達成心願。於是這位奶媽用詭計去欺騙主人,說是鄰居的少女深愛著他,出於羞澀的心理要在黑暗中與他幽會,因而辛尼拉斯與自己的女兒發生關係。有一次發生狀況,因為他想看看這位情婦的容貌,於是叫人拿來燈光,等到他看清楚竟然是自己的女兒,拔出劍來刺穿這位邪惡的亂倫婦人的胸膛。阿芙羅黛特有未卜先知的本事,知道會有悲慘的下場,所以在她死後將她化身為一棵樹,還是用原來的名字來稱呼這一類的植物[56]。狄奧多魯斯在他的小說《變形記》中引用這個故事。

華勒麗婭・突斯庫拉納利斯(Valeria Tusculanaris)惹起維納斯的不滿,就讓這位少女愛上自己的父親華勒流斯,同時將心中的秘密向奶媽傾訴。奶媽想出一個計謀來欺騙主人,說是鄰居的少女願意與他幽會,出於審慎的考量不能公開此事。有次這位父親多喝了酒,叫人拿燈火來照看。奶媽趕緊叫醒女兒,離開城市前往鄉間,同時身邊還帶了一個小孩。有次她從高崖上面跳了下去,不僅自己就連所帶的小孩都安然無恙。等她回到家中知道懷孕之事已經無法避免,時辰到了生下一個名叫伊吉潘(Aegipan)的男嬰,要是用羅馬人的口音稱他為希爾瓦努斯(Silvanus)。華勒流斯陷入絕望的處境,就在同一個懸崖上面縱身跳了下去。米

53 參閱斯托貝烏斯《花間飛舞》第64卷33節。

54 參閱帕昔紐斯《愛的羅曼史詩集》第10首以及它的注釋。

55 西巴瑞斯是希臘人的殖民地,古老的時代建立在塔倫屯灣,擁有極其優越的位置,獲得的財富和權勢使他們享受奢華的生活;後來稱為休里姆或休里埃。

56 斯托貝烏斯《花間飛舞》第64卷34節;參閱奧維德《變形記》第10卷298行;以及阿波羅多魯斯《史綱》第3卷14之節3和它的注釋。

勒都斯人亞里斯泰德的《義大利史》第三卷記載這件慘絕人寰的傳聞。

23 特洛伊城破遭到洗劫以後，戴奧米德的船隻漂流到利比亞海岸，黎庫斯（Lycus）是當地的國王，經常將外來的異鄉人當成犧牲獻祭給他的父親阿瑞斯。國王的女兒凱麗里對於戴奧米德一見鍾情，對自己的父親起了背叛之心，就為戴奧米德鬆綁救他出了監牢。結果他對救命恩人置之不理，施施然揚帆而去。最後她只有投繯自盡。朱巴將這件事寫進他的《利比亞史》第三卷。

卡普紐斯‧克拉蘇（Calpurnius Crassus）是知名的貴族人士，過去曾與雷高拉斯進行長期的戰爭；現在奉命征討馬賽利亞人（Massylians），先要奪取蓋里屯（Graraetium）堅強的據點，此地特別以易守難攻著稱於世。結果被敵人俘虜，看來命中注定要成為奉獻給農神的犧牲。國王的女兒貝薩夏（Bisaltia）愛上這位來犯的敵人，背叛自己的父親，結果是讓她的愛人贏得勝利。等到克拉蘇返回家門，發現這位少女已經自盡身亡。赫西安納克斯（Hesianax）在他的《利比亞史》第三卷，對整個事件的來龍去脈有詳盡的敘述。

24 普里安有鑑於自己的城池即將不保，會受到敵人的燒殺掠奪，就派他的幼子波利多魯斯帶著黃金，前往色雷斯投奔他的女婿波利米斯托（Polymestor）。等到城破的消息傳來，波利米斯托殺害受他庇護的幼童，將黃金據為己有。爾後赫庫巴來到他的國度，騙他要將財產委託給他保管，等他來到以後，在其他被俘婦女的協助之下，她竟然將波利米斯托的眼睛活生生用手挖了出來。優里庇德的悲劇描述這樣的情節[57]。

漢尼拔的大軍蹂躪康帕尼亞一帶的國土，盧契烏斯‧提比瑞斯（Lucius Tiberis）將他的兒子連帶家產全都交到女婿華勒流斯‧傑斯久斯（Valerius Gestius）的手中；最後的局勢是漢尼拔成為勝利者。等到這位康帕尼亞人聽到傳來的消息，為了貪財完全不顧天理人倫，竟然殺死託付給他照顧的幼童。等到提比瑞斯的行程經過這個地區的邊緣，發現兒子的屍體，派人去見他的女婿，藉口是要讓傑斯久斯前來清點他現在的財富，好委託給他管理，等到他來到以後，提比瑞斯剜去他的雙眼，然後用礫刑將他釘死在十字架上。亞里斯泰德的《義大利史》第三卷有這方面的記載。

57　這齣悲劇就是《特洛伊王后赫庫巴》（Hecuba）。

25 特拉蒙與他的兄弟福庫斯(Phocus)一起去狩獵，福庫斯是薩美茲(Psamathe)所生，所以受到他的父親伊阿庫斯的寵愛。出獵的時候有一頭野豬現身，特拉蒙竟然將標槍投向所憎恨的兄弟，使得他傷重不治身亡。他的父親對他施以放逐的處分[58]。這件兄弟相殘之事記在多羅修斯的《變形記》第一卷。

該猶斯‧麥克西穆斯(Gaius Maximus)有兩個兒子，分別是希米流斯和雷蘇斯(Rhesus)；雷蘇斯是阿美里婭(Ameria)所生，她與麥克西穆斯沒有正式的婚姻關係。有次在狩獵當中雷蘇斯殺死他的兄弟，等到回到家中，他說這件事完全出於意外，絕非存心如此。他的父親查出實情，然後將他趕出家門，施以流放的刑責。亞里斯托克利(Aristocles)所著《義大利史》第三卷有這樣的記載。

26 阿瑞斯娶阿瑟伊(Althaea)為妻，生下默利傑(Meleager)[59]……[60]。優里庇德在《默利傑》一劇中有深刻的描述[61]。

塞普蒂繆斯‧馬塞拉斯(Septimius Marcellus)將希爾維婭(Selvia)娶進門以後，仍舊花很多時間在打獵上面。馬爾斯(Mars)裝扮成一個牧羊人，侵犯年輕的新娘使她懷了身孕。他把自己的身分告訴希爾維婭，給了她一根矛桿，同時宣稱這個小孩的生命與這件信物息息相關，可以說是「桿在人在，桿亡人亡」。從外人的眼中看來，她為塞普蒂繆斯生了一個兒子突斯西努斯(Tuscinus)。瑪默庫斯(Mamercus)要將豐盛的收成當成祭品奉獻給諸神，竟然疏忽西瑞斯應得的份量，激怒了女神派一隻野豬為害鄉間的莊稼。突斯西努斯糾集一些獵人，將這頭野獸擊斃，割下牠的頭顱和剝下牠的皮，派人送給已經訂親的新婦；辛布拉底(Scybrates)和繆昔阿斯(Muthias)是希爾維婭的兄弟，他們從少女那裡將這些禮物搶走。暴怒的突斯西努斯殺死他的親戚，他的母親極其氣憤就將矛桿燒掉。麥尼拉斯在他的《義大利史》第三卷提到此事。

58　參閱阿波羅多魯斯《史綱》第3卷12節之6和它的注釋。

59　在希臘神話當中，默利傑是凱利敦(Calydon)國王厄尼烏斯(Oeneus)和阿昔婭(Athaea)的兒子，荷馬的《伊利亞德》將他敘述成一個過氣的英雄人物，死於特洛伊戰爭發起之前。

60　這裡可以明顯看出脫漏的狀況。

61　參閱瑙克《希臘悲劇殘本》No.525；以及阿波羅多魯斯《史綱》第1卷8節之2。

27 伊阿庫斯和英黛斯(Endeis)的兒子特拉蒙來到優卑亞，強暴阿科索斯(Alcothous)之女厄瑞卑婭(Eriboea)[62]，趁著黑夜逃得無影無蹤。等到她的父親發覺有異，認爲是某位市民同胞幹的好事，怪罪女兒辱門風，就將這位女郎交給他的衛士，吩咐他把厄瑞卑婭推到海中淹斃。衛士對她起了憐憫之心，就將她當作要出售的奴隸。她上船到了薩拉密斯，湊巧特拉蒙將她買下來，後來生下聞名天下的兒子埃傑克斯。尼杜斯人阿里塔德在他的《島嶼史》(*History of the Islands*)第二卷中記載這個悲歡離合的傳說。

盧契烏斯‧特羅斯修斯(Lucius Troscius)的妻子佩特瑞斯(Patris)爲他生了一個名叫弗洛倫夏(Florentia)的女兒；羅馬來的卡普紐斯(Calpurnius)強暴這位少女。盧契烏斯得知此事，吩咐下屬將弗洛倫夏拋進大海。奉命的衛士可憐她的遭遇，就將她賣到奴隸販子的手裡，她乘坐的船隻偶然來到義大利，卡普紐斯將她買了下來，後來她生下康楚斯庫斯(Contruscus)這個兒子。

28 伊楚里亞國王伊奧盧斯(Aeolus)的妻子安斐瑟(Amphithea)爲他生下六個女兒和六個兒子，年紀最小的馬卡流斯(Macareus)愛上其中一位姊妹，侵犯她的貞操還讓她懷了身孕。亂倫的惡劣狀況被她的父親發覺，就叫人將一把劍送到她的手裡，她知道違犯國法爲天理所不容，只有引劍自刎。馬卡流斯面臨同樣可悲的下場[63]。索斯特拉都斯(Sostratus)的《伊楚里亞史》(*Etruscan History*)第二卷有這方面的記載。

帕皮流斯‧托盧昔(Papirius Tolucer)娶茱麗亞‧普契拉(Julia Pulchra)爲妻，她爲他生了六個女兒以及同樣數目的兒子。最年長的兒子帕皮流斯‧羅曼努斯(Papirius Romanus)愛上他的姊妹卡奴莉婭(Canulia)，同時還讓她懷了自己的小孩。他們的父親得知有辱門風的醜聞，派人將一把劍送給女兒，她只有自尋了斷。羅曼努斯同樣逃不脫家法的制裁。可以參閱克里西帕斯的《義大利史》第一卷。

29 以弗所的亞里斯托尼穆斯是笛摩斯特拉都斯的兒子，他對婦女抱著憎惡之心，爲了發泄性欲就與一頭驢子交配，誰知沒過多久，牠竟然生下一個嬰兒，長大成爲美麗的少女，取的名字是歐諾西莉斯(Onoscelis)[64]。

---

62 毫無問題是後來補上的文字，手抄本缺這一段；參閱阿波羅多魯斯《史綱》第3卷12節之7。

63 參閱斯托貝烏斯《花間飛舞》第64卷35節；以及奧維德《希羅伊妮》第9卷。

64 Onoscelis意爲「長著驢蹄的少女」；參閱亞里斯托法尼斯的喜劇《參加會議的婦女》(*Ecclesiazusae*)1048行；斯托貝烏斯《花間飛舞》第64卷37節。

亞里斯托克利在他的《異聞奇談錄》(*Strange Events*)第二卷中,記載這件極其怪誕的故事。

弗爾維斯·斯特拉斯(Fulvius Stellus)極其痛恨異性,經常與一匹母馬交媾,後來這頭牲口竟然懷孕生下女嬰,長大成爲美麗的女郎,他們爲她取名伊波娜(Epona)。後來伊波娜成爲馬的保護神。亞傑西勞斯在他的《義大利史》第三卷提到這件不經之事。

30 薩迪斯和西麥那這兩個城市[65]的市民之間發生戰事;薩迪斯人出擊將西麥那包圍得水泄不通,派出使者通知對方,除非西麥那的民眾同意他們的妻子陪薩迪斯人睡覺,否則的話絕不退兵。西麥那人逼於情勢的需要,如果拒不從命會遭到悲慘的下場。這時該城的統治階層有位女奴,前去見她的主人菲拉克斯(Philarchus)說道:「你可以將所有的女奴打扮起來,用來代替那些有自由人身分的婦女。」事實上他們沒有別的辦法,只有照她說的去做。派去的女奴使薩迪斯的男子筋疲力盡,後來成爲對手的俘虜。直到現在西麥那的民眾還在舉行一個名叫伊琉瑟里亞(Eleutheria)的慶典,所有的女奴在這一天可以穿上自由人婦女的服飾。多西修斯在他的《利底亞史》第三卷有這方面的記載。

高盧國王阿提波瑪魯斯(Atepomarus)將戰事帶到羅馬人的境內,說是對方想要來犯之敵退兵,條件是要將他們的妻子送來與高盧人交媾。羅馬人聽從女奴的勸告,就將她們交到高盧人手裡,這群蠻族在不停的性交之後,疲憊不堪陷入熟睡之中。雷塔娜(Rhetana)(完全是她提出這個主意)靠著一棵野生的無花果樹爬上城牆,將敵方的信息通報執政官,羅馬人因此發起攻擊,將高盧人打得大敗而逃。女奴的慶典從這棵野無花果樹獲得它的名字[66]。米勒都斯人亞里斯泰德在他的《義大利史》第一卷,對這件事大登特登。

31 雅典人與優摩帕斯之間發生戰事[67],他們準備的糧食不夠,難以滿足所需,皮朗德(Pyrander)是管理城邦財務的司庫,暗中將量器從大斗換成小斗,分配軍糧的時候極其慳吝。他的同胞懷疑他是一個叛徒,大家用

65　薩迪斯和西麥那都是小亞細亞的城市,薩迪斯是利底亞的首府,西麥那屬於伊奧利斯(Aeolis)地區,兩城之間的距離不到一百公里。

66　參閱蒲魯塔克《希臘羅馬英豪列傳》之〈羅慕拉斯傳〉33節;馬克羅拜斯《農神節對話錄》第1卷11節之35-39。

67　參閱本章第20節;以及阿波羅多魯斯《史綱》第3卷15節之4。

石塊將他擊斃。凱利昔尼斯的《色雷斯史》記載這件冤情。

羅馬人與高盧人經歷長期的戰爭，供應的糧食不足，辛納暗中減少分配給人民的穀物，羅馬人懷疑他對王位有覬覦之心，對他處以亂石擊斃之刑。亞里斯泰德在他的《義大利史》第三卷記下令人氣憤不平之事。

32 伯羅奔尼撒戰爭期間，奧考麥努斯[68]的彼昔斯特拉都斯厭惡貴族政體，對於家世清寒的市民抱著極大的好感。市民大會的成員密謀要將他除去，他們殺死他以後，屍體切成碎塊藏在衣袍的褶縫之中，並且將地面打掃得乾乾淨淨。平民群眾對他們的行為產生疑慮，衝進會場要求討個公道。國王的幼子特利西瑪克斯（Tlesimachus）雖然參與這件陰謀，還能用一番話讓群眾離開會場，他說他看到他的父親彼昔斯特拉都斯被授與凡人無法獲得的職位，所以匆匆趕往比薩（Pisa）山，已經成為天上的神祇。群眾受騙不再追究此事。狄奧菲拉斯在他的《伯羅奔尼撒史》第二卷有這方面的記載。

羅馬與鄰邦發生戰事，元老院通過議案，對於分配穀物給民眾的施政方針要予以取消，身為國王的羅慕拉斯拒絕簽署，還要為人民儲存救濟品，很多家世顯赫的人員遭到懲處。他們將羅慕拉斯殺死在元老院，屍體切成碎塊藏在所穿長袍的褶縫中帶走。羅馬民眾極其氣憤，放火燒掉元老院議事廳。朱理烏斯·普羅庫盧斯（Julius Proculus）出身高貴，深受人民的愛戴，他出面說是在一座山頭見到羅慕拉斯，被授與凡人所不能得到的權柄，已經升天成為神明。羅馬人相信他的證辭，民眾的怒氣也就平息下去[69]。亞里斯托布拉斯的《義大利史》第三卷，陳述事件的始末極其詳盡。

33 庇洛普斯（Pelops）是坦塔盧斯和優里阿納莎（Euryanassa）的兒子，娶希波達美婭（Hippodameia）為妻，生下阿楚斯和昔伊斯底（Thyestes），山林水澤的精靈達奈斯（Danais）為他所生的克里西帕斯（Chrysippus），比起合法的婚生子更受到他的寵愛。底比斯的拉烏斯（Laius）對於克里西帕斯心懷欲念，要將他劫持回國，雖然遭到昔伊斯底和阿楚斯的逮捕，因為他對克里西帕斯的愛

68　稱為奧考麥努斯的城市有兩處：一處位於於皮奧夏，形勢極其險要，雅典人和斯巴達人為它爭奪不已；另一處位於伯羅奔尼撒半島的拉柯尼亞地區。本章所指的城市是前者。

69　參閱蒲魯塔克《希臘羅馬英豪列傳》之〈羅慕拉斯傳〉28節及〈努馬·龐皮留斯傳〉2節；哈利卡納蘇斯的戴奧休斯《羅馬古代史》第2卷63節；李維《羅馬史》第1卷16節；以及西塞羅《論共和國》第1卷10節之20。

慕，還是受到庇洛普斯的諒解。希波達美婭試著要說服她的兩個兒子謀害克里西帕斯，因為她認為克里西帕斯將是繼承王位的競爭對象，阿楚斯和昔伊斯底拒絕骨肉相殘，她決定只有親自動手。等到深夜拉烏斯已經入睡，她偷偷拔出他的劍刺殺克里西帕斯，同時還將凶器留在體內沒有帶走。拉烏斯因為這把利劍嫌疑重大，克里西帕斯雖然陷入垂死的狀況，還是說出真相救了拉烏斯。庇洛普斯厚葬克里西帕斯，同時將希波達美婭逐出家門[70]。這件慘劇多西修斯記載在他的《庇洛普斯的後裔》（*Descendants of Pelops*）一書之中。

伊比烏斯‧托利克斯(Ebius Tolicix)娶瑙西里婭(Nuceria)為妻，從她得到兩個兒子。另外還有一位具備自由人身分的婦女，為他生了福慕斯(Firmus)，顯而易見，由於福慕斯長得眉清目秀，比起婚生子更獲得他的歡心。瑙西里婭身為後母心懷恨意，想要說服她的兒子將福慕斯除去，他們認為行事不公加以拒絕，逼得她只有親自下手進行謀殺的行為。她到深夜將福慕斯身邊侍衛的劍拔走，趁著這位幼童在熟睡當中給予致命的一擊，同時還將劍留在他的體內，侍衛涉嫌重大，最後還是福慕斯指出凶手。伊比烏斯埋葬兒子以後，休掉妻子施以放逐的處分。多西修斯在他的《義大利史》第三卷中提到此事。

34 帖修斯其實就是是波塞登的兒子，亞馬遜人希波利特為他生了希波萊都斯，後來帖修斯娶邁諾斯的女兒斐德拉成為第二任妻子，所以斐德拉是希波萊都斯的後母。這位後母對於繼子產生無法自拔的欲念，派她的奶媽前去表達她的愛情。誰知希波萊都斯離開雅典趕往特里眞，說是他要用全副心思去狩獵。滿懷妒意的婦女無法獲得意中人的垂青，寫下一封顛倒事實的遺書，用來陷害這位清白自持的年輕人，然後用一根繩索結束自己的生命。帖修斯看到這封信相信確有其事；由於過去波塞登為了表示歉意，答應滿足他的三個願望，於是他要求波塞登履行前約，毀滅希波萊都斯，不讓自己的兒子留在人世。神明派出一條公牛，趁著希波萊都斯駕著戰車在海岸疾馳的時候，加以衝撞，使得他跌落地面，被受驚的馬匹踐踏而死[71]。

山林水澤的精靈伊吉麗婭(Egeria)為勞倫屯(Laurentum)的康米紐斯‧蘇帕(Comminius Super)生下一個名叫康米紐斯(Comminius)的兒子，後來他娶了第二

---

70 參閱鮑薩尼阿斯《希臘風土誌》第6卷20節之7；阿波羅多魯斯《史綱》第3卷5節之5；阿昔尼烏斯《知識的盛宴》602F；優里庇德的悲劇《腓尼基人》1760行和它的注釋；以及伊利安《歷史文集》第13卷5節。

71 參閱斯托貝烏斯《花間飛舞》第64卷38節；以及優里庇德的悲劇《希波萊都斯》。

位妻子吉迪卡（Gidica），成為前面這個兒子的後母。她對繼子滿懷情思，誰知落花有意流水無情，她感到萬方無奈因而自縊身死，留下一封充滿謊言的遺書。蘇帕讀了這封指控的函件，相信莫須有的情節全是事實，請求尼普頓（Neptune）給予懲治，趁著這位年輕人駕馭戰車高速行進的時候，在道路上面放置一條公牛，拖車的馬匹受驚之餘無法控制，導致車輛翻覆將他壓死。多西修斯在他的《義大利史》第三卷有這方面的記載。

35 一場瘟疫在斯巴達蔓延開來，上界頒布神讖要想消除禍害，必須每年用一位貴族的少女作為奉獻的犧牲，有次海倫（Helen）中籤開始為當成祭品給予裝扮，引頸就戮之際，突然有隻老鷹俯衝下來，攫走利劍帶往牛群的上空，落下來刺入一頭小母牛的體中，從此以後斯巴達人不再殺死少女作為犧牲[72]。亞里斯托迪穆斯在《神話第三選集》（*Third Collection of Fables*）中摘錄這個故事。

法勒瑞整座城市遭到瘟疫的侵襲，很多人因而亡故，一份神讖給予指示，要想終止恐怖的災難，他們每年應該用一位少女當作犧牲向朱諾獻祭。迷信的習慣傳承下來，有次抽籤選中一位名叫華勒麗婭·盧帕卡（Valeria Luperca）的少女，就在拔出佩劍的時候，一隻老鷹從高空突然衝下，攫走殺人的利器，將頂端形成錘狀的棍棒放在奉獻的供品上面，接著老鷹將利劍扔到一條放牧在神廟附近的小母牛身上。市民明瞭神明暗示的意義，就用小母牛取代少女作為犧牲；她手裡拿著小錘逐家前去拜訪，用它輕輕觸及患者，鼓舞他們求生的意志，讓大家知道病情都會好轉，直到今日這種神祕的儀式繼續流傳下去。亞里斯泰德在他的《義大利史》第十九卷有這方面的記載。

36 菲洛諾美（Phylonome）是奈克蒂穆斯（Nyctimus）和阿卡狄婭的女兒，經常陪伴阿特米斯去狩獵；阿瑞斯打扮成一個牧羊人，兩情相悅以後懷了他的小孩。她生下一對雙胞胎，害怕父親知道，就將他們丟在埃里瑪蘇斯（Erymanthus）這個地方，由於神明的呵護能夠避開各種災難和危險，在一根有空洞的橡樹樹幹中找到庇身的處所。有頭母狼的巢穴就在這個樹林裡面，牠將剛生的幼狼扔進溪流，然後用乳汁來哺育兩個嬰兒。捷利法斯（Gyliphus）這位牧羊人

72　參閱利杜斯《論判斷的標準》147節；有關斯巴達人用活人作為祭神的犧牲，可以參閱波菲利《論禁絕》。

是整個事件的見證人，找到他們以後，當成自己所出來撫養，將他們取名爲黎卡斯都斯（Lycastus）和帕瑞休斯（Parrhasius），後來能夠繼承阿卡狄亞的王座[73]。拜占庭的佐庇魯斯在他的《歷史》第三卷中有詳盡的敘述。

阿穆留斯（Amulius）用極其暴虐的手段對付他的兄弟努米多（Numitor），狩獵的時候趁機殺死努米多的兒子伊尼都斯（Aenitus），同時還要他的姪女希爾維婭（Silvia）或稱艾莉婭（Ilia）擔任朱諾的女祭司，爲的是要使他兄弟的後裔不能繼承王位。戰神馬爾斯使希爾維婭懷了身孕，等她生下雙胞胎以後被僭主知曉此事，驚慌之餘將這兩個嬰兒從台伯河岸丟進水中，他們在一隻母狼的巢穴中找到庇護的處所，雖然牠剛剛生下幼狼，忍下心來拋棄自己的骨肉，然後來哺育這對攣生兄弟。一位名叫福斯都斯的牧羊人見證整個事件的來龍去脈，將嬰兒抱回家中撫養，並取名爲雷摩斯和羅慕拉斯，後來成爲羅馬城的創建者[74]。米勒都斯人亞里斯泰德的《義大利史》有詳盡的記載。

37 特洛伊城破以後，阿格曼儂與卡桑卓同時受到殺害。歐里斯底在斯特羅菲烏斯（Strophius）的家中受到撫養，後來對謀殺他父親的凶手施以血淋淋的報復。皮朗德的《伯羅奔尼撒史》第四卷記載此事。

圖克西姆（Tuxium）是薩姆奈人的首府[75]，遭到費比烏斯‧麥克西穆斯的親戚費比烏斯‧法布瑞西阿努斯（Fabius Fabricianus）的大肆洗劫，就連受到薩姆奈人頂禮膜拜的勝利女神維納斯的雕像，都被他當成戰利品運到羅馬。法布瑞西阿努斯的妻室是法比婭（Fabia），她與一位名叫佩特羅紐斯‧華倫蒂努斯（Petronius Valentinus）的英俊年輕人通姦，就說她的丈夫有叛國的行爲當成藉口將他殺害。她有一個名叫法比婭的女兒，就將她的弟弟法布瑞西阿努斯從危險當中救了出來，這個時候的法布瑞西阿努斯仍舊是一個幼童，於是將他暗中送到其他地方去撫養。等到這個兒子成人以後，殺死自己的母親和她的情夫，得到元老院的特赦免於刑責。多西修斯在他的《義大利史》第三卷陳述此事的本末。

38 布西瑞斯（Busiris）是波塞登和安妮庇（Anippe）的兒子，安妮庇又是尼羅河河神的女兒。任何人只要經過布西瑞斯居住的地方，會受到

73　參閱利杜斯《論判斷的標準》150節。
74　可以與本書第24章〈論命運女神庇護羅馬人〉8節敘述的狀況做一對照。
75　但一般認爲薩姆奈的首府是波維阿隆（Bovianum）。

虛情假意的接待，接著成爲奉獻給神明的犧牲。遭他毒手的人不計其數，最後他還是難逃報應。因爲海克力斯用狼牙棒給他迎頭一擊，就此倒斃在地[76]。薩摩斯的阿加豐提到此事。

就在海克力斯驅趕傑里安的牛群經過義大利的時候，接受麥邱利之子福努斯王的款待，這位殘暴的主人經常將他的賓客當成犧牲，奉獻給身爲神明的父親享用。等到他要下手攻擊海克力斯，結果反被這位力大無窮的勇士所殺。相關的記載可以參閱德西拉斯的《義大利史》第三卷。

39 阿格瑞堅屯的僭主費拉瑞斯只要抓住從他那裡經過的異鄉人，就會施以令人髮指的酷刑，折磨到死亡爲止。伯瑞盧斯（Perillus）是一位會做生意的銅匠，非常精巧地製作一頭青銅母牛，可以將異鄉人關在牛腹之中活活燒死。費拉瑞斯想利用這個機會證明自己是一個做事非常公道的人，就將這名工匠作爲試驗品，在炮烙的過程中，燒紅的銅牛像是發出痛苦的哀號[77]。《成因》（Causes）[78]一書第二卷摘錄這個故事。

西西里有個名叫塞吉斯塔（Segesta）的城市，它的僭主伊米留斯‧森索瑞努斯（Aemilius Censorinus）生性極其殘忍暴虐，要是有人發明手法新穎的酷刑，就會受到他的賞賜，阿隆久斯‧佩特庫盧斯（Arruntius Paterculus）是位工匠，製作一匹銅馬送給他當成禮物，讓他用來作爲刑具，好把市民投入它的腹中受盡痛苦。這是第一次僭主產生這樣的念頭，認爲自己有機會成爲行事公正的人，就把送禮的人當成試用的對象，因而設計用來害人的人反而害到自己。最後還將他的屍體從塔皮亞崖的上面拋了下去。有人認爲大家將非常殘酷的統治稱爲Aemilii，就是來自伊米留斯這個名字。亞里斯泰德在他的《義大利史》第四卷提到這件傳聞。

40 伊維努斯是阿瑞斯和斯特羅普（Sterope）的兒子，他娶厄諾茅斯之女亞西庇（Alcippe）爲妻，有一個名叫瑪帕莎（Marpessa）的女兒[79]，盡

76　參閱蒲魯塔克《希臘羅馬英豪列傳》之〈帖修斯傳〉11節；阿波羅多魯斯《史綱》第2卷5節之11；魏吉爾《牧歌》第3卷4-5節，提到的傢伙名字叫作布西瑞狄斯（Busiridis）。

77　參閱斯托貝烏斯《花間飛舞》第49卷49節。

78　根據歷史學家本特利（Bentley）的推測，這本書應該是凱利瑪克斯的《成因》（Aetia）；已列入洛布古典文庫。

79　參閱蒲魯塔克的偽作《河經》第8卷1節；以及阿波羅多魯斯《史綱》第1卷7節之8及其注釋。

其所能要讓她保持處女之身。愛達斯（Idas）是阿法留斯（Aphareus）的兒子，將她從舞蹈的隊伍中劫持出來一同逃走。她的父親發起追捕，跑遍各地還是無法尋獲，傷心之餘跳進萊柯瑪斯（Lycormas）河[80]了此殘生，因而享有身後的名聲。多西修斯在他的《艾托利亞史》第一卷記載此事。

伊楚里亞國王安紐斯（Annius）有一個美麗的女兒薩莉婭（Salia），他費盡心思要讓她保持處女的貞操。有位名叫卡則都斯（Cathetus）的貴族看到在遊戲中的少女，驚為天人而滋生愛意，他無法克制自己的欲念，找到機會劫持她一起離開羅馬。她的父親帶著人馬追捕，結果還是不見蹤影，感到失望跳進帕里西姆（Pareusium）河，從此它的名稱改為安尼奧（Anio）河。卡則都斯與薩莉婭結為夫婦，生下拉蒂努斯（Latinus）和薩留斯（Salius）兩個兒子，成為家世最為顯赫的貴族，後裔綿延不絕。除了米勒都斯人亞里斯泰德有這方面的記載，還可以參閱亞歷山大‧波利赫斯托的《義大利史》第三卷敘述事件的始末。

41 以弗所人赫吉昔斯特拉都斯（Hegesistratus）謀殺一位親戚，後來逃到德爾斐，他向神明請示迷津，何處可以成為他的家園。阿波羅的答覆：「那裡的人們戴著橄欖枝葉編成的花冠，跳著鄉村的土風舞。」等到他來到亞細亞某個地方，看到農夫頭戴橄欖葉編成的冠冕，歡樂的載歌載舞，就在該處建立一個名叫伊利烏斯的城市[81]。薩摩斯人皮索克利在他的《鄉土誌》（*Treatise on Husbandry*）第一卷有這樣的記載。

特勒哥努斯（Telegonus）是奧德修斯和色西（Circe）的兒子，奉命出外尋找自己的父親，接到神明的指示，要在看到農夫戴著花冠跳舞的地方建立一座城市。等他來到義大利某處，那裡的鄉下人將橡樹的枝子戴在頭上，大家一起興高采烈的跳舞作樂；因為他們將橡樹稱為prininoi，所以建立一座名叫普里尼斯屯（Prinistum）的城市，後來羅馬人將名字做了少許的改變，稱之為普里尼斯特（Praeneste）。亞里斯泰德的《義大利史》第三卷提到此事。

80　萊柯瑪斯河流經艾托利亞地區，後來改名伊維努斯（Evenus）河。
81　伊利烏斯意為「橄欖之城」。

第二十四章
論命運女神庇護羅馬人

1 德行女神和命運女神經常會發生衝突，只是目前出現的狀況更爲激烈，看來非要拚個你死我活不可。裡面還涉及到羅馬的霸權這個問題，想要做出最後的決定，兩者之中到底是誰的努力，才能爲羅馬創出如此驚人的豐功偉業。究竟誰是贏家可以拿出很有分量的證據，用來作爲反駁指控的辯護之辭。德行女神受到非難說祂只做無益之事僅僅表面好看而已；命運女神的行爲輕浮善變卻眞正有利於世道人心。他們提到德行女神只是辛勞工作得不到任何收穫，命運女神給予豐碩的禮物，卻無法信賴不知什麼時候就會收回。羅馬從他的競爭對手當中增加建樹有所成就，何以需要有人向大眾宣示，完全出於德行女神的好心或命運女神的力量，因爲前者善待仁人志士，讓他們獲得最有利的條件；後者長久以來始終以羅馬的保護神自居，給予的協助可以說是不遺餘力。

詩人艾昂(Ion)[1] 在他的散文集提到，命運女神和智慧女神在風格方面完全是南轅北轍，就以成爲事物的創造者而言，雙方倒是有異曲同工之妙。兩位女神都給大家帶來逐漸增多的榮譽，同時還讓特定的人物獲得響亮的名聲、驚人的權勢和統治的實力。這些難道還需要不厭其煩地列舉爲數眾多的例子？甚至就是自然女神爲我們創造和供應所有的事物，還有人認爲是命運女神的功勞，或者將它歸之於智慧女神的力量。有關目前的討論，多少會涉及到羅馬獲得美好又可羨的神聖之物，如果提出的問題已經超越羅馬的範圍，如同超越大地和海洋、蒼穹和群星，是否羅馬出於命運女神或預言女神[2] 的鼎力玉成，才能形成當前的局面？

2 我對這些事物產生懷疑，個人以爲這並沒有什麼不對，儘管命運女神和德行女神始終從事直接又不中斷的鬥爭，雙方的對立從未停息，然而在

1　開俄斯的艾昂(490/480-422 B.C.)是戲劇家、歷史學家和學者，其劇本都已佚失，只有散文作品存世；參閱本書第77章〈會飲篇：清談之樂〉第8篇問題1第1節。

2　應該說是智慧女神才對。

統治和權力方面卻能齊心合力，會暫時中止彼此的敵意，將祂們的力量聯合起來，帶來的後果是完成人類最美好的建設。甚至柏拉圖[3]都斬釘截鐵的表示，火和土是最早也是最必要的元素，成爲可視之物和具有實質，整個宇宙才會從兩者之間升起，土的貢獻在於它的重量和穩定，火則提供彩色、形式和運動。位於中間的媒介元素像是水和氣，可以用來軟化和減弱兩個極端之間的差異，這些元素結合起來以後，就會賦予物質混雜起來的特性。

就我個人的看法，諸如此類的方式使時間女神成爲羅馬城邦的基礎，在神明的援手之下，能夠將運道和武德凝固成爲一體，各取兩者之中特殊的性質，就能爲全人類建構一座爐灶（hearth）[4]，相信它具備聖潔的要件和恩惠的施捨，和同一根堅固的纜繩，也是永久不渝的原則，誠如德謨克瑞都斯（Democritus）[5]所說的那樣，「是避開巨浪和潮流的安全停泊所」[6]，其中仍保有人類事務變動不居的條件。這位物理學家曾經提到，古老的時代沒有世界的存在，所有的原子不願結合混雜在一起，依據自然之道構成宇宙的形式。微小又無處不在的原子，始終在逃避有形的結合和無謂的糾纏；較大又緊密固結的原子正要從事激烈的掙扎，它們之間出現混沌的狀態，因而被快速的投擲出來，所有一切陷入毀滅、飄移和粉碎之中，必須要等到土地的形成那個關鍵時刻到來，大量飄移的原子開始結合起來，具有永恆不變的性質，還爲自己準備長存的居所，其他元素環繞在它的四周。

甚至就是世間最大的權勢和最廣的疆域，都得隨著幸運女神的好惡在不停的轉移，由於沒有人能擁有至高無上的權力，然而每個人都抱著期望，彼此之間的糾紛和衝突不斷，所有的民族都在持續的運動、遷徙和變換，沒有停下來休養生息的機會。一直要到羅馬獲得健壯和成長的時代來臨。不僅在自己邊界之內的國家和民族全都歸順，還要統治越過海洋的其他各個民族，龐大帝國的事務獲得穩定和安全。基於擁有絕對權力的政府從未遭到橫逆之事，所以會給內部帶來秩序

---

3 參閱柏拉圖《泰密烏斯篇》28B及31B-32B；提到宇宙的創造過程，因為它可以看得見和摸得到，何況在開始就用火與土構成它的形體。

4 爐灶通常供奉家神，被視為神聖的位置，在這裡提出懇請的哀求者，可以獲得安全的庇護。

5 德謨克瑞都斯是西元前5世紀的哲學家，生於色雷斯的阿布德拉，成為安薩克拉哥拉斯的入門弟子，定居雅典從事教學和著作，攻擊伊庇鳩魯學派不遺餘力。他的著作多達六十餘種，涵蓋哲學各學門派，並倡導「原子論」。

6 參閱本書第36章〈論子女之愛〉3節，德謨克瑞都斯說道：「臍帶從開始就在子宮裡面生長，如同在停泊的位置用繩索將船繫得很牢固，不讓高漲的潮水或湍急的海流將它沖走。」看來這兩種表達的方式可說是完全一致。

井然又單向循環的和平。那些謀求此類事物的人士，德行女神不論運用何種形式，總能使他們與生俱來獲得這方面的力量，然而偉大和好心的命運女神也會參加一份。在下面討論的過程中可能會展現出來。

3 根據我的論點，無論是站在高處向下俯視，還是衡量手裡的資料，發現命運女神和德行女神在前進的途中，彼此之間相互指責和口角[7]。德行女神的步伐何其從容不迫，看人的眼光堅定平穩，然而它的面貌洋溢著野心的光彩，暗示對鬥爭的關懷和認同。不管怎麼說，德行女神還是遠落在命運女神的後面，因為後者的動作非常倉促，在群眾之中祂所指導和保護的對象，就是

> 投身征戰行動大事殺戮的英雄，
> 鮮血淋漓的甲冑閃耀怒火熊熊。[8]

這些人的前胸有污穢的傷口，滿身的血跡混雜著甜蜜的味道，腳下踐踏破碎的戰利品。

難道你打算要我們詢問這些都是何許人？他們表明出身來自法布瑞修斯家族（Fabricii）、卡米拉斯家族（Camilli）、迪修斯家族（Decii）、辛辛納久斯家族（Cincinnati）、費比烏斯‧麥克西穆斯家族（Fabii Maximi）、克勞狄斯‧馬塞拉斯家族（Claudii Marcelli）和西庇阿家族（Scipios）[9]。我看到該猶斯‧馬留（Gaius Marius）[10] 對著命運女神怒容相向；還有土生土長的穆修斯‧西伏拉（Micius Scaevola）[11] 展示他燒焦的手大聲叫道：「出現這樣嚴苛的場面，你會對命運女神懷著感恩之心？」台伯河畔的會戰產生的英雄人物是馬可斯‧賀拉久斯（Marcus Horatius），被伊楚里亞人射中幾箭，使得四肢成殘只有跛行，最後跌落水中從漩渦裡面探頭喊叫道：「我成為殘廢竟然會讓命運女神稱心如意？」德行女神的合

7　或許這種用語和口吻，模仿色諾芬《回憶錄》第2卷1節之21-34所敘述的狀況；特別是德行女神和罪惡女神之間的競爭。

8　荷馬《奧德賽》第11卷41行。

9　上面提到幾個家族都是羅馬最重要的豪門世家，要說共和國早期的政治和軍事全都掌握在他們手中也並不為過。

10　該猶斯‧馬留（157-86 B.C.）是羅馬的名將和軍事改革家，擊敗辛布里人成為共和國的救星，曾經七次出任執政官，率領民黨與貴族進行內戰，要與蘇拉爭天下，未及決戰而歿。

11　穆修斯刺殺波森納被捕，剛毅的表現使敵方深受感動，釋放時波森納將自己的佩劍賜給他，這時穆修斯右手燒焦只能用左手接劍，因而獲得Scaevola的稱號，意為「左手」。

唱隊有這樣的特性，大家一起向著比武場前進，

> 強健的競爭者已備好全副武裝，
> 對抗強敵難免遭到重大的傷亡。[12]

4 命運女神的腳步非常輕快，充滿大無畏的氣概，經常誇耀祂所帶來的希望，超越德行女神仍舊保持密切的關係。祂不會展開輕巧的翅膀在空氣中升起，也不會用「腳趾泰然自若站在一個球體上面」向前移動，祂只是擺出失去平衡和遲疑不決的姿態，然後從大家的視線中離開。甚至如同斯巴達人所說的那樣，阿芙羅黛特在渡過優羅塔斯河[13]的時候，束起一根魔法的腰帶，佩帶鏡子和裝飾品，手拿一根長矛和一面盾牌，打扮得漂漂亮亮好取悅萊克格斯；命運女神也是如此，祂背棄波斯人和亞述人，飛臨到馬其頓的上空，很快擺脫亞歷山大的糾纏，保持祂的航程穿越埃及和敘利亞，一路上到處散布統治的王權。然後轉過頭去讓迦太基人感到興高采烈。

等到祂接近帕拉廷（Palatine）山[14]和渡過台伯河之際，顯然祂已收起雙翼，穿著涼鞋正在疾行，像是放棄足下那個沒有價值又不穩定的地球儀[15]。祂進入羅馬打算定居下來，全身的裝束一直延續到今天，該地的民眾還要接受祂的試探和考驗，須知：

> 命運不能剛愎自用或執迷不悟。

這是品達的看法[16]。要說

> 祂不願讓任何人有第二次機會；

---

12 貝爾克《希臘抒情詩集》第2卷242頁；或艾德蒙《悲歌與抑揚格詩體》第1卷420頁；參閱本書第25章〈論亞歷山大的命運和德行〉第2篇2節；以及蒲魯塔克《希臘羅馬英豪列傳》之〈笛摩昔尼斯與西塞羅的評述〉2節。

13 優羅塔斯河是伯羅奔尼撒半島最大的河流，發源於阿卡狄亞中部的山地，流經斯巴達，在拉柯尼亞灣入海。

14 帕拉廷山是羅馬七山占有中央位置的山丘，王政時期的皇宮建於該處，一直成為整個帝國的神經中樞。

15 這是賀拉斯想像中的命運女神，在他的《猩紅》（Carmina）第1卷35節就有動人的描述；參閱笛歐·克里索斯托姆《演說集》第63篇；以及格林（Galen）《規勸書》（Protrepticus）2節。

16 克里斯特《品達的吉光片羽》30-41行；以及貝爾克《希臘抒情詩集》第1卷382頁。

或者可以說祂是

　　秩序女神和勸說女神的好姊妹，
　　家學淵源乃預言女神的乖女兒；

這是阿克曼（Alcman）[17]對祂的世系和血胤所做的描述。

　　命運女神的手中拿著名聞遐邇的富饒之角，裡面不僅裝滿長年開花不斷的果實，還有地球上面來自各個海洋、河流、礦區和港口的產物，傾注出來是極其慷慨的賞賜和全心全意的滿足。祂的隊伍當中有不少顯赫的知名之士：努馬・龐皮留斯來自薩賓人的國度；普里斯庫斯（Priscus）出身塔昆紐斯王室（Tarquinii），這些外來的國王是祂把他們推上羅慕拉斯的寶座。伊米留斯・包拉斯率領軍隊安然歸國，他制服帕修斯以及馬其頓人，獲得毫無損失的勝利[18]，使得命運女神的威力擴大到難以形容的程度。

　　祂把何其大方的恩典賜與年邁的西昔留斯・梅提拉斯・馬其頓尼庫斯（Caecilius Metellus Macedonicus）[19]，四位執政官階層的兒子抬著他的棺柩進入墓地，他們的名字分別是奎因都斯・巴利阿瑞庫斯（Quintus Baliaricus）、盧契烏斯・戴迪瑪都斯（Lucius Diadematus）[20]、馬可斯・梅提拉斯（Marcus Metellus）和該猶斯・卡普拉流斯（Gaius Caprarius）；還有兩位曾經出任過執政官的女婿，以及聲譽傲人的孫輩，他們的行誼和官位何其顯赫。伊米留斯・斯考魯斯是當時的新貴[21]，出身清寒的家庭，能從卑微的職務中飛黃騰達，能在元老院成為首席議員[22]。

17　阿克曼是西元前7世紀中葉的抒情詩人，身為拉柯尼亞的土著，居住在斯巴達，他的作品以《少女之歌》最為知名；貝爾克《希臘抒情詩集》第3卷〈阿克曼篇〉No. 62；或艾德蒙《希臘抒情詩》第1卷90頁。

18　這是過分誇耀之辭，羅馬軍還有一百人被殺；參閱蒲魯塔克《希臘羅馬英豪列傳》之〈伊米留斯・包拉斯傳〉21節；以及李維《羅馬史》第44卷42節。

19　西昔留斯・梅提拉斯・馬其頓尼庫斯是143 B.C.的執政官，他在第四次馬其頓戰爭中獲得最後的勝利，亞歷山大大帝擁有的帝國成為羅馬的行省，因而獲得「馬其頓征服者」的稱號；參閱西塞羅《論目的》第5卷27節以及《突斯庫隆討論集》第1卷35節；華勒流斯・佩特庫盧斯《羅馬史概論》第1卷11節之7；華勒流斯・麥克西穆斯《言行錄》第7卷1節之1；普里尼《自然史》第7卷13節之59。

20　應該是盧契烏斯・維塔都斯（Lucius Vittatus）。

21　這種說法並不正確，因為他的出身是伊米留斯家族（參閱西塞羅《為穆里納辯護》[Pro Murena]7節）；雖然他的父親從事木炭生意，他還是靠著自己的努力獲得光明的前途。

22　Princeps senatus即「首席議員」或稱「首席元老」，奧古斯都於28 B.C.獲得此一稱號，爾後終生保有。

　　高乃留斯·蘇拉蒙受命運女神的垂青，他的發跡在於能夠贏得女主人奈柯波里斯(Nicopolis)[23]的芳心，後來出任笛克推多，權勢之大如同羅馬的君王；馬留雖然擊敗辛布里人擺出盛大的凱旋式，以及以後擔任過七次執政官，霸業與蘇拉相比還是稍遜。蘇拉建立不世的功勳，經常公開宣稱自己是命運女神的養子，贊同索福克利藉著伊底帕斯[24]的口所說出的話：

　　　　我始終自認乃命運女神的寵兒。[25]

用拉丁話來說他被人稱爲菲利克斯[26]，在希臘的時候將自己的名字寫成盧契烏斯·高乃留斯·蘇拉·伊巴弗羅迪都斯(Lucius Cornelius Sulla Epaphroditus)[27]，無論在我的家鄉奇羅尼亞，或者爲了慶祝米塞瑞達底戰爭贏得大捷，這些地方所建的戰勝紀念碑都用後面的署名，這樣做倒也切合實情。並不像米南德[28]在《黑夜》(Night)一劇中所述，命運女神會與「阿芙羅黛特共享一切」。

5 經過一番很適當的介紹以後，我再度舉出羅馬市民當作證人，即使獲得德行女神的厚愛，仍然對命運女神心儀不已，相較之下前者大有不如。要知道只是最近，也可以說是過了很多年以後，西庇阿·紐曼蒂努斯[29]在羅馬建立一座「德行女神之廟」。後來馬塞拉斯[30]大興土木建造「德行女神和榮譽女神

23　參閱蒲魯塔克《希臘羅馬英豪列傳》之〈蘇拉傳〉2節。

24　伊底帕斯是希臘神話中的英雄人物，底比斯國王拉烏斯和王后約卡斯塔的兒子，後來發生弒父妻母的慘劇，近世才有「伊底帕斯情意綜」和「戀母情結」等心理學名詞。

25　索福克利的悲劇《伊底帕斯王》1080行。

26　農神的兒子名叫菲利克斯，這個字的意義是「幸運」；蒲魯塔克《希臘羅馬英豪列傳》之〈蘇拉傳〉34節；阿庇安《內戰記》第1卷97節；戴奧多魯斯·西庫盧斯《希臘史綱》第38卷15節。

27　伊巴弗羅迪都斯這個名字的含義是「愛神的寵兒」；因為希臘神話的阿芙羅黛特就是羅馬人的維納斯。

28　柯克《阿提卡喜劇殘本》第3卷〈米南德篇〉No.739；參閱本書第77章〈會飲篇：清談之樂〉第3篇問題6第4節；以及《希臘田園詩全集》第2卷10節，有關狄奧克瑞都斯的注釋。

29　西庇阿·紐曼蒂努斯是伊米留斯·包拉斯的兒子，後來為老西庇阿的長子巴布流斯收養；他在146 B.C.終結第三次布匿克戰爭，將迦太基夷為平地；133 B.C.率軍圍攻努曼亞，獲勝後得到「努曼夏征服者」(Numantinus)的稱號。

30　蒲魯塔克《希臘羅馬英豪列傳》之〈馬塞拉斯傳〉28節；李維《羅馬史》第27卷25節和第29卷11節；華勒流斯·麥克西穆斯《言行錄》第1卷1節之8；以及西塞羅《維里斯控詞》(Verrine Orations)第4卷54節和《論神的本質》(De Natura Deorum)第2卷23節。

之廟」。伊米留斯‧斯考魯斯[31] 在辛布里戰爭期間，建造一座稱為「勇士堂」的廟宇，當然可以把它視為「理性神廟」。因為在這個時代，無論是修辭、詭辯還是演講，都已經找到進入羅馬城的通衢大道，民眾敞開胸襟，有更多的人生目標可以追求。然而直到今日還是沒有供奉智慧、審慎、慷慨、持恆、節制這一類神明的廟宇。

命運女神早就有富麗堂皇又歷史悠久的神廟[32]，可以說是與這個城市同時建立。首位起造「命運女神之廟」的人士是安庫斯‧馬修斯(Ancus Marcius)，他是努馬的孫兒[33]，羅慕拉斯算起第四代國君。或許是他給命運女神加上「武勇」(Fortis)的頭銜；因為「幸運者必須剛毅」這句格言，對於他打贏這場大捷極有助益。他們在卡米拉斯(Camillus)獲得名聲之前，地方官員獲得婦女的捐款，就已經蓋好一座稱為「穆利布瑞斯(Muliebris)的命運女神之廟」[34]，因為馬修斯‧科瑞歐拉努斯(Marcius Coriolanus)帶領弗爾西(Volsci)的人馬圍攻羅馬，靠著婦女出面才有退兵的行動。派出的婦女代表團裡面包括他的母親和妻子，她們前去見這位英雄人物，經過懇求和勸告獲得他的首肯，願意原諒城市所犯的過錯，然後領著外來的軍隊打道回國。據說就在這個時候，他們供奉的命運女神雕像開口說道：「城市的婦女，妳們將羅馬神聖的法律呈獻給我。」

事實上弗流斯‧卡米拉斯(Furius Camillus)亦復如此。他拿走天平，不讓羅馬付出黃金[35] 作為謀求和平的代價，接著熄滅高盧人入侵帶來的燎原大火，竟然發現沒有一座神廟供奉職司參議或勇氣之類的神明，倒是在新街有一座「傳聞女神和謠言女神之廟」[36]，他們斷言在戰火未起之前某個夜晚，馬可斯‧西第修斯(Marcus Caedicius)經過該地，聽到一個聲音在告訴他，短期之內會發生高盧戰爭。

命運女神位於河邊的廟宇大家將它稱為福蒂斯(Fortis)，那是說強壯、勇氣

---

31 西塞羅《論神的本質》第2卷23節。
32 參閱本書第21章〈羅馬掌故〉74節；特別是王政時期羅馬第六任國王塞維烏斯‧屠留斯，建立各種不同名目的命運女神神廟。
33 參閱蒲魯塔克《希臘羅馬英豪列傳》之〈努馬‧龐皮留斯傳〉21節。
34 Fortuna Muliebris意為「婦女的命運女神」；可以參閱蒲魯塔克《希臘羅馬英豪列傳》之〈馬修斯‧科瑞歐拉努斯傳〉37節。李維《羅馬史》第2卷40節之12；哈利卡納蘇斯的戴奧尼休斯《羅馬古代史》第8卷56節之2；以及華勒流斯‧麥克西穆斯《言行錄》第1卷8節之4。
35 參閱蒲魯塔克《希臘羅馬英豪列傳》之〈卡米拉斯傳〉29節；因為羅馬要付給高盧人一千磅的黃金。
36 或許它的原意是「示警之神」(Aius Locutius)；參閱李維《羅馬史》第5卷32節之6和50節之5；蒲魯塔克《希臘羅馬英豪列傳》之〈卡米拉斯傳〉30節；奧盧斯‧傑留斯《阿提卡之夜》第16卷17節；以及西塞羅《論占卜》第1卷45節。

或無畏所擁有的權力可以征服世界。他們在凱撒遺贈給人民的花園[37]裡面蓋起雄偉的廟宇,因為他們相信凱撒由於洪福齊天,所以能夠到達極其崇高偉大的地位,他本人就是最好的證據。

6 如果不是該猶斯·凱撒本人證實其事,我一直遲疑不決是否應該說出,他獲得最令人垂涎的職位,完全出於萬事順遂的運道。元月四日他從布林迪西啓航前去追擊龐培[38],雖然這個時候已經到了冬至,他還是安然渡過大海,好像命運女神將惡劣的季節向後拖延。等到他發現龐培在陸上擁有補給充足和兵力優勢的軍隊,海上還有一支戰力強大的艦隊,同時他的守備部隊全都挖好壕溝,確保安全無虞。然而他自己的兵力經常居於劣勢,那是安東尼和薩比努斯(Sabinus)率領的軍團行動過於遲緩的緣故。

凱撒毫不畏懼登上一條小船要向大海航行,裝扮成一個奴隸的樣子,不讓船長和舵手認出他的身分[39]。這時外海的巨浪滔天,還未與河裡的激流相遇,已經引起劇烈的震動,凱撒看到舵手要掉轉船頭回航,拿掉戴在頭上的斗篷,讓他們知道自己是何人,他說道:「繼續前進,船長閣下,鼓起勇氣,不要害怕,你的航行有命運女神的庇護[40],就會颳起一陣微風,只要這條船載著凱撒和他的福分,一切都會安然無恙。」他始終保持堅定的信心,認為命運女神一直在陪伴著他的航行、他的進軍、他的戰役和他的指揮。這位女神的任務要使大海平靜下來,夏天的溫暖季節取代冬日的惡劣氣候,行動緩慢的人員要加快腳步,膽戰心驚的士兵再度勇氣百倍,還有(更難以相信的事)就是在戰場擊敗龐培,接著是托勒密謀殺投奔他的貴賓,龐培的殞滅使得凱撒無須背負凶手的惡名。

7 後來怎麼會這樣?凱撒之子是歷史上首位獲得奧古斯都(Augustus)[41]稱號的人,他的統治有五十四年之久。每當他派遣孫輩從事討伐和征戰的

---

37 參閱蘇脫紐斯《封神的朱理烏斯》83節;笛歐·卡休斯《羅馬史》第44卷35節之3。

38 參閱盧坎的詩篇《法爾沙利亞》(*Pharsalia*)(又稱《內戰記》[*Civil War*])第5卷406行及後續各行。

39 參閱蒲魯塔克《希臘羅馬英豪列傳》之〈凱撒傳〉38節;凱撒《內戰記》沒有提到這段冒險的事蹟,看來整個情節大有可疑之處。

40 這是塔西佗的隱喻,參閱《歷史》第1卷52節;瓦倫斯(Valence)教唆維提留斯(Vitellius),說是大家對老皇帝伽爾巴不會忠心耿耿,他只要張開雙臂迎接即將來臨的幸福就是了。

41 奧古斯都的原名是該猶斯·屋大維(Gaius Octavius),他是凱撒姊姊的孫子;等到凱撒被刺身亡,留下遺囑以他為養子,改名為該猶斯·朱理烏斯·凱撒·屋大維,27 B.C.上封號為奧古斯都,意為「擁有神聖至高無上的權威」。

時候，從不向神明祈禱，好將西庇阿的勇氣、龐培的人望和他本人的運道[42]，賜給這些年輕人。看來只有這位女神是創造他的神明，難道僅僅他能夠將工匠的姓名刻在偉大的紀念碑上？命運女神的垂青使得他能夠超越西塞羅、雷比達（Lepidus）、潘沙（Pansa）、赫久斯（Hirtius）和馬克‧安東尼，由於當代人物展現大無畏的精神，還有他們的功勳、勝利、艦隊、戰爭、軍隊，後來都成為他的工具，將他擢升到羅馬第一公民的高位；女神使其餘所有知名之士陷入絕望的處境，唯有他能夠飛黃騰達，最後只留下他一個人掌控羅馬世界。

事實的確如此，完全是為了他的緣故，西塞羅才會治理城邦，雷比達才會統御軍隊，潘沙才會敗亡，赫久斯才會被殺，安東尼才會陷入淫亂的溫柔鄉。我認為克麗奧佩特拉對屋大維而言，具備一部分命運女神的性質，她等於是一個暗礁，偉大的指揮官像是遭到海難，最後的下場是身敗名裂，奧古斯都才能統一天下。有個故事提到屋大維和安東尼，說是在他們相互友好來往密切的期間，經常在一起消磨閒暇的時刻，舉行各種遊戲和賭博，特別是用鵪鶉或鬥雞進行比賽，但安東尼屢次大敗而歸。據說他有一個朋友精於子平之術，時常進言對他加以規勸：「閣下，為什麼你要與那位年輕人牽扯不清？還是以避開為上策，要知道你的名望甚高而且年齒較長，曾經統帥大軍征討四方，戰無不勝攻無不克，無論是閱歷和經驗遠較黃口小兒為優。只是你的保護神就氣勢而言比較起來還嫌不足，所以對他會產生畏懼之心，特別是你的命運女神不如對手，難免會在很多方面居於下風。除非你遠離屋大維保持不相聞問，否則你的福分會全部落到他的身上。」[43]

8 夠了，不必多講，要知道奧古斯都就是最重要的證人，他提出很多證據說明命運女神對他的支持真是全力以赴。我們必須介紹歷史上最重要的事件，就是前面提到羅馬的起源，用來證明我的說法毫無不實之處。打從開始接觸到羅慕拉斯的出生、保護、撫育和發展等方面的資料，有誰不會宣稱這是命運女神奠定基礎，接著由德行女神完成整個建築物？首先，羅慕拉斯和雷摩斯這兩位羅馬的奠基者和建造者的家世和出生，就當時的狀況和情勢而言，給他們帶來不可思議的運道和好處[44]。兩兄弟的母親據說與神明發生關係；甚至有人提到海

42　參閱本書第16章〈羅馬人的格言〉20節之10。

43　參閱蒲魯塔克《希臘羅馬英豪列傳》之〈安東尼傳〉32節。

44　參閱蒲魯塔克《希臘羅馬英豪列傳》之〈羅慕拉斯傳〉3-4節；以及本書第21章〈羅馬掌故〉21節和57節。

克力斯，就說漫漫長夜因而有了身孕(因為白晝有違自然之理所以要排除在外，加上太陽還要遲緩露面的時間)，並且認為羅慕拉斯結成胎兒的時刻，太陽正好與月球交會出現日蝕，戰神馬爾斯與身為凡人的希爾維婭[45] 交配。羅慕拉斯到了老年能夠肉體飛升成為神明，他們提到就在山羊的初盈(Capratine Nones)[46] 那天，正是他從世間消失的一刻，湊巧發生日蝕的現象，即使事過境遷到了當代，羅馬人還為此舉行祭典大事慶祝。

後來等到嬰兒呱呱落地，僭主下令要除去心腹之患，出於命運女神的諭旨，下達的指示沒有落到鐵石心腸的奴隸手中，反倒是仁厚的長者受到派遣，結果是他無法下得了毒手。這位僕人將兩個嬰兒帶到河流的旁邊，連接一片青蔥的草原，四周有低矮的樹叢顯得濃蔭處處，他就將這對孿生子丟在一棵野生無花果樹的下面，爾後人們將此地稱為魯米納利斯。出現一匹剛剛生產過的母狼，由於幼狼全部夭折，乳房充滿奶水使得乳頭變得腫脹不堪，牠非常需要解除痛苦，等到發現嬰兒就去哺乳，真是皆大歡喜的結局。

大家將啄木鳥稱為馬爾斯的聖物，飛到嬰兒的身邊，用爪子拉開他們的嘴巴，輪流將銜來的食物一口一口餵進去。他們之所以將野生無花果樹稱為Ruminalis，來自ruma「乳頭」之意，因為母狼蹲伏在這棵樹的旁邊，用奶水哺育這對棄嬰。住在靠近這個地方的民眾，有很長一段期間保留傳承的習慣，那就是絕不拋棄新生的嬰兒，全部接納加以撫養長大，是為了表彰羅慕拉斯身受的義行，不讓兒童再受這方面的苦楚。

事實上並沒有人發現這兩兄弟曾經在加貝伊(Gabii)接受撫養和教育，也不知道他們是希爾維婭的女兒和努米多王的外孫，完全是出於命運女神的計謀和安排，不讓孿生子在完成任務之前洩漏高貴的身分，只要特有的表徵被人發覺，很快會面臨立即處死的下場。

我特別要提到勳業彪炳而又行事審慎的將領提米斯托克利(Themistocles)[47]，據說另外某位將領自認對雅典有很大的功勞，吹噓他的軍事行動與提米斯托克利相比毫不遜色。於是提米斯托克利告訴他說：有一次「節慶次日」故意批評「節

---

45 參閱蒲魯塔克《希臘羅馬英豪列傳》之〈羅慕拉斯傳〉27節及〈卡米拉斯傳〉33節。

46 這一天是7月7日；參閱蒲魯塔克《希臘羅馬英豪列傳》之〈羅慕拉斯傳〉29節和〈努馬‧龐皮留斯傳〉2節；穆勒《希臘歷史殘篇》第4卷552-553頁；以及瓦羅《論拉丁語文》第6卷18節。

47 提米斯托克利(528/524-462/459 B.C.)是雅典的將領和政治家，靠著堅忍不拔的毅力和指揮領導的才華，終於擊敗波斯大軍贏得薩拉密斯海戰的勝利，拯救希臘免於淪亡的命運。

慶當日」，說是「節慶當日」大家忙得筋疲力盡又有什麼好處，不如「節慶次日」一切都已過去，人們享受平靜的生活。這時「節慶當日」說道：「你說得很對，如果沒有當日的我，怎麼會有現在的你？」因而提米斯托克利說道：「道理也就如此，如果不是我參與波斯戰爭，那麼你現在對城邦能有什麼貢獻？」

我認為羅慕拉斯的命運女神可以對他的德行女神說道：「妳的作為極其偉大又光輝無比，說句老實話，妳還真能證明羅慕拉斯的家世和血統，擁有神聖不可侵犯的特質。然而妳看到沒有，無論怎麼比總要落在我後面一大截？就在他們剛剛出生的時刻，如果沒有我陪伴在身旁給予協助和照顧，將這兩個嬰兒任憑棄置在荒郊不理，那麼妳以後又如何能讓羅慕拉斯獲得如日中天的光彩？處於當時的狀況之下，如果不是出現一隻奶汁充足因而腫脹的母狼，或是一些用自己的食物來餵他們的飛禽，反倒是凶狠又殘暴的野獸，那麼現在此地除了牧人的木屋和羊欄，難道會有富麗堂皇的宮殿、神廟、劇院、柱廊、廣場和高大的公共建築物？即使那些居住在此地的農夫和獵人，難道不會將阿爾巴或伊楚里亞或拉丁姆的市民當成領主來效忠？每個人都非常清楚，任何事物的開端和起源最為重要[48]，尤其是一座城市的奠基和興建。命運女神最大的貢獻在於對奠基者提供援助和保護。德行女神可以使羅慕拉斯成為偉大的人物，命運女神卻在一旁給予照料，直到他能達成目標為止。」

9 大家全都同意事實的確如此，不可思議的命運女神出於好心一直呵護努馬的統治，前後持續數十年之久[49]。根據傳說提到一位名叫伊吉麗婭的精靈，說她是秀外慧中的仙女亦不為過，垂青於他發生親密的關係，協助他建構治理城邦的原則和規範[50]，當然這種說法或許過於神奇。還有其他的凡夫俗子受到女神的寵愛，經由神聖的婚姻結合在一起，他們之間共同的生活無法感到滿足，甚至難免產生痛苦的後果。可以舉出佩琉斯（Peleus）、安契西斯（Anchises）、奧里昂（Orion）和伊瑪昔昂（Emathion）等人作為例子[51]。從另一方面來說，努馬無論

48　畢達哥拉斯學派有一句格言：「好的開始是成功的一半」；參閱伊安布利克斯（Iamblichus）《畢達哥拉斯傳》162節。

49　參閱蒲魯塔克《希臘羅馬英豪列傳》之〈努馬‧龐皮留斯傳〉4節；李維《羅馬史》第1卷19節之5和21節之3；奧維德《變形記》15卷487行，《歲時記》第3卷261行和後續各行；哈利卡納蘇斯的戴奧尼休斯《羅馬古代史》第2卷60節之5。

50　參閱蒲魯塔克《希臘羅馬英豪列傳》之〈努馬‧龐皮留斯傳〉4節。

51　佩琉斯是希臘神話中的英雄人物，娶女神帖蒂斯（Thetis）為妻，阿奇里斯是他的兒子；安契西斯是埃涅阿斯的父親，曾經與愛神阿芙羅黛特相戀；奧里昂是希臘一位獵人，狩獵女神阿

是他的髮妻、顧問還是同僚，顯然都給他帶來好運，當時他面臨邊界的部族和鄰近的城邦，氣勢洶洶充滿敵意，如同騷動的大海激起鋪天蓋地的巨浪，引發沒完沒了的紛爭和衝突，完全靠著負責盡職的命運女神，平息對立的激情和猜忌，像是海面颼過一陣狂風結果消失得無影無蹤。就是他們提到的海洋，雖然在暴風雨的季節，還是會出現冬至前後的平靜，使得它有利於人們航行的安全和舒適。

羅馬的局勢極其和諧，已經到達沒有戰爭、瘟疫、危險和恐懼的程度，使遷移到此地成為驚弓之鳥的民眾，有機會獲得安身立命的所在，願意在這個穩固的基礎上面建立城邦，在寧靜、安全和毫無阻礙的環境當中成長茁壯。這種狀況就像一艘商船或者一條三層槳座的戰艦，它在建造的時候會敲敲打打產生很大的噪音，要拿錘子將底板釘牢，到處都在使用鋸子和斧頭，等到完工以後，必須保持一段適當的期間，讓使用的材料變得更加牢固，特別是所有結合部位要非常緊密，如果等到船下水以後，船板仍舊潮濕或者滑動，遭受海浪不停的沖擊就會出現滲水的現象。羅馬第一位統治者和創建人，將農夫和牧人聚集起來組成城市，雖然費盡心血建構堅實的龍骨[52]，從沒有片刻忘懷戰爭和危機，當務之急在於抵抗存心不良的外邦人士，他們對於羅馬的創建視為附骨之疽，亟待除之而後快。

努馬成為第二位繼承者登上國王的寶座，完全出於好運臨頭獲得充分的時間，擴展羅馬的規模，用來鞏固它的守備和強化它的安全，因為更多的和平才能保持平穩安寧的處境。那個時候如果出現一位像波森納這樣的人物，就會給城市帶來難以抗拒的壓力；要是新的城牆所用的木頭仍舊潮濕不夠牢固，要是有一個像伊楚里亞人的敵手，靠著它建起柵欄和營地，產生的後果將不堪設想；或者來犯之敵是馬西人（Marsi）[53]那些凶狠的酋長，他們殺氣騰騰絕不會手下留情；或者是一些盧卡尼亞人，出於嫉妒加上愛好爭執，就會激發野蠻的天性。也有可能是窮兵黷武的人士，像是後來的繆蒂拉斯（Mutilus）或者是鹵莽的希洛[54]，或許是最後與蘇拉對抗的敵手特勒西努斯（Telesinus）[55]，在一個預先安排好的信號之下，將整個義大利全部武裝起來；如果其中任何一位在智慧愛好者努馬的周圍吹響號角，這時他可能正在獻祭和祈禱，處於初建時期的城市不可能抵擋得住驚濤

（續）
　　特米斯對他一見傾心；伊瑪昔昂的母親是曙光女神，他自己也受到一位女神的寵愛。
52　這是柏拉圖對往事的追憶，參閱《泰密烏斯篇》81B；及波利拜阿斯《歷史》第1卷38節之5。
53　馬西人是義大利中部一支古老的部族，與薩賓人有血緣關係，90-88 B.C.發起社會戰爭又稱馬西戰爭，戰敗後，與其他部族取得羅馬的市民權。
54　參閱蒲魯塔克《希臘羅馬英豪列傳》之〈該猶斯·馬留傳〉33節。
55　參閱蒲魯塔克《希臘羅馬英豪列傳》之〈蘇拉傳〉29節及〈賴山德與蘇拉的評述〉4節。

駭浪的衝擊，爾後更不能增加如此善良又人數眾多的民眾。事後看來努馬統治
期間的和平，像是爲接踵而至的戰爭做好妥善的準備；人民就像參加運動會的選
手，挨過羅慕拉斯的競爭年代之後，經歷四十三年之久的訓練，太平歲月使得他
們的體能更加強壯，足夠應付那些在戰場上面列陣的蠻族。

　　他們提到那個時期的羅馬，無論是酷夏還是寒冬，都不會遭到饑饉、瘟疫、
收成不足或時令不合的煩惱。即使人謀不臧，還是在神聖的命運女神保護之下，
度過苦難的日子。傑努斯神廟的雙重大門始終緊閉不啓，羅馬人將它稱之爲「戰
爭之門」，這座神廟的大門在戰時一直打開，只有獲得和平才會關閉[56]。努馬亡
故之後廟門大敞，他們與阿爾巴人之間爆發衝突。無窮無盡的戰爭一直繼續下
去，長達四百八十年之久，要到該猶斯・阿蒂留斯(Gaius Atilius)和提圖斯・曼
留斯(Titus Manlius)出任執政官那一年[57]，隨著布匿克戰爭的結束簽訂和約，神
廟的大門才會關閉。不過一年的工夫，廟門再度開啓，羅馬世界被戰火吞噬，直
到屋大維在阿克興海戰獲得一匡天下的勝利[58]。然而羅馬的武力備而不用的時期
並不長久，康塔布里(Cantabri)和高盧[59]的動亂蔓延開來，同時又與日耳曼人爆
發戰爭，太平的歲月一去不回。歷史的記載證實努馬有天大的福分，眞可以說名
不虛傳。

　　10 甚至繼承努馬的國王，都對命運女神讚譽不已，他們將祂視爲羅馬
的恩主和再生父母，如同品達所說那樣，祂才眞正是「國之棟
梁」[60]。塞維鳥斯・屠留斯在所有的國王當中，只有他讓人民享有更高的權力，
規劃出健全的政府組織，頒布敕令維持選舉制度和軍事程序，成爲第一位監察
官，對於市民的生活方式和禮節儀態，進行一絲不苟的檢驗和督導，在勇氣和智
慧這兩方面都獲得極其卓越的名聲；由於他主動向命運女神表示歸順，盡快要祂
負起統治的責任，結果是讓人認爲女神與他發生關係，據說來到他的寢宮使用某
位孀婦的身分，大家將這位婦人稱爲波塔・菲尼斯提拉[61]。因此，他在卡庇多林

56　參閱蒲魯塔克《希臘羅馬英豪列傳》之〈努馬・龐皮留斯傳〉20節；李維《羅馬史》第1卷
　　19節之2-7；普里尼《自然史》第34卷7節之33；蘇脫紐斯《奧古斯都傳》22節。

57　這是羅馬建城519年即235 B.C.，距離結束第一次布匿克戰爭已有六年。

58　這是羅馬建城723年即31 B.C.的事，兩百年來羅馬的動亂一直沒有停息。

59　這兩個地區相當於現在的西班牙和法國。

60　參閱鮑薩尼阿斯《希臘風土誌》第4卷30節之6。

61　參閱本書第21章〈羅馬掌故〉35節。

(Capitoline)山興建「命運女神神廟」，這座廟現在稱爲Fortuna Primigenia神廟（primigenia這個字意爲「頭胎生的」）[62]，還有一座Fortuna Obsequens神廟，有些人認爲obsequens帶有「服從」之意，還有人說是代表著「仁慈」[63]。

我情願放棄使用拉丁文的術語，盡力用希臘文列舉「命運女神神廟」各種不同的功能和職掌。事實上，帕拉廷有一座名叫「私家的命運女神」神廟，還有一座廟宇取名爲「捕鳥者的命運女神」，雖然稱呼起來感到好笑，然而出於暗喻的緣故讓大家有沉思的機會，好像祂不僅被遠處的目標所吸引，還要與各式各樣的人物打交道。慕斯（Mossy）溫泉的旁邊有一座人們稱爲「聖潔的命運女神神廟」，伊斯奎林（Esquiline）山還有一座稱爲「有求必應的命運女神之廟」[64]。安傑波都斯・隆古斯（Angiportus Longus）有一個祭壇名字叫作「如願以償的命運女神」；就在「筐中維納斯祭壇」的旁邊，有一座神廟稱之爲「男士的命運女神」。

命運女神還有其他數不盡的頭銜和尊稱，最主要的部分來自塞維烏斯的推崇，因爲他知道「人的氣數最關重要，命運女神職掌人間的萬事萬物」[65]。特別是他自己洪福齊天，能由戰俘的家屬擢升到帝王之尊。羅馬人攻占敵對的市鎭高尼庫隆（Corniculum），有一個被俘的少女奧克瑞西婭（Ocrisia）[66]，由於她的美麗和才藝不再屈居卑微的處境，送到塔納奎爾的身邊成爲女奴，塔納奎爾是塔昆國王的王后。有一位羅馬人稱爲「部從」的宮廷侍衛，娶奧克瑞西婭爲妻，所以塞爾烏斯的雙親有這樣的身世。

還有人否定上述的說法，斬釘截鐵斷言奧克瑞西婭是負責祭灶的處女，經常要將餐桌上面最早收成的水果，送到爐房奉行醻酒的儀式，有次她在行禮如儀的時候，發現投入火中的祭品，使得烈焰突然熄滅，有一個男子從爐床中現身，這位女郎感到極其驚慌，便將此事告訴塔納奎爾。王后是一位聰明又見多識廣的婦人，吩咐少女穿上袍服打扮成新娘的模樣，然後將她關在房中與幽靈在一起，因爲她能判斷出神明的意圖。有人說是家庭的保護神拉爾（Lar）看中了她，也有人認爲她的愛人是火神伏爾康。不管怎麼說，塞維烏斯的身世有這樣的淵源，他還是一個小孩的時候，頭顱四周像閃電那樣出現一個光環。

---

62 參閱本書第21章〈羅馬掌故〉74節和106節；西塞羅《論法律》第2卷11節之28；以及李維《羅馬史》第29卷36節之8和第34卷53節之5。
63 這部分的文字可以拿來與本書第21章〈羅馬掌故〉74節比較一下，發現其中有相當的出入。
64 它的名字應該是「保佑安返家園的命運女神之廟」。
65 這段文字很可能引用自笛摩昔尼斯《演說集：論奧林蘇斯人的下場》第2卷22節。
66 參閱哈利卡納蘇斯的戴奧尼休斯《羅馬古代史》第4卷1節；奧維德《歲時記》第6卷627行和後續各行；李維《羅馬史》第1卷39節；普里尼《自然史》第36卷27節之204。

安蒂阿斯(Antias)[67] 以及他主持的學院對此又有不同的說法，他們提到塞維烏斯的妻子吉蓋妮婭(Gegania)臨終之際，塞維烏斯極其悲傷痛苦，不知不覺陷入熟睡之中，這時他的母親和其他的婦女，看到他的面孔環繞著閃閃發光的火焰。呈現的徵候表示他的出身與火有關，等到塔昆崩殂以後，他能出乎意料之外繼承王位的優勢所在，當然塔納奎爾的極力支持更為重要[68]。在羅馬所有的國王當中，以他最不具接受大寶的資格，事實上他更沒有這方面的奢望，所以在他的心中一直想要遜位下台[69]，還是受到各方面的阻礙。塔納奎爾自知不久人世，在病榻上面要他立下誓言，維持祖先遺留的羅馬政府架構，絕不放棄自己的地位和責任。看來命運女神只對塞維烏斯的帝王之尊感到興趣，因為他接受權杖完全出乎意料之外，保持冠冕根本有違他的素願。

11 看來我們無法拋棄光彩奪目的證據，硬要到黑暗的深淵去尋找資料。現在讓我們不要再提成就不人的國王，將討論轉移到更為高貴的行動和更為出名的戰爭方面。在所有的遠征行動當中，任何人要是不知道大無畏的精神具有舉足輕重的地位，那麼誠如泰摩修斯所言[70]：

> 愛好戰爭所向無敵的英勇之神，
> 竟有到處敗北名叫羞辱的外甥？

然而局勢的進展有如平順的潮流，逼著羅馬快馬加鞭攀登權力的高峰，它的擴展證明大家提出的理由都很正確，羅馬的統治權力有偉大的成就絕非人力所致，能夠急速前進在於神明的呵護備至和命運女神的乘勢用力。戰勝紀念碑一座跟著一座的建立，大小凱旋式一次接替一次的舉行，他們手執的兵器上面沾染的鮮血還未凝固，第二波攻勢所掀起的浪濤已經將這些痕跡沖刷得乾乾淨淨。羅馬人計算他們的勝利，不在於遍地的屍首和龐大的戰利品，而是擊敗的王國、奴役的民族以及囊括在巨大疆域之內的島嶼和大陸。

67　彼得《羅馬史籍殘卷》154頁〈華勒流斯‧安蒂阿斯篇〉No.12。

68　參閱本書第21章〈羅馬掌故〉36節。

69　參閱李維《羅馬史》第1卷48節之9；哈利卡納蘇斯的戴奧尼休斯《羅馬古代史》第4卷40節之3。

70　引用泰摩修斯的戲劇《波斯人》；參閱本書第2章〈年輕人何以應該學詩〉11節；以及艾德蒙《希臘抒情詩》第3卷307頁。

　　菲利浦在一次會戰當中喪失整個馬其頓,安蒂阿克斯在一次攻擊之下被迫撤離亞細亞,迦太基人一次戰敗丟掉他們在阿非利加的家園。一位將領[71]在一次戰役的快速攻勢行動當中,爲羅馬人併吞的區域計有亞美尼亞、潘達斯、黑海、敘利亞、阿拉伯、整個高加索地區,以及阿爾巴尼亞人、伊比利亞人(Iberians)和海卡尼亞人(Hyrcanians)的領地;環繞人類居住世界的海洋有三次見到他的勝利:他在阿非利加擊潰努米底亞人(Numidians),這些蠻族一直敗退到更南邊的大海;甚至遠到大西洋去征服伊比利亞,由於那裡的民族參與塞脫流斯的叛亂行動;他追擊阿爾巴尼亞的國王,直到接近裡海才中止深入敵境的遠征。建立的豐功偉業讓龐培所能獲得的勝利,在於能夠取悅羅馬共和國的命運女神,然後他被自己的氣數打入萬劫不復的地獄。

　　羅馬人的偉大保護神使得都城處於無往不利的順境,並非像馬其頓人那樣到達顛峰不過短暫的時日,也不像斯巴達人只在陸地威風八面,也不像雅典人只在海洋縱橫無敵,或是像波斯人的崛起何其遲緩,或是像迦太基人[72]的滅亡極其迅速。保護神自從開始創造出來,就與羅馬城的實力和體制一起成長茁壯,無論是在陸地還是海洋,無論是戰爭還是和平,仍舊可以持之以恆,用來對抗異邦人和希臘人。所以使得迦太基人漢尼拔,由於政敵的猜忌和阻撓,從國內得不到生力軍的援助,就像一陣爆發的山洪,最後在義大利這個區域之內,衝擊的力道喪盡慢慢消失得無影無蹤。

　　所以使得辛布里人和條頓人的軍隊,處於時間和空間的分離狀況,馬留[73]能夠逐次和對手接戰,這支所向無敵的三十萬大軍,沒有能在同一時間入侵和摧毀義大利。羅馬人要將戰爭帶到菲利浦的國土,安蒂阿克斯發生事故無法對菲利浦施以援手,他的處境如同羅馬保護神的代理人[74];等到安蒂阿克斯準備展開冒險行動,這時菲利浦已被擊敗只有俯首降服。

　　就在羅馬爆發馬西人戰爭的時候,米塞瑞達底受到薩馬提亞人(Sarmatians)

71　這位將領就是龐培,以下征服的地區可以參閱蒲魯塔克《希臘羅馬英豪列傳》之〈龐培傳〉有關各節。

72　手抄本中指的是「科洛奉人」(參閱修昔底德《伯羅奔尼撒戰爭史》第3卷37節),後來改為「迦太基人」;看起來像是很有道理,其實並不見得如此。

73　參閱蒲魯塔克《希臘羅馬英豪列傳》之〈該猶斯‧馬留傳〉15節。

74　蒲魯塔克《希臘羅馬英豪列傳》之〈弗拉米尼努斯傳〉9節提到弗拉米尼努斯處理希臘內部的紛爭;看到蒲魯塔克能用現代史學家的批評風格,敘述當時發生的狀況,倒是一件很有趣的事;參閱《劍橋古代史》第8卷225頁。

和巴斯塔尼亞人（Bastarnians）的牽制，不能對羅馬人產生任何危害[75]；一旦米塞瑞達底獲得光輝的成就，泰格拉尼斯出於猜疑和嫉妒，要與他的岳父分道揚鑣[76]，只有自己吃了敗仗即將面臨絕滅，才與米塞瑞達底聯合在一起，這時有利的契機已喪失殆盡。

12 為何不承認城市有幾次遭遇重大的災難，靠著命運女神的全力支持能夠轉危為安？高盧人繞著卡庇多建立營地，整個要塞被包圍得水泄不通，

> 糧盡援絕使得瘟疫散布到軍營，
> 頃刻之間眾多士卒要喪失性命。[77]

高盧人發起夜間突擊，雖然守軍毫無所悉，出於運道和機會還是難逃遁形的後果。

　　有關高盧人這一次的夜襲行動，要是詳盡敘述細節並不太適合，至少還是應該概略加以說明。羅馬人在阿利亞河[78]被打得潰不成軍，若干敗退的部隊就拿羅馬當成避難所，給市民帶來驚慌和恐懼，使得很多人逃到遠處分散各地，仍舊有少數人員進入卡庇多，準備接受敵軍的圍攻[79]。還有一些人馬戰敗之後，就在維愛集結起來，他們還要任命弗流斯·卡米拉斯出任笛克推多。一個民族只要處於繁榮的順境就會傲慢自大，經常出現不近情理的事情，卡米拉斯涉及公用財產撥用不當的案件，受到罷黜賦閒家中[80]。現在羅馬因失利變得怯懦而謙卑，願意召喚他前往維愛，將最高的指揮權授與他，因為沒有一個人比他更適合。卡米拉斯認為即使面臨危急的時刻也不能擅自作主，按照法律的規定更無法接受士兵的推舉，何況他們還是戰敗的殘部，零星分散和流離在各地。目前的當務之急是將士兵的決定通知在卡庇多的元老院議員，經過他們的投票，才能讓他擁有合法的指揮權力。

75　參閱阿庇安《羅馬史：米塞瑞達底戰爭》15節之69。
76　參閱蒲魯塔克《希臘羅馬英豪列傳》之〈盧庫拉斯傳〉22節。
77　荷馬《伊利亞德》第1卷10行。
78　參閱蒲魯塔克《希臘羅馬英豪列傳》之〈卡米拉斯傳〉18節；李維《羅馬史》第5卷35-38節。
79　參閱蒲魯塔克《希臘羅馬英豪列傳》之〈卡米拉斯傳〉20節；李維《羅馬史》第5卷39-40節。
80　參閱蒲魯塔克《希臘羅馬英豪列傳》之〈卡米拉斯傳〉12節。

有位名叫該猶斯・潘久斯(Gaius Pontius)[81]的勇士，願意冒著生命的危險去完成任務。他要通過敵人圍繞要塞布置的哨兵和建構的欄柵，夜晚到達河流的岸邊，將幾塊軟木綁在胸前，相信浮力可以支持他的身體，接著進入水中，藉著平穩的流速慢慢漂游，能夠安全抵達對岸。等到爬上高聳的河堤，避開有燈光的區域繼續前行，從而知道在黑暗和安靜的地點，不會遇到防守的敵人。攀登高聳的懸崖之際，他非常小心地選擇路線，相信自己會找到裂縫和突出的表面，不僅有落腳點，也可以用手緊緊抓住。等他到達山崖的頂端，身分經過哨兵的盤問，進入卡庇多讓大家知道軍隊的決定，從而獲得元老院的敕令，重返原地向卡米拉斯回報。

次日有位蠻族偶爾在這個地點閒逛，發現足印和爬行的痕跡，生長在懸崖附近的長草，受到拉扯用來支持身體，有些變得扭曲和折斷，他將看到的狀況告訴其他人員。蠻族認為這是敵人給他們指出一條路線，也想如法炮製，等到深夜他們開始向上攀登，不僅守衛沒有注意，就是形成前哨負有安全警戒責任的軍犬也已經陷入熟睡之中。

羅馬的命運女神對於這樣重大的不幸事件，並沒有喪失示警的能力。朱諾神廟附近養育一群神聖的白鵝，用來讚揚女神擁有崇高的地位；鵝是警覺性很高的動物，稍微出現聲響就會驚動。平時有豐盛的食物餵養牠們，現在的穀類極其匱乏，所以牠們的處境非常惡劣，目前因為饑餓的關係保持在清醒和不安的狀況，立刻發覺敵人已經來到懸崖的邊緣，開始上下不停的奔跑發出嘶啞的嘎嘎叫聲，等到看見來人手裡的武器，變得更加激動，使得整個地區充滿混亂和嘈雜。所有的羅馬人全都驚起，等到弄清楚當前的局面，他們奮力擊退敵人的夜襲，使得對手從懸崖絕壁上面墜落下去[82]。甚至時至今日還在紀念這個歷史上的事件，莊嚴的遊行行列當中，有一條狗受到刺刑的懲處[83]，鋪著名貴床單的抬輿，一隻鵝棲在上面表現出儀態萬端的模樣。

當前的景象展現出命運女神的大能，無論在任何地點要是使自己忙碌起來，就會接下指揮的權力，很容易供應無法料到的權宜之計，用來應付所有的緊急事

81　參閱蒲魯塔克《希臘羅馬英豪列傳》之〈卡米拉斯傳〉25-27節；李維《羅馬史》第5卷46-47節；哈利卡納蘇斯的戴奧尼休斯《羅馬古代史》第8卷7節。

82　從此以後鵝在羅馬受到大家的愛護，甚至由公家出錢飼養這些家禽，特別拿黃金雕塑一隻鵝，用來推崇牠們的功勞。

83　參閱普里尼《自然史》第29卷4節；伊利安《論動物的習性》第7卷33節；利杜斯《論判斷的標準》第4卷114節。

件，像是對失去理性或感覺遲鈍的人，灌輸他們所需的能力和知識；至於那些臨陣退避的懦夫，鼓勵他們要有大無畏的精神。羅馬市民現在看到教堂廟宇的富麗堂皇、感恩祭品的形形色色、藝術品項的爭奇鬥異、臣屬城市的誇耀賣弄、國王頭上戴著閃閃發光的王冠，加上地表、海洋、島嶼、洲際、河流、森林、動物、植物、高山、礦區所能貢獻的東西，以及所有作物最早成熟的果實，相互要在外表的美麗上面比個高下，把整個地方裝飾得花團錦簇；等到他們得知身為都城過去陷入沮喪的處境，目前卻是如此的繁華富裕，實在說他們怎會不感到驚愕得難以想像？

接著就會出現這種論點：為何靠近羅馬的其他地區，存在同樣的現況，卻無法創造出類似的環境。須知當時的義大利所有事物被戰火和悲慘所壓制，全部淪落到黑暗深淵的處境，異族的刀劍高舉從事殺人擄掠的勾當，這時一小撮貧窮、無知和怯懦的居民，在獲得解放的初期就有很大的貢獻。像是曼留斯家族（Manlii）、塞維留斯家族（Servilii）、波斯都繆斯家族（Postumii）和帕皮流斯家族（Papirii），產生很多的軍事將領和英雄人物，是他們創造出光彩奪目的名門世家。

無畏勇士一直出生入死，所以鵝群才會示警要他們保衛傳自祖先的神明和自由的故土。如果波利拜阿斯在他的《歷史》第二卷的記載真實不虛[84]，提到那個時候高盧人占領羅馬，等到消息傳到留在維愛的守軍，知道家園陷入危險之中，鄰近的蠻族入侵在戰場獲得勝利，即將成為他們的主人。最後的結局是高盧人願意與卡米拉斯簽訂和約，然後再撤退歸國。設若當時的狀況確有其事，那麼也無須與命運女神發生爭論，因為祂並非羅馬獲得保護的成因，所以祂不會給敵人帶來困擾，或者使他們對羅馬失去興趣，事實上高盧人的做法可以說出乎意料之外。

13 根據李維的記載[85]，由於羅馬歷史上的事件混亂不堪，加上當代的編年史已經毀於戰火，很多情節不能確定，難道還需要詳述這些問題的來龍去脈？談到後來發生的事件，那就非常的清晰和明確，可以看出命運女神對於羅馬人是如何的仁慈寬厚。為了推崇命運女神，我會敘述亞歷山大的崩殂，這位偉大人物擁有極佳的運道和光輝的成就，一切都倚仗所向無敵的勇氣和光明聖潔的情操，快速掃過整個世界，如同從西到東一顆光芒四射的隕星。他準

84　參閱波利拜阿斯《歷史》第2卷18節之3；羅馬建立顯赫的成就和事功，過去的歷史找不到可循的先例，帶有天命的性質成為無可抗拒的力量，波利拜阿斯是希臘人，撰寫「歷史」的目的，在於向他的同胞闡述此一觀點。

85　李維《羅馬史》第6卷1節之2。

備將部隊帶到義大利展現風采，因爲他的叔父亞歷山大（與身爲姪兒的亞歷山大大帝同名）遭到毀滅性的打擊[86]，在靠近潘多西亞（Pandosia）的摩洛西亞落到布魯提姆人（Brutians）和盧卡尼亞人的手裡，這樣一來使得亞歷山大有出兵的藉口。實在說只有熱愛榮譽才會使他挺身而出對抗全人類，這時他的心中僅僅記得兩件事，一件是爲了達成統治目標的好勝心，一件是爲了超越戴奧尼蘇斯和海克力斯[87]冒險行動的範圍。

他知道羅馬人的力量和勇氣，爲了保護義大利，他們列陣的隊伍如同穩如磐石的戰線。有些記事將顯赫的姓氏和聲譽轉嫁到他的頭上，如同他是身經百戰的運動選手。

　　　　血流漂杵的衝突使得事件落幕，[88]

兩個從不認輸的民族帶著所向無敵的軍隊，以極其激昂的精神接戰交鋒，這個時候的羅馬城只有十三萬人[89]，兵力方面稍居劣勢，然而人人都是能征慣戰之士[90]，他們

　　　　飛騎縱橫沙場還能用步戰逞強。[91]

86　這件事發生在330 B.C.；參閱李維《羅馬史》第8卷17節之24。
87　參閱本書第25章〈論亞歷山大的命運和德行〉第1篇10節；以及盧西安《史實》（*True History*）
　　第1卷7節。
88　荷馬《奧德賽》第18卷149行。
89　參閱李維《羅馬史》第9卷19節之2，根據他的說法是二十五萬人。
90　參閱李維《羅馬史》第9卷16節之19；這是拿亞歷山大的聯軍和羅馬人的軍隊做一比較。
91　荷馬《奧德賽》第9卷49-50行。

第二十五章
論亞歷山大的命運和德行

第一篇

1 這是一篇討論命運女神的隨筆，裡面提到亞歷山大是命運女神刻意創造的心血結晶，也是祂獨一無二最偉大的作品。有些回答卻說哲學能夠發揮更大的影響力量，或者完全基於亞歷山大本人的才能和素養，認為他接受上天賜與的禮物，即使來自命運女神之手，同樣會引起後人的惱怒和憤慨，因為他贏得至高無上的權力要付出流血的代價，身上滿是一個接著一個的傷疤；

> 他在戰場度過不眠的夜晚，
> 經歷無數犧牲慘重的傷亡。[1]

對抗難以制服的軍隊和人多勢眾的部族，克服成為天塹的河流和形勢險要的山寨，位於箭矢不能射達的絕頂，更有甚者是當面遭到擊敗的對手，分別擁有明智的計謀、穩健的作為、無畏的勇氣和審慎的意圖。

2 我始終心存主觀的想法，命運女神如果想要將祂的名字，銘刻在亞歷山大列舉成功事蹟的石碑上面，這時他會對女神說道：「請不要輕易非難我的武德，無須用誹謗的言辭敗壞我的名聲。大流士才是祢的寵兒，他曾經是國王的奴才和廷臣[2]，是祢使他成為波斯的至尊；雖然薩達納帕拉斯（Sardanapalus）

---

1 荷馬《伊利亞德》第9卷325-326行。
2 參閱本章第2篇第8節；蒲魯塔克《希臘羅馬英豪列傳》之〈亞歷山大傳〉18節；伊利安《歷史文集》第12卷43節，都提到大流士曾經是一位奴隸；斯特拉波《地理學》第15卷3節之24；以及戴奧多魯斯·西庫盧斯《希臘史綱》第13卷5節，都說他的出身不是皇家後裔。

把自己的時間都用來梳理紫色羊毛[3]，祢還是將帝王的冠冕安置在他的頭上。我在阿貝拉的勝利[4]才能向著蘇薩進軍，西里西亞的奮戰[5]卻爲我打開一條通路，可以進入埃及寬廣的土地；須知格拉庫斯（Granicus）河[6]爲我提供奪取西里西亞的坦途，那是我用米塞瑞達底和斯皮司瑞達底的屍體作爲橋梁強渡過去。」

「驕傲的命運女神爲了美化自己，可以誇耀擁有的疆域寬廣遠超過所有的國王，然而身上沒有一個傷口，不會流出一滴鮮血。像是渥克斯和阿塔澤爾西茲之類的人物[7]，他們才會受到命運女神的寵愛，呱呱落地之際就能繼承居魯士的王位。我的身體帶著很多標記，顯示我一直是這位女神的死對頭，事實上祂與我的成就沒有任何關係。」

「記得從最早開始，我在伊里利亞人當中[8]，額頭就被投出的石塊擊傷，頸部受到短棍的毆打；然後是格拉尼庫斯的激戰[9]，敵人的佩劍將我的頭皮劃開一個口子，伊蘇斯（Issus）的惡鬥[10]中我的大腿被軍刀刺穿；其次是加薩（Gaza）的攻城[11]我的腳踝中了一箭，肩部脫臼費了很大力氣才接上去。跟著是在馬拉坎達（Maracanda）的接戰[12]，我的腿骨被一根箭矢射裂開來。最後等著我的是一路不停掙扎前進，在印度人之中忍受饑餓帶來的痛苦[13]。阿斯帕西亞人（Aspasians）和

---

3 參閱本章第2篇第3節。

4 阿貝拉是最近的城市，高加米拉（Gaugamela）才是真正的戰場，這個平原在目前的摩蘇爾（Mosul）東北方約三十公里，會戰的時間是西元前331年10月1日。

5 這是亞歷山大打贏第二個會戰，地點是皮納魯斯（Pinarus）河畔的伊蘇斯（Issus），這個城市位於小亞細亞的西里西亞，時間是西元前333年10月。

6 西元前334年5月，亞歷山大在格拉尼庫斯河擊潰波斯大軍，這是他征服亞洲四大會戰的第一個。

7 渥克斯就是阿塔澤爾西茲三世，在位期間358-338 B.C.。

8 亞歷山大這一次的受傷，史書上面沒有記載；伊里利亞人的國土位於希臘西北部的邊境，瀕臨亞得里亞海。

9 參閱本章第2篇9節；蒲魯塔克《希臘羅馬英豪列傳》之〈亞歷山大傳〉16節；阿里安《亞歷山大遠征記》第1卷15節之7；戴奧多魯斯‧西庫盧斯《希臘史綱》第17卷20節。

10 按照查理斯的記錄，亞歷山大被大流士擊傷（參閱本章第2篇9節，以及蒲魯塔克《希臘羅馬英豪列傳》之〈亞歷山大傳〉20節）；只是阿里安、戴奧多魯斯‧西庫盧斯、克爾久斯和賈士汀都不知道有這一回事。

11 這裡的本文部分可能有錯，克爾久斯《亞歷山大戰史》第4卷6節，提到他受傷兩次，只是部位不同而已；本章第2篇9節和蒲魯塔克《希臘羅馬英豪列傳》之〈亞歷山大傳〉25節；以及阿里安《亞歷山大遠征記》第2卷27節之2，都提到他受傷的狀況，像是只有一次。

12 馬拉坎達是一個小鎮，位於中亞的粟特地區；參閱本章第2篇9節；阿里安《亞歷山大遠征記》第3卷30節之11；以及克爾久斯《亞歷山大戰史》第7卷6節。

13 參閱蒲魯塔克《希臘羅馬英豪列傳》之〈亞歷山大傳〉46節；以及阿里安《亞歷山大遠征記》第6卷24-25節。

甘德瑞迪人(Gandridaes)[14]分別用弓箭射中我的肩部和小腿;然後是馬利斯人(Mallians)的強弩[15],整根箭桿深入胸部,要動手術才能取出很寬的箭頭;我的脖子被短棒打得慘不忍睹。當我登上敵方的城牆,雲梯接著倒下去摔得粉碎;命運女神將我單獨留在敵軍的營地受到圍攻,祂刻意討好無知的蠻族,不願顯赫的對手獲得這份功勳。如果不是托勒密[16]緊握盾牌掩護我的身體,加上林尼烏斯(Limnaeus)[17]跟在後面頂著我,沒有讓我從堞垛上面跌落下去,如果不是馬其頓人鼓起勇氣全力攻擊,一舉奪取城牆,蠻荒異域的不知名村莊,就是我亞歷山大的埋骨之地。」

3 舉凡遭受東方的戰役帶來的苦難:像是暴風雨的氣候、乾旱的土地、深邃的河流、鳥飛不過的高岩、碩壯凶狠的猛獸,還要過著未開化的生活,加上不斷篡位的國王以及接二連三的倒戈相向。展開遠征行動之前還要應付很多困境[18]:希臘的城邦仍舊為菲利浦的戰爭累得喘不過氣來;底比斯的刀兵在奇羅尼亞[19]掀起漫天煙塵,失敗以後腳步蹣跚難以成行,雅典伸出援手要加入底比斯的陣營;馬其頓全境醞釀叛變的風波,期盼阿米塔斯(Amytas)以及伊羅帕斯(Aeropus)[20]的後裔登基繼位;伊里利亞人再度高舉起義的旗幟,馬其頓的鄰邦因為政局的變動以至於痛苦不堪,目前最大的問題在於錫西厄人的寇邊;波斯人的黃金流入操縱民意的首腦人物手中,諸如此類的現象比比皆是,使得伯羅奔尼撒半島的干戈四起;菲利浦的金庫已經空空如也,所負的債務已經到兩百泰倫[21]

---

14 阿斯帕西亞人和甘德瑞迪人都是印度的部落;參閱阿里安《亞歷山大遠征記》第4卷23節之3;以及克爾久斯《亞歷山大戰史》第8卷3節。

15 馬利斯人是印度最英勇的民族;參閱本章第2篇9節和13節;蒲魯塔克《希臘羅馬英豪列傳》之〈亞歷山大傳〉53節;阿里安《亞歷山大遠征記》第6卷9節之10;戴奧多魯斯・西庫盧斯《希臘史綱》第17卷98節;克爾久斯《亞歷山大戰史》第9卷4節之5;以及斯特拉波《地理學》第15卷1節之33。

16 蒲魯塔克《希臘羅馬英豪列傳》之〈亞歷山大傳〉和阿里安《亞歷山大遠征記》,提到這個人是普西底底(Puecestas),特別是他因而陣亡。

17 根據阿里安《亞歷山大遠征記》第6卷10節之2的記載,掩護他的人是李昂納都斯(Leonnatus)而非林尼烏斯。

18 參閱蒲魯塔克《希臘羅馬英豪列傳》之〈亞歷山大傳〉11節。

19 奇羅尼亞是皮奧夏的市鎮,位於雅典西北方約一百公里,它是蒲魯塔克的家鄉,338 B.C.菲利浦在此擊敗希臘的聯軍。

20 有關這方面的情節,知道的人很少;參閱戴奧多魯斯・西庫盧斯《希臘史綱》第14卷37節和89節;阿米塔斯後來投向大流士的陣營,伊蘇斯會戰甫結束就被處死。

21 1泰倫相當6,000德拉克馬或36,000奧波,當時一個士兵的日薪是4奧波,所以200泰倫相當五

（根據歐尼西克瑞都斯［Onesicritus］的記載）。

處於極端貧窮的困境[22]，面對的局勢充滿不確定的因素，亞歷山大這位少年
竟然心雄萬夫，把他的希望和目標放在巴比倫和蘇薩；甚至胸懷壯志要統治整個
世界，依靠的武力不過是三萬步卒和四千騎兵，這是亞里斯托布拉斯
（Aristobulus）[23]的官方資料，就最大程度而言只有這個數目。托勒密王後來提到
步兵數量不變而騎兵多了一千人，安納克西米尼斯的記載是四萬三千步卒和五千
五百騎兵。命運女神給他的戰費只有戔戔之數的七十泰倫[24]，這是亞里斯托布拉
斯的說法，就獲得的戰果而言真是何其偉大和光榮；雖然杜瑞斯（Duris）[25]也談
起這回事，準備的糧草僅僅只夠三十天之用。

4 亞歷山大以無比匱乏的兵力和資源，竟然開拔前去創建一個前所未有的
龐大帝國，說起來難道真是有欠考慮和極其冒失？我的看法是絕非如
此。須知他在出發的時候，比任何人都擁有更好的條件：舉凡開闊的心胸、敏銳
的智慧、自制的毅力、無畏的勇氣以及哲學的思惟，豈不是具備的優點和長處使
他在爾後的戰役中無往不利？不錯，擁有獲勝的條件來自他的老師亞里斯多德，
就在他渡過海峽前往亞細亞的時候，較之於從他父親菲利浦那裡得到更多的幫
助。雖然吾人相信某些人的記載，提到亞歷山大曾經說過，《伊利亞德》和《奧

（續）

千名士兵的年薪，即使我國義務役士兵的年薪約12萬新台幣，那麼200泰倫的價值相當於6億
元；要是按照美軍的標準，整個金額更為龐大。古代和現代的生活標準相差極其懸殊，提出
的數字沒有多大意義，只能作為參考之用。

22 關於亞歷山大的財力和兵力有種種不同的計算方式；可以參閱本章第2篇11節；蒲魯塔克
《希臘羅馬英豪列傳》之〈亞歷山大傳〉15節；以及阿里安《亞歷山大遠征記》第1卷11節
之3。後來亞歷山大自己說道：「我從我父親手裡繼承一些金杯銀碗，還有不到60泰倫的財
寶；然而債務卻多達500泰倫，接著我自己又借了800泰倫。」參閱阿里安《亞歷山大遠征
記》第7卷9節之6。

23 亞里斯托布拉斯是一位歷史學家，陪伴亞歷山大遠征亞洲，對於所有的戰役都有詳盡的記
錄，阿里安的《亞歷山大遠征記》即使用他提供的資料。

24 斯巴達國王阿契達穆斯曾經說過，戰爭永難饜足極其巨大的胃口，再多財富也不敷運用；要
是用這種標準來看，亞歷山大準備的經費實在是太少了。譯者認為這方面的記載有很多不實
之處，須知亞歷山大攻取底比斯以後，除了全城財物洗劫一空，還將三萬人發售為奴，請問
這筆錢該有多少？

25 杜瑞斯(340-270 B.C.)是狄奧弗拉斯都斯的學生，當代知名的歷史學家和學者，曾任薩摩斯
的僭主達二十二年之久，平生著述甚豐，包括文學、音樂、法律和歷史等範疇。他的說法可
以參閱穆勒《希臘歷史殘篇》第2卷472頁。

德賽》兩書陪伴他無役不從[26]，除了知道亞歷山大尊敬荷馬，還了解到他真正的裝備是哲理的教材以及無畏的勇氣、欲望的克制以及偉大的心靈之類的文字，全部包含在詩人的兩本作品當中，要是有人認為亞歷山大攜帶它們的目的在於勞累之餘尋求安慰，或者視為閒暇時刻消遣之用，我們對這些人的無知能不表示藐視之意？

　　毫無疑問，亞歷山大並沒有從事三段論法或學術方面的寫作，這是非常明顯的事；同樣的他也沒有機會在黎西姆(Lyceum)散步沉思，或是到學院討論邏輯命題[27]。就當時認定的標準而論，用於詮釋的哲理只是觀念和原則的探討而非務實和貫徹的踐行。甚至畢達哥拉斯也沒有純理論方面的作品，即使像蘇格拉底、阿昔西勞斯和喀尼德這些在哲學家當中頂尖的人物，亦復如此。何況他們沒有不斷從事慘烈的戰爭，也沒有在外國的君王當中傳播文明的種子，更沒有在野蠻的民族當中建立希臘的城市，他們不會抱持孜孜不倦的態度，拿出法律與和平的規範教導無法無天和傲慢自大的部落；甚至他們在閒暇的時候，不願寫出哲學的著作，寧可將這種事情交給詭辯家去辦理。

　　我們難道會相信這些信口雌黃的詭辯家就是貨真價實的哲學家？其實要想知道他們是不是哲學家，從他們所說的話可以認定，從他們所領導的生活方式可以認定，從他們所教導的原則可以認定，那麼可以用這三個標準對亞歷山大進行檢驗。最後大家可以從他的言語、他的行為和他的教導看得出來，他的確是一位哲學家。

5　如果你願意的話，可以考量一件與大家的認知完全相反的事，那就是拿亞歷山大的徒弟與柏拉圖和蘇格拉底的門生做一比較。柏拉圖和蘇格拉底對於門生的傳道授業解惑，他們之間使用同樣的語文，如果門生基於天分的限制和理解的能力，無法接受深奧的理論和學說，起碼希臘的語文對他們沒有形成障礙。雖然如此，柏拉圖和蘇格拉底在這方面沒有多大的成就。兩位哲學家教出

26　參閱蒲魯塔克《希臘羅馬英豪列傳》之〈亞歷山大大傳〉8節和26節；以及普里尼《自然史》第7卷29節之108。

27　學院學派(The Academy)、畫廊學派(The Stoics)和黎西姆學派代表希臘哲學的三大主流；柏拉圖曾在雅典的學院講學，所以學院學派就是柏拉圖學派；斯多噶學派的創始人哲學家季諾，在雅典講學的地點是一處畫廊(Stoa)，故斯多噶學派又稱畫廊學派；希臘哲學家亞里斯多德在雅典創辦黎西姆學府，並常在此散步及講課，因此亞里斯多德學派又稱黎西姆學派或逍遙學派(Peripatetic School)。亞歷山大接受逍遙學派的哲理思想，因為亞里斯多德擔任他的家庭教師有六年之久。

的門人子弟如同克瑞蒂阿斯、亞西拜阿德和克萊托奉[28]，習於說些讓人聽著悅耳的話，像是裝上籠頭和口嚼的馬匹，要牠怎麼走就怎麼走。

如果你檢查亞歷山大在這方面的建樹，可以得知他訓示海卡尼亞人尊重婚姻對雙方的約束能力，教導阿拉考西亞人（Arachosians）耕種土地栽培作物，說服粟特人（Sogdians）奉養自己的父母而不是將他們活活餓死，還有就是波斯人[29]不要與父親的妻室和侍妾產生配偶的關係。傳授哲理竟然發揮如此不可思議的力量，讓印度人膜拜希臘的神明，錫西厄人願意埋葬死者而不是將他們吃進肚中。我們讚許喀尼德的身教言教，使得克萊托瑪克斯（Cleitomachus）[30]認同希臘人的居家習性，要知道克萊托瑪克斯原來是名字叫作哈斯德魯巴的迦太基人。我們同樣敬佩季諾的高貴情操，陶冶巴比倫人戴奧吉尼斯[31]成為一個哲學家。

等到亞歷山大將文明的源頭活水注入亞細亞，荷馬的作品成為普通讀物，波斯人、蘇西安納人（Susianians）和吉德羅西亞人（Gedrosians）的兒童都學會如何欣賞索福克利和優里庇德[32]的悲劇。

蘇格拉底受到引薦外國神祇的指控[33]，雅典到處滋生的告發者使得他的訟案在審判中落得敗訴；然而亞歷山大卻使整個巴克特里亞和高加索地區，都知道應該尊敬希臘的神明。

柏拉圖就「唯一理想體制」的觀念寫了一本書，只是它的陳義太高而且於法不容，所以沒有任何人敢於採用；亞歷山大在野蠻的部落當中建立七十多個城市，使得亞細亞到處都是希臘的官吏，用來改變過去未曾開化和有如禽獸的生活方式。

28　這些弟子的名字都是來自柏拉圖的對話錄，其實很多出於杜撰，並非真有其人。

29　後世的學者非常懷疑，蒲魯塔克基於人種學的偏見，沒有進行深入的研究，就提出這些結論，很可能是受到希羅多德的影響，像是《歷史》第1卷216節，敘述馬撒吉提人（Massagetaes）極其野蠻的風俗習慣；不過，斯特拉波贊同蒲魯塔克的觀點，他的《地理學》第15卷3節之20，記載波斯人的社會狀況，年輕的國王繼承老王的侍妾如同其他的遺產，其實這在所有的遊牧民族都是司空見慣之事。

30　克萊托瑪克斯是迦太基人，146-111 B.C.始終在雅典擔任哲學教師，從129 B.C.起他繼承喀尼德成為柏拉圖學派的首腦人物；參閱戴奧吉尼斯・利久斯《知名哲學家略傳》第4卷67節；以及阿昔尼烏斯《知識的盛宴》402C。

31　戴奧吉尼斯來自美索不達米亞的塞琉西亞，據說他是克里西帕斯的入門弟子，因而變成季諾的繼承人出來領導斯多噶學派。參閱斯特拉波《地理學》第16卷1節之16；以及戴奧吉尼斯・利久斯《知名哲學家略傳》第6卷81節。

32　參閱蒲魯塔克《希臘羅馬英豪列傳》之〈亞歷山大傳〉8節。

33　參閱柏拉圖《答辯篇》24B；以及色諾芬《回憶錄》第1卷1節之1。

　　雖然我們之中只有少數人讀過柏拉圖的《法律篇》，卻有數以百萬計的人們運用亞歷山大的法律，產生的影響還要一直繼續下去。那些被亞歷山大征服的群眾較之逃脫他的控制，更能獲得涵蓋範圍甚廣的幸福，過去沒有一個人生存在悲慘的環境中能夠結束可憐的命運，現在卻在勝利者的驅策之下領導他們去過快樂的生活。

　　對於受到亞歷山大討伐的民族，最公正的描述是引用提米斯托克利的警句[34]；雅典的偉大將領遭到放逐的處分，投奔阿塔澤爾西茲獲得禮遇，將三個城市的稅收當成貢金支付給他，一個用來供應所需的麵包，另外兩個分別奉上美酒和肉類，提米斯托克利對他的子女說道：「我兒，現在已經到了欲罷不能的程度。」

　　這些地區要是沒有被亞歷山大征服，就不能成為新近納入帝國的臣民，進而無法享受文明帶來的好處：這樣一來埃及不會有亞歷山卓，美索不達米亞找不到塞琉西亞，粟特不會出現普羅弗薩西亞（Prophthasia），印度也看不到布西法利亞（Bucephalia），高加索山脈的下面更不會有一座希臘城市[35]。等到這些地方的城市興建起來，野蠻的風俗逐漸消滅於無形，就連惡劣的自然條件都獲得改善，人們熟悉世間美好的事物，能夠發揮更大的影響力量。那麼，如果說哲學家最感驕傲之處，在於教化人類當中難以駕馭和向未開化的族群，使得他們能夠適應文明的生活；亞歷山大能讓難以數計的部落改變無知和落後的天性，基於這個關鍵性的理由，我們可以認定他是一位極其偉大的哲學家。

6　　季諾是斯多噶學派的創始者，他的巨著《論國家》（*The Repubic*）[36] 可以歸納為一個最主要的原則：世界所有的民眾分別居住在不同的城市和社區，不應該有個別的法律規範使得生活上產生很大的差異；我們考慮全人類屬於一個社區只有一種政體，應該有一種共同的生活方式以及一種為大家所共有的規範，如同牲口一起放牧，能在公有的土地上面分享青蔥的牧草。季諾的著作僅僅規劃出他的理想，像這樣一個秩序井然又選賢與能的共和國，僅僅當成相當模糊的圖畫；亞歷山大卻能使美夢成真。

34　意思是這些民族受惠於亞歷山大，將來會到欲罷不能的程度。

35　這座城市的名字是高加索的亞歷山卓；參閱阿里安《亞歷山大遠征記》第3卷28節之4；克爾久斯《亞歷山大戰史》第7卷3節之23；以及戴奧多魯斯·西庫盧斯《希臘史綱》第17卷83節之1。

36　參閱《劍橋古代史》第7卷225頁；本書第77章〈會飲篇：清談之樂〉第3篇問題6第1節；蒲魯塔克《希臘羅馬英豪列傳》之〈萊克格斯傳〉31節；西塞羅《論法律》第1卷7-11節和《論義務》第1卷7節；以及戴奧吉尼斯·利久斯《知名哲學家略傳》第7卷32-34節。

亞歷山大並沒有接受亞里斯多德的建議[37]，那就是對待希臘人他是一位領導者，至於其他的民族他應該成為主人；他可以將希臘人視為朋友和親戚，對於其他的民族抱持的態度，大可以把他們當成不具人性的植物或動物。這樣做只會帶來無數的會戰行動，要將很多的人民驅離家園，從而陷入叛亂的苦惱之中，對於他的領導和統御造成阻礙和拖累。

他很有信心認定自己是上天派來治理人類的總督，對於整個世界而言他是一個仲裁者，由於他無法用講理的方式進行統一，只有拿出武力採取征服的手段。他要將所有地區的人士全部聚集起來組成一個團體，由於他們的品德、婚姻和生活的習性，使得大家能夠混雜共處一個屋簷之下同享愛之杯[38]。

他吩咐所有的子民要將人類居住的地球視為他們的故鄉，如同加強保護的營地和戒備森嚴的堡壘；只要是善良的百姓都是自己的親戚，只有邪惡之徒才是異域他鄉的外人。他們之間不能僅憑這點有所區別，那就是希臘人身披斗篷和帶著小圓盾，異鄉客穿著短衫手拿彎刀；要知道區別希臘人身分的標記在於品德操守，外來者在於力求避免不仁不義的行為；他們對於穿著、飲食、婚姻和生活方式都會一視同仁，靠著血胤的傳承和子女的親情，可以將所有的民族混合起來組成一個大家庭。

7 科林斯人笛瑪拉都斯是菲利浦的知己之交[39]，前往蘇薩拜訪亞歷山大，流著歡娛的眼淚講出感人的話[40]，那些生前沒有見到亞歷山大登上大流士寶座的希臘人，竟然沒有福氣真是死不瞑目。我敢發誓我並不在意能否看到當時的景象，有這樣的成就，命運女神的確功不可沒，其他很多國王也會做得恰到好處。

然而在那場盛大又神聖的婚禮當中，我認為我會很高興做一個身臨其間的證

---

37 提到這些規勸之辭，可以說與亞里斯多德毫無關係；參閱斯特拉波《地理學》第1卷4節之9；以及羅斯《亞里斯多德殘篇》No.658。

38 參閱阿里安《亞歷山大遠征記》第7卷11節之8-9；裡面沒有提到共享愛之杯；而是辦理盛大的宴會，參加的賓客多達九千人，一起舉行酹酒祭神的儀式。

39 笛瑪拉都斯在科林斯是親馬其頓黨的領導人物，曾經調停菲利浦和亞歷山大之間的家庭糾紛，成為亞歷山大的友伴，參加格拉尼庫斯會戰，後來在蘇薩相會不久逝世；參閱本書第4章〈如何從友人當中分辨阿諛之徒〉30節；以及蒲魯塔克《希臘羅馬英豪列傳》之〈亞歷山大傳〉9節。

40 參閱蒲魯塔克《希臘羅馬英豪列傳》之〈亞歷山大傳〉37節和56節；以及〈亞傑西勞斯傳〉15節。

人，他將一百位波斯新娘和一百位馬其頓和希臘新郎，聚集在張著黃金天幕的帳棚下面，要將他們撮合在一起結爲秦晉之好[41]。亞歷山大頭上戴著花冠，首先高聲唱出合卺之歌，像是要將世界上實力最強大的兩個民族，藉著婚姻所產生的友誼能夠緊密結合。他本人不僅是一位少女的新郎，同時還成爲所有新娘的護衛，如同一位父親和庇主用婚姻生活的契約使他們結爲連理。

實在說，看到這樣的場面，我帶著歡樂的心情大叫：「啊，愚蠢的澤爾西斯，你怎麼笨到花費那樣大的力氣在海倫斯坡海峽上面架橋，結果還是毫無用處！明智的國王要將亞洲和歐洲結合起來的方法，不是靠著浮筏的橋桁和綑綁的繩索，那是沒有生命和缺乏感情的材料；要用合法的愛情、貞節的婚禮以及子女帶來的歡樂，使得對立的民族能夠化干戈爲玉帛。」

8 考慮到處理事務的等級和順序，亞歷山大並不喜愛米提人的打扮，寧願採用波斯人較爲簡便的衣著。他對外國的奇裝異服抱著排斥的態度，特別是頭巾、寬大長袖的短上衣和緊身褲；如同伊拉托昔尼斯記載的狀況，他的服裝混合波斯和馬其頓的式樣[42]。就一個哲學家而言，如何穿著根本是不足掛齒之事，只是一個有惻隱之心的國王正在治理兩個民族，爲了盡力獲得被征服民眾的善意，對於波斯人的服飾當然會表示尊敬，他們就會把馬其頓人當成統治者，繼續保持關愛之情，不會把外來的入侵者看成敵人，內心充滿著仇恨和報復。

反之，一個人表現愚昧而自負心態最明顯的標記，就是對保持常用顏色的斗篷讚譽有加，提到鑲著紫色寬邊的辰袍就會面露不豫之色；還有就是對這方面的事情抱著不屑一顧的態度，他們對於服裝極其固執非要維護本國的習慣，運用的方式如同沒有理性的幼兒任憑奶媽給他打扮。

人們要去獵取野生動物的時候，就會穿上鹿皮製作的裝束，要是他們出外捕捉禽鳥，緊身上衣滿綴各式各樣的羽毛；他們要是一身紅色袍服，就得保持警覺不要讓公牛看到，如果是白色的衣物就不能與大象照面[43]；因爲這些動物見到特

---

41 參閱蒲魯塔克《希臘羅馬英豪列傳》之〈亞歷山大傳〉70節；阿里安《亞歷山大遠征記》第7卷4節；戴奧多魯斯·西庫盧斯《希臘史綱》第17卷107節之6；阿昔尼烏斯《知識的盛宴》538B-E；伊利安《歷史文集》第8卷7節；只是結婚的人數不是所說的一百對。

42 亞歷山大的心願是繼承大流士成爲波斯國王，發生貝蘇斯（Bessus）謀篡事件以後，他的意圖更爲強烈，首先用改換服裝進行試探，達成逐漸轉變習慣的目標。參閱蒲魯塔克《希臘羅馬英豪列傳》之〈亞歷山大傳〉45節；以及戴奧多魯斯·西庫盧斯《希臘史綱》第17卷77節。

43 參閱本書第12章〈對新婚夫婦的勸告〉45節。

殊的顏色就會凶性大發。一位偉大的國王爲了馴服和感化任性又好戰的國家，就像與野獸打交道一樣，不斷運用安撫的手法讓牠們平靜下來，所以在接近的時候要穿上牠們熟悉的裝束，隨後要讓牠們過已經習慣的生活方式，從而可以緩和粗野的獸性和陰鬱的脾氣；亞歷山大採用這種作爲，難道還有人能夠再三的挑剔？

馬其頓人對於亞歷山大的智慧不應感到驚異，他的服裝只要稍做改變，能夠成爲全亞洲最孚人望的領導者，征服對手的身體倚仗他的武力，贏得他們全心全意的愛戴要靠他的穿著，這種做法豈不是更爲輕而易舉？然而人們對於蘇格拉底的門人亞里斯蒂帕斯[44]感到不可思議，無論他穿著一襲脫毛露線的斗篷，還是一件精美的米勒都斯長袍，都能表現出高貴的出身和脫俗的氣質。他們在這方面對亞歷山大頗有微辭，說他雖然仍舊尊敬自己的民族服裝，在建立龐大帝國的初期，對於被征服的臣民從來不會抱持藐視的態度。

他席捲整個亞洲並不像一個強盜，非要把占領地區壓榨和搜括得一乾二淨不可，如同所有的戰利品和劫掠物出乎意料之外，完全靠著好運才能到手。等到後來的漢尼拔入侵義大利就是採用不得民心的作爲，更早像是特里里人（Treres）[45]蹂躪愛奧尼亞，以及錫西厄人[46]洗劫米地亞。亞歷山大的構想要讓地球上面所有的臣民，擁有一部理性的法律和一種形式的政府，最後使得全人類成爲一個民族，爲了達成此一目標他必須全力以赴。如果神明派遣亞歷山大來到世間而不是很快地將他召回，就會開風氣之先達成「法律之前，人人平等」的理念，至於世界上那一部分無緣見到他的人，仍舊留在毫無希望的處境。

9 因而首先讓我們得知，亞歷山大發起遠征行動的計劃和構想，等於把這個任務託付給一位像哲學家的人物，他的目標不是爲了自己貪圖榮華富貴，而是爲所有的人民帶來和諧、平等和福祉。

其次讓我們去體驗他說出的箴言和警句，因爲言爲心聲，很多的國王和君主從他們講的話，可以洩漏他的缺失和表達他的長處。安蒂哥努斯一世接到某位詭

---

44 亞里斯蒂帕斯是生於塞倫的哲學家，認為人生唯一的目標是追求快樂，因而他創立塞倫學派，一心要過奢華的生活，雖然他是蘇格拉底的朋友和追隨者，卻對色諾芬和柏拉圖感到一無是處。

45 特里里人是居住在色雷斯山區的蠻族；參閱斯特拉波《地理學》第1卷3節之21和第11卷8節之4。

46 所謂錫西厄人是泛指中亞一帶的遊牧民族，當時與黑海北岸地區的希臘殖民地有貿易來往；關於入侵的狀況可以參閱希羅多德《歷史》第1卷15節及103-106節。

辯家呈給他的一篇義正辭嚴的文章，很不客氣的說道：「你看到我到處攻打城池奪取財物，還口口聲聲叫我對人講公道誠信，豈不是太蠢了！」僭主戴奧尼休斯有次對人說起，兒童靠著骰子騙錢，成人靠著假誓騙人[47]。薩達納帕拉斯在他的墓碑上面寫著[48]：

> 廣開宴席貪圖口腹之欲，
> 日以夜繼喜愛尋歡作樂，
> 人生在世不過半百光景，
> 須知萬事何如得過且過。

　　從這些語言當中，難道不能讓我們看出薩達納帕拉斯的聲色犬馬、戴奧尼休斯的邪惡本質和安蒂哥努斯的背棄正義和貪婪無厭？如果亞歷山大對他的王權、他與阿蒙的關係，以及高貴的出身，表達的方式使你覺得不夠莊重因而減低敬畏之心，那是你好像聽到一位蘇格拉底或是一位柏拉圖或是一位畢達哥拉斯在發表意見。我們無須在意詩人過分吹噓的誇耀之辭，特別是他們描述亞歷山大的圖像和雕塑，著墨之處在於驚人的權勢而非自我的克制：

> 銅像對著宙斯睥睨而視，
> 態度狂熱說話何其率直，
> 我將整個地球踩在腳下，
> 你能保有聖山感到滿足。[49]

另外還有人要讓亞歷山大說：「我是宙斯的兒子。」[50] 根據我的看法，詩人的表達方式是對亞歷山大的優容和阿諛，用來推崇他有令人羨慕的運道和氣數。
　　有關亞歷山大真正的格言，我們要提到他在青少年時代所說的話。在他那個

47　有人認為賴山德有這種說法，參閱本書第17章〈斯巴達人的格言〉54節之3及其注釋。
48　參閱《帕拉廷詩集》第7卷325行及第16卷27行；看起來薩達納帕拉斯的詩很受大家的讚賞。
49　《希臘詩集》第16卷120節登錄完整的詩篇；作者是阿奇勞斯或阿斯克勒皮阿德；烏維里（Ouvre）認為是後者。
50　阿蒙神廟的祭司向他致意，用希臘語稱呼亞歷山大為O paidion，意為「我的孩子」；由於發音不正確，把最後一個字母n念作s，脫口而出變成O pai dios，意為「神的兒子」；參閱蒲魯塔克《希臘羅馬英豪列傳》之〈亞歷山大傳〉27節。

歲數的年輕人當中，可以說他的腳程最快[51]，因此有些友伴慫恿他參加奧林匹克運動會，他問參加的選手是否都是國王，等到朋友回答並非如此，他說競賽的方式不夠公平，得勝不過超越一些平民，輸了卻被人說成國王已被擊敗。

他的父王菲利浦在會戰當中，大腿被特瑞巴利亞人（Triballians）的長矛戳穿，雖然逃過一劫沒有性命的危險，卻對成為瘸子感到懊惱不已，亞歷山大說道：「父親，我要為你喝采，以後你在行軍的時候會很高興，因為每走一步都會讓你想起英勇的行為。」[52] 在他的理念受傷是神聖的事應該感到喜悅，唯一引起反感之處在於帶來身體的累贅，他說這些話難道沒有什麼哲理可言？他的身體每個部位都讓他記起所打的會戰，感受到一個民族的征服、一次大捷的勝利、多少城市的攻占、多少國王的稱臣，你們想想看，難道他對自己的傷口不感到光榮和驕傲？他從不會遮蓋或掩藏身上的疤痕，經常公開顯示出來，像是銘刻在身體上面的碑文，用來表彰他的武德和大無畏的勇氣。

10 這種尚武的精神偶爾也會出現在閒暇的時刻或一場宴會當中，每個人會從荷馬的著作中選擇最喜愛的文字，亞歷山大認為下面這兩句詩令他心儀不已：

> 他是高貴和偉大的國王，
> 及縱橫戰場的無敵勇士。[53]

這番讚譽之辭是為當代人物而寫，亞歷山大的理念卻能特立獨行；認為荷馬用來推崇阿格曼儂的大丈夫氣概，同時也預告亞歷山大有過之而無不及。基於這層關係，他在渡過海倫斯坡海峽以後，前去憑弔特洛伊遺址[54]，想像自己前生曾在此處留下英雄事蹟，一時之間不禁感慨萬千。當地一位土著要將帕里斯（Paris）用過的七弦琴呈獻給他，亞歷山大說道：「我用不著帕里斯的樂器；現在已經擁有阿

---

51 參閱本書第15章〈國王和將領的嘉言警語〉26節之2；以及蒲魯塔克《希臘羅馬英豪列傳》之〈亞歷山大傳〉4節。

52 某些著作記載類似的狀況，認為一位斯巴達婦女有這樣的表示；參閱本書第19章〈斯巴達婦女的嘉言懿行〉5節之13。

53 荷馬《伊利亞德》第3卷179行；以及色諾芬《回憶錄》第3卷2節之2。

54 參閱蒲魯塔克《希臘羅馬英豪列傳》之〈亞歷山大傳〉15節；伊利安《歷史文集》第9卷38節。

奇里斯的七弦琴，想當年在他辛勞工作之餘一直陪伴身邊，可以用來歌頌

　　戰士顯赫的名聲和功勳。[55]

帕里斯的七弦琴只能爲戀曲伴奏，帶有太重的脂粉味道，聽來會使英雄氣短兒女
情長。」

　　一位真正擁有哲學家情操的人士，表現在外的言行是對知識的愛好和對智者
的推崇，這也是亞歷山大與其他國王經過比較以後，發現這是他最具特色的地
方。亞歷山大對於亞里斯多德始終保持尊敬和莊重的態度[56]；根據幾位文人的記
載，說他在所有朋友當中，認爲音樂家安納薩爾克斯對他而言貢獻最大；他頭一
次會見伊利斯的皮朗，贈送推崇不已的哲人一萬金幣[57]；他將價值五十泰倫的禮
物送給柏拉圖的朋友色諾克拉底；犬儒學派的戴奧吉尼斯有一位名叫歐尼西克瑞
都斯的門徒，亞歷山大任命他爲艦隊的首席導航官[58]。

　　亞歷山大停留科林斯的時候，聽到戴奧吉尼斯正在該地就前去與他交談[59]，
對於他的生活方式和待人接物感到無比的驚愕和敬佩，每逢記起這位哲學家的一
言一行，就會情不自禁的說道：「如果我不是亞歷山大，倒是很想成爲戴奧吉尼
斯這樣的人物。」其實他真正的意思是說：「如果我對哲學不能實踐履行，不妨
從事理論方面的研究。」他並沒這樣說：「如果我不是一位國王，倒是很想成爲
戴奧吉尼斯這樣的人物。」也沒有說：「如果我不是一位財主或是一位貴族。」
諸如此類的話。他沒有將命運女神的位階置於智慧女神之上，也不認爲王冠和御
用的紫袍高過哲學家的書囊和脫毛露線的素服。

　　因此他說：「如果我不是亞歷山大，倒是很想成爲戴奧吉尼斯這樣的人物。」
意思就是說：「如果我不能達成這樣的目標：像是將外國的事物和希臘的事物混

55　荷馬《伊利亞德》第9卷189行。

56　參閱本章第4節；以及蒲魯塔克《希臘羅馬英豪列傳》之〈亞歷山大傳〉7-8節。後來他對亞
　　里斯多德產生誤會，已經無法保持親密和友愛的關係。

57　皮朗(360-270 B.C.)是希臘的哲學家，懷疑論的創立者；參閱色克久斯·伊姆庇瑞庫斯《指
　　控數學家》第1卷282節。

58　參閱蒲魯塔克《希臘羅馬英豪列傳》之〈亞歷山大傳〉65節和66節；阿里安《亞歷山大遠征
　　記》第6卷2節之3和第7卷5節之6；戴奧吉尼斯·利久斯《知名哲學家略傳》第6卷84節。

59　參閱蒲魯塔克《希臘羅馬英豪列傳》之〈亞歷山大傳〉14節；戴奧吉尼斯·利久斯《知名哲
　　學家略傳》第6卷32節；華勒流斯·麥克西穆斯《言行錄》第4卷3節之4；以及本書第53章
　　〈致未受教育的統治者〉5節。

合起來，創造出新生的事物；像是穿越每個大陸傳播文明使之成長茁壯；像是去
探勘陸地和海域最偏僻的邊陲；像是開拓馬其頓的領土將國界推展到最遙遠的大
洋；像是將希臘的法治和平等散布到各地，使得每個民族都能接受賜與的幸福。
還不如去與戴奧吉尼斯較量一番，看誰能過更節儉和慳吝的生活；因為我無法安
靜坐在那裡無所事事，讓寶貴的光陰在奢華的享樂和權力的虛擲中度過。」

「請原諒我，戴奧吉尼斯，有些事情像是我要仿效海克力斯的作為、要與帕
修斯一較高下、要追隨戴奧尼蘇斯的腳步，須知戴奧尼蘇斯是開創我們這個家族
的始祖，他的事蹟始終無法讓我忘懷；同時還想讓勝利的希臘人能夠再前往印度
的土地上面跳舞，以及在記憶中重現酒神宴會的歡樂場面，舉行的地方在蠻荒的
山區部落，遙遠的距離已超過高加索山的邊界。甚至還有人說起某些聖潔之士，
有一部法律為他們制定，這些人遵從嚴格的天衣派教義[60]，將全部時間用來事奉
神明；因為他們連書囊都付之闕如，要比戴奧吉尼斯更為儉省。他們只吃地上生
長的新鮮蔬菜，根本無須儲藏糧食；他們飲用流動的河水，在落葉堆中和青草地
上入睡。因為我的關係，甚至連遙遠的哲人都知道戴奧吉尼斯；因而我也要像戴
奧吉尼斯一樣，必須改換錢幣上面的圖案[61]，就是用於外國城邦的通貨也要蓋上
希臘政體的銘記。」

11 好吧。亞歷山大的所作所為，顯示命運女神的變幻無常、戰爭的暴
虐殘酷和征服的無上強權，或許他比其他人更能表現無比的勇氣和
執法的正義，還有自制的能力和溫和的態度，可以與端莊的行為和才智結合在一
起，特別是一個人做任何事情都有神志清明和沉著穩健的判斷。除了靠老天幫
忙，我不可能將所有的行為加以區別，說這個能夠證明他的無畏勇氣，另外一個
表現他的人道精神，還有一個出於他的自我克制，事實上所有的項目可以當成武
德和節操的綜合產物，因為他可以肯定斯多噶學派的原則的確真實不虛，那是智
者履行任何一種作為都與德行有關；從而可以非常明顯的看出，武德在所有的作
為當中扮演主要角色，可以對其他的善行產生激勵作用，領導它們向著目標前進。

有人曾經批評亞歷山大，說他窮兵黷武而又仁民愛物、知書達禮而又膽大妄
為、慷慨大方而又深謀遠慮、性格暴躁而又寬容大度、喜愛女色不會荒淫無度、
縱情飲宴不會懶散怠惰、努力工作不忘消遣娛樂；只有他將兩國交兵看成宗教祭

---

60 提到亞歷山大與天衣派智者的交往，可以參閱蒲魯塔克《希臘羅馬英豪列傳》之〈亞歷山大
傳〉64-65節。
61 參閱戴奧吉尼斯‧利久斯《知名哲學家略傳》第6卷20節之21。

典不會掉以輕心，會戰行動看成盛大宴會要事先詳細準備，圍攻和戰陣之事看成酒神儀式和婚禮場面，要求同心合力按照順序進行，激起高昂的鬥志即可無往不利。他對犯下重罪的壞蛋下手絕不留情，卻對命運乖戾的敗將懷著惻隱之心；他對反目成仇的敵人絕不退讓一步，卻對公平競爭的對手甚或百般縱容。

我在這裡要提到一件與波魯斯有關的插曲[62]。波魯斯成為戰俘並被帶到亞歷山大的面前，戰勝者問他希望受到何種待遇，波魯斯說道：「亞歷山大，我是一個國王。」亞歷山大再問他有沒有別的要求，他說道：「沒有，所有一切都包括在這句話裡面。」因而就亞歷山大的行為看來，我可以比照波魯斯的話大聲宣布：「他是一個哲學家！」因為這句話對他而言已經敘述得一清二楚。羅克薩娜（Roxana）是奧克西河底（Oxyartes）的女兒，當她在被俘的少女當中跳舞的時候，使得亞歷山大一見傾心[63]，他沒有用暴力強迫而是娶她為妻；因而我要說：「他是一個哲學家！」他看到大流士被幾根標槍貫穿身體之際[64]，他沒有奉獻犧牲感激神明的保佑，也沒有高唱凱歌表示長期戰爭已經結束，他脫下自己的斗篷蓋在大流士的屍體上面，像是不讓國王的命運落到這樣的下場，使他能夠逃避神明的因果報應；因而我要說：「他是一個哲學家！」有次他在閱讀母親的來信，裡面寫著不能為他人所知的機密，這時赫菲斯提昂（Hephaestion）[65]正好坐在他的身旁，可以很清楚看到所有的內容，亞歷山大並沒有制止他，只是事後用所戴的指環在赫菲斯提昂的嘴唇上面蓋了一下，意思是要他保持機密不得洩漏；因而我要說：「他是一個哲學家。」從這些作為看來他要不是哲學家，又能是什麼呢？

12 有些人受到讚譽稱之為哲學家，讓我們比較一下他們的作為。亞西拜阿德[66]整夜時間都花在蘇格拉底身上，蘇格拉底雖然心不甘情不願只有盡量容忍；斐洛克森努斯[67]是小亞細亞海岸地區的總督，寫信給亞歷山大

62　參閱本書第15章〈國王和將領的嘉言警語〉26節之31；第33章〈論控制憤怒〉9節；蒲魯塔克《希臘羅馬英豪列傳》之〈亞歷山大傳〉60節；以及阿里安《亞歷山大遠征記》第5卷19節之2。

63　參閱本章第2篇6節；蒲魯塔克《希臘羅馬英豪列傳》之〈亞歷山大傳〉47節；阿里安《亞歷山大遠征記》第4卷19節；克爾久斯《亞歷山大戰史》第8卷4節。

64　參閱蒲魯塔克《希臘羅馬英豪列傳》之〈亞歷山大傳〉43節。

65　赫菲斯提昂是亞歷山大兒時的玩伴，等到他登基，便成為深受器重的心腹，斐洛塔斯在330 B.C.遭受處決以後，由他擔任騎兵部隊指揮官，324 B.C.逝世，使得亞歷山大極其悲傷。

66　參閱柏拉圖《會飲篇》218C，戴奧吉尼斯‧利久斯《知名哲學家略傳》第2卷31節。

67　參閱本書第74章〈伊庇鳩魯不可能過快樂的生活〉17節；以及蒲魯塔克《希臘羅馬英豪列傳》之〈亞歷山大傳〉22節。

提到愛奧尼亞有一個少年，容貌英俊可以說是世所罕見，特別詢問是否可以將這個變童送過去，亞歷山大立即回覆一封措辭極其嚴厲的信函：「狗賊，難道你過去看到我有什麼卑劣的行為，否則怎麼會想起要用下流的勾當來奉承我？」

我們對色諾克拉底不貪非分之財讚不絕口，因為他拒收亞歷山大價值五十泰倫的禮物，然而我們為何不提贈送者的慷慨能夠一擲千金？兩個人當中有一位不接受禮物，另外一位卻非送不可，難道我們能說這兩位對於輕財重義的理念並不完全相同？色諾克拉底基於哲學修養，所以將金錢視為糞土，亞歷山大從事戰爭雖然需要大量經費，由於他是一位哲人所以才願意將財物用在情投意合的人士。

很多次亞歷山大在冒著槍林箭雨[68]發起攻擊之際，難道真說過「為了揚名於世，雖萬死而不辭」這番話？我相信所有的人都具備判斷的能力，可以對他的說法做出正確的認知和評價。從他天賦的性格和氣質來看，傾向於領導人類走上為善去惡的正道。哲學家與凡夫俗子最大的不同之處，在於哲學家擁有無與倫比的判斷力，面對危險能夠屹立不搖。一般的凡夫俗子則不然，他們無法用「光榮犧牲」[69]和「人皆有死」[70]的概念來強化自己的心志；等到面臨危險就會將事先的考量和計算拋到九霄雲外，幻想無法渡過難關就會剝奪自己的判斷能力；並不僅僅如同修昔底德所說「畏懼會驅除腦中的記憶和經驗」[71]而已，除非哲學修養能夠發揮莫大的鎮定作用，否則連帶企圖、抱負和衝動全被趕得無影無蹤。

68　亞歷山大說過他需要金錢好送給別人，倒是可以與蒲魯塔克在《希臘羅馬英豪列傳》之〈亞歷山大傳〉60節引用他所說的話做一比較；就在他要渡過洪流高漲的海達斯披斯(Hydaspes)河之際，說道：「啊！你們這些雅典人，我為了贏得你們的讚譽，經歷種種險阻艱辛，有人會相信嗎？」有人認為手抄本中並沒有這段話，很可能是後人所加。

69　荷馬《伊利亞德》第12卷243行。

70　這句話來自笛摩昔尼斯〈論王權〉97節；蒲魯塔克引用在本書第14章〈迷信〉4節。

71　參閱修昔底德《伯羅奔尼撒戰爭史》第2卷87節；這是指揮伯羅奔尼撒聯軍的將領，為了鼓勵士氣所說的話。

第二篇

1 看來我們在昨天忘了提及亞歷山大的時代，有非常好的機會產生很多精品佳作，出現許多才華卓越的藝術家。不過，就這方面而論，或許不能算是亞歷山大有多好的運道，只能說藝術家可以大發利市。因為他們的成就獲得證人和觀眾，特別是當事人對於他們的作品有良好的鑑賞能力，還能很慷慨付給他們意料不到的報酬。據說阿奇斯特拉都斯(Archestratus)是一位年歲很高的詩人，雖然多才多藝而且善於社交，仍舊清寒度日沒有受到重視，有人對他說道：「如果你活在亞歷山大臨朝的時候，憑著所寫傑出的詩篇，他會將塞浦路斯或腓尼基賞賜給你。」

我認為那個時代頂尖的藝術家所以會如此，不是因為他們生活在亞歷山大的統治之下，而是由於亞歷山大對待他們的態度。大家知道風調雨順的氣候會有豐富的收成，一位國王只要對於藝術家表示禮遇、尊敬和親切，就會提升愛好藝術和欣賞藝術的風氣，培養更多有才華的人物。出現完全相反的狀況，那就是嫉才和慳吝，加上帝王這部分產生兩敗俱傷的競爭，就會全面扼殺藝術的生機，使之陷入萬劫不復的處境。

有個故事提到僭主戴奧尼休斯[72]，聽到某位知名豎琴家的演奏以後，答應要給予一泰倫的賞金。翌日這位樂師要求履行承諾，戴奧尼休斯說道：「昨天你賣力的演出給我帶來歡樂，後來你充滿希望所唱的歌曲更為悅耳動聽，產生的效果在於你感到心花怒放，願意給予聽眾更大的回報。」

菲里的僭主亞歷山大[73]（為了使得亞歷山大免於羞辱的牽連，所以在僭主的名字前面加上菲里這個地名以示區別）看到一位悲劇演員，無論是舉止和表情極其逼真，感動之餘引起惻隱之心，無法面對人間的慘事，趕緊起身快步離開戲院；事實上他殺害無數市民面不改色，現在看到赫庫巴和波利克森娜(Polyxena)

---

72 戴奧尼休斯一世(430-367 B.C.)是敘拉古的僭主(405-367 B.C.在位)，控制西西里大部分地區，與迦太基人發生多次戰爭，介入希臘城邦的內鬥；參閱本書第3章〈論課堂的聽講〉7節。

73 這一位亞歷山大毒死自己的叔父波利弗朗(Polyphron)，登上僭主的寶座；須知波利弗朗早年殺死自己的兄長波利多爾(Polydore)，就是亞歷山大的父親，完全是古代版的哈姆雷特悲劇；所有這些事故的始作俑者是他們的祖先傑生，過去帖沙利是個民主政體的城邦，他篡奪政權成為僭主。

的生離死別竟然淚流滿面。後來他還遷怒於扮演的伶人，像是烈火使百鍊精鋼化爲繞指柔，竟能軟化他的鐵石心腸，所以要加以懲處。

阿奇勞斯（Archelaus）[74] 對於他所寵愛的人都很小氣，泰摩修斯（Timotheus）[75] 感到不滿唱出下面的疊句：

> 只要談到金和銀，
> 你就翻臉不認人。

阿奇勞斯聽到以後毫不示弱，也用唱和的方式給予回答：

> 多多益善你渴望，
> 在我就是不認帳。

錫西厄人國王阿提阿斯領兵寇邊，演奏笛子的名樂師伊斯門尼阿斯（Ismenias）成爲俘虜，國王命令他在宴會中吹笛娛樂賓客。大家聽到以後非常高興，異口同聲大加讚譽；只有阿提阿斯在那裡發誓賭咒的大叫，力言馬的長嘶傳入耳中更爲受用[76]。如果他的心靈保持在污穢的料槽之中，即使耳朵留在繆司的聖殿，這時他所聽到的聲音不是馬嘶而是驢鳴。有些君王的品味低俗毫無欣賞能力，還能指望藝術或者極其卓越的戲劇和音樂，能在他們的宮廷受到稱許和尊敬？

或許帶著惡意和壞心眼去壓迫眞正的藝術家，要他們不擇手段的相互競爭，即使再努力也無法使得藝術欣欣向榮。有一位像戴奧尼休斯那樣的君王（再度用他當作例子），他將詩人斐洛克森努斯（Philoxenus）[77] 關進採石場服行苦役；因爲戴奧尼休斯將自己寫的一齣悲劇，交給詩人要求他加以修飾和訂正，結果斐洛克森努斯從頭到尾將所有的詩句全部劃掉。

74　阿奇勞斯是馬其頓的國王，在位期間是413-399 B.C.，通曉文學和藝術，對於悲劇作家優里庇德極其禮遇。

75　米勒都斯的泰摩修斯是著名的詩人和音樂家，生卒時間是446-357 B.C.，他的劇作表現流暢和華麗的風格，在當時受到熱烈的歡迎，對後世的影響深遠。

76　參閱本書第15章〈國王和將領的嘉言警語〉16節及它的注釋。

77　斐洛克森努斯（435-380 B.C.）生於賽舍拉，是一位擅長神劇和合唱的詩人，在敘拉古服務於戴奧尼休斯一世的宮廷；參閱本書第34章〈論寧靜的心靈〉12節；西塞羅《突斯庫隆討論集》第5卷22節；伊利安《歷史文集》第12卷44節；以及戴奧多魯斯・西庫盧斯《希臘史綱》第15卷6節。

菲利浦對於藝文的嗜好表現得更爲繁瑣和幼稚，因爲他到年長以後才獲得這方面的知識。他們提到一個故事[78]，菲利浦有次指責豎琴師彈奏的手法，樂師帶著笑容輕聲細語說道：「陛下，最好不要這樣做，要是你在這方面比我知道的還要多，只能表示你的身分非常卑微。」

2 亞歷山大雖然懂得很多並不是門外漢，只是他寧願做一個不相聞問的聽眾，他爲了在軍國大事的範圍之內充當主要角色，訓練的重點擺在武藝和戰技方面，讓人對他油然而生敬畏之心，即使對於伊斯啓盧斯的詩句抱著不以爲然的態度：

> 競爭者全副武裝，
> 抗強敵慘重傷亡。[79]

他的祖先是出自海克力斯的伊阿庫斯家族(Aeacidae)[80]，家學淵源使得他能傳承有關兵法和戰陣的技能。至於其他的藝術他則抱著欣賞的眼光，從來不會產生嫉妒之心，只要在各人的領域方面有卓越的成就都會受到他的禮遇。即使這些人會給他帶來歡樂，他也不會模仿他們的行爲，更不會受到他們的左右和擺布。

在他那個時代的悲劇演員以帖塔拉斯(Thettalus)和阿瑟諾多魯斯兩個名角爲中心[81]，各自形成勢力強大的門派。他們之間要較量一番比過高下，塞浦路斯國王贊助演出的費用，敦請亞歷山大麾下最知名的將領擔任裁判。等到得知阿瑟諾多魯斯獲勝以後，亞歷山大說道：「我寧可喪失半壁江山，也不願見到帖塔拉斯落敗。」可見他不會干涉裁判的權責，更不會認爲他們的決定有任何差錯；雖然他自認擁有高高在上的優越地位，面對公理正義仍舊應該俯首從命。

亞歷山大在位的時候，喜劇演員以斯卡菲亞(Scarpheia)的黎坎(Lycon)[82]爲首要人物。黎坎在喜劇當中臨時應景念出插科打諢的道白，亞歷山大聽到大樂，

78　蒲魯塔克分別在本書第4章27節、第15章25節之29及第77章第2篇問題1第12節，敘述這個與菲利浦有關的故事。

79　參閱本書第24章〈論命運女神庇護羅馬人〉3節及它的注釋。

80　史家認爲亞歷山大在父系方面是海克力斯和卡拉努斯(Caranus)的後裔，母系方面出於伊阿庫斯和尼奧普托勒穆斯。卡拉努斯是海克力斯第十六代子孫，794 B.C.成爲馬其頓的君主，亞歷山大大帝是他第二十二代的後裔，因此，從海克力斯到亞歷山大一共有三十八代。

81　參閱蒲魯塔克《希臘羅馬英豪列傳》之〈亞歷山大傳〉29節。

82　參閱阿里安《亞歷山大遠征記》第4卷16節之7。

當場贈給十泰倫的賞金。

有幾位善於演奏豎琴的樂師是他的朋友,其中亞里斯托尼庫斯(Aristonicus)對他的幫助最大,在一次會戰中壯烈成仁。亞歷山大下令要爲他在德爾斐設立一座銅像,懷中抱著七弦琴,手執向前伸出的長矛。他這樣做不僅將榮譽授與傑出的勇士,同時也對音樂女神表示崇高的敬意。同時還相信祂創造出眞正的男子漢,特別是讓那些受過祂教育的兒童,長大以後心中能夠激起沛然莫之能禦的氣概。

有一次安蒂吉尼達斯用笛子吹出《車駕破陣樂》[83],亞歷山大聽到以後熱血沸騰,一躍而起拿著身邊的武器,擺出與敵人廝殺的模樣。可以證實斯巴達人經常唱和下面的詩句:

> 手拂倚天劍,
> 起舞伴琴聲。[84]

畫家阿皮勒斯(Apelles)享譽於亞歷山大的時代,繪有《亞歷山大奔雷掣電圖》[85],表達的手法逼眞生動而且姿態自然,看過這件珍品的人都說,現在世上有了兩位亞歷山大,一位是菲利浦之子戰無不勝攻無不克的亞歷山大,另外一位是阿皮勒斯有如羚羊掛角無跡可尋的亞歷山大。雕塑家黎西帕斯(Lysippus)[86]爲亞歷山大製作第一座雕像,精心刻畫的臉孔向著上天擺出顧盼自雄的神情(他在看人的時候,頭部經常會向著左肩微傾[87]),有人將下面的詩句刻在這件紀念物的基座上面,看來也不是沒有道理[88]:

> 銅像何睥睨,

83　笛歐·克里索斯托姆《演說集》第1卷1-2節,提到泰摩修斯就是那位笛手和作曲者。

84　蒲魯塔克《希臘羅馬英豪列傳》之〈萊克格斯傳〉21節,指明這首詩的作者是阿克曼;參閱貝爾克《希臘抒情詩集》第3卷51頁。

85　阿皮勒斯是西元前4世紀希臘最有名氣的藝術家,最早成爲馬其頓國王菲利浦二世的宮廷畫師;參閱蒲魯塔克《希臘羅馬英豪列傳》之〈亞歷山大傳〉4節;普里尼《自然史》第35卷10節。

86　黎西帕斯是西元前4世紀的希臘雕塑家,作品以大理石爲主,人物的體態修長,富於視覺效果,除仿製品外無原件存世。

87　參閱蒲魯塔克《希臘羅馬英豪列傳》之〈亞歷山大傳〉4節。

88　參閱本章第1篇9節,這兩首詩的原文和英譯完全一致,中譯爲要求全章詩體的統一,兩者的表達方式大不相同。

宙斯遭藐視；

地球踩腳底，

讓汝保聖地。

亞歷山大下令只有黎西帕斯可以爲他製作雕像[89]，因爲這位藝術家利用青銅當材料所具備的特質，將亞歷山大英武的表情和氣勢，發揮得淋漓盡致。其他的模仿者運用同樣的手法，雖然也有稍向側偏的頸部和目光流轉的眼睛，已經無法表達出傲氣凌人的神態。

宮廷有一個與衆不同的藝術家名叫史塔西克拉底(Stascicrates)[90]，成爲亞歷山大的首席雕塑家，他的工作不在製作惟妙惟肖的作品，重點在於設計和監造龐大無比的工程，表現國王的雄偉氣象和風範。他隨著亞歷山大進軍亞洲，對於任何以國王爲目標所繪製的圖畫、雕刻的大理石像或鑄造的青銅像，都有很尖銳的批評，所持理由是這些藝術家都是怯懦和低賤之輩。

他說道：「陛下，我的計劃是要用天地之間永存不朽的材料複製你的形象，形成的基礎是如此沉重和壯觀，不會受到任何外力的震撼，更不會產生絲毫的移動。位於色雷斯的阿索斯山(Athos)，無論是它拔地而起的姿態還是明顯清晰的頂峰，就高度和外表而言構成適當的比例，想像當中如同四肢連接在一起的人體模型。經過一番雕鑿和整修的作爲，完工之後可以稱之爲亞歷山大之像，唯有頂天立地的作品才有資格獲得這個名字。它的基礎矗立在海洋之中，左手支撐一個擁有一萬居民的城市保持四季常春的模樣，右手像是捧一個用來酌酒的大碗，滔滔不絕的河流表現瀑布的氣勢從其中注入人海。因爲任何用黃金、青銅、象牙、硬木和顏料製作的藝術品[91]，都可能遭到劫掠、偷竊、變賣和熔化，這是可以想像得到的事，讓我們將這些東西全都摒棄不用！」

89　除此以外，還將格拉尼庫斯河會戰陣七將士的銅像，共有三十四尊，全部交由黎西帕斯鑄造；普里尼《自然史》第7卷37節；賀拉斯《書信集》第2卷1節之120；華勒流斯·麥克西穆斯《言行錄》第8卷11節之2；以及阿里安《亞歷山大遠征記》第1卷16節之2，都有這方面的記載。

90　參閱蒲魯塔克《希臘羅馬英豪列傳》之〈亞歷山大傳〉72節；魏特魯維烏斯《論建築》第2卷，把這個人稱為戴諾克拉底(Deinocrates)；斯特拉波《地理學》手抄本第14卷1節之22，認為他的名字是奇羅克拉底(Cheirocrates)。

91　他的目標是針對菲迪阿斯製作的雕像，特別是外層包著黃金與象牙(衛城的雅典娜像用去黃金40泰倫，真是裝點得光芒萬丈)，甚至裡面還用硬木搭出框架；那些顏料繪成的圖畫，當然也包括在內。

亞歷山大傾聽他發表的意見加以讚揚，婉拒這個偉大的計劃和急進的藝術家，他說道：「還是讓阿索斯山保持原狀，因為它可以用來紀念一個高傲的國王[92]。在我的心目當中，只有高加索山、伊摩迪安（Emodian）嶺[93]、塔內斯河和裡海可以表現王者之風的氣勢。」

3 可以想像得到這種工作完成以後一定可以使人大開眼界。有哪一位認為命運女神能夠創造出這種形式、這種安排和這種外貌？一位都沒有。為什麼阿皮勒斯將他的畫稱為「奔雷掣電圖」？為什麼雕像會從使用的武器得到「執矛者」這個名字？我們要是同意偉大的雕像不會因為命運女神，供應大量諸如黃金、青銅和象牙之類貴重的材料，即使創作出來對藝術也沒有幫助[94]；那麼世上一個偉大的人物，甚至那位頂天立地的男子漢，沒有德行女神的鼎力相助，僅靠著命運女神提供的武器、金錢、步卒和騎兵，難道就能完成他們的豐功偉業？對他們而言不知道如何運用德行的力量，是一種危險而非一種力量和富足的表示，只能用來證明他們的虛弱和值得憐憫。

安蒂塞尼斯的說法很有道理[95]：「我們祈禱敵人只能靠著勇氣，可以獲得所有的好處，只要他們失去唯一的優點，就會拋棄武器向征服他們的人頂禮膜拜。」他們提到自然女神雖然供應各種防衛的工具，讓人感到不解之處在於，鹿雖然是最怯懦的動物，竟然長著最巨大和最尖銳的角。等於是自然女神在啟示我們，如果沒有堅定不移的勇氣，即使擁有實力和軍備還是難以無往不利。就是因為這層關係，命運女神經常將強大的軍隊和廣闊的疆域賜與懦夫和蠢才，使得他們落到羞辱不堪的地步。這時大家才讚譽德行女神的獨樹一格，可以創造出亮麗光鮮的偉大人物。

如果的確像伊庇查穆斯的詩句所描述[96]：

---

92 這位國王是指波斯的澤爾西斯，因為他挖一條運河穿過阿索斯山的地峽；參閱希羅多德《歷史》第7卷24節。

93 應該是位於印度西北部與阿富汗邊界的興都庫什（Hindu Kush）山脈；參閱阿里安《亞歷山大遠征記》第8卷2節和6節；以及普里尼《自然史》第6卷17節。

94 參閱本書第8章〈機遇〉4節；認為偉大的藝術在於技能和功力，並非材料和巧合。

95 安蒂塞尼斯（445-360 B.C.）是犬儒學派哲學家，他是蘇格拉底的弟子，後來在雅典城外的賽諾薩吉斯（Cynosarges）建立一所學院；參閱斯托貝烏斯《花間飛舞》第59卷41節。

96 這兩句詩經常被引用；凱貝爾（Kaibel）《希臘喜劇殘本》第1卷第137頁〈伊庇查穆斯篇〉No.249；本書第8章〈機遇〉3節；西塞羅《突斯庫隆討論集》第1卷20節。

世間的事物可說既聾又瞎，

唯獨心靈的燭照應接不暇。

這種說法好像沒有什麼道理。我們的感覺會對特定的刺激物產生反應，事實上完全是心靈的作用在幫助我們，只有堅強的意志能夠贊許我們的行為，完全是精神的力量才能從事征戰的工作，展現出帝王的權勢。如果沒有德行女神臨場坐鎮[97]，就會喪失心靈的主宰變成耳聾的瞽者，結果是誤導或者困惑當事人走上羞辱的歧途。這種例子在歷史上屢見不鮮。

古代的兩位君王塞美拉米斯和薩達納帕拉斯，手裡同樣掌握莫大的權勢和遼闊的疆域。塞美拉米斯[98]雖然是一位婦女，擁有實力強大的武裝部隊，完成極其艱巨的遠征行動，建立前所未有的巴比倫帝國，她的艦隊從波斯灣啟航，埃塞俄比亞人和阿拉伯人望風而降。薩達納帕拉斯[99]雖然生為一個男子，他的時間全部用來梳理紫色羊毛，通常盤膝坐在地上，要他的侍妾一字排開站在他的前面。人們在他死後為他製作一個石像，姿態像是在跳著蠻族的舞蹈，雙手高舉過頭，像是用手指發出清脆的響聲；基座上面刻著兩句話：「除了飲食男女，其他一無是處。」

克拉底[100]看到弗里妮[101]不過是一位妓女，竟然有座雕像矗立在德爾斐的神廟，動了肝火大聲嚷嚷說這是希臘荒淫無恥的紀念碑。如果有人熟悉薩達納帕拉斯的平牛（我認為他與弗里妮沒有什麼差別），看到他的墳墓就會說這是命運女神賜與的凱旋門。設若真有其事，那麼我們是否允許命運女神在薩達納帕拉斯之後又緊抓住亞歷山大不放，還要宣稱亞歷山大應該擁有偉大的功勳和無上的權力？

提到部隊、馬匹、投射器具、金錢和衛士這些命運女神贈送的貴重禮物，誰說亞歷山大能比其他的君主得到更多？如果這位女神能夠做得到，那麼就讓亞里

97　參閱柏拉圖《麥內克西努斯篇》246E。

98　塞美拉米斯是尼努斯的妻子，成為亞述王國的王后，後來獨掌大權，建立橫跨亞非兩洲的帝國；參閱戴奧多魯斯·西庫盧斯《希臘史綱》第2卷4-20節；以及賈士汀《對話錄》第1卷2節。

99　參閱本章第1篇2節；戴奧多魯斯·西庫盧斯《希臘史綱》第2卷21節；以及阿昔尼烏斯《知識的盛宴》528F。

100　本書提到兩位名叫克拉底的哲學家，一位是雅典人而另一位是底比斯；現在這位是指後者，他是犬儒學派的哲學家和詩人，生卒時間是365-285 B.C.。

101　弗里妮是西元前4世紀帖司庇伊（Thespiae）容貌出眾的名妓，她的本名叫作妮莎里特（Mnesarete），皮膚帶有病黃的顏色，所以得到Phryne這個綽號；因為她的相好普拉克色特勒斯擁有供獻雕像的特權，才會出現娼妓和國王的黃金雕像並列的場面。

迪烏斯(Aridaeus)[102] 擁有更大的福分,還可以加上渥克斯、奧爾西斯(Oarses)[103],
以及亞美尼亞的泰格拉尼斯和俾西尼亞人奈柯米德(Nicomedes)。那裡知道泰格
拉尼斯[104] 後來卻把王冠放在龐培的腳前,極其可恥的收回已經成為戰利品的王
國。奈柯米德[105] 剃去頭髮戴上一頂顯示自由人身分的帽子,表示自己是羅馬人
民解放的奴隸。

4 那麼我們是不是應該說,命運女神使得這些人的靈魂墮落到低賤、怯懦
和羞辱的地步?然而任何人都沒有權利將卑劣的行為歸罪於運道的乖
戾,還把勇氣和智慧當成賜與的天大福分。亞歷山大的統治卻增加命運女神的權
勢,他所建立的豐功偉業使得女神獲得更大的口碑,人們稱頌祂的聲威顯赫、無
往不利、氣度雍容、渡世救人和慈悲為懷。

然而在亞歷山大崩殂之後不久,李奧昔尼斯[106] 提起他的軍隊,如同沒有根
的浮萍到處漂泊,陷入內部的爭權奪利當中,就像賽克洛普斯眼睛瞎了靠著雙手
摸索蹣跚而行,喪失可以勇往直前的目標。甚至這樣龐大的兵力由於沒有安全的
立足點,只能隨遇而安的應付了事,這是缺少一個領導者的必然下場。還有人的
看法更為露骨,說他們如同一群行屍走肉,喪失靈魂以後不再擁有團結的力量,
很快會分崩離析,最後變成一盤散沙被風吹走。

事實並非如此;甚至龐大的部隊即使失去亞歷山大,留下一批將領像是帕迪
卡斯(Perdiccas)、默利傑、塞琉卡斯和安蒂哥努斯等人,他們仍舊充滿幹勁與活
力,使得軍隊可以保持喘息、激動和狂熱的生存方式。最後馬其頓的大軍所以實
力逐漸衰弱陷入滅亡的處境,這是一群卑鄙的國王和統治者想入非非所產生的後
果,他們在垂死掙扎中喪失亞歷山大建立的帝國。因此,出現的結局使我們獲得

---

102 亞里迪烏斯是亞歷山大同父異母的弟弟,大帝崩殂後受到默利傑的擁立,個性軟弱成為任人
　　 擺布的國王。

103 奧爾西斯在阿塔澤爾西茲三世逝世後,受到宦官巴哥阿斯的推舉,繼位成為波斯國王,稱號
　　 為阿希斯(Arses)。

104 泰格拉尼斯是亞美尼亞的國王,在位期間97-56 B.C.;參閱蒲魯塔克《希臘羅馬英豪列傳》
　　 之〈龐培傳〉33節及〈西蒙與盧庫拉斯的評述〉3節;維勒烏斯·華勒流斯《羅馬史概論》
　　 第2卷37節;以及華勒流斯·麥克西穆斯《言行錄》第5卷1節之10。

105 奈柯米德是俾西尼亞的國王,蒲魯塔克有時會將奈柯米德與他的父親普祿西阿斯(Prusias)混
　　 為一談,很多地方沒有區分清楚;參閱波利拜阿斯《歷史》第30卷19節;李維《羅馬史》第
　　 45卷44節;戴奧多魯斯·西庫盧斯《希臘史綱》第31卷15節;以及阿庇安《羅馬史:米塞瑞
　　 達底戰爭》2節。

106 有人認為這段話出自迪瑪德斯之口;參閱本書第15章7〈國王和將領的嘉言警語〉26節之34。

某種認知，如同亞歷山大嚴詞指責赫菲斯提昂[107]，不應該與克拉提魯斯口角是同樣的道理，他說道：「要是你沒有亞歷山大，請問你能有什麼權力和成就？」

我可以毫不遲疑對經管亞歷山大生涯和事業的命運女神，說出同樣一番話：「要是祢沒有亞歷山大，請問祢怎麼贏得崇高偉大的名聲和舉世無敵的權勢？」這也就是說：「所謂祢沒有亞歷山大，豈不就是表示祢欠缺戰陣用兵的技巧、一擲千金的慷慨、自反而縮的節制、大膽進擊的勇氣和必勝必成的信念？當然祢可以使另外一個人變得非常偉大，如果這個人無法對臣民有慷慨的心胸，無法在前列的戰線面對危險的敵手，無法將榮譽的花冠賜給他的朋友，無法對他的俘虜表達由衷的同情，無法對他的尋歡作樂加以節制，無法對迫近的危機保持警覺的心靈，無法使他的勝利給人帶來慰藉，無法在他的成功當中賦予人道的關懷，即使費盡力氣，最後祢還是無法如願以償。」

「須知身居高位要是無法避免愚蠢和邪惡，即使再有權力，難道能成就一番偉大的事業？一個人拋棄武德完全倚仗運道，那麼在各方面來說他都是可憐的小人物：在要表現慷慨大方的時候，他給人的印象是慳吝小氣；在負起重大使命的時候，他顯示的態度是軟弱退縮；他對於宗教信仰所抱持的觀感，始終難以祛除迷信的行為；他想要走上為善去惡的正道，心中卻無法擺脫猜忌和疑懼的念頭；他在軍營與官兵共處，讓人看出他的怯懦畏戰；他處於婦女奴僕當中，行為卑劣而且心懷惡意。」

如同技術和經驗欠精良的工匠，給微不足道的祭品建造很大的基座，反倒是外表顯眼的禮物讓人看起來感到不夠誠意。命運女神亦復如此，無論祂在何處張羅一些誇耀或華飾的行動，用來拔擢無足稱道的人物，最後還是落入鏡花水月的地步，不過空歡喜一場而已。

5 因此偉大的著眼不在於得到貴重的東西，完全看如何將它做有效的運用。甚至連幼小的孩童都可以用來繼承父親遺留的王國和領地，所以萊克格斯將仍在襁褓的查瑞拉斯[108]抱進一間共用的餐廳，將他放置在自己的座位上面，然後宣稱他是斯巴達的國王。我們確信並不是這位小孩很偉大，所以萊克格斯才將父親擁有的權利授與繼承的兒子，他並沒有將它據為己有或是將它從查瑞拉斯的手裡奪走。

107　參閱蒲魯塔克《希臘羅馬英豪列傳》之〈亞歷山大傳〉47節。

108　查瑞拉斯的名字是萊克格斯所取，表示「萬民歡騰」之意；參閱蒲魯塔克《希臘羅馬英豪列傳》之〈萊克格斯傳〉3節。

　　默利傑將亞里迪烏斯安置在亞歷山大的寶座上面，這與亞里迪烏斯是一個孩童毫無關係，僅僅在於他的服飾是御用的紫色，然而這是誰使得他成為偉大的人物？老實說他這樣做很正確，不過幾天工夫便可以見識到世人擁有統治的主權，究竟是出於德行女神的職責還是命運女神的恩典。默利傑推薦一位名角繼承真正競爭對手遺留的疆域，戴上王冠扮演沉默不語的人物，在隊伍的護送之下越過設在紅塵世界的舞台。從這方面來看，就像是

　　　　等到身上強加責任，
　　　　婦女一樣堅忍負重。[109]

這話沒錯，有人認為確實如此，甚至就是一位婦人或幼童，都有能力接受上天賞賜的禮物，諸如驚人的權勢、龐大的財富和王國的統治。

　　宦官巴哥阿斯接受波斯的君權，後來將它賜與奧爾西斯（Oarses）和大流士[110]。一個人只要接受最高的職位，必須具備維持和運用的能力，要是他擁有德行、見識和才華，這時表現在外的徵候，就是不會因為行動的大小和範圍發生影響，從而取消或改變原來的意圖。亞歷山大雖然經常受到酗酒的指責，或者說他貪杯好飲，還能擁有無數美德，真不是一件容易的事。他的確是一位偉大的人物，在處理軍國大事的時候保持清明的神志，絕不會因為位高權重便沉迷其中難以自拔。提到有些人不過稍有勢力或者嘗到其中滋味，就無法控制自己的欲望和行為：

　　　　邪惡小人飽饜財富，
　　　　趁機獲得城邦榮譽；
　　　　天大福分意外降臨，
　　　　意氣揚揚不勝雀躍。[111]

109　亞里斯托法尼斯的喜劇《武士》1056行。

110　奧爾西斯（即阿希斯［Arses］，阿塔澤爾西茲三世［Artaxerxes Ⅲ］幼子）在宦官巴哥阿斯擁立之下成為波斯國王，恩將仇報因而自取滅亡，接著巴哥阿斯扶植大流士登基；參閱阿里安《亞歷山大遠征記》第2卷14節之5；伊利安《歷史文集》第6卷8節；以及戴奧多魯斯‧西庫盧斯《希臘史綱》第17卷5節。

111　引用優里庇德的悲劇《伊里克蘇斯》較長的殘句；參閱瑙克《希臘悲劇殘本》之〈優里庇德篇〉No.362。

克萊都斯(Cleitus)[112] 在阿摩格斯(Amorgos)擊沉三或四艘希臘人的三層槳座戰艦，極其興奮，竟將自己稱爲海神波塞登，手裡還拿著三叉戟。幸運女神像是剝奪亞歷山大的權力，竟然將分量不多的部分加在德米特流斯的身上，同意他被雅典人稱爲「來自天界者」[113]，城邦派往的使者冠上「神聖代表團」的頭銜，同時他的答覆要當成「諭旨」處理。黎西瑪克斯擁有的疆域與色雷斯接壤，只不過是亞歷山大帝國的邊陲地帶，竟然傲慢和無恥到狂妄之言脫口而出的程度：「我的長矛已經觸及天國，拜占庭人敢不來見！」拜占庭的帕西阿德(Pasiades)在場聽到，若無其事的說道：「我們趕快離開，免得矛尖把天戳出　個洞來。」

　　甚至就是刻里克斯(Clearchus)，後來成爲赫拉克利[114] 的僭主，自詡爲亞歷山大，手裡經常帶著一枝代表閃電的權杖，還將他一位兒子取名爲「雷公」，爲什麼大家提到這位老兄的時候，都說他有合法的理由可以驕縱狂妄？接位的戴奧尼休斯稱自己是阿波羅的兒子，刻著的銘文是：

> 源出多里斯的婦人，
> 許配菲巴斯阿波羅，
> 這兩位是我的雙親。[115]

　　戴奧尼休斯的父親殺死一萬多位市民，出於嫉妒將他的兄弟出賣給敵人，等不得年邁的母親多活幾天，竟然將她勒斃[116]。戴奧尼休斯在他撰寫的悲劇當中，竟然念出下面的道白[117]：

> 萬惡之源乃是暴政。

112　克萊都斯是馬其頓的水師提督，爲人傲慢而且好大喜功，318 B.C.被殺。

113　他得到Avatar的稱呼，意爲天國下凡「伴著閃電和雷鳴」，通常用在宙斯的身上；參閱蒲魯塔克《希臘羅馬英豪列傳》之〈德米特流斯傳〉10節和11節。

114　赫拉克利是位於潘達斯的城市；參閱穆勒《希臘歷史殘篇》No.526。

115　參閱貝爾克《希臘抒情詩集》第2卷324頁。

116　戴奧尼休斯的母親提出要求，想要嫁給他的臣民，這個做兒子的國君說道：「我的暴政已經破壞國家的法律，再也不能讓年齡相差懸殊的婚姻違背天理人情。」參閱伊利安《歷史文集》第13卷45節。

117　參閱瑙克《希臘悲劇殘本》797頁〈戴奧尼休斯篇〉No.7。

他是一個殘酷的僭主,卻把三位女兒分別取名爲「懿德」、「節制」和「公正」[118]。有些人公開將自己稱之爲恩主[119]、征服者、救星或大帝,卻不願表白接二連三的婚姻和戀情,就像用來做種的公馬,耗費時光在女人堆中縱欲作樂,美妾孌童在旁侍候,去勢的閹人陪著擊鼓,白日裡唱歌跳舞,笛手在公共劇院演奏,舉行飲宴苦恨夜間的時光何其短促,一直要延續到天色大白才勉強結束。

6 亞歷山大每天拂曉就進早餐[120],晚餐用得較遲,只有在向神明獻祭以後才飲酒,有次他患熱病,就與米狄斯擲骰子消磨時間。他在行軍之際,會邊走邊練習箭術,或者從急馳的戰車跳上躍下。他娶羅克薩娜爲妻,這是他唯一愛過的女子;至於大流士的女兒史塔蒂拉(Stateira)[121],雙方的結合基於皇室和政治的考量,聯姻對於兩個民族都有很大的利益。對於其他的波斯婦女,他認爲自己在克制方面的優越性,如同在英勇方面要較波斯男子更勝一籌。

他的心中沒有欲念[122],所以他不願接觸婦人,特別是他非常尊重女性,堅持的原則是以不見爲佳。雖然他對所有的人員都很和藹,表現出平易近人的樣子,唯獨見到年輕的佳麗,總是擺出一副拒人於千里之外的態度。大流士的妻子是當代最美麗的后妃[123],他卻不願聽到有任何人在他面前提起她的容貌和體態;等到這位波斯皇后過世以後,就用皇家的排場爲她辦理喪事,特別感到悲傷的地方,在於他的仁慈被人質疑無法控制欲念,他的善意被人指責顯然別有企圖。

亞歷山大擁有至高的權力和青春的活力,猜疑之心甚重的大流士倍感痛苦,始終認爲亞歷山大的勝利不過是福大命大而已。等到他發著脾氣試探派在皇后身邊的太監總管,明瞭實情以後他說道:「主宰我的家族和王國的神明,懇求你們

---

118 戴奧尼休斯有兩個妻子,多麗斯(Doris)給他生了三個兒子,亞里斯托瑪琪(Aristomache)有四個子女,其中兩個女兒的名字是索弗羅西妮(Sophrosyne)和阿里特(Arete);參閱蒲魯塔克《希臘羅馬英豪列傳》之〈狄昂傳〉6節。

119 恩公可能是指托勒密七世菲斯康,而不是波利拜阿斯《歷史》第5卷34節提到的托勒密四世斐洛佩特,參閱阿昔尼烏斯《知識的盛宴》549D。

120 他曾經說過,一次夜行軍使他在早餐更有胃口,節制的午餐會增強晚餐的食欲;參閱蒲魯塔克《希臘羅馬英豪列傳》之〈亞歷山大傳〉23節。

121 羅克薩娜是錫西厄人酋長奧克西底的女兒,結婚的時間在327 B.C.初春,正是向印度進軍之際;史塔蒂拉是波斯國王大流士的女兒,亞歷山大娶她是從印度班師以後的事。

122 亞歷山大用開玩笑的口吻說過,波斯女人的秋波一轉真是讓人失魂落魄,看來他並非「坐懷不亂的柳下惠」;參閱蒲魯塔克《希臘羅馬英豪列傳》之〈亞歷山大傳〉21節。

123 參閱蒲魯塔克《希臘羅馬英豪列傳》之〈亞歷山大傳〉22節;阿里安《亞歷山大遠征記》第4卷20節;阿昔尼烏斯《知識的盛宴》603C;克爾久斯《亞歷山大戰史》第4卷10節。

振興波斯的頹廢和劣勢，恢復原有的昌隆和繁榮，使得我有能力報答亞歷山大，他在我遭遇不幸的時候，給我最親近的人施加恩惠。如果命運的安排使得波斯的王權必須中止，神意和世事的變遷，我們難以逃脫滅亡，我懇求你們允許，除了亞歷山大，不讓別人坐上居魯士的寶座。」大流士用自省的方式接納亞歷山大成爲他的繼承人，乞求神祇證明他所言不虛[124]。

7 堅持正道的做法使得世人經由德行女神的威力能夠占有上風。如果你願意，可以將阿貝拉的會戰和西里西亞的勝利，以及其他動亂和戰爭的行爲歸之於命運女神。所謂命運女神對亞歷山大的鼎力相助：泰爾的城牆在撞擊之下倒塌[125]，埃及的通路爲他洞開[126]，哈利卡納蘇斯的進軍不戰而降，米勒都斯能夠快速的占領，馬舍烏斯（Mazaeus）[127]留下沒有設防的幼發拉底河，巴比倫平原遍地滿布屍體。至少命運女神不會將他嗤之以鼻的東西送給他，再者女神不會讓他無法克制自己，或是使他欠缺頭腦不知進退，也不會使他爲嗜好所困爲私欲所乘；事實上他能戰勝大流士就是依賴凡人無法擁有的特質。其他人的敗北在於兵力的劣勢、會戰的失利、傷亡的慘重和部隊的潰散。大流士卻遭到不容辯解和心悅誠服的失敗：他屈從於武德的實踐、開朗的心胸、英勇的戰技和公平的競爭；對於亞歷山大所向披靡於談笑風生、不辭辛勞和身先士卒，感到難以形容的驚訝。

實在說戴諾米尼斯（Deinomenes）之子塔瑞阿斯（Tarrias）[128]、帕勒尼（Pallene）的安蒂吉尼斯（Antigenes）和帕米尼奧之子斐洛塔斯，至少在盾牌的運用、長矛的進擊、戰鬥的吶喊和兵器的交鋒，歷經征戰未逢敵手，然而對聲色犬馬的沉溺和金銀財寶的貪婪，可以說是毫無招架之力。亞歷山大爲了使得馬其頓人免於債務

---

124 這種狀況在歷史上可以說是絕無僅有，除了蒲魯塔克《希臘羅馬英豪列傳》之〈亞歷山大傳〉30節有詳盡的記載，缺乏其他的佐證資料。

125 泰爾的圍攻是從332 B.C.的1月到7月，長達半年之久；參閱蒲魯塔克《希臘羅馬英豪列傳》之〈亞歷山大傳〉25節；阿里安《亞歷山大遠征記》第2卷23節。

126 占領泰爾以後，率軍攻下敘利亞的主要城市加薩，這才為進入埃及打開一條通路，接著就是亞歷山卓的建城；參閱蒲魯塔克《希臘羅馬英豪列傳》之〈亞歷山大傳〉24-26節。

127 馬舍烏斯是波斯王國管轄巴比倫地區的省長，竟然放棄幼發拉底河這條天塹，亞歷山大在毫無損失之下得以長驅直入；參閱阿里安《亞歷山大遠征記》第3卷7節之2。

128 塔瑞阿斯是何許人不得而知；蒲魯塔克《希臘羅馬英豪列傳》之〈亞歷山大傳〉70節提到安蒂吉尼斯的債務；至於斐洛塔斯最後涉入謀叛，連帶他的父親帕米尼奧都被處死。

之苦，願意替所有人付清欠款[129]，塔瑞阿斯用欺騙的言辭聲稱自己債台高築，指出錢莊的某個人就是他的債主；等到事跡敗露以後，他請求亞歷山大為他辯白，否則願意自裁以明心志，雖然亞歷山大知道詳情，還是讓他保有賜與的金錢不再追究；因為國王記起他的父親菲利浦在攻打佩林蘇斯之戰，塔瑞阿斯的眼睛中了一箭，忍痛折斷箭桿繼續進擊，直到敵軍全線潰敗。

安蒂吉尼斯登記在傷患名單上面[130]，要與有病和傷重人員一道遣返馬其頓，後來發現他根本沒病，卻裝出虛弱的樣子，同時還知道他是一位強壯的戰士，身體上面滿布傷疤，這件事情讓亞歷山大感到困擾[131]。於是向他詢問這樣做的理由何在，安蒂吉尼斯承認愛上一位名叫特勒西帕的女子，就是為了陪伴她才來到海外，現在她要離開所以不願單獨留下。亞歷山大問道：「她的身分是什麼？對這件事我們要找誰去談？」安蒂吉尼斯說她是一位自由人可以自行作主；亞歷山大說道：「那麼我們可以用承諾和禮物說服她，讓她仍舊留下來與你在一起。」所以他願意成人之美，反而是對自己的要求非常嚴苛。

帕米尼奧之子斐洛塔斯的個性極其荒淫放縱，產生的過失使他落到悲慘的下場[132]。大馬士革陷落，捕獲的俘虜當中，有一位來自佩拉(Pella)的娼妓名叫安蒂哥妮(Antigone)，不久之前從薩摩色雷斯渡海過來，結果成為奧托弗拉達底(Autophradates)的戰利品。她的容貌豔麗使斐洛塔斯將她據為禁臠，事事都要讓她稱心如意。鐵石心腸的名將也有軟弱的一面，就是無法控制權力的欲望和美色的喜愛，毫無防備之下將心中的秘密向所愛的女人傾訴：「如果不是帕米尼奧，菲利浦怎麼能夠名滿天下？要不是我斐洛塔斯的勇冠三軍，亞歷山大怎麼能夠戰無不勝？提到阿蒙就如同他的家人頂禮膜拜的巨蟒[133]，大家不就認為是這麼一回事？」

---

129 蒲魯塔克在《希臘羅馬英豪列傳》之〈亞歷山大傳〉70節，提到他為所有賓客償還債務是9,870泰倫，這個金額可能是婚禮的費用，因為阿里安提到他為士兵支付欠債，額度到達2萬泰倫，參閱《亞歷山大遠征記》第7卷5節。

130 本書第15章〈國王和將領的嘉言警語〉26節之21，同樣說起這件事；蒲魯塔克《希臘羅馬英豪列傳》之〈亞歷山大傳〉41節，提到那個人的名字是優里洛克斯(Eurylochus)。

131 這件事引起馬其頓人的不滿，他費很大的工夫才平息下來，特別致書安蒂佩特，對於歸國人員給予各種榮譽、禮遇和優待；參閱蒲魯塔克《希臘羅馬英豪列傳》之〈亞歷山大傳〉71節。

132 阿里安《亞歷山大遠征記》第3卷26節，提到斐洛塔斯和他的父親帕米尼奧遭到處決，只是敘述的狀況沒有這樣詳盡。

133 這是指亞歷山大的母親奧琳庇阿斯豢養一條大蛇，祭拜儀式用它當成道具，產生神秘的氣氛會使人不寒而慄；參閱蒲魯塔克《希臘羅馬英豪列傳》之〈亞歷山大傳〉2節。

安蒂哥妮將聽到話向婦女當中知心友人吐露，克拉提魯斯得到這方面的報告，帶著安蒂哥妮私下來見亞歷山大，國王不願與出賣主子的婦女打交道，只是從此小心防範，通過安蒂哥妮暗中窺探，使他明瞭斐洛塔斯所有的行動和企圖。這段期間差不多有七年之久，亞歷山大從未洩漏心中的疑慮；雖然有人說他是個酒鬼，卻也沒有貪杯誤事！他不動聲色毫無憤怒的情緒，特別是我們提到他總說他脾氣暴躁！他甚至沒有告訴與他分享一切的朋友赫菲斯提昂！根據記載有次他拆開一封來自他母親的信件，上面蓋有機密戳記，正在安靜的閱讀，這時坐在他旁邊的赫菲斯提昂也伸過頭來探看，亞歷山大並沒有加以制止，只是用他手上的戒指輕觸赫菲斯提昂的嘴唇，不言而喻是要這位知心朋友守口如瓶[134]。

8　要想將亞歷山大最為榮譽的事蹟以及發揮帝王術施展長才的作為一一列舉，那可是一件累人的工作。雖然他因為命運女神成為偉大的人物，卻能善於利用德行女神變得更加崇高無比。我們對於命運女神讚譽愈多，也就愈有理由為德行女神的力量感到歡欣不已，因而也只有他配得上這個天大的福分，將命運女神帶來的優勢，發揮到前無古人後無來者的地步。

我現在所採取的步驟，首先在於他的身登大寶以及掌握權力的初期狀況；我必須檢查命運女神在這方面所扮演的角色，有人拿這個作為理由，斷言亞歷山大是命運女神的工具，所以才能成就偉大的事業。老天爺！一個人沒有受過傷也沒有流過血，甚至沒有上過戰場，憑著馬的嘶鳴就能登上居魯士的寶座[135]，須知這個人就是海斯塔斯庇斯之子大流士一世，難道他們不願承認有這回事？大流士接受阿托莎（Atossa）的枕邊之言[136]，才將澤爾西斯立為繼承人登上寶座，後來澤爾西斯還不是要聽妻子的話？巴哥阿斯脫去奧爾西斯[137]的廷臣服裝換上御用衣袍，戴上的頭巾仍然昂然豎立，即使皇家的冠冕落到亞歷山大的頭上，難道如同巴哥阿斯一樣出於圖謀不軌[138]？須知奧爾西斯是在突然和毫無預期的狀況下，有幸中

---

134 可見赫菲斯提昂與他的關係極不尋常，雖然赫菲斯提昂和克拉提魯斯都是他最為器重的屬下，卻說赫菲斯提昂是亞歷山大的朋友而克拉提魯斯是國王的幕僚。參閱蒲魯塔克《希臘羅馬英豪列傳》之〈亞歷山大傳〉47節。

135 有關波斯國王康貝西斯一世（Cambyses I）的逝世，以及大流士一世接位的經過，可以參閱希羅多德《歷史》第3卷66-88節。

136 阿塔澤爾西茲二世是澤爾西斯的外孫，他登基後娶自己的女兒為妻，名字也叫阿托莎。本章提到阿托莎是大流士的寵妃；參閱希羅多德《歷史》第7卷3節。

137 參閱本篇第3節及注103。

138 菲利浦被鮑薩尼阿斯所弒；據稱後者在下手之前去見亞歷山大訴說自己所受的冤屈，身為王

籤被選來統治這個人類居住的世界，那與雅典「最高委員會」（Thesmothetae）[139] 的成員和執政所能到達的職位又有何差別？

你知道有那些人身登大寶是出於命運女神的選擇？有段期間在亞哥斯（Argives）的統治階層當中，海克力斯家族的後裔已陷入絕滅的處境，國王按照古老的傳統應該從這個家族產生。他們前往德爾斐請求阿波羅指點迷津，得到的神讖是從老鷹的行動可以看到端倪，幾天以後一頭猛禽出現在高空，接著突然束羽向下俯衝，最後棲息在伊剛（Aegon）的屋簷上面，於是大家推舉伊剛登基成爲國王。

還有就是塞浦路斯的帕弗斯（Paphos），在位的國王人品邪惡多行不義，亞歷山大將他趕走以後要找適當人選接替，因爲辛尼拉斯家族看起來像是後繼無人，所以不予考慮。當地土著前來稟告，力言這個家族還倖存一位清寒的後裔，沒沒無聞，爲了生計在一處花園中兼差，派去的人到了他那裡，發覺他正在一塊小花圃上面澆灌，士兵拉住他的手要他跟他們走，手足不知所措的樣子極其狼狽。他帶到亞歷山大面前的時候，身上是一襲廉價的長袍，等到他受封成爲國王，立即改換紫色的官服，同時他還被稱爲馬其頓國王的「友伴」。這位幸運兒的名字叫作阿布達洛尼穆斯（Abdalonymus）[140]。這就是變幻莫測的命運女神創造出來的國王，讓他換上皇家服飾降重出場，快速而輕易的改變當時的處境，完全出乎他的意料和期望之外。

9 難道無須流汗流血、付出代價和辛勤工作，亞歷山大就能建立超越天賦才華的偉大勳業？他喝的河水被鮮血所污染，渡過的溪流是用死屍搭成的橋梁，餓到要吃第一片看到的草葉，要在覆蓋深雪的國度闢路前進[141]，要在低

（續）

子卻吟誦優里庇德劇中米狄亞的道白：

何人應墮修羅場？

其夫其父與新娘。

因而亞歷山大受到猜疑，這種說法甚囂塵上。

139 雅典的「最高委員會」是從資深執政當中，以抽籤方式選出六員組成，對於城邦的軍國大事做出最後的決定。

140 戴奧多魯斯·西庫盧斯《希臘史綱》第17卷46節，提到成爲泰爾國王的幸運兒是巴隆尼穆斯（Ballonymus），同時在注釋當中，說是根據克爾久斯《亞歷山大戰史》和賈士汀《對話錄》的記載，這個人的名字應該是阿布達洛尼穆斯，腓尼基語的含義即「神明的服侍者」。

141 這是指位於高加索山脈和興都庫什山脈的國家；參閱戴奧多魯斯·西庫盧斯《希臘史綱》第17卷82節；以及克爾久斯《亞歷山大戰史》第5卷3節。

於地表的區域興建城市，要在經過苦戰的海洋揚帆航行[142]；他橫越吉德羅西亞和阿拉考西亞的枯乾海岸[143]，這時他看到活在海中而不是陸地的植物。

即使有人要為亞歷山大的名聲向誠實女神請示，祂還是不會把命運女神當成凡人說出這樣的話：「祢在何時何地對於亞歷山大的建功立業曾經大開方便之門？有那一個要塞的占領曾經得到祢的援手無須流血犧牲？祢曾經將那一座沒有設防的城市或那一處沒有武力的國土交到他的手中？有那一個國王是如此的怠惰，有那一位將領是如此的疏忽，有那一位哨兵在城門睡覺，這樣一來竟然給他可趁之機？據我得知沒有一條河流可以輕易渡過，沒有一場暴風雨能夠安然無事，沒有一個夏天不是炎熱得使人痛苦不堪。」

「盡心盡力效法塞琉卡斯之子安蒂阿克斯和居魯士之兄阿塔澤爾西茲，不要去學托勒密・費拉德法斯的壞榜樣。這幾位在他們的父親仍舊活在世間的時候，就已經擁有國王的稱號，他們贏得會戰像是不費吹灰之力，一生之中無論在行軍的行列還是劇院的場合都是那樣的興高采烈，他們每個人都有獲得神明厚愛的運道，壽登耄耋之年仍然安據寶座穩如泰山。」

「然而就亞歷山大的狀況而論，即使我們不必說什麼，只要看到他從頭到腳滿是傷疤就夠了；何況他被敵人打得遍體淤青，有荷馬的詩為證：

> 有時遭到利劍砍裂，
> 有時難免長矛戳穿；
> 有時被投出的礫石，
> 擊中以後血流滿面。」[144]

「格拉尼庫斯河的兩岸激戰當中，他戴的頭盔被一把長劍從縫隙當中刺了進去，所幸只傷到頭皮；加薩的攻城他的肩膀中了一箭；馬拉坎達之役他的脛骨被流矢射中，力道之強使得骨頭破裂穿過皮肉。他在海卡尼亞某個地點被一塊投石擊中頸部，影響視力看東西變得模糊不清，很多天他都擔心不已，害怕會成為瞎

142　這是指印度河有兩個河口流入的印度洋；以及幼發拉底河與底格里斯河流入的波斯灣；參閱阿里安《亞歷山大遠征記》第6卷19節；以及克爾久斯《亞歷山大戰史》第9卷9節。

143　吉德羅西亞和阿拉考西亞都位於伊朗高原以南，瀕臨印度洋的丘陵地區；參閱蒲魯塔克《希臘羅馬英豪列傳》之〈亞歷山大傳〉66節；阿里安《亞歷山大遠征記》第6卷22節；克爾久斯《亞歷山大戰史》第9卷10節。

144　荷馬《伊利亞德》第11卷265行和541行。

子。率領軍隊與阿薩西尼亞人(Assacenians)交戰，敵軍使用印度人特有的弓弩，他的足踝受傷有一陣子不良於行，這時他笑著對身旁奉承他的人說道：『你們看到我流的是血，並非荷馬詩中所說：

> 永垂不朽偉大神祇，
> 生生不息充沛元氣。』」[145]

「他在伊蘇斯會戰被長劍砍傷大腿，根據查理斯的記載[146]，這是他與大流士王親身搏鬥造成的結果。亞歷山大在給安蒂佩特的書信中，對於作戰的過程有詳實的描述，談及自己的受傷只是簡單幾句帶過，他寫道：『我的大腿捱了一劍，傷勢並不嚴重，現在已經痊癒。』馬利斯人的強弓射出三尺長的箭，穿透全身披掛的甲冑傷到他的胸部；要是根據亞里斯托布拉斯的記載，說是有位敵人騎在馬背上，用棍棒猛擊他的頸脖。他渡過塔內斯河征討錫西厄人，將對方打得潰不成軍，雖然這時他患有腸瀉身體極其虛弱，還是騎在馬上發起追擊，前進的距離長達一百五十個斯塔德。」[147]

10 誠實女神繼續說道：「太好了，命運女神！祢爲了讚揚亞歷山大使他成爲偉大的人物，不惜從四面八方對他加以壓迫，讓他喪失所有的根據地，還要傷害到他的身體和四肢。祢沒有像雅典娜保佑麥內勞斯[148]那樣，引導射向他的箭矢到全副披掛最堅固的部位，或是胸甲與黃金的腰帶形成重疊之處，可以減輕穿透和打擊的力道，即使如此還是抵擋不住，可以看到麥內勞斯的身上有鮮血流出。祢卻讓亞歷山大不受保護的身體，將致命的器官暴露在弓箭的威力之下，祢使得亞歷山大的骨頭受到重擊如同折斷的蘆葦，祢一直在牽制著他使得他要奮力掙脫束縛，祢始終想要封閉他的耳目和干擾他的行程，特別是他在追擊敵人的時候祢給他帶來重重的障礙，祢想盡辦法要剝奪他勝利所能獲得的成果，祢不停的對他加以打擊就是不要讓他稱心如意。」

---

145 荷馬《伊利亞德》第5卷340行；參閱本書第15章〈國王和將領的嘉言警語〉26節之16。

146 邁蒂勒尼的查理斯是亞歷山大的宮廷總管，他為這次遠征寫出一部史書。

147 一個斯塔德的長度約為607到738呎，所以這段距離約為30公里；參閱蒲魯塔克《希臘羅馬英豪列傳》之〈亞歷山大傳〉45節；阿里安《亞歷山大遠征記》第4卷4節之9；以及克爾久斯《亞歷山大戰史》第7卷9節之13。

148 荷馬《伊利亞德》第4卷129行。

就我個人的看法，沒有其他的國王受到如此沉重的打擊，甚至可以說下手的力道極其殘酷無情而且招招致命。就像一道閃電擊中其他的統治者，讓他們落入灰飛煙滅的下場；不過，命運女神的惡意對待亞歷山大和海克力斯非常類似，只能表示即使發生一場爭辯的口角，很難將這兩個人完全制服。難道祂沒有撫育出泰封或者有如怪物的巨人之類方式去對付亞歷山大？難道祂沒有供應大量的武器、或是深邃的河流、或是崎嶇的山崖、或是異國壯碩的野獸[149]，用來加強亞歷山大那些敵手的實力？

就是亞歷山大擁有從事艱巨險阻事業的理念，獲得來自崇高的德行女神的驅策力量，以及在與命運女神的角力中拒絕認輸；所以他對於部隊的領導統御和供應裝備從不感到厭煩；就巴克特里亞、馬拉坎達和粟特這些地區而言，臣屬的民眾和變節的國王帶來數不清的反叛、背棄和動亂，他對於征討行動產生的圍攻和追擊從不感到勞累；要知道這些不守信義和喜愛陰謀的民族如同一隻九頭怪蛇，一再重燃的戰火就像被砍下的腦袋又長了出來。

11 雖然我認為這種陳述的方式非常奇特，還是要實話實說：因為命運女神的關係，亞歷山大幾乎要喪失前所未有的名聲，就是他不配成為阿蒙之子。在所有神明的後裔當中，為何只有宙斯之子海克力斯要從事危險、辛勞又痛苦的工作？一個傲慢的傢伙把捕獲獅子、追逐野豬和恐嚇猛禽這些任務強加在海克力斯的身上，使得他沒有時間從事更為偉大的工作，諸如懲治像安提烏斯(Antaeus)之類的人物，或者制止布西瑞斯[150]不得再有殘害善良的行為。

德行女神將崇高和神性的工作託付給亞歷山大，最終目標不是為了用數不清的駱駝才能載運的黃金，不是為了波斯的奢華生活、飲宴盛會和歌舞女色，更不是為了迦利朋(Chalybon)[151]的天之美祿或海卡尼亞的豐富漁獲；而是為了使全人類共同遵守一種法律制度、服從一種統治體系、習慣一種生活方式。他從小就被灌輸完成使命的責任感，隨著年歲的增長這種欲望更加強烈。

有一次波斯國王派遣的使臣覲見菲利浦，這時他正好不在宮廷，亞歷山大接

149　這是指戰象而言。

150　布西瑞斯是海神波塞登和安妮庇的兒子，傳說中遭海克力斯殺害的埃及國王；參閱本書第23章〈希臘與羅馬類似的故事〉38節。

151　迦利朋是敘利亞一個城市，有關這個地方種植的葡萄，可以參閱斯特拉波《地理學》第15卷3節之22；以及阿昔尼烏斯《知識的盛宴》28D。

待他們表現出友善的態度[152]，所問的問題不像一般兒童，諸如黃金製作的葡萄樹[153]、巴比倫的空中花園以及萬王之王出巡的壯麗場面。他全神貫注於重大的事項，特別關心波斯的疆域和主權，兵力的數量和運用的方式，以及國王在會戰中指揮的位置（有關這一點，甚至名聲響亮的奧德修斯都曾經問過[154]：

> 戰鬥開始他在何處？
> 又將如何安置座騎？）

還有就是道路的狀況，以及從海邊到內陸，旅客可以使用那些最短的路程。這些外國的使臣感到極其驚訝，他們說道：「年幼的王子具有『泱泱大國之君』的度量和風範，看來我們的國王只不過是富甲天下而已。」

等到菲利浦亡故以後，亞歷山大熱中於渡過海峽，急著想在亞洲獲得一個立足點，正在著手加強準備；命運女神卻跟他唱反調，事事加以阻礙干擾，給他帶來無窮盡的麻煩、混亂和遲延。首先是祂在與馬其頓人比鄰而居的蠻族當中掀起很大的動亂，伊里利亞人和特瑞巴利亞人[155]的戰火蔓延開來，使得他只有拋棄亞洲的計劃，深入遠在多瑙河流域的錫西厄部落，運用各種機動方式，冒著重大的危險和全軍不斷的奮鬥，終於綏靖整個反叛的地區。這時他再度全副精力用於渡海的作為。不過，命運女神又煽動底比斯人起來對抗，逼得他走上戰爭的道路去與希臘人決一勝負。懲罰成為可怕的需要帶來最不幸的後果[156]，因為他用燒殺擄掠作為手段，被害者都是他的親戚和鄰居[157]。

等到希臘的紛爭處理妥當以後，根據菲拉克斯（Phylarchus）[158]的說法，他渡海的時候只帶著三十天的糧草，亞里斯托布拉斯的記載提到他準備的戰費只有七十泰倫。他將大部分的家產和皇室的租稅分配給他的朋友，只有帕迪卡斯

---

152 參閱蒲魯塔克《希臘羅馬英豪列傳》之〈亞歷山大傳〉5節。
153 參閱色諾芬《希臘史》第7卷1節之38；戴奧多魯斯‧西庫盧斯《希臘史綱》第19卷48節。就是希羅多德也提到黃金製成的葡萄樹，是波斯國王送人最為貴重的禮物。
154 荷馬《伊利亞德》第10卷407-408行；這是他在打探赫克托的消息。
155 特瑞巴利亞人是居住在色雷斯的民族，菲利浦為了征討他們失去一目，等到他被弒以後又開始反叛。
156 底比斯城破以後，亞歷山大縱兵洗劫，所有殘存的居民全部發售為奴；參閱蒲魯塔克《希臘羅馬英豪列傳》之〈亞歷山大傳〉11節；參閱阿里安《亞歷山大遠征記》第1卷8-9節。
157 海克力斯是馬其頓王朝威名遠播的始祖，他出生在底比斯。
158 菲拉克斯是雅典的歷史學家，215 B.C.左右他的作品風行一時，蒲魯塔克撰寫傳記，很多引用他的資料；現在他敘述的狀況，來自杜瑞斯的權威之作。

(Perdiccas)不願接受亞歷山大給予的財物[159]，同時還問他：「亞歷山大，你還有什麼東西留給自己？」亞歷山大回答道：「無窮的希望！」帕迪卡斯說道：「那麼你把這些拿出來與我們分享，我們沒有權利擁有你的產業，可以期望經由大流士滿足我們的需要。」

12 亞歷山大渡海前往亞洲之際，他能抱著什麼樣的希望呢？他沒有一支實力強大的軍隊，不能效法澤爾西斯建造可以圍住一萬人的城牆，然後用它來計算兵力[160]；他沒有一支船隻眾多的艦隊，可以揚帆通過陸上的山嶺；他沒有拿鞭笞和桎梏之類瘋狂又野蠻的刑具，用來責打不聽話的海洋[161]。要是從外在的條件來看，這支人數不多的軍隊懷著遠大的志向，熱誠的青年相互切磋彼此鼓勵，那些與亞歷山大形影不離的友伴，他們之間為著顯赫的名聲和卓越的表現，因而展開激烈的競爭。要是說到亞歷山大具備的內涵，在於無窮的希望、虔誠的信仰、忠貞的友誼、節儉的習性、克制的毅力、戰陣的經歷、無畏的精神、尚武的勇氣、人道的情操、和藹的態度、廉潔的風範、納言的胸懷、快速的行動、享譽的名聲以及一切作為的最終成果在於榮譽的追求。

雖然詩人的做法並不適切也難令人心服，荷馬還是用三種比喻綜合起來，描述阿格曼儂何其美好的容貌和體態[162]：

> 他的面容何其莊嚴，
> 有如閃電之神宙斯；
> 挺起海神寬闊胸膛，
> 威武戰神不敢力敵。

如果亞歷山大經由神明的孕育和栽培，獲得所授的天賦才華，能將各種美德集於

159　帕迪卡斯是菲利浦和亞歷山大的部將，立下很多汗馬功勞，大帝崩殂後擁有很大的權勢，協助羅克薩娜謀害史塔蒂拉，後來埃及發生兵變被殺；有關他拒絕接受亞歷山大的餽贈，可以參閱蒲魯塔克《希臘羅馬英豪列傳》之〈亞歷山大傳〉15節。

160　參閱希羅多德《歷史》第7卷60節，澤爾西斯運用這種點數的方法，從而得知他的步卒是170萬人，要是加上水師，總兵力是231萬7610人，至於隨軍的雜勤人員和運糧隊伍還未計算在內。

161　風暴吹毀修建的浮橋，澤爾西斯用烙鐵和刑具威脅海倫斯坡海峽；參閱希羅多德《歷史》第7卷35節。

162　荷馬《伊利亞德》第2卷478-479行。

一身，那麼我們還能說他擁有居魯士的高貴、亞傑西勞斯的審慎、提米斯托克利的智慧、菲利浦的經歷、布拉西達斯的無畏以及伯里克利的辯才無礙和治國能力？

　　要是拿亞歷山大與古代的人物做一比較，他在自我克制方面勝於阿格曼儂；因為阿格曼儂將一位被俘婦女視為禁臠，較之髮妻更受寵愛[163]；亞歷山大甚至在結婚之前，就與他的俘虜保持距離。他在慷慨豁達方面超越阿奇里斯；因為阿奇里斯歸還赫克托的屍體還要求支付贖金[164]；亞歷山大用盛大的排場安葬大流士；阿奇里斯在與阿格曼儂講和以後，朋友為了報答他能夠息怒，就將禮物送給他作為賠償之用，阿奇里斯竟然一一接受[165]；亞歷山大對於被征服的敵人，是使他們變得更為富有。他比戴奧米德更受到眾人的尊敬愛護[166]；戴奧米德準備要與神明打鬥；亞歷山大相信神明是萬有的創造者。他比奧德修斯受到親人更為深刻的哀悼；因為奧德修斯的母親死於悲傷[167]；亞歷山大有一位與他不共戴天的仇敵，這位對手的母親受到他給予的恩惠，在他崩殂以後情願相從於地下[168]。

13 總而言之，如果梭倫的治國之術出於命運女神的授與，如果密提阿德的將道與亞里斯泰德的公正[169]全是命運女神造成的結局，那麼德行女神對這些人而言確實毫無作為；要是這種說法站得住腳，為他們立傳可以說是一無是處，僅僅是詭辯家和立法者的無稽之談而已。不論前面提到的人物或其他所有人士，要是提到他們變得貧窮或富有、虛弱或強壯、醜陋或英俊、壽至期頤或英年夭折，這些都出於命運女神的裁奪。如果他們之中任何一位，想要證明自己是偉大的將領、知名的立法者或在治國和政事方面有卓越的貢獻，那麼只要考慮到亞歷山大的情況，以及他與他們所做的比較，就知道這些來自於德行女

163　她是阿波羅祭司克里塞斯（Chryses）的女兒克里塞伊斯；參閱荷馬《伊利亞德》第1卷113行。

164　荷馬《伊利亞德》第24卷552-600行。

165　荷馬《伊利亞德》第19卷140-147行。

166　這位神話中的英雄人物是泰迪烏斯的兒子，身為亞哥斯國王，加入希臘人的陣營圍攻特洛伊，幫助雅典娜與阿芙羅黛特作戰，與戰神阿瑞斯交鋒毫不畏懼，對於敵對的科林斯人格勞庫斯非常友善；荷馬《伊利亞德》第5卷335-352行及855-861行。

167　荷馬《奧德賽》第11卷202-203行，提到奧德修斯在地府遇到母親的亡魂。

168　這是指大流士的母親西昔岡比斯（Sisygambis）；參閱戴奧多魯斯．西庫盧斯《希臘史綱》第17卷118節；克爾久斯《亞歷山大戰史》第10卷5節。

169　亞里斯泰德的主政獲得「正義者」的稱呼；參閱蒲魯塔克《希臘羅馬英豪列傳》之〈亞里斯泰德傳〉6節。

神和理性之神。

　　梭倫[170]在雅典要免除所有人的債務，他稱之爲Seisachtheia「救濟」或「解憂」之意；相較之下亞歷山大爲他的下屬付清所有的欠款，不再受到債務人的欺凌。伯里克利將希臘人負擔的貢金全部聚集起來，拿這筆錢修建神廟用來裝飾衛城；亞歷山大將取之於蠻族的財富，下令將一萬泰倫送給希臘人，建造廟宇作爲供奉神明之用[171]。布拉西達斯[172]沿著海岸向著梅松尼猛衝，擊破敵軍的重重包圍和不停落下的箭雨，終於在希臘人當中享有名聞遐邇的聲譽；亞歷山大在奧克西德拉奇（Oxydrachae）[173]的國度的冒險犯難，非僅聽到的人難以置信，就是看到的人都無比驚懼。須知他從木牆上面縱身躍到敵人當中的時候，這些蠻族手裡拿著長矛、弓箭和出鞘的刀劍在下面應戰。有人對這種狀況打個比喻，如同暴風雨當中出現帶著霹靂的閃電，或者是菲巴斯的幽靈突然現身地面[174]，那是他身上的鎧甲發出耀目的光芒。敵人一瞥之下不僅驚奇而且恐懼，害怕之餘只有步步後退。等到他們看清只有他一個人要與這麼多人戰鬥，於是站穩腳跟開始向前逼進。

　　命運女神將亞歷山大投進一個名不見經傳的異國小鎮，不僅將他關在裡面，還讓敵人層層包圍在四周的時候，實在說女神對他是如此的仁慈爲懷，所以才能獲得無比偉大和光輝燦爛的成果。這時他的部下急著想要爬上那道木牆給他施以援手，命運女神卻讓靠在牆邊的雲梯站立不穩，結果折斷以後帶著上面的人員掉落地面摔得粉碎。只有三個人[175]能夠很快登上牆頭，然後不顧一切跳進城內，搶上前去與國王並肩戰鬥。命運女神直截了當抓住其中一位，還沒有來得及出手就已經倒斃在地，另外一位身中數箭，奄奄一息，只能看著國王陷入險境。城外的馬其頓人只能在那裡咆哮跳腳，身邊缺少圍攻的機具和器械完全束手無策。感染到大家的狂熱拔出劍來向著木牆亂砍，甚至想赤手空拳將它夷爲平地，接著一

170　參閱本書第57章〈何以吾人不應借貸〉4節；蒲魯塔克《希臘羅馬英豪列傳》之〈梭倫傳〉15-16節；亞里斯多德《雅典的政體結構》10節。

171　修昔底德提到雅典的國庫儲存的金額是9,700泰倫，伯里克利用來建築的費用是3,700泰倫；亞歷山大竟會送希臘人一萬泰倫修建廟宇，這種說法實在令人難以置信，僅記載於戴奧多魯斯‧西庫盧斯《希臘史綱》第18卷4節。

172　布拉西達斯是斯巴達的猛將，以驍勇善戰知名於世，422 B.C.在安斐波里斯會戰中，與雅典的將領克里昂同時陣亡；參閱修昔底德《伯羅奔尼撒戰爭史》第2卷25節。

173　那裡的居民就是英勇的馬利斯人；參閱本章第1篇第2節；以及蒲魯塔克《希臘羅馬英豪列傳》之〈亞歷山大傳〉63節。

174　菲巴斯是阿波羅的頭銜；參閱荷馬《伊利亞德》第4卷75-80行及第15卷237行。

175　蒲魯塔克《希臘羅馬英豪列傳》之〈亞歷山大傳〉63節，只提到兩個人追隨在亞歷山大的後面，或許他依據權威之作阿里安《亞歷山大遠征記》第6卷10節，修正以後成為三個人。

路打將進去。

現在國王就像被捕獲的野獸落在陷阱之中，孤獨一人沒有援手；過去他是命運女神的寵兒，經常受到祂嚴密的保護，所以在蘇薩和巴比倫的奮鬥當中，在巴克特里亞的進攻階段，以及對偉大的波魯斯征討之際，都不會落到目前的處境，因為面臨那樣重大而光榮的激戰，即使失利吞下敗北的苦果，至少也不會感到羞辱。命運女神如此處心積慮而且充滿惡意，如此偏愛蠻族而且痛恨亞歷山大，不僅想要毀滅他的肉體和生命，還要敗壞他的聲譽甚至使他墮入萬劫不復的深淵。因為就亞歷山大而言，喪生以後埋葬在幼發拉底河或海達斯披斯河的河畔，這並不是一件令人感到遺憾的事；即使他在與大流士的近身肉搏中丟掉性命，或者向著保護國王的波斯人發起攻擊，面對重裝騎兵和鋒利的刀斧力戰身亡，應當說是死得其所；當他跨過巴比倫的城牆之際，滿懷無窮的希望竟然意外亡故，這不能算是他被人推翻失去九五之尊。

提起佩洛披達斯和伊巴明諾達斯的陣亡，他們的死是德行女神的傑作真是重於泰山，並非落在不幸的手中導致妄自菲薄，因為他們從事最高貴的冒險事業。命運女神經過詳盡的審查，為何還出現這種行為？他竟然來到這塊陸地上面最遙遠的前哨，位於一個名不見經傳的村莊的圍牆之內，一條異國的河川從旁邊流過，從文明世界的領主和君王看來，這種地方在他們的眼裡根本不屑一顧；何況那裡的人手裡拿著看來並不光彩的武器，蜂擁而上對他施以打擊，最後他終於命喪黃泉；令人感到不解之處，何以會出現這種結局？一把戰斧砍中他所戴的頭盔使得他受傷不輕，當面射來的箭穿透胸甲，深深插進他的肋骨，卡在中間很緊無法拔出，伸出的箭桿妨礙到他的動作，鐵製的箭頭有四指寬五指長[176]。他在極端危險之際要對抗當面向他發起攻擊的人。那位用箭射他的弓弩手鼓起勇氣手執長刀向他進逼，亞歷山大拔出佩劍迎戰，對手很快被他砍翻在地喪失性命。就在他面對面與敵人激戰的時候，另外一位蠻族從後面偷偷接近，乘機用棍棒對著他的頸脖猛擊，使得他幾乎失去知覺，頭部頓時感到一陣暈眩。

馬其頓人這一邊所擁有的武德，使得他培養出大無畏的精神，他的友伴都有強壯的體魄和高昂的鬥志。因為像林尼烏斯、托勒密和李昂納都斯這三位勇士，以及那些登上牆頭或衝進木牆在他的前面列陣的人員，都可以看成是德行女神牢不可破的堡壘。他們毫不在意對著敵人暴露血肉之軀，甚至情願為充滿善意的仁

176　蒲魯塔克《希臘羅馬英豪列傳》之〈亞歷山大傳〉63節提到的箭頭是三指寬五指長；現在它的寬度增加一指，可能是基於修辭的需要，或許出於抄寫的筆誤。

德之君犧牲性命。這絕不是命運女神所能獲致的成效，完全是基於德行女神所引發的激情，甚至如同蜂群受到愛的魅力所蠱惑，環繞在蜂后的四周不會離去。

那些在場的觀眾毫無危險，他們不會宣稱自己是命運女神和德行女神惡鬥的目擊證人，由於命運女神的關係，外國的大軍獲得的優勢已經超過他們應得的賞罰，希臘人因爲德行女神的厚愛擁有的長處在於超越他們原有的能力，至於這些觀眾是誰又有什麼分別呢？難道說敵人占到上風，不是命運女神就是某位心生嫉妒的神明幹的好事，或許出於因果報應，非要希臘人栽跟頭不可；希臘人一旦得勝，就要歸於德行女神和大無畏的精神以及友誼和忠貞，這些才是贏得大捷的報酬？事實的確如此，那個時候的亞歷山大除了這些都付之闕如，命運女神在兵力、裝備、艦隊、馬匹和營地設施各方面，都讓他無法滿足所需。

最後馬其頓人擊敗蠻族，等到他們降服就將整個市鎮交了出來。這時對亞歷山大並沒有什麼幫助，馬其頓人火速將他從戰場抬下來，帶著全身的傷勢，箭桿還插在致命的部位，就像一根螺釘將胸甲固定在身體上面。他們想要將整根箭從傷口當中用力拔出來，鐵製的箭頭卻不肯讓步，因爲卡在胸部的肋骨中間正好位於心臟的前方。他們又不敢鋸斷箭桿突出在外的部分，害怕骨頭因震動而裂開引起劇烈的疼痛，最後造成內部出血的嚴重狀況。等到亞歷山大知道大家憂慮這方面會出事故所以遲遲沒有動手，於是拔出佩劍想要切斷靠近胸甲的箭桿，這時他的手不夠穩定，因爲傷口發炎帶來麻痺和無力的感覺。他對大家說了一些勉勵的話，特別交代不要把他看成一個病人，更不必感到害怕，還是沒有人能鼓起勇氣對他施以援手，這時他奚落那些掉眼淚和無法控制自己情緒的人，責罵他們是不顧他死活的逃兵。他大聲向他的友伴說道：「我們不能懷憂喪志或者退縮逃避，即使爲了我的緣故也沒有這個必要。如果對我的死亡大家抱著畏懼之心，那就是你們對我沒有信心，以爲我也害怕死亡。」

第二十六章
雅典人在戰爭抑或在智慧方面更爲有名？

1 雖然偉大的提米斯托克利有權對接替他的將領說這樣的話[1]，因爲他擊敗蠻族的大軍，爲希臘人爭取自由，才能開闢一條坦途，使得大家踵武先賢建立豐功偉業。當然有人會爲自己寫出的作品感到驕傲，要是沒有這些偉大的行動，文字的記錄可以說一無是處，這種講法不能說它有錯。

不提伯里克利的治國之才以及福米奧（Phormio）在萊姆贏得海上大捷的戰勝紀念碑、還有尼西阿斯在賽舍拉和麥加拉和科林斯的英勇功績、笛摩昔尼斯的皮洛斯遠征、克利昂（Cleon）的四百個戰俘、托爾邁德（Tolmides）對伯羅奔尼撒的環島航行，以及邁隆尼德（Myronides）[2]制服皮奧夏人和攻占厄諾菲塔的勝利，就要把修昔底德的名字從作家的名單中剔除。

拿走亞西拜阿德在海倫斯坡地區的顯赫勳業、還有色拉西盧斯在列士波斯的大膽突擊、加上瑟拉米尼斯推翻寡頭政體、色拉西布盧斯（Thrasybulus）和阿契努斯（Archinus）爲了對抗斯巴達的霸權率領七十人在菲勒的起義行動[3]，以及康儂恢復雅典在海上的強勢作爲，這樣一來克拉蒂帕斯（Cratippus）[4]不過是無足輕重的文士。

色諾芬的歷史名著很多地方提及他本人的將道和經歷，爲了使得敘述能夠取

---

1 很可能蒲魯塔克開始就說他最愛的故事，那是提米斯托克利對一群將領所講「節慶當日」和「節慶次日」的寓言，只是這段文字因爲抄漏而殘缺；可以參閱本書第21章〈羅馬掌故〉25節；以及蒲魯塔克《希臘羅馬英豪列傳》之〈提米斯托克利傳〉18節。

2 邁隆尼德是西元前5世紀雅典將領，457 B.C.在厄諾菲塔會戰擊敗皮奧夏的聯軍，479 B.C.參加普拉提亞會戰，表現極其卓越；參閱修昔底德《伯羅奔尼撒戰爭史》第1卷108節和第4卷95節。

3 色拉西布盧斯和阿契努斯是雅典屬行民主政治的領袖人物，反對四百人會議和三十僭主，403 B.C.率領放逐志士攻占菲勒，完成雅典的中興大業，逐次光復海外失去的領土和屬地；參閱色諾芬《希臘史》第2卷4節。

4 克拉蒂帕斯是一位史家，據說與修昔底德是同時代的人物，宣稱要繼續完成後者未盡其功的著作。

信於人,以第三者的身分寫作就會讓讀者感到立場超然,所以才拿敍拉古人提米斯托吉尼斯(Themistogenes)這個筆名發表,這種不求個人名聲,但求作品能夠享譽於世的作者畢竟少見[5]。

說到所有其他的史家,諸如克萊托迪穆斯(Cleitodemus)、迪盧斯(Diyllus)[6]、斐洛考魯斯(Philochorus)和菲拉克斯等人,他們對待別人的功勳就像演員忠於劇本,盡情展示將領和國王的舉止行誼,如同自己併入他們的角色之中,傳說對於英雄的敍述基於這種方式,爲的是作者也能分享應得的光彩和榮譽。就歷史人物和史家的關係而言,會產生更深一層的互動,雙方都能蒙受其利,文字的著作所能發揮的力量,像是透過一面鏡子的反映將當事人的行爲看得清清楚楚。

2 我們都知道,種類繁多的文學和藝術都將雅典這座城市視爲發源地和孕育者,不僅在此地興起還能發揚光大,獲得它所給予的支持和榮譽,促成前所未有的進展。別的不提,繪畫這門藝術在雅典能夠踵事增華,有極其亮麗的成就。阿波羅多魯斯是首位發展出彩色的混合運用和明暗對比法的畫家,他就是土生土長的雅典人。對於他的作品有這樣的描述:優弗拉諾(Euphranor)、尼西阿斯、阿斯克勒皮奧多魯斯(Asclepiodorus)和菲迪阿斯的兄弟帕尼努斯(Panaenus)這些畫家,有的繪出贏得大捷的將領,有的專攻兩軍會戰的場面,雖然如此都不會放過古代的英雄人物。

優弗拉諾就拿他所畫的帖修斯,去與帕瑞休斯(Parrhasius)同樣題材的作品比個高下,就說帕瑞休斯筆下的帖修斯[7]如同不食人間煙火的神仙,相對於他畫出的角色是大吃大喝的豪傑。其實帕瑞休斯的肖像畫,運用的筆觸極其細緻精巧,與想像的帖修斯非常神似;有人看過優弗拉諾的帖修斯以後,口中念出下面的詩句,說來也有幾分道理:

> 他與志大才高的英雄同家族,

---

5 色諾芬(431-350 B.C.)是希臘的將領、政治家和歷史學家。希臘傭兵幫助居魯士,要與阿塔澤爾西玆爭奪波斯國王的寶座,等到居魯士戰敗身亡,希臘將領被騙遭到殺害,他被剩餘的士兵選爲將領,率領他們歷經千辛萬苦,繞過黑海返回故國。色諾芬的著作有《希臘史》、《遠征記》、《居魯士的教育》和《回憶錄》等留存於世,特別是他的作品讓當時的希臘人對於波斯王國的狀況,能有很清楚的概念。

6 迪盧斯是西元前4世紀末葉的雅典史家;有關他的狀況可以參閱本書第60章〈論希羅多德的《歷史》是充滿惡意的著述〉26節;以及穆勒《希臘歷史殘篇》第2卷No.360-361。

7 參閱普里尼《自然史》第35卷9節之69。

伊里克蘇斯受到雅典娜撫育。[8]

大師曾經繪製雅典人在曼蒂尼對抗伊巴明諾達斯的騎兵會戰，兩軍交鋒的場面真是慘烈萬分。

整個作戰行動有如下面所述[9]：底比斯人伊巴明諾達斯在琉克特拉會戰大勝，興奮之情莫可名狀，處心積慮要將無力抵抗的斯巴達踩在腳下，讓這個城邦數百年顧盼自雄的傲氣化為塵土。首先他率領七萬大軍發起攻勢，踐踏斯巴達人控制的疆域，同時說服周遭的城邦高舉起義的旗幟。然後他指揮在曼蒂尼近郊列陣的精銳之師向敵人搦戰。對方沒有出兵迎擊的意願，也不敢冒全軍覆沒的危險，繼續等待來自雅典的援軍。伊巴明諾達斯為了不讓敵人知曉他的企圖，趁著夜間拔營離去，抵達拉斯地蒙的腹地發起一次突擊，斯巴達在無人防守的狀況下幾乎要落到他的手中。

等到所有的盟邦得知這個消息，火速派軍前往救援，能夠很快抵達斯巴達城內。雖然他可以縱兵在四鄉大掠一番，還是決定退卻為上策。他為了欺騙敵人不讓他們產生猜疑之心，就在夜間離開拉柯尼亞，迅速穿越介於其間的地區，出乎曼蒂尼人意料之外現身在他們的眼前。這時他們還在討論如何盡快向斯巴達派遣援軍；伊巴明諾達斯下令所屬全副武裝直接發起攻擊。底比斯人一直對他們精於兵戎之事感到驕傲，奉命以後毫不遲疑立即出戰，將整座城池圍得水泄不通。曼蒂尼人陷入驚惶失措的處境，一片喊叫聲中全部像無頭蒼蠅那樣跑來跑去。敵軍集結的部隊如同爆發的山洪，他們已經失去抗拒的能力，何況居民的心中根本沒有想到會有援軍出現。

就在緊張萬分的關頭，雅典人離開山區來到曼蒂尼的平原地帶，他們不知道狀況的轉變和局勢的險惡，還在不慌不忙的行進當中。有一位曼蒂尼人跑去告訴他們面臨的危難，雖然雅典人與兵馬眾多的敵軍比較起來居於劣勢，而且一路行軍感到相當勞累，同時手邊沒有盟邦的部隊可以運用，他們還是將所有人員排出會戰的隊形，騎兵披上鎧甲縱馬向前速進，就在城市的幾座城門之間以及城牆的下方，發生極其激烈的騎兵遭遇戰，雅典人獲得最後的勝利，將曼蒂尼人從伊巴明諾達斯的掌握中拯救出來。

8　荷馬《伊利亞德》第2卷547行。

9　參閱蒲魯塔克《希臘羅馬英豪列傳》之〈亞傑西勞斯傳〉34-35節；色諾芬《希臘史》第7卷5節；以及戴奧多魯斯‧西庫盧斯《希臘史綱》第15卷82-84節。

優弗拉諾描繪出這場會戰的景象，無論是短兵相接的搏鬥還是拚死不退的抵抗，可以表現兩軍英勇過人的精神和不屈不撓的意志。要是有人以為畫家的判斷可以與將領相比，我想你對這種看法一定不表認同，如果說圖畫中的勝利場面或者對當時狀況的模仿，會比實情實景更加逼眞，我想你對這種論點同樣無法忍受。

3 賽門尼德曾經表示「畫是無言之詩而詩是有聲之畫」[10]；畫家的描繪和寫生像是與參加的行動同時進行，文學的敘述和記載則是事過境遷以後的補充。畫家運用彩色和構圖而作者運用文字和語句，所要表達的主題並沒有不同，差異之處在於臨摹的材料和方法，然而兩者根據的原則和目標可以說完全一致，給人印象最爲深刻的史家，對於史實的記載如同繪製一副工筆畫，能將行動和特性極其鮮明生動地呈現在眾人的眼前。

修昔底德的作品[11]用力最深之處，在於描述人物和情景的栩栩如生，使得他的讀者如同親臨現場的觀眾，特別是有這方面經驗的人士，見過類似的實況，等到閱讀他撰寫出來的情節，心中浮現生動的畫面，自然會表現驚愕和氣憤的情緒。因之他告訴大家笛摩昔尼斯[12]在皮洛斯，何以要雅典人在防波堤的邊緣排出接戰的隊形；布拉西達斯要他的舵手駕著船向岸上猛衝，等到側舷接觸到陸地那一刻，他受了重傷昏厥在前甲板的上面。斯巴達人在海上的戰鬥如同重裝步兵的攻擊前進，這時雅典人就從陸地發起一場海戰。

還有他對西西里遠征作戰的記事[13]：「海上戰鬥仍舊保持勢均力敵的狀態，兩軍配置在陸地的軍隊，面臨無法預知的後果，情緒極其緊張。」出現壁上觀的狀況在於參戰的兵力只有艦隊和船上的人員。還有就是「沒有獲得決定性戰果的苦鬥一直持續下去，大家的心中充滿恐懼的感覺，隨著戰況的起伏，身體不自覺產生搖擺的動作」。這種敘述的特性在於產生有如圖畫的生動效果；如果說拿畫家來與將領較量沒有什麼意義，那麼也不要拿歷史學家來與這些指揮官一比高下。

根據赫拉克萊德・潘蒂庫斯（Heracleides Ponticus）的記載，厄里阿迪部落

10　特別用「詩中有畫，畫中有詩」加以補充；參閱本書第2章〈年輕人何以應該學詩〉3節。

11　蒲魯塔克《希臘羅馬英豪列傳》之〈尼西阿斯傳〉1節，提及修昔底德的著作充滿憐憫之情，敘述極其生動，談吐激昂慷慨，將作者內心的感受發揮得淋漓盡致，獨特的筆法和簡潔的措辭讓人無從模仿和效法；參閱隆吉努斯（Longinus）《論崇高的文體》（*On the Sublime*）第25章。

12　參閱修昔底德《伯羅奔尼撒戰爭史》第4卷10-12節。

13　參閱修昔底德《伯羅奔尼撒戰爭史》第7卷71節；從後面敘述的文字得知，兩軍全都處於不確定的狀況，整個局勢陷入遲疑和躊躇之中。

（Eroeadae）的瑟西帕斯（Thersippus）將馬拉松獲勝的信息傳回城中；大多數史家認為這個人是優克利（Eucles），剛從激戰中脫身，全副披掛盡力奔跑，他是第一個闖入城邦大門的人，只說了一句話：「哈哈！我們打贏了！」立即倒斃於地。然而來者是一個志願前來通報的信差，因為他曾經親身參加戰鬥。或許會有某些在小山或高地上面的牧人，成為這場會戰的觀眾親眼目睹事件的始末，偉大的戰果真是無法用言語形容，就把自己當成信差趕回城市，這個人沒有一個傷口，也沒有流出一滴鮮血，卻說他像塞尼吉魯斯一樣接受莫大的榮譽。

　　凱利瑪克斯和波利捷盧斯也是如此，這些人都報告過部隊的英勇事蹟和傷亡的狀況，難道就沒有想一想這樣做是何等的鹵莽？為何有這樣的說法，因為修昔底德告訴我們[14]，有人帶回曼蒂尼大捷激奮人心的消息，斯巴達人給信差的獎賞不過是公共食堂拿來的一塊肉。實在說歷史的編輯者就是豐功偉業的報導者，他們天賦說話得體的才能，由於他們的敘述極其有力而且具備美感，所以撰寫的作品創造很大的成就，他們首先搜尋和記錄歷史上重大的事件，讓人獲得知識和樂趣從而對他們滿懷感激之情。這些作者所以受到讚揚，那是因為有些大獲成功的人士，還能留在大家的腦海之中，或者從書中讀到引起對他的回憶；文字本身不能創造出行為，唯有行為使得寫出的文字有閱讀的價值。

4 詩同樣可以贏得喜愛和欽佩，在於它的遣詞用字有異想不到的效果，不僅吻合它所描述的行為而已，荷馬說過這樣的話：

謊言出口千遍眾人深信不疑。[15]

有件逸聞[16]提到米南德一位親密的朋友向他說道：「即將舉行戴奧尼休斯祭典（Dionysian Festival），米南德，為何還沒有將那齣喜劇寫好？」米南德回答道：「老天爺，我早已完成劇本的寫作，所有的角色也都安排妥當，只是念出口的台詞還要配合得天衣無縫才行。」從戲劇家的觀點來看，認為情節的合理較之文字的潤飾更為重要。

　　品達在年紀很輕的時候，自負於文字運用的適切和得體，然而科林娜

14　斯巴達人認為戰勝敵人是尋常事，報捷沒有什麼不得了；參閱修昔底德《伯羅奔尼撒戰爭
　　史》第5卷65-73節；以及蒲魯塔克《希臘羅馬英豪列傳》之〈亞傑西勞斯傳〉33節。

15　荷馬《奧德賽》第19卷203行。

16　參閱賀拉斯《詩藝》311行的注釋。

(Corinna)[17] 卻批評他的作品不夠精鍊，欠缺文雅脫俗的辭章，特別是無法活用來自神話的典故，因爲這是寫詩最重要的原則，希望他能引以爲戒。他的作品形成基礎的部分，應該是生僻和過時的單字、引伸的意義、個別的解釋、詞句和音韻，僅靠這些來給情節修飾潤色。品達對遣詞用字非常用心，寫出下面這首著名的抒情詩：

> 歌頌伊斯門努斯是英雄人物，
> 還是他母親擁有黃金捲線柱；
> 讚揚底比斯建造者卡德穆斯，
> 加上教導希臘人播種的家族；
> 推崇著名的大力士海克力斯，
> 興高采烈的膜拜戴奧尼蘇斯。[18]

他將作品送給科林娜過目，她笑著說一個人要用手撒的方式播種，絕不是整口袋就那麼倒在田地裡面。品達將所有的神話材料雜亂無章地傾入他的詩篇。

柏拉圖曾說詩要注意有關神話方面的成分[19]；神話的目的在於使杜撰的故事具備眞實的內容，因此可以完全不去理會目前發生的事件。如果一個故事只是出現想像行動的圖畫，那麼神話就是一個虛幻的故事所構成的圖畫，如果一個人寫出心目中的功勳，那麼就會遠落在歷史學家的後面，原因在於他敘述的事件眞假難辨，虛實不分。

5 雅典在寫作敘事詩和抒情詩方面少見名氣很高的文士騷客；辛尼西阿斯[20] 是一位命運乖戾的詩人，寫作的範圍局限於讚美酒神的合唱曲，

17　科林娜是來自坦納格拉的女詩人，她與品達同時享有盛名。

18　參閱克里斯特《品達的吉光片羽》No.29；以及盧西安《笛摩昔尼斯頌》19行。

19　柏拉圖《斐多篇》61B；參閱本書第2章〈年輕人何以應該學詩〉2節，特別提到詩的創作是杜撰的文辭，情節委婉曲折，使得痛苦發生轉變，給人們帶來更多的樂趣；雖然缺乏和諧的音韻、演說的姿勢、崇高的措辭、適切的隱喻和統一的結構，仍舊具備惑誘和魅力，如同精巧編織而成的神話故事。

20　參閱本書第78章〈論音樂〉30節的詩篇；亞里斯托法尼斯的喜劇《鳥群》1373行和後續各行、《青蛙》366行、《參加會議的婦女》327行和後續各行；柏拉圖《高吉阿斯篇》502A；阿昔尼烏斯《知識的盛宴》551D；都引用黎昔阿斯的演說對他大肆抨擊；那是因為他機智過人而且不留口德，才會到處樹敵；可以參閱本書第2章〈年輕人何以應該學詩〉4節，他譏

他一無家世二無人望，經常受到喜劇作家的諷刺和嘲笑，以至於聲名狼藉。然而就一個戲劇家而言，雅典人認爲喜劇的寫作不夠莊重而且通俗，立法禁止阿里奧帕古斯（Areopagus）會議的成員，不得有這方面的作品問世。

悲劇可以說是一枝獨秀贏得齊聲的讚譽，能夠極盡耳目之娛，情節帶有神話的性質，訴說世間的人情炎涼和悲歡離合，有效賺取憐憫的眼淚，具備的特質如同高吉阿斯所說[21]：「騙人比不騙更誠實；被騙比騙人更聰明。」至於說一個騙人的人會更誠實，那是因爲他做了心中想做的事；要說一個受騙的人更爲聰明，並非他的心中毫無感覺，只是故意裝聾作啞而已。

後人得知睿智的提米斯托克利爲城市的安全提供一道城牆；勤奮的伯里克利建造形勢險要的衛城；密提阿德使希臘人免於陷入奴役的處境；西蒙（Cimon）使得城邦的聲勢到達顚峰，然而製作嚴謹的悲劇給雅典帶來的利益，何以與上述仁人志士相比毫不遜色？優里庇德的深思遠慮、索福克利的口若懸河[22]以及伊斯啓盧斯的雄偉氣勢，不僅使城市免於災禍與困難，反而獲得光榮與成就；他們的悲劇可以媲美戰勝紀念碑，能讓劇院與軍營爭個高下，使得戲劇的演出記錄與戰爭的英勇名冊不分軒輊。

6 最讓大家感到高興的事莫過於我們推薦的人選，要他們自己戴上表示出成就的章紋和標誌，何以這樣就能給他們安排適合身分的劇院進口？然後讓詩人從這裡入場，陪伴著笛子和七弦琴使得他們一邊朗誦一邊歌唱：

> 說話注意不要擋合唱團的路，
> 出錯的人在於思想有欠純潔；
> 繆司舉行典禮不必唱歌跳舞，
> 食牛者參加儀式不會犯口舌。[23]

戲劇名家帶著所有的裝備和道具、面具和祭壇、舞台的機械、快速變換的布景，

（續）─────────
　　　諷泰摩修斯有一個瘋瘋癲癲的女兒。

21　高吉阿斯出生於西西里的李昂蒂尼，後來成為名聲極其響亮的詭辯家，他生於480 B.C.前後，據說活了一百多歲；他能說出這番話真是「神而明之」又能「發人深省」。

22　參閱黑格（Haigh）《希臘的悲劇》（*Tragic Drama of the Greeks*）166頁。

23　亞里斯托法尼斯的喜劇《青蛙》353-356行；參閱奧盧斯・傑留斯《阿提卡之夜：序文》20行及後續各行。

以及用來慶祝勝利的三足鼎。悲劇演員跟他們在一起，名角諸如奈柯斯特拉都斯、凱利彼德、邁尼斯庫斯（Mynniscus）、狄奧多魯斯（Theodorus）和波盧斯（Polus）等人，他們為悲劇女神穿上官袍，抬起她乘坐的舁床，好像她是家財萬貫的婦女。或者讓他們跟隨在後面，好像他們是這座雕像的畫家、鍍金匠和染工[24]。可以供應龐大的經費用來支付舞台道具、臨時演員、深紫色的衣物、舞台機械、舞師、衛士以及倔強難以應付的觀眾。

有關所有這一切的事務，某位斯巴達人的說法[25]也不是沒有道理，雅典人所犯最大錯誤在於娛樂方面消耗太多的精力，他們用在劇院的金錢可以支付實力強大的艦隊，或者維持一支在戰場上面作戰的大軍。如果計算他們每齣悲劇的費用，雅典人民製作《酒神信徒》、《腓尼基人》、《伊底帕斯王》和《安蒂哥尼斯》（Antigones）的花費，以及對米狄亞（Medea）和伊里克特拉的悲痛，較之他們為主權的戰鬥和對抗蠻族爭取自由，要付出更多的心血和眼淚。

將領率領所屬趕赴戰場，通常要他們攜帶無須烹調的口糧，我敢發誓真有這種事情，那就是指揮官對於登上三層槳座戰艦的划槳手，僅僅供應麥粉以及少量的洋蔥和乳酪。然而人們付錢給合唱團，供應成員的食物有鰻魚、新鮮的萵苣、烤肉和骨髓，為了練出美好的聲音，長期有豐盛的飲食和奢華的住所。

競賽結果出來以後對於落敗的人，有一個專用的稱呼choregoi「傾家蕩產者」，就會受到無禮對待和嘲笑；雖然優勝者可以獲得三腳銅鼎[26]，就像德米特流斯所說的那樣，並非慶祝他們贏得勝利的感恩祭品，而是浪費生計成為最後的奉獻儀式，也是他們對已經消失的家產所做空虛的回憶。這些如同詩藝虛有其表的報答，實用價值方面可以說是毫無光彩可言。

7 現在讓我們將目光依照次序投向那些將領，安排他們從對面的方向入場。就在他們行進的時候，任何人要是沒有英勇的行為可以吹噓、沒有經歷政治生涯或者沒有參加作戰行動，那麼他一定要很老實的做到「不能說一句忌諱的話，也不能擋住將領的路」，無論何處要是缺乏勇氣從事重大的工作，就得「想法不要太過於純潔，而且在酒神的儀式中不犯口舌」；因為上面所說重大

---

24 那是說悲劇如同一座未經裝飾的雕像，演員提供所需的打扮，諸如上釉的瓷畫、金色的葉片和繽紛的顏料。

25 參閱本書第17章〈斯巴達人的格言〉56節之3。

26 參閱蒲魯塔克《希臘羅馬英豪列傳》之〈亞里斯泰德傳〉1節以及〈尼西阿斯傳〉3節；贊助經費和負責演出的人員，把他們的姓名和所屬的部落，刻在銅鼎上面俾能流芳百世。

的工作，就是密提阿德給米提人帶來致命的毀滅，以及提米斯托克利對波斯人的
大肆殺戮。這是戰爭之神的反叛和暴動，祂率領陸上的營連和海上的支隊，滿載
著劫掠物和戰利品，如同詩章的描述：

> 戰神之女阿拉，請祢傾聽，
> 長槳的衝擊拉開戰爭的序幕，
> 英雄將死者當成神聖的犧牲。[27]

這是底比斯人伊巴明諾達斯的心聲，爲了桑梓的故土、祖先的陵墓和神祇的廟
宇，他和他的部屬不惜性命，要進行最高貴和最顯赫的奮鬥。

我似乎看到雅典人勝利的進軍，沒有拖拉的牛羊牲口當成獎品，頭上沒有戴
常春藤編成的花冠，身體沒有發出宿醉的強烈氣味；整個城池都歸他們所有，加
上很多島嶼，甚至大陸在內，廟宇的價值達一千泰倫[28]，還有人口眾多的殖民
地。他們在所有的紀念碑和戰利品上面蓋著花圈；製作的章紋和表徵是建築物長
度達一百尺的帕台農（Parthenon）、南面的長牆[29]、造船廠、衛城的山門以及稱之
爲普羅庇利亞（Propylaea）[30]、克森尼斯和安斐波里斯[31]的殖民城市。

密提阿德在馬拉松的勝利居於領導的地位；薩拉密斯的戰場給提米斯托克利
帶來同樣的大捷，泰然自若面對一千艘戰艦的殘骸。西蒙的獲勝從優里米敦
（Eurymedon）帶回一百艘擄自腓尼基人的船隻；笛摩昔尼斯和克利昂的馬到成
功，從史法克特里亞（Sphacteria）帶來奪自布拉西達斯千裡的盾牌[32]，以及用鐵鍊

27　克里斯特《品達的吉光片羽》No.78；參閱本書第15章〈國王和將領的嘉言警語〉70節和第
　　35章〈手足之情〉11節；以及阿昔尼烏斯《知識的盛宴》19A。

28　修昔底德提到雅典的國庫儲存的金額達到9,700泰倫，伯里克利用來建築的費用是3,700泰
　　倫，帕台農的密涅瓦（Minerva）神殿就用掉1,000泰倫；參閱蒲魯塔克《希臘羅馬英豪列傳》
　　之〈伯里克利傳〉12節。

29　這是西蒙完成的工程，人們將它稱為「雅典的雙腿」；參閱蒲魯塔克《希臘羅馬英豪列傳》
　　之〈西蒙傳〉13節。

30　雅典衛城的山門興建於437-432 B.C.，建築師是尼西克利（Mnesicles），坐落在衛城西端的斜
　　坡上面，整體建築分為東西兩半開五個門洞，中央大門洞鋪坡道，其餘四個門洞設三步高台
　　階，加上踏步；山門採用多立克式，東西兩面都是六根石柱的柱廊，高度為8.81公尺，東面
　　略低；作為衛城進出的通道，沒有任何雕飾，顯得更為莊嚴樸實。

31　安斐波里斯是雅典人在色雷斯興建的殖民地，城池非常堅固，斯巴達大將布拉西達斯在此陣
　　亡；參閱修昔底德《伯羅奔尼撒戰爭史》第4卷102節及後續各節。

32　雅典人撿拾布拉西達斯受傷昏倒掉落在海中的盾牌，當作紀念贏得大捷的戰利品；參閱修昔

鎖著的士兵。康儂的凱旋可以建造新的城牆加強防務；色拉西布盧斯從菲勒班師回朝恢復人民的自由。亞西拜阿德的勝利將西西里的失利造成的沮喪氣氛一掃而空。奈琉斯和安德羅克盧斯(Androclus)[33] 在利底亞和卡里亞的奮鬥，希臘人可以看到愛奧尼亞有如高升的旭日。你要是按著次序詢問其他的勝利，可以說每一次都為城邦帶來好處和利益；他們的回答是有一次在列士波斯，其他幾次分別在薩摩斯、塞浦路斯和黑海，其中有一次擊敗的對手有五百艘三層槳座戰艦，還有一次獲得一萬泰倫的戰利品，其餘贏得的光榮和捷報已經不值得再提。

城市為軍事方面的成就在它的祭典當中大事慶祝；他們向神明奉獻犧牲，並不是為了伊斯啓盧斯和索福克利在戲劇比賽獲得優勝。卡辛努斯((Carcinus)的《伊羅普》(Aerope)[34] 或阿斯提達瑪斯(Astydamas)的《赫克托》[35] 一舉成名的日子，已經沒有幾個人記得；甚而時至今日，每年Boedromion第六天(9月6日)，城邦還在歡度馬拉松大捷的節慶[36]。這個月第十六天(9月16日)，他們為了紀念查布瑞阿斯[37] 在納克索斯的勝利[38]，還要舉行酹酒的儀式。這個月第十二天(9月12日)，他們恢復自由之身要向神明獻上感恩的祭品，因為這一天是流亡在外的人士從菲勒歸國的日子。他們在這個月第三天(9月3日)贏得普拉提亞會戰的勝利[39]。

Mounichion第十六天(4月16日)，他們要向阿特米斯獻祭，女神在這一天使得希臘重獲皎潔的滿月，因為他們在薩拉密斯打敗波斯人。Skirophorion第十二天(6月12日)，曼蒂尼的激戰[40] 使得這天更加神聖，盟軍在會戰中大敗而逃，只有雅典人擊潰當面對抗的部隊，從獲勝敵軍的手中奪取戰利品，用來樹立一個戰

(續)——
底德《伯羅奔尼撒戰爭史》第4卷12節；以及戴奧多魯斯‧西庫盧斯《希臘史綱》第12卷62節。

33 奈琉斯和安德羅克盧斯是傳說中雅典國王科德魯斯的兒子，分別是米勒都斯和以弗所兩個城市的奠基者。

34 參閱瑙克《希臘悲劇殘本》No.797。

35 參閱瑙克《希臘悲劇殘本》No.778。

36 為了證實這個日期；參閱本書第60章〈論希羅多德的《歷史》是充滿惡意的著述〉26節；蒲魯塔克《希臘羅馬英豪列傳》之〈卡拉斯傳〉19節；以及希羅多德《歷史》第6卷106節。

37 查布瑞阿斯是雅典將領，善於用兵，392 B.C.在科林斯戰爭屢建奇功，376 B.C.領導第二次雅典同盟在納克索斯海戰擊敗斯巴達艦隊，357 B.C.圍攻開俄斯島作戰陣亡。

38 參閱蒲魯塔克《希臘羅馬英豪列傳》之〈福西昂傳〉6節及〈卡米拉斯傳〉19節；以及戴奧多魯斯‧西庫盧斯《希臘史綱》第15卷35節。

39 參閱蒲魯塔克《希臘羅馬英豪列傳》之〈亞里斯泰德傳〉19節。

40 曼蒂尼發生過兩次決定性會戰：第一次是418 B.C.埃傑斯二世率領斯巴達人擊敗雅典和亞哥斯聯軍；第二次是362 B.C.底比斯人獲得勝利，伊巴明諾達斯陣亡，雅典軍隊的增援是獲勝的關鍵。

勝紀念碑。

這些事蹟提升雅典到光榮和偉大的顛峰，因而品達讚譽雅典

這個城邦是希臘的中流砥柱。

並非由於弗里尼克斯（Phrynichus）和帖司庇斯的悲劇引導希臘人走上正確的道路，如同品達所說的那樣，首先是在阿提米修姆，

偉哉雅典之子奠定自由基石，
巍然屹立不搖歷經千秋萬世。[41]

接著是薩拉密斯、邁卡里和普拉提亞幾次會戰的勝利，終於在穩固的基礎上面建立希臘堅實的自由權利，他們還讓全人類同享這份福祉。

8　詩人的作品就我們看來如同茶餘酒後的消遣，無論如何，演說家倒是可以與將領分庭抗禮，提起伊司契尼斯對笛摩昔尼斯的嘲諷[42]也不是沒有道理，因為笛摩昔尼斯說他有權上發言台抨擊軍事執政，為此他不惜與政敵對簿公堂。我們寧願要海帕瑞德對普拉提亞人的演說，可以放棄亞里斯泰德在普拉提亞的勝利，這樣做算得上正確嗎？或者我們接受黎昔阿斯（Lysias）攻訐三十僭主的講辭[43]，並非一定要色拉西布盧斯和阿契努斯去殺死這些暴君？福西昂對拜占庭發起遠征行動[44]，這時泰瑪克斯（Timarchus）在雅典多方掣肘，伊司契尼斯僅僅發表演說加以反對，他這樣做難道是不要讓盟邦的子弟落入馬其頓人手中，成為

41　克里斯特《品達的吉光片羽》No.76和No.77；本書第17章〈斯巴達人的格言〉69節之8、第45章〈論天網恢恢之遲延〉6節、第60章〈論希羅多德的《歷史》是充滿惡意的著述〉34節；以及蒲魯塔克《希臘羅馬英豪列傳》之〈提米斯托克利傳〉8節。

42　這位伊司契尼斯(390-322 B.C.)並非古希臘舉世俱知的劇作家，他是與笛摩昔尼斯齊名的演說家，以及政治上從不妥協的敵手，現有三篇講辭存世；可以參閱他的〈控訴帖西奉〉(Against Ctesiphon)146。

43　黎昔阿斯為阿提卡知名的政治家和法學家，講辭的名稱是〈控訴伊拉托昔尼斯〉(Against Eratosthenes)。

44　拜占庭與克森尼蘇斯(Chersonese)、佩林蘇斯都是普羅潘提斯(Propontis)海北岸的城市，最早是參加拉人建立的殖民地，控領海倫斯坡海峽和博斯普魯斯海峽，是地中海進入黑海的門戶；參閱蒲魯塔克《希臘羅馬英豪列傳》之〈福西昂傳〉14節；以及戴奧多魯斯·西庫盧斯《希臘史綱》第16卷77節。

無恥和下流勾當的犧牲者?雅典的人民將自由給予希臘人等於將王權接到手中,還得要與笛摩昔尼斯的〈論王權〉較量一番?演說家在他的講辭中,很明顯看出他在宣誓:「要效法我們的祖先在馬拉松會戰中,冒險犯難的精神和犧牲小我的行為」[45],即使年輕人早期接受訓練,學校的老師也沒有對他們說過這番話。

因此城邦對於伊索克拉底(Isocrates)、安蒂奉和伊西烏斯(Isaeus)這些人物,不會給他們舉行國葬的典禮;獲得殊榮的人士要能馬革裹屍為國犧牲,如果是一個慷慨赴義的演說家,要像笛摩昔尼斯那樣遵守神聖的誓言,堅持原則不會譁眾取寵[46]。伊索克拉底雖然公開表揚在馬拉松喪生的仁人志士[47],說他們的靈魂高升天國而且永垂不朽;他雖然讚美出戰的將士有大無畏的勇氣和視死如歸的精神,等到他已經垂垂老矣的時候,有人問他何以能達到如此高壽,他的回答:「即使我的年齡已超過九十,仍舊認為死亡是最大的不幸。」[48]

他這一輩子都沒有執干戈以衛杜稷,更不會參加陸地或海洋的戰爭;而是在那裡咬文嚼字和尋章摘句,所有一切都是例行的陳腐工作。難道他們不像一般人那樣害怕武器的碰擊和方陣的衝撞,而是在乎用詞的欠妥或音節的錯誤?密提阿德領軍開拔前往馬拉松,次日參加會戰,獲勝以後班師回到城市;伯里克利降服薩摩斯人只花了九個月的工夫,為自己的成就超越阿格曼儂倍感驕傲,這位國王在開戰後第九年才占領特洛伊[49]。

伊索克拉底撰寫他的《頌辭》耗費將近十二年[50]的光陰,在這段期間他沒有參加過一次會戰,也沒有出任使節或是興建城市,雖然這是戰亂頻仍的時代,他卻沒有派任一次艦隊的指揮官。泰摩修斯適逢此際逃往優卑亞,查布瑞阿斯率領艦隊在納克索斯作戰,伊斐克拉底在靠近李契姆(Lechaeum)的地方,把斯巴達的

---

45 引用自笛摩昔尼斯〈論王權〉208節。

46 笛摩昔尼斯這個人誠如德米特流斯所言,戰陣無勇又難逃收受賄賂的指責;參閱蒲魯塔克《希臘羅馬英豪列傳》之〈笛摩昔尼斯傳〉14節。

47 伊索克拉底《頌辭》86節;參閱修昔底德在《伯羅奔尼撒戰爭史》第2卷70節中所說的話:雅典人天生不能享受安寧的生活,也不讓別人擁有這種權利。

48 伊索克拉底怕死到這種程度,西塞羅卻對他的老年大加讚譽(參閱《論老年》第5章),真不知從何說起。

49 他們拿薩摩斯的征服來與特洛伊戰爭相提並論,實在是自視太高;然而就詩歌的頌揚和歷史的描述來說,倒是很普通的事。新近出現賽門尼德的《悲歌》殘卷中,同樣運用這種方式推崇普拉提亞之戰;參閱蒲魯塔克《希臘羅馬英豪列傳》之〈伯里克利傳〉28節;以及修昔底德《伯羅奔尼撒戰爭史》第1卷117節。

50 參閱本書第58章〈十位演說家的傳記〉第4篇〈伊索克拉底〉;昆蒂良《演說家的教育》第10卷4節之4;隆吉努斯《論崇高的文體》4節之2。

師級單位[51]打得七零八落，雅典人將自由賜與所有的城市，全體希臘人都能沾光不淺。伊索克拉底坐在家中不過訂正一卷書中幾個錯字，用去的時間足夠伯里克利蓋好雄偉的山門，興建的神廟長度有一百尺。然而克拉蒂努斯(Cratinus)[52]還要對伯里克利完工的緩慢取笑一番，特別波及後來位於中間的那段城牆：

> 伯里克利進入會堂光說不練，
> 巍巍長城時至今日毫無進展。[53]

考慮到這位詭辯家的眼光何其渺小而瑣碎，竟然將一生之中九分之一的時光花在撰寫一篇講辭上面。從而得知，最重大的價值在於我們怎麼能能拿政客笛摩昔尼斯的演說，來與將領笛摩昔尼斯的功績相比？我們怎麼拿笛摩昔尼斯〈指控康儂〉(Against Conon)的演說[54]，來與他在皮洛斯領隊出擊贏得勝利相比？怎麼能拿指責阿里蘇休斯(Arethusius)奴性人重的抨擊，來與笛摩昔尼斯不願做斯巴達的奴隸求仁得仁的行為相比？演說家與亞西拜阿德同齡，當他在寫訴狀控告監護人的時候，亞西拜阿德正在聯合曼蒂尼人和伊利斯人，大家一起對付斯巴達人[55]。笛摩昔尼斯公開發表演說具備不可思議的魅力，在他的〈論腓力〉(Philippics)[56]講辭當中，不僅驅策所有的同胞要採取行動，同時還對列普廷(Leptines)[57]的作為誇獎一番。

51　參閱笛摩昔尼斯《演說集》第23篇198節。

52　柯克《阿提卡喜劇殘本》之〈克拉蒂努斯篇〉No.300。

53　雅典位於內陸，兩個出海的港口分別是西邊的派里猶斯(Piraeus)和東邊的法勒隆(Phalerum)，當局在457 B.C.興建三條長牆，使得這三個地點連成一體，不致被敵人包圍或切斷，每條長牆的長度大致有四哩；參閱蒲魯塔克《希臘羅馬英豪列傳》之〈伯里克利傳〉13節。

54　笛摩昔尼斯《演說集》第54篇。

55　參閱修昔底德《伯羅奔尼撒戰爭史》第5卷43節。

56　他對馬其頓國王菲利浦大肆抨擊，主要在於四篇講辭：351 B.C.的〈論腓力一篇〉、344 B.C.的〈論腓力二篇〉、341 B.C.的〈論腓力三篇〉及〈論腓力四篇〉。

57　列普廷是雅典一位政治家。

第二十七章
埃及的神：艾希斯和奧塞里斯

1 尊貴的克莉[1]女祭司，有識之士認爲世間所有美好的事物，吾人要向全能的上帝提出祈求，特別是要竭盡全力實踐奉行，等到經過探索以後有清晰的了解，獲得神明的知識是人所能達成最有成就的目標。崇高的造物主出於祂的恩典將眞理賜給人類，我們相信這是最重要的東西，還有就是上蒼願意滿足人類的欲望，可以分享感覺和本能，全部爲祂們所擁有也是祂們的活動範圍。神受到大家的崇拜，主要的理由不在於祂們的金銀財寶[2]，也不是祂們的威力強大可以發出雷電，而是祂們的知識和智慧。

荷馬提到與神有關的所有事情當中，他認爲無私的情誼最爲動人心弦：

> 兩位是同一家族的親手足，
> 居長的宙斯知識更爲淵博。[3]

因此詩人明確宣告，唯我獨尊的宙斯身分高貴在於知識和智慧，年齡在先擁有無法超越的優勢。我認爲幸福的泉源在永恆的生命之中，完全要聽從神意的安排，所有事件的本末都無法逃避祂的先見之明。如果宙斯對存在的本質所具有的知識和沉思從我的心靈中拿走，那麼祂的不朽在於沒有永存的世間，僅能算是時間的推移而已。

---

1 克莉是德爾斐擁有很高聲望的阿波羅女祭司，同時還是蒲魯塔克極其推崇的朋友，呈獻給她的作品，除了本章還有第20章〈勇敢的婦女〉。
2 參閱提米斯久斯（Themistius）《演說集》（*Themistii Orationes*）第32卷365B-D。
3 荷馬《伊利亞德》第13卷354行，參閱本書第2章〈年輕人何以應該學詩〉11節，以及《荷馬的平生和作品》第2卷114頁。這裡提到的兩兄弟是宙斯和海神波塞登；根據希臘神話的敘述，克羅努斯爲了保住王座，每當小孩出生他就吞進肚中，等到最小的孩子宙斯呱呱落地，雷亞趕快將他送走免遭毒手，等到宙斯長大，與母親用催吐劑讓父親吐出吞下的五個哥哥和姊姊。這首詩顯然與事實不符。

2 須知努力到達眞理的殿堂在於對神性的渴望，特別是與神有關的眞理更是如此。爲了尋找眞理，需要對神聖的事物進行相關的研究和探查。這種工作比起虔誠的生活或廟宇的服侍更爲崇高偉大。尤其可以讓受你崇拜的女神感到高興，祂擁有超凡入聖的英明是智慧的愛好者，如同祂的稱呼已經明確指示，具備理解和明辨的能力，已經到達藐視同儕的最高等級。艾希斯(Isis)的名稱是希臘字，祂的敵手泰封亦應如此[4]；泰封是個妄自尊大的傢伙，從祂的名字暗示愚昧無知和自欺欺人。

泰封將神聖的經典撕得粉碎撒在風中；這些文書是艾希斯蒐集以後裝訂在一起，保存起來好讓人民用來舉行聖潔的儀式。作爲奉獻的物品，規定嚴格的養生之道，禁絕很多種類的食物，不得沉溺於肉欲之中，減少放縱的行爲和歡樂的生活，養成忍耐服從的習性，進入神廟遵守嚴苛而規定，全心全意服侍神明；泰封之所以如此，其目的是要眾人認清祂才是高居首位的神，全能的上帝和理想的化身。自從祂與艾希斯接近產生密切的關係，原來女神吩咐眾人要尋找的事項祂已經代爲履行。神廟的稱呼也只有屈從於現實問題，改名爲艾塞昂(Iseion)[5]，表示我們要認清當前的狀況，只要踏進神廟的大門就要抱著理性和虔誠的心情。

3 很多學者認定艾希斯是赫耳墨斯的千金，還有一些人卻將祂視爲普羅米修斯的愛女[6]；普羅米修斯是智慧和預兆的發現者，赫耳墨斯是文法和音樂的創始者。基於相同的原因，他們將赫摩波里斯(Hermopolis)的頭一位繆司，像是稱爲正義女神一樣正名爲艾希斯。如同我在前面所說，祂擁有智慧可以爲眾人制定神秘的儀式，能夠獲得「聖瓶背負者」和「聖袍穿著者」的稱呼，也是名正言順的事。

他們將有關神明的神聖經典納入靈魂之中，如同裝進一具棺木裡面，即使清楚得知都是迷信和腐儒之言，最後也只有盡量忍受；他們要將這些掩蓋起來不讓秘密洩漏。神聖的經典對於神明的概念給予暗示，有時是黑暗和模糊，有時則明亮又清晰，同時還提到記載的種種狀況，可以明顯看出只是穿著神聖的服飾。基於同樣的理由，艾希斯的信徒在過世以後，要用長袍將自己盛裝起來，當作一種象徵，表示神聖的經書就在身邊，他們在通過另外一個世界的時候，除了表彰身

---

4 蒲魯塔克的意圖是要艾希斯和泰封，分別與希臘文的語源「知道」和「自滿」產生聯想，從而確定兩位神明的性格特質；可以參閱本章第60節敘述的內容。
5 這個名字的希臘文語源是「知道」和「存在」。
6 參閱本章後面第37節以及亞歷山卓的克里門《對希臘人的勸戒》第2卷106節。

分的東西，此外一無所有。克莉女祭司，事實可以看得非常清楚，一個人蓄起鬍鬚身穿粗布斗篷，並不表示他就是哲學家；更不能說穿上亞麻衣服和剃光頭髮，就可以當艾希斯的信徒。真正的艾希斯信徒在舉行典禮的時候，合法接受他為神聖團體的一分子，理由是經過詳細的調查和考量，確認他已經全心信服再無絲毫懷疑。

4 大多數人民真的不了解這些普通又細微的瑣事：祭司之所以理個光頭和穿上亞麻衣服[7]的道理何在。有些人對宗教有關的知識毫無興趣，還有人說祭司尊敬綿羊[8]，禁止使用牠的毛也不能吃牠的肉；他們將頭髮剃光這是哀悼的象徵，穿上亞麻製成的長袍，因為亞麻開花的顏色，像是無邊的穹蒼在覆蓋整個宇宙。所有這些要求大家認為只有一個真正的理由，如同柏拉圖所說：「純潔受到污染就是違背神聖的規定。」[9]食物不能剩下殘渣，排泄的糞便都是骯髒的穢物，像是毛髮、皮革和指甲，視為出生和成長過程的無用垃圾，僅以多餘的形式留在世間[10]。信徒在神聖生活期間還要將身體的毛髮全部刮除得乾乾淨淨[11]，這時只有穿上家畜的皮毛，繁瑣的教條看來真是極其荒謬。

我們可以相信赫西奧德的詩句：

> 你敬拜神明舉行盛大宴會，
> 清除枯葉連同凋謝的花卉。[12]

他在教導眾人必須認清這件事，如果他們要保持重要節慶，那就不必在實際的典禮裡面清除和挪動任何多餘的項目。亞麻在地上萌芽茁壯可是頭等大事，它生長

---

7 參閱希羅多德《歷史》第2卷37節和81節，祭司穿亞麻布製成的內衣，邊緣垂在腿部四周，外面罩著白色上裝，不能穿毛織品進入神殿或者一同下葬。

8 斯特拉波《地理學》第17卷40節，特別提到塞埃斯(Sais)和底比斯(Thebais)這兩座城市，嚴格奉行這個規定。

9 參閱柏拉圖《斐多篇》67B，以及本書第10章〈致阿波羅紐斯的弔慰信〉13節，特別強調獲得純潔無瑕的知識就是真理。

10 參閱阿蒲列烏斯(Apuleius)《申辯書》(Apology)第26章。

11 參閱希羅多德《歷史》第2卷37節；認為潔淨比起穿著的體面更為重要，規定祭司每隔兩天要全身剃一遍。

12 赫西奧德《作品與時光》742-743行；現在還是有人認為，枯萎的插花或盆栽是不好的徵兆，要很快處理乾淨。

可以食用的種子，供應不帶花紋又潔淨的衣物，質地輕盈免於保暖需要帶來的負擔，根據他們的說法，這種材料縫製出來的服裝，適合全年所有季節穿著，特別是身上不容易長蝨子；有關這個題目還要再做進一步的探討[13]。

5 祭司感到嫌惡之物具備的性質是多產而普遍，他們不僅遠避大多數種類的豆莢，以及會留下大量穢物的羊肉和豬肉，特別在神聖生活期間的食物不得有鹽[14]，對於這方面的規定有各種不同的理由，就事論事就說鹽巴刺激食欲，使得他們增加對飲食的要求。考慮到鹽的污穢可以引用亞里斯塔哥拉斯[15]的說法，這種物質經歷結晶過程，會使得許多微小的生物葬身其中，聽起來真是荒唐不經。

據說他們要阿派斯(Apis)從自己的井裡打水飲用，應該遠離尼羅河不得靠近，並非河水不潔，而是出於鱷魚的緣故，還是有很多人相信出於這樣的考量；特別是埃及人對於尼羅河極其尊敬，沒有任何事物可以與它相提並論。飲用尼羅河的水視為催肥作用，可以讓人或動物長得很胖[16]。他們不願阿派斯落到不體面的狀況，就是當地人士自己也不希望如此。他們情願身體的機能良好而且輕盈，包容其中的神聖物質，不會受到壓迫和限制，如同靈魂被肉體所控制和超越一樣。

6 埃及人對於酒抱持一種看法，雖然有人還是拿它當成祭品，在赫里歐波里斯(Heliopolis)[17]奉獻給神明；自從他們感到在白天飲用會被領主和國王發覺，再也不會將它帶進任何一座神廟[18]。任何人喝酒都應保持節制的態度。他們有很多神聖生活時期，嚴格禁止違背有關教規方面的要求，將所有的時間用於宗教事務的研究、學習和教導。國王依照習俗只能喝下有限的分量[19]，根據赫卡提烏斯[20]的記載，凡此在神聖的經典上面有嚴格的規定。桑米蒂克斯

---

13 蒲魯塔克在本書第77章〈會飲篇：清談之樂〉第2篇問題9再度討論有關這方面的題材。

14 參閱本書第77章〈會飲篇：清談之樂〉第5篇問題10，以及本章第32節，阿里安《亞歷山大遠征記》第3卷4節之4，也有禁用食鹽的記載。

15 亞里斯塔哥拉斯是西元前4世紀的雅典學者，他的著作對埃及有深入的報導。

16 參閱伊利安《論動物的習性》第11卷10節。

17 赫里歐波里斯是下埃及的城市，坐落的位置在阿拉伯的邊界，正好是亞非兩洲接壤之處。

18 參閱伊安布利克斯《畢達哥拉斯傳》97-98節，他說畢達哥拉斯學派的人員，不會在白晝飲酒；可以在後面看到有關這方面的批評。

19 希羅多德在《歷史》第1卷70節，敘述巨大混酒鉢的狀況，看來國王是可以盡情痛飲。

20 阿布德拉的赫卡提烏斯是西元前4世紀末葉的哲學家和歷史學家，以著作等身知名於世。

（Psammetichus）[21] 統治期間他們才開始飲酒，在此以前沒有這種習慣，也不會將它當成神明喜愛之物，非要舉行酹酒的儀式不可。他們認為違反神明的旨意，就會在戰場流血犧牲，落到地面與泥土混合起來，葡萄樹才會發芽茁壯。這也是喝醉酒的人會喪失知覺和理性的緣故，完全是得自祖先的遺傳。優多克蘇斯（Eudoxus）[22] 在他的著作《世界遊記》（*World Travels*）第二卷，對這些事跡都有詳細的描述，據稱資料全是祭司提供。

7 埃及人對於海魚沒有全部禁止食用[23]，只有少數幾種受到限制；例如奧克西林克斯（Oxyrhynchus）[24] 的居民對於用釣鉤[25] 獲得的魚都不能吃，因為他們尊敬一種稱為oxyrhynchus「白斑狗魚或梭子魚」，害怕魚鉤可能過去釣起過這種魚，帶來的污穢對以後所抓到的魚都造成污染。悉尼（Syene）[26] 的民眾不可以吃phagrus「真鯛」，據稱這種魚只要游進尼羅河，如同自動前來的使者，要向大家報告河水開始上漲的大好信息。然而，祭司要禁絕食用所有的魚類；每年頭一個月第九天，所有的埃及人要在居所的大門外面吃烤魚，祭司不能一飽口福，要把魚拿出去燒掉。

他們這樣做的原因有兩個，一個是出於宗教的觀點和求知慾，因為與接觸到奧塞里斯和泰封的聖物研究有關，以後要找時間做深入的討論[27]；另外一種原因明顯出於老生常談，認為魚是毫無需要和產量豐盛的食物，從荷馬的論點可以獲得證實，在他的詩篇裡面，無論是生活極其奢華又精緻的斐亞賽人[28]，還是居住在島嶼上面的伊色卡人，都沒有提到拿魚當食物這回事；即使是奧德修斯的同伴，在大海經歷長途的航行，除非是糧食極度缺乏[29]，否則也是如此。總而言之，這

---

21 桑米蒂克斯是西元前7世紀的埃及國王。
22 優多克蘇斯生於尼杜斯，西元前4世紀的數學家和天文學家。
23 參閱希羅多德《歷史》第2卷37節，提到埃及的人民不吃魚。
24 奧克西林克斯是位於下埃及的城市，在孟菲斯(Memphis)的南方約一百五十公里，現在的名字叫作巴納薩(Bahnasa)。
25 參閱斯特拉波《地理學》第17卷40節和伊利安《論動物的習性》第10卷46節；以及本章第18節和第72節敘述的狀況。
26 悉尼是位於上埃及的城市，它的位置正在北回歸線上，現在的名字叫作亞斯文。
27 雖然後面還提到這回事，蒲魯塔克並沒有進一步的解釋，禁食的理由還是出於克里門《對希臘人的勸戒》第7卷6節敘述的情節，因為魚類不像其他生物必須呼吸空氣。
28 《奧德賽》第8卷敘述奧德修斯受到斐亞賽人殷勤又鋪張的款待，他還是伊色卡人的國王。
29 荷馬《奧德賽》第4卷369行和第12卷332行，說到奧德修斯的同伴受到饑餓的折磨，才會以釣魚的方式獲得食物。

些民眾認為海洋來自化膿的物質,處於世界的界限之外,並不算其中一部分也不是主要的成分,帶有異域性質的腐敗和瘟疫的殘留物[30]。

8 很多人深信無疑,宗教可以使他們獲得舉行祭典的場地,很多事物從而擁有道德和實用的價值,分享歷史或自然科學經過精鍊以後產生的成果;然而帶來的迷信,除了讓大家失去理性,或是聽從難以置信的事物,或是接受它的刺激和鼓舞,其他全部付之闕如。像是對洋蔥[31]所持的觀點就是很好的例子。故事提到艾希斯養育的迪克特斯,有次接近一堆洋蔥,竟然失足掉入河中淹死,荒謬的情節真是令人難以置信。從此祭司要與洋蔥劃清界線,不僅厭惡排斥還得小心力求避開,因為只有這種植物在月亮光度減弱的狀況下,還能保持茂盛活潑的生機。具有刺激性的食材不適合於宴會和慶典中使用,一方面是給人帶來口渴的感覺,另一方面是使參加人員流淚不止。

他們基於同樣的考量認為豬是污穢的動物[32],據稱牠們最愛在月相虧缺期間交尾,或者是任何人只要喝牠們的乳汁,身體就會發作麻瘋或者長出難治的牛皮癬[33]。他們提到的傳說是滿月之際才能用豬獻祭以後食用,那是因為泰封靠著月圓投下的光線去追蹤一頭野豬,結果發現奧塞里斯的屍體躺在木頭棺材裡面,於是泰封將遺骸撕得粉碎散布在四周;當然他們無法接受,認為這是誤傳的信息,如同很多事物都是如此。

再者,他們提到古代的埃及人陷入奢侈、浪費、放縱到何種程度,經常說起底比斯有座廟宇樹立一根紀念石柱,上面刻著詛咒密尼斯(Meinis)[34]的字句,就是這位國王率領埃及人告別過去節儉和刻苦的生活方式。據說波考瑞斯

---

30 參閱本書第77章〈會飲篇:清談之樂〉第8篇問題8,上面提到埃及人把海洋生物看成來自異國的東西,對於他們的血液和呼吸帶來不利的影響;有的人在外面遇到海船的船長都不願打招呼,因為這位老兄要在海上討生活。

31 參閱奧盧斯‧傑留斯《阿提卡之夜》第20卷8節。

32 參閱希羅多德《歷史》第2卷47節,裡面提到埃及人只有對於戴奧尼蘇斯和月亮,才會用豬當犧牲獻祭。

33 本書第77章〈會飲篇:清談之樂〉第4篇問題5敘述這方面的意見,認為猶太人不吃豬肉,主要還是基於衛生的考量;參閱伊利安《論動物的習性》第10卷16節以及塔西佗《歷史》第5卷4節。

34 密尼斯這個名字有很多種不同的寫法和稱呼,通常是密奈斯(Menes),還有一些希臘學者將它寫成Min、Minaeus、Menas不一而足,根據傳說他是埃及第一位國王,統治時期大約在西元前3500年或3400年;參閱希羅多德《歷史》第2卷4節或戴奧多魯斯‧西庫盧斯《希臘史綱》第1卷45節,有關的記載全都大同小異。

(Boccharis)[35] 的父親特納克蒂斯(Technactis)[36] 率領軍隊前去征討阿拉伯人，因為他的行李很晚才到，帶著愉快的心情吃可以立即供應的普通食物，夜間用麥稭當床一樣睡得安穩，因而喜愛簡樸的生活；結果他對密尼斯發出譴責的言論，同意祭司的要求採取具體的作為。

9 國王的推舉來自祭司或將校，由於軍隊作戰英勇所以掌握權力和獲得榮譽，祭司的地位建立在智慧。如果國王受到將校的擁戴登基，他立刻要成為一位祭司，成為埃及哲理的參與者；然而這種哲理被神話和文字的簾幕遮住，包含極其朦朧的默想和隱約出現的輪廓，如同他們暗示已經超越問題的範疇，只適合將人頭獅身像置放在神廟的前面，表示他們的宗教信念是一種莫測高深的智慧。塞埃斯有座雅典娜的雕像，埃及人認為就是艾希斯，基座上面刻著銘文：

> 我執掌古往今來一切事物，
> 長袍庇護世間所有的黎屬。

大部分民眾認同阿孟(Amoun)就是宙斯[37]在埃及這塊土地上的名字，這與我們的稱呼阿蒙，只是在發音上有少許差異。塞賓尼都斯(Sebennytus)的馬尼索(Manetho)，將阿孟這個字的意義解釋為「藏妥」或「隱匿」。不過，阿布德拉的赫卡提烏斯卻有另外的看法[38]，他說埃及人在與對方談話的時候，都會先用這個字來打招呼，把它當成一種致敬的語氣來使用。當他們要與至高無上的神明溝通的時候，認為祂的權勢與宇宙同樣的偉大，如果神明處於無法見到和隱藏不出的狀態，他們會懇求祂現身為大家敬仰，這時就會使用「阿孟」這個字；埃及人生性謹慎小心，擁有的智慧教導他們對所有的神明都要一視同仁。

35　可能就是貝克尼拉尼夫(Bekneranef)，這位埃及國王在位期間約為718-712 B.C.，希臘人認為他是一位賢明的君主，給予很高的評價。伊利安《論動物的習性》第5卷記載很多他的軼事，都是真偽難辨的傳聞。

36　可能就是特夫納克特(Tefnakhte，有的希臘學者將他的名字拼成Tnephachthos或Tnephachtho)，他經過很多次戰爭，大約在725 B.C.成為下埃及的國王。

37　參閱希羅多德《歷史》第2卷42節，提到宙斯稱為阿蒙是因為阿蒙人的關係，這個民族來自南部的埃塞俄比亞。

38　阿布德拉的赫卡提烏斯是西元前4世紀的哲學家和歷史學家。

10 希臘最賢明的智者都可以出面作證，以上所言絕不虛假：梭倫、薩里斯、柏拉圖、優多克蘇斯、畢達哥拉斯，全都前往埃及與祭司交往[39]，在這幾個人當中還要加上萊克格斯（Lycurgus）。他們提到優多克蘇斯的導師是孟菲斯的喬努菲斯（Chonuphis）；梭倫接受塞埃斯的松契斯（Sonchis）給予的指導；畢達哥拉斯則是赫利歐波里斯的厄奴菲斯（Oenuphis）。雖然畢達哥拉斯受到舉世的讚譽，他還是對埃及的祭司極其推崇，甚至抄襲他們的象徵主義和神祕學說，使得他的教義能夠融會貫通於不可解的事物之中。就整個事實而論，畢達哥拉斯的訓誡[40] 很難用筆墨表達清楚，因此他的著作被稱為象形文字，諸如：「不要坐在便桶上面進食」；「不要呆坐在糧斗上面」；「不要砍掉椰棗樹的嫩芽」；「不要在屋內用鐵器撥爐火」。

就個人的看法來說，我認為埃及人所用的稱謂，像是同心協力的阿波羅、善惡兩元的阿特米斯、每周一輪的雅典娜和第一個立方體的波塞登；即使與他們的神廟中裝飾的雕塑和畫像，所描繪的人物有雷同之處，埃及人也都能盡量容忍。他們的國王和主神奧塞里斯，表達的圖形是一隻眼睛和一根權杖[41]；甚至有些人想要解釋名字像是「許多眼睛」[42] 所表示的含義，使用的原則是os在埃及語文的意義是「許多」，iri意為「眼睛」；談起上蒼，具備永恆的特質已經無法計算年數，所用的圖形是一顆心下面掛著懸吊香爐。底比斯設置很多法官的雕像都沒有手臂，為首的正義女神像閉上眼睛，表示祂公正無私不受禮物和關說的影響[43]。

將校的印璽上面雕刻一隻甲蟲的形狀[44]，在他們的觀念之中，所有的甲蟲都是雄性[45] 沒有雌性。它們將精液噴射在所建構的圓形物體上面，不僅沒有為未來的幼蟲安排食物的供應，同樣沒有準備養育的場合。

---

39 有關這方面的記載，可以參閱戴奧多魯斯‧西庫盧斯《希臘史綱》第1卷96節和98節；亞歷山卓的克里門《對希臘人的勸戒》第1卷69節；本書第47章〈論蘇格拉底的保護神及其徵兆〉7節，以及蒲魯塔克《希臘羅馬英豪列傳》之〈梭倫傳〉26節。

40 畢達哥拉斯的教條著重比喻的運用，能與日常生活相結合，所謂難懂是見仁見智的說法；可以參閱本書第1章〈子女的教育〉17節；蒲魯塔克《希臘羅馬英豪列傳》之〈努馬傳‧龐皮留斯〉14節。阿昔尼烏斯《知識的盛宴》第10卷77節以及戴奧吉尼斯‧利久斯《知名哲學家略傳》第8卷17-18節。

41 偶爾在埃及的紀念碑上看到這些圖形，可以參閱本章第51節，前者一個圖形是說國王有先見之明，後者表示國王有莫大的權力。

42 參閱戴奧多魯斯‧西庫盧斯《希臘史綱》第1卷11節。

43 參閱戴奧多魯斯‧西庫盧斯《希臘史綱》第1卷48節之6。

44 這是埃及的聖甲蟲，與金龜子同類，參閱普里尼《自然史》第30卷13節。

45 這種觀念在古代經常可以看到，全部雄性表示神聖和純潔；像是伊利安《論動物的習性》第10卷15節以及波菲利《論禁絕》第4卷9節。

11 克莉女祭司，無論妳在何處聽到那些傳統的故事，埃及人談起他們的神明，有關浪跡全國各地，權力受到分割，以及經歷各種災難，妳要記得不必信以為眞，不管他們說得天花亂墜都是一些杜撰之詞，實際上根本沒有發生這回事。他們不會將狗取名為赫耳墨斯，事實上這是最適當的稱呼；他們一直與最精明狡黠的神祇相處在一起，帶有野獸的警覺、謹愼和機敏，如同柏拉圖所說那樣[46]，分辨友情或敵意要視認識與否而定，即識者爲友而不識者爲敵。他們並不相信太陽如同新生的嬰兒從睡蓮中間升起；他們繪出太陽上升的圖形，帶著象徵的意義指出太陽在水體當中點燃。

渥克斯是最殘忍又恐怖的波斯國王，他將很多人處死最後還是宰殺阿派斯[47]，與他的朋友在一場宴會當中分享難得的美食，因此埃及人將他稱為「屠刀」，難聽的名字一直傳到今天還留在國王的名冊上面[48]。看起來非常明確，他們毫無意願用這個名字表示他有實質的存在；只是說他的性格是如此的剛愎和邪惡，可以比擬爲一件用來謀殺的工具。要是你聽到神明的事蹟出於不可思議的方式，就用虔誠而寧靜的態度接受他們所做的解釋；如果你經常實施和談論早已制定的宗教儀式，相信無須奉獻犧牲，不必做出討好神明的行爲，只因爲你相信祂們眞正的稟賦；這樣你就可以避開幾乎與無神論同樣有害的迷信。

12 接著用極其簡短的文字所敘述的故事，已經將無益世道人心和過於冗長複雜的情節，全部略過不提：他們說是等到太陽知曉雷亞和克羅努斯交媾[49]之事，就對前者發出詛咒之辭，無論何年何月都無法生下一個子女；赫耳墨斯對雷亞這位女神有愛慕之心，於是與她結爲配偶。後來他運用計謀對付月亮，從它那裡贏得整個明亮周期[50]，就是每一個十七分之一的部分；再從

46　參閱柏拉圖《國家篇》375E，只是這種區分敵友的方式，大都出現在動物身上，特別是豢養的牲口諸如家犬之類。

47　阿派斯是神聖的公牛。

48　無論提到康貝西斯還是渥克斯，都說這兩個極其暴虐的昏君，竟然殺死聖牛阿派斯；本章第44節以及希羅多德《歷史》第3卷29節，認為是康貝西斯下的手；至於本章第31節和伊利安《歷史文集》第4卷8節，則歸罪於渥克斯。然而在《論動物的習性》第10卷28節，伊利安又說這兩位都犯了同樣的罪行。

49　這一段敘述像是與希臘神話格格不入，尤其後面提到赫耳墨斯愛上雷亞更是荒謬不經，因為雷亞和克羅努斯是宙斯的母親和父親，天神宙斯與邁亞生下「神的使者」赫耳墨斯，算起來雷亞應該是赫耳墨斯的祖母。

50　中國以每月15日是望日，羅馬的曆法稍有不同，以3、5、7、10月的15日以及其他各月的13日是望日，望日向前推第九天是「初盈」，向後數第九天是「盈甚」，扣除重疊的一天，所以

贏得的總數構成五個整天，添加在原來的三百六十天之內。直到今天埃及人還將這五天稱爲插入曆法的閏日[51]，當作神明的誕辰加以慶祝。

他們談起奧塞里斯出生在第一天，就在呱呱落地的時候，發出很大的聲音在宣布：「祂是領導萬物迎向光明的主神」。還有人特別說起底比斯一位名叫帕美勒斯（Pamyles）[52] 的賣水者，聽到從宙斯神廟發出的話語，吩咐他大聲宣布，強大和仁慈的國王奧塞里斯已經來到世間；因爲克羅努斯對他非常信任，將身爲幼兒的奧塞里斯託付給他撫養。特別舉行名爲帕美利亞（Pamylia）的祭典，用來推崇他的功績，慶祝的場面有手持陽具模形遊行的隊伍。第二天是阿魯埃里斯（Arueris）的生日，他們將祂稱爲阿波羅，也有人認爲祂是年長的荷魯斯（Horus）。第三天是泰封的出生，並非正常的產期或方式，而是在猛擊之下使母親的側邊裂開，他從中間一躍而出。第四天是艾希斯生在一個潮濕的地區[53]。第五天是尼弗齊斯（Nephthys），他們還給她取了一個「終結者」的名字，也有人稱祂爲阿芙羅黛特或者「勝利女神」。

還有流傳已久的神話，說是奧塞里斯和阿魯埃里斯出身來自太陽，艾希斯來自赫耳墨斯，泰封和尼弗齊斯來自克羅努斯。基於這種理由，國王認爲第三個閏日主凶，不宜處理任何事務，應該妥善照應自己的身體直到入夜爲止。他們提到尼弗齊斯成爲泰封的妻子；艾希斯和奧塞里斯相互愛慕，沒有出生之前留在黑暗的子宮已經成爲夫婦。有人說阿魯埃里斯出自這次的結合，只是埃及人稱他爲年長的荷魯斯，希臘人稱他爲阿波羅而已。

13 奧塞里斯在統治期間採取第一個行動，就是將埃及人從貧困又野蠻的生活方式當中解救出來[54]。他展示耕耘收穫的果實，制定所需的法律，教導大家要敬拜神明。接著他走遍全國教化當地的民眾[55]，無須動用軍隊

（續）

整個明亮周期是十七天。

51　參閱希羅多德《歷史》第2卷4節；提到埃及人是全人類當中第一個想出用太陽年來計時的民族，那就是一年分為各有三十天的十二個月，每年之外再加五天，這樣一來季節的循環就與曆法吻合。

52　想要知道帕美勒斯(他的名字可以拼成Paamyles或Pammyles)是何許人，可以參閱柯克《阿提卡喜劇殘本》第2卷289頁，得知祂是普里阿帕斯(Priapus)地區的神祇，現在受到埃及人的膜拜。

53　這是毫無疑問的事，因為艾希斯是植物之神、尼羅河女神和海洋之神，當然與潮濕有密切的關係。

54　參閱戴奧多魯斯‧西庫盧斯《希臘史綱》第1卷13-16節。

55　參閱戴奧多魯斯‧西庫盧斯《希臘史綱》第1卷17-18及20節。

的力量，靠著誨人不倦的說服和本身具備的魅力，加上歌曲和各種音樂的陶冶，贏得民心的支持和擁戴。希臘人當中只有戴奧尼蘇斯的德行能夠與他不分軒輊[56]。奧塞里斯不在國內這段期間，從傳說得知泰封沒有採取奪權的行動，政局都在艾希斯的控制之下，何況她還提高警覺，留心所有可能發生的狀況。

　　等到奧塞里斯返回宮廷，泰封在背後策劃陰謀活動，組成的叛亂團體一共有七十二位成員，這時有位來自埃塞俄比亞的皇后名叫阿索(Aso)，受到泰封的蠱惑願意與他合作。泰封暗中量出奧塞里斯全身的尺寸，然後照著這個大小製作一個極其精美的箱子，裝飾得富麗堂皇，然後將它帶到舉行祭典的房間，在場人員看到以後非常高興，大家贊許不已。這時泰封用開玩笑的口吻說起，只要任何人躺在箱子裡，高度完全一致沒有絲毫空隙，就可以獲得這份禮物。他們每個人輪流去試都不適合；等到奧塞里斯坐到裡面躺了下來，參加密謀的成員很快跑上去，用力砰的一聲將箱蓋關閉，接著在外面用鐵釘封得非常牢固，再用熔化的鉛灌在四周的縫隙。然後他們抬著箱子到達河邊，丟入河中順著水流經過塔尼蒂克(Tanitic)河口進入大海。

　　直到今天埃及人還將這個河口稱為「憎恨和厭惡之地」。這就是流傳的故事。他們說謀害的行為發生在Athyr第十七天(11月17日)[57]，太陽正好通過天蠍座，奧塞里斯統治第二十四個年頭，有人認為這個年數與統治無關而是他的年齡。

14 牧神潘(Pans)和薩特住在奇美斯(Chemmis)[58]周邊地區，這兩位最早得知謀叛的行為，後來讓大家明瞭整個事件的來龍去脈，因而直到現在，群眾突然陷入混亂和恐懼之中稱之為panic即「驚慌」之意。等到艾希斯聽到不幸的消息，立刻剪下一縷束髮並且穿上喪服，所在的地點是一個城市，到現在還用柯普托(Kopto)[59]這個名字。有人認為這個名字意思為剝奪，他們用koptein這個字表示「奪去」之意。

　　艾希斯處於窮途末路之餘只有浪跡各地，碰見任何人都要打探一番，甚至就是遇到一些小孩，她都問他們有關箱子的事。正巧他們看到這件事，告訴她說是泰封的朋友在河口將棺木丟進大海。從此埃及人有種想法，那就是幼童擁有未卜

56　希羅多德《歷史》第2卷42節和144節，都有這方面的記載，而奧塞里斯用希臘語來念就會念成戴奧尼蘇斯。

57　這個日期應該是11月13日，要是當成月份應該是閏月。

58　奇美斯是一個埃及城市，所處的位置接近底比斯，希臘人將它稱之為潘諾波里斯(Panopolis)。

59　柯普托是位於上埃及的一個城市；參閱伊利安《論動物的習性》第10卷23節。

先知的能力[60]，他們想從可見的徵兆用來推測未來的狀況，發覺幼童的話非常有用，特別是他們在神聖的地點嬉笑玩耍的時候，或是突然心血來潮發出喊叫。

他們還提到艾希斯已經知道奧塞里斯與她的姊妹發生關係[61]，這完全是一場誤會，因為奧塞里斯看到艾希斯留給尼弗齊斯用紫丁香製成的花冠，以為尼弗齊斯就是艾希斯，尼弗齊斯願意這樣做，是想要生一個小孩。等到分娩以後，身為母親的尼弗齊斯害怕泰封知道，將事情的來龍去脈全部交代清楚。艾希斯在一群獵犬的幫助之下，歷經辛苦和困難總算找到這個小孩，在她的撫養之下長大，成為她的侍衛和隨從，得到阿紐比斯(Anubis)這個名字，意思是他保護神明如同狗群在保護人類[62]。

15 他們提到艾希斯得知箱子在海上漂浮靠近拜布拉斯(Byblus)[63]的陸地，輕柔的波浪將它帶到一叢石南當中，這棵樹在很短期間內長得美麗又茂盛，下垂的枝葉掩蓋得非常嚴密，結果整根樹幹將箱子緊緊圍住變得碩大無比。當地的國王讚許這棵植物的高大，正好是圍住箱子的部分被砍了下來，用來當成柱子支撐房舍的屋頂。他們說事實上謠言女神的顯靈讓艾希斯得知消息，於是她在一躍之下來到拜布拉斯，坐在地上感到沮喪，眼淚潸然流淌[64]。

她不與任何人交談，僅對王后的侍女表示願意親近，對待她們非常友善，將她們的頭髮編成辮子，使得每個人都從她的身上沾染醉人的香氣。這時王后從侍女那裡知道遠方來了一位不知名的婦女，不僅會梳理頭髮而且全身異香撲鼻。因此艾希斯被召進宮廷變得與王后熟悉起來，這時王后有一個嬰兒，就讓她成為奶媽。他們說國王的名字是馬爾康德(Malcander)，王后的名字有人說是阿斯塔提(Astarte)，或者是薩奧西斯(Saosis)或尼瑪努斯(Nemanus)也說不定，希臘人稱她是阿瑟納伊斯(Athenais)。

16 他們提到艾希斯用手指代替乳房讓嬰兒吮吸，到了夜間將他放在火上燒死，自己變成一隻燕子飛向木柱，口中發出嗚咽的悲嘆之聲，

---

60 可以參閱笛歐・克里索斯托姆《演說集》第32卷364D，以及伊利安《論動物的習性》第11卷10節，都有類似的論點。

61 這裡所指的姊妹就是尼弗齊斯，參閱本章前面的第13節。

62 參閱戴奧多魯斯・西庫盧斯《希臘史綱》第1卷87節。

63 參閱阿波羅多魯斯《作品全集》第2卷1節之3。

64 荷馬風格的《德米特讚曲》第2卷98行及後續各行，對於耕種女神可以看到同樣的敘述方式。

等到王后發現情形不對，看到她的嬰兒葬身火中，大喊一聲因而香消玉殞。然後女神靠近支撐屋頂的木柱查問當時的狀況，她輕而易舉移開這根石南樹幹，劈開將箱子圍住的部分，用一件亞麻衣物包住砍下的木頭，還將一瓶香水傾注在上面，交代以後的國王要把它當作神聖的物品好好保管。甚至到了現在拜布拉斯的民眾，對於這段木頭還是極其尊敬，將它存放在艾希斯神廟。女神帶著悲慘的哭聲投向棺木，憤怒的情緒使國王的幼子在該地喪失性命，她將長子留在身邊，棺木安置在一艘船的甲板上面，開始啓航離開陸地，斐德魯斯（Phaedrus）河的激流在清晨引發一陣強烈的暴風，女神在氣惱之餘使得該條河流立即乾涸。

17 她在到達的第一個地點發現蟄居之所，等到內心已經安靜下來，他們說她打開木箱，將面孔伸進去親吻死者，接著淚下如雨。國王的長子默不作聲跟在她後面，把一切都看在眼裡，等到女神發覺有人在場，轉過頭去帶著憤怒給予令人毛骨悚然的凝視，幼童無法忍受如此恐怖的威脅，立即死於非命。有人說並不是這回事，斷言國王的長子是在船上失足從甲板跌入海中淹斃，航行的狀況前面已經提過。因爲女神的關係，他也是榮譽的接受者；他們說埃及人在歡樂的聚會當中，經常歌頌的馬尼羅斯（Maneros）就是那位不幸的幼童[65]。還是有人認爲他的名字是帕利斯蒂努斯（Palaestinus）或佩盧休斯（Pelusius），女神是著名城市的建立者，用上幼童的名字表示對他的厚愛和恩惠。

他們詳述這位馬尼羅斯是歌謠的主題，因爲音樂出於他的創作。有人說這個字不是任何人的名字，而是在飲酒和宴會當中使用的客套話，表示「萬事如意」之意，這種說法眞是很有道理，因爲埃及人只要感到不可思議，經常發出表示maneros「驚嘆」的叫聲。我們可以用同樣的方式來確認屍首的外表，已經放在木箱當中展示在眾人的面前，無須提醒大家說是奧塞里斯竟然遭到謀害的下場，有些人經過推測大致知道整個情況。這樣做等於在催促那些凶手要享受目前的好時光，事實上他們也有這樣的打算，很快他們下手的方法和所要達成的企圖，都會在狂歡作樂的場合吐露出來[66]。

65　埃及人認為馬尼羅斯是第一位國王的獨子，過早的夭折給大家帶來痛苦：參閱希羅多德《歷史》第2卷79節；鮑薩尼阿斯《希臘風土誌》第9卷29節之3；阿昔尼烏斯《知識的盛宴》620A。

66　參閱本書第13章〈七位哲人的午宴〉2節；希羅多德《歷史》第2卷78節；盧西安《論葬禮》（De Luctu）第21節。

18 他們提到艾希斯在她的兒子荷魯斯出生以後，將他送到布托 (Buto)⁶⁷ 去撫養，在一個偏僻的地方將木箱交給他保管，泰封在夜間的月光下面出獵，很不幸被他發現，認出遺骸再將它砍成十四塊⁶⁸，分別散布在不同的區域。艾希斯知道出了問題，再度出去尋找，坐著紙草船在沼澤上面航行，這也是人們以後乘坐這種船隻，所以不能傷害鱷魚的理由，因為這種動物向女神顯示既畏懼又尊敬的態度。

奧塞里斯的屍體遭到支解，獲得傳統的結局是在埃及出現很多稱為「奧塞里斯之墓」的地點⁶⁹，因為艾希斯只要找到一塊屍骸，就在那個位置舉行一次葬禮。還有人否認這方面的做法，說艾希斯要在幾個城市為奧塞里斯樹立雕像，所以藉口要將他的遺骸送去，她這樣做的目的是為了在更多的城市，讓奧塞里斯獲得封神的榮譽和尊嚴。當然還有一種考量，如果泰封能夠擊敗荷魯斯，由於有這樣多的奧塞里斯之墓，他要想找出真正的墳墓，一定會感到失望。

所有奧塞里斯的遺骸，只有一塊艾希斯沒有找到，他的陽物很快被扔到河裡，結果被鱷魚、真鯛和梭子魚全部吃光⁷⁰，埃及人對忌諱方面非常謹慎，提到的幾種魚都禁絕食用。艾希斯為生殖器做了一個複製品用來取代，所以埃及人對陰莖崇拜⁷¹ 非常流行，直到現在還為此舉行盛大的慶典。

19 他們提到奧塞里斯從另外一個世界返回陽間，教導和訓練荷魯斯從事戰爭的工作，經過了一段時間，奧塞里斯問荷魯斯那一件事他認為最高貴，荷魯斯的回答是「要為父母報仇雪恥，徹底洗刷冤屈羞辱」，奧塞里斯再問他那一種動物在戰場的用處最大，這時荷魯斯說是「戰馬」，奧塞里斯感到奇怪提出一個問題，為什麼他不說獅子而是馬匹。荷魯斯的答覆是獅子對需要幫助的人而言，的確是非常有用的猛獸；然而馬匹發揮的功能在於切斷敵人的逃走路線，最後把他們殲滅在戰場。

奧塞里斯聽到這番話感到極其欣慰，他覺得荷魯斯已經完成所需的準備。據

---

67 布托是位於下埃及的一個城鎮。
68 14這個數字表示從滿月到新月的虧缺天數；參閱本章第42節。戴奧多魯斯‧西庫盧斯《希臘史綱》第1卷21節，說是砍成十六塊。
69 參閱本章第20節和35節；以及戴奧多魯斯‧西庫盧斯《希臘史綱》第1卷21節。
70 參閱斯特拉波《地理學》第17卷1節之40。
71 不僅是埃及，全世界所有古老民族，都有用陽具做成圖騰的習慣；參閱戴奧多魯斯‧西庫盧斯《希臘史綱》第1卷22節之6。

說很多人投向荷魯斯表示忠誠之心，甚至連泰封的侍妾也要前來歸順，一條蛇追她，被荷魯斯的手下斬成幾段，爲了紀念難忘的事蹟，民衆在舉行慶典的時候，將一根繩索丟在人群當中，大家拿刀將它砍得愈碎愈好。

　　他們提到這場會戰延續很多天，最後荷魯斯獲勝，只是等到泰封鐵鍊加身押解到艾希斯面前，她不僅沒有將泰封處死，反而釋放讓他離開。荷魯斯對縱虎歸山氣憤在心難以忍受，舉手打他的母親，還將皇冠從她頭上扯落；赫耳墨斯製造一頂頭盔，形狀像是母牛的頭，讓她戴了起來，以後荷魯斯再也難動分毫。

　　泰封正式提出控訴說荷魯斯是私生子，沒有繼承的權利，赫耳墨斯給荷魯斯辯護，認爲誣告的案件應該交給神明來裁決，須知他有合法的身分。泰封在另外兩場會戰中還是吃了敗仗。奧塞里斯在死後還是與艾希斯結成連理，她成爲哈波克拉底(Harpocrates)的母親，提早出生使得他的兩條腿軟弱無力[72]。

20 這部傳奇幾乎所有主要情節都已敘述，還是遺漏幾個重點，像是荷魯斯遭到五馬分屍的下場[73]，以及艾希斯難逃斬首示衆的處分。我認爲有一件事不必向大家提起：如果他們堅持古老的見解和描述原來的故事，認爲與神聖和不朽的性質(按照這樣的說法，我們必須建構出神聖的概念)有關，而且類似的行爲和事件確實發生。那麼，如同伊斯啓盧斯所說的那樣：

　　對著別人吐口水並不打緊，
　　事後需要再把嘴巴洗乾淨。[74]

事實上是你厭惡這些人，因爲他們對神明抱著如此變態而蠻橫的觀點，從他們的記載可以得知，並不像結構鬆散的傳說和輕浮杜撰的戲劇，這是詩人和作者從自己的言行演進而來，在運用蜘蛛織網的方法以後，可以編造和延伸首次出現還未確定的觀念；敘述的故事包含某些如同猜謎一樣令人困惑的事件和經驗，可能只有你自己懂得是怎麼一回事。

　　就如我們見到天際的彩虹，根據數學家的意見，它是太陽光線的反射，形成

72　艾希斯生下哈波克拉底，早產的關係嬰兒的發育不夠成熟，他們將成長的扁豆初生果實，當成祭品奉獻給他；參閱本章第65節。

73　參閱本書第69章〈論柏拉圖《泰密烏斯篇》有關「靈魂的出生」〉17節；以及蒲魯塔克《論靈魂》第1卷6節。

74　瑙克《希臘悲劇殘本》之〈伊斯啟盧斯篇〉No.354。

很多種顏色固定在雲層上面，然後折返我們的視覺之中；因此舉凡奇特的情節能夠定形，在於它對照一些眞正的史實，讓我們的思想回溯到其他的事物。埃及人使用的祭品和犧牲讓我們聯想到，他們的悲傷和憂鬱的確反映出生活的特質；還可以從廟宇的結構[75]看出一些端倪，部分建築延伸到兩翼的廂房，以及沒有頂蓋和視線不會遮斷的走廊，還有部分建築是蓋在地下陷入黑暗當中神秘的聖器間，形式有如密室或小禮拜堂；據說奧塞里斯的遺骸分散在很多地點，成爲建立他的神廟所抱持的論點，可以說是非常重要的依據。

他們提到戴奧契底(Diochites)[76]的名字僅用於一個小鎮，理由是該地才有他眞正的墓地。埃及那些有錢有勢的人物，幾乎都把他們的墳地建在阿布多斯(Abydos)，在世最大的願望是亡故以後，能與奧塞里斯的骸骨埋葬在同個地點。阿派斯是奧塞里斯靈魂的化身，因爲奧塞里斯的遺骸有部分留在孟菲斯，他們提到阿派斯也要在這裡入土爲安。孟菲斯這個城市的名字，有人解釋爲「人間的天堂」，還有人說它的意義直截了當就是「奧塞里斯之墓」。他們說到位於費立(Philae)[77]附近的神聖島嶼，外來者非常難以抵達，甚至飛鳥都無法降落，就是魚類也游不到，大多數時間都是人跡罕至。然而在一個特定時間，祭司歷盡險阻渡越過去，要爲亡靈舉行獻祭的儀式，將花圈放置在墳墓上面，整個墓地被稱爲猴麵包樹的喬木圍繞，都在它的陰影遮蓋之下，這種聖潔的植物非常高大，橄欖樹與它根本無法相比。

21 根據傳聞奧塞里斯的墳墓遍布埃及各地，優多克蘇斯卻說他的遺體葬在布西瑞斯，因爲該處是祂出生之地；塔弗西瑞斯(Taphosiris)[78]無須提出任何辯解，這個名字的意義就是「奧塞里斯之墓」。我可以將木頭的劈開、亞麻布的撕破和酹酒的施用都放過不理，因爲他們有很多的秘密儀式，所有的項目都已經包括在裡面。我所關心的對象不僅是所提到的神，還有其他的神祇，祂們的存在沒有開端也應該沒有終結，祭司說到祂們的身體，等到完成在世

---

75 參閱斯特拉波《地理學》第17卷1節之28。

76 這裡提到的戴奧契底在於改正一份手抄本的錯誤，因為有位名叫司提法努斯·拜占蒂努斯(Stephanus Byzantinus)的學者，就地理學的觀點強調他的看法，才獲得這樣的結論。

77 戴奧多魯斯·西庫盧斯《希臘史綱》第1卷22節，以及斯特拉波《地理學》第17卷，都支持經過改正的說法，認為費立這個地點位於神聖的島嶼；還是有人把費立當作孟菲斯一個城門的名字。

78 參閱斯特拉波《地理學》第17卷1節之14，無論這個名字是塔弗西瑞斯還是塔波西瑞斯(Taposiris)，並沒有半點表示墳墓的意思。

間的工作，就由祭司保管在祂們所喜愛的地點，這時祂們的靈魂上升到蒼穹如同群星的照耀，艾希斯的靈魂被希臘人叫成天狼星，埃及人則將祂稱爲索昔斯(Sothis)[79]；荷魯斯的靈魂是獵戶座，泰封的靈魂則是大熊星。他們提到埃及人對於動物的埋葬，不僅同意給予妥善的安排，也要表達敬重之意[80]；底比斯的居民不願這樣做，他們只相信永生不朽的神明，唯有稱爲尼夫(Kneph)的神生存沒有起點所以沒有終點。

22 很多像這樣的事物之所以受到描述，或是被人在背後指指點點，主要在於這是爲了慶祝國王和僭主極其可怕和重大的行動和經驗，特別是他們有理由相信自己擁有卓越的德行或能力，獲得的光榮可以稱之爲神明，等到後來屈從於反覆無常的命運[81]，只有拿出最輕鬆的方法逃避對他們的敘述，不會做出愚蠢的言行，以至於名譽掃地從天神轉變成凡人，處於這種狀況，他們反而支持非常普通的傳聞。事實上埃及人的神話當中赫耳墨斯有瘦長的臂和肥大的肘；泰封的臉色紅潤，荷魯斯的面容蒼白，奧塞里斯則是黝黑，表現祂們的天性如同難逃一死的凡夫俗子。他們給予奧塞里斯的頭銜是將領，坎諾帕斯(Canopus)是舵手，他們說星球從而獲得名稱，所以希臘人將船隻稱爲阿爾戈(Argo)，外形看來像是奧塞里斯的旗艦，受到他的恩賜能夠列入星座之中，運行的路徑離獵戶座和天狼星不遠，埃及人相信前者奉獻給荷魯斯，後者是艾希斯的標記。

23 我一直遲疑不決，爲的是不想做吃力不討好的事情[82]，如同賽門尼德所說的那樣[83]，不僅「頂住千古的時間長流」，還要「對抗無數的國家和種族」；他之所以會有這樣的豪情壯志，在於對神明始終保有虔誠之心。雖然我們無法像他一樣，也不必非要做到那種程度：像是將天上的名字移植到世間；像是消除人類從出生開始就灌輸的尊敬和信心；像是爲心目中沒有神明存在

79 參閱本書第65章〈陸生或海生動物是否能更爲靈巧〉21節。
80 參閱戴奧多魯斯‧西庫盧斯《希臘史綱》第1卷84節；這裡面還涉及巨大的費用。
81 在於「難免一死」使得他們失去神性；就會產生下面一節所出現的狀況。這也是帶有優赫門魯斯風格(Euhemeristic)最爲常見的論點。
82 這是一條諺語，參閱柏拉圖《法律篇》684D。
83 參閱貝爾克《希臘抒情詩集》第3卷〈賽門尼德篇〉No.193；以及艾德蒙《希臘抒情詩》第2卷340頁。

的群眾打開更寬闊的大門；像是貶低神聖的事物到人類的水平；像是將光輝的特權給予梅西尼的優赫門魯斯。

最後提到這位人物經常發表虛偽的言論，特別是他對一部難以置信和不再存世的神話集[84]，製作很多部抄本，為了將我們所相信的神明從記憶中抹掉，就把他們的名字轉換到將領、提督和國王的身上，使得無神論的思想傳播到有人居住的世界。這個人的確生存在非常古老的年代，留下的預言用金字刻在石碑上面保存在潘喬(Panchon)，說是除了優赫門魯斯，沒有一個外國人或希臘人，能夠做出褻瀆神聖的事情。好像他要從事一次遠航，前往潘喬人和垂菲利亞人(Triphyllians)居住的地方；然而這兩種人沒有住在地球上面，也就是說他們並不存在！

24 無論如何，亞述人要慶祝塞美拉米斯的豐功偉業，埃及則是塞索斯特瑞斯的光榮戰果。甚至時到今日，弗里基亞人因為馬尼斯(Manes)[85]的緣故，將光彩奪目的功勳稱為manic，這裡提到的馬尼斯是年代很早的國王，行事公正善於戰陣征伐，是當時最具影響力的人物；有人認為他的名字應該是瑪斯德(Masdes)才對。居魯士領導波斯人走上富國強兵之道；馬其頓人亞歷山大的勝利接踵而至，遠征的目標抵達世界的盡頭。然而舉凡高貴的國王在世所能擁有的東西，僅不過名望和聲譽而已。如同柏拉圖所說：「有些人的靈魂為青春之火點燃，過分的自負使他得意忘形，傲慢之餘就是愚蠢隨之而來。」[86]他們僭用神明的稱號或為獲得尊榮為自己建起廟宇，然而這種炫耀的聲望只能延續很短期間，最後的宣判是虛浮和詐欺，

　　命運的變幻有如縷縷青煙，
　　一剎那消失在上升的空間。[87]

---

84 戴奧多魯斯·西庫盧斯《希臘史綱》第5卷41-46節和第6卷1節，用很長的篇幅提到優赫門魯斯的著述，引用那些讓人難以置信的情節。

85 希羅多德《歷史》第1卷94節和第4卷45節，前面提到馬尼斯的民眾遭到饑荒向外邊移，後面說是亞細亞的名字來自他的孫子亞細伊斯(Asies)，看不出他本人有什麼豐功偉業。

86 出自柏拉圖《法律篇》716A。

87 這兩句詩的作者是伊姆皮多克利；參閱狄爾斯(Diels)《哲理詩殘卷》之〈伊姆皮多克利篇〉106頁No.2。

　　現在就像逃亡的奴隸喪失人身保護的權利，會被拖離他們的神廟和祭壇，除了對他們的記憶和埋葬的墳墓，已經沒有任何事物留在世間。安蒂哥努斯一世在位的時候，赫摩多都斯在一首詩中讚譽他是「太陽神的後裔」。國王說道：「寢宮裡面服侍我，給我倒尿盆的奴隸，絕不會想到有這麼一回事！」[88] 再者，雕塑家黎西帕斯不同意畫家阿皮勒斯的表達方式，可以說是非常正確；阿皮勒斯在他的作品當中，畫出亞歷山大的手裡拿著雷電；他的雕像卻讓亞歷山大握著一根長矛，表現的光榮不因歲月的流逝而稍有晦暗，因為他用正確的手法將真實的亞歷山大呈現在世人面前。

25　有關泰封、奧塞里斯和艾希斯的事蹟，經過深入的研判，從獲得的經驗得知，既不是神明也不是凡人，可以說他們是半神或神人比較合適。哲人諸如柏拉圖[89]、畢達哥拉斯[90]、色諾克拉底[91] 和克里西帕斯（Chrysippus）[92]，受到年代久遠的作者給予的影響，同意所謂的半神屬於神聖的事物，承認他們較之人類更為強而有力，雖然具備超越自然的能量凌駕於我們的稟賦，還是無法擁有未曾攙雜和不受污染的神性；他們所能參與的部分，除了靈魂的單純本質和身體的知覺功能，還有就是對歡樂和痛苦的感受和反應。

　　他們無論在任何地點得到的經驗，對於浮沉和盛衰的人生而言都是意外事件，或多或少成為煩憂的根源。半神如同人類具備種種不同程度的美德和惡行；巨人和泰坦神的功績深受希臘人的讚譽和推崇，克羅努斯無法無天的行為[93]，皮同對阿波羅誓不屈服的反抗，戴奧尼蘇斯的逃亡海外[94]，德米特的浪跡天涯，要是拿來與奧塞里斯和泰封的功勳事蹟相比，並不見得有任何遜色之處；何況每個人都能在傳說和神話當中，一再聽到重複敘述的各種豐功偉業。從而得知很多事

88　蒲魯塔克在本書第15章〈國王和將領的嘉言警語〉28節之7，提到同樣的故事，只是情節稍有出入。

89　柏拉圖《會飲篇》202E，提到愛是一個非常強勢的精靈；凡是精靈都介於神與人之間。

90　參閱戴奧吉尼斯‧利久斯《知名哲學家略傳》第8卷32節。

91　參閱斯托貝烏斯《牧歌》第1卷2節29行。

92　克里西帕斯（280-206 B.C.）生於西里西亞的索利，在雅典成為名重士林的斯多噶學派哲學家；參閱本書第21章〈羅馬掌故〉51節、第71章〈論斯多噶學派的自相矛盾〉39節；以及阿尼姆《古代斯多噶學派殘卷》第2卷No.1103。

93　克羅努斯是泰坦神之一，祂是宙斯的父親；這裡是說祂為了報復起見，要在祂的父親天神烏拉努斯身上發洩怒氣。

94　荷馬《伊利亞德》第6卷135行及後續各行；如果戴奧尼蘇斯真是驚慌逃到海中，優里庇德的悲劇《酒神信徒》才會描述平修斯（Pentheus）的死亡過程。

務爲了避開平民大眾的所見所聞，將它們藏匿在奧秘的儀式和典禮的後面，這樣就會產生完全類似的詮釋。

26 我們讀荷馬的史詩，發現他在很多場合用不同的方式稱呼善行，如同「神而明之」[95]、「匹敵神明」[96] 或「智慮如神」[97]；從半神（笛蒙[Daemons]或神人或次神）獲得的形容詞僅僅值得或不值兩種，例如：

> 惡魔附身的笛蒙，汝前行！
> 爲何要如此恐嚇亞哥斯人？[98]

再者：

> 他猛衝過來已有四次之多，
> 奮勇拚鬥的樣子像是笛蒙。[99]

以及：

> 有如魔鬼的笛蒙淨幹壞事，
> 醜陋的靈魂毫無慈悲心意，
> 普里安被你弄得家破人亡，
> 美麗的城市只留斷垣殘壁。[100]

假定半神（或者笛蒙）天生就有複雜的性格和矛盾的意圖，柏拉圖加以區分[101]：奧林帕斯的神明具備的特質是右邊和奇數，身爲半神則適得其反。

---

95 這句話在荷馬的作品當中出現四十四次之多。
96 荷馬運用這種表達方式多達六十二次。
97 荷馬《奧德賽》第6卷12行。
98 荷馬《伊利亞德》第13卷810行；埃傑克斯將赫克托叫作笛蒙。
99 荷馬《伊利亞德》第5卷438行、第14卷436行和第20卷447行；用來稱呼的對象分別是戴奧米德、埃傑克斯和阿奇里斯。
100 荷馬《伊利亞德》第4卷31行；這是宙斯的天后赫拉的譴責之辭。
101 參閱柏拉圖《法律篇》717A，只提到冥府的神明得到的榮耀低於奧林匹克的天神，並沒有用左邊和偶數凸顯黑暗之神的特質。

　　色諾克拉底表示類似的意見，說是在世的日子充滿惡兆，設置的節慶關係著敗北或是哀悼或是齋戒或是粗野的言詞或是猥褻的玩笑，完全無關於神明的尊榮，也不是為了值得如此推崇的半神。他相信在我們四周的空間，存在著偉大又權勢驚人的形體，具備鐵石心腸和陰鬱氣質，喜愛從惡兆和逆境當中尋找歡樂，設若這些無以名之的怪物能夠成功的操控有形的世界，再也不會出現更惡劣的狀況。

　　赫西奧德將可敬和心善的半神稱為「聖潔的精靈」或「人類的護衛」[102]，或

> 尊貴的財神，施捨的酬庸
> 有如一擲千金的慷慨國君。[103]

柏拉圖稱呼這一類的神格為解惑和服侍的階層，地位處於神祇和凡人之間，他們向上界轉呈人類的祈求和請願，將神讖和恩惠送到世間[104]。

　　伊姆皮多克利曾經說過，半神要為所犯的罪愆以及忽略的職責接受應有的懲罰：

> 從天堂流放到荒涼的海洋，
> 接著將其打入黑暗的地獄，
> 經歷陽光的淨化押回上天，
> 輪迴過程遭到排斥和厭惡。[105]

一直到他們受到責打和完成淨化，能夠恢復原來的立場和地位，這時就會與自然女神(Nature)融洽無間。

27 有關的傳說提到泰封的內容都是大同小異，如何為嫉妒和敵意激起的罪行，運用恐怖給所有事物帶來混亂，暴戾之氣充滿整個世界和海洋，帶來無窮的禍害和災難，最後總要付出慘痛的代價。身為復仇者的艾希

102　赫西奧德《作品與時光》123行和253行；參閱本書第30章〈神讖的式微〉39節。

103　赫西奧德《作品與時光》126行，再度引用於本書第30章〈神讖的式微〉13節。

104　出自柏拉圖《會飲篇》202A；參閱本書第30章〈神讖的式微〉10節和13節；以及哈利卡納蘇斯的戴奧尼休斯《羅馬古代史》第1卷77節。

105　這段較長的詩篇當中有部分出自伊姆皮多克利的著作；參閱狄爾斯《哲理詩殘卷》第1卷〈伊姆皮多克利篇〉267頁No.115；以及本書第57章〈何以吾人不應借貸〉7節。

斯，她是奧塞里斯的姊妹和妻子，開始的時候只有堅忍圖成，競爭和奮鬥並非無
關緊要。須知艾希斯不是沒有到處流亡，也不是沒有在各方面展現智慧的作爲和
種種英勇的事蹟，就整體而言她不能遭到遺忘和安於平靜；艾希斯與神聖的儀式
攙雜在一起，對於她在那個時代所獲得的經驗，不僅可以能夠詳盡的描述，更可
以聯想和推測出來，不論是善意的教導和勇氣的激勵，對於男子和婦女發生莫大
的示範作用，同時還能爲自己和相關者獲得神聖的稱號。

最後艾希斯還是制止和鎮壓泰封的瘋狂和暴怒；從根本來說身爲男子和婦女
還是與過去一樣，爲悲慘的不幸所掌握和控制。她自己和奧塞里斯能將兩者的美
德從善良的半神轉變爲神祇；隨後的海克力斯和戴奧尼蘇斯也很類似，他們有資
格享受神明和半神的雙重地位和榮譽，威名遠播及於四海之內，無論世間和陰府
都擁有最高的權勢。世人確認普祿托[106]並非塞拉皮斯（Serapis）或帕西豐尼，事
實上祂就是艾希斯，甚至優卑亞的阿奇瑪克斯（Archemachus）[107]都持這種看法，
何況潘達斯的赫拉克萊德（Heraclides）[108]認爲他在坎諾帕斯得到的神讖，是用普祿
托的名義下達。

28 稱號索特爾的托勒密一世在夢中見到設置在夕諾庇[109]的普祿托巨
大雕像，他過去不知道也沒有見過這位神明，雕像在夢中吩咐他要
盡速將它運到亞歷山卓。他缺乏資料也沒有方法可以查出這座雕像位在何處，只
是把託夢顯靈的事告訴所有的僚屬，後來發現有位曾經遊歷四方的人士名叫索西
庇斯（Sosibius），在夕諾庇見過如同國王所提的巨大雕像。於是托勒密派遣索特
勒斯（Soteles）和戴奧尼休斯去完成這項任務，經過相當時日和歷經險阻艱辛，要
說沒有神明的呵護是不可能的事，他們總算成功偷走雕像，將它運了回去[110]。等
到抵達埃及暴露在眾人的注視之下；神聖律法的解釋者泰摩修斯[111]，還有塞賓尼

---

106 普祿托是冥王或地府之神，希臘神話稱爲哈得斯，是宙斯的兄弟，普羅塞賓娜的丈夫；同時
　　普祿托這個字有「財富」之意，因爲所有的金銀財寶均來自地下。
107 阿奇瑪克斯是一位歷史學家，其餘付之闕如；穆勒《希臘歷史殘篇》第4卷315頁No.7。
108 赫拉克萊德（390-310 B.C.）是柏拉圖的嫡傳弟子，當代知名的哲學家；參閱穆勒《希臘歷史
　　殘篇》第2卷198頁。
109 夕諾庇是黑海南岸非常重要的希臘城市，最早是由米勒都斯人建立，位置在帕夫拉果尼亞
　　（Paphlagonia）的西南部。
110 參閱本書第65章〈陸生或海生動物是否能更爲靈巧〉36節；塔西佗《歷史》第4卷83-84節，
　　所說的故事更爲戲劇化，情節更爲曲折；亞歷山卓的克里門《對希臘人的勸戒》第4卷48
　　節；以及奧里金（Origen）《指控塞蘇斯》（*Against Celsus*）第5卷38節。
111 這位泰摩修斯是一位法學家，服務於托勒密一世的宮廷。

都斯的馬尼索[112] 以及他們的同僚，猜想這是普祿托的雕像，他們基於隨之而來的色貝魯斯和蛇做出這樣的臆測。他們說服托勒密讓他相信得到的雕像，並非別的神明而是塞拉皮斯。那是它從夕諾庇來到埃及，大家確實無法容忍原來的名字，運到亞歷山卓用上塞拉皮斯的稱號，埃及人毫無異議加以接受。

自然學派哲學家赫拉克萊都斯說過，「哈得斯和戴奧尼蘇斯遭到同樣的待遇，接受膜拜和推崇會使他們憤怒和抓狂。」[113] 人們都贊同他的見解。事實上有人堅持外面的身體就是哈得斯，由於靈魂留在身上會激動得發瘋，這可以說是對寓言最虛妄的運用。最好的辦法是將奧塞里斯和戴奧尼蘇斯視為一人，同時塞拉皮斯和奧塞里斯沒有差別，只要奧塞里斯原來的屬性有所改變，那個時候他就會接受這些稱呼。出於這樣的理由，一般而言塞拉皮斯是所有民族的神明，甚至奧塞里斯也是如此；任何人只要參加過神聖的儀式都明瞭這番道理。

29 有位弗里基亞的作者[114] 竟然說塞拉皮斯是海克力斯的兒子，艾希斯則是他的女兒，又說泰封是阿爾西烏斯的兒子，然而阿爾西烏斯卻成為海克力斯之子，所以我們對胡言亂語的人根本不應理會。甚至就是對於菲拉克斯也要表示藐視之意，在他的筆下戴奧尼蘇斯成為第一位將兩頭公牛從印度帶到埃及的人，牲口的名字分別是阿派斯和奧塞里斯。塞拉皮斯的功業是使宇宙的運行合於規律，因而他的名字來自Sairein即「廓清」之意，也有人認為它的意義是「美化」或「秩序」。就事論事，菲拉克斯的陳述可以說極其荒謬，更加不可思議之處是他公開發表，塞拉皮斯根本就不是神，成為阿派斯所用棺柩的名稱；還說孟菲斯有一座青銅的城門，大家稱它為「遺忘和哀慟之門」[115]，只有為阿派斯舉行葬禮才打開，發出渾濁又刺耳的聲音，因而我們會拿起手邊的青銅器具開始亂敲起來[116]。

有些人對事實的陳述能夠保持中庸之道，提到事物的起源或濫觴來自seuesthai「速行」或sousthai「疾走」，它的意思是指宇宙的運行[117]。大部分的祭

112 塞賓尼都斯的馬尼索是西元前3世紀的埃及歷史學家。
113 參閱狄爾斯《哲理詩殘卷》第1卷〈赫拉克萊德篇〉81頁No.14。
114 參閱西塞羅《論神的本質》第3卷16節。
115 參閱戴奧多魯斯·西庫盧斯《希臘史綱》第1卷96節；以及鮑薩尼阿斯《希臘風土誌》第1卷18節之4和法蘭茲（Franzer）的注釋。
116 參閱本書第67章〈論肉食者鄙〉第1篇6節；羅斯《亞里斯多德殘篇》No.196；以及波菲利《畢達哥拉斯傳》第41節。
117 這種來自seuesthai或sousthai的起源令人感到可笑。

司提到奧塞里斯和阿派斯已經結爲一體，不僅可以解釋兩者的關係，同時讓我們
知道奧塞里斯是主宰的靈魂，阿派斯表現肉體的形象。就我的看法來說，如果埃
及人將神明取名爲塞拉皮斯，表示愉快和歡樂之意，因爲他們將舉行祭典稱爲獲
得sairei「歡樂」的場所，從而知道Serapis這個名字即來自sairei這個字。就事實
而論，柏拉圖說起哈得斯的得名[118]，因爲祂對那些前來與祂同住的人，表現出祂
是一位仁慈又溫和的神。埃及人中間還有很多適合的名字是真實的字句，例如他
們認爲生命走到盡頭，靈魂會在陰府某個地點與身體分離，就將此處稱爲阿明昔
斯(Amenthes)，這個名字的意義是「接受和施捨之人」。很多文字在古老的時代
從希臘傳入，這只是其中之一而已，後來經過我們的研究，發現有些語句又從埃
及回流，現在讓我們繼續討論留存下來，放在我們面前的東西。

30 奧塞里斯和艾希斯從等級較低的次神升爲神祇，泰封的權勢變得虛
弱遭到擊潰，仍舊奮鬥不懈想要逃過毀滅的命運；他們要用某些祭
品給予安撫，然而事與願違，舉行的祭典反而帶來貶抑和屈辱，因爲用「紅頭
人」的稱呼給予嘲笑。還有就是柯普托[119]的民眾，將一頭驢子從懸崖的邊緣推
了下去；要知道泰封滿頭紅髮顏色看起來很像毛驢。布西瑞斯和萊柯波里斯
(Lycopolis)[120]的民眾從來不使用號角，因爲發出的聲音很像驢叫[121]；雖然他們
認爲這種牲口是污穢的動物，因爲外形很像泰封，限於較高階層的人員才能飼養
和乘坐。他們在Payni(4月)和Phaophi(尼羅河漲水期間第二個月)製作糕餅作爲祭
品，上面要蓋上印記，圖案是一頭用繩索牽住的驢子。他們在爲太陽舉行祭典的
時候，要求參加崇拜的人員不得佩帶任何金飾，也不能拿草料餵給驢子。

表現的意義非常清楚，畢達哥拉斯的擁戴者將泰封視爲一種邪惡的力量，因
此他們說他出生於五十六這個數字的偶數公因數；統治權構成三角關係分別屬於
哈得斯、戴奧尼蘇斯和阿瑞斯；這三個人與雷亞、阿芙羅黛特、德米特、赫斯夏
和赫拉分別構成四邊形；上述幾位加上其餘的神明與宙斯[122]構成十二邊形；還有

118 柏拉圖《克拉提魯斯篇》403A-404A，認為哈得斯這個字與「隱身不見」有關，人們因而感
　　到恐懼，然而普祿托意為「賜與財富」，所以大家用普祿托而不是哈得斯稱呼地府的冥神。
119 柯普托是位於上埃及的城市。
120 布西瑞斯和萊柯波里斯都是埃及的城市，無從得知確實的位置。
121 參閱伊利安《論動物的習性》第10卷28節。
122 宙斯是十二位神祇當中為首的主神；參閱希羅多德《歷史》第2卷4節。

一個五十六邊的多角形將泰封納入其中，這些都被優多克蘇斯[123] 寫進他的著作。

31 埃及人相信泰封的面色紅潤，指定奉獻的犧牲是牛類的家畜，應該長著紅色的皮毛[124]，他們用審慎的態度做詳盡的檢查，如果這頭牲口帶著一綹黑色或白色的毛髮，要是用來獻祭都是瀆褻的行為[125]。這些動物可以視為神明的化身，要是考慮這層關係，就不適合拿來作為犧牲，不像人類的靈魂談不上聖潔也不夠正直，只能變形進入其他的身體。因為這個緣故，他們會對宰殺的犧牲念一些咒語，然後用刀將頭砍下來，早期通常會把它丟進河裡，現在可以賣給外國人[126]。對於準備作為犧牲的牛隻，有些被稱為「用印者」[127] 的祭司，會在牠們身上烙上記號。根據卡斯特的記載，他們的烙鐵上面刻著一個人跪在地上，雙手綁在背後，有一把劍對準他的喉嚨[128]。

驢子與泰封的類同之處，不僅僅是前面所提皮毛的顏色，還有愚蠢和荒淫的行為更為神似。這也是他們在這麼多的波斯國王當中，為何如此痛恨渥克斯的緣故[129]；因為他是一位可惡又苛刻的統治者，就給他取上「驢子」的綽號；這時他說道：「這個驢子會享用你們的公牛。」於是將阿派斯宰殺供他大快朵頤，這是出於戴儂的記載。還有人提到泰封坐在驢背從戰場逃出，持續的時間長達七天之久，等到他獲得安全以後，成為兩個兒子的父親，從取名海羅索利穆斯（Hierosolymus）和朱迪烏斯（Judaeus）看來，很想把猶太人的史實扯進他的傳奇之中[130]。

32 敘述的情節很逼真使人聯想到這是最可能的解釋。那麼現在讓我們再從頭開始，首先考量是某些人的頭腦非常冷靜，最著名的地方在

---

123 優多克蘇斯生於尼杜斯，西元前4世紀的數學家和天文學家。
124 參閱戴奧多魯斯·西庫盧斯《希臘史綱》第1卷88節。
125 參閱希羅多德《歷史》第2卷38節；以及戴奧多魯斯·西庫盧斯《希臘史綱》第1卷88節。
126 這裡的外國人是指希臘人，希羅多德在《歷史》第2卷39節有這種說法；參閱《舊約·申命記》第14章21節：「凡自死的，你們都不可吃，可以給你城裡寄居的人吃，或賣與外人吃。」
127 參閱希羅多德《歷史》第2卷38節；以及波菲利《論禁絕》第4卷7節。
128 參閱戴奧多魯斯·西庫盧斯《希臘史綱》第1卷88節之4-5。
129 參閱本章第11節；以及伊利安《歷史文集》第4卷8節。
130 塔西佗提到埃及在艾希斯統治的時代，過剩的居民在海羅索利穆斯和朱迪烏斯的率領之下，移居到相鄰的土地上去；兩個想像中的名字，是從耶路撒冷（原名海羅索利瑪[Hierosolyma]）和猶太（Judaea）逆推出來，有如羅慕拉斯之於羅馬；參閱塔西佗《歷史》第5卷2節。

於能夠很有條理把事情逐項說明清楚。他們就像希臘人一樣以智慧著稱，然而後者卻說克羅努斯（Cronus）是轉借自刻羅努斯（Chronus）的名字[131]，因爲刻羅努斯意爲「時間」，像是赫拉爲「空氣」，赫菲斯都斯的降生象徵著「氣」變成「火」。埃及人當中還有若干人說奧塞里斯是「尼羅河」，他的配偶艾希斯是「土地」；泰封是「海洋」，尼羅河的水流入以後消失不見，只有部分淹沒土地以後被吸收，成爲肥沃的田園使得萬物欣欣向榮。

一種宗教的哀悼之辭對著克羅努斯吟唱不息[132]，惋惜他出生在領域的左邊，等到死亡來臨卻移到右邊；埃及人相信東部的領域面對著世界，所以等到坐東朝西的時候，北部領域在右手這邊，南部領域在左邊[133]。尼羅河從南方奔騰而下，到達北方被海洋吞噬，說它生於左邊而死於右邊是當然之理。本著宗教的理念，祭司通常要讓自己遠離海岸，同時還將鹽稱爲「泰封的泡沫」，禁止將它放置在餐桌上面；他們不可以與舵手談話，因爲這些人靠著海洋獲得生計。所以他們有理由避開魚類，象形文字用魚的圖形表示痛恨。

塞埃斯有一座雅典娜神廟，大廳刻著一個嬰兒和一位老人，跟著是一頭老鷹，再下來是一條魚，最後是一頭河馬。象徵的意義如下[134]：「啊，來到世間的人可以離開了，神痛恨無恥之徒。」嬰兒象徵生命而老年人表示死亡，一頭鷹是指神，魚是痛恨，前面提到因爲海洋的關係，須知河馬就是恥辱的化身，據說這種動物不僅殺死牠的父親，還逼著要與母親交配[135]。畢達哥拉斯的信徒說海洋是克羅努斯的眼淚，暗示它是不潔的外來之物[136]。這些都是偶爾提到的事，只能算是茶餘酒後的閒談罷了。

33 那些更爲睿智的祭司，不僅將奧塞里斯稱爲尼羅河以及將泰封稱爲海洋，還將奧塞里斯這個名字用來稱呼所有根源和稟賦來自潮濕的生物，認爲水就是生殖作用的成因，爲具備生命存活力的種子提供所需的物質；同時還將泰封的名字用於乾旱、炙熱和荒蕪，以及所有反對水分的品種。他們相信泰封帶著病態的紅潤，所以不願遇到這種膚色的人，更不願與這種人交往。

131　參閱西塞羅《論神的本質》第2卷25節。
132　克羅努斯在這裡代表河流和水體。
133　參閱本書第21章〈羅馬掌故〉78節；以及第77章〈會飲篇：清談之樂〉第8篇問題8第2節。
134　最早的手抄本出現脫漏的狀況，全文成爲「神的痛恨……可以離開了。」從注釋得知，經過亞歷山卓的克里門加以補充，才有現在這個完整的句子。
135　參閱波菲利《論禁絕》第3卷23節。
136　參閱亞歷山卓的克里門《富人的救贖》第5卷50節之1。

反過來看，根據傳說奧塞里斯是面色黝黑的人，因爲水只要接觸到任何東西，包括地面、衣物和雲層在內，都會比起原先變得更爲陰暗。年輕人的黑髮表示水氣的存在，變成灰色就知道盛年已過[137]，只有乾燥才會帶來蒼白。像是春天充滿活力、希望和喜悅；缺乏水分的秋季給植物帶來災難，所有生物的健康都受到威脅。飼養在赫利歐波里斯的牛隻稱爲紐埃斯（Mneuis）[138]，奉獻給奧塞里斯作爲犧牲，全身的皮毛是純黑色，所受的尊榮僅次於阿派斯（有人認爲牠是阿派斯的父親）。埃及有色澤深黑的土壤[139]，如同眼睛裡面最黑的「瞳仁」（cvhemia），可以將這些土壤拿來與一顆心臟比較。這片大地位於適合人類居住世界的南部，全部爲溫暖和水氣所包圍，就像心臟的位置在體內的左邊。

34 他們說太陽和月亮不用戰車而是船隻，繞著它們的路徑航行，從這裡可以知道自水氣之中出生和養育的天體，只是在模仿最早的動作。他們認爲荷馬[140]如同薩里斯都是從埃及人的手裡獲得知識，所以他才假設水是全部事物的起源和濫觴；按照這樣的說法，奧遜努斯（Oceanus）是奧塞里斯而特齊斯（Tethys）就是艾希斯，她對萬物而言是仁慈的保母和供應者。事實上希臘人將「遺精」稱爲apousia，「交媾」稱爲synousia，hyios「兒子」這個字來自hydor「水」或hysai「雨」。他們也將戴奧尼蘇斯稱爲海伊斯（Hyes）[141]，因爲他是所有水源的主宰；所以他不是別人而是奧塞里斯。赫拉尼庫斯（Hellanicus）[142]聽到祭司將奧塞里斯這個字讀成海西里斯（Hysiris），通常會用這種拼音方法。很可能來自奧塞里斯的特性，或是從舉行的祭典當中發覺祂的本質。

35 奧塞里斯與戴奧尼蘇斯就是同一個人，克莉女祭司，對這件事誰能比妳更加清楚？因爲妳是德爾斐接受神啓的婦女當中爲首的人物，想當年妳的父親和母親舉行奧塞里斯的神聖儀式，將妳奉獻出去用來服侍神明。

137　參閱亞里斯多德《論動物的生殖作用》第5卷1節。

138　赫利歐波里斯是下埃及的城市；參閱戴奧多魯斯·西庫盧斯《希臘史綱》第1卷21節；斯特拉波《地理學》第17卷1節之22；伊利安《論動物的習性》第11卷11節。

139　希羅多德說它是從邁蒂勒尼亞的河流帶來的泥和沖積土；參閱《歷史》第2卷12節。

140　赫拉要到大地的邊緣，去拜訪河流之神歐克諾斯（Okeanos）；參閱荷馬《伊利亞德》第14卷201行。

141　海阿德（Hyades）是一個星座的名字。

142　赫拉尼庫斯（490-405 B.C.）是出生於邁蒂勒尼的希臘歷史學家和散文作家，平生的著作極爲豐富，現在只有二十四種書名和斷簡殘編存世。

不過，為了照顧其他人的福利，需要舉出其他例子來證明他們兩人無法區分。至於那些說不出來的狀況，我們無須刻意說明以免受到打擾。祭司為阿派斯的葬禮舉行公開的祭典，他們將屍體放在臨時製作的棺架上面運送出去，比起酒神信徒的遊行隊伍毫不遜色，身上的裝束是幼鹿的軟皮，手裡執著神明的權杖，毫無顧忌的大聲叫喊，所有的行動像是屈從符咒的魔力，陷入喪失神志的恍惚之中[143]。

基於同樣的理由，很多希臘人將戴奧尼蘇斯的雕像塑成一頭公牛的模型。伊利斯的婦女用咒語召祂顯身，祈求神明能像一頭牛那樣長著蹄子[144]。亞哥斯人用於戴奧尼蘇斯的稱號是「公牛之子」。他們用號角的聲音呼喚祂從水中出來，同時將一頭羔羊當作祭品投入深淵，奉獻給「地獄之門的掌管者」。他們將號角隱藏在酒神權杖隊列的後面，蘇格拉底在作品《聖職者》裡面有詳盡的敘述[145]。泰坦神的傳說以及在夜間舉行的儀式，內容與奧塞里斯的肢解和以後的復活與再生非常類似；就是他們的墳場有關的事項也都大同小異。

前面已經提過[146]，埃及人指出奧塞里斯的墓地分散很多區域，德爾斐的民眾相信戴奧尼蘇斯的遺骸，是除了神讖之外與他們最為接近的。聖潔的人士在阿波羅神廟奉獻一項神秘的祭禮，那就是戴奧尼蘇斯的服侍者[147]喚醒執掌奧秘之篋的神明[148]。表示希臘人承認戴奧尼蘇斯不僅是酒神，特別是主宰所有出自潮濕的產物，品達是最好的證人，他寫出的詩句：

> 神聖而又光輝的豐收秋日，
> 歡樂之神使枝頭長滿果實。[149]

基於這種緣故，所有崇敬奧塞里斯的民眾，禁止砍伐栽培的果樹，也不得堵塞水源。

---

143 參閱戴奧多魯斯·西庫盧斯《希臘史綱》第1卷11節。

144 參閱本書第22章〈希臘掌故〉36節，因為牛的蹄子不像角那樣會給人帶來傷害，所以才用這種召喚的方式；以及艾德蒙《希臘抒情詩》第3卷510頁。

145 穆勒《希臘歷史殘篇》第4卷〈蘇格拉底篇〉498頁No.5。

146 參閱本章第18節和20節敘述的狀況。

147 這些人就是在本章開始時提到的婦女，她們就像克莉女祭司一樣受到神明的啟示。

148 參閱凱利瑪克斯《穀物女神德米特之頌》第6卷127行；《帕拉廷詩集》第6卷165行；以及魏吉爾《牧歌》第1卷166行。

149 克里斯特《品達的吉光片羽》153行；蒲魯塔克在本書第77章〈會飲篇：清談之樂〉第9篇問題14第4節、第50章〈愛的對話〉15節，引用這兩句詩。

36 不僅是尼羅河，即使任何形式的水體，他們都可以將它稱之爲奧塞里斯的分泌，水甕在神聖的儀式當中備受關注，位置放在遊行隊伍的前列；燈心草的圖畫，他們用來表示國王和世界的南部地區[150]，這種植物經過解釋，它的意義是萬物的灌漑和結實，它的特性在於同爲生殖作用的個體，無論枝葉的外觀完全一樣。他們舉行帕美利亞的慶典，如同我在前面所說的那樣，帶著陰莖崇拜的特質，他們攜帶和展示的雕像有三倍大的陽物[151]，因爲這是源頭之神，萬物的起始來自祂多重的生殖力，我們習慣將「很多倍」說成「三倍」，例如「三倍的幸福」[152]，以及

> 被俘囚禁在監牢的戰敗者，
> 人數多到超過三倍都不止。[153]

除此以外，實在說「三倍的數或量」這個字，早期的作者用於非常嚴格的意義，因爲水的性質成爲萬物的源頭和濫觴，創造的本身在於具備三種最基本的物質成分，即土地、空氣和火。事實上，杜撰的情節併入傳奇出現這樣的結局，就是泰封將奧塞里斯的陽具丟到河裡，艾希斯遍尋不著，於是重新塑造一個複製品，規定要給予尊榮和禮遇，帶著參加遊行的隊伍，等於直接揭櫫他們所主張的教條，確定神明具備創造和孳生的能力，首先需要濕氣當成主要成分，與其他物質混合起來，才能夠參與生殖作用。

還有另外一個故事在埃及人當中流傳，太陽的兄弟阿波庇斯(Apopis)與宙斯發生戰爭，奧塞里斯擁護宙斯的主張，幫助他消滅對抗的仇敵，於是宙斯收養奧塞里斯成爲他的兒子，就將戴奧尼蘇斯這個名字賜給奧塞里斯。從而可以證明，傳奇包括增加的情節已經接近史實，甚至還關係到所具備的自然力量；因爲埃及人將風用上「宙斯」的名字[154]，以及無論何處只要產生反對作用的乾燥和酷熱。這些都與太陽本身無關，只是有些與太陽同個家族；由於過度的焦乾增強水分的蒸發，風的流動因而產生更大的活力。

150　埃及的尖形方碑和各種紀念物上面，還可以看到這種雕刻的符號。

151　參閱本章第51節；希羅多德《歷史》第2卷48節以及埃及各種紀念物。

152　荷馬《奧德賽》第5卷306行、第6卷154行；還有人將這句話譯成「最大的幸福」。

153　荷馬《奧德賽》第8卷340行。

154　參閱戴奧多魯斯·西庫盧斯《希臘史綱》第1卷12節之2。

37 希臘人習於將常春藤[155] 當成祭品奉獻給戴奧尼蘇斯，據說在埃及人當中用chenosiris這個名字稱呼常春藤，同時他們說這個名字的意義是「奧塞里斯的植物」。現在提到的亞里斯頓(Ariston)[156] 是《雅典的殖民政策》(*Athenian Colonization*)一書的作者，偶然得到亞歷薩克斯的一封書信，裡面寫著戴奧尼蘇斯是宙斯和艾希斯的兒子，根本沒有奧塞里斯，倒是提到阿薩菲斯(Arsaphes)，這種拼字的方式加了一個「a」，使得名字更富於男子漢氣概。赫米烏斯(Hermaeus)[157] 在他的作品《埃及人》(*The Egyptians*)第一卷，也有諸如此類的陳述；因為他說起奧塞里斯表示的意義是「堅強」，這是最適當的解釋。納西阿斯(Mnaseas)[158] 如同安蒂克萊德，將戴奧尼蘇斯、奧塞里斯和塞拉皮斯這幾位的名字，列在伊巴孚斯(Epaphus)的後面，裡面提到艾希斯是普羅米修斯的女兒，後來嫁給戴奧尼蘇斯[159]，只是若干部分我遺漏沒有記載。照理還提到有關的慶典和祭品，比起權威人士的證詞具備更大的說服力量。

38 埃及人的想法在群星之中用天狼星表示艾希斯，因為這個星是汲水者[160]。他們對於獅子座心儀不已，用張著大嘴的獅頭裝飾神廟進口的走道，由於尼羅河氾濫的時間在於

太陽開始要與獅子座會合。[161]

他們將尼羅河視為奧塞里斯的流出物，因而抱著執著的心情，相信土地是艾希斯的身體，並非全部如是，所及之處是尼羅河所經的流域，使它肥沃利於萬物的滋長，能夠緊密聯繫在一起。兩者結合後有荷魯斯的誕生；賀拉(Hora)是按照季節慢慢吹起的環繞氣流，具備保存和孕育的性質，其實它就是荷魯斯。他們說

---

155 蒲魯塔克對於常春藤有好感，經常提到這種植物，可以參閱第77章〈會飲篇：清談之樂〉第3篇問題2；以及戴奧多魯斯·西庫盧斯《希臘史綱》第1卷17節之4。

156 亞里斯頓和亞歷薩克斯都是雅典的歷史學家；參閱穆勒《希臘歷史殘篇》第3卷324頁。

157 只知道赫米烏斯是一位歷史學家，他的作品僅留下斷簡殘編；參閱穆勒《希臘歷史殘篇》第4卷427頁。

158 佩特里(Patrae)的納西阿斯是西元前3世紀的歷史神話論的倡導者；安蒂克萊德是西元前4世紀的歷史學家。這兩位都只有殘卷留存。

159 不僅提到艾希斯和戴奧尼蘇斯的成親，還說阿波羅和阿特米斯是他們的兒女；參閱希羅多德《歷史》第2卷156節。

160 是指從尼羅河中引水灌溉作物。

161 阿拉都斯《自然現象》151行；天狼星的升起是在相同的時期。

荷魯斯被帶到布托周圍的沼澤，在那裡受到勒托[162]的教養。水氣瀰漫的陸地助長蒸發作用，可以抑制和消除荒漠和乾旱。

　　埃及人把最外緣的陸地稱之為尼弗齊斯，這裡面沒有包括高山和濱海地區。所以他們才會讓尼弗齊斯冠上「終結者」的稱呼，還說她是泰封的妻室。尼羅河的氾濫使得大水及於遠處，到達外緣有人居住的區域，他們將這種情形稱之為奧塞里斯與尼弗齊斯的結合，最好的證明就是植物迅速向上生長。泰封獲得胡作非為的技能就在他的臥床上面施展，如同前面敘述的故事，甜苜蓿因而枯萎和歉收。艾希斯有合法的婚姻才生出荷魯斯，尼弗齊斯產下阿紐比斯是暗中的苟合。帝王本紀的記錄當中，尼弗齊斯與泰封的結縭沒有生育子女。如果他們所說不是一個婦人而是女神，表示的意義是地面所以不長五穀，在於烤焦變得乾硬的土壤。

39 泰封陰險的計謀和篡奪在於擁有使土地乾旱的能力，滋潤的水氣受到他的控制，必要時可以使它消失無蹤；要知道充沛的水分才是尼羅河的源頭和漲水的起因。他的助手和從犯是埃塞俄比亞人的皇后，要是運用隱喻表示就是來自衣索比亞高原的南風。只要能對北風或伊特西安(Etesian)風[163]獲得優勢，就不讓雲層飄向衣索比亞高原，阻止降雨的結果是尼羅河的水位不會上漲。泰封擁有的實力可以激發如同燃燒一樣的熱力，等到全部屈從於他的控制之下，迫使尼羅河因水勢的減弱而後退，流向底部幾乎快要乾涸的渠道，繼續前進最後注入大海。

　　故事敘述的情節是奧塞里斯被關閉在木箱裡面，表示的含義是水體的消失以致化為烏有。他們提到奧塞里斯的失蹤發生在Athyr(11月)[164]，這個時候由於伊特西安風完全停息，尼羅河降到最低的水位，陸地全都裸露出來。夜晚變得更長，黑暗的時刻增加，光的效能減弱而且受到抑制。埃及人有一座聖牛的雕像，外面鍍著閃閃發光的金箔，這時祭司舉行陰鬱的儀式，用黑色亞麻布製作的祭服將它包裹起來，把它當作哀悼的暗號奉獻給女神，他們認為無論是牛隻還是土地都是艾希斯的形象。這一場祭典延續四天之久，開始的的日期是該月第十七天。

　　他們為著四件事感到悲痛不已：第一，尼羅河水位的降低和消退；第二，北風完全停息，南風居有優勢的地位；第三，白晝變得比夜晚更短；第四，更糟的

162　勒托是安納托利亞(Anatolia)地區的神祇，祂為宙斯生下阿波羅和阿特米斯這一對兒女。

163　伊特西安風亦稱地中海季風，是夏天所吹的北風；參閱戴奧多魯斯‧西庫盧斯《希臘史綱》第1卷39節。

164　Athyr月就是希臘的Maimakterion月(11月)或馬其頓的Apellaios月(5月)。

是,樹林和灌木的落葉帶來赤地千里的景象。第十七天他們在夜間走向海邊,主事的官袍管理人和祭司抬著神聖的木箱,裡面還裝著一個小小的金櫃,他們將汲來可以飲用的水灌進去,整個團體發出驚天動地的喊叫,好讓奧塞里斯能夠發現他們的行動。他們將肥沃的泥土加水揉捏,裡面還攙進價格極其昂貴的香料,塑造成一個半月形的物體,再加上服裝和飾物,表示他們關懷執掌土地和水的神明。

40 等到艾希斯找回奧塞里斯,看見荷魯斯成長變得更為強壯,這是蒸發、霧氣和雲層產生的效果,泰封被他征服還沒有絕滅;女神統治土地以後,對於天生反對水體的勢力不願趕盡殺絕,讓緊張的情勢鬆弛下來給予適當的節制;期望緩和的功效能夠持久下去;如果火的因素離開以後全部消失,一個沒有衝突的完整世界不可能存在。產生的結果是經過很多年代以後,泰封再度掌控奧塞里斯的領域,因為埃及經常成為一片大海[165],由於這種緣故,甚至今日可以在礦坑和山嶺發現貝殼[166]。在所有的流泉和水井當中,很多是含有鹽分的鹹水,可以說是古代海洋留下殘餘的渣滓聚集起來所形成。

荷魯斯抓住機會擊敗泰封,就是能夠及時帶來豐富的雨量,尼羅河排除海水露出肥沃的陸地,上面填滿上游帶來的沉澱的沖積層。這些可以用來支持我們觀察所得的證據;甚至到今天我們還能看見,河流帶來新的淤泥和向前推進的陸地,就是沉澱的沖積物使得河床增高,很深的水位逐漸變得更淺,海水慢慢向後退離。我們注意法羅斯(Pharos)[167]的位置,根據荷馬了解的狀況[168],它距離埃及有一天的航程,現在已經變成海岸的一部分。這不是海島的上升作用使得面積增加,或是它的移動靠近陸地;那是河流對陸地造成的再塑活動,因而向外擴展面積,海洋只有被迫後退因而與陸地分離。

事實上只要與神明有關的教條和旨意,斯多噶學派的人士都樂於頒布和傳播[169]。因此他們會提到戴奧尼蘇斯要發揚創造和教誨的精神,海克力斯擁有蠻橫的氣質和破壞的習性,阿蒙表現出易於接受的包容力;等到這些特質滲入土地以

---

165 參閱希羅多德《歷史》第2卷5節,提到從海洋向埃及航行,在離陸地還有一日的航程,放下測錘測得海深十一噚,帶上淤泥知道河流沖刷的沉積土可以到達如此遠的地方。戴奧多魯斯·西庫盧斯《希臘史綱》第1卷39節和第3卷3節。

166 參閱希羅多德《歷史》第2卷12節。

167 法羅斯是屏障亞歷山卓的一座小島,上面建有舉世聞名的燈塔,用很長的堤道與大陸連接。

168 荷馬《奧德賽》第4卷356行,特別說是順風航行整整一天才能到達;參閱斯特拉波《地理學》第12卷2節之3和第17卷1節之6。

169 參閱阿尼姆《古代斯多噶學派殘卷》第2卷No.1093。

後，獲得的產品來自德米特和祂的女兒帕西豐尼；同時波塞登將這些特質向著海洋散布[170]。

41 埃及人綜合物質世界的解釋，若干科學的結果來自天文學，認為泰封代表太陽體系而奧塞里斯是月球體系，他們所持的理由說是月球發出的光線，充滿濕潤的水氣所帶來的生殖和多產的能力，對於幼小的動物和萌芽的植物發揮仁慈和關懷的作用；鑑於太陽射出強烈和無情的熱力，使得成長和茂盛的草木感受到炎熱和焦渴，經由耀目的光線，地球大部分區域變得無法居住，很多地方將月亮壓制得毫無招架之力。

埃及人基於這個緣故將泰封稱為「塞特」，這個名字經過解釋，獲得的意義是「壓制和強迫」。一個與海克力斯有關的神話，他們說他居住在太陽裡面，成為它在周轉中的夥伴；同樣的例子是赫耳墨斯和月球。事實上，鑑於太陽像是憑藉著實力施以暴虐和蠻橫的打擊，相較之下月球的運行富於理性而且充滿智慧。斯多噶學派堅持的信念[171]，認為太陽從海洋獲得火的成分和補充燃料；月球的能量來自親切與溫和的蒸發作用，從噴泉和湖泊之類運動的水體當中升起。

42 埃及人有一個傳說提及奧塞里斯生命的終結在當月第十七天，這一天有很明顯的狀況，可以看到滿月的期間已經過去[172]。因為這個緣故畢達哥拉斯學派人士將這個日子稱為「關卡」，非常厭惡這個數字。由於十七這個數字正好處於正方形的十六和長方形的十八之間，而且只有這兩個平面的圖形使得周長等於面積[173]，從而每個數目之間受到阻攔保持分離，區分為不相等的間隔，停止這個八加八再加其和的八分之一的數字[174]的比例。

奧塞里斯在世上活了二十八歲，有人說這是他統治的時間，因為這個數字是

170　參閱西塞羅《論神的本質》第1卷15節和第2卷28節；以及戴奧吉尼斯‧利久斯《知名哲學家略傳》第7卷147節。

171　阿尼姆《古代斯多噶學派殘卷》第2卷No.663；參閱戴奧吉尼斯‧利久斯《知名哲學家略傳》第7卷145節。

172　這很符合我們的目視觀測，雖然陰曆15日是滿月，通常大家會說16日的月亮更為圓潤皎潔，要到17日才看得出虧缺。

173　正方形的16：它的面積4×4＝16，它的周長4＋4＋4＋4＝16；長方形的18：它的面積3×6＝18，它的周長3＋6＋3＋6＝18，所以兩者面積的值等於周長的值。

174　如就16而言，亦即此數的1／8加本身的值為16＋16×1／8＝16＋2＝18；因而18和16兩數之間存有互補關係，等到插入一個奇數17，就讓兩者的關係遭到破壞。

月球亮度的周期，它在二十八天完成一次循環。他們爲了這個場合所砍的樹木稱之爲「奧塞里斯的葬禮」，製作成爲新月形的棺柩，因爲月球在接近太陽的時候變成這種模樣，接著從我們的視線中消失。奧塞里斯遭到肢解分爲十四塊，暗喻這顆衛星虧缺所用的天數，就是從滿月到新月的一段期間，等它避開陽光和被太陽越過以後，他們將它可以看見的那一天稱爲「有欠完善的美好」；因爲奧塞里斯就是善行，他的名字意味著很多事情，最該用來表示他具備充滿朝氣和慈悲爲懷的權力。神明另外一個稱呼是歐菲斯(Omphis)，經過赫米烏斯的解釋說它的意義是「恩人」。

43 埃及人認爲尼羅河的上漲與月球的亮度周期產生某種關係，因爲最大的上漲水位[175] 在埃里芳廷附近是二十八肘尺[176]，這個數字與月球的亮度周期吻合，經過測量成爲每月一次的循環；水位在門德和紹克埃斯(Xois)附近最低僅七肘尺，相應於整個周期的四分之一；平均洪水水位在孟菲斯附近正常狀況是十四肘尺，相應於滿月的日子爲整個周期的一半。

他們說阿派斯是奧塞里斯充滿活力的化身，他降世的時候從月亮投下一道使樹木結實的光線，宰殺一頭生殖期間的母牛作爲犧牲[177]。阿派斯在很多方面帶著月球相似的特徵，明亮的部分有黑暗的陰影，Phamenoth(7月)的新月初出之際，他們舉行名稱爲「奧塞里斯之月」的節慶，作爲春季開始的信號。他們認爲奧塞里斯的能量與月球密不可分，同時說艾希斯從事世代交替就與他結合在一起，具備男性和女性的性徵，如同它能接納太陽並且爲之受孕，將生殖的原動力用射出的方式傳播到大氣之中。他們認爲泰封的破壞活動不可能經常據有優勢，有時會被繁衍綿延的生殖所擊敗，還要陷入囚禁的狀況，然後過了相當時間，再度遭到釋放，開始與荷魯斯發生鬥爭；荷魯斯代表地球的範疇和體系，始終無法豁免於分解的絕滅和世代的興替。

---

175 除了埃里芳廷有古老的尼羅河測水站，其他的城市像是費立、艾德富(Edfu)和伊斯納(Esna)都有類似的機構。

176 通常1肘尺相當18-22英寸或45-55公分，所以28肘尺相當於13-15公尺，這種漲水的高度可以說是非常驚人。

177 參閱本書第77章〈會飲篇：清談之樂〉第8篇問題1第3節；以及伊利安《論動物的習性》第11卷10節。

44 有人運用暗喻的手法要讓傳說觸及蝕晦的問題，月蝕通常發生在滿月期間，太陽處於相對的位置，月球就會運行到地球的陰影範圍之內，如同他們認為奧塞里斯所以會陷身棺木。月球也會遮住太陽的光線使它變得陰暗，形成的日蝕通常出現在每月第三十天；不過，月球無法完全消除太陽的光度，如同艾希斯不會殺害泰封使他無法在世間生存。

尼弗齊斯生下阿紐比斯以後，艾希斯照料這個嬰兒如同己出，因為尼弗齊斯居住在地下沒有可見的形狀，艾希斯留在地面具備可見的身體；能夠接觸到兩者的圓形平面稱之為地平線，無論地下還是地上這兩方面，他們都能接受阿紐比斯這個名字，同時阿紐比斯的形體用一隻狗來表示，因為狗的眼睛在夜晚如同白晝可以見物。埃及人認為阿紐比斯擁有這種機能，如同希臘人看待赫克特沒有多大差別，阿紐比斯雖然是陰曹地府的判官，就祂的地位可以與奧林帕斯的神明相提並論。有人表示意見說阿紐比斯就是克羅努斯。因此這種緣故，孳生萬物出自祂的身體，孕育萬物容於祂的身體，甚至獲得「狗」的稱號[178]。有些人敬拜祂舉行某種神秘的宗教儀式。古老的時代狗在埃及獲得最崇高的地位，等到康貝西斯[179]宰殺阿派斯，將牠的屍體丟在外面，除了狗前去吞食，沒有任何人與動物膽敢接近。從此狗喪失榮譽和地位，不再能居於所有動物之上。

有人將泰封這個名字給予地球的陰影，他們認為月球失足跌倒才會成為蝕晦的受害者。

45 我們不能對每一位人士做出個別的陳述，對象非要是整體不可，這種說法不見得合理。就泰封來說，並非僅僅是乾旱，或是焚風，或是海洋，或是黑暗，他的天性當中包含對萬物的傷害和毀滅，而且這種天性只能視為整體的一部分。按照德謨克瑞都斯和伊庇鳩魯的教條，萬物的肇始不能起於無生命的肉體，也不能依靠混沌難分的造物主；要是根據斯多噶學派的論點[180]，理性之神和上蒼對萬事萬物始終擁有優勢和穩占上風。事實上不可能每樣事物都「壞」，從而產生的狀況要神「全部負責」，或者每樣事物都「好」，這樣會使神「毫無作為」；因而和諧的世界如同赫拉克萊都斯所說那樣，像是一根琴弦或是

178　希臘文的「狗」和「懷孕」，字形相近而且發音相同，所以蒲魯塔克加以引伸附會，才會提出這種論點。

179　康貝西斯是波斯王國第二任國王，死於522 B.C.，大流士一世接位。

180　參閱阿尼姆《古代斯多噶學派殘卷》第2卷No.1108；以及戴奧吉尼斯‧利久斯《知名哲學家略傳》第7卷134節。

一支琴弓，受到外力的擾動就會產生共鳴[181]；要是按照優里庇德的說法：

> 存善去惡難分明，
> 混雜適合世間情。[182]

　　如此古老的見解所以會產生，出於有宗教信仰的作者，以及從立法者到詩人和哲學家這一方面的人士。雖然不可能追溯到源頭，倒是能夠帶來一種強有力和幾乎難以忘懷的信念，在很多地方出現循環輪迴的流通方式，無論是在蠻族中間或是希臘人全都一樣；不僅在於情節和傳說，還有儀式和祭禮；它的功效在於「上帝」不能高高在上，沒有感覺或理智或指導，也不是唯一的理性之神能用舵或控制的韁繩[183] 來統治和指引；因之在我們的生命當中，自然女神帶來很多的經驗，「惡」與「善」兩者用非常簡便的方式混雜在一起，就這位女神的看法沒有任何一樣事物不會與其他事物發生關聯。

　　我們可以斷言，兩個大甕並非只有一個保管者，就像一個酒館的少女使用的方法，會將失敗和成功混合起來發給我們，隨之而來所產生的狀況，如同兩個對立的原則和兩股敵視的力量在相互較量，一個要引導我們直接向前走上正道，另外一位卻要我們轉入歧途或者背道而馳[184]；我們的生命極其複雜多變，事實上宇宙就是如此。如果就宇宙的整體而言這種說法並非放之四海皆準，然而在將月球包括其中的地球範疇之內，都是毫無規律而且形形色色，屈從於所有變異的方式，就這方面而論倒是非常正確。按照自然女神的法則任何事物沒有成因就不能存在，如果「善」不能供給「惡」一個成因，那麼只有自然女神成為「惡」的根源和開端，正如祂也將「善」的濫觴包括在裡面。

46 絕大多數世人和那些有識之士都抱持這種觀點：他們相信有兩位彼此敵對的神明，分別是「善」與「惡」的造物主。他們將好的一位

181　參閱狄爾斯《哲理詩殘卷》第1卷87頁No.51；蒲魯塔克在本書第34章〈論寧靜的心靈〉15節再次引用。

182　這兩句詩出自《伊奧盧斯》一劇；參閱瑙克《希臘悲劇殘本》之〈優里庇德篇〉No.21。

183　蒲魯塔克靠著記憶將索福克利的殘句，引用在本書第50章〈愛的對話〉21節，以及《希臘羅馬英豪列傳》之〈亞歷山大傳〉7節；另參閱瑙克《希臘悲劇殘本》之〈索福克利篇〉No.785。

184　荷馬《伊利亞德》第24卷527-528行；柏拉圖在《國家篇》379B中加以駁斥；可以參閱本書第48章〈論放逐〉4節，有助於對這段文章的了解。

稱爲善神，另外一位稱爲惡魔，例如身爲聖人[185]的瑣羅亞斯德(Zoroaster)[186]，根據記載生存的年代，是在特洛伊戰爭前五千年，他將一位稱爲歐羅瑪茲斯(Oromazes)，另一位是阿里曼紐斯(Areimanius)[187]，更進一步宣稱世間所有事物都能經由感官加以分辨和接受，歐羅瑪茲斯最好是比擬於光，阿里曼紐斯背道而馳是黑暗和愚昧，處於兩者之中是米塞拉斯，由於這個緣故波斯人給予「斡旋者」的稱號。

　　瑣羅亞斯德教導民眾要向歐羅瑪茲斯奉獻許願和感恩的祭品，對於阿里曼紐斯則是閃避和哀悼。他們將一種稱爲水芹的植物放在研缽中磨碎，同時召喚哈得斯和黑暗之神[188]，用狼爲犧牲接地的血混合起來，帶出去倒在一個陽光從來照射不到的地點。他們相信有些植物屬於善神，還有一些屬於惡魔，動物當中像是狗、家禽和刺蝟屬於善神，水豚或麝香鼠[189]屬於惡魔，他們認爲將後面兩種動物殺得愈多愈能獲得好運。

47 他們還對善與惡的神祇說出很多不可思議的故事，如同下面所述：歐羅瑪茲斯從最純潔的光中出生，阿里曼紐斯孕育於黑暗，雙方發生繼續不斷的戰爭。歐羅瑪茲斯創造出六位神明，第一位是思想之神，第二位是真理之神，第三位是秩序之神，其他依次類推爲智慧之神、財富之神和歡樂的製造者；最後提到的歡樂必須受到推崇和敬重。這時阿里曼紐斯創造出同樣數量的敵手。歐羅瑪茲斯將自己的身軀增加到原來的三倍大，移動位置到離開太陽的距離，如同太陽到地球那樣遠，接著用無數的星體裝飾廣大的蒼穹。所有的星體當中，祂要天狼星居於首位擔任守衛和哨兵。祂還創造出二十四位其他職掌的神明，拿一個蛋將祂們容納在裡面。阿里曼紐斯如法炮製，創造出來的敵手也鑽進蛋中，使得邪惡與善良混雜在一起。

185　這裡所指的聖人就是波斯的祆教祭司或智者。

186　瑣羅亞斯德(628-551 B.C.)是古代波斯祆教即拜火教的創始人，建立善惡兩元論的宗教體系，倡導政教合一的原則，對後世發生極其重大的影響力；一般讀者想要明瞭本節和47節敘述的內容，最好先參考與瑣羅亞斯德和波斯宗教有關的書籍或簡短的小冊子。

187　參閱本書第69章〈論柏拉圖《泰密烏斯篇》有關「靈魂的出生」〉17節；以及戴奧吉尼斯·利久斯《知名哲學家略傳：序文》2節。

188　這裡的哈得斯和黑暗之神就是管轄地府的冥神；參閱戴奧吉尼斯·利久斯《知名哲學家略傳：序文》8節。

189　所以波斯的祆教祭司極其厭惡水豚便是基於這個緣故；參閱本書第43章〈論嫉妒和憎恨〉3節，以及第77章〈會飲篇：清談之樂〉第4篇問題5第2節。

等到論旨宣布命定的時刻來到，阿里曼紐斯用瘟疫和饑餓荼毒生靈，造成的結局必然遭到絕滅以至於神形俱滅；地球必然變成一個廣闊的平原；必然在一種生活方式和一種政治體制之下一群幸福的人民說一種共同的語言。狄奧龐帕斯(Theopompus)[190] 特別提到，根據聖人的說法，只有一位神明有絕對的權力，其他的神明都在祂的治理之下，輪迴一次的時間是三千年，隨之有三千年的混亂和戰爭，接位者竭盡努力要恢復在位者的工作，最後才是哈得斯的死亡；這時人民必然處於極樂之境，不僅無需任何食物也不會蒙受陰影的籠罩；神明盡力規劃所有的事務，隨即保持安靜下來休息一段時間無需太久，神明要讓人們有適度的時候可以睡眠。以上所述可以說是聖哲的神話學所應具備的性質。

48 迦勒底人(Chaldeans)把行星稱為保護神[191]，認為其中兩位仁慈，兩位邪惡，另外三位保持中立，分別享有雙方的特質。希臘人基於理念對這方面有全盤的了解，他們將善良的部分歸於奧林帕斯山的宙斯，遭人厭惡的部分是哈得斯，他們預先排演一部傳奇，諧和來自阿芙羅黛特和阿瑞斯[192]，一位粗暴帶來爭執，一位溫和給予保護。

論及這些觀點哲學家都會同意；赫拉克萊都斯談起戰爭毫無保留[193]，說「它是萬物的主宰」。他還提到荷馬祈禱神明和凡人，

　　　雙方停止位階之間的爭執。[194]

他的看法很有問題，像是無的放矢的詛咒之辭，因為萬物起源於矛盾和對立；同時赫拉克萊都斯還說，太陽沒有逾越適當的束縛和規範，否則目光嚴厲的處女，亦即管事的正義女神發現以後，會將太陽判決出局[195]。

190　狄奧龐帕斯(377-320 B.C.)是來自開俄斯島的歷史學家，他和他的父親達瑪西斯拉都斯(Damasistratus)支持斯巴達人，334 B.C.遭到亞歷山大大帝的放逐，獲得赦免以後逃到托勒密一世的宮廷，在埃及逝世。他的歷史著作極為豐富，傳世多為殘卷，以《伯羅奔尼撒戰爭史》續篇最為知名；參閱賈科拜(Feli Jacoby)《希臘歷史殘篇》(*Fragments of the Greek Historians*)之〈狄奧龐帕斯篇〉No.65。

191　這段譯文參考迦勒底天文學家的慣用語加以修正；參閱色克久斯·伊姆庇瑞庫斯《指控數學家》第5卷29節。

192　這兩位神明分別代表愛情和戰爭。

193　參閱狄爾斯《哲理詩殘卷》第1卷96頁No. B53。

194　荷馬《伊利亞德》第23卷107行；蒲魯塔克加以修改，使它的意思能與本文吻合。

195　參閱本書第48章〈論放逐〉11節；奧里金《指控塞蘇斯》第6卷42節；以及狄爾斯《哲理詩

　　伊姆皮多克利將仁慈的原則稱爲「友愛」或「情誼」，他經常把諧和稱爲「鎮定沉著的神色」，破壞的人生觀稱之爲「受到詛咒的口角」和「血流漂杵的爭執」[196]。

　　畢達哥拉斯的門徒弟子將形形色色的名詞分爲不同的類別[197]：好的一類像是「統合」、「明確」、「久遠」、「直接」、「奇數」、「正方」、「平等」、「右邊」、「光明」；壞的一類像是「二元」、「曖昧」、「暫時」、「彎曲」、「偶數」、「橢圓」、「差異」、「左邊」、「黑暗」，可以假定在下面隱藏著創造世界的原則。

　　安納克薩哥拉斯擬訂的原則是「心靈和無限」；亞里斯多德提出「形式和匱乏」[198]；柏拉圖的論點雖然晦澀難明[199]，在很多的著作當中提到相互對立的原則就是「統一」和「分歧」；等他到了老年在《法律篇》[200]一書中，會用很特別的言詞斬釘截鐵的表示，並非拐彎抹角說模稜兩可的話，宇宙的運行不是靠一個靈魂來啓動，可能是若干個靈魂，確定至少有兩個，其中之一帶著善意，另外一位完全相反，成爲堅持異議的造物者。兩者當中他留下第三種本質的空間，既非無生命亦非無理性，本身並不缺乏運動的能力，如同某些人的想法，卻完全依靠兩者之一，通常期望獲得較多的好處，一旦屈服就會追隨到底。如同一篇論文的接續部分會使得觀點更爲明晰，努力的目標是要調解埃及人的宗教信念與哲學理論之間的嫌隙。

49 從而得知這個世界的創造和架構是何等複雜，產生的結局來自相互對立的作用，不管怎麼說絕非兩股相等的勢力，能居於支配的地位歸於較好的一方。然而壞的一方不可能完全絕滅，因爲這是內部的問題，大部分發生在宇宙的身體和靈魂之中，始終與好的一方從事艱苦的鬥爭。奧塞里斯代表好的一面，靈魂充滿智慧和理性，祂是眾人的統治者和主宰，存在於大地和季風和水體和天堂和群星，這一切都有既定的秩序，保持穩固的基礎和健全的體魄，可見的證據是季節的變換、氣溫的差異以及運轉的循環，都是奧塞里斯和化身的流出物。

（續）───────────

　　　殘卷》第1卷96頁No.B94。

196　參閱狄爾斯《哲理詩殘卷》與伊姆皮多克利有關的章節。

197　參閱亞里斯多德《形上學》第1卷5節。

198　參閱亞里斯多德《形上學》第1卷9節。

199　柏拉圖《泰密烏斯篇》35A。

200　柏拉圖《法律篇》896D。

　　泰封就靈魂那一部分而言,成分在於敏感、衝動、無知和殘暴;身體部分則是易損、多病和失衡,可見的證據是反常的季節和突變的氣溫,出於太陽的蒙蔽和月亮的消失,就泰封這一部分而言,出現突然爆發和難以控制的行動。他們用「塞特」這個名字稱呼泰封,表示的意義是「壓迫」和「戰勝」,還有很多例證是「轉回」,接著是「超越」。有些人說泰封的一位夥伴名叫畢彭(Bebon),馬尼索的意見是畢彭不過是泰封的另外一種稱呼。這個名字表示「抑制」或「阻礙」;因而很多人提到,事情只要進行得非常順利,能夠迅速達成正確的目標之前,這時泰封就會仗勢在那裡作梗。

50 他們要是拿馴養的動物來與泰封相比,那麼他就是冥頑不靈的驢子;說起野獸就是最凶殘的鱷魚和河馬。關於驢子我們已經提出很多的說明。他們指出在赫摩波里斯有一座泰封的雕像,形狀看起來像一頭河馬,它的背上盤旋一隻老鷹正與一條蛇做殊死戰。他們認為泰封具備河馬所代表的意義極其卑下,然而老鷹卻代表權力和統治,泰封奮不顧身要用自己的實力去贏取,經常無法達成目標,為著他的虛弱和造成的混亂感到困惑不已。

　　因為這個緣故,他們在Tybi第七天(8月7日)獻祭,這一天稱之為「艾希斯從腓尼基返回」的日子,神聖的糕餅上面蓋著一頭河馬被綁住的圖案。有個名叫阿波羅諾波里斯(Apollonopolis)的市鎮,存在一個相沿已久的習俗,每個人都要吃鱷魚的肉[201],沒有例外可言。他們在一天要盡可能去獵殺鱷魚,然後將屍體丟在神廟的前面。他們還提到泰封為了逃脫荷魯斯的追捕,化身變成一隻鱷魚;因而大家認為任何一種動物或植物或意外事件,所以帶來壞的後果或是造成損害,這全都是出於泰封的行為,或者是他的化身,或者是受到他的影響和指示。

51 他們用來表示奧塞里斯的圖形是繪出一隻眼睛和一根權杖[202];前者說他有先見之明,後者代表權力;像是荷馬經常用「卓越和睿智的宙斯」稱呼那位高居眾人之上的君主和國王;可以明顯看出,「卓越」是指英勇的行動和作為,「睿智」是指審慎的計劃和思考。他們經常繪出一隻老鷹用來表示奧塞里斯,因為這種猛禽具備很大的優點,牠的視力極其敏銳而且飛行非常快

201　參閱希羅多德《歷史》第2卷69節;伊利安《論動物的習性》第10卷21節;斯特拉波《地理學》第17卷1節之47。
202　荷馬《伊利亞德》第8卷22行。

速，維持生命只需最少量的食物。據說牠在空中翱翔會將塵土撒在未經埋葬的死者眼中[203]；牠只要停在河邊飲水就會舉起雙翼，等到飲畢才會放下來，表示已經安全可以逃過鱷魚的襲擊[204]，如果不幸被抓住，翅膀還是像最初那樣向上高舉。

　　他們指出無論何處的奧塞里斯雕像，都是人的形狀做成陰莖的樣式，因為他擁有創造和教養的能力。他們將雕像穿上紅得像火焰的長袍，因為他們把祂看成太陽的本尊，不僅祂的顯靈出現在視線之內，是可以覺察的權力實體，其主要目的是為了行善。有人把太陽這個天體指派給泰封，要是受到羞辱也是很適當的事，因為泰封從來沒有授與光明和維護的天性，不曾擁有節制或理智，將秩序、生殖和運動視為無物，他的一切都是反其道而行；他所帶來的乾旱消滅無數的生命和正在成長的植物，這種災害不是太陽所造成，事實上是地球上面的風和水體，加上空氣未能做適度的調節，等到混亂和無限的權力落在手上，蒸發作用隨之停止。

52 奧塞里斯的神聖讚美歌中，他們提到祂躲藏在太陽的懷裡，還在Epiphi第三十天（2月30日）慶祝「荷魯斯之眼」的生日，這個時候的太陽和月亮正好成一直線，他們認為不僅月亮還有太陽，都是荷魯斯的眼睛和光。

　　Phaophi（尼羅河漲水期第二個月）開始虧缺第八天，他們為「太陽的支撐者」舉辦生日，接著就是秋分，他們宣稱它需要加持和增強力量，因為從這個時候開始，它的熱量和光度都有匱乏的現象，造成氣溫的減低和白晝的縮短，帶來的結果使我們有投向另一陣營的傾向。

　　冬至那天他們帶領母牛繞著太陽神廟走了七圈，這種巡行的方式稱之為「奧塞里斯的尋求」，肇因於女神在冬天對水的渴望。他們所以要轉這麼多的圈數，那是太陽在第七個月才能完成從冬至到夏至的變遷。據說艾希斯之子荷魯斯也要向太陽奉獻祭品，最早是在該月的第四天，記載在曆書上面說是荷魯斯的「母難之日」。

　　埃及人每天要向太陽上香三次，日出之際用松香，中午用沒藥，日落用稱為「極品」的香料。為什麼要用這些香火的理由，我在下面還要說清楚[205]。他們表示這是對太陽的懇求和服侍，難道真正需要完成如此繁複的項目？有些人毫無保

203　參閱伊利安《論動物的習性》第2卷42節；以及波菲利《論禁絕》第4卷9節。
204　參閱伊利安《論動物的習性》第10卷24節。
205　參閱本章第79-80節，特別提到配製香料的各種秘方。

留提出意見，確信奧塞里斯就是太陽，祂也是希臘人所稱的希流斯（Sirius）即
「天狼星」[206]。甚至就是在埃及人中間，增加的情節使他的名字帶著曖昧的語
意；有人言之鑿鑿說艾希斯只不過是月亮而已，祂的雕像頭上長角，用來模擬新
月的形狀，身穿黑袍表示隱匿和朦朧，帶著渴望之情在追逐著太陽。由於訴諸天
體的緣故，他們認為月亮善於談情說愛，優多克蘇斯力稱艾希斯是職司愛情的神
祇。這些人的說法倒是很近情理，不管怎麼講還沒有那一位把泰封看成太陽。現
在讓我們就原有的題目進行討論。

53 就事論事，艾希斯擁有「自然女神的女性本質」，接受每種形式的
生殖作用，基於這種緣故，柏拉圖將祂稱為個性溫和的奶媽和心胸
開闊的包容者[207]，很多人給予祂難以計數的名字，出於「理性之神」發揮的力
量，祂使得自己產生轉變，能夠容納所有形體和風格的各種式樣，祂對所有事物
最初和最具支配力的因素，來自充滿天生的愛意，使得祂與至善合而為一，這些
才是祂渴望和追求的目標；還有部分來自惡，祂試著要加以避免和拒絕。祂用以
服侍「善」與「惡」，在於成長的場地和工具；傾向於走上正道，從祂那裡提供
創造的機會，使得祂能從流出物受孕，對於這種懷胎和多產的能力，祂感到無限
的高興和欣慰。須知創造力只是一種存在的想像，唯有創造之物才能描述出實情。

54 埃及人要想保有的宗教觀念不僅是個傳說而已，裡面提到奧塞里斯
的靈魂永生不朽，他的肉體經常遭受泰封的肢解，接著消失得無影
無蹤，艾希斯四處漂流去尋找，再度拼湊起來使祂重生，認知的感覺和善意即將
超越毀滅和變遷。知覺和形而下理念所能獲得的印象會讓人深受感動，從而產生
的關係、形式和外觀，使得本身無法永久延續下去，就像是用印璽在封蠟上面打
出銘記；混亂和騷動帶來壓制，驅逐他們離開上層區域，要與艾希斯所生的荷魯
斯戰鬥，心中不勝感激之處，如同是可感受的世界最鮮明的形體。

據說荷魯斯因而被帶上法庭，泰封控訴祂是私生子，不像祂的父親奧塞里斯
那樣的純潔和未受污染，理由的本身不僅真實而且毫不矯飾，出於形而下的因素

---

206 古代希臘的神話作者，將戴奧尼蘇斯這個名字給予奧塞里斯，只要稍許有點改變，就可以成
　　為希流斯，也就是說從Osiris轉換成Sirius非常容易；參閱戴奧多魯斯·西庫盧斯《希臘史
　　綱》第1卷11節。
207 參閱柏拉圖《泰密烏斯篇》49A和51A；以及本書第69章〈論柏拉圖《泰密烏斯篇》有關
　　「靈魂的出生」〉6-7節和11節。

使得祂的實體受到玷辱。祂據有優勢能夠打贏誹謗的官司，赫耳墨斯也就是「理性之神」出庭爲祂作證，指出自然女神將創造力帶到這個世界並沒有錯，只是在感受方面經歷變遷的過程。艾希斯和奧塞里斯仍舊留在雷亞[208]的子宮裡面，阿波羅就從兩位神明當中出生，代表一種寓言的意義，在世界出現之前已經擁有可見的視力，粗糙的物質完全是理性之神所形成；經由自然女神的驗證，看來首先出場的創造物不夠完美。基於可以認知的緣故，他們說神明是瘸子生在黑暗之中，並且將祂稱爲年長的荷魯斯；因爲那時還沒有當前的世界，所有不過是未來世界的想像和輪廓而已。

55 提到的荷魯斯不僅完整而且完美，他並沒有對泰封趕盡殺絕，只是減少對手的活動和削弱具備的實力。他們說所以會如此，那是荷魯斯有一座在柯普托的雕像，落到泰封的狐群狗黨手裡，使得荷魯斯有所顧忌。他們還提到一個傳說，赫耳墨斯將泰封的筋抽掉，作爲琴弦用在他的七弦琴上面，因而給我們帶來一種概念，理性之神依據分歧和對立的因素，用來調整宇宙使之趨向諧和與統合，對於破壞的力量並不要完全根除，只是使它無法發揮作用。形成的虛弱和減少的活動，結合易受影響和傾向改變的因素，隨附無法發洩的外力，反而使泰封變成各種災禍的始作俑者，使得地球產生可怕的震動和顫抖，爲人氣帶來乾旱和劇烈的風暴，以及耀目的閃電和震耳的雷聲。

泰封用瘟疫污染水源和季風，惡意的放縱所及的範圍甚至遠到月球，經常使得皎潔的天體變得黯淡無光。按照埃及人的信念和記載，說是泰封有次打瞎荷魯斯一隻眼睛，另外有次攫住月亮就這麼吞下肚中，後來還是讓它返回太陽的身邊。責打用來比喻月球每月發生的虧缺，殘疾表示月蝕；太陽只要盡速逃出地球的陰影，很快就會恢復原來的光輝。

56 較佳和更具神意的性質包括三個部分：概念、物質以及從而構成希臘人所說的世界。柏拉圖習於用想法或感覺稱呼概念[209]，像是父親這樣一個用詞；對物質稱爲母親或奶媽或養育後代的位置和場所，從兩者獲得的結果稱之爲後裔或子孫。

臆測埃及人對於具特別數字的三角形給予最高的評價，用它比喻宇宙的性質

208　雷亞是克羅努斯的妻子，祂所生的三個兒子，是冥王哈得斯、海神波塞登和天神宙斯。
209　柏拉圖《泰密烏斯篇》50C-D。

可以說是最爲適當，如同柏拉圖在《國家篇》用它來表示婚姻的意義[210]。這種三角形的對邊或底邊的長度分別是三或四單位，斜邊長度是五個單位，後者的二次方正好是前兩者之和。從而得知，對邊可以比喻爲男性，底邊是女性，斜邊是兩者的子女；奧塞里斯可以視爲根源，艾希斯如同容器，荷魯斯是完美的成果。三這個數字是第一個完整的奇數，四是二這個偶數的平方；五這個數字有時像它的父親，有時則像它的母親，因爲五是由三和二相加而成[211]。要知道panta「全部」這個字的語源來自pente即「五」之意，他們提到計算數目就會說「五個一數」。五開平方得到二十五，埃及文的字母正是這個數字，也是阿派斯活在世間的歲數。

他們的習俗通常將荷魯斯稱爲明（Min），它的意義是「看見」；因爲世間的事物是感受得到或肉眼可見；同時艾希斯被稱爲繆什（Muth），還有就是阿齊瑞（Athyri）或梅齊爾（Methyer）；第一個名字與「母親」有同樣的意義；第二個名字說她是荷魯斯在「塵世的居所」，如同柏拉圖所說的那樣，生育後代的場所和容器[212]；第三個名字是「滿溢」和「成因」的複合字，因爲世界充滿物質，要與善良和純潔和秩序相互結合起來。

57 赫西奧德將所有最早的事物歸於混沌和大地和塔塔魯斯和愛情[213]，除此以外不接受其他的起源，看來這是很明顯的觀念，同時把艾希斯當成大地的名字，奧塞里斯是愛情而泰封是塔塔魯斯，詩人將混沌看成一種區域放在最下方的位置，「宇宙的主宰」在它的上面停息。

有些智者將這個主題當作柏拉圖的虛構之物，蘇格拉底在他的《會飲篇》一書中，用相當篇幅談起愛情的誕生，說是「貧匱」盼望能有後裔，乘著「富足」熟睡來到它的身邊，受孕以後愛情得以降生[214]。所以愛情混雜著截然不同的性質，他的父親在各方面都很善良、明智和知足；反之他的母親無依無靠，沒有謀生的工具，總想要緊抓心目中的對象，然後對他百般需索不已。富足沒有辦法逃避，因爲這是他第一次被愛從而產生欲望，給他帶來美好和自負；柏拉圖將貧匱稱爲生冷粗糙的物質，完全欠缺善良的本質，要從富足那裡獲得充實，經常對他

210　柏拉圖《國家篇》546B-C。
211　參閱本書第21章〈羅馬掌故〉2節；以及羅斯《蒲魯塔克的羅馬掌故》170頁。
212　柏拉圖《泰密烏斯篇》52D-53A。
213　赫西奧德《神譜》116-122行。
214　柏拉圖《會飲篇》203B。

保持渴望之心，要分享他所有的一切。世界或荷魯斯要是因而誕生，根本談不上永恆不滅，亦非率眞自然之事，還是逃不脫遭到遺忘的命運。先期的策劃使得遺骸的再生可以永保年輕，雖然經歷事件的變換和循環從未屈服於毀滅。

58 我們總不能將傳說看成歷史，倒是可以根據每種傳說的逼眞程度，自我調整加以適應；提到的情節不要將哲學家的意見全部置之不理[215]，要想到傳說是一個無生命和無差別的個體，完全出於本身的怠惰遲鈍和缺乏活力。事實上我們將油膏稱爲有香氣的物質，黃金是用來鑄造神像的物質，它們之間存在很大的差異。我們認定「人」的靈魂和思想，就理性之神而言是領悟和德行的基本素材，可以拿來作爲裝飾以及調和之用，於是有些人宣稱心靈可以當成一個適當的場所，爲了形式的聚集和裝配以及概念的呈現和表達。要知道過去已有相同的論點[216]。

有人認爲「婦女」的卵不是一種能量或起源，只能算是生殖作用的物質和養分[217]。對於一廂情願的看法，我們會很直覺的發現，這位女神經常參與第一位神明的活動，對祂有了愛意生活在一起，感到非常幸福美滿，從來沒有反對祂任何意見。正如我們所說的那樣，高尙而正直的男士談情說愛要有光明正大的來往，教養良好的婦女得到丈夫組成家庭，我們會說她仰慕良人，因而我們心裡會出現這種想法，做妻子就會緊緊依附他，經常強求他要滿足於她，不斷充滿最具支配力和最爲純潔的原則。

59 等到泰封努力向前邁進，將大部分區域攫到手裡，我們知道艾希斯陷入悲痛的處境，說話帶著哀悼的口氣，到處尋找奧塞里斯遭到肢解和散布的遺骸，拼湊完整然後給祂穿上華麗的裝束，接受遭到毀滅之物再將祂藏匿起來，從祂自己身上開始創造新生一代，爲黑暗的世界再度帶來光明。

神的親朋和化身和流出物同住在天界或群星，提到的對象會受到不穩和可變因素的干擾，所謂的不穩和可變因素是指大地、海洋、植物和動物；神的親朋和化身和流出物因而遭到分解、絕滅和埋葬，經常再度從世代替換當中顯身，表現極其卓越的過程和結局。由於因果律的緣故，神話裡面提到泰封與尼弗齊斯同

215　參閱本章第48節；以及戴奧吉尼斯‧利久斯《知名哲學家略傳》第7卷134節。
216　參閱亞里斯多德《動物史》第3卷4節。
217　參閱本書第77章〈會飲篇：清談之樂〉第3篇問題4第3節。

居，奧塞里斯暗中與她發生關係，肇因毀滅的力量施用於特定的領域，控制絕大
部分的事物，他們將這種狀況稱爲尼弗齊斯或終結者。創造和保留的力量只能供
應虛弱的種子，除了艾希斯盡其所能獲得以後存活下來，培育以後變得更加結實
和強壯，其餘都被泰封絕滅無遺。

60 根據柏拉圖和亞里斯多德的認知，一般而論埃及的神明能夠存善去
惡，自然女神的創造和成全因素促使他走向發展和生存的道路，同
時出現的破壞和毀滅逼著他向無法生存的方向移動。因爲這個緣故，他們稱呼艾
希斯這個名字，據了解是來自hiemai「匆忙」之意，或者是pheromai「奮勇向
前」，由於她的運動充滿活力和智慧；他們不用外國的名字，通常所有的神用的
稱號來自兩個字，theaton「看見」和theon「急促」[218]，女神也是同樣的方式，
由於祂的理解和行動，我們稱祂爲艾希斯，埃及人對艾希斯這個字要加上陰性以
示區別。

所以柏拉圖才會提到，古人很清楚的表示，一個字所以會叫成isia「意識」
在於它含有ousia「本質」的意義在內[219]。他們提到知識和領悟能夠促使心靈作
爲一個載具，攜帶所需物品迅速向前邁進；同樣還有理解、善良和美德，他們將
這些事物歸之於不斷流動和快速運行，從另一方面來說，他們再度用對比的名稱
作爲工具來詆毀和責難所有的惡行。例如自然女神的催促前進加以阻礙、束縛、
掌握和拒止，他們稱之爲卑賤或kak-ia「多行不義」和孤獨或apor-ia「舉步唯
艱」和怯懦或deil-ia「寸步難行」和悲痛或an-ia「無法成行」。

61 奧塞里斯的名字來自hosion「神聖」和hieron「奧秘」，指出祂與上
天和地府的事物都有複雜的關係，早年的人們習於將前者稱爲神聖
而將後者稱爲奧秘。這種關係等於洩漏上天的事物，依據它的歸屬稱爲阿紐比
斯，有時則稱爲赫馬紐比斯(Hermanubis)，完全看位於上界或下界而定。基於可
以明顯區別的緣故，奉獻的犧牲有時是一隻白色的公雞，表示前者的事物簡單而
明確；有時則是橘黃色的公雞，表示後者的複雜和多變。

舉凡使用的稱呼所以改爲希臘文字也沒有值得驚訝之處，因爲有難以計數的
文字隨著不同的團體從希臘遷移到埃及，直到今日這些人在外國的土地上面當成

218 參閱柏拉圖《克拉提魯斯篇》397D。
219 參閱柏拉圖《克拉提魯斯篇》401C。

陌生人看待，等到與詩藝有關的學識爲他們記起加以運用，這些文字過於生疏出現很多不應該發生的差錯，被人認爲是一群野蠻人在那裡咬文嚼字。他們在所謂「赫耳墨斯之書」上面的記載，提到有關神聖的名字，諸如他們將指派的職權直接加在荷魯斯的身上，說祂負責太陽的運轉，希臘人將駕日循環的神明稱爲阿波羅。將職司「風的流動」有關權責指派給奧塞里斯，還有人說是塞拉皮斯；索昔斯在埃及人而言，表示的意義是cyesis「妊娠」或cyein「懷孕」：希臘人由於重音的改變，所以稱之爲Cyon「天狼星」，認爲明亮的天體與艾希斯有特別的關係。埃及人非常熱中於學習這些稱呼，結果還出現這樣多的錯誤。當然埃及人認爲奧塞里斯的名字應該是塞拉皮斯才對，我對這方面願意讓步接受他們的意見，因爲奧塞里斯是希臘名字而塞拉皮斯來自外國，事實上兩個稱呼是同一個神明和相同的職權。

62 埃及人的信仰會出現很多奇特的狀況，像是他們經常用雅典娜的名字來稱呼艾希斯，表現一副「你奈我何」的態度，也象徵著自我驅策的動機。前面提過泰封被稱爲塞特以及畢彭以及司木（Smu），這些名字表示出有力的預防措施，用來對付其他人的阻擋、反對或逆轉。

根據馬尼索的記載，他們將天然磁石或鐵分別稱爲荷魯斯或泰封的骨頭。鐵經常受到磁石吸引和拖拉出現位移，在相對的方向產生排斥和抵制，世界在某一個時間用同樣的方式，出於說服、誘惑和曳扯，對著本身開始有益和良好和理性的運動，同時還使冷酷和泰封模式的運動趨向於溫和；再度將它聚集起來，使得它產生反轉因而陷入逆境。

優多克蘇斯提到埃及人有一個如同神話的傳說，宙斯的兩條腿長在一起所以無法行走，內心感到羞辱滯留在曠野不肯見人，艾希斯動手將它割開，使身體這一部分造成分離，等於供給祂快速發展的工具。這個寓言具備傳奇的性質可以發揮教化的功能。神的心靈和理性專注於不可見的世界，出於運行的動機才會促成世代接替的生殖作用

63 響鈴讓人清楚一個道理，所有生存的事物需要搖動或揮舞，不能停息活動，如果他們變得昏昏欲睡或是呈現呆滯的狀態，必須用行動喚醒他們以及加以鼓舞和刺激。埃及人說他們所以能避開和驅離泰封，完全要靠響鈴這樣的工具，表示的意義是毀滅正在壓迫和拒止自然之道的時候，世代接替的生殖作用運用動機得到釋放和蘇醒。

這種樂器的上部成圓形，周圍安置四個可以振動的銅鈴；如同世界這個部分
歷經再生和滅亡，在於它的下方包容月球這個天體，在其中所有的事物所以會運
動和變換，完全取決於四個因素，亦即火、土、水與氣。響鈴周圍的上方裝飾一
隻貓的模型，它卻長著人的面孔；四個銅鈴下方的底部，兩邊分別是艾希斯和尼
弗齊斯的面相。這兩副容貌各自象徵著出生和死亡，來自變換和運動的因素，貓
用來象徵月球因為牠有各種顏色的皮毛、夜行的習性，何況還是多產的動物。據
說貓第一次生一隻小貓，然後是兩隻、三隻、四隻，一直到數量增加為七隻[220]，
使得生產的總數到達二十八隻，完全符合月球光度變化的周期。或許有人表示，
附和的理由看起來似乎太不可思議。貓的瞳仁在滿月之際變得既大又圓，等到這
個天體處於虧缺期間，牠的瞳孔收縮成一條細縫。貓所以具有人的形象，在於指
出智慧和理性用來導引月相的改變。

64 簡而言之，人們不應該相信水和太陽和大地和天空是奧塞里斯或艾
希斯，或者再說泰封是火或乾旱或海洋。泰封之所以毫無節制和混
亂不堪，提到理由可以很簡單的歸於過量或缺陷；艾希斯的工作是秩序和善良和
利益，如同奧塞里斯的形象、思想和理性，如果受到我們敬仰和推崇，表示我們
沒有誤入歧途。優多克蘇斯質問德米特為何不能職掌愛情，艾希斯反倒可以勝
任，我們對這方面不應懷疑優多克蘇斯的本意。事實上戴奧尼蘇斯並沒有引起尼
羅河的上漲，也不是陰間的統治者。我們可以從非常普通的推理程序獲得結論，
神明都可以獲得指派，負責所有歸屬於善這一部分的職司。無論就天性來說已經
存在著美好和良知，都會如此毫無例外，因而奧塞里斯的最大貢獻是萬物的源
頭，艾希斯在接受以後給予適當的分配。

65 運用類似的方式我們著手討論一個數量龐大又令人厭煩的民族。是
否周遭環境的季節變化有關的神學問題會讓他們感到愉快，或許所
涉及者僅是作物的成長和播種時間和耕種；有人提到奧塞里斯埋葬的時刻，穀粒
撒布遍及整個地面；等到植物開始發芽，牠來到世間重新現身。等到艾希斯知道
有孕在身，Phaophi（尼羅河漲水期間第二個月）第六天就掛起一個護身符，大約
冬至前後在提前開放的花卉和嫩芽之中生下哈波克拉底（Harpocrates），早產的關
係嬰兒的發育不夠成熟。因為先天不足的緣故，他們將成長的扁豆初生的果實，

220　參閱福久斯（*Photius*）《文集》No.242。

當成祭品奉獻給他，要在春分以後才爲他慶祝生日，當人民聽到這些情節以後，全都感到滿足而且相信，認爲可以從明顯而熟悉的狀況中推論出合理的解釋。

66 談到這方面的問題並沒有可以害怕之處。第一，埃及人會讓我們保有這種觀念：我們的神明對兩個民族而言都是常見的事，不會僅僅爲埃及人所有；不會單獨讓尼羅河將所有的名字包括在內，甚至連陸地都成爲尼羅河的水體；如果他們不否認最偉大的神明擁有尼羅河或布托或孟菲斯，而非其他的人類，那麼他們就不會斷言，神明親手所做的工作只有沼澤和蓮花而已。那些與艾希斯結合的神明，祂們曾經爲所有的民族頂禮膜拜，長久以來用來稱呼祂們的名字並不知道來自埃及人；然而他們從開始對屬於每位神明的職掌和權威，不僅非常清楚而且極其敬畏。

第二，這件事情非常重要，他們必須提高警覺和加強注意，免得在無意之中遺忘和浪費神聖的事物，無論是消失在風中或是拋棄在溪流，或者去播種還是耕田，無論是土地的開發還是季節的轉移，如同他們認爲酒來自戴奧尼蘇斯而火焰出於赫菲斯都斯之手。克利底斯說是無論何處所呼吸的空氣，通過地上的作物「吹了過來」（pheromenon），然而帕西豐尼卻遭到「死亡」（phoneuomenon）；像是某位詩人寫出有關收割者的詩句：

農夫砍斷穀物女神的肢體。[221]

事實上這些人與舵手、織工或醫生並無不同，只是舵手關心帆和繩索和錨，織工關心經線和緯線的運用，醫生關心食療是一杯酒或蜂蜜的混合飲料或麥片粥而已。他們給人們創造出可怕的無神論觀點，那就是將神的名字授與無感覺和無生命的各種物品上面，在需要運用這些物品的時候，不惜將它破壞和毀滅。這時面臨的狀況不可能運用欺騙的手段，因爲所提到的物品無法像神明一樣的存在。

67 神明並不是沒有知覺也不是沒有生命更不會受到人類的控制；產生的結果是我們應該承認神會運用祂創造的事物並且供應給我們，還讓賜與的事物保持長久和不變。我們不能認爲神就是不同民族當中不同的神，不是蠻族的神和希臘人的神，也不是南方和北方的神；正好如同太陽和月亮和上天

221　參閱波納達克斯（Bernardakis）《全集》第7卷第23章〈荷馬的平生和詩篇〉。

和大地和海洋，對我們來說都是一樣，只是不同的民族運用不同的名字。看來唯一合乎理性的行為，在於保持萬物於既定的秩序和規範之中，有位上蒼加以嚴密的監視，所有輔助的職掌都已安排妥當，從而使得不同的民族受到教化，按照他們的習俗有不同的禮儀和稱呼。於是人們就會製作奉為神聖的符號和象徵，引導才智走向神聖的事物，運用的方式有些相當隱秘，有些卻極其明確，雖然這樣做難免會帶來危險。因而某些人誤入歧途被迷信所吞噬；還有人像是飛越泥潭一樣避開迷信，從另一方面來看，很可能在無意之中從懸崖上面跌進無神論的深淵之中。

68 我們特別需要研究與宗教有關的事物，應該採用來自哲學的推理方式，領導我們不會陷入神秘的迷宮；虔誠考量每一件他們說過和做過的事情，可以引用狄奧多魯斯的話，他說當他用右手提供金玉良言的時候，聽眾之中有些人卻用左手去接納[222]。我們不會犯下錯誤用不同的立場去接受這方面的事務，因為我們的法律對於祭典和節慶，都有極其周詳和明確的規定。事實上每件關係到神聖的事物都能說出一番道理，我們從埃及人身上就可以很清楚的了解；每年頭一個月第十九天，他們為了崇拜赫耳墨斯舉行祭典，儀式當中要飲用蜂蜜和吃一個無花果，口裡念念有詞：「真理之神何其甜美。」

埃及人根據傳統經常提到，艾希斯將護身符掛在頸脖，同時還將它解釋為「真理的聲音」。他們並不認為哈波克拉底是一個不夠完美的神，或者祂是一個尚在成長的嬰兒；沒有其他的神祇會去保護豆莢，即使人類當中最受敬畏的神明，也會提出季節不對、考慮不周和交代不清的理由，只有祂是代言人同時會修正錯誤的論點。因此祂要將手指放在嘴唇上面，表示禁止發言和保持沉默。埃及人在Mesore（5月）用豆莢當祭品奉獻給祂，並且說道：「有人為我們說話何其幸運，祂是神說出我們的心聲。」

在埃及的植物當中，他們特別提到猴麵包樹是聖潔之物要奉獻給女神，因為它的花很像心臟而葉子像舌頭。人類通常擁有的事物當中，沒有比演繹法更為神聖，特別是使用這種方法與神明有關；沒有比邁向幸福之路可以發揮更大的影響力。由於認知的緣故我們要教導每一個人，應該傳遞在德爾斐獲得的神讖，聖潔的思想存放在心頭，嘴裡吐出的言語都是吉利的徵兆。無數的民眾在遊行的隊伍和節慶的祭典當中，舉止竟然是如此可笑，他們在開始的時候還能使用帶來吉兆

---

222 參閱本書第34章〈論寧靜的心靈〉5節。

的言語[223]，後來在有關神明的信仰方面，無論是說話或思想都變得極其褻瀆而逾越。

69 如果說沿襲已久的典禮可以省略不提，還是就我們對神明所抱持的意見感到驚訝和困惑，認為都是不適合的事；那麼出於無法提出保證的疑慮，我們又如何討論埃及人那種愁苦、嚴肅和哀悼的祭祀？過去在希臘人當中做了很多事情，看來與埃及人在艾希斯神廟裡面舉行的典禮，並沒有多大的差別，甚至雙方都在同個時期有同樣的舉動。雅典的婦女在帖斯摩弗里亞祭典舉行齋戒全都坐在地上；皮奧夏人將悲哀女神神廟的門廳，位置移動一個方向，同時舉行一個名為悲哀祭典的儀式[224]，因為德米特的女兒下降到普祿托的領域，骨肉分離使祂哀傷不已。那個由於金牛座的緣故而稱為結實的月份，埃及人命名為Athyr（11月），希臘人稱為Pyanepsion（10月），皮奧夏人稱為Damatrius[225]。

根據狄奧龐帕斯的記載，住在西方的民族認為冬季是克羅努斯，夏日是阿芙羅黛特，春天是帕西豐尼，他們之所以給予這些稱呼，在於相信萬物從克羅努斯和阿芙羅黛特獲得生命的緣起。弗里基亞人聽信神明在冬天睡眠，到了夏日蘇醒，就像酒神信徒的崇拜方式，冬季為祂唱催眠曲，夏季來到用歡樂的歌聲叫祂起床。帕夫拉果尼亞人確信神明在冬天被緊緊綁住，到了春天受到鼓舞再度獲得自由。

70 每年季節的變換同樣使我們感到疑懼，悲觀的心理在於作物和果實都從眼前消失不見，古代的民眾並不認為這與神明有任何關係，也不會想到神明極其必要和重大的貢獻，在於避免讓人類過野蠻和獸性的生活。到了每年某個時候，他們看到有些水果完全從樹上消失不見，在其他人保持卑下和貧窮的生活方式的時候，他們卻能未雨綢繆，用手將大地挖開以後整平，將種子撒在田地裡面，抱著發芽茁壯或帶來成果的期望；他們做了很多事情像是人們在葬禮當中哀悼死者，這時並沒有忘記生者還有應盡的責任。還有如同某人買了柏拉圖的作品，我們會說「他得到柏拉圖」，或是有人要演出米南德的劇本，我們會說「他扮演米南德」，就是古代的人士用神的名字，拿來稱呼神賜與的禮品和

223　希臘人在宗教典禮開始之時，總要發表正式的宣告。
224　參閱鮑薩尼阿斯《希臘風土誌》第9卷8節之1，只是這種狀況很難說是正常之舉。
225　這是作物收穫的季節，對於耕種女神德米特而言是神聖的月份。

神創造的物種,當然也不會受到限制和禁止;因為這些都是需要的東西,這樣做是對神的感激和崇敬。

後來的人們接受這種盲目的方式,出於無知才會將作物的生產和生活必需品的出現和消失歸之於神明,不僅將這種現象稱之為神的出生和死亡,還確信必然如此。即使這些不合常理的推論得出妄誕的結果,已經出現在他們的眼前,他們的內心仍舊充滿荒謬、錯誤和困惑的見解。科洛奉的色諾法尼斯堅持立場很有道理,他始終認為埃及人如果相信這一切的作為都出自神明,那麼他們就不應該有哀悼之心[226];如果他們一直埋怨神明,那還不如不要相信。他們在悲痛之中仍舊向有權勢的神明祈禱,要使種下的作物發芽茁壯,給他們帶來豐碩的收穫,為的是他們會再度耗盡以後,可以發出怨恨的聲音,試想永無休止的循環豈不荒謬可笑?

71 情形並非全然如是:他們為收成感到悲傷;須知神明是始作俑者和賜與者,當然他們要向祂祈禱,希望新種的作物能順利成長,用來取代已經遭到摧毀的糧食。有一種令人啼笑皆非的說法流傳在哲學家之間,那就是他們不知道如何正確解釋文字要表達的意義,所以才會經常出現極其拙劣的行為[227]。例如,有些希臘人沒有學識也沒有習慣,可以分辨神的雕像和神有什麼不同,即使沒有用題辭推崇神明的偉大,還是會將木雕泥塑之物稱為神。然而他們當中那些無恥之徒,竟然會說拉查里斯(Lachares)剝光雅典娜的衣物[228],或是戴奧尼休斯折斷阿波羅的金鎖,或是羅馬位於卡庇多的朱庇特神殿在內戰中被燒成一片焦土[229]。只要看在這些名字的分上,所以會接受如此邪惡的意見完全是無心之過。

埃及人始終對於動物保持敬畏之心,在這方面有相當程度的經驗;要是提到希臘人的看法和信念,比較起來還是有很大的差異,雖然他們將鴿子當成阿芙羅黛特的聖鳥,蛇成為雅典娜的神物,還有阿波羅的烏鴉和阿特米斯的狗;如同優里庇德的詩句:

---

226 參閱狄爾斯《哲理詩殘卷》第1卷〈色諾法尼斯篇〉44頁No.A13;或是本書第14章〈迷信〉13節。

227 參閱本書第77章〈會飲篇:清談之樂〉第7篇問題6第2節。

228 他獲得的黃金是來自帕台農的雅典娜雕像,所有飾物和金質外殼全被掠奪一空。

229 根據蒲魯塔克《希臘羅馬英豪列傳》之〈蘇拉傳〉27節的記載,時間是西元前83年7月6日。

赫克特個性耿直心無旁鶩，
只有獵犬是他喜愛的寵物。[230]

絕大多數的埃及人，在侍候動物的同時還將牠們視爲神明；不僅設置很多神聖的職位，讓人感到荒謬和可笑，愚蠢的做法很難不與邪惡的行爲發生關係。從而產生危險的信仰，懦弱和清白的群眾陷入純粹的迷信之中，出現的情勢變得更爲憤世嫉俗和膽大妄爲，突然之間落到無神論的窠臼和野蠻的結局。要想將發生的事實詳細敘述所有的情節，就目前的狀況而言已經是不太適合。

72 神明出於對泰封的畏懼，意圖要將自己變成動物[231]，也就是隱藏在朱鷺、狗和老鷹的身體裡面，這是充滿幻想的演出，超越所有情節極其奇特的神話。更加荒誕的架構是很多死者的靈魂繼續存在，要從神聖的動物之中重新復活，說起來也是同樣令人難以置信。有人想要添加若干能夠發生政治作用的理由，提到奧塞里斯從事偉大的冒險行動，將他的部隊區分爲很多單位，就像希臘人所說的小組和連隊，發給他們用動物做代號的旗幟，神聖和尊貴之處在於表示他們的根源，從而可以分享指派的榮譽。還有人提到後來那些國王，爲了用恐怖的手段打擊敵人的士氣，出現在戰場的時候，頭上戴著黃金和白銀製作的面具，採用野獸極其猙獰的形象。

另外的記載提到一位手段高明又渾無忌憚的君主[232]，說起埃及人的天性浮躁善變，傾心於新奇的事物；何況他們的人數極其龐大，要是他們有清醒的神志和審慎的作爲，形成的實力不僅無法征服，一旦向外發展更難加以阻止；必須傳入一種持久不消的迷信並且深植在他們的生活之中，這就是主要的根源造成永不停息的爭執。他吩咐不同的民族崇拜和敬重不同的動物；如同凶狠的野獸指使自己用仇視和敵意對待非其同類，某一種類出於天性只能期望一種食物，然而別的種類完全不同；有些民族對於他們的動物保護唯恐不周，只要受到傷害就是極大的冒犯，於是在無意之間受到重大的影響，直到對於動物的敵意使得他們之間出現公開的衝突。

甚至時到今日，埃及的民族當中只有萊柯波里斯的居民會吃綿羊的肉，雖然

230　瑞克《希臘悲劇殘本》之〈優里庇德篇〉No.968。
231　參閱戴奧多魯斯‧西庫盧斯《希臘史綱》第1卷86節之3。
232　參閱戴奧多魯斯‧西庫盧斯《希臘史綱》第1卷89-90節。

他們將狼視爲神，還是會將牠當成食物。就在我們這個時代，奧克西林克斯的民眾會去抓一隻狗做奉獻的犧牲，然後將牠當成胙肉吃進肚裡[233]；賽諾波里斯（Cynopolis）的民眾只吃他們認識的魚，像是oxyrhynchus「白斑狗魚或梭子魚」。就是因爲習俗不同的緣故，使雙方發生戰爭，引起人員的重大傷亡。直到羅馬人要對他們施以懲處，才逐漸恢復地區的秩序。

73 很多人提到泰封的靈魂分置在這些動物之中，傳說等於在暗示所有無理和野蠻的性質屬於這個邪惡之神的一部分，爲了安撫和平息牠的憤怒，他們只有小心翼翼特別注意特定的動物。如果赤地千里的乾旱降臨到他們頭上，帶來致命的疾病和嚴苛的災害，這時祭司在黑暗的籠罩之下，保持著靜肅和秘密，將他們敬畏的動物帶過來，首先對牠們施以威脅和恐嚇，如果旱災仍舊繼續，就會將牠們當成奉獻給神明的犧牲，非常明顯表示的意義是對神祇的懲罰，至少可以視爲面臨極其重要情勢必須舉行的淨化儀式。

根據馬尼索的記載，艾利昔亞（Eileithyia）城使用的辦法是焚燒活人祭神[234]，當地的市民被稱爲泰封里亞人（Typhonians），意爲他們將犧牲的骨灰像簸殼一樣向著空中撒布。整個行動在稱爲「狗之日」的特定時間內公開執行。動物的奉獻視爲神聖之事必須保持秘密，實施的時間不確定而是要考慮當時的情況，除非要爲動物舉行葬禮，否則不會讓群眾得知[235]。埋葬的地點會展示其他神聖的動物，當著大家的面將牠們的屍體丟進墳坑，他們認爲這樣做會對泰封造成傷害，然而卻可減少牠的報復。阿派斯和少數幾種動物視爲奧塞里斯的神聖之物，他們指派給泰封的動物種類極其繁多。如果資料的來源很正確，我認爲這種做法會受到大家的認同：例如朱鷺、老鷹、犬面狒狒以及阿派斯本身，已經獲得普遍的敬重，除此以外還有他們稱爲門德人的山羊[236]。

74 主要的特性在於牠們的用途和象徵，有些動物僅具備其中一種，還有很多兩者兼得。很清楚的事實就是埃及人敬重母牛、綿羊和貓

---

233 參閱本章第7節和第18節；伊利安《論動物的習性》第11卷27節；以及朱維諾《諷刺詩》第15卷35節。

234 參閱戴奧多魯斯·西庫盧斯《希臘史綱》第1卷88節之5。

235 參閱本章第21節；戴奧多魯斯·西庫盧斯《希臘史綱》第1卷21節、83-84節。

236 參閱希羅多德《歷史》第2卷46節；戴奧多魯斯·西庫盧斯《希臘史綱》第1卷84節和斯特拉波《地理學》第17卷1節。

鼬，因為他們需要這些動物。如同林諾斯的民眾偏愛雲雀，因為牠們會找到蝗蟲的卵當成食物吃掉；還有帖沙利的人民推崇鸛鳥[237]，這個地方有很多蛇類[238]，鸛鳥正是牠們的剋星，因而他們制定一條法律，任何人殺害鸛鳥施以逐出國門的處分。

　　埃及人崇拜眼鏡蛇、黃鼠狼和甲蟲；他們提到聖物只是隱約類似神明所具備的權勢，有點像太陽投入水中的倒影。仍舊有很多人相信而且公開宣稱，黃鼠狼的受孕來自牠的耳朵，從嘴中生出的幼獸；這可以比擬於發聲器官所造成的生殖作用。甲蟲沒有雌性，所有的雄性將精液射在一個圓形物體上面，這是它們捲起來以後從相對的方向推過去，就像所有的天體的運行與太陽的軌道成反方向，也就是從西到東。他們將眼鏡蛇比擬成閃電，這種體型極小產於北非的毒蛇不會變老，沒有四肢，行動迅速運轉如飛。

75 鱷魚獲得崇拜[239]並非沒有說得通的理由，大家把牠當成神在世上的代表，因為所有生物當中只有牠沒有舌頭，神的話不需要發出聲音，

正義女神控制世間的事物，
沉默無語獲得最大的讓步。[240]

他們說鱷魚是生活在水中的動物，一層透明的薄膜組織從前額一直覆蓋到眼睛，牠藏在水下即使不見蹤跡，還能看到水面的事物；也只有最早的神明具備類似的特性。母鱷無論在陸地何處產卵，都能預先知道尼羅河洪水上漲的極限[241]，因為牠不能將卵產在水中，同時不願產卵的地方距離水面太遠，不僅要讓上漲的河道能引導牠到產卵的地點，同時還要讓卵保持溫暖，所以一定要很乾燥不能接觸到水。母鱷一次產下六十個卵[242]，所需孵化的日期大約也是這個數目，鱷魚的壽命

237　參閱普里尼《自然史》第10卷31節之62。
238　參閱亞歷山卓的克里門《對希臘人的勸戒》第2卷39節之6；或許蒲魯塔克的資料來自狄奧弗拉斯都斯，可以參閱溫默《狄奧弗拉斯都斯的吉光片羽》No.174。
239　參閱希羅多德《歷史》第2卷69節。
240　優里庇德的悲劇《特羅阿德》（*Troades*）887-888行；參閱本書第68章〈柏拉圖學派的論題〉問題8第4節。
241　參閱本書第65章〈陸生或海生動物是否能更為靈巧〉34節；亞里斯多德《動物史》第5卷33節。
242　參閱伊利安《論動物的習性》第2卷33節和第5卷52節。

很長，在世的時間也有那個年數；只有受到上天恩惠的人，才將六十歲當成初步達成的目標。

有關鱷魚這種凶惡的動物所以會受到禮遇出於兩種理由，前面談到狗的時候曾經提過。朱鷺會殺死使人喪生的毒蛇[243]，牠讓人知道如何使用藥物當成瀉劑，因為大家看到牠用灌腸的方式來通便[244]。祭司對於用來作為淨化和祓禊的聖水有很嚴格的規定，只能從朱鷺飲水的地點汲取[245]。他們認為牠不會飲用不潔或受到污染的水源，甚至都不會接近。牠的兩隻腳伸出來會與牠的長喙構成一個等邊三角形[246]；再者牠的黑色羽毛和白色羽色攙雜起來，形狀很像初升的新月。

說起埃及人對於如此輕微的相似之處都不放過，倒也不會讓人感到驚奇，希臘人的繪畫和雕塑的對象只要是神明，描述極其重視細節有過之而無不及。例如克里特有座宙斯的雕像缺了耳朵，因為統治者和君主不適於聽取每個人言所欲言；菲迪阿斯在雅典娜的雕像旁邊刻著一條蛇，伊利斯有座阿芙羅黛特的雕像同樣有一隻龜[247]，特別指出這兩位未婚的處女需要提高警覺，不像已婚的婦人留在家中，保持沉默就能獲得安全。波塞登的三叉戟是第三疆域的象徵，牠所統治的海洋這塊領地，就重要性而言並不差於天界和大氣，因為這個緣故他們給他加上安菲特瑞特和特瑞頓（Tritons）的稱號[248]。

畢達哥拉斯學派人士用神明的稱號來修飾數字和幾何圖形；他們將等邊三角形稱為雅典娜，因為她從頭頂出生而且是第三胎，如同這個三角形的三個角被三條垂直線所平分。一這個數字他們稱為阿波羅，他討厭複數，因為只有獨一無二才能統合。二這個數字稱之為「紛爭」和「勇氣」；他們將三稱為「正義女神」，雖然產生不公正的行為或是遭到不公正的待遇，起因在於缺乏和過剩，為了求得平等，正義女神就要介入這兩者之間。他們稱為神聖的四元組就是三十六這個數字，可以當作最有力的誓言和詛咒，同時將它取名為「世界」，因為這個數字是前四個奇數和前四個偶數相加之和。

243　參閱戴奧多魯斯·西庫盧斯《希臘史綱》第1卷87節之6。
244　參閱伊利安《論動物的習性》第2卷35節；普里尼《自然史》第10卷40節。
245　參閱本書第65章〈陸生或海生動物是否能更為靈巧〉20節；伊利安《論動物的習性》第7卷45節。
246　參閱本書第77章〈會飲篇：清談之樂〉第4篇問題5第2節。
247　參閱本書第12章〈對新婚夫婦的勸告〉32節；以及鮑薩尼阿斯《希臘風土誌》第6卷25節之2。
248　希臘文的tritons表示的含義是「第三」。

76 那些最著名的哲學家談起神明的謎語有關無生命和無形體的對象，認為用敷衍或失禮的態度對待任何事物都不是很適合的行為；甚至就我個人的看法，要盡其可能去接受這些存在於本質之中的特定屬性，從而能擁有知覺的能力，以及靈魂、情感和風格。雖然我們崇拜神明，至於無生命和無形體的對象就不必如此，即使它們擁有的屬性使得它們成為神明非常清楚的鏡子，我們只能認為它們是神明的工具或手段，用來規範和制約所有的事物。通常我們確信某些概念，像是無生物不能優於生物，即使擁有全世界的黃金和寶石，也不認為能掌握較之知覺更大的權力。

神意不能從色彩、形式或文雅的外觀中產生，無論任何事物都不能分享生命，事物所具備的性質也不容許受到分享，算起來比死者得到更少一份的殊榮。這種活著和可見的性質以及在本身之內的運動緣起，以及一種知識有關不論是屬於這種性質還是其他，總得從智慧女神的身上獲得美的流出物和部分屬性；如同赫拉克萊都斯所擁有的東西，因為他說過：「宇宙要受智慧女神的引導。」[249] 因而不能說那些雕像比起動物更能代表神意，要知道青銅和石頭的作品同樣是摧毀和破壞的對象，它們具備的本質就是免於所有的感覺和思考。我對於動物只能接受賜給的恩惠和美名深表贊同。

77 艾希斯穿著雜色的袍服，因為祂擁有的權力在於惻隱和憐憫之心，既能成為也能接受萬事萬物，無論是光明和黑暗、白晝和夜晚、火與水、生與死，始與終。奧塞里斯穿起像光一樣明亮的潔白長袍，沒有出現一絲陰影和色彩，因為祂的緣起沒有攙雜任何其他成分，具備單一和獨特的本質和概念；他們一旦將奧塞里斯的長袍脫下，放置妥當以後嚴密的保管起來，不能讓人看見，再也不可觸摸。艾希斯的袍服可以使用很多次，等於將穿著的東西放在手邊，如同祂們的變化可以用種種不同的方式，一定要準備好等機會來臨可以隨時使用。至於概念、純粹和簡單的統覺作用，就像從靈魂之中發出一道明亮的閃電，提供機會可以再一次接觸到和看到祂的袍服。基於這種緣故，柏拉圖[250] 和亞里斯多德稱之為哲學的epoptic「神秘」部分[251]；超越形形色色難以確定和至感

---

249 狄爾斯《哲理詩殘卷》第1卷〈赫拉克萊都斯篇〉86頁No.B41。

250 參閱柏拉圖《會飲篇》210A。

251 參閱蒲魯塔克《希臘羅馬英豪列傳》之〈亞歷山大傳〉7節；亞歷山大寫信給亞里斯多德，說他將口授的奧秘之學撰寫成書出版實在有欠允當；亞里斯多德提出辯解，說是形而上學的著作，對一般人而言如同天書毫無用處。

困惑的事物，代表的意義是理性的發展極其順利，很快達成基本、簡約和非物質的原則；等到他們能夠接觸純粹真理所堅持的東西，自認對於整個哲學體系已經完全了然於心。

78 提及目前流行的觀念，祭司的反應是基於最審慎的態度，盡力維護宗教的秘密，將整個事情加以掩蓋不讓大家知曉：是說奧塞里斯這位神明是死者的統治者和國王，並非希臘人口裡稱之為哈得斯和普祿托的地府之神。因為大家並不了解事實的真相，給大多數人民帶來很大的困擾，竟然懷疑神聖的奧塞里斯應該住在地上，現在為了隱匿身體躲到地下，看來已經是走到生命的盡頭。他自己遠離地面，任何事物只要會成為毀滅和死亡的對象，祂為了保持純潔不去接觸，免得受到污染。

人類的靈魂都留在那裡，四周被身體和情緒所環繞，凡此都與神明沒有關聯，除了他們盡可能當著祂的面獲得極其模糊的視力，這要靠哲學提供統覺作用作為工具。等到靈魂獲得自由遷移到沒有視覺、無法通視、公平正直和純潔無私的領域，奧塞里斯成為他們的領袖和國王，他們因而受到的束縛，在於完全依靠無饜的沉思和美麗的渴望，到達的境界就人類而言非言語所表達和文辭所形容。正如古代的故事所描述，美麗的艾希斯永遠受到愛慕和追求，祂的匹配所參與的生殖作用，使得地球充滿美好和善良的事物。我在這裡宣布的資料對於神明的屬性是最為有利的答辯。

79 我曾經答應要把他們每天燒香祭神的事交代一下，首先要考慮埃及人是一個迷信的民族，為了有益於身體的健康，所以才會不怕麻煩做非常繁重的事務。特別是他們對神明的服侍，以及神聖的生活方式，加上嚴格的養生之道，看來健康的因素可能比虔誠更為重視。他們認為無論是身體或靈魂，如果健康出了問題或是生病，都不適合服侍神[252]，因為宗教方面的要求是絕對純潔，不僅沒有任何瑕疵而且不得有任何污染。然而空氣不能經常保持同樣的濃度和成分，雖然我們已經做出最大的運用效果，仍舊可以生存下去；特別到了夜晚變得更為濃密，給身體帶來壓力，使得靈魂落入消沉和焦慮之中，頭腦也感到困惑和沉重。日出之後，他們立刻在祭壇點燃松香，氤氳的擴散可以振作精神和淨化空氣，產生如此強有力的刺激作用，使得身體裡面天生備受折磨的靈魂煽

252　這在羅馬人而言是非常忌諱的事；參閱本書第21章〈羅馬掌故〉73節。

動嶄新的生命。

　　等到中午，太陽從大地激起量大而強烈的蒸發作用，同時與空氣混雜起來，這時候他們在祭壇焚燒沒藥，熱力可以分解和擴散四周大氣過於濃厚和滯重的凝結。醫生似乎用明亮的火焰淨化空氣，從而可以降低瘟疫傳染的災害，這種純淨作用以燃燒帶著芳香氣味的木頭更為有效，像是柏樹、杜松和松樹。無論如何，他們提到雅典醫生阿克隆（Acron）在黑死病最為猖獗的時候，治療的方法是在病人旁邊生火，發出明亮的光芒，因而救了不少人，贏得很大的名聲。亞里斯多德認為芬芳的蒸發物來自香料或花卉或草地，比起歡樂對人的健康更為有益[253]；因為帶來溫暖和光亮，使得頭腦可以紓解所受的壓力，特別是這個器官帶來寒冷的性質。要是我沒記錯埃及人將沒藥稱為bal，經過翻譯知道有特別的意義，就是「消除飽食引起的消化不良」，對於使用的理由提出更為充分的證據。

80 所謂「極品香料」[254]混合十六種原料：包括蜂蜜、酒、葡萄乾、椰油、松香、沒藥、天門冬、松仁、乳香、瀝青、燈心草、酸模，除此以外還有兩種杜松子，一種長得高大而另一種矮小，以及小豆蔻和白菖；這些成分不能隨意增減，要像配製香水一樣，完全按照聖書的指示混合所有的原料。從原料的數目可以很清楚的看出，十六是一數的平方再平方，也是唯一的數字，它所構成的面積等於這個面積的周長，所提出的理由值得贊許，倒是與我們所討論的主題沒有多大的關係。這個混合物的原料大部分帶有芳香的特性，產生充滿甜味的衍生物和效益甚佳的蒸發，空氣就會發生改變，身體處在平穩的氣流之下，動作會很緩和而輕柔[255]，造成一種讓人入眠的氛圍，不再為每天的緊張和壓抑而煩惱，好像可以將這些憂慮一腳踢開，無須飲酒就可以達成鬆弛和撫慰的功效。

　　想像的功能很容易出現在夢中，就像一面明亮的鏡子，比起七弦琴的旋律更加清晰；畢達哥拉斯學派的成員[256]在睡眠之前經常使用這種樂器，對於情緒激動和喪失理性的靈魂，可以產生麻醉和治療的作用。事實上刺激性的香氣可以喚醒感覺已經失效的功能，等到嬌柔的氣質所擁有的優點，使得他們的流出物擴散在身體裡面，這時他們會再度獲得和緩與平靜。甚至有些醫生都如此表示，等到食

253　參閱羅斯《借用亞里斯多德之名的偽學》233頁。
254　參閱穆勒《希臘歷史殘篇》第2卷616頁；提到古代作者敘述種種不同類別的「極品香料」，並且列舉三種現代的配方。
255　參閱本書第74章〈伊庇鳩魯不可能過歡樂的生活〉3節。
256　參閱柏拉圖《泰密烏斯篇》45D；以及昆蒂良《演說家的教育》第9卷4節之12。

物入口以後，其中容易揮發的部分，溫和的滲入消化的管道，發生密切的接觸，就會產生很特別的快感，隨之陷入甜美的睡眠。

他們使用極品香料的方式可以口服或外塗；口服的效果如同鎮靜劑，能使內臟得到清理。除此以外，松香和沒藥的功效來自太陽的作用，熱力的反應從樹木當中滲透出來。很多種原料攪和起來的極品香料，特別是在夜晚更受到大家的喜愛，因為很多人在冷風吹拂之下，身體變得更為強壯和健康，還要加上陰影的遮蔽，特別在有露水和潮濕的天候。由於白晝的光線是如此單純而簡單，品達就說看到的太陽是「通過荒蕪的以太進入眼睛」[257]。夜晚的空氣混合攪雜著許多光線和力量，甚至從每一個星座來的種子都撒播在一個地方；他們在白天燃燒松香和沒藥是很合適的事，因為這些簡單的成分都來自太陽，極品香料是各種不同性質的原料所調製的混合物，他們在夜幕初垂之時奉獻給神明[258]。

---

257 品達《奧林匹克運動會之頌》第1卷6節。

258 有的讀者認為這篇隨筆的結尾部分非常荒謬，至於贊許它的完美也不在少數，可以說人言人殊，意見大不相同。

第二十八章
德爾斐的E字母

參加討論的人士有阿蒙紐斯、提昂、蘭普瑞阿斯、蒲魯塔克、優斯特羅孚斯、尼康德,以及其他未列名者。

1 尊貴的薩拉皮昂(Sarapion)[1],不久之前,我偶爾讀到幾行詩,立意頗有見地,依據狄西阿克斯(Dicaearchus)[2]的考證,優里庇德向阿奇勞斯(Archelaus)[3]表達這樣的意思:

> 寒酸禮物不送富豪,
> 免得說我是個草包,
> 想要獲得豐碩回報。[4]

阿奇勞斯是有錢的財主,別人盡其所能送的東西他不會挑剔,特別是他獲得樂善好施的名聲,沒有人相信他的答禮會輕率從事。

從這方面來看,我們知道世俗的餽贈遠不及見多識廣的談話和智慧,凡此都與獨立的人格與榮譽有關,所以領受者感激的心情更是最好的報答。無論如何,我將有關阿波羅的談話記錄下來,當成最重要的文字派人送給你過目,請你站在朋友的立場提供意見,希望你和你的友人能夠給予援手,使得下次的談話無論是質量和內容更加精進;你現在住在一個大城市[5]裡面,應該盡量發揮這方面的優

---

1 蒲魯塔克同時代一位住在雅典的詩人;這位朋友的名字出現在本書第29章〈德爾斐的神讖不再使用韻文的格式〉5節,第77章〈會飲篇:清談之樂〉第1篇問題10第1節。

2 西元前4世紀的狄西阿克斯生於西西里的麥薩納(Messana),身為亞里斯多德的入門弟子,成為逍遙學派名聲最響亮的哲學家。

3 阿奇勞斯是馬其頓國王,在位期間413-399 B.C.。

4 瑙克《希臘悲劇殘本》之〈優里庇德篇〉No.969。

5 雅典在蒲魯塔克的時代,數世紀以來都是國際性的大都市。

勢,加上你的空閒時間很多,要找參考的書籍非常方便,相信會獲得更好的成果。

我們敬愛的阿波羅對於有關人類生存的問題,已經有了補救的措施和解決的辦法,任何人只要去向祂請求指示迷津,就會用神讖的方式給予回答。這些問題與我們是否有能力找出具體的理由關係很大,從阿波羅的啓示可以看出祂的性格傾向於對知識的熱愛,發自心靈的渴望要去追求眞理[6],明顯得知有很多的方式,特別是要落實E(Epsilon)的運用[7]。這個字母能居於領先的地位,不僅僅是時機湊巧而已,主要還是出於神明的厚愛,使得它發揮最大的效果,運用的範圍擴展到極致。

過去參加很多其他的場合,只要有人在大家面前提到德爾斐的神讖,我會保持不動聲色應付過去,現在卻在無意中發現自己的兒子,竟然同一些外鄉人對這個問題進行熱烈的討論。看起來他們很想立即離開德爾斐,所以不願改變正在交談的話題,我也不便問他們爲什麼要討論這個問題,特別是他們對這方面的內情很想多聽一點,可能是當成不再理會這個城市的藉口罷了。等到發覺他們在神廟附近坐了下來,所以我先準備好答案再去問他們一些問題,特別是我記得尼祿多年以前曾經來過此地,當然會使我有不堪回首的感慨;同樣的問題爲何要用類似的方式提出來,那是因爲我聽過阿蒙紐斯[8]和其他人士對此有深入而生動的討論。

2 我們只要從阿波羅諸多頭銜當中拿出一個,就能證明祂是哲學家[9],可以與預言家阿蒙紐斯不分高下;因爲對於開始學習和研究的人而言,祂是「詢問者」(Pythian);對於眞理認爲部分變得清楚而又能發覺差異的人而言,祂是「深知者」(Delian)和「覺察者」(Phanaean);對於擁有知識而且富於表達的人而言,祂是「精通者」(Ismenian);對於能夠享受哲學交談之樂的人而言,祂是「談話者」(Leschenorian)。

阿蒙紐斯繼續說道:「哲學的起點在於提出問題,唯有好奇和懷疑才會使人追根究柢[10];看來神明關心的問題大部分隱藏在謎語之中,獲得的資料只能對成因做出解釋。像是我們論及不滅的聖火,就會有很多假設問題出現:諸如只能燃燒

---

6 參閱本書第77章〈會飲篇:清談之樂〉第1篇前言。

7 參閱本書第30章〈神讖的式微〉31節,所謂E字母的運用在於強調五這個數字的重要性。

8 阿蒙紐斯是生於蘭普特里(Lamptrae)的逍遙學派哲學家,他在雅典講學,蒲魯塔克受教門下獲益甚豐。

9 參閱本章第20節;阿尼姆《古代斯多噶學派殘卷》第1卷No.543。

10 參閱柏拉圖《瑟伊提都斯篇》(*Theaetetus*)155D。

松樹的木頭，月桂的用途在於供應香料；諸如只能設置兩座命運女神的雕像[11]，然而不論在其他任何地方，按照習俗都是三座神像並列；諸如婦女不得接近充滿預兆的殿堂[12]；以及三腳鼎可以產生聯想的事項；與事物的特性有關的其他問題，使得他們只要聚集在一起就要閱讀和談論，像是受到誘惑和邀請必須進行探索和研究。看到的碑銘上面刻著『自知之明』和『中庸之道』[13]，不知有多少哲學的探索從而獲得發端，多少睿智的談吐從而產生對流，德爾斐可以說是學術和知識的源頭。我認爲現在要探討的題目，所能產生的成效比起過往毫不遜色。」

3 等到阿蒙紐斯說完這段話以後，我的兄弟蘭普瑞阿斯接著說道：「我們聽到的狀況並不十分複雜，就事實而論非常單純，那就是大家經常談起希臘智者，也有人把他們稱爲『詭辯家』，說眞格只有五位：契隆、薩里斯、梭倫、畢阿斯和彼塔庫斯。林杜斯的僭主克里奧布盧斯，以及後來科林斯的伯瑞安德[14]，無論是德行或智慧都力有不逮，這兩位能夠列名於智者之列，傳播到全希臘爲眾人所知，完全靠著權勢、朋友和送給別人的好處，這件事引起相當不滿和氣憤，沒有別的辦法可以達成除名的目標，就拿E這個字母大做文章。」

「他們指出E的次序位於第五，認爲希臘的賢人只有五位，所以拒絕承認第六位或第七位，完全出於神明的意願，反對者大可置身事外不必負責。任何人聽到下面這段與神廟有關的事，不管怎麼說不會認爲離題太遠；大家將神廟裡面黃金製作的E稱爲莉維婭（Livia）的E字，要知道莉維婭是奧古斯都的妻子；還將青銅製作的E稱爲雅典人的E字；早年那個最古老的E是木頭製作，一直到今天還稱爲智者的E字，並非出於一人之手，據說是希臘的賢人共同奉獻。」

4 阿蒙紐斯笑笑沒有說話，私下對蘭普瑞阿斯的論點抱著存疑的態度，認爲他的說法來自捏造的歷史和傳說，拿不出充分的證據。在場人員當中只有他批評蘭普瑞阿斯在胡說八道，就像不久之前來此遊歷的迦勒底人[15]，說是

11　參閱鮑薩尼阿斯《希臘風土誌》第10卷24節之4。

12　優里庇德的悲劇《艾昂》222行。

13　參閱本書第10章〈致阿波羅紐斯的弔慰信〉28節；第13章〈七位哲人的午宴〉21節；第29章〈德爾斐的神讖不再使用韻文的格式〉29節；以及第39章〈言多必失〉17節。

14　以上七位稱爲「希臘七賢」，只是蒲魯塔克用安納查西斯取代伯瑞安德，柏拉圖認爲是邁森而非安納查西斯，有的名單換上菲里賽德、伊庇米尼德和彼昔斯特拉都斯這幾位候選人。

15　迦勒底人是閃族的一支，最早定居在阿拉伯半島，西元前7-6世紀遷移到波斯灣建立新巴比倫王國，尼布甲尼撒二世（Nebuchadnezzar II）統治時期，國勢到達顛峰，539 B.C.被波斯人

希臘文的字母有七個母音，如同天上七個星球可以自由自在不受拘束的運行；E
這個母音從頭算起是第二位，如同太陽是跟在月亮後面第二個星球，特別是所有
的希臘人都把阿波羅看成太陽。阿蒙紐斯說道：「所有這些都是沒有根據的無稽
之談。」[16]

蘭普瑞阿斯提出辯駁，就說沒有一個德爾斐人清楚這方面的事情，看來無意
之中犯了眾怒，有人就有關神廟的部分站起來反對。他們提出一般人接受的意
見，通常都是嚮導在旁邊加以介紹，這些人只知道這些字母的名字，對於它們的
形狀和聲音所代表的神秘意義，可以說完全不了解蘊藏其中的真諦。

5 祭司尼康德（Nicander）[17] 面對這樣的狀況，只有挺身而出代表大家發
言，他說道：「德爾斐人認為任何人要想從神讖和詢問中獲得回答，必須
先確定向神明請示的句法和形式，像是：『設若』他們勝利；『設若』他們結婚；
『設若』他們航海會獲得利潤；『設若』開始農耕；『設若』前往海外[18]。神明的
智慧長久以來不理會邏輯學家的意見；邏輯學家認為質詞『設若』要是與詢問的
目的，亦即適當的行動連在一起，那就是假設語氣，無法表現真正的意義；然而
神明的想法是所有的詢問在添加『設若』以後都是真有其事，就會衷心接受。」

「邏輯學家把從祂與從預言者所獲得的啟示，視為完全相同的東西，何況這
還是每個人的權利，所以向預言者的祈求如同向神明的祈求；所持的論點在於質
詞包含的祈求力量並不比疑問句為多。『設若僅我能』通常用來表示一種期望和
意願，阿契洛克斯（Archilochus）[19] 曾經說過：

> 我設若僅表明緣由，
> 要答應尼布爾訴求。」[20]

　　消滅，從此迦勒底人分散到亞洲和非洲，這個民族特別以占卜和星象著稱於世。
16　表示大家不相信神讖，即使在希臘如同異地，沒有人會把它當成一回事。
17　德爾斐的尼康德是阿波羅神廟的首席祭司，也是蒲魯塔克的好友，曾經有一篇隨筆〈論課堂
　　的聽講〉獻給他。
18　亨特（Hunt）和艾德加（Edgar）合譯《帕皮瑞選集》（*Select Papyri*）第1卷436-438頁（洛布古典
　　文庫本），上面列舉的問題（Edgar）形成很長的清單。
19　阿契洛克斯是西元前7世紀中葉的詩人，生在帕羅斯（Paros）島，他在當代與荷馬齊名，僅留
　　下其他作者引用的殘句。
20　貝爾克《希臘抒情詩集》第2卷〈阿契洛克斯篇〉402頁No.71；或艾德蒙《悲歌與抑揚格詩
　　體》第2卷134頁。

　　「運用『設若僅』這個子句的時候，邏輯學家力陳最後增加這個字毫無必要，像是索弗朗（Sophron）[21]在詩句中用的『必然』，有點畫蛇添足的味道：

　　兒童必然如其所願。[22]

這種用法在荷馬的著作中也能發現：

　　我必違背你的權勢。[23]

可以斷言祈求語態所要表示的意義，最適合的方式還是用『設若』更爲周延。」

6　尼康德對於熟知的問題做了一番解釋，我的朋友提昂詰問阿蒙紐斯，要是合乎邏輯的眞理之神有權可以自由發言，就會說出極其無禮的話；當然，我想你很清楚提昂火爆的脾氣。阿蒙紐斯催他不妨表達個人的意見，還要助他一臂之力；提昂說道：「神明不僅合乎邏輯而且很講道理，從祂宣布眾多的神讖當中，已經將這種意圖明確的表示；雖然祂的解釋是如此的模棱兩可，何況有的地方讓人感到不過是敷衍而已，看來神讖具備這種功能也是必然的事。柏拉圖曾經說過，頒布一道神讖要求改進提洛（Delos）[24]的祭壇，使它的尺寸合乎體積加倍的規格，（完成這個任務需要精通幾何學的技巧）[25]，縱使神明不會有這樣的交代，卻勸雅典人要多學習幾何。」

　　「當神明給了我們模糊曖昧的神讖，任何人要想明瞭所含意義的正確性，祂認爲必要的做法是鼓勵和規劃邏輯的理性；就邏輯學而言認爲繫語連接詞的功能最爲強大，它給了我們富於邏輯的形式即三段論法。事實上出於假定的三段論法

21　索弗朗生於西西里的敘拉古，是西元前5世紀一位啞劇作家。
22　凱貝爾（Kaibel）《希臘喜劇殘本》之〈索弗朗篇〉No.36。
23　荷馬《伊利亞德》第17卷29行。
24　提洛島是愛琴海的賽克拉德斯群島（Cyclades）居中的島嶼，位於雅典東方約一百二十公里，雅典與希臘各主要城邦結盟，將金庫設在此島，並以「提洛聯盟」知名於世；據稱也是阿波羅和阿米特斯的出生地，雄偉的阿波羅神廟在希臘世界首屈一指。
25　提洛的阿波羅神廟設置的祭壇是一個正立方體，設若它的體積是1，則邊長等於1；要求它的體積成爲2，則它的邊長應該是$\sqrt[3]{2}$，即2開立方根，概約爲1.28。所以祭壇的體積加倍以後，它的邊長由1變成1.28。當然這是一個很簡單的數學問題，要是運用幾何學的技巧，特別是在兩千年前，必定非常困難。

無須具備這種特性：同意野生動物對於存在的事物具有統覺作用，爲何自然女神將評論和判決的權力單獨授與人類？狼、狗和鳥類眞能運用牠們的感官理解到『這是白天』或『這是光』；提到『設若這是白天，然則這是光』，沒有一種生物能像人具備因果關係的概念[26]，明瞭事物之間相互的影響和聯繫、關係和差異，從而我們的論證獲得最具權威的開端。哲學關心眞理，眞理的闡釋在於證明，證明的起點在於假定的三段論法，結合善意的理性強有力的因素，創造出關係和它的產物，再由智者將它奉獻給神明，須知神明是超越所有的眞理愛好者。」

「神是一位預言家，占卜的技術與未來有關，未來是現在與過去的事物所造成的結果。不可能有任何事物能夠自外於起源沒有成因或是先知沒有理由；所有現在的事件必然隨著過去的事件而來，彼此發生密切的關係；所有未來的事件必然隨著現在的事件而來，彼此發生密切的關係；完全按照合乎規範的既定程序，從開始到結束帶領它們履行應盡的責任。任何人只要沒有違背自然女神的原則，就能徹底了解成因之間的聯繫狀況和相互關係，從而可以宣布：

> 目前如此未來必然，
> 完全歸於過去根源。」[27]

「荷馬的觀點極其卓越，他把現在按照次序擺在第一位，接著是未來與過去，因爲三段論法基於假定的根源在『何以如此』；例如：『設若如此，則先前已是』或『設若如此，則以後必然』。如同前面所提，學術和理性的因素是知識必然的結局，感官用它作爲辯論的前提，即使談到那些理由不夠周全的學說，我們也不要輕易避開不予理會，因爲留在三腳鼎上面的眞理都經得起辯駁，主張運用經由『前因導致後果』產生的相互關係和現存條件，引伸出來極其周詳和完整的證明。如果阿波羅能從音樂獲得樂趣，無論是詩人的歌曲還是豎琴的旋律，這也沒有什麼可怪之處；祂喜愛邏輯的理論推斷過程，那麼對於哲學家最爲特殊而且持恆的談論，豈能不張開雙臂給予歡迎？」

「海克力斯在釋放普羅米修斯[28]，以及與那些認識奇朗(Cheiron)[29] 和阿特拉

26　參閱阿尼姆《古代斯多噶學派殘卷》第2卷70頁No.216、78頁No.239。

27　荷馬《伊利亞德》第1卷70行。

28　普羅米修斯盜火給人類，被宙斯吊在高加索山的懸崖，每天有一隻老鷹去啄食他的肝臟；後來海克力斯射殺惡禽，解救普羅米修斯回到世間。

29　奇朗是一位學識淵博的馬人，經常與一些詭辯家討論問題。

斯（Atlas）[30] 的詭辯家談話之前，完全是土生土長的皮奧夏[31] 青年，根本不知道邏輯的推論是什麼東西，他會嘲笑『設若甲則乙』這一類的公式，決心用武力將三腳鼎帶走[32]，即使與神明戰鬥亦在所不惜。後來等到他的年事已高，看起來他對於預言和邏輯都很精通，使用起來非常得心應手。」

7 提昂的雄辯停了下來，我認出發言的人應該是雅典來的優斯特羅孚斯（Eustrophus），他用回答的口氣向我們說道：「你們看看，提昂對於邏輯的辯護真是不遺餘力，難道他就像海克力斯那樣全身披掛獅皮？在這樣的條件之下，我們相信所有的事務都會遵從數字的原理，它的性質和原則與神明和人類發生深厚的關係，制定的理論超出我們所有指導和權威，全面放射出眞善美的光輝，不僅如同我們已經掌握世間的和平，還將我們所愛的數學當成奉獻給神明最早收成的果實。誠如大家篤信不疑的事實，E與其他的字母都可以用口頭方式表達，無論是功能和形式都沒有不同之處，只有它掌握最大的優勢，在於象徵著一個偉大而居於首位的數字；智者從pempad得到pempazein『用手指計數』這個字，也就是以五爲單位『一五一十』的算法。」

優斯特羅孚斯向我們說這些話，態度非常認眞，沒有一點開玩笑的味道；自從我成爲學院的成員以後，全心全意服膺「中庸之道」這句格言，抱著很大的熱誠想要獻身於數學的研究。

8 提到優斯特羅孚斯能用數字解決困難，我說他這種方法極其卓越。接下來我繼續說道：「每一數字經過分類成爲奇數或偶數；然後再依據它的潛在能力，運用結合的方式可以具備兩種性質，這也就是加法可以使奇數變成偶數，或是偶數變成奇數的道理所在。因爲二是第一個偶數而三是第一個奇數[33]，五是這兩個數字的結合，因而由最先兩個數字得來第一位數字，居有特殊的地位也是很自然的事。所以五獲得『婚姻』的稱呼，那是因爲將偶數視爲女性而奇數

30　阿特拉斯是一位泰坦神，將整個天國背負在肩上。
31　皮奧夏人在希臘語中類似Philistine「非利士人」的稱呼；因爲非利士人是以色列人的世仇大敵，後來將這個字引伸爲「庸俗又無教養的人」。
32　參閱本書第30章〈神讖的式微〉7節；第45章〈論天網恢恢之遲延〉12節；鮑薩尼阿斯《希臘風土誌》第10卷13節之3；阿波羅多魯斯《全集》第2卷6節之2。海克力斯想要劫走的三腳鼎，現在陳列在德爾斐博物館。
33　一是基數，所以不算第一個奇數。

為男性。要把數字區分為兩個相等的因數，偶數可以完全分開，達成兩者完全的平衡；奇數進行這個程序的時候，總會在兩者之間產生一個餘數，無論與兩者之一的結合，都會造成支配的力量。特別是偶數與奇數的結合，不可能產生一個偶數，都會是奇數。」

「任何數與本身的結合可以顯示完全相異的後果。偶數與偶數結合不會產生奇數，也不會與本身擁有的特性出現背離的狀況，等於在削弱產生其他數的能力；奇數與奇數的結合，就會具備無所不在的孳生功能，可以產生無數的偶數。我們無需對於奇數和偶數列舉其他的特性和差異之處，只要認定畢達哥拉斯學派將『五』稱為『婚姻』的說詞就夠了，依據的理由是五這個數是二和三的結合，而二是第一個代表女性的數，三是第一個代表男性的數。」

「我們經由直覺得知任一數的自乘，產生的結果是原數可以稱之為『自然現象』。如同『自然現象』接受用種子的形狀所出現的麥子，使得它能重建原本的功能，創造出一個過渡的環境，呈現很多不同的外觀和形式，帶著它經歷生長的過程，到最後還是再度展示出麥子。這種狀況是開始的數目到最後產生的整數，可以說數量都在倍增之中，所有個數所產生的尾數當中，只有五和六能保持原來的數沒有變化。因為五乘五得到二十五，而六乘六得到三十六；然而只有六這個數字在開平方的時候，才會出現這這種特殊的狀況，除此以外與別的數字並沒有多大差異。」

「所以只有五擁有單一的特性，增加的過程當中，原數或十的交替出現[34]直到無限，因而五這個數字從而產生一種模式就是基數原則，可以規範出整數的序位。這個原則可以認定同樣的事實，亦即創造一個完整的宇宙出於本身的改變，然後宇宙按照次序創出本身，就像赫拉克萊都斯所說『火與整體以及整體與火的交換，如同黃金即財物或財物即黃金』[35]，因而五與本身的結合受到自然律的決定，只會產生完整的數字，改變的過程受到嚴格的限制，也就是只會是原數或十，保持本身的特性或是完美無缺的十進位數。」

9 「要是有人問起：『這個跟阿波羅有什麼關係？』我們要說這件事不僅與祂有關，還涉及到戴奧尼蘇斯，特別是阿波羅使用戴奧尼蘇斯這個稱呼，在德爾斐享有的聲望不下於祂的本名[36]。現在我們聽到神學家有時用韻文有

34　出現的尾數不是5就是0；參閱本書第30章〈神讖的式微〉36節。

35　狄爾斯《哲理詩殘卷》第1卷95頁〈赫拉克萊都斯篇〉No.B90。

36　參閱本書第27章〈埃及的神：艾希斯和奧塞里斯〉35節；以及盧坎《法爾沙利亞》第5卷73-74

時用散文，肯定而且讚譽神明的不朽和永恆[37]，這些要歸功於阿波羅放棄命中注定的圖謀和動機，祂經歷以本人為模式的變形，有時祂激起熱烈如火的性格，使得所有的一切都陷入其中，有時他經歷本身的形狀、情緒和權勢的種種變遷，甚至如同宇宙所創造出來的今日；所以從稱呼可以知道阿波羅被大家所熟悉。」

「只是最應該讓人知曉的部分，卻被變形為質量極巨的火所掩蓋，將祂稱為阿波羅出自獨來獨往的性格和地位，獲得菲巴斯的頭銜在於祂的純潔和無瑕。等到祂變成風和水、地球和星球，以及進入植物和動物的世代交替之中，由於祂採納不同的外觀，大家說祂運用隱瞞的手法去從事本體的變形，如同一種分裂或肢解的過程。世人將戴奧尼蘇斯、札格留斯(Zagreus)、奈克提留斯(Nyctelius)和伊索迪底(Isodaetes)這些名字安在阿波羅的頭上[38]；因為這些都代表毀滅和消失，接著是返回的生命和復活，謎語和神話故事保存前面所述的變形。」

「他們對於稱為戴奧尼蘇斯的神明，唱出神劇當中充滿激情和變形的狂熱讚美曲，包含在世間的漫遊和離散。伊斯啓盧斯根據事實寫出下面的詩句：

　　神劇最適齊唱頌歌，
　　描述酒神狂歡作樂。[39]

他們對於阿波羅只是高唱凱旋之歌，音調經過校準而且詞句非常簡潔。」

「藝術家的繪畫和雕塑將阿波羅裝扮成青春長駐的少年，戴奧尼蘇斯描述出多種不同的外形和面貌；一般而言，他們這樣做要歸功於阿波羅的生活和習性，是如此的單純簡樸、井然有序和嚴肅自律；戴奧尼蘇斯結合嬉戲、任性、真誠和激情產生虛實無常的景象，詩人將祂稱為優伊(Euoe)的巴克斯，說

　　酒神變幻婦人容貌，
　　儀式最喜充滿胡鬧；[40]

(續)────────────

　　行；至於「這個跟阿波羅有什麼關係？」這句諺語可以參閱本書第21章〈羅馬掌故〉69節。
37　參閱亞歷山卓的克里門《兵略》第5卷14節。
38　這些都是根據需要用在祭典、儀式和祈求等方面的稱呼。
39　瑙克《希臘悲劇殘本》之〈伊斯啟盧斯篇〉No.355。
40　參閱貝爾克《希臘抒情詩集》第3卷〈Adesp篇〉730頁No.131；蒲魯塔克將它引用在本書第48章〈論放逐〉17節，以及第77章〈會飲篇：清談之樂〉第4篇問題6第2節。

看來非常適合於明瞭每種變形所具有的特殊性質。」

「這些變形的周期所涵蓋的時間並不相等,他們將較長的期間稱之為『饜足』[41],較短的稱之為『匱乏』,提到兩者之間的比率,一年之中大部分時間要奉獻犧牲並且唱出凱旋之歌,只是在冬季開始用狂熱的合唱喚起神明的注意,其他時間都用阿波羅的讚美曲,他們在向神明提出祈求的時候,才用酒神的歌曲來取代。學者相信『饜足』和『匱乏』約為三比一,其間關係到大火的出現。」

10 「看來所說離題太遠已超出應有的程度。無論如何,明確的事實就是人們將五視為神明的象徵;有時像火一樣從本身創造出原來的五,有時就像宇宙從本身創造出十。音樂最獲得阿波羅的喜愛,我們有沒有想過五這個數字,在音樂中占有的重要性?特別是與和弦這個字有關,它的作用在於如何獲得和諧的聲音。和弦不多不少只有五種,它的道理可以說服任何一個人,完全在於個人的感覺與提出的理由沒有關係,要達成它的效果在於琴弦和音栓[42];這些和弦最早的起源來自數字的比率。四度音階的比率是四比三;五度音階的比率是三比二;八度音階是二比一;八度加五度是三比一;倍八度是四比一。」

「作者為了達成音色的協和,認為額外的和弦不值得接受,同時還將四度音階和八度音階稱為額外的音準。須知我們喜愛不協和的音樂等於是聽覺違背理性,就像是人違背法律一樣不可取。現在我就不再進一步討論四弦琴的五個音栓,以及最前面的五個『樂音』或『轉調』或『和聲』。無論它們的正確名稱為何,經由張力或大或小的改變,因而獲得高或低的音調。我必須要讓大家知道,音程如同數字有無限之多,然而調性的因素只有五種即四分之一音程、二分之一音程、全音程、一個全音程再加二分之一音程,以及倍音程。因之就這方面來說已經沒有增加的空間,在全音域限度之內出現較小或較大的間隔,由於高或低的位置發生改變,從而產生旋律。」

11 我繼續說道:「關於這方面的事情還有很多現成的例子,當前只有略而不提,我僅舉出柏拉圖來作證[43],他在提到單一世界的時候,

41 參閱阿尼姆《古代斯多噶學派殘卷》第2卷186頁No.616;以及斐洛(Philo)《論非常特殊的法律》(*De specialibus legibus*)第1卷208節。

42 參閱柏拉圖《國家篇》530D-531C。

43 柏拉圖《泰密烏斯篇》31A。

說是除了我們之外，如果還有其他的世界那就不止一個，再多也僅能有五個。儘管如此，即使只有我們這個世界創造出來，要是按照亞里斯多德的說法[44]，還是有五個世界用同樣的方式聯合出現，一個是土的世界，另一個是水的世界，第三個是火，第四個是氣；以及第五個，包括天國以及光和以太在內，其他就是稱為第五Quintessence『實質』的物體，依據它的特性做圓周運動，並非出於外力的驅使或偶發的成因。柏拉圖說是自然界當中最美麗和完整的形狀只有五種，就是四面體、正立方體、八面體、二十面體和十二面體，同時不厭其煩一一加以說明。」

12 「有人聯想到感覺和主要的元素都是五這個數字，提起『觸覺』的功能在於物體的抗拒帶有屬『土』的性質，『味覺』要經由『水』才能吸收物體所含有的味道；『氣』的振動產生聲音被我們『聽』到。其他兩種感覺，像是如同『火』一樣的熱力作用，我們的『嗅覺』可以聞到從物體中蒸發出來的香氣；性質類似的以太和『光』照耀在目標上面，我們的『視覺』方能發揮看見的功能。活在世間的生物沒有其他的感覺，整個世界不存在無法與它配合的屬性，經過不可思議的分派和指定，五種感覺即觸覺、味覺、聽覺、嗅覺和視覺，能與五種元素即土、水、氣、火和光產生緊密結合。」

13 我將自己的思路整理一番，等候片刻以後說道：「優斯特羅孚斯，雖然我們都不願打出荷馬的旗號，誰不知道他是第一個將世界區分為五大部分的人，這樣一來我們有什麼好煩惱的？他非常正確的指派中間的三個部分給三位神明去管轄[45]，至於兩端的天國和地面，一個是據有的疆界使所有的物體都在它的下面，另一個是物體都在它的上面，因而他保留原來的共有狀況不再加以分配。」

「優里庇德提到討論必須做進一步的回顧[46]。有人對『四』大加讚揚，等於給我們上了一課，說起來並不是沒有價值，主要的意義是這個數字關係到所有體積的形成。因為任何一個體積的存在要通過長與寬來獲得它的高，長必須先行假設是指定的點的連結，長沒有寬可以稱之為二元的線。線的橫向運動是第三個步

44　亞里斯多德《論風格》（*De Caelo*）第1卷8-9節。

45　荷馬《伊利亞德》第15卷187行及後續各行。

46　瑙克《希臘悲劇殘本》之〈優里庇德篇〉No.970。

驟因而產生一個面，通過第四個因素即高的增長過程出現一個體；可以看出四這個數字的實力，自然界從點開始完成一個實體或是產生一個容積。仍舊使我們感到美中不足，自然女神沒有將最重要的東西納入其中。除非有一個生氣勃勃的靈魂在主宰一切，否則無生命的體過於簡單，不夠完美而且孤獨無依，可以說無法發揮任何作用。刺激形成的衝動或者出於天意的規劃，能在體的中間創造出靈魂，一種變形在整個過程裡面帶來第五種因素，給予自然界最完美的成果，較之其他四個步驟具備更強的能量，有生命的生物較之無生物其價值有天淵之別。」

「五較之於其他數字具備更大的對稱和動能，居於優勢的地位不容許生命的進展有無限的種類，所有活著的東西存在於五種型態之中，如同我們確知的狀況，那就是神明、半神、英雄，接著是第四類的人，以及最後第五類無理性的動物。」

「如果你要將靈魂加以分類能與自然界完全一致，首先難以明確的部分是養分，第二是知覺，接著是食欲，再來是精力，最後到達它的極限是理性，這才完成靈魂的自然之道，唯有第五成因是所有過程的頂點。」

14 「五這個數字的起源就據有優勢的地位，受到各方的喜愛，所以才會獲得如此眾多和強大的能量，它並不像我們在前面所說的那樣是由二和三組成，而是由起點結合第一個平方數所產生，所有數字的起點是一而第一個平方數是四，可以說是通過完美的形式和項次得到五這個數字。某些權威人士說得很對，如同我們所知，一可以說是第一個平方數，而且一的冪次無論多少只能得到原數；那麼也可以說五是首先兩個平方數的和，絲毫不會有損高貴的性質。」

15 我接著說道：「有一件很重要的事情，我提出來的時候恐怕會給柏拉圖帶來困擾；如同他說月球的名稱會讓安納克薩哥拉斯感到窘迫不安一樣，因為後者對於月球的亮度，認為要保持古代的主張，難道柏拉圖沒有在他的《克拉提魯斯篇》裡面說到這回事？」[47]

優斯特羅孚斯說道：「是有寫過，只是我看不出來這跟安納克薩哥拉斯有什麼關係。」

47　柏拉圖《克拉提魯斯篇》409A；因為安納克薩哥拉斯的論點是月球的光來自太陽。

我說道：「好吧，你知道柏拉圖在他的著作《智者篇》（*Sophist*）[48]，提到最高的第一原理有五個即存在、相同、差異、運動和靜止；同時他在《斐勒巴斯篇》（*Philebus*）[49] 當中運用另外的區分方式，肯定『無限』是第一原理，接著是『有限』居第二位，兩者的結合使得不同種類的『孳生』，他斷定『結合的成因』算是第四類，最後將第五類留給我們來推測，出於事物的結合再次達到『分裂和獲得自由』。我的論證認爲柏拉圖的打算是運用比喻的手法，將前面提到的第一原理做出較爲抽象的表達；像是『孳生』相當於存在，『無限』是運動而『有限』是靜止，『原理的結合』是相同而『原理的分裂』是差異。如果後面提到的部分還不夠周延，考慮到他無論用何種方式來敘述，能夠區分爲五個不同的種類，仍舊讓人感到這種論點非常合理。」

「有人預測柏拉圖在他這樣分類之前已經有所考量，要把E當成一個證實和象徵的數字，涵蓋所有的原理原則，然後奉獻到神明的前面。」

「可以看出『善』展現出五個範疇：第一是節制，第二是均衡，第三是知性，第四是科學和藝術以及出於靈魂的眞知灼見，第五是純粹的歡樂只要帶來痛苦就可以戒除；因此可以聯想到奧菲烏斯[50] 的詩句：

　　流行歌曲只傳六代。」[51]

16 我繼續說道：「除了上面所談的之外，『我要用一首短詩』[52] 奉獻給尼康德和他的朋友，因爲他們是『精明幹練的人士』。每月第六天，在具備預言能力的女祭司引導之下，你們三位首先中籤的人進入人會堂，選出的五位人士當中，由她抽出三位而你抽出兩位[53]，實際狀況難道不是這樣的嗎？」

尼康德說道：「不錯，只是這樣做的理由不能告訴別人。」

我笑著說道：「那麼，看來一直要等到我們都成爲聖人，那時神明才會透露

48　柏拉圖《智者篇》256C。

49　柏拉圖《斐勒巴斯篇》23C。

50　奧菲烏斯是傳說中的吟遊詩人和音樂家，以提倡素食知名於世。

51　《奧菲烏斯殘留的詩句》（*Orphic Fragments*）No.12。

52　《奧菲烏斯殘留的詩句》No.334；蒲魯塔克再度引用在本書第77章〈會飲篇：清談之樂〉第2篇問題3第2節。

53　希臘原文在此處的敘述並不明確。

真相，其實說來說去還是爲了五這個數字。」

以上所述都是憑著記憶提出的說明和解釋，運用算術和數學頌揚E的有關情節，就此告一段落。

17 阿蒙紐斯始終認爲哲學的主要部分並沒有將數包括在內，所以他很樂意發表下面的談話，他說道：「我們與年輕人的談話，除非對於每個數字加以讚揚，否則無須在這方面進行更爲精確的爭辯。所有的數字從敘述中得知，它們的功能已經結束，爲何神聖的七這個屬於阿波羅所有的數字，還要花費整天的時間來肯定它的價值？再者我們要銘記在心，希臘智者多少年以來與舊有的傳聞奮戰不息[54]，終於他們能將七從榮譽的位置趕走，使五獲得神聖的地位奉獻給神明，所提出的理由在很多方面與祂本身息息相關。」

「我的意見是字母的重要性與它在序列中的數字或位置毫無關係，至於它在語法當中是否是連接詞或從屬部分，完全不能發揮任何作用。如果說它是對神明的一種稱呼和問候，也僅是完成一種表達的方式，讓我說出心中的想法，認爲神明擁有那些權力和職掌。當我們接近祂的時候，神明會用『請多費心』[55]作爲歡迎的形式來招呼每一個人，聽起來比『向汝致意』更爲親切，我們的答覆用『唯命是從』作爲向祂問候的用語，表示眞誠絕無虛僞之意，肯定祂的存在重於一切。」

18 「事實上我們無法擁有『存在』最主要的部分，每種事物都具備一種必須絕滅的本質，像是站在同個舞台上面，處於即將來臨的生存和接踵而至的死亡之間[56]，目前的狀況僅僅呈現模糊和不明確的外貌，與它本身的境遇完全吻合。如果你拿出全副心思和使盡力氣，想要對這方面有所了解和體認，最後的結果還是如同竹籃打水，毫無任何成效可言。對於那些易於感受到修正和改變的事物，運用理性的力量進行追逐，想要得知更爲清晰的形象，到了最

54 參閱貝爾克《希臘抒情詩集》第1卷522頁〈賽門尼德篇〉No.193；以及艾德蒙《希臘抒情詩》2卷340頁。蒲魯塔克將它用於本書第27章《埃及的神：艾希斯和奧塞里斯》12節以及《希臘羅馬英豪列傳》之〈帖修斯傳〉10節。

55 參閱柏拉圖《查米德篇》164D-E；原文的意思是「認識自己」，用作歡迎的問候語聽起來有欠通順。

56 參閱狄爾斯《哲理詩殘卷》第1卷〈安納克西曼德篇〉（Anaximander）No.9；柏拉圖《斐多篇》95E；以及阿尼姆《古代斯多噶學派殘卷》第2卷第183頁No.594。

後面對兩條歧路還是無所適從，一條來自生存而另一條通往死亡；即使是單一的事物都難以理解它的恆久不滅或真實存在。」

「赫拉克萊都斯說過『同一條河流不可能渡過兩次』[57]這樣的話，注定必須滅亡的物質不會有機會兩次保持在恆久的狀態，變遷是如此的突然和快速，『零星而來會在某個時間聚集起來』，甚或在剎那之間同時出現固定和放棄於某一位置的狀況，『它的來到和離開』極其緊密讓人無法分清。」

「生育同樣不能達成存在的要求，絕無間斷和停滯不動的世代交替，帶來的改變在於從精子產生一個胎兒，接著次第出現嬰孩、幼童、青年、成人和老者，後續的推動力量使得前一代和年邁的人走上殞滅的道路。我們卻保有可笑的心態，那就是對死亡的畏懼，須知人總是必定命喪黃泉，無論是過去、現在或未來終歸如此。有種說法極其正確，即使是無生命的物質，赫拉克萊都斯經常提到，熱的滅亡產生蒸氣，蒸氣的滅亡產生水[58]，要拿我們自己做例子更為清楚：亦即老年的存在基於壯年的逝去，青年的消失使人進入壯年時期，同樣方式使得幼童進入青年以及嬰兒進入幼童。」

「因為人已經進入今日的我，所以死亡就是昨日的我；等到人要進入明日的我，則今日的我即將死亡。沒有人能保有以往的我或者只有一個我，而是不斷成為很多個我，甚至就是物體也都會出現完全相似的東西，像是經由難以覺察的運動所鑄造而成[59]。如果我們始終保有同一個我，那麼現在的快樂來自同一事物，鑑於以往我們能由不同的事物得到快樂，豈不是存在著矛盾和悖論。即使我們的喜愛或痛恨，贊同或反對莫不如此。難道我們非得使用其他的語言以及感到其他的情緒，不再擁有相同的個人容貌，相同的外在形式，以及相同的心靈目標？一個人所以會有不同的經驗和感情，因為任何改變都不能說沒有理由；如果他發生改變，那他不再是同一個人；如果他不再是同一個人，那麼他就不能永恆存在，改變他的原有屬性，像是他繼承另外一種特質。我們的感官無法判斷事實的真相，不可能告訴我們為什麼會出現這些狀況。」

19 「這樣說來，存在到底是什麼？它就是沒有開始和終結的永恆，就某種程度而言時間不會出現改變。因為時間始終處於運轉之中，顯

57　參閱狄爾斯《哲理詩殘卷》第1卷〈赫拉克萊都斯篇〉96頁No.91；蒲魯塔克將這句雋語引用在本書第45章〈論天綱恢恢之遲延〉15節。

58　參閱狄爾斯《哲理詩殘卷》第1卷〈赫拉克萊都斯篇〉93頁No.76。

59　參閱柏拉圖《泰密烏斯篇》50C。

然會與移動的物體發生關係，甚至就是時間的流逝不能保存任何東西，還是可以
把它當成生與死的容器，特別是生與死類同於『以後』與『從前』或『即將』與
『曾經』；提到這些字句等於是『不存在』的表白。用存在的觀點解說任何事物
仍未發生或是已經停止，這種方式不僅愚蠢而且荒謬。我們依靠存在的觀點用來
支持時間的概念，如同我們說起『目前』、『當下』和『現在』，基於這樣的理由
可以推翻所有反對的意見。亦即我們將『現在』看成一個頂點之際，它要擠進未
來和過去，結果是需要用它造成分離的局面。自然界的時間不可能用任何媒介加
以度量，因而沒有任何事物能夠不朽或永生。所有的事物按照分配給它的時間，
都在進行創造或毀滅的程序。無論過去或未來的持恆如一是欠缺理性的說法，因
為萬事萬物都帶有某種性質的偏離、變遷和轉移，等到時期成熟就會出現，所以
沒有永恆的存在。」

20 「神的存在沒有時間的限制，保持永恆不朽在於靜止不動、超越時
空和無所偏離，沒有早先或以後，沒有未來或過去，沒有老邁或年
輕，祂成為唯一的存在者，只有一個『現在』裡面充滿著『永久』，只有這種模
式的神明是真實的存在，沒有完成的時態，更不會命中注定產生一個結局。處於
這些條件之下，因而我們應該對祂表示尊敬，用『汝是』來稱呼祂，甚至如同有
些老年人一樣，我發出誓言要尊祂為『汝是神』。」

「事實上神不可能像我們一樣成為『多數』；人類是由數百種不同的因素所
構成，這些因素在我們經歷的期間產生，可以視為一種異質的聚集物，結合完全
出於偶然的方式。存在必須要有單一，恰如單一必須要有存在；現在得知差異來
自單一，因為這會與存在大不相同，偏離到不能『存在』的創造之中。因此神明
的第一個名字要優先採用這方面的性質，接著才是第二和第三個名字，並且依此
類推。」

「神明的名字所以會是阿波羅，包含的意義是對『多數』的拒絕，同時要放
棄倍增的性質。祂被稱為艾伊烏斯(Ieius)意為『存在者』和唯一的『神』。菲巴
斯這個名字就我們所知，是老年人用來稱呼任何純潔和無瑕的事物。我非常清楚
過去發生的一樁事，帖沙利人甚至到目前這個時代，所有的祭司在受到禁令限制
的日子，都要將他們的時間花在寺廟的外面，這時帖沙利人就說這些祭司『保持
菲巴斯的生活方式』。」

「單一就是簡樸和純粹。事物的混合必然產生污染，甚至荷馬曾經提到[60]，有些象牙染成紅色就說它們『受到污染』；染工提到顏色的混合就說『已經污染』，他們將混合的過程稱之為『正在污染』。因而永恆和純粹的特質在於獨一無二和從不混雜。」

21　「很多人將阿波羅與太陽視為一體，這種看法正確而且適合，受到我們的歡迎和擁戴，他們的善意和概念都將神明置於最光榮的地位。雖然大家目前在最甜美的夢中見到神明帶有睡意的幻影，讓我們對祂滿懷崇高的信心，喚醒以後再去沉思祂那神志清明的顯靈，事實上祂是太陽的化身，我們對於這種想像感到光榮，尊敬與祂結合在一起的創造能力。通過知覺所感受的印象在心靈之中浮現，這種印象的運動會產生靜止的狀況，不管是另外的方式還是其他的變形，一瞥之下就會反射出仁慈和祝福。有人提到祂由於妄想和變形的作用，從祂的身體發出可以毀滅一切的火，迫使它朝著下界前進，指向地面和海洋和風和生物，除此以外，世間的動物和生長的植物卻將面臨悲慘的下場，這樣的情節即使聽見都會讓人感到侮慢，詩人想像中的頑童[61]在海邊將沙土堆成城堡，接著又將它推倒，神明的做法更是徒然無益，祂以萬物為芻狗，建構一個不存在的世界，創造出來接著就是摧毀。」

「或許會出現相反的情勢，祂在世界上面運用原來的方式，能夠將物質全部緊密結合在一起，戰勝形體趨向死亡的最大弱點。就我看來將『汝是』這個詞句說給神明，完全是反對的記錄，已經證實確有此事，相信不會有任何狂妄的行動或是變形的方式，發生在他的附近。這樣的行動和經驗都提到其他某位神明，或者某些半神，他們的職掌在死亡和生育方面與自然女神有關，從他的名字明確得知脫離不開對比的性質。一個稱之為阿波羅意為『不多』，另一個是普祿托意為『大量』；一個是提洛人意為『清楚』，另一個是艾多紐斯（Aidoneus）意為『盲目』；一個是菲巴斯意為『光明』，另一個是斯科蒂奧斯（Scotios）意為『黑暗』；一個聯想到繆司和記憶女神，另一個則是遺忘之神和安靜之神；一個是狄奧瑞安（Theorian）意為『注意』，另一個是費尼安（Phanaean）意為『洩漏』；再則就是

60　荷馬《伊利亞德》第4卷141行；將象牙染成紫色用來製作裝飾鞍座的頰片。
61　荷馬《伊利亞德》第11卷362行；用頑童來形容阿波羅的作為。

黑夜和春夢的主宰，[62]

以及他還是

最痛恨世人的神明。」[63]

「有關其他方面，品達帶著滿意的態度說是

祂對人類非常溫馨，
做出判決極其公正。[64]

優里庇德的說法相當切合實際：

死者的酒類和祭品，
奉獻給神明的頌歌，
全都視為身外之物，
唯有金髮的阿波羅。[65]

司提西喬魯斯（Stesichorus）[66] 早在前面就已寫過：

阿波羅喜愛的項目，
主要是運動和音樂；
就讓哈得斯去享受，
悲哀和呻吟的頌歌。[67]

62　參閱本書第76章〈「隱士生活」難道是明智的選擇？〉6節；貝爾克《希臘抒情詩集》第3卷
　　〈Adesp篇〉719頁No.92；以及艾德蒙《希臘抒情詩》第3卷452頁。

63　荷馬《伊利亞德》第9卷159行。

64　克里斯特《品達的吉光片羽》No.149；再度引用在本書第30章〈神讖的式微〉7節和第74章
　　〈伊庇鳩魯不可能過快樂的生活〉22節。

65　優里庇德的悲劇《哀求者》975-977行。

66　司提西喬魯斯是西元前7-6世紀的希臘抒情詩人，作品都已失傳只留下殘句。

67　貝爾克《希臘抒情詩集》第3卷〈司提西喬魯斯篇〉224頁No.50；或艾德蒙《希臘抒情詩》
　　第2卷58頁。

索福克利用這樣的詩句指出每位神明所使用的樂器：

> 無論豎琴或七弦琴，
> 哀悼的人都不歡迎。」[68]

「事實上只有經過很長的歲月以後，笛子到現在才會發出『極其愉悅』的聲音；古代一直用於哀悼和悲傷的時刻，只能在那種場合提供服務，無法帶來喜愛和歡樂。後來伴隨著各種事物發生重大的變化。特別是有人將它歸之於半神的力量，能夠讓神明跟著沾光，聽起來更讓人惶恐不已。」

「當然也可以這麼說：已經明顯看出『汝是』這個詞句與諫言『自知之明』擁有旗鼓相當的力量。還有兩種方式也能配合無間，一種是大家用敬畏的言辭推崇神明能夠永恆存在，另外一種是凡夫俗子的習性和弱點將祂包圍得水泄不通。」

---

68 瑙克《希臘悲劇殘本》之〈索福克利篇〉No.765。

第二十九章
德爾斐的神讖不再使用韻文的格式

巴西洛克利和菲利努斯先用對話的方式，引出後續的發言者，像是戴奧吉尼阿努斯、提昂、薩拉皮昂、皮蘇斯以及當地幾位專業旅遊嚮導。

1 巴西洛克利(Basilocles)：菲利努斯(Philinus)，你們這些人要是再這麼繼續閒聊下去，非要耽擱到傍晚不可。大家為了護送這位外國來的遊客，環繞在名人雕像和還願祭品四周不走，只是我不想再留在這裡浪費時間。

菲利努斯：巴西洛克利，問題是我們走得太慢，這樣一來話說多了難免引起口角，就像人從惡龍的牙齒中間突然跳出來，你想逃也逃不掉。要知道語言所表示的意義就是一種爭論，只要沿著參觀的路線走下去，等到打開話匣子就會變得更加熱鬧。

巴西洛克利：看來是否需要邀請那一位貴賓來陪你，或是給我一個面子，將你們談話的內容和對象源源本本告訴我？

菲利努斯：巴西洛克利，我是想這樣做，事實上很不容易在鎮上找到他們，好像人多數人員都隨著戴奧古尼阿努斯(Diogenianus)這位外國來的遊客，一起前往科里西亞(Corycia)的洞窟和萊柯里亞(Lycoreia)[1]。

巴西洛克利：這位遊客只想到處看看新奇的東西，毫無意願做一個熱心的聽眾。

菲利努斯：無論他是學者或是門生照說都會如此。即使學者並不是都讓我們感到佩服，我對這一位確實心儀不已，他的為人非常和藹，願意討論大家提出問題，表現出淵博的學識和見解，所做的回答不會自相矛盾或是引起不快。只要與他相處很短一段時間，你就會說：「啊，多麼有教養的小孩！」[2]看來你一定認

---

1 萊柯里亞是鄰近德爾斐一座福西斯的城市，位於巴納蘇斯(Parnassus)山的山麓，它與科里西亞的洞窟，都是前來聖城參觀的景點；參閱鮑薩尼阿斯《希臘風土誌》第10卷6節。

2 參閱柏拉圖《國家篇》368A；這是柏拉圖讚譽其兄長格勞康(Glaucon)的話，說他真不愧是

識那位心地善良的戴奧吉尼阿努斯。

巴西洛克利：菲利努斯，我與他尚無一面之緣，遇到很多人只要提到他，都對他的談吐和個性推崇備至；還有人就這位年輕人的才氣說了很多恭維話。閣下，你們什麼時候有機會再與他交談？

2 菲利努斯：旅遊嚮導會按既定的程序走完全程，特別是在要求他們的說明盡量簡單，不要爲了解釋碑銘非得長篇大論講個不停，我想他們以後更不會理睬我們。看來戴奧吉尼阿努斯是精通藝術作品的鑑賞家，所以這些雕像無論是形體的外觀還是製作的技術，對他具有相當的吸引力。然而他對雕像的銅鏽非常讚賞，這不像是一般綠色的鏽斑，因爲雕像的外表光滑發出深藍的色澤，使得古代那些稱雄四海的艦長[3]（這時他在注視這些偉大的藝術品），全都表現出深邃的神情和沉著的姿態。

以下是菲利努斯記錄那一群人的談話內容：

戴奧吉尼阿努斯說道：「早年製作青銅的工匠會將材料攙雜其他金屬，他們稱之爲刀劍的淬火，後來很多青銅作品的消失不見，顯然是轉用於戰爭的需要，難道是處理方式改進增加硬度帶來的後果？」他繼續說道：「從事實得知，科林斯的青銅雕像[4]獲得美麗的色澤，與工匠發展出來的技術無關，完全是意外事件造成。有一所房屋裡面放著一些金和銀[5]以及大量的銅，發生大火使得金屬熔化，冷卻以後全部凝結成一團。雖然是合金，仍舊以銅的含量占最大的成分，所以獲得青銅的稱呼。」

提昂接著開口不讓交談中斷，他說道：「我們聽過另外一些更加離奇的情節，科林斯有一位製作銅像的人，看到所用的材料含有很多黃金，他想要從中謀求好處，害怕被人發現，每次只拿走很少的部分，再用自己的青銅偷偷攙雜進去，結果產生一種非常奇特的混合物，鑄造出來的雕像由於色澤的華麗和美觀，受到大家的喜愛可以賣到很高的價格。看來兩個故事都出於杜撰，顯然要經過混

（續）————————————
　　克紹箕裘的嫡子。

　3　很可能是賴山德和手下將士的三十七座雕像（伊哥斯波塔米會戰以後樹立），位於聖地進口通
　　道的內側；參閱蒲魯塔克《希臘羅馬英豪列傳》之〈賴山德傳〉18節。

　4　科林斯的青銅器品質優良的一個重要因素，就是在佩里尼（Peirene）進行淬火的工序；參閱鮑
　　薩尼阿斯《希臘風土誌》第2卷3節。

　5　古代用金和銀按比例混合以後製成帶有琥珀色澤的合金，通常用來鑄造錢幣、飾物和貴重的
　　餐具。

合與調配的程序，直到現在他們將金和銀熔化攙和起來，產生的物質非常特殊，就我看來出現的色澤如同病態的蒼白，絲毫無法引起任何人的好感。」

3 戴奧吉尼阿努斯說道：「請問青銅會出現這種顏色，你認為是什麼原因？」

提昂回答道：「他們將自然界最原始和最簡單的元素，稱之為火、土、氣和水；其中由於氣包圍在青銅的四周，產生直接而且密切的接觸，青銅所受的影響當然最大，從而獲得其他不同的性質[6]。說句老實話：

> 打從狄奧吉尼斯時代開始，
> 我已經通曉所有世間學識。[7]

這是喜劇家常用的表達方式。你想要知道空氣具備那種性質，以及施用何種能量給予不斷的接觸，使得青銅獲得所要的顏色？」

等到戴奧吉尼阿努斯認同他提出的問題，提昂接著說道：「這位年輕的朋友，這也是我希望達成的目標，那麼讓我們共同進行研究；如果你同意的話，在著手進行之前，先了解為何橄欖油在所有的液體當中，塗在青銅表面最容易生出銅綠，特別是油的本身非常純淨沒有受到污染，裡面不會含有或是能使鏽蝕發生沉澱的物質。」

外來的年輕人說道：「確實如此，我的意見應該是其他原因引起，橄欖油很清很純而且透明，只要含有銅鏽就會看得見，或許在其他的液體裡面變得渾濁無法分辨。」

提昂說道：「這位年輕朋友的看法非常正確，如果你願意的話，可以考慮亞里斯多德提出的理由。」[8]

他說道：「我當然願意。」

提昂說道：「亞里斯多德曾經說過，銅鏽這種物質的結構不均勻而且稀疏，等到吸收其他的液體，產生無法覺察的分解和鬆散；要是塗上稠而濃的油料，就

6　參閱蒲魯塔克《希臘羅馬英豪列傳》之〈馬修斯‧科瑞歐拉努斯傳〉38節，提到雕像出汗、流淚、嘆息或呻吟的成因，倒是很有見地。

7　柯克《阿提卡喜劇殘本》第3卷〈Adesp篇〉495頁No.461；再次引用在第52章〈哲學家應與掌權者多多交談〉2節。

8　現存的亞里斯多德作品中，查不到他對這方面的陳述。

會發揮保護作用，會讓聚集的銅鏽維持長久的時間。如果我們自己能夠成立某種
假說，對於此一令人困惑又難解的問題，就不會窮於辭令非要找神奇的咒語用來
自圓其說不可。」

4 我們要他利用這個機會繼續發表意見，提昂說是德爾斐的空氣比較稠
密，從附近的山丘上面流下，遭遇以後出現排斥和抗拒，因而擁有強勁
的活力。有時空氣會變得稀薄而凜冽，事實上食物的消化作用是很好的證據。稀
薄的空氣會使青銅雕像受到切割，大量的銅鏽像灰塵一樣出現，這種作用的發生
和形成極其快速，本身的硬度不容許有較長的作用時間。銅鏽聚集的量在增加以
後，經過晶化和凝結在表面產生光彩奪目的色澤。

我們接受他的解釋，外國遊客認為就這個論點而言，僅僅提出一個假定已經
足夠。他說道：「空氣的稀薄和所謂的稠密形成相互矛盾，所以無須提到前面這種
狀況；事實上青銅本身只要年代久遠，就會滲出或釋放綠色的銅鏽，稠密的空氣
產生局限和凝固的作用，聚集和累積到很大的分量，才會讓人看得更為清楚。」

提昂接著說道：「閣下，同樣的物品還是可以發生稀薄和稠密這兩種作用，
如同絲和亞麻能夠製造各種不同的布料，荷馬觸摸以後寫出下面的詩句：

流淌的油平順滑過亞麻布；[9]

用來表示織法的精密和細緻，從敘述的手法可以知道，油很快流過不會留在布料
的表面，難道不是織物的精緻和緊密使得液體無法滲入？事實上稀薄的空氣如同
前面所說那樣，不僅可以產生銅鏽使得爭議得到解決，還能夠獲得大家的認同，
雕像表面出現美麗的藍色，來自光線透過銅鏽所形成的反射。」

5 接著是一陣靜寂，嚮導又開始巨細靡遺講個不停。有人朗誦一篇押韻的
神讖（我認為與亞哥斯國王伊剛[10]建立的王國有關），戴奧吉尼阿努斯又
提到，他認為指點迷津的神讖雖然使用六音步英雄體的格式，論及詞藻的貧乏和
意境的低劣，真是讓人難以置信。他說道：「阿波羅是領導九繆司的主神，文雅

9　荷馬《奧德賽》第7卷107行；蒲魯塔克《希臘羅馬英豪列傳》之〈亞歷山大傳〉36節；以及
　　阿昔尼烏斯《知識的盛宴》582D。

10　伊剛成為國王因為他符合神讖的指示，有一隻老鷹停棲在他的屋頂；參閱本書第25章〈論亞
　　歷山大的命運和德行〉第2篇8節。

的言辭比起優美的歌曲，更適合於祂的職掌和風範，這應該是極其公正的看法。祂在詩學的造詣和措詞用字方面，應該超越赫西奧德和荷馬的水準才對，然而我們看到大部分的神讖，語法和字義不僅錯誤百出，論及體裁和布局更是了無新意。」

薩拉皮昂是從雅典來的詩人，他說道：「這麼說來我們已經知道這些韻文來自神明，還敢說它們的韻味和內涵不及荷馬和赫西奧德的詩篇？須知偏見是長久的習性所造成的結果，難道就不能將這些神讖看成卓越的詩篇和傑出的作品，然後據以修正我們自以為是的判斷？」

數學家皮蘇斯[11]就這方面的論點加入我們的談話（你要知道這個人不願聽從伊庇鳩魯學派的指導，即將改變以往順從的態度），他說道：「你是否聽過畫家鮑森（Pauson）的軼事逸聞？」[12]

薩拉皮昂說道：「我毫無所悉。」

皮蘇斯說道：「好吧，這件事值得大家聽一聽。好像他接受委託要畫一匹打滾的馬，結果他畫的是馬在疾馳，主顧看了露出不以為然的神色，這時鮑森笑著將畫布轉了一個方向，下端的部位變到上面，所畫的馬不再飛奔而是在地上翻騰。拜昂特別提到在辯論當中經常出現類似的狀況，造成主客形勢的顛倒和易位。因此有些人對於神讖抱持這種看法，並非它們出自神明之手才會如此卓越，所以如此低劣在於並非出自神明之手！首先是我們對這方面的領域一無所知；至於就你在詩的造詣來看，用韻文傳達神讖的旨意是非常粗心的工作，尊貴的薩拉皮昂，只有你有資格做出這樣的判斷。你寫的詩具有哲理的意境和豪邁的風格，無論就氣勢、典雅和韻律而言，非常類似荷馬和赫西奧德的詩作，阿波羅神廟擁有預言能力的女祭司比較起來真會自嘆不如。」

6 薩拉皮昂說道：「皮蘇斯，事實的真相是我們為耳目遭到蒙蔽倍感苦惱，如同我們已經習慣於奢華和任性的生活，不僅相信而且要向大家宣告，唯有帶來歡樂的事物，才能令人感到美好和可愛。長久以後我們發現未卜先知的女祭司，本身已經表露相當的缺失和無奈：因為她們的說話無法具備格勞斯（Glauce）[13]純正的聲調，何況他用七弦琴伴奏的歌聲是如此清越；因為她們進入

11 本書第77章〈會飲篇：清談之樂〉第5篇問題1第1節，提到皮蘇斯贊同伊庇鳩魯學派的理念。
12 參閱伊利安《歷史文集》第14卷15節。根據亞里斯托法尼斯的喜劇《財源廣進》602行所附注釋，與劇中的畫家鮑森是同一位人物。
13 格努斯為與狄奧克瑞都斯同時代的作曲家，參閱喬姆利（Cholmeley）《狄奧克瑞都斯田園詩

神聖的內殿，無法薰香身上所穿紫色的袍服；因為她們在祭壇不能焚燒昂貴的肉桂、沒藥和乳香，只能拿月桂和麥粉湊合算數。」

他繼續說道：「就像莎孚（Sappho）[14] 的歌曲令聽到的人為之迷戀沉醉，何以這種文雅和光彩的往事不再出現？如同赫拉克萊都斯感受的心情[15]，說是西比爾（Sibyl）[16]『用狂熱的嘴唇吐露憂鬱、坦誠和平淡的語句，即使千秋萬世以後還能代表神明宣布祂的諭示』，以及品達提到[17]『卡德穆斯（Cadmus）[18] 聽到神明揭露音樂的眞正本質』，並非甜美動人的靡靡之音，更不可能突然改變旋律。意志堅定和心地純潔的人排斥『歡樂女神』，對於『戲謔之神』擺出拒人千里之外的神色，因為祂們將罪惡和邪行像一道洪流送入人們的耳中。」

7 等到薩拉皮昂講完這段話，提昂笑著說道：「薩拉皮昂喜歡誇大其辭，難免經常受制於人，誰知靈機一動提到『戲謔之神』和『歡樂女神』，使得他在辯論方面占了上風。皮蘇斯，要是這些韻文比起荷馬的大作相差十萬八千里，讓我們相信絕非出於神明的手筆，只是提供最原始的激發能量，具備預言能力的女祭司依據各人的天賦才華，毫無拘束的自由發揮。確實如此，如果需要神讖用書寫代替現在的口頭表達方式，我認為即使書法令人擊節，還是遠不及皇家抄寫員的美觀流暢。」

「事實上，無論是聲音、語調、措辭或韻律都出於婦女之口，神明用顯靈的方式將這一切灌輸到她們心中，有關未來像是射入的光芒在她們的靈魂當中一閃而過，它的正確無誤完全出於感應的作用。一般而言，任何人只要提到伊庇鳩魯（明顯看出皮蘇斯仍然接受他的指導）就不可能讓你忘懷；現在你卻指控古代具備預言能力的女祭司，韻文的形式已到文理不通的程度，時至今日頒發的神讖使用文字淺顯的散文，免得說是在詩篇的起首、中間或結尾，發現抑揚格的音步錯誤

（續）

集》（*The Idylls of Theocritus*）第4首詩31行的注釋（洛布古典文庫本）。

14　莎孚（620-565 B.C.）是希臘女詩人，作品有《抒情詩集》和《哀頌》，僅殘篇傳世；她有同性戀傾向，出生地是小亞細亞的列士波斯（Lesbos）島，因而lesbos成為女同性戀的同義詞。

15　狄爾斯《哲理詩殘卷》第1卷〈赫拉克萊都斯篇〉96頁No.92。

16　西比爾是希臘的占卜者，羅馬人從西元前5世紀開始，將他的預言編纂成書，命名為《西比爾神諭集》，等到國家發生緊急狀況，祭司團從中獲得指示，提供主政者運用以度過災難。

17　克里斯特《品達的吉光片羽》No.32。

18　卡德穆斯是腓尼基國王阿吉諾（Agenor）的兒子，奉父命去尋找被宙斯劫走的妹妹歐羅芭（Europa），未達成任務不得返家，後來成為底比斯的奠基者。

因而受到責難。」[19]

戴奧吉尼阿努斯說道：「看在老天的分上不要只管嘲笑，請趕快為大家解決這個難題，因為所有人都感到興趣。我們當中每個人都想知道成因和理由，神讖為何停止運用韻文和詩藝。」

這時提昂插嘴說道：「年輕的朋友，剛才我們像是用無禮的態度，不願對這個問題表示意見，好對你發揮引導的作用；因此，首先要大家暢所欲言，然後等你感到方便再提出你想知道的任何問題。」

8 我們繼續前進，此時已經抵達的位置，正對著西西里僭主海羅的雕像。這位外國游客的個性極其和藹可親，傾聽大家談起各種掌故，雖然他完全清楚事情的來龍去脈，還是保持沉默不發一語。等到有人告訴他，海羅雕像下面的青銅基座，有一天突然倒塌下來，算日子正好是海羅在敘拉古面臨窮途末路，這時他才表露出驚訝的神色。

我開始讓他的心中回憶起往事，這也是理所當然的反應；還可以舉例來說明，如同斯巴達人海羅[20]的經驗，在他趕赴琉克特拉送掉性命之前，安裝在雕像上面的眼睛竟然掉了下來；還有就是賴山德在伊哥斯波塔米海戰獲勝，奉獻給神明的星座模型也都遺失不見，甚至賴山德的大理石雕像四周長滿樹叢雜草，連它的面孔全都嚴密掩蓋使人無法通視[21]。

雅典人在西西里厄運當頭的時候，神聖的棕櫚樹上面黃金製作的棗椰掉落滿地，烏鴉在帕拉斯·雅典娜（Pallas Athena）[22]的神盾旁邊啄食；福西斯的僭主斐洛米盧斯（Philomelus）將舞女法爾沙莉婭（Pharsalia）當作禮物送給尼杜斯人[23]，後來她從希臘遷居義大利，有次在梅塔朋屯郊區的阿波羅神廟嬉戲，年輕人為了爭取一親芳澤的光榮，大家經過不惜犧牲的奮戰，最後竟然將她殺死在現場。

亞里斯多德經常提到荷馬，說他是唯一的詩人，寫出的文字富於動感充滿活

19　為了便於檢驗起見，詩中需要長音節的單字；參閱阿昔尼烏斯《知識的盛宴》632D。

20　參閱鮑薩尼阿斯《希臘風土誌》第10卷9節以及色諾芬《希臘史》第6卷4節，這兩部書中所說都是同一個人，直到371 B.C.的琉克特拉會戰還活在世上，甚至色諾芬《希臘史》第1卷6節還提到此事，倒是他的名字是海羅還是赫蒙很難確定。

21　參閱蒲魯塔克《希臘羅馬英豪列傳》之〈賴山德傳〉18節。

22　希臘的智慧女神雅典娜司藝術、發明和武藝，擔任雅典的守護神，只要全身披掛穿上鎧甲就用帕拉斯這個稱呼；參閱鮑薩尼阿斯《希臘風土誌》第4卷15節。

23　尼杜斯是小亞細亞一個城市，位於卡里亞的西南端，瀕臨愛琴海，最早是福西斯人的殖民地，雙方有非常深厚的關係；這件事可以參閱阿昔尼烏斯《知識的盛宴》605C。

力[24]；我卻認為這麼多的還願祭品當中，要數雕像之類的奉獻能夠感到神祇的先知之明，表現出事件的進展和深長的意味，使得所有的情節無論輕重都充滿神性的光輝。

皮蘇斯說道：「這話沒錯，德爾斐的女祭司不僅每月都要化身成為神明，何況我們還要對大理石或青銅的雕像行禮如儀，好像我們就不能擁有『機會』或『運氣』作為代理人，負責與她們打交道。」

我說道：「那麼這些機會或運氣對你而言，真的認為它可以為你指使所有的單一事件？真的相信即使原子的分裂也會遵循它所制定的前因後果，趨向未來的方向？就是目前這些奉獻祭品的人，難道遭遇的好壞都因它而命中注定？看來像是伊庇鳩魯要來對你施以援手，其實無論是他撰寫的作品或是提出的教條，都是三百年前發生的狀況。除非他能夠將這些東西灌輸到所有的事物當中，或者能與所有的事物融合在一起，對於任何存在的目標，不僅引起最初的運動，還能產生所望的後果；否則你就不能將伊庇鳩魯尊為神明！」

9 我用上面的話補充皮蘇斯的論點，接著用同樣的心情提起西比爾的神讖。等到我們抵達會議廳就停下來休息，這個地點正好面對山崖；據說首位西比爾[25]在赫利康（Helicon）[26]接受九繆司的教養（雖然有人說她來自馬利斯[27]，是拉米婭［Lamia］的女兒，而拉米婭的父親是波塞登），到了德爾斐就在這裡獲得一個席次。薩拉皮昂記起她唱出的詩篇：直到逝世以後她都沒有停止占卜和預言，會在月亮裡面繞著圈子行走[28]，據說在這個天體上面看到的陰影就是她的臉孔。這時她的靈性在空氣中擴散開來，用預感和徵兆的音聲孕育出奮勇向前的精神。她的身體變成土地使得各種青草和藥物得以發芽，欣欣向榮的牧場養育出供作神聖祭品的牲口，從牠們的內臟所呈現各種的顏色、形狀和質地，使人們獲得未來的預告和徵候。

對於很難置信的神話故事，皮蘇斯毫不掩飾他那嘲笑的態度；戴奧吉尼阿努斯特別加以說明，即使所談的事情表面看起來都是傳聞，然而有關的預言還是可以提出確鑿的證據，像是無數希臘城市的荒蕪和遷移，眾多蠻族的遊牧部落蜂擁

24　亞里斯多德《修辭學》第3卷11節；參閱羅斯《亞里斯多德殘篇》No.130。

25　參閱鮑薩尼阿斯《希臘風土誌》第10卷12節；以及柏拉圖《菲德魯斯篇》244B。

26　赫利康山位於皮奧夏地區，職司文藝的九繆司在此居住。

27　馬利斯是希臘中部靠近色摩匹雷一個範圍很小的地區。

28　參閱本書第45章〈論天網恢恢之遲延〉29節。

而來，以及帝國的衰亡和顛覆。

　　他說道：「庫米和狄西阿契亞(Decaearcheia)[29]周邊地區，最近發生一些不尋常的事件，為何不能早於很多世代之前就在西比爾的歌曲中出現？還有來自山區燃燒到四野的大火、浪濤洶湧的海洋、炙熱的岩石被狂風扔向高處，以及偉大和高貴的城市遭到毀滅，整個地區陷入混亂和崩潰，處於這種狀況之中的人們，就是在大白天都感到無知和難以確定，為何沒有人說『時間』應該負起這個責任？像這一類的事情，即使他們認為沒有獲得預兆，很難讓人相信說是神明不會給予任何的啟示。」

10 這樣一來皮蘇斯說道：「閣下，能有那一種事件不能算在『時間』和『自然』的頭上？無論陸地或海洋或城市或個人的周遭，出現情節奇特和突如其來的預兆，又有那一件後來沒有發生任何事故？然而這些不是很準確的預言只能說是提前告知罷了，或者算成很多毫無根據的閒言流語，投向和散布到無限的可能，經常就會誤打誤撞的碰到。其實即將發生的事獲得告知，我認為與告知已經發生的事，完全是不同的狀況；由於發布的本身就包含著差錯在內，告知事物並不存在，並不表示要等待來自偶發情況的確認無疑，也不需要運用確鑿的證據，說是能夠擁有具備知識的預言；因為無限的時空會讓所有的事物都發生，有些事情在告知之後接著來臨。諺語將『最會猜測的人』稱之為『最佳的預言家』[30]，確實有幾分可信，如同一個人搜遍整個地面，運用合理的可能性作為工具，試著去追蹤過去留下的痕跡。」

　　「西比爾和巴西斯此種類型的預言家，只要投向時間的深淵，如同進入海底沒有航圖可以用來導引，有關的事件形形色色不計其數，會讓她們說的語言和用的辭句陷入危險之中，有些事出於偶然的結果是會發生，即使以後因為巧合的關係變成真有其事，就現在來說還是一個謊言。」

11 皮蘇斯表明他的觀點，薩拉皮昂接著說道：「這是對世間的事物做出非常合理的評估，皮蘇斯肯定的表示，萬事萬物是如此的不受時

29　參閱本書第45章〈論天網恢恢之遲延〉29節，79 A.D.維蘇威(Vesuvius)火山的爆發摧毀龐貝(Pompeii)和赫庫拉尼姆(Herculaneum)；狄西阿契亞就是現在的普提奧利(Puteoli)，瀕臨拿坡里灣，是著名的度假休閒勝地。

30　優里庇德這一句詩引用在本書第30章〈神讖的式微〉40節，它的拉丁譯文是出自西塞羅的手筆，見《論占卜》第2卷5節；參閱瑙克《希臘悲劇殘本》之〈優里庇德篇〉674頁No.973；以及柯克《阿提卡喜劇殘本》第3卷〈米南德篇〉65頁No.225。

空的限制，而且無須具備任何理由。我們認同一位將領獲得勝利的預言，在於他已經獲勝；或者說城市有毀滅的預兆，因爲它已經敗亡。如果陳述不僅是事情的發生而已，還包括何時、何地和何事在內，這就不是猜測和忖度而是預兆某一事件必然如此。例如有些詩句提到亞傑西勞斯的跛腳[31]：

> 高傲的斯巴達人生性誇耀，
> 不要讓瘸腿的統治者來到；
> 展現長久出乎意料的紛爭，
> 慘烈戰事帶來傷亡和騷擾。」

「還有詩篇敘述在瑟拉(Thera)和瑟拉西亞(Therasia)[32] 的前面浮現一座新生的島嶼，以及菲利浦和羅馬人的戰爭[33]：

> 特洛伊的後裔已占了上風，
> 制服腓尼基贏得難以置信，
> 海面是熊熊的火光和雷聲；
> 焚風颳起洶湧的滅頂波濤，
> 海岸的岩石仍舊屹立不搖；
> 無名小卒擁有光榮的島嶼，
> 弱者可以擊敗強鄰的欺負。」

「所有的事件全都發生在很短的一段期間：羅馬人在戰場擊潰漢尼拔以後，迦太基人遭到滅絕的命運；菲利浦與艾托利亞人[34] 爭鋒，結果被羅馬人打得一敗

---

31 參閱蒲魯塔克《希臘羅馬英豪列傳》之〈亞傑西勞斯傳〉3節及〈賴山德傳〉22節；鮑薩尼阿斯《希臘風土誌》第3卷8節；這四句詩的體裁和音韻方面會有少許變更。神讖的含義是斯巴達有兩位國王如同人的兩條腿，才能獲得行動的自由，事實上這種制度與神讖的要求背道而馳，就是要發揮牽制的功能，才不會出現大權獨攬的專制政體。所以要進一步更深入的解釋，所謂一個跛子當國王是不吉利的徵兆，在於會使另一位正常的國王有機會成爲唯一的統治者。

32 瑟拉和瑟拉西亞都是愛琴海的賽克拉德斯群島當中的小島。

33 參閱斯特拉波《地理學》第1卷3節；以及賈士汀《對話錄》第30卷4節。

34 艾托利亞位於希臘中部，瀕臨科林斯灣，東、北和西面分別與阿卡納尼亞、伊庇魯斯和洛克瑞斯接壤，主要的城市有瑙帕克都斯和卡萊敦。

塗地；最後是一座島嶼從深海中升起，陪伴著火焰和洶湧的波濤。沒有人提到上面這些事會在同個時間發生，完全是機會湊巧的緣故，更不能說它們的次序使得徵兆更加明顯，強調五百年前已經預先知曉，誰知羅馬人應該與舉世的強權爭戰不息的時候，卻在國內因奴隸的叛變而引起動亂。」

「所有這一切並非沒有指示或是盲目而爲，事實上對於從無限的事物當中尋找相遇的機會可說助益不大。道理在於有關的經驗方面給予可信賴的保證，或者爲命中注定的國外遊歷指出所經的道路。我不認爲任何人會說這些事情與時間的配合在於機遇，還能伴隨著先見之明的預言。如果確實如此，皮蘇斯，那麼豈不是要某些人公開宣稱，說是伊庇鳩魯並沒有爲我們寫出《土要原理》（*Leading Principles*）[35]，完全是那些字母出於機遇和偶然落到現在的位置，使得這本書得以完成？」

12 我們在談話的時候繼續向前行走，接著看到在科林斯寶藏廳裡放著的青銅棕櫚，這是他們唯一留存下來的還願奉獻物，它的基座上面還有鑄製的青蛙和水蛇，戴奧吉尼阿努斯看到覺得非常新奇，我們當然不會例外。棕櫚不像其他所有的樹木，生長在沼澤或是喜愛水源，就是青蛙也與科林斯的人民沒有關係，不能看成他們的表記或圖騰，然而你們知道有人說塞利努斯[36]的人民奉獻一棵黃金的芹菜[37]，特內多斯[38]的民眾用的祭品卻是斧頭，完全是出於螃蟹的緣故，這個島嶼的阿斯提里姆（Asterium）附近都是這種生物，即使這個城市也因而得名。顯然只有這些螃蟹的殼上會刻上斧頭的圖形。要是我們就事論事，認爲把神明看成烏鴉、天鵝、豺狼和老鷹，總比前面那些低等生物更讓牠們感到欣慰。

薩拉皮昂提到工匠用象徵的手法，表現出太陽的孕育、誕生和飛騰來自霧氣瀰漫之地，是否是他曾經讀過荷馬作品的關係：

> 太陽神迅速升空向前疾掠，
> 告別美麗富饒的水鄉澤國。[39]

35　參閱烏西尼爾（Usener）《伊庇鳩魯學派》（*Epicurea*）342頁。
36　塞利努斯是多里斯人在西西里的西南海岸所建立的殖民城市。
37　這個城市的名字來自selinon「芹菜」這個字。
38　特內多斯島位於愛琴海的東北部，距離特羅阿德（Troad）地區不到十公里，是控制海倫斯坡海峽的門戶。
39　荷馬《奧德賽》第3卷1行。

或者是否看到埃及人爲了描述旭日初升，繪出一個嬰兒坐在蓮花上面[40]。

我笑著說道：「閣下，你提到的東西目前在何處？難道你再度將問題很狡猾的投入斯多噶學派的教義之中，想要偷偷去討論『點燃』和『蒸發』[41]，同時又不願涉及到太陽和月亮；如同帖沙利的婦女使用的方法[42]，假定那些蓮花從土地和水中長出來，從而可以追溯緣起之處？柏拉圖將人類稱之爲『上天的植物』[43]，或許是他自己從頭到腳正直得一絲不苟。你們這些斯多噶學派的人士，竟然會嘲笑伊姆皮多克利，因爲他斷言太陽的創造來自天上光線的反射，有關地球的部分只是

> 將耀目的光柱再傳回蒼穹，
> 畏懼之心有如怒潮的洶湧。」[44]

「你們自己卻宣稱太陽是出生在地球的造物或是水邊的樹木，指派它成爲青蛙或水蛇的王國。讓我們引用斯多噶學院教授的英雄體詩篇，或是讓我們對於工匠倉促完成的作品進行快速的調查。在很多的實例當中，他們的表現真是高雅又精鍊，只是無法全部避開呆滯和繁瑣。如同有人在阿波羅雕像的手裡加上一隻公雞，可以聯想到清晨時刻東方的朝陽，因此某些人士可以振振有辭，青蛙成爲春天的象徵，太陽衝破寒冬的束縛，開始統治整個世界。就此看來如同你所說的那樣，我們必須肯定阿波羅和太陽，絕非兩個化身而是一個神明。」

薩拉皮昂說道：「你認爲太陽與阿波羅存在著差異？說眞的，你不會有那種想法。」

我說道：「太陽當然有別於阿波羅，如同月亮與太陽之間存在差異一樣；要說月亮不可能經常掩蔽太陽，更不會將它遮住不讓我們看見；太陽卻會使所有人對於阿波羅一無所知，只要將思想的功能透過感覺的功能加以轉變，那就是說一切要靠看到才算數。」

---

40 閱本書第27章〈埃及的神：艾希斯和奧塞里斯〉11節。

41 阿尼姆《古代斯多噶學派殘卷》第2卷196頁No.652-656。

42 亞里斯托法尼斯《雲層》749行；參閱柏拉圖《高吉阿斯篇》513A；賀拉斯《頌歌集》第5卷46行；特別是盧坎《法爾沙利亞》第6卷438-506行。

43 柏拉圖《泰密烏斯篇》90A；以及本書第48章〈論放逐〉5節。

44 參閱狄爾斯《哲理詩殘卷》第1卷〈伊姆皮多克利篇〉243頁No.B44。

13 接著下來，薩拉皮昂問嚮導，為何寶藏廳不用捐贈者塞普西盧斯的名字，反而稱之為科林斯之屋。他們無法作答全都不出一聲，於是他笑著說道：「我們總認為擔任旅遊嚮導之類工作的人，不僅知識豐富還得記憶良好，否則遇到你那追根究柢的談話，他們豈不是只有啞口無言？我們早先聽人說起這件事，專制政體遭到推翻以後，科林斯人為了感激上天的保佑，希望在奧林匹亞豎立黃金的雕像，同時用城市的名字在此地建造寶藏廳，德爾斐的人民同意提出的要求，伊利斯人出於惡意加以拒絕，於是科林斯人投票通過，不允許伊利斯參加地峽運動會。有人認為所以會產生這樣的結局，由於摩利歐妮（Molione）的孿生子優里都斯（Eurytus）和帖阿都斯（Cteatus），在克里奧尼（Cleonae）[45]遭到海克力斯殺害所致，其實這完全是風馬牛不相及的兩件事。倒是科林斯人也受到對方的杯葛，說是如果再用這個理由不讓伊利斯人參加競賽，那麼他們會將科林斯人趕出奧林匹克運動會。」

14 等到我們經過阿康蘇斯人（Acanthians）[46]和布拉西達斯（Brasidas）[47]奉獻的房舍，嚮導指出一個地點讓我們看，名妓羅多庇斯（Rhodopis）曾將鐵製的烤肉叉放在那裡[48]，戴奧吉尼阿努斯很氣憤的說道：「羅多庇斯將賺的錢捐出十分之一，德爾斐就在城邦範圍之內指定一個地點，使得與她同為奴隸的伊索在那裡遭到處決。」[49]

薩拉皮昂說道：「閣下，這件事與你又有什麼關係？請看在那些將領和國王的雕像當中，唯有妮莎里特的像是由黃金製作，要是按照克拉底的說法，等於是為希臘人的荒淫放蕩建立一座勝利紀念碑。」[50]

年輕人順著指示的方向看過去，然後問道：「克拉底說這番話的對象難道不是弗里妮？」

45　克里奧尼是希臘北部地區卡夕得西（Chalcidice）半島一個古老的城市。

46　阿康蘇斯是位於卡夕得西半島的城市，最早是希臘人建立的殖民地或貿易站，後來一直在雅典的掌握之下，成為向色雷斯和黑海發展的基地。

47　布拉西達斯是斯巴達負責阿契達穆斯戰爭（伯羅奔尼撒戰爭最初十年的序戰，得名於斯巴達國王阿契達穆斯）的將領，422 B.C.在安斐波里斯會戰中陣亡。

48　參閱希羅多德《歷史》第2卷134-135節；說是有些希臘人認為埃及有一座金字塔是羅多庇斯建造的，事實上她絕沒有那樣多的財富。

49　伊索是出生在色雷斯的奴隸，西元前6世紀初葉居住在薩摩斯島，寫出極其著名的《伊索寓言》，後來在德爾斐過世，要說遭到處決，那真是匪夷所思。

50　參閱本書第25章〈論亞歷山大的命運和德行〉第2篇3節；以及阿昔尼烏斯《知識的盛宴》591B。

薩拉皮昂說道:「不錯,她的本名是妮莎里特,皮膚帶有病黃的顏色,所以得到弗里妮這個綽號[51]。顯然在很多狀況之下,頭銜或諢名大行其道,眞正的姓名反而隱匿不爲人知。亞歷山大的母親是波利克森娜,後來她有很多稱號像是默塔勒(Myrtale),或者是奧琳庇阿斯,或者是斯特拉托尼斯;克里奧布里娜這個名字來自她的父親[52],直到今天大多數人還是將她稱爲羅得島的優米蒂斯。埃里什里的希羅菲勒(Herophile)天賦預言的能力,所以得到西比爾的頭銜。你可能聽到文法學家斬釘截鐵的表示,黎達(Leda)的本名是奈西妮(Mnesinoe),而且歐里斯底就是亞契烏斯……」這時薩拉皮昂看著提昂說道:「爲什麼你想要爲弗里妮獲得的罪名翻供?」

15 提昂面帶平靜的微笑說道:「我向你遞呈的訴狀提及希臘人的看法,只是微不足道的小小風流過失而已。這也就像蘇格拉底在凱利阿斯家中接受款待的時候,竟然爲了使用香水大發雷霆[53],然而對於兒童的跳舞、學藝人翻筋斗、親吻、扮成小丑,都能盡量容忍;你似乎與我都用同樣的方式,對於神廟裡面那些窮困又懦弱的婦女,即使她們靠著本身的容貌做最卑賤的運用,盡量排斥之外只有置之不理。你看到神明的四周擺滿精選的祭品和十一稅的錢財,全都來自謀殺、戰爭和搶劫,神廟到處都是希臘各地獲得的戰利品和掠奪物,你不僅沒有表示憤慨的神色,看來對於希臘人連一點同情心都沒有。」

「美麗的還願祭品上面,可以讀到令人最感羞恥的題辭:『布拉西達斯和阿康蘇斯人得自雅典人的戰利品』以及『雅典人戰勝科林斯人的紀念物』以及『福西斯人得自帖沙利人之手』以及『歐尼伊人(Orneatans)從西賽昂(Sicyon)的掠奪』以及『安斐克提昂聯盟取自福西斯』。普拉克色特勒斯所以會引起克拉底的痛恨,是他獲得爲他所愛的人在此奉獻雕像的特權;事實上克拉底應該對普拉克色特勒斯讚譽一番才對,只有他將娼妓的黃金雕像放在國王的黃金雕像旁邊。就像譴責財富的人所以受到欽佩和尊敬,在於他情願散盡家當變得一貧如洗。國王

---

51 還有人說弗里妮是指「蟾蜍」或「令人討厭之物」,這就未免過於唐突佳人了,再怎麼說豔妓也不能有這樣的花名。

52 古代的羅馬婦女用家族或父親的名字,加以女性化的字尾作爲自己的閨名,像是Cornelia 來自Cornelius家族,而Julia來自她的父親名叫Julius,如果有姊妹就用Cornelia major、secunda 這些數字來表示,這樣一來造成同名之人極多的現象;從這個例子看來希臘婦女的取名,有的地方與羅馬人大同小異。

53 凱利阿斯是雅典的首富,以奢侈浪費聞名於世;參閱色諾芬《會飲篇》2節。

和統治者奉獻還願祭品，最好是為了表揚正義、自制和慷慨，不可用黃金和奢華炫耀個人的權勢，所能讓人分享的好處只是領著大家過毫無榮譽可言的生活。」

16 這時有位嚮導說道：「有件事你忘了說，克里蘇斯(Croesus)為一個給他烘麵包的婦人，製作一座黃金雕像在這裡奉獻給神明。」[54]

提昂說道：「說得不錯，克里蘇斯這樣做合乎榮譽又能維護正義，唯有如此才能提升神廟的名聲，不至於受到後人的嘲訕。據說克里蘇斯的父親阿利阿底娶了第二位妻室，又為他生下子女。這位婦人暗中要謀害克里蘇斯，將毒藥交給麵包師傅，要她揉進麵中烤好供克里蘇斯食用。麵包師傅私下將狀況告訴克里蘇斯，同時讓後母的子女吃有毒的食物。等到克里蘇斯繼位成為國王，為了報答她的恩情，就在神明的面前立誓，要將她的雕像奉獻給阿波羅神廟，用來表彰她的義行和為她祈福。」

他繼續說道：「這種做法非常合理而且正確，如果就德爾斐以宗教知名的城邦而言，提及其他類似的還願祭品值得大家的推崇和稱許，我認為歐庇斯人(Opuntians)[55] 就是很好的例子。福西斯的僭主劫走德爾斐神廟的還願祭品，將其中的金銀熔化鑄造錢幣[56]，流通在各個城邦之間，歐庇斯人盡可能將它蒐集起來，然後裝在一個大陶甕裡面，送到此地奉獻給阿波羅。就我個人的看法，極其贊許邁里納(Myrina)和阿波羅尼亞的居民，他們送來收穫的水果是用黃金製成；還有伊里特里亞和馬格尼西亞的居民，將每年第一批收成奉獻給神明，相信阿波羅是穀物的賜與者、祖先的保護神、生命的創造者和人類的好朋友。」

「我要譴責麥加拉人的行為，因為只有那個城邦的人民，為了紀念他們在會戰當中打敗雅典人，並且趕出他們的城市，就在德爾斐豎立阿波羅的雕像，手裡還拿著一根長矛；要知道雅典人據有麥加拉，是在波斯戰爭結束以後的事。後來麥加拉人將一個金製的義甲當成奉獻的祭品[57]，請求神明不要忘記西辛努斯(Scythinus)，這位詩人對於七弦琴有這樣的描述：

---

54 克里蘇斯是利底亞最後一位國王，統治期間為560-546 B.C.，曾經征服小亞細亞很多城邦，與希臘人結盟，後來遭居魯士擊敗而亡國；有關呈獻雕像之事，可以參閱希羅多德《歷史》第1卷51節。

55 歐庇斯是傳說中的英雄人物，他在洛克瑞斯建立的城市用上自己的名字。

56 參閱穆勒《希臘歷史殘篇》第1卷〈狄奧龐帕斯篇〉308頁No.182。

57 參閱阿尼姆《古代斯多噶學派殘卷》第1卷112頁No.502。

宙斯之子金髮白膚阿波羅，

生命存亡繼滅是祂的頌歌，

太陽光線當成奏曲的琴撥。」[58]

17 就像薩拉皮昂開始提到那件事的狀況一樣，戴奧吉尼阿努斯說道：
「在這裡能聽到收益甚多的談話實在感到高興，只是我不得不要求
你履行有關成因最早提出的承諾，就是這種成因使得具備預言能力的女祭司對於
所宣示的神讖，停止運用敘事詩或其他的詩體。如果大家同意的話，讓我們把時
間稍微順延一下，等到參觀完遺跡以後，再坐下來聽你發表高見。因為目前敘述
的事實就整體而言，對於神讖受到大家的信賴產生不利的影響，主要在於人們假
定會出現兩種情況之一：一種是具備預言能力的女祭司無法接近神明所在的區
域；一種是靈性受到抑制使得她們不再具備這方面的能力。」

我們就在四周走動遊歷，然後坐在神廟南邊的台階上面，面對大地之母的神
廟以及波光瀲灩的水面，皮蘇斯特別提到這個地點對於戴奧吉尼阿努斯解答問題
會有幫助，他說道：「繆司神廟興建的地點通常附近有溪流經過，因為她們要打
水用來祭神和淨身，如同賽門尼德的詩句[59]：

美髮的繆司是純潔的泉頭，

要用聖水洗滌身心的塵垢。」

「他在另外一首詩中，描述克萊俄矯揉造作的模樣，像是

擔任淨身儀式的神聖衛士，

接下來形容

祂受到萬民的懇求和祈禱，

身穿未用金線縫製的長袍。

---

58 參閱狄爾斯《哲理詩殘卷》167頁；亞歷山卓的克里門《兵略》第5卷8節。

59 貝爾克《希臘抒情詩集》第3卷〈賽門尼德篇〉409-411頁No.44-45；或艾德蒙《希臘抒情
詩》第2卷314頁；可以參閱波爾森(Poulsen)《德爾斐》(*Delphi*)4節，要想經過不同的編者
之後，還能恢復原來的詩句，可以說是徒勞無功之舉。

大眾前來參加神聖的典禮，
要從深受神明祝福的巖穴，
汲取的聖水何等清澈郁馥。」

「優多克蘇斯弄錯地方稱之為斯特克斯的聖水；他們把繆司當成占卜術的贊助者和守護神，就在靠近溪流和大地之母神廟這個地點，制定相關的儀式和典禮，據說因而頒布的神讖在繆司的指示之下，充滿詩歌和音樂的形式和風格；有人還言之鑿鑿最早在這裡聽到英雄體的敘事詩，亦即：

禽鳥的貢品是美麗的羽翼，
還有蜂類供奉香甜的蠟蜜。

後來大地之母的位階變得較阿波羅為低，因而失去超凡的聖潔地位。」

18 薩拉皮昂說道：「皮蘇斯，這種方式更加合理可以收到和諧相處的效果。我們無須對太陽神表示敵意，不能廢除祂獲自上天的神聖權力，使得祂仍舊擁有預言的稟賦；我們要為流傳世間的神讖尋找詮釋，不能放棄祖先遺留的虔誠信念。」

我說道：「尊敬的薩拉皮昂，你說得非常正確，從前的哲學家用詩歌的形式寫作教條和談話，像是奧菲烏斯、赫西奧德、巴門尼德、色諾法尼斯、伊姆皮多克利和薩里斯等人皆都如此，現在已經遭到拋棄使得傳統無法延續下去，我們對於哲學還是不能喪失希望。現在除了你以外，全都摒棄韻文的規格。只有在你的手裡，久已失傳的詩藝才能恢復哲學的形式，呼籲年輕人要從事一種清晰又高貴的挑戰。」

「亞里斯塔克斯、泰摩查里斯(Timocharis)、亞里斯特拉斯(Aristyllus)和希帕克斯都無法做到，這幾位天文學家和他們的門人弟子都用散文寫作，使得這個學門的著作因之名聲不彰；年代更早的優多克蘇斯、赫西奧德和薩里斯卻使用韻文，特別是薩里斯的《天文學》(Astronomy)，完全歸功於他的智慧結晶和典雅風格。品達同樣直言不諱，忽略音樂的韻律使他感到迷惑……[60]讓他感到極其驚異。事實上對於要找出產生改變的成因無須畏懼，更不要認為這是反常的行為。

60　出於抄寫者的疏漏，不知何種成因會使品達感到極其驚異，只是留下空白供我們猜想。

如果這些技藝和才能的廢除，因而造成困擾或是帶來改變，這就不能算是正確的做法。」

19 提昂繼續就這個題目表達意見，他說道：「這方面的事務確實經歷重大的變遷和改革，你也知道有很多神讖使用散文的形式，其中涉及的情況有的相當嚴重。根據修昔底德的記載[61]，斯巴達人就他們與雅典人的戰爭向神明請示迷津，獲得的答覆是勝利和權柄的承諾，無論是出於受命或自發，都要親身顯靈給予援手。在另外一份神讖中明確指示，如果不讓普萊斯托納克斯從放逐中歸國，他們必須用銀製的犁頭[62] 耕種田地。」

「雅典人對於在西西里的戰事要求賜與諍言，阿波羅要他們到埃里什里去詢問雅典娜的女祭司，這位婦人的名字叫做『寧靜』。」[63]

「戴諾米尼斯就他幾個兒子的前途向神明請示，得知他的三個兒子都是統治城邦的僭主，戴諾米尼斯很無奈的祈求道：『啊，尊貴的上主阿波羅，我為他們感到悲傷。』神明的答覆是祂同意身為父親的感受。正如你們所知道的狀況，傑洛（Gelo）後來成為僭主，罹患水腫痛苦不堪逝世；接位的海羅得了膽結石；第三位色拉西布盧斯面臨叛變和戰爭，登基不久遭到罷黜的命運。」

「還有就是伊庇道魯斯（Epidaurus）[64] 的僭主普羅克利，拿出殘酷和非法的手段使得很多人喪失性命，最後他還將泰瑪克斯置之死地。須知泰瑪克斯從雅典帶著錢財投向他的陣營，當時受到熱烈的歡迎和殷勤的款待。泰瑪克斯被殺屍體塞入籃筐沉到海底，全都透過伊吉納（Aegina）[65] 的克倫德經手完成，沒有任何人知曉這件慘劇的底細。等到後來普羅克利的政治生涯陷入無法挽回的混亂情勢，就派他的兄弟克里奧蒂繆斯（Cleotimus）到德爾斐請示機宜，應該逃向和退到那一個城邦。神明給予的答覆是同意普羅克利的撤離，至於要到的城邦是他吩咐伊吉

61　參閱修昔底德《伯羅奔尼撒戰爭史》第1卷118節，這是432 B.C.第二次伯羅奔尼撒戰爭爆發之前的事。

62　參閱修昔底德《伯羅奔尼撒戰爭史》第5卷16節，意思是將要發生饑饉或瘟疫之類的天災，逼得他們要用很高的價錢去購買糧食。

63　參閱蒲魯塔克《希臘羅馬英豪列傳》之〈尼西阿斯傳〉13節，神明給他們的指示是要「務必保持安靜，不得輕舉妄動」。

64　伊庇道魯斯位於伯羅奔尼撒半島的東岸，瀕臨薩羅尼克灣，與派里猶斯隔著伊吉納島遙遙相對。

65　伊吉納島位於薩羅尼克灣的入口，成為派里猶斯的屏障，要是被敵人占領，可以切斷雅典對外的生命線，自古以來為兵家必爭之地，從457 B.C.起為雅典人據有，始能向外發展建立偉大的帝國。

納的朋友存放籃筐的位置，或者是雄鹿蛻角的地點。僭主立刻知道神明的指示是要他跳入大海淹死，或者自裁以後將屍體埋於土中（雄鹿的角脫落以後，埋藏起來不讓人發現）；他只等待很短一段時間，城邦的事務變得完全絕望，他才做好離開的打算。這時泰瑪克斯的朋友將他抓住，殺害以後將他的屍體投入海中。」

「萊克格斯從德爾斐帶回的神讖，斯巴達人據以制定法律，這道敕令就是使用散文的形式，可以當成最重要的物證。」

「希羅多德、斐洛考魯斯（Philochorus）[66]和伊斯特（Ister）[67]花費很多心血蒐集用韻文寫成的預言，雖然引用很多神讖，發現體裁都沒有使用詩的格式。提到狄奧龐帕斯則不然，他研究神讖比起任何人更爲勤勉，特別指出那時候有些人不相信會有這種事，就是具備預言能力的女祭司頒布的神讖竟然使用韻文，他覺得這是褻瀆的行爲因而給予譴責。後來他爲了證實自己堅持的論點，只能找到數量極其稀少的神讖是用韻文寫成，甚至在更早的年代大多數還是使用散文的形式。」

20 「即使如此，目前還是有些神讖合乎詩的音韻，其中有一份的情節動人因而聞名遐邇。福西斯有一座神廟，供奉號稱『痛恨婦女者』的海克力斯，習慣上指派男士擔任祭司，要求在一年的任期內不得與女性發生肉體關係。基於這個緣故通常由老年人出任這個職位。就在幾年之前出現例外的狀況，有位人品不錯的青年很有上進心，用了很多辦法獲得祭司的任命，然而這時他正與一位女郎陷入熱戀之中。開始他盡量克制自己的欲望，能夠與她保持相當的距離，有次在他休息的時候女友突然來到，由於飲酒和跳舞的引誘使他犯下色戒。驚惶和煩擾接踵而至，他立即訴求神讖向神明請示他所犯的綺行，是否有任何方法可以獲得赦免或贖罪；他接到這樣的回覆：

　　人只能做神可以寬恕的事。」

「不管怎麼說，要是與我們同代的人都認同目前的狀況，就是所有的預言沒有一個字不合乎詩藝的要求，那麼古代的神讖給予的指示有時用韻文，有時卻換個方式不用詩體的規範，豈不是讓人產生很大的困擾。你這位年輕的朋友，無論如何不要反對這些理由，如果我們對於神明保持正確和未受污染的意見，就不會

66　斐洛考魯斯(340-262 B.C.)是希臘的歷史學家，著有十七卷《阿提卡史》，敘述286-262B.C.雅典和斯巴達對抗馬其頓的克里摩尼迪(Chremonidean)戰爭，最後七卷已佚失。

67　伊斯特(250-200 B.C.)是希臘的歷史學家和神話作者，主要的著作是十四卷《阿提卡史》。

相信祂在更早的年代要經常寫出詩篇；現在祂讓人知道神讖對於具備預言能力的
女祭司，僅僅像是祂在提示一位女演員念出爲她寫好的台詞。」

21 「這方面的事情值得我們多加討論，還要另找時間從事深入的研
究；目前僅能就簡略了解的情形牢記在心。須知身體會經常使用很
多的工具，靈魂所能使用的東西就是身體和它的四肢。無論如何，靈魂創造出來
成爲神明的工具，擁有的優點在於能盡量遵從代理人揭櫫的目標；代理人可以運
用自然女神授與的權限，爲祂的目標要求特定的設計，從而據以正確的執行，它
的形式存在於創造者的意圖之中，結合的過程不會受到污染和影響，毫無瑕疵而
且與原來的目標不會背離。光明正大的設計不可能被世人一一看在眼中，當它用
其他的外觀和通過其他的媒介更能一目了然，這時會因媒介的性質而受到污染。」

「現在我沒有用金和銀做例子，就拿普通的蠟更加容易說明，將它倒進模型
製造出來的成品全部類似原件，而且每一件成品都擁有物料原來的成分，事實上
金和銀也具備這樣的性質。無論是平面、凹面或由平面和凸面組成的鏡片，可以
看到單一形體反射的影像有無數的變形和扭曲。老實說我們只要思考光輝的星
座，表現的外形是如此類似，就它們的性質而言是較之月亮更爲順服的工具。星
座有明亮的光和強烈的熱，在射向我們的同時，會與太陽的光線融合在一起，這
時它們會改變顏色以及獲得不同的能量，等到熱力由於距離的關係逐漸消失，射
出的光線因爲衰弱變得非常暗淡。」

「我想你應該熟悉從赫拉克萊都斯的著作中發現的格言[68]，大意是說阿波羅
在德爾斐的神廟擁有預言的能力，不會說明也不會掩飾，只是給予正確的指示。
還要加上幾句話，我們認爲阿波羅運用女祭司在於讓人們聽得見，如同太陽運用
月亮是爲了讓人們看得到。神明爲了讓人了解祂的意圖所以會透露祂的想法，運
用凡人的肉體和靈魂作爲關係極其密切的媒介，這種方式很難保持沉默和安靜。
有時媒介像是顛簸在驚濤巨浪之中，或者陷入情緒激動和興奮的處境，變得愈來
愈急躁不安。唯有屈服於唯一的神明給予的感召，仍舊使得本身無動於衷能夠保
持冷靜和沉著。」

「須知身體受到外力的驅使，會在那裡無目的地兜圈子，一種混亂和易變的
循環運動；感情的作用不能確定可以控制身體，通常只能做到這種地步；兩種運
動所產生的結局，這時就會趨向於意志的消沉；所以才會出現類同的方式，靈魂

68　狄爾斯《哲理詩殘卷》第1卷〈赫拉克萊都斯篇〉86頁No.B93。

受到外力的影響或本身的天性同時會出現兩種衝動，所謂神靈的感召來自兩種衝動的結合。我們在處理有關無生命和靜止不動的物體，不應該違反它的本性，完全靠著施加外力在它們的身上，要知道圓柱體與球體或立方體的運動方式大不相同，七弦琴與木簫以及號角與豎琴都是演奏方式迥異的樂器。」

「要想每件事情達到高雅美妙的境界，除了盡量發揮它的天性和本能，沒有其他更好的辦法。為了使這些物體變得生氣勃勃，授與它運動的能力，共享最初的緣起和成因，每個人對待它要運用方法，不完全靠著它已存在的條件、功能或本性，試著舉例來說，如果不是這些人已經具備相關的素養，我們又如何能夠鼓舞一個不知音樂為何物的人去從事這方面的活動，勸說一個大字不識的人去欣賞文學作品，或是讓一個未曾訓練的門外漢成為口若懸河的演說家？須知很多事情沒有人可以始終固執己見不求改變。」

22 「荷馬的假定認為任何事物的促成都是『出於神意』[69]，根據他的證言已經完全支持我的觀點，他並沒有表示神可以為達目的不擇手段，只是按照每個人擁有的稟賦或才華做最適當的運用。」他繼續說道：「尊貴的戴奧吉尼阿努斯，難道你沒有看到雅典娜採取的行動？當祂想要說服亞該亞人的時候，就會將奧德修斯召來[70]；當祂想要大家不必理會誓言約束的時候，就會找潘達魯斯出面；當祂想要擊敗特洛伊人的時候，就會要戴奧米德領頭衝向敵陣。依據的原則亦即戴奧米德是力大無窮的戰將，潘達魯斯是生性愚騃的弓箭手，奧德修斯是口若懸河的有識之士。」

「事實上荷馬與品達的看法還是大相逕庭，所以品達才會寫出這樣的詩句：

你可以坐著草墊航行海域，
神明的意願保證安全無虞。[71]

荷馬認同的事實在於為達成某種目標因而創造某種才華和性格，特別是不同的目標所要創造的對象迥然相異；每位對象受到感召所採取的行動都有不同的方式，

69　參閱荷馬《伊利亞德》第2卷169行和第5卷1行；前者是雅典娜對於奧德修斯的指示，後者則是祂對戴奧米德發出的指示。

70　下面這三個例子分別出於《伊利亞德》第2卷169行、第4卷86行和第5卷1行。

71　這句詩出於優里庇德的悲劇《昔伊斯底》（*Thyestes*），參閱瑙克《希臘悲劇殘本》之〈優里庇德篇〉No.397，有時還把它歸於其他詩人的作品。

即使這種感召的力量對所有的對象而言完全相同亦復如是。神明的感召力量有其限度，能走能跑的人不可能讓他在天空飛行，說話結巴的人不可能讓他口齒清晰，嘶啞刺耳的聲音不可能讓它優美動聽。」

「不僅如此，巴都斯的案例就是出於類似的理由[72]。他為自己的聲音前往德爾斐求取神讖，神明卻派他前去阿非利加建立殖民地，雖然巴都斯口齒不清而且說話刺耳，卻具備國王和政治家的風範，是一位見識卓越的人。從未讀過詩的文盲談吐不可能像一位詩人，這也是理所當然之事。甚至在神廟裡面侍候神明的少女，呱呱落地以來就有合法和可敬的婚姻，各方面的條件都適合過高貴的生活；她不是生在貧窮的農家沒有受過教育，毫無專業的技術、才華和天分，就能前往阿波羅的神廟從事服務的工作。從另一方面來說，如同色諾芬所抱持的觀點[73]，新娘進入丈夫的家門之前，盡可能不要見過或是聽過對方的底細；一個少女只要有純潔如同處子的靈魂，雖然對於要做的事情毫無經驗或是未獲告知，還是可以成為神明的伴侶。」

「神明給我們的指示要是運用所謂的蒼鷺、鷦鷯和烏鴉，大家對此總是深信不疑；不僅把牠們當成神明的信差和使者，更不會堅持它們的表達方式非要合理與清楚不可。然而我們卻堅持具備預言能力的女祭司無論是聲音和語言，要像劇院合唱團的歌聲那樣甜美動聽，還得帶著詩意的誇張型態和隱喻的表達方式，要在木簫的伴奏聲中莊嚴的宣告。」

23 「那麼我們對目前的女祭司又能表達何種看法呢？我認為這個問題有待商榷。首先要澄清一點，那就是前面已經提過，她們回覆的指示幾乎全用散文的形式；其次是時代產生個人的氣質和特性，對於詩的寫作形成流行的趨向，會在她們的心中充滿風趣、熱情和完善的準備，因而創造出一種警覺的心態，需要少量最初的刺激物以及喚醒的想像力，獲得的結果如同菲利努斯所說那樣，不僅是天文學家和哲學家立即被吸引到特定的主題，就是一般人受到飲酒或情緒的影響，無論是喜怒哀樂都會像一首詩表現出『音調的和諧』；他們參加歡樂的聚會裡面充滿歌頌色欲的情詩，出版的書籍都是輕鬆的作品。優里庇德有這樣的表示：

雖然他對九繆司一無所知，

---

72 參閱希羅多德《歷史》第4卷155節；以及品達《皮同賽會頌》第5卷和第4卷10行的注釋。

73 色諾芬《論家庭的管理》(*Oeconomicus*)7節。

靠著愛情就可以學會作詩。」[74]

「詩人的觀點是愛情不可能將文學或音樂的稟賦灌輸到某個人的身上，而是這個人要具備這方面的才華，當他還沒有產生興趣和無所事事的時候，愛情會激起他寫詩的行動和熱情。各位可敬的朋友，我們認為現在總是有人在談情說愛，要是愛情會從地球上面消失，那是因為沒有人在詩篇或歌曲當中傾訴，所以才描述出這樣的狀況：

　　抒情詩有甜蜜迷人的聲音，
　　瞄準落入愛河的年輕戀人，
　　疾飛的箭矢命中他們的心。」[75]

「品達運用誇張的手法多少有點荒謬，舉目所見來來往往的情人不知多少，並不是每位都具備才能和靈性，雖然放棄木簫和七弦琴當作宣洩情緒的工具，要是與古人相比還是一樣的狂戀和癡情。有人提到學院裡面蘇格拉底和柏拉圖的聚會，認為他們毫無情調可言，因為我們讀過他們帶有色情的談話，知道這種說法有待商榷[76]；至於沒有留下詩的作品也是不爭的事實[77]。有人說唯一寫情詩的女詩人是莎孚，然而頒布使用韻文形式的神讖，除了西比爾這唯一的女預言家之外，還有亞里斯托尼卡(Aristonica)[78]和其他人員，相互比較之下，難道擁戴莎孚的人就自認在這方面確有不如？」
「如同奇里蒙(Chaeremon)[79]表示的意思：

　　賓客的舉止受到酒的擺布。[80]

74　這兩句詩出自優里庇德的悲劇《第妮碧婭》，再度引用在本書第77章〈會飲篇：清談之樂〉第1篇問題5第1節；以及第50章〈愛的對話〉17節；參閱瑞克《希臘悲劇殘本》之〈優里庇德篇〉569頁No.663。
75　品達《地峽運動會之頌》第2卷3行。
76　舉例來說，如同柏拉圖《菲德魯斯篇》描述的狀況。
77　歷代的文集當中可以找到一些假託柏拉圖之名的情詩，即使是蘇格拉底都免不了要頂替一番。
78　亞里斯托尼卡是德爾斐職司神讖的阿波羅女祭司。
79　奇里蒙是西元前4世紀初期，雅典極其知名的悲劇作家，沒有作品傳世。
80　參閱瑞克《希臘悲劇殘本》之〈Adesp篇〉No.16；以及本書第30章〈神讖的式微〉50節。

好像詩人的飲酒如同戀愛一樣，使得現有的才華可以充分發揮，來賓依據各人的天性接受預言的啓發。」

24 「如果我們開始思考出於神明之手的作品，以及這些作品所包容的天意，我們可以看到改變的目的是爲了求得更好。言語的運用如同貿易之中貨幣的流通，雖然貨幣的價值因時代而異，我們所以接受在於對它的熟悉和了解。人類已經進入高雅的時代，帶有詩意和曲調的言語如同貨幣的運用，所有的歷史和哲學貶到詩藝和音樂的形式，總而言之，使得每一種經驗和行動，都需要令人印象更爲深刻的表達方式。然而就目前的事實來看，得知時下僅少數人對於遣詞用字略有所知，對照過去由不同民族組成的聽眾，品達的歌曲使他們爲之歡欣鼓舞：即使

　　牧人農夫和獵戶皆都如此。」[81]

「看來這種性向必須歸功於詩的本質，要是大膽的說出來，大多數人經由音樂和歌曲獲得告誡或規勸；除了寫出讚美詩、祈禱文和破陣曲頌揚神明，還得運用神話和格言達到所望的目標[82]，有些人具備這方面的才華，另外的人是沿用流傳的習俗。按照這樣的說法，即使預言的技巧在於裝飾善意的文雅，神明對此也不會吝惜；更不會將喜愛的繆司和三足鼎從德爾斐搬走；神明採取的方式是喚醒人們的注意，將受到歡迎的詩藝介紹給大家，或者在夢中向他們顯靈，有助於激起深刻的印象和雄辯的氣勢，如同那些適合現況和值得欽佩的事物。」

「須知每個人的生活會隨著命運和性格發生改變，只要養成習慣就會擯棄不尋常的事務，除去黃金的髮飾[83]，穿起樸素的長袍，有時甚至剪去代表威嚴的長髮，不再足登厚底的官靴；人們用寒酸的外觀自律於節儉的用度，衡量平凡和簡單的價值遠勝於華麗和精緻。因之語言也要經歷類似的改變，喪失光輝奪目的外表，歷史不再使用詩體作爲載運的車輛，情願在散文的道路踽踽獨行，大部分的事實都能從傳說中篩選出來。哲學對於創造驚世駭俗的理論情有獨鍾，所以歡迎清晰

81　品達《地峽運動會頌》第1卷68行。
82　這種論點出自赫西奧德的著作，狄奧吉尼斯和阿契洛克斯為了贊同他所敘述的狀況，都曾經加以引用。
83　參閱修昔底德《伯羅奔尼撒戰爭史》第1卷6節；因為雅典人把頭髮打成髻，再用頂針扣住，這種蓄髮方式保存很長的時間，成為維護古老習俗的標誌。

明確和易於施教的文體，為了追蹤調查的成果，要拿日常使用的語言作為媒介。」

「神明不讓具備預言能力的女祭司將她的市民同胞稱為『熱情如火的人』，將斯巴達人稱為『貪吃的蛇』，將人稱為『山嶺漫遊者』以及將河流稱為『吞食山嶺者』。祂將神讖裡面敘事史詩的體裁、怪異奇特的字句、拐彎抹角的情節和含糊支吾的語氣，全部刪除不再使用，要求她們與諮詢者之間的談話，像是城邦在法律方面的交涉，或者是國王與平民之間的會議，或者是學生傾聽教師的授課；因為祂運用的語言在於易於溝通和令人信服。」

25 「人應該對神有充分的了解，如同索福克利的詩句，神對

> 智者頒布難以理解的指示，
> 就蠢漢而言是馬虎的教師。[84]

清晰明確的表達方式等到推展開來，接著會給宗教和信仰帶來革新，幾乎每種事物隨之經歷前所未有的變化。這就是造成的結果：古老的昔日，大家對於簡明的神讖並不熟悉，出現的狀況亦不普遍，所有的指示採用迂迴間接的用語和曲折婉轉的說法，大多數民眾將無法認知的情形歸咎於神意的難明和天威的莫測，因而能保持敬畏和虔誠之心。」

「等到後來的時代，了解形形色色的事物應該滿足於明確和簡易的要求，不能再伴隨著誇張的手法和做作的心態，他們譴責詩意的語言說它使得神讖穿上掩飾的外衣，不僅為明瞭真正的意圖形成障礙，以及在溝通方面帶來曖昧和晦澀，還有隱喻、謎語和含糊其辭的陳述，使人產生疑惑的心理，感覺是在準備一個隔離的角落當成避難所，如果預言犯下錯誤有一條退路可以偷偷溜走。」

「這是經常聽到的傳聞，說是有些人想獲得神明的詩作為禮物，坐在神廟附近等候尋章覓句，然後編製起來成為一種即興式六音步英雄體結構，或者是其他的詩體或韻律，最後竟然形成一種說法，這些都是神讖使用的『容器』。我忍不住要提到像是歐諾瑪克瑞都斯（Onomacritus）[85]、普羅迪庫斯（Prodicus）[86] 和辛尼

84　參閱瑞克《希臘悲劇殘本》之〈索福克利篇〉298頁No.704。

85　參閱希羅多德《歷史》第7卷6節；提到歐諾瑪克瑞都斯是雅典的占卜者，也是繆司神讖的保管人。

86　西奧斯島的普羅迪庫斯是西元前5世紀的詭辯家。

松(Cinaethon)[87]之類該受譴責的人士,偷偷在神讖裡面插入戲劇性的情節和誇張的用語,不僅毫無必要,也讓我感到體裁的變化沒有任何道理。」

「四方行腳的算命占卜和惡棍流氓之流,他們在大地之母神廟和供奉塞拉皮斯的廟宇,運用神讖當成吹牛矇騙的工具,有些是靠著本身急就章的才智,還有就是用抽籤手法來自這方面的書籍,特別是奴僕和女流之輩,最容易受到韻文和詩詞彙語的誘惑,這樣一來詩藝的功能變得更加聲名狼藉。那些妖言惑眾的神棍和江湖郎中,加上經常犯錯的預言家,就是韻文喪失地位的主要原因,不實的陳述無法保有三腳鼎的神聖象徵。」

26 「古代的人民爲何經常需要那些怪異的雙關語、間接和迂迴的陳述以及曖昧含糊的詞句,的確讓我感到百思不解。很明顯的事實,沒有人會爲買一個奴隸或普通事務,特別到德爾斐要求神讖指示迷津;即使是權勢驚人的城邦、國王或僭主,他們堅持不受節制和趨向極端的圖謀,對神明提出的懇求只是同意他們的行動;有關的神讖要是用不友善的態度煩擾和激怒這些人並沒有什麼好處,雖然他們曾經聽過很多這方面的事情,一旦輪到自己必然不會樂意接受。優里庇德有這樣的表示,如果他要制定一條法律,那就是:

> 僅阿波羅可用稱號菲巴斯,
> 要爲人類提供預言和指示。[88]

即使如此,神明也不會按照優里庇德的意思去做。」

「因此神明利用凡夫俗子給予襄助,向世人宣達祂的旨意,基於應盡的責任要對這些人加以照顧和保護,他們在伺候阿波羅的時候,不能喪命在邪惡者的手裡。神明沒有意願隱匿眞理不予揭露,然而拿詩作爲媒介使得經過情形受到扭曲和偏離,如同光線的折射作用會分爲不同的方向,這樣做的目的在免於受到憎恨或引起反感。有很多情況之所以發生是很自然也很公正的事,像是有些僭主無法明瞭眞相,突然生變因而覆滅,同樣是他們的敵人沒有學會事先的充分準備,倉促行事難免失利。基於這些緣故,神明要加上暗示和曖昧的外衣[89],用來掩蓋相

---

87 辛尼松是西元前7世紀生於斯巴達的詩人,以特洛伊戰爭爲主題寫出一系列的史詩。

88 優里庇德的悲劇《腓尼基人》958行。

89 舉例來說,像是指點克里蘇斯極其著名的神讖,勸他不要渡過哈利斯(Halys)河,否則就會喪失已到手的王國;參閱希羅多德《歷史》第1卷53節;以及亞里斯多德《修辭學》第3卷5節。

互之間的關係，以及他們所關心的事項；涉入其中的人祂不會讓他們置身事外，只要能把這些事務放在心中，神明也不會故意給予誤導。如果祂認為應該另闢途徑，就不會用同樣的方式來幫助我們，要是有人不了解狀況已經改變，還要繼續抱怨或是提出不當的控訴，這種人可以說是最為愚蠢不堪。」

27　「除此以外，詩詞對語言最大的用處在於觀念的溝通，所以會與韻文產生密切的關係而且要混雜在一起，主要是有助於記憶並且保持在腦海不會遺忘。人們在重大的日子要記住很多事情，因為都已經傳送過來讓大家知道，像是對認可的地點發出登陸的信號、面對當前的情勢要採取行動[90]、越過海洋的神廟所在的位置、英雄過世後秘密埋葬的地點，還有一點我們必須知道，那個時代從希臘啟程的長距離航行很難讓後人發現。毫無疑問，你們對於圖瑟、克里廷斯(Cretines)、格尼遜克斯(Gnesiochus)、費蘭蘇斯(Phalanthus)及其他領導人物的遠征[91]，可以說是知之甚詳，這些人發現非常適當的屯墾地區，有明顯的證據能夠獲得神明的同意。」

「像是巴都斯就犯下一個錯誤[92]，因為他被迫登陸的位置不對，無法達成派遣的目標獲得所望的地區。然後他開始做第二次嘗試，結果陷入悲慘的災難之中。神明對他的請示迷津給予的答覆：

> 無人知我曾到過阿非利加，
> 贊許你有智慧往放牧之家；[93]

等於用這段話派遣他再度前往。」

「賴山德同樣弄錯奧查萊德(Orchalides)（另外有個稱呼叫作阿洛披庫斯〔Alopecus〕)[94]那座小丘和荷普萊特斯(Hoplites)那條河流的名字，才有

90　這一句可以在赫西奧德的《作品和時光》中找到。

91　這幾位英雄人物：圖瑟參加特洛伊戰爭以射術聞名於世；米勒都斯的克里廷斯是夕諾庇的建立者；麥加拉的格尼遜克斯在黑海周邊地區建立很多殖民地；費蘭蘇斯早期在義大利南部有冒險行動。

92　一份神讖吩咐巴都斯前往阿非利加建立殖民區，由於選擇的地點在島嶼上面而不是大陸，所以沒有獲得所望的成果，接受神讖的指示再度遠涉重洋；參閱希羅多德《歷史》第4卷155-157節；品達《皮同賽會頌》第5卷。

93　希羅多德《歷史》第4卷157節，已經記載這兩句詩。

94　賴山德並沒有弄錯這個名字，只是現在稱作Alopecus意為「狐丘」。

　　　轟鳴之河注視汝牢記於心，
　　　人間惡龍躡其後遽然降臨；[95]

這樣描述當時狀況的詩句。賴山德在會戰中被敵人打敗，就在該地死在尼奧考魯斯(Neochorus)的手裡，這個來自哈利阿都斯的士兵執著一面繪著龍紋的盾牌。古代像這種例子多得無法計數，很難保存在記憶之中，對於知道的情節也無須再三提醒。」

28　「就我個人的看法而論，非常滿意於當前穩固而持久的情勢，不僅受到民眾的歡迎，就是神明的關切都獲得肯定，事實上四海昇平寧靜，各地的戰爭已經停息，沒有流離失所的民眾，內部的紛爭獲得解決，結束專制和極權的統治，希臘沒有發生天災人禍，無須維持綏靖和平亂的武力。城邦不會出現複雜、秘密或恐怖的變故，所有請示的項目都是細微和普通的案件，像是學校裡面那些平常的習題：諸如婚姻大事的決定或是啓碇遠航的時間或是買賣的貸款期程；最重要的諮詢就城邦而言，不過是作物的收成、牲口數量的增加以及公共的健康和衛生。一個有抱負又要賣弄學問的人，就用修飾神讖來提升它的聲譽，像是使用韻文的形式顯得格外光彩，故意兜圈子變得含糊晦澀，插入外來語文使得回答由簡單趨向複雜。具備預言能力的女祭司仍然有高貴的性格，無論光臨任何地點都像是神明與她同在，她會小心翼翼執行職責根本不計毀譽，更不會與男士去爭個人的虛名。」

29　「或許我們也應該保有這種心情，所以才會焦急和害怕德爾斐三千年的名聲毀於一旦，會有不少人停止來此地遊歷，他們還用輕侮的態度將神讖視爲普通政客的訓誡之辭。即使對神鬼之事我們無法理解，甚或不應理解，還是要找出理由和論點，作爲抗辯和申訴的依據。我們要盡量去安撫和說服不停抱怨的人，而不是每次都將他辭退不予理會，

　　　因為他證實心中極其苦惱。[96]

95　蒲魯塔克《希臘羅馬英豪列傳》之〈賴山德傳〉29節，提到Hoplites這個字的意義是「一個重裝步兵」，所以才會在詩中出現「注視汝」這樣的話。
96　荷馬《奧德賽》第2卷190行。

如果這些人對神明抱持類似的意見，就會讚譽和接受智者銘刻此地的箴言，即
『自知之明』和『中庸之道』，因為它們是如此的簡潔，然而就牢固和穩定的觀
點而言只包容一個較小的範圍。」

　　「一般人之所以能夠挑剔神讖的內容，主要原因在於彼此的聯繫靠著簡單、
明確和坦誠的語言，有些智者的格言在某些情況之下，如同激流從狹窄的河道中
一湧而出，真是勢不可當；特別是他們不可能保持透明或半透明的論點；如果你
要研究為何他們要寫出或說到相關的格言，就會知道這些人相互之間充滿求知的
精神，而且就任何其他的題材而言，你不容易找到影響更為深遠的著作。要是提
到具備預言能力的女祭司所使用的語言，如同數學家所稱兩點之間最短的是一條
直線，所以她的語言沒有屈從、沒有扭曲、沒有疑惑、沒有支吾，完全是直言不
諱訴之真理，至於提到人們對她的信心，這方面不僅不可靠而且受制於詳細的檢
查，卻使她犯錯也不會提供有關的證據。」

　　「從另一方面來說，德爾斐這一座頒布神讖的廟宇，裡面充滿來自蠻族和希
臘的還願祭品和各種禮物，到處都是美麗的建築和裝飾，全部由組成安斐克提昂
會議的城邦供應；你還可以看到很多增加的房舍，從形式上得知都是新近修復的
成果，過去它們已經荒廢和倒塌。除了茂盛的樹林到處都是一片青蔥，就是位於
郊區的皮立亞[97] 隨著德爾斐欣欣向榮，當地的民眾從同一來源獲得他們的生計。
因為德爾斐所發揮的影響力，使得它的神廟、會議場所和用水供應，都能建立一
種穩固的模式和裝飾，這些還不過是最近一千年的事。」

　　「他們住在皮奧夏的蓋拉克西姆（Galaxium）附近地區，發覺神明已經降臨，
所持的理由是流出大量而且過剩的牛奶[98]：

　　　全部來自成群母牛的奶房，
　　　噴出有如湧泉的水聲激盪。
　　　擠奶器已發出悅耳的音響，
　　　男女老少全都忙亂和慌張。
　　　趕快倒進家中的木桶陶缸，
　　　或是裝滿到手的瓶瓶罐罐。

97　皮立亞位於前往克瑞薩（Crisa）的道路旁，安斐克提昂聯盟在此地建立一個會議廳。
98　參閱貝爾克《希臘抒情詩集》第3卷〈Adesp篇〉719頁No.90；克里斯特《品達的吉光片
　　羽》No.101-102。

早年的一場乾旱帶來田園的荒蕪和人民的貧困，後來才發生這種狀況；然而神明認同更爲清晰、確切和明白的證據，能夠給我們帶來富裕、光彩和榮譽，並非賜與牛奶這種小事。」

「我非常樂於與波利克拉底和佩特里烏斯(Petraeus)[99]合作，盡我最大努力幫助這個地區的人民，同時我要請城邦的領導人物，運用他的職權擬定計畫完成他的任務[100]。如果神明不能親自降臨用祂的神讖給予啟示和引導，要想靠著人類的勤勉在短期內產生重大的改變，這幾乎是不可能的事。」

30 「過去的人民抱怨神讖的模稜兩可和曖昧含糊，時至今日，他們對於神的指示過於簡略提出不當的控訴。這種心態可說幼稚而愚蠢，事實上兒童看到彩虹、日暈和彗星較之看到太陽和月亮，感到更爲高興和滿足。所以人們會渴望謎語、寓言和隱喻，反映預言和占卜的技巧和方法，完全是人類的想像力所發揮的作用。如果改變的理由無法保證使得他們感到滿意，便會做出宣布反對神明的裁決。至於提到人類沒有能力去理解神明的意圖，卻對自己抱著寬容和放任的態度。」

99　這兩個人都是蒲魯塔克的朋友，成為〈會飲篇〉中參與討論的主要人物。
100　這部分在抄本中發生脫漏，經過訂正它的本意可以明確的表達。

第三十章
神讖的式微

參加談話的人員：蘭普瑞阿斯、德米特流斯、克里奧布羅都斯、阿蒙紐斯、菲利浦、迪第穆斯和赫拉克列昂。

1 尊貴的特倫久斯·普里斯庫斯(Terentius Priscus)，有個傳說提到老鷹或天鵝，從地球遙遠的邊陲飛向中央，最後相遇於德爾斐的阿波羅神廟的半圓形祭壇[1]。過了若干年以後，菲斯都斯(Phaestus)的伊庇米尼德(Epimenides)，為了證實這個傳說是確有其事，提到與這件事有關的阿波羅，還接受一份晦澀難懂的神讖：

> 須知地面或海洋都沒有中心，
> 神明會在凡人當中隱藏身分。[2]

像是神明拒絕他調查一件古老神話的意圖，何況只能從一幅畫中獲得相當的證據。

2 凱利斯特拉都斯在職的時候[3]，四年一度的阿波羅運動會舉行之前，兩位深受尊敬的人士來自地球上面相對的位置，機緣湊巧在德爾斐相遇。文法學家德米特流斯離開旅行的終點不列顛，正在返回家鄉塔蘇斯的途中[4]。斯

---

1 要想找到這個傳說的有關資料，可以參閱法蘭茲(Frazer)《鮑薩尼阿斯》(*Pausanias*)第5卷315頁。

2 伊庇米尼德生於克里特的菲斯都斯，擁有祭司的身分，也是知名的預言家，有人把他列入希臘七賢之一；這首詩參閱狄爾斯《哲理詩殘卷》第2卷〈伊庇米尼德篇〉191頁No.A11。

3 凱利斯特拉都斯是德爾斐一位行政官員，他的任職是83-84 A. D.。

4 不列顛處於帝國的西陲，塔蘇斯在小亞細亞的東部，西里西亞的一個城市；兩者的距離有三千英里，一個文法學家何以進行如此長途的旅行，甚至要到不列顛落後的蠻荒區域，真是讓

巴達的克里奧布羅都斯多次前往埃及和洞窟居民之地去遊歷，曾經在波斯灣上面航行；他的旅遊不是爲了做生意，完全是喜歡看到新奇的事物和獲得地理的知識；他有相當的財富，在生活方面已經感到滿足，要運用充分的閒暇去尋求所望的企圖。如同他一向堅持的做法，將蒐集的歷史當成哲學的基礎，要來達到神學的最後目標。

他最近到過阿蒙神廟，直率表示對大部分事物都沒有特殊的印象，其中祭司提到一盞長明燈的問題，他覺得可以深入的思索一下。所持的說法是這盞燈每年消耗的油量愈來愈少，他們從而可以獲得年度的時間不相等的證據，那就是消耗的減少在於時間的縮短，後續年度較之以往過得更加快速。

3 與會人員對這種說法感到驚奇，德米特流斯立即表示意見，根據微不足道的諸元推斷出極其重大的結論，真是一件很荒謬的事，豈不是如同阿爾西烏斯所說「憑著一根腳爪就能畫出一頭獅子」[5]。現在他們要將數學的運算扔在一邊，僅靠一盞燈和它的燈芯，就能假設天體的運行和宇宙的變化。

克里奧布羅都斯說道：「你提到的問題都不會給那些祭司帶來困擾，要知道他們並不相信數學家會有更精確的數據；固定時間之內燈油的用量，只要有任何異常的變化，都逃不過使用者嚴密的注意，不像天體的運行要經過遙遠的距離，實在難以用數學的方式給予計算。德米特流斯，除了文史方面不要產生因小失大的謬誤之外，其他學門經由事實的證據和相關的徵兆，還是可以讓我們獲得同樣的結果。現在你這個人卻向世人展現所持的觀點，任何事情因爲渺小就不重要：古代的英雄用一把鋒利的刀刮乾淨身上的毛髮，所以你們在荷馬的作品裡面，會見到『剃刀』[6]這個字；或許他們爲了利息將錢借出去，由於荷馬在某個地方提到『欠債未還，愈久愈多』這句話，於是將『未還』的字義解釋爲『累積』。」[7]

「還有就是荷馬說起夜晚的時刻是如此的『快速』[8]，你對採用這種表達方式感到非常滿足，並且說它的含義是：可以將地球投射的陰影看成圓錐體，因爲

（續）————————————

人感到不可思議。

5 貝爾克《希臘抒情詩集》第3卷〈阿爾西烏斯篇〉184頁No.113。

6 荷馬《伊利亞德》第10卷173行；他的命運像置於鋒利的「剃刀」之下。

7 荷馬《奧德賽》第3卷367-368行；清晨我要趕赴心豪氣壯的考科奈斯人營地，他們欠我一筆拖延多時為數可觀的「債務」。

8 荷馬《伊利亞德》第10卷394行就是最好的例子：「疾馳」的駿馬連同閃耀銅光的戰車；可以參閱本書第62章〈論月球的表面〉6節，提到夜色的來臨何其「迅速」。

是由一個球體所形成；醫學基於這種概念可以預報瘟疫流行的夏季，可見的徵兆是出現很多蜘蛛網，或者無花果樹的葉子在發芽的時候，形狀看起來像是烏鴉的腳。須知見微知著合乎自然之道，否則還有誰敢接受挑戰，說是細小的事項不會產生重大的結局？誰能耐住性子用升斗衡量太陽巨大的體積？日晷能用它的陰影在平面投下的銳角計算時間，那又何必非要在地平線上測量高高豎起可見的旗桿？我們認定太陽自太古以來，始終繞著固定的軌跡運行不變，有人從預言靈驗的廟宇聽到祭司持這樣的說法，所以大家才會提出異議要求答辯。」

4 哲學家阿蒙紐斯正好在場，他表示意見說道：「不僅太陽，就是整個天體全都如此。根據數學家的計算，太陽的軌道從夏至到冬至是必然的路徑，運行的距離變得更短，不必繼續經由天球黃道更大的範圍，這樣就會使得天體靠近北半球，對於南半球而言，進行縮短行程的運動成為持續要求達成的目標。因此我們的夏季變得更短而且溫度會降低，由於太陽的轉向局限在狹小的範圍之內，到達至點以後接觸到更少的緯度圈。還有就是悉尼（Syene）[9]可以觀察到特殊的現象，夏至那天日晷上面豎立的標竿不會投下陰影，從過去的經驗得知這是必然的事理。」

「很多固定不動的星球沉到地平線的下面，有些彼此會發生接觸，或者變得合併在一起，像是使得它們保持分離的空間已經消失無蹤跡可尋；如果他們斷言太陽展現出不規律的運動，這時其他的天體都沒有任何改變，表示他們沒有能力說明何以會加速的成因，唯有這樣才會使得太陽與其他天體有所不同。他們幾乎會將整個天體力學陷入混亂之中，提到月球更是如此，從而他們無需量取燈油的消耗用來證明時間的差異。實在說，日蝕或月蝕可以證明此類問題，太陽將月亮的陰影投射在地球上面造成日蝕，要是將地球的陰影投射在月亮上面就會造成月蝕。從其他的事實可以更清楚了解整個狀況，在討論當中無須進一步揭露不實陳述的細節。」

克里奧布羅都斯說道：「我曾經看到這種量測的方式，他們經常當眾示範以求公信，只是去年發生失誤的現象，好像與以往有很大的歲差。」

阿蒙紐斯的發言等於是再度引起爭論，他說道：「這些現象能夠逃過其他人員的注意是不爭的事實，他們心中始終希望有不會熄滅的火，所以得到無限的稱

9 悉尼的位置正好在北回歸線上；伊拉托昔尼斯在西元前3世紀就已經發覺這個現象，還能用來測出地球的周長；參閱克里奧米德（Cleomedes）《論天體的圓周運動》（*On the Circular Movement of Heavenly Bodies*）第1卷10節，敘述伊拉托昔尼斯運用的計算方法。

呼，難道只是能夠多活幾年的期間而已？火焰之所以微弱無力的成因歸咎於寒冷
或空氣含有水分，這種說法不夠周延，同樣還是讓人無法接納，也不可能給予必
要的支持，即使假設這方面的記載非常真實又能如何？或者恰恰相反，我們怎麼
能夠將原因怪罪到氣候的乾燥和炎熱？事實上，在這之前我曾聽到人們提及這些
與火有關的狀況，燃燒最好的季節是在冬天[10]，寒冷可以加強空氣的衝擊和壓
縮，雖然處於溫暖之中，乾燥使得火的力量變得衰弱，因而喪失空氣的密度和張
力，由於控制燃料不讓它發出能量，所以消耗的過程變得非常緩慢。」

「最合理的說法是問題出在燈油本身，古代獲得的油料產於樹齡較低的橄欖
果實，其中含有不能燃燒的物質和水分。目前的收成來自完全成長的樹木，經過
壓榨可以大量獲得，能夠供應更好的燃料。阿蒙神廟的神職人員還是維持以往的
說法，根本不管整個事實已經有很大的變化。」

5 等到阿蒙紐斯停止講話以後，我說道：「克里奧布羅都斯，你是否可以
將有關神讖的事告訴我們？它在古代的名聲響亮能發揮很大的影響力，
到了當前這個時代像是銷聲匿跡毫無作為。」

克里奧布羅都斯不願回答，表情顯出沒有興趣的樣子，德米特流斯說道：
「我們看到德爾斐的神讖除了少數幾份留下，幾乎都已消失不見，所以對這方面
的事務無須查詢也不必提出任何問題，倒是可以深入思考為何會變得一蹶不振。
過去的皮奧夏因為神讖的關係，要說幾種不同的方言，像是洪水氾濫一樣將預言
散布到整個地面，然而現在的神讖完全喪失它的功能，對於這種狀況還有什麼地
方值得去向別人訴苦呢？現在的皮奧夏除了勒巴迪亞[11]一帶可以找到預言的來
源，其餘地區保持沉默到毫無聲息的程度。」

「然而在波斯戰爭那個時代，很多神讖獲得名聞遐邇的聲譽。優羅帕斯的邁
斯（Mys）[12]分別向托姆（Ptoum）山[13]的阿波羅神廟以及奧羅帕斯（Oropus）[14]的安

10　參閱赫西奧德《作品與時光》559行，注釋有蒲魯塔克對它的評論。

11　勒巴迪亞是皮奧夏一個市鎮，以它的奠基者是勒巴杜斯而得名，也是獲得特羅弗紐斯神讖的
　　地點。

12　奧羅帕斯是小亞細亞一個城市，位於卡里亞地區，它的僭主在波斯戰爭期間，派人求取特羅
　　弗紐斯神讖指點迷津。

13　托姆山位於皮奧夏地區，建有一座阿波羅神廟以神讖靈驗知名於世，而且阿波羅還用這座山
　　的名字當作祂的頭銜。

14　奧羅帕斯是位於阿提卡和皮奧夏邊界的小鎮；安菲阿勞斯是亞哥斯的預言家，死於底比斯的
　　起義行動，後來在奧羅帕斯為他建一座神廟，求得的神讖非常靈驗。

菲阿勞斯神廟求取神讖，發現兩者的靈驗相當程度是不分軒輊[15]。這些職掌預言可以口述神讖的祭司，過去習慣使用伊奧利亞[16]的方言，好像他們的舉止與蠻族相比沒有多大差別，對於說出的神讖倒是不會引起誤會，只有邁斯本人認為具備預言能力的祭司，都不能像是蠻族那樣說話，應該運用獲得靈感支配的語言，所以接受希臘語作為表達的工具，從而可以發揮更大的說服能力。」[17]

「邁斯派遣他的寵臣前往安菲阿勞斯神廟[18]求取神示，睡夢之中神明的僕從出來顯靈，開始口頭表示神明目前不在要來人趕快離開，接著用手想將派來的寵臣推出去，這位使者還是堅持不為所動，神明的僕從就拿一塊大石頭將他的頭打破。後來發生的狀況與夢境完全吻合，領導希臘人打敗瑪多紐斯的並不是一位國王，斯巴達的鮑薩尼阿斯曾經擔任過國王的衛士和副將[19]；瑪多紐斯在戰場被石塊擊斃，如同利底亞人在夢中經歷的事故。」

「特基里（Tegyrae）[20]的神讖在那個時代風靡整個希臘，傳統的說法認定此處是阿波羅的出生地，兩條小溪在神廟附近流過，直到今天居民還將一條稱為『棕櫚』，另一條稱為『橄欖』[21]。愛奇克拉底（Echecrates）在波斯戰爭期間是職掌預言的祭司，神明的指示希臘人在戰爭中獲得勝利，建立前所未有的強大勢力；據說到了發生伯羅奔尼撒戰爭，提洛的人民被逐出原來居住的島嶼，這時獲得來自德爾斐的神讖，要他們找到阿波羅的出生之處，並且在該地向神明獻祭[22]。這時他們覺得非常驚異就到德爾斐打聽詳情，說是僅僅知道神明沒有在島上誕生，必定在大陸上面某個地方，職掌預言的祭司告訴他們說是另外有份神讖提到，一條母牛會指出明確的位置。」

15　手抄本顯示這一段有多處脫漏和謬誤，有的地方可以依據希羅多德《歷史》第8卷133-135節加以校正；蒲魯塔克在《希臘羅馬英豪列傳》之〈亞里斯泰德傳〉19節，以無法解釋的理由，提到勒巴迪亞附近一個名叫特羅弗紐斯的洞窟，從那裡獲得神讖的指示；鮑薩尼阿斯《希臘風土誌》第9卷23節，敘述的狀況也是如出一轍。

16　伊奧利亞是位於帖沙利地區的城市，該地的民風非常強悍。

17　參閱蒲魯塔克《希臘羅馬英豪列傳》之〈提米斯托克利傳〉6節和〈馬可斯‧加圖傳〉23節。

18　安菲阿勞斯神廟只能得到心靈溝通的神讖，來人要在聖地過夜，入睡以後在夢中接受神明指點迷津；沒有職掌預言的女祭司給予語言的宣示，更不可能形諸文字。

19　鮑薩尼阿斯是斯巴達的攝政，也是李奧尼達斯之子普萊斯塔克斯的監護人；希臘聯軍在他的指揮之下，於479 B.C.的普拉提亞會戰擊敗瑪多紐斯的波斯大軍。

20　特基里是皮奧夏地區一個市鎮，該地的神讖極其有名，雖然說它是阿波羅的出生地，還有人認為祂和阿米特斯都生於提洛島。

21　蒲魯塔克在《希臘羅馬英豪列傳》之〈佩洛披達斯傳〉16節，對於特基里的狀況提供很多信息。

22　這件事發生於421 B.C.，參閱修昔底德《伯羅奔尼撒戰爭史》第5卷1節。

「他們離開以後抵達奇羅尼亞，聽到客棧的女老闆正好與前往特基里的外鄉客談起神讖的事，就在這批人離開與婦人告別之際，對她的稱呼用的名字是『母牛』。於是提洛人立刻明瞭神讖的意思，馬上趕赴特基里向神明奉獻犧牲，沒有多久，果然能夠如願返回故土。過去還有一些神讖更加靈驗，只是現在這種情況不再存在，看來最好的辦法是進入神明居住的內院，探索所以發生改變的原因。」

6 我們離開神廟繼續向前走去，不過片刻工夫來到尼杜斯會館[23] 的門口，進入以後看到一些朋友坐在那裡等候，他們事先知道我們會來。這個時刻大家保持肅穆，好像在接受按摩或是參觀運動員的競賽。沒多久德米特流斯帶著微笑說道：「『我該對你們講些騙人的話還是開誠布公說清楚？』[24] 你們看起來一副悠閒的樣子，神色是那樣的平靜，好像沒有什麼事可以放在心上。」

麥加拉的赫拉克列昂（Heracleon）說道：「你講的話很有道理，我們之所以不願追根究柢，那是因為動詞『投擲』[25] 原來有兩個希臘字母 λ，其中一個在『未來時態』中失去；像是形容詞的比較級『很壞』和『很好』以及最高級『最壞』和『最好』的形式，並非來自這個字的原級或尋常級；由於這些問題以及類似的困難，使得我們要面對無法解釋的字句，至於其他人可能運用哲學的要旨加以驗證，這樣一來無須皺起眉頭，保持低調的調查不會引來嚴厲的眼光，更不會傷到大家的感情」。

德米特流斯說道：「那麼就請同意我們加入大家的談話，正好有個題目可以拿出來共同討論，某人剛剛提到與神明有關的地點，各位當然會有興趣，要想就這方面大力抨擊，特別小心不要讓人感到心懷不滿。」

7 我們在加入討論的團體當中坐了下來，德米特流斯就把問題擺到大家的面前；綽號普拉尼蒂阿德（Planetiades）的犬儒學派人士迪第穆斯立即跳了起來，用手杖擊打地面二、三次，大聲說道：「哎呀！你竟然帶來這麼難以決定的事情，何況還需要深入的調查和研究。令人感到驚異之處要將極其邪惡的風氣在地球上面傳播，如同赫西奧德很久以前所說的那樣[26]，基於謙遜之神

23 會館的位置在聖地的東北角，現在還可以見到它的遺址。
24 荷馬《奧德賽》第4卷140行。
25 希臘文的「投擲」；現在時態是βαλλω，未來時態是βαλω。
26 赫西奧德《作品與時光》199行。

（Modesty）和義憤之神（Righteous Indignation）的要求，將人類的生命置之不理，
還要根據『天意』將所有的神讖集聚起來，好讓它們從每一個地點銷聲匿跡！」

　　「我的看法與他們恰恰相反，特別建議你要討論爲什麼會出現這種狀況，那
就是德爾斐不再頒布神讖，海克力斯再次不願將三腳鼎掌握在手中，即使其他的
神明也都如此，因爲神鼎上面長久以來刻滿恥辱和褻瀆的問題，全都是無知的人
類向神明提出；有些是要考驗他的能力，好像他的智慧完全出於炫耀和虛憍，同
時還有些人提到財富、繼承或非法婚姻之類的問題。過去畢達哥拉斯斷言人類接
近神明會呈現最好的善行[27]，現在證明完全不是那麼一回事。靈魂的弊端和所流
露的情感，當著一位老人的面前有助於否認和掩飾，卻完全赤裸裸暴露在神明的
注視之下。」

　　迪第穆斯還想要多說一些，赫拉克列昂立即緊抓他的披風不放，因我與迪第
穆斯很熟，於是說道：「普拉尼蒂阿德大人，不要再說激怒神明的話，阿波羅的
性格善良而且溫和，正如品達所說的那樣：

> 祂的心地充滿仁慈以及憐憫，
> 始終對人類的惡行網開一面。[28]

你是否可以將祂當成太陽，或許祂就是太陽的領主和父親，更是超越我們視界之
上的神明；我們不應抱持某些人的看法，說是祂雖然對世人的出身、性格、生存
和思想，擁有莫大的權勢和責任，處於當今這個時代拒絕再向民衆口吐眞言，因
爲他們不配接受祂的恩典。」

　　「同樣我們不能有這種觀念，認爲『天意』如同慈祥的母親，會爲我們安排
每件事情，獲得最大的幫助和照應，然而現在卻對預言產生反感，開始之際賜給
我們的東西現在要將它拿走，那是因爲惡人的數量急遽增加，不像古老的時代沒
有那麼多的壞蛋，所以才會在這個有人居住的世界上面，從很多個地點頒布神
讖。來吧，請坐下來，加入我們爲神讖的式微找出更多的理由，你已經習慣於每
天的口誅筆伐，爲了保持神明的顏面，現在可以訂下『皮同休戰協議』（Pythian
truce）[29]，不再對祂肆意謾罵。」我說這番話產生的效果，就是普拉尼蒂阿德不發

27　參閱本書第14章〈迷信〉9節。

28　參閱本書第28章〈德爾斐的E字母〉21節，第74章〈伊庇鳩魯不可能過快樂的生活〉22節；
　　克里斯特《品達的吉光片羽》No.149。

29　皮同是阿波羅殺死的巨蛇，爲了紀念這件大事，每四年要在德爾斐舉行皮同賽會，主要內容

一語奪門而出。

8 混亂的狀況平靜下來，阿蒙紐斯對我說道：「看看我們做的好事，蘭普瑞阿斯，將你的想法全部集中在我們的題目上面，那麼我們就會讓阿波羅擺脫應盡的責任。事實上普拉尼蒂阿德應該保持明確的信念，神讖的式微因而喪失應有的功能，並非出於神明的意願而是有其他的原因，雖然在很多方面會讓人產生疑惑，他應該相信這些原因的出現和延續不是神明的主意。阿波羅創造預言的能力，不會存在更大的力量或權勢，能夠將它廢除或消滅。我不會贊同普拉尼蒂阿德的論點，提出的理由當中有一項是神明的創造會自相矛盾，一方面要遠離邪惡並且否認與它有任何關聯，另一方面卻對邪惡來到現場表示歡迎；如同那些口是心非的國王或僭主，他們表面上會讓小人奸臣吃閉門羹，同時又與他們密切交往。」

「神明的所作所為具備的特質無非是節制、適當、中庸和知足。如果任何人要拿事實作為討論的起點，那麼希臘人可以斷言，他們目前所以會人口大量衰減，在於遍及整個居住地區的內亂和戰爭；時至今日整個希臘要想集結三千人馬都很困難，想當年僅僅麥加拉一個城市，就可以派遣同樣數量的軍隊參加普拉提亞會戰[30]（神明所以不再頒布那樣多的神讖，具體而言與希臘的沒落有很大的關係），一個人能夠給予如此確鑿的證據，表示他不僅理由充分而且極有見識。」

「要說能在特基里或托姆獲得神讖的最大好處，難道竟會是在一天某個時刻遇到老實人正在放牧他的羊群？有關德爾斐頒布的神讖，不僅年代極其古老而且名聲極其響亮，人們在很久以前就有這樣的記載，由於出現很凶狠的怪物一條大蛇，使得神聖的地點變得荒蕪而且很難接近。他們沒有對於位置的不佳做出正確的解釋，反而採取倒果為因的說法；事實上是地點的偏僻才會吸引怪物的盤據，並不是怪物的盤據使這個地點變得更加偏僻。」

「等到希臘人達成神明的願望，城邦的實力變得更為強大，就是此地全都擠滿人民，他們通常會運用兩位具備預言能力的女祭司，輪流負起頒布神讖的職責，同時還指派第三位作為預備。今天只要有一位女祭司就能滿足大家的需要，我們也不會抱怨人手不足。因之沒有道理要去怪罪神明，預言技術的運用一直延續到當前的時代，在各方面都已達成圓滿的境地，能夠派人將神讖送往遠處履行

（續）────────────────

是運動大會和各種文藝音樂競賽，賽會期間整個希臘世界都要遵守神聖的休戰協議。
30　參閱希羅多德《歷史》第9卷21節和28節。

各種使命。」

「舉例來說，阿格曼儂雖然用了九個傳令官，參加會議的人數太多還是難以保持秩序[31]；幾天之前在德爾斐的劇院當中，你可以看到只要一個人說話，就會清晰傳到每位觀眾的耳中。因此在往昔光輝的日子裡面，同樣要用更多聲音將預言說給更多的人民聆聽。今天的狀況已經是背道而馳，即使神明承認祂的預言像是毫無作用的水聲，或者如同不毛之地的牧羊人和群眾發出的喊叫在岩石反射的回音，看來也沒有什麼可怪之處。」

9 阿蒙紐斯講完以後，我仍舊保持沉默，克里奧布羅都斯對著我說道：「看來你已經認同他提出的觀點，神明不但創造有預言能力的廟宇，最後還將它們一一摧毀殆盡。」

我說道：「這種看法並不正確。就我的意見來說，具備預言的廟宇或是神讖遭到廢止，並非神明將它們當成用後即可拋棄的工具。祂為我們創造和供應很多的事物，其中有些出於自然的作用，落入毀滅和瓦解的結局。或許神明運用更具潛力的器械，創造的初期就已加入絕滅的性質和成因，使得它的本身具備分崩離析的能量，經常會很快轉變到後果可悲的狀況。我認為這種情勢繼續下去，接踵而至的時期是預言代理人的殞滅和革除。神明給人類帶來無數美好的事物，絕沒有一樣可以永存不朽，如同索福克利一針見血指出[32]，『萬古長存的神明創造的事物難逃覆滅的命運』。」

「那些已經臨場又擁有權勢的智者，告訴我們要去探索『自然的道理』和『事物的本質』，從而可以很清楚看出，原始的影響力是為『神』所保留，這是非常正確的做法。有些人認為神明運用的方式如同腹語者（通常我們會將這種藝人稱為優里克利〔Eurycles〕[33]，現在使用的名字是皮索尼斯〔Pythones〕），將祂的預言放進祭司的身體，接著鼓勵他們大膽的發言，將他們的嘴巴和聲音當成宣導的工具。要是神明涉入人們的需求之中，等於是在揮霍祂的權勢，不再擁有超然和神聖的優越地位。」

31　荷馬《伊利亞德》第2卷96行。

32　參閱瑙克《希臘悲劇殘本》之〈索福克利篇〉311頁No.766；同樣的觀點可見於他的悲劇《伊底帕斯在科洛努斯》607行。

33　優里克利是當時極其出名的腹語家；參閱柏拉圖《智者篇》252C，亞里斯托法尼斯的喜劇《黃蜂》（Wasps）1019行，以及所附的注釋。

10 克里奧布羅都斯說道：「你講得很對，由於很難明瞭『天意』應該
運用何種方式或是界定在那些範圍之內，只能將它視爲一種原動
力，因而有人認爲神明無須負任何責任，還有人要祂盡所有的義務，看來不同的
觀點都能表達適切而富於節制的作爲。那些將這件事處理得很好的人士，提到柏
拉圖就說他有偉大的發現[34]，構成宇宙的元素卻包含所有原創的特質，現在稱之
爲『事物』和『種類』，從而可以擺脫其他哲學家帶來繁多而巨大的困擾。」

「然而就我個人的看法，認爲這些人已經解決最大的困惑，他們將『半神』
這個集團放在神明和人類之間，同時發現有一種力量將祂們聯合起來，這種方式
如同我們常用的同伴關係，是否相應的規則來自瑣羅亞斯德爲智者所制定的儀
式，或者可使色雷斯人回憶奧菲烏斯快樂的往事，或者出自埃及人或弗里基亞
人，由於這兩個區域的儀式，死亡和哀悼方面有很多地方發生關聯，讓我們看到
以後產生推論，認爲兩者的祭典完全混雜起來，舉行的時候是如此的狂熱。然而
在希臘人裡面，荷馬經常會將神明當成半神來稱呼，也可以說兩者的名字可以通
用。赫西奧德最早將有理性的生物很明顯的區分爲四種類型[35]：即神明、半神、
英雄以及按照次序最後是凡人。可以明顯看出，後續的狀況是他設定變形的條
件，高貴的家族經過選擇進入神明的行列，有些半神受到貶抑當成英雄看待。」

「遵照類似的模式爲肉體和靈魂的變形設定其他的條件，取決的方法像是水
的來源出於土，氣出於水，火出於氣，如同它們的實質逐步向上提升，因而從凡
人到英雄以及從英雄到半神，較優的靈魂能夠獲得不同凡響的變形。可見從半神
算起仍有少數靈魂居有優勢的地位，到達以後經過很長時間的淨化過程，能夠完
全分享神明的特質。這些靈魂當中有些已經合乎資格，由於欠缺自我控制的力
量，不能維持現有的地位，屈從於外在的誘惑，再度進入會腐朽的肉體，過著暗
淡無光的生活，很快會像薄霧或蒸氣一樣從晴空當中消失。」

11 「赫西奧德認爲歲月的流逝與半神的終結有關，奈阿德（Naiad）用
下面的詩句表示一段很長的時期[36]：

---

34 例如柏拉圖《泰密烏斯篇》48E及後續各段。

35 赫西奧德《作品與時光》122行，注釋有蒲魯塔克對它的評論；以及本書第28章〈德爾斐的
E字母〉13節。

36 參閱查克（Rzach）《赫西奧德殘卷》No.183；奧索紐斯（Ausonius）的拉丁文譯本93頁；以及
本書第66章〈野獸都有理性〉5節；馬修（Martial）《詩集》第10卷67行。

> 嘶啞的烏鴉可以孵卵達九年，
> 人類的生殖期是烏鴉的四倍；[37]
> 紅鹿的壽命如同人類生殖期，
> 渡鳥在世能夠活到鹿的三倍；
> 老斐尼克斯的生命何其冗長，[38]
> 歷經征戰時間是渡鳥的九倍；
> 寧芙是天神宙斯的美麗女兒，
> 優游人間超過斐尼克斯卜倍。

這裡提到的繁殖或孵卵都是以『年』爲單位，人類的生殖期大約是三十六年，從而推算這些精靈在世的期間長達九千七百二十年[39]之久，雖然比起數學家認定的時間要短，較之於品達的說法要長很多，因爲他描述寧芙的生命

> 活在世上如高聳齊天的古樹，[40]

因爲這個緣故所以他將某些精靈稱爲『木魅』（Hamadryads）。」

　　就在他還要繼續講下去的時候，德米特流斯插嘴說道：「克里奧布羅都斯，你認爲一個生殖期應該是多少年才對？這種算法按照本文既不是『已經成年』也不是『精力未衰』，所以得到三十六年的數據。有些人認爲要按『精力未衰』來算，所以『一個世代』或『一個生殖期』是三十年，赫拉克萊都斯就持這種主張[41]，說是這段期間能讓一位父親有了兒子，還可以使他的兒子成爲父親。有人情願寫成『已經成年』而不是『精力未衰』，這樣就可以指定一個世代的時間是一百零八年，他們抱持的說法是人類年齡的中期，最大的限度是五十四年，這個總數來自下面七個數字的和：第一個數字、頭兩個平面的乘積、頭兩個平方，和頭兩個立方，得到的總數是五十四[42]；也可以在柏拉圖的《靈魂的出生》（*Generation of*

37　亞里斯托法尼斯的喜劇《鳥群》609行。

38　這裡提到的斐尼克斯是阿明托的兒子，也是阿奇里斯的師傅。

39　這個數字來自9×4×3×9×10＝9720。

40　克里斯特《品達的吉光片羽》No.165；本書第50章〈愛的對話〉15節再次引用。

41　參閱狄爾斯《哲理詩殘卷》第1卷〈赫拉克萊都斯篇〉76頁No.A19。

42　第一個數字是1；頭兩個平面的乘積分別是1×2和1×3；頭兩個平方分別是2×2和3×3；頭兩個立方分別是2×2×2和3×3×3；總和＝1＋(1×2＋1×3)＋(2×2＋3×3)＋(2×2×2＋3×3×3)＝1＋5＋13＋35＝54。

the Soul)[43] 一書中查到。赫西奧德曾經敘述整個事件的來龍去脈，好像拿『大火』做藉口，所用的參考資料全都焚毀，還說隨著所有液體的消失使得寧芙面臨滅絕的命運，因為這些精靈

> 居住所在是乃水木清華之地。」[44]

12 克里奧布羅都斯說道：「不錯，我從很多人那裡聽到這回事，同時我也提到斯多噶學派的『大火』，是用赫拉克萊都斯和奧菲烏斯的詩文作為燃料，還會吞噬赫西奧德的著作。只是我無法容忍用這種方式談論宇宙的毀滅，等於提醒我知道這幾乎是不可能的事，特別說起烏鴉和紅鹿的年齡，如此誇張真是過分任性而為。『季節和地球使得萬物生長』[45] 的起始和終結，不能包括在一年之內，稱之為『世代交替』難道就能夠自外於人類的經驗？其實你也同意赫西奧德的說法，世代交替的意思是指一個人的一生，難道不是這樣的嗎？」

德米特流斯說道：「這話很對。」

克里奧布羅都斯說道：「事實非常明顯，如同使用的度量衡都有同樣的名稱，像是吉耳、夸特、加侖和蒲式耳[46]；同樣我們稱呼數字的單位，要從最小的數或第一個數開始，因此我們會用年做單位來度量人的壽命；赫西奧德卻用另外的方式稱之為一個『世代』。前面提到九千七百二十這個數字具有極其重要而突出的性質，這是與生俱有絕非人力所為，它的產生來自前四個數字的和乘以四[47]或十乘以四，得到四十再乘以三的五次方[48]，就可以獲得這個非常特別的數字。有關這個問題我們無須對德米特流斯持否定的態度。」

「基於事實的考量，如果半神或英雄的靈魂在某個時期之內，想要改變他們

43　參閱柏拉圖《泰密烏斯篇》34C-35A。

44　荷馬《伊利亞德》第20卷8-9行。

45　參閱狄爾斯《哲理詩殘卷》第1卷〈赫拉克萊都斯篇〉97頁No.B100。

46　這裡的容量單位都是英制，古代的希臘使用的單位是1 kyathos＝0.4公升；
　　　1.5 kyathoi＝1 oxybathon；
　　　3 kyathoi＝1 hemikotylion；
　　　6 kyathoi＝1 kotyle；
　　　6 kyathoi＝1 tryblion或hemina

47　$(1＋2＋3＋4)×4＝10×4＝40$

48　$40×(3×3×3×3×3)＝40×243＝9720$

的生命予以延長或縮短，對於他們的命運做出決定或不加理會，就他們的欲望而言，我們獲得很多的證據，古代的狀況更可以加強我們的認知。在若干局限的範圍內，神明和人類之間存在某些特質，能夠感受到情緒的波動和下意識的改變；使得我們能像祖先那樣稱呼半神的名字，對他們保持崇敬之心，這也是理所當然的事。」

13 「色諾克拉底是柏拉圖相互切磋學術的朋友，對於這個問題就三角形的圖形作為例子加以說明：等邊三角形可以比擬神明的本質，人類可以視為不等邊三角形，半神就是等腰三角形；第一個是所有邊全都相等，第二個全部不等，第三個部分相等部分不等，如同半神的屬性在於具備人類的情感和神明的權勢。這種性質可以置於理解和感受的印象之內，具備的外觀使之能夠有目共睹，像是太陽和星球之於神明，以及光束、彗星和流星之於凡夫俗子，大可用來與優里庇德的詩句做一比較：

> 昨日之日擁有強健充沛體魄，
> 今日之日卻像星球從天墮落，
> 亡故的靈性消失於無邊荒漠。」[49]

「有一個天體的性質複雜非常類同半神就是月球，人們看到它恆常保持變化的周期[50]，不斷出現月盈和月虧的狀況，有人稱呼它是一個類地球的星體，也有人認為它是一個類星體的地球，或者說它是赫克特的領地，這位冥府女神半屬人間半屬天國。要是取走和排除地球和月球兩者當中的氣體，就會產生一個虛無而不相連接的空間，聯合和穩定的宇宙就會趨向崩潰；很像有些人非要我們拒絕認同半神這個族類，運用不予『解釋和說明』的方式，如同柏拉圖的做法[51]，就說半神與神明和人類不相容，從而除去雙方之間的關係。或許是這些半神逼得我們陷入混亂的處境，這樣一來要我們將神明帶入人類的情感和行動，就像帖沙利的婦女說她們是要將月亮拉下來一樣，我們也要把神明拖進我們的需要之中。」

「赫吉托的女兒阿格勞妮絲精通天文學，經常在月蝕發生之前大吹法螺，說

49　參閱瑞克《希臘悲劇殘本》之〈優里庇德篇〉674頁No.971；蒲魯塔克在本書第74章〈伊庇鳩魯不可能過快樂的生活〉5節再度引用。

50　參閱本書第27章〈埃及的神：艾希斯和奧塞里斯〉26節，引用伊姆皮多克利的詩句。

51　參閱柏拉圖《國家篇》260D和《會飲篇》202E。

她可以蠱惑明亮的星球,然後叫它走下來消失在天空[52],這種像是竊賊的欺騙手法,在婦女當中獲得她們的輕信。至於對我們而言,不應該聽從有人認為神讖並未獲得神明的啓示,或者是宗教的祭典和神秘的儀式並未受到祂的關照;在另一方面我們不要認為神明不會參與這些祭典,或是不願出力給予指導。我們就像是神明的僕從和屬員,只要我們將所有的事務託付給祂,就會引領我們走上正道。我們在為神明舉行神聖儀式的時候,讓大家相信半神成為神秘祭典的護衛和發起人;由於參加的人員當中有的以傲慢的報復者自居,這是不公正的案件造成的悲慘後果。」

「赫西奧德用感激的言辭提到某些人,如同

　　財富的賜與者深具君王之風,
　　慷慨的獎賞給人無比的神聖。[53]

暗示只有仁德之君才會造福所有的民眾。半神如同人類一樣,優異的程度可以區分成很多等級,有些在情緒和理性方面仍舊居於弱勢,所有的作為顯得暗淡無光,還有一些的表現極其卓越已經到勢不可當的地步。有關祂們的祭祀、典禮和傳說隨處可見,如同受到保護的遺跡和紀念物,具體表現在半神這個階層的結構和組織之中。」

14 「談到宗教的儀式和神秘的祭典,對於有關半神的真相可以獲得清晰的概念和詳盡的描述。所以會引起若干揣測,就像希羅多德(Herodotus)所說『我們要閉上嘴保持虔誠之心』[54],不能吐露其中的秘密。有人將節慶和祭典當成出現凶兆和令人憂慮的日子,因為發生吃下生肉、肢解犧牲、齋戒禁食和捶打胸膛等等狀況,在很多神廟裡面有人說出下流無禮的言語,以及

　　狂暴的群眾受到蠱惑和刺激,
　　仰起頭來對著上天反唇相稽。[55]

52　參閱本書第12章〈對新婚夫婦的勸告〉48節;得知蒲魯塔克對於阿格勞妮絲有很高的評價。
53　赫西奧德《作品與時光》123及126行;參閱本書第27章〈埃及的神:艾希斯和奧塞里斯〉26節。
54　希羅多德《歷史》第2卷171節;參閱本書第48章〈論放逐〉17節。
55　克里斯特《品達的吉光片羽》No.208;參閱本書第77章〈會飲篇:清談之樂〉第1篇問題5第

我認為對於神明不應該有這些舉止行為，所以會有安撫的儀式在於避開邪惡的精靈。」

「要說神明在古老的時代樂於接受用活人作為犧牲，這是難以令人相信的事。國王和將領也捨不得犧牲子女，非要在最初的儀式上面割斷他們的咽喉，雖然對於有些嚴苛而且報復觀念極重的神祇，認為可以滿足祂們憤怒又陰沉的心情，除此以外不可能發揮任何作用。或許還有些人帶著愚蠢和專橫的激情，沒有辦法用自然而正常的方式獲得權力和滿足欲念。海克力斯愛上一個少女要去解厄查利亞之圍[56]，如此充滿威嚴和權勢的神性，為了獲得芳心不惜化身為一個凡人，給希臘的城邦帶來瘟疫和作物的歉收，引發戰事和內部的紛爭，直到目的達成才告停止。」

「然而有些情形跟上述的狀況完全相反，可以舉出例證來說明，當我留連在克里特（Crete）島的時候，注意到一個很特別的節日，是他們用來慶祝沒有頭顱的男子，據說這個人名叫摩盧斯（Molus）[57]，是默瑞歐尼斯（Meriones）的父親，曾經犯下強暴少女的罪行，後來被人發現成為一個失去首級的屍體。」

15　「人們在傳說和歌曲中經常聽到各式各樣有關神明的故事，說起祂們的掠奪洗劫和浪跡天涯，以及祂們的藏匿、放逐和苦役；事實上這些都跟神明無關，不會有災難重重的遭遇；要知道完全是半神闖的禍，祂們存在世間要靠著德行和權勢，才能長留在人們的記憶當中；可見伊斯啓盧斯的說法不夠虔誠，他提到

> 高居蒼穹的神明像是阿波羅，
> 現已為情勢逼迫要離開天國。」[58]

「不像在索福克利詩中的埃德米都斯（Admetus），那位菲里的國王用

> 豢養的公雞晨間喚醒阿波羅，

（續）
　　2節。

56　這位少女的名字叫作愛奧勒；參閱索福克利的悲劇《特拉契斯的婦女》475-478行。
57　摩盧斯的父親是普羅米修斯之子杜凱利昂；他的後代成為德爾斐的聖者或主事人。
58　伊斯啟盧斯的悲劇《哀求者》214行。

　　　　要祂到磨房像旭日賣力工作。[59]

　　有關這方面的眞實情形，德爾斐的神學家發生最大的錯誤，他們認爲阿波羅爲了擁有頒布神讖的能力，竟然與一條大蛇鬥得你死我活。同時他們還允許詩人和散文作家，在劇院的戲劇比賽中講述相關的情節，等於是非常特殊的證人，可以起而反對當時流行的神聖儀式。」

　　史家菲利浦（Philip）在座，聽到這番話表示非常驚奇，詰問克里奧布羅都斯有那些神聖的儀式，可以用戲劇比賽作爲證據。

　　克里奧布羅都斯說道：「出現這些作爲都是依據神讖的指示，最早在德爾斐這個城市興起，接著讓色摩匹雷（Thermopylae）[60]以西所有希臘人都能採用，規定的儀式一直延伸到田佩（Tempe）山谷[61]這樣遙遠的地區。他們每隔八年要在靠近打穀場的地點蓋好一座建築物，不像蛇類所居的簡單巢穴，完全比照僭主或君王的宮殿[62]。整個典禮的開始是拉拜阿迪（Labyadae）[63]打著火炬，引導父母雙全的兒童，保持肅靜通過一條『多隆大道』（Dolon's Way）[64]，到達建築物裡，將它點燃以及推倒設置的長桌，趕快從廟宇的大門逃出去，中途不得轉頭回顧。最後是這位兒童的流浪和奴役，在田佩山舉行洗滌罪惡的儀式，對於極其大膽又褻瀆的行爲，還是抱著不容置信的態度。」

　　「各位朋友，阿波羅殺死一個殘暴的怪物，竟然會逃到希臘的邊界，要去尋找洗滌罪行的地點，到達以後舉行酹酒的典禮，這種說法眞是無比的荒謬。人們將這些精靈稱之爲『睚眥必報的復仇者』，由於記得古代那些絕不寬恕的卑鄙行爲，所以要想盡辦法安撫和平息祂們的憤怒。我早已聽到過祂的逃走和遷移到另外的地方，跟這個故事的情節非常類似，如果還能留下任何眞實的遺物，那麼我們不難想像，在迷信的時代無論再細微的事物，可以說都與神讖脫離不了關係。」

　　「不管怎樣我還是做不到像伊姆皮多克利所描述的情況，諸如

59　瑙克《希臘悲劇殘本》之〈索福克利篇〉311頁No.767。

60　色摩匹雷是位於帖沙利和洛克瑞斯之間狹窄的隘道，形勢極其險要，波斯戰爭時李奧尼達斯率領斯巴達三百勇士堅守此地，全部壯烈犧牲。

61　田佩山谷在帖沙利的奧薩山左側，是從馬其頓進入希臘的門戶，歷來是兵家必爭之地。

62　那是模仿最原始類似圓形的房舍。

63　拉拜阿迪是德爾斐一個掌握權勢的氏族，後來成爲負責宗教典禮主要執事人員的代稱。

64　多隆大道是德爾斐一條主要的通路。

他與所有神話人物共同商量，

到頭來還是拿不出完美方案；[65]

已經是到了要提出結論的時候，這樣一來可以讓我多說幾句話；在追隨前面幾位發表個人的看法以後，讓我們敢於提出這樣的陳述：雖然指派保護的精靈負責神讖和具備預言能力的廟宇，只是錯誤不在於精靈，出於一種巧合和機緣湊巧，完全是神讖本身出了問題。等到精靈逃走或是跑到其他的地方，神讖就會喪失它的威力，過了很多年以後這些精靈回來，神讖如同樂器的吹奏變得清晰易懂，因為人們可以將它用於目前的狀況，同時會負起應盡的責任。」

16 克里奧布羅都斯逐項加以說明，這時赫拉克列昂說道：「在場都是宗教信仰非常虔誠的人士，大家對於神明抱持同樣的觀點，每個人還是要謹守分際，免得在無意之中支持怪誕和僭越的假說。」

菲利浦說道：「這是一個相當合理的建議，為何克里奧布羅都斯的論點會讓你感到如此不滿？」

赫拉克列昂說道：「我抱怨的對象不是負責頒發神讖的神明，因為世人關切的事務，神明應該保持超然和中立的態度。那些在背後操縱神明的半神必須受到指責，這在我來說並非是一種於理不合的論點。特別是伊姆皮多克利的詩集就在手邊，裡面提到半神的各種罪行[66]，從天國放逐在世間到處漂泊，最後的結局如同人類難逃一死，凡此種種使我認為半神不僅大膽無恥，而且毫無文化可言。」

克里奧布羅都斯聽到大為激賞，就問菲利浦這位年輕人是誰，來自何處，等到知曉他的名字和籍貫以後就說道：「赫拉克列昂，看來我們都涉入這場奇特的爭執之中，所有的論點絕非無的放矢。在討論重要事務的時候，要讓我們的觀念對於預想的真相獲得進展，要說無須採用周延而適切的原則，是不可能的事。你對自己堅持的主張絕無退讓的意願，因為你認同這些半神的存在；現在就你的論點來看，好像祂們的本質不差而且無法永存，似乎你不再保持原來的主張。設若承認祂們的存在等於說祂們擁有不朽，或是認同祂們的德行等於說祂們免於所有情緒或罪孽的指責，從這方面來看祂們與神明又有什麼差異？」

65　狄爾斯《哲理詩殘卷》第1卷〈伊姆皮多克利篇〉235頁No.B24。

66　狄爾斯《哲理詩殘卷》第1卷〈伊姆皮多克利篇〉267頁No.B115。

17 赫拉克列昂陷入沉思不發一語，菲利浦說道：「不僅只有伊姆皮多克利訴說半神壞事做絕罄竹難書，就是柏拉圖、色諾克拉底和克里西帕斯亦復如此[67]，此外還有德謨克瑞都斯總是祈求能遇到『仁慈的精靈』[68]，已經很清楚表示半神這個階層，仍舊保留和具備邪惡的偏見和衝動。」

「我曾聽到某人提起這些活在世上的精靈，最後還是難逃殞滅的命運，須知說話的人並非傻瓜和騙子。伊庇則西斯（Epitherses）是演說家伊米利阿努斯（Aemilianus）的父親，這個人你們或許聽說過，他住在我出生的市鎮，曾經擔任我的文法教師。他說他有次前往義大利遊歷，搭乘的船隻上面裝滿貨物和旅客，傍晚時分在靠近愛契納德斯（Echinades）[69]群島的海面，風停息下來，船隨著潮流漂向佩克西（Paxi）島[70]，這時大家還未入睡，很多人正在用膳沒有喝完餐後酒。突然之間島上傳來呼喚塔繆斯（Thamus）的喊叫，大家聽到響亮的聲音覺得極其詫異。塔繆斯是一位埃及領航員，就是甲板上的人也很少知道他的名字，連叫兩聲他都沒有理會，直到第三次才回答，這時呼喚者提高聲音說道：『當你抵達帕洛德（Palodes）對面的海上，要大聲宣布偉大的潘神已經亡故。』大家聽到交代的話，驚奇之餘難免議論紛紛，有人認為要按指示去做，還有人擺出明哲保身的態度避免多管閒事。」

「在這種狀況下塔繆斯心中打定主意，如果尚未漂到提及的位置立即起風，他就揚帆駛過不發一聲，要是仍舊波平浪靜，就把聽到的話宣布一遍。當他來到帕洛德的海面之際，這時非但沒有風而且不起一絲漣漪，塔繆斯站在船尾對著陸地，說出他所聽到的話：『偉大的牧神潘已經死亡。』話未講完對面就傳來悲慘的哭聲，像是一大群人在哀悼，夾雜著驚愕和感嘆。由於現場有很多人親眼所見，故事就在羅馬傳播開來，提比流斯皇帝傳塔繆斯去問話，證明這個故事的真實性，同時還引起對於牧神潘的探索和調查。宮廷的學者經過推測，認為祂是赫耳墨斯和珀妮洛普所生的兒子。」[71]

還有就是菲利浦可以從現場人員當中找到幾位證人，這些都是長者伊米利阿努斯的門生，可以證明他所言不虛。

67　參閱阿尼姆《古代斯多噶學派殘卷》2卷第321頁No.1104。

68　狄爾斯《哲理詩殘卷》第2卷〈德謨克瑞都斯篇〉94頁No.166；蒲魯塔克《希臘羅馬英豪列傳》之〈泰摩利昂傳〉1節。

69　愛契納德斯群島是愛奧尼亞海的七個小島，它們位於阿奇洛斯河（Achelous）的河口。

70　佩克西島是指位於科孚和琉卡斯之間的兩個小島。

71　參閱希羅多德《歷史》第2卷145行。

18 德米特流斯提到靠近不列顛的群島，很多島嶼不僅孤懸海外而且人煙稀少[72]，其中幾個的名字來自神祇或英雄人物。他奉皇帝的命令前去調查當地的狀況，經由海上的航程前往最近的島嶼，發現上面只有寥寥幾位聖者，不列顛人不敢侵犯免得褻瀆神聖。就在他抵達以後不過片刻工夫，天候發生變化出現極其惡劣的徵兆，突然颳起強烈的風暴，霹靂大作，閃電打擊地面聲勢驚人，等到雨過天晴一切平息下來，島民認為，這是上天某位勢力強大的英靈降臨以後經過此地。

他們說道：「如同一盞燈在點燃的時候不會讓人心懷恐懼，它的熄滅會使很多人感到不安，偉大的靈魂激發生命之火是如此的溫馨和仁慈，不會對任何人帶來災害，然而他的殞滅和死亡，就像目前遭遇的狀況，帶有瘟疫的性質使天候受到感染，因而孕育出鋪天蓋地而來的暴風雨。」他們還提到在世界的盡頭，有個島嶼曾經用來監禁克羅努斯，他在睡覺的時候，布萊阿里斯在旁護衛。安眠是用來逼他就範的工具，四周有很多半神充當他的隨員和僕從。

19 克里奧布羅都斯加入談話，他說道：「我所講的內容有類似的情節，雖然符合大家認定的原則，絕不會自以為是做出違心之論。」他繼續說道：「我曾經提到過，斯多噶學派的人士心中存著一種想法[73]，他們不僅反對半神，就是對於神明也抱著杯葛的態度，雖然神明的數量難以計算，他們認為只有一位能夠永恆不朽，其餘的神明即使存在，最後的下場還是難逃一死。」

「伊庇鳩魯的追隨者帶著藐視一切的神情，敢於反對冥冥之中的天意，認為不過是神話而已，心中無須感到畏懼。從另一方面來看，可以認定他們主張的『無限』也是一種傳說，因為這麼多的世界當中沒有一個來自神意，所有的產物全部出於自發性的世代交替和凝結成形。如果有必要去嘲笑哲學，我認為還不如譏諷又聾又啞說不出話來的精靈，祂們如同放牧為永無止境的循環耗費歲月，歸來以後又在各處出現，有些從仍舊活著的肉體當中脫身而出，好在世間自由自在的遊蕩，還有一些來自很久以前被焚化或埋葬的軀殼，因之上面提到的哲學家只有拖著腳步，勉為其難在暗中去研究自然現象。如果有任何一位斷言半神的存

72 其中最大的島嶼可能就是現在的愛爾蘭；至於本書的注釋說是西西里，看來真是匪夷所思；參閱本書第62章〈論月球的表面〉26節。
73 參閱阿尼姆《古代斯多噶學派殘卷》第2卷309頁No.1040。

在，不僅出於實質的驗證，同樣也合於邏輯的道理，使得祂們擁有自衛的能力，可以繼續在世上活很長的時間，這樣一來當然會使哲學家感到憤憤不平。」

20 聽到難以入耳的言論以後，阿蒙紐斯說道：「就我看來狄奧弗拉斯都斯的宣告很有道理，他這樣做難道不是為了要阻止我們，無須接受一種讓人印象深刻又富於哲理的言辭？如果他出面加以駁斥，等於放棄很多無法證明的事物，要是將它視為原則給予認同，好像將很多事物帶進不可能發生或並不存在的行列。我曾經聽過這樣一種說法，伊庇鳩魯的門人弟子認為半神之所以讓世人得知，這與伊姆皮多克利的推薦毫無關係[74]，其實根本是不可能的事。如果祂們做盡壞事犯下很多罪行，反倒能夠過著幸福的日子享受長壽的生活，只能說邪惡具備的特性是極端的盲目，未來的趨向是要與毀滅的代理人迎頭撞上，然後結為一體，這樣看來，對半神的行為加以爭辯讓人感到極其可笑。」

「要是上面的理由說得通，那麼伊庇鳩魯在各方面都不如詭辯家高吉阿斯（Gorgias）[75]，同樣的梅特羅多魯斯（Metrodorus）[76]也無法與喜劇作家阿勒克瑟斯（Alexis）[77]相比，因為阿勒克瑟斯活在世間的時間幾乎是梅特羅多魯斯的兩倍，就是高吉阿斯的壽命也比伊庇鳩魯多了三分之一。從另外一種意義來檢驗，我們談起德行稱之為強勢的作為，同時將惡習視為虛弱的表現，當然這無關於肉體的永存或滅亡。舉例來說，很多行動緩慢、反應遲鈍、生性淫亂又不聽駕馭的草食動物，較之行動快捷和反應機靈的肉食獸，享有更長的壽命。」

「從這點來看，贊同人士的做法並不正確，他們出於警惕的心理，推崇神明的永恆存在，甚至將毀滅的代理人擱在一邊；不僅如此，由於世上居住著深受尊敬的神明，激情和毀滅所犯的罪行都受到赦免，原因在於這位神明對所有的行為無須負任何責任。或許談到這些與民眾有關的事項，並沒有發生在目前，所以無須做進一步的考量。克里奧布羅都斯重新開始討論這個題目是正確的做法，雖然不過片刻工夫之前，他對於半神的遷移和逃走還難以繼續談論下去。」

74　狄爾斯《哲理詩殘卷》第1卷〈伊姆皮多克利篇〉267頁No.B115。

75　高吉阿斯(483-375 B.C.)生於西西里的李昂蒂尼，是當代知名的詭辯家，享年一百零八歲；伊庇鳩魯(342-271 B.C.)雖然享壽七十一歲，正好是高吉阿斯年齡的三分之二。

76　梅特羅多魯斯(330-277 B.C.)生於蘭普薩庫斯，是當代知名的哲學家，他是伊庇鳩魯的門徒和知己。

77　阿勒克瑟斯(372-280 B.C.)是雅典的喜劇家，他是米南德的叔父，雖然享有九十二歲的高壽，仍舊未到梅特羅多魯斯生年的兩倍，因為後者活了五十三歲，就古代而言不算短命。

21 克里奧布羅都斯又接著說道:「我覺得奇怪之處在於為什麼聽到你說話以後,對你還是感到那樣的陌生,看來你揭櫫的重點似乎非常接近自然現象這一類的題目。柏拉圖提到它的主旨要義,宣示的方式並非於理不合,獲得的結果還是一種不明確的概念,像是讓人用猜謎的方式,抱著小心翼翼的態度,建議含糊籠統的辦法。完全出於敷衍的緣故,使得這部分受到其他哲學家大聲責難。現在等於將一大堆混合著神話和故事的資料,放在我們前面供大家運用,難道會遇到好心的聽眾,如同在國外的土地上面,像是檢驗錢幣一樣去查證故事的真實性?」

「我毫不遲疑要向各位陳述一個人的事蹟,提到的主人翁不是希臘人,要不是我長期在外遊歷,花費很多金錢獲得相關的資料,否則很難對他有所了解。我在靠近波斯灣某個地方遇到他,那時他正主持每年一次與人類有關的會議,能有機會與他見面,獲得妥善和仁慈的接待,根據他的敘述得知,一生之中大部分的歲月用來陪伴四處漫遊的寧芙和半神。這個人的容貌極其英俊為我平生所僅見,他說他每月要服用某種草藥帶有苦味的果實,具備的效應使得他從未遭遇病痛的襲擊。」

「他精通多種語言,與他交談大部分使用多里斯語,發出的聲調帶有音樂的韻味。他在說話的時候,空氣當中瀰漫一陣香氣,像是他的呼吸散發令人愉悅的芬芳。他的學識極其淵博,對於歷史有很深的造詣,使他贏得眾人的敬仰和欽佩。每年有一天他受到預言的感召,前往海濱告知未來要發生的事件,權貴和國王的秘書都會隨行,獲得允許才能告退。」

「他對德爾斐非常重視,無論戴奧尼蘇斯敘說的故事或是舉行的儀式,都難逃他的法眼。提到半神擁有寶貴的經驗,他很率直的表示皮同有同樣的作為。殺死這個怪物並沒有對阿波羅施以八整年的放逐[78],或者接著讓祂流亡到田佩山谷。後來阿波羅還是為此付出代價,被迫前往另一個世界,要經過八個「大年」(Great Years)的循環才能赦回,『明亮的天神』是如此純潔和真誠,祂接收的神讖在那個時代受到底米斯[79]的保管和守護。他還說起泰封諸神和泰坦諸神的故事[80],參加半神對抗半神的戰爭,敗者受到放逐的處罰,罪人面對一位神明的審判。舉例來說,泰封在有關奧塞里斯的謀殺犯下十惡不赦的罪行,克羅努斯涉及烏拉努

---

78 參閱本書第22章〈希臘掌故〉12節。
79 底米斯是正義女神,有人說祂與羅馬人膜拜的卡門塔是同一位神祇。
80 參閱本書第27章〈埃及的神:艾希斯和奧塞里斯〉25節。

斯的案件如出一轍，神明獲得的榮譽在我們的眼中變得暗淡無光，等到祂們轉移到另一個世界，所有的權柄和尊榮全都消失得無影無蹤。」

「我知道住處靠近呂西亞人的索利密（Solymi），他對克羅努斯特別禮遇。等到他殺死統治者阿薩拉斯（Arsalus）、德萊烏斯（Dryus）和特羅索拜斯（Trosobius），就逃到其他地方去避風頭，詳細的位置沒有提及。從此以後沒有人關心索利密的下落，阿薩拉斯以及與他有關的人被稱為『可怖的神明』，呂西亞人無論公事私事都用他們的名字發誓賭咒。」

「從神學的歷史可以得到很多類似的記錄。如同某人所說的那樣，要是我們用神明現有的名字來稱呼某些半神，這也不是什麼奇怪的事。因為這些半神已經與神明結成聯盟，或者從神明那裡獲得部分的權勢和榮譽，就會習慣於那種稱呼。在我們當中有一位是迪烏斯（Dius），還有阿昔尼烏斯，另外就是阿波羅紐斯或戴奧尼休斯或赫米烏斯；我們之中只有少數機緣湊巧得到正確的稱呼，大多數接受的名字來自神明，雖然雙方毫無關係，只是出於可笑的模仿。」

22 克里奧布羅都斯不再講下去，他的話讓大家感到不可思議。赫拉克列昂詰問他所提出的論點與柏拉圖有什麼關係，特別是這位哲學家曾就當前討論的題目，向他的門人弟子傳授相關的主旨要義。克里奧布羅都斯說道：「你會記得他曾經做出草率的決定，反對世界的數量可以達到無限，同時卻對有限的數量抱著懷疑的態度；最後認同一個合理的可能，最大的數目是五個[81]，就是相對於每種元素都有它的世界，然而柏拉圖本人堅信只有一個存在。這種觀點對於柏拉圖而言極其特殊，其他的哲學家帶著敬畏的心理，接受多數世界的主張[82]。認為他們如果不能局限所有的事物於一個世界之內，那就要超越到另外的範圍，令人困窘的無限就會根植在他們的心中，再也無法除去。」

我說道：「你那位交情很好的朋友，如同柏拉圖限定世界的數量，難道你在與他談話當中，就沒有深入討論此事？」

克里奧布羅都斯說道：「他是如此親切願意給予妥善的說明，我除了做一個熱心的聽眾，難道還能讓他受到這些瑣事的褻瀆？他說世界的數量並非無限，不是一個也不是五個，而是一百八十三個[83]，安排成一個三角形的模式，這個三角

---

81 參閱柏拉圖《泰密烏斯篇》55C-D；本書第28章〈德爾斐的E字母〉10節；以及本章37節。

82 參閱亞里斯多德《論風格》第1卷8節。

83 參閱普羅克盧斯（Proclus）《論柏拉圖的泰密烏斯篇》（*Commentary on Plato's "Timaeus"*）138頁B。

形的每邊有六十個世界，剩下三個置於每一個內角之內，相互之間保持聯繫和循環，順暢的程度有如優雅的舞蹈。三角形的內面積成為整體的中樞部位，稱之為『眞理平面』，所有事物的資料、狀態和模式都在此處發生作用，整個過程不受外在的干擾；它的四周環繞著『永恆』，使得『時間』如同滔滔不絕的巨川流向所有的世界。就人類的靈魂而言，能夠見到和沉思前面提到的事物是極大的恩惠，如果他們活在世上過著很好的生活，獲得的機會也要一萬年才出現一次。周密和嚴謹的入會儀式無法達到最高標準，我們用哲學的查詢方式所做的記錄，受到局限只能回憶美好的場面，一切工作還是徒然無益。」他說道：「我聽他詳敘有關的情節，雖然在神秘祭典的入場式中也有介紹，只是我無法就他所說提供任何實物或證辭。」

23 此刻我對德米特流斯說道：「等到奧德修斯將弓弦裝上，那些求婚者都感到不可思議，你所聽到的詩句對這段情節有何描述？」德米特流斯正在思考我為什麼要這樣問他的時候，我接著說道：「讓我想起要把這兩句詩念給你那位在遠處的朋友聽：

> 他很高興得知竟然有這回事，
> 還能留下值錢東西可以竊取。[84]

信仰和傳說的種類眞是形形色色。荷馬在他的作品當中刻畫的範圍非常廣泛，只是並沒有將外國人包括在內，其中有一位希臘人能將當時的文明提升到很高的標準。他的心中認為世界是有數量，因為他不是埃及人或印度人，而是來自西西里的多里斯人，所以感到罪孽深重，觀念的形成來自一位名叫佩特朗（Petron）的希米拉市民，這位學者撰寫的論文我從未拜讀，也無法確定是否有抄本存世，伊里蘇斯的費尼阿斯（Phanias）[85]曾經提過，說是雷朱姆（Rhegium）的希庇斯（Hippys）在他的著作中有類似的記載[86]，這些都是佩特朗的主張，還供給所有的書面資料：是有一百八十三個世界可以按照次序與元素發生接觸，至於何謂『與元素發

84　荷馬《奧德賽》第21卷397行。

85　費尼阿斯是西元前4世紀逍遙學派哲學家和歷史學家，他的出生地伊里蘇斯是位於列士波斯島的小鎮；參閱穆勒《希臘歷史殘篇》第2卷〈費尼阿斯篇〉第300頁No.22。

86　希庇斯是西元前5世紀的希臘歷史學家，雷朱姆是位於義大利南部的城市；參閱穆勒《希臘歷史殘篇》第2卷〈希庇斯篇〉14頁No.6。

生接觸』，他並沒有做進一步的解釋，也無法補充任何可能的證據。」

於是德米特流斯加入談話，他說道：「有誰能對這方面的事項拿出可信的證據？即使是柏拉圖也只能在著作中發表他的觀點，還是無法提供合理的人證和物證。」

赫拉克列昂說道：「我們聽到你身為文法學家卻將個人的觀點歸之於荷馬，所持的理由是他把整個宇宙區分為五個世界[87]：即天國、水域、空際、地面和奧林帕斯山。其中兩個世界掌管的區域如同通常所述，地面位於最下方，奧林帕斯山居於最上方，另外三個世界介乎其間分別指派三位神明負責統治。明智的柏拉圖也認同宇宙相異的區分方式[88]，可以表現最卓越和最首要的形體和外貌，稱之為五個世界：一個為土、一個為水、一個為火、一個為氣，最後一個將其他所有事物包括在內，成為一個十二面體的世界，能夠向四周延伸還帶有很多的轉角，他所以指定這種形狀，在於方便靈魂的輪迴和運動。」

德米特流斯說道：「為何會在目前的案例中讓我們想起荷馬？看來最好還是不要提什麼傳說！柏拉圖絕不會將世界的五個不同部分說成為五個不同的世界。他在著作當中與某些人士發生爭論，因為他們的主張是世界的數量可以達到無限。他說他的意見認為這個世界受到神明的孕育和喜愛，完全按照本身的模樣打造完美和自足的形象。他曾經供應其他人員一種學說的緣起，後來由於缺乏足夠的理由不能產生說服的力量，讓人感到驚訝之處在於他要陳述事實的真相。對於單一世界的觀念要是不加辯護，難免暗示整個宇宙存在無限的假設；要說有限世界不多不少只有五個，不僅於理不合而且是不可能的事。」最後他望了我一眼說道：「除非你還有其他的意見需要表示。」

我說道：「看來我們不想對神讖再繼續討論下去，好像這個工作已經完成，現在要進行範圍更為廣泛的題材。」

德米特流斯說道：「對於神讖的討論並沒有結束，只是剛才提到的主張已經引起大家的注意，不能就這樣置之不理。我們並沒有花很多時間在它的身上，僅僅接觸到表面就足以深入探討所有的可能性，那麼還是讓我們繼續原來的建議。」

24 我接著說道：「我們首先要考量一點，世界有無限數量的觀念要是無法成立，並不表示非要我們承認只有一個世界。神明和預言和天

87　參閱本書第28章〈德爾斐的E字母〉13節；荷馬《伊利亞德》第15卷187行。
88　參閱柏拉圖《泰密烏斯篇》31A和55C；本書第28章〈德爾斐的E字母〉11節。

意非常可能存在於更多的世界，偶發因素產生的影響減到最低限度，絕大多數事物當中最重要的項目，到達它的創造和變形都會按照次序，根據它們的性質得知這些事物的數量絕非無限，從而獲得我們的認同和贊許。要是世界並非出於神明的孕育，即使它的理由並不矛盾，這也是很自然的事。阿波羅這位神明就德行而言毫無缺陷，特別重視公正和仁慈，認為這是最適合神性的善舉。」

「神明的性質在於擁有任何事物都具備某種意圖或者能發揮某項功能，因之在外部還存在著其他的神明和其他的世界，這樣祂才可以履行交往的美德。因為所有涉及公正、恩惠或仁慈的行為，神明無法施於本身，都要與其他人發生關係。不可能存在沒有朋友、沒有鄰居和沒有來往的世界，只能在無限的空虛之中前後搖擺；因為我們看到的自然界，裡面包括按著種類區分的個別事物，就像在豆莢和外殼裡面的種子。存在事物的名單上面，不可能列上沒有稱呼的品項，任何事物如果不能擁有某種特性，無論是為全體所共有還是本身所特有，那就無法獲得應有的稱呼。不能說現在的世界已經具備大家所共有的性質。雖然性質可以為每一種類所獨有，具備的優點和長處在相互比較之下有所不同，由於萬事萬物在創造之初，就已擁有它的屬性，所以就整體而言可以說非常類似。」

「如果在所有的造物當中，某一種類像是一個人、一匹馬、一顆星球、一位神明、一個半神都不能存在，怎麼能夠說造物只是來自一個世界而不是一個以上的世界？有人提到造物只有一塊陸地和一個海洋，卻忽略一個事實就是有很完美的平原，這種學說的缺失就某方面而言真是大同小異。我們將地表劃分為若干區域，賦予不同的名稱，說起海洋也是如此。須知世界的一部分並不能算是一個世界，然而在自然界當中，很多事物是由不同的成分組合而成。」

25 「特別是有些人想到全部事物耗用在一世界就會感到憂慮，要是這種結構受到抗拒或是打擊，沒有任何事物可以不受牽連：當然他們的恐懼可以認定毫無根據。要是世界的數量多於一個，而且每一世界都被接受，物質和實體要找到適合的部分，就會給予嚴格的度量和限制，所有事物都會加以安置或組織，一種無用的殘餘之物受到吸引，會從外面向它們衝撞過來。理性的法則在每一世界擁有支配的力量，能夠控制分配其間的實體，不允許任何事物離開或是任意四處遊蕩，更不能衝進其他的世界，自然界不容許存在無限的體積和容量以及失去理性和毫無組織的運動，也不容許其他世界的事物任意闖入。甚至就是從某一世界投向其他世界的任何射出物，看來確實相當適度，全部都能平靜的結合，如同發射出來的星光那樣混雜在一起。」

「所有的世界要用友善的眼光，深刻體驗愉悅之情，用來看待宇宙之間對等的單位。每一世界都有很多仁慈的神明，祂們必須提供機會給其他世界的來訪者，同時要給予善意的歡迎和接待。就獲得的事實來看，所有這一切都沒有實現的可能，完全違背常理是難以置信的神話，除非如同亞里斯多德曾經陳述的情節[89]，提到某些人對此抱著懷疑的態度，所持理由完全基於自然的法則。」

「亞里斯多德明確表示，要是每一物體都有本身特定的位置，『土』從所有的方向來看，都必須轉過來朝向中心點，『水』要在它的上面，質量較輕的元素應該向下移動。這樣說來，如果世界的數量不止一個，等到這種狀況發生以後，就有很多位置可以容納『土』，以及在它上方的『火』與『氣』，還有很多位置在它的下方。『氣』與『水』的態勢極其類似，某些位置的存在能夠保持原有的性質，其他位置完全取決於背離的運動。亞里斯多德的見解是經過推論得知世界並非兩個也不是多數，僅僅只有一個好像是不可能的事，然而整個事物的組成可以穩定的保有原來的性質，有利於本體多樣性的變化。」

26 我繼續說道：「所有這一切用揣測的方式進行，似乎比真實的狀況更為可靠。尊貴的德米特流斯，請你特別注意，當他說到物體的運動是向著中心點和下方的時候，其他的元素會離開中心點向著上方轉移，還有一些採取圓周的路徑繞著中心點運行，那麼他認為這些運動與中心點到底有何種關係[90]？要說沒有關係是講不通的事，按照亞里斯多德的學說，得到的結論是所有的運動都不存在。如果根據其他人的觀念說是只要運動存在，那就不能有中心點，也就是沒有一個開始的起點或是結束的終點；因為這些都處於環境的限制之下，要知道無限的定義在於沒有環境的限制。如果一個人基於理性強迫自己挑戰一種概念，亦即無限所形成的劇烈運動，只要處在這種狀況之下，物體的運行又會出現什麼樣的差異？因為物體並不是沒有動力和性向，由於它們擁有的效能在於依附中心點，所以形成的趨勢是朝一個方向行進。」

「有關無生命的物體以及沒有定形和難以辨別的位置，由於無法產生足夠的引力，很不容易想像這種物體能夠出現運動。從而導致一個結論：中心點不具備任何位置，僅與運動的物體發生關係。因為我們的世界有一個單獨的綜合體，它的結構來自無數不同類別的元素，彼此的差異需要創造形形色色的運動朝向大相

---

89 參閱亞里斯多德《論風格》第1卷7節。
90 參閱本書第62章〈論月球的表面〉9節；第71章〈論斯多噶學派的自相矛盾〉44節。

逕庭的目標。事實是最明顯的證據，任何事物只要開始轉換形體，改變位置的同時要改變它的實質。諸如從中心點上升的物體所形成的分布狀況，因為凝聚和統合的作用使得它們向著中心點集中，最後緊密的結合在一起。」

27 「目前對於這個題目無須多加解釋。眞相在於任何成因如同事件和改變的造物主，都可以用假設的方式來認定，成因使得每一世界聚集起來，擁有陸地和海洋，都有本身的中心點和可以進行的程序，從而影響到組成的個體。這些個體都有本身的變形和特質，具備的力量可以保持在原來的位置。等到超越某些範圍以後，如同前面所說的那樣，不再存在任何事物，完全是一片空虛，再也沒有一個中心點。如果有很多個世界，每一世界具備本身所獨有的中心點，結果使它的個體擁有本身的運動，有的朝著中心點進行或者產生分離，有的環繞著運行，要是根據某些人士的想法，不同的運動都保持相互之間的差異。」

　　「任何人都可以認定有很多中心點，沉重的物質從四面八方趕向其中一個[91]，這與很多人秉持的觀念沒有什麼不同，像是血在一條動脈中流動，以及腦部包在一層薄膜裡面，如果固體不能占有一個位置，流體卻有這種特權，一旦我們的身體發生這種狀況，想起來就讓人感到害怕。任何事物的構造是由部分及於全體，根據它的性質可以安排合理的位置，只有不正常的人才會對此感到大驚小怪。任何人要是說一個世界的內部還會包含一個月球[92]，或者說一個人的腦部長在腳跟上面，或是他的心臟生在頭顱裡面[93]，大家一定會說這個傢伙在那裡胡言亂語。造成的世界不止一個，相互之間保持分離的局面，能從整體當中限定和辨識所屬的部分，這種論點還是有它的道理。每一世界的陸地、海洋和天空，按照性質都有適合它的位置。這些世界對它的中心點進行向上、向下或環繞的運動，僅僅依據本身的性質，與其他的世界和外部的影響都沒有關係。」

28 「有些人認爲石塊存在於世界之外的區域，對於它的固定或運動都無法提供有關的概念。其他沉重的物質不是構成世界的一部分，即使存在也沒有位置；如果石塊有重量，何以不能保持固定也不能像沉重的物質一

91　參閱本書第62章〈論月球的表面〉7節。

92　取代月球在外部圍繞運轉的方式。

93　參閱笛摩昔尼斯《演說集》第7卷45節。

樣向著世界運動？別的世界包含的陸地其範圍已有限制，何以它不會分裂然後轉移到我們的世界，照說不應有任何問題才對，因爲我們看到自然界的應力將所有的部分緊密的凝結在一起。我們表示的『上』或『下』不是對這個世界而是它的外部區域[94]，那麼就像伊庇鳩魯陷入同樣的困境，所有原子移動到我們腳下的地方，這時『腳』並不存在，或者無限讓我們知道所謂的『上』或『下』只能就原子本身而言。我們對克里西帕斯感到驚訝是很自然的事[95]，由於不了解他爲什麼認爲世界固定設置在中心點，它的物質先行占有中央位置歷經無窮的歲月，因而獲得最大的助力可以邁向永恆，也就是它可以避免毀滅。」

「克里西帕斯的作品《存在的事物》（*Things Possible*）一書第四卷提到這方面的內容，他談起無限的中央位置等於是在做白日夢，根本不切實際，更爲荒謬之處在於敘述永恆世界的成因在於不存在中心點。然而在他其餘的作品當中，經常提及物質受到制約，能夠保持聚集的狀態在於向著中心點的運動，或是離開它的中心點。」

29 「有人對於斯多噶學派某些概念感到驚慌，他們會問到爲什麼只延續一種『天命』和一種『天意』？如果不止一個還有更多的世界，爲什麼沒有許多卓越的神明擁有宙斯或Zen『道』這個名字？要說同時有很多優越的神明擁有這個名字是怪誕不經之事，那麼人們得到這種觀念豈不是更加荒謬。他們在世界的無限輪迴之中，太陽和月亮和阿波羅和阿特米斯和波塞登的數量可以說無窮無盡。」

「要說世界不止一個而是很多個，那就需要很多神明獲得宙斯的名字，問題是爲何不能在每一世界，都有一位擁有見識和理性的神明，成爲整個群體極其卓越的總管和統治者，如同在我們中間有人獲得『領主』和『長老』的稱號？爲何要阻止所有的世界遵從宙斯的天命和天意？如果宙斯能將第一原理、物質來源和執行計劃供應世界，爲何要阻止祂對世界的監督和指導？諸如一個市民大會、一支軍隊或是一個舞團，其中每位成員都具備天賦的生存、思考和學習的能力，如同克里西帕斯所相信的眞理[96]，無論宇宙有十個、五十個還是一百個世界，不可能全都生活在一個合理的計劃之中，掌握在一個政府的統治之下，因而在我們的

---

94 參閱本書第71章〈論斯多噶學派的自相矛盾〉44節。
95 參閱阿尼姆《古代斯多噶學派殘卷》第1卷174頁No.551；以及本書第71章〈論斯多噶學派的自相矛盾〉44節。
96 參閱阿尼姆《古代斯多噶學派殘卷》第2卷124頁No.367。

世界，難道會由分離的個體去組成一個單一的團體？」[97]

「然而像這樣的組織就是對於神明仍然適合不成？我們不能讓神明沒有自主的能力，如同蜂巢裡的蜂后，讓牠的四周圍滿工蜂好將牠囚禁起來，或是環繞著牠築起護壁，如同我們用大氣的狀況來解釋神明的作為[98]，或是將他們視為水或火的神祇，相互混雜在一起，將他們同時帶到這個世界，然後與這些元素同時耗用一空。他們並沒有受到限制，如同馬匹的騎士和船隻的舵手一樣自由，事實上他們如同釘牢和焊接在基座上面的雕像，四周環繞和堆砌有形的物質。不管他們陷入那種處境，最後的下場還是與他的夥伴一樣遭到毀滅、分解和變形。」

30「我認為其他的概念更加神聖和卓越，神明不受外在的控制，他們都能夠自行作主，即使是坦達里烏斯(Tyndareus)的孿生子[99]，世人陷入暴風雨的危難之中，他們要前來給予援手，

> 盡全力平息波濤洶湧的海面，
> 要化解無物不摧的強烈氣旋。[100]

還是無法讓船隻的出航可以避開危險，只能在上空出現加以施救。」

「同樣還有其他的神明去巡視各處的世界，帶著歡娛和滿足的神色，與自然女神合作給予正確的指導。荷馬筆下的宙斯將他的眼光，從特洛伊的陸地轉到不遠處的色雷斯區域，還有就是在多瑙河四周的遊牧民族[101]。真誠的宙斯在眾多的世界當中，總是抱持美好而適切的多樣性見解，不會觀望外部世界無窮盡的空虛，也不會集中心智照顧自己的需要，如同一些人所想像的那樣，把一切世事視為無物[102]；他從上方查看神明和人類的工作，以及星球在循環周期的運行和路徑。」

「天神不會嫌棄事物的變遷，反而感到自得其樂，有時基於需要會加以判

97 參閱本書第12章〈對新婚夫婦的勸告〉34節；色克久斯‧伊姆庇瑞庫斯《指控數學家》第7卷102節。
98 「參閱阿尼姆《古代斯多噶學派殘卷》第2卷311頁No.1055。
99 卡斯特和波拉克斯是水手的保護神。
100 蒲魯塔克引用這兩句詩在第74章〈伊庇鳩魯不可能過快樂的生活〉23節，只是遣詞用字稍有不同；參閱貝爾克《希臘抒情詩集》第3卷730頁。
101 荷馬《伊利亞德》第13卷3行。
102 參閱亞里斯多德《優迪穆斯倫理學》(Eudemian Ethics)第7卷16節。

斷，認爲天體的交替和循環都是可見的現象。無限的觀念不僅毫無意義而且欠缺理性，沒有認同神明的空間，然而就各方面的關係而言，無限對於機會和偶然的概念可以發揮促進行動的作用。神明的監督和保佑應該存在於有限的團體或世界之內，如果祂僅僅施惠於單一個體，還要給予無窮無盡的重組和再造，我個人認爲這些工作談不上神聖或重要。」

31 發表這番議論以後，我停了下來；菲利浦毫不遲疑接著說道：「事情的眞相不論有何種說法，總而言之與我堅持的立場大不相同。如果我們要從一個世界將神明絕滅殆盡，問題是爲什麼要讓祂成爲五個世界的創造者，而且只是這個數字不能再多，再就是五這個數字與量多的數字有什麼關係。我的看法是情願獲得這方面的知識，總比E這個字母所指示的意義要正確得多[103]。五這個數字不能表示它是一個三角形或一個正方形，它不是一個完美的數字，也不是一個立方體，同時它也不能表現出博大精微的觀念，讓人們在發覺之後給予讚美和推崇。它的由來在於元素的數目，只是這種方式很難理解，對於它的可能性不容易獲得明確的指示，因而數學大師[104]提出他的看法，認爲五種立體包括相等的角、邊以及表面積，從而產生同樣數量的世界能像它們那樣的完美。」

32 我說道：「這種認定很有道理，索利的狄奧多魯斯似乎運用同樣的題材，對於柏拉圖的數學原理做出適切的解釋[105]，他遵循的方式：根據柏拉圖的學說和幾何學的觀點，就將四面體、八面體、二十面體和十二面體稱之爲基本的立方體[106]，富於對稱和均衡之美，自然界的物體就組合的適切性而論沒有比它們更爲卓越，須知這四種立方體的結構並非出於一種形式，或是來自同樣的起源，其中以四面體即角錐最爲簡單，包含最小的體積；十二面體有最大的體積而且結構最爲複雜，其餘的二十面體就它的三角形而言，數量是八面體的兩倍。」

「基於這樣的理由，可以知道它們無法來自一個原點，不能看成同樣的物體。這些都是極其簡單而且體積很小的基本結構，對應於所具備的性質，首先需

103　他的意思是說這一卷的第二個隨筆〈德爾斐的E字母〉，已經有充分的討論。
104　這位大師是指畢達哥拉斯，也可能說的是柏拉圖。
105　參閱本書第69章〈論柏拉圖《泰密烏斯篇》有關「靈魂的出生」〉19節。
106　這裡沒有將六面體即正立方體包括在內，除非遺漏否則是講不通的事；參閱柏拉圖《泰密烏斯篇》53C-56C；以及格羅特《柏拉圖》第3卷269頁。

要啓動和成形的力量，要比很多實體和本身所擁有的最大部分，更早獲得實質的成分，從而可以使十二面體達成所要的分類標準，因爲它的建構要花費更大工夫。四面體或角錐是唯一最主要和最基本的立方體，其他幾種不能包括在內，特別是它的存在超越其他立方體所具備的性質。按照這樣的說法，事物的奇特狀況在於分離的項次包含在五個世界之中，一個是四面體從開始就在求取實質的成分，其次是八面體以及二十面體，只要頭一個獲得所需的成分，其餘的立方體就得到來源，按照部分對於整體的適應性，經由事物的變形可以滿足需要，柏拉圖對於所有的情況，幾乎都有詳盡的指示。[107]」

「我們能用簡單的方式獲得所需的知識。氣的形成在於火的熄滅，等到再度純淨從本身產生火，從而了解每種繁殖元素的行爲以及它們的變形作用。火的繁殖元素如同四面體[108]，是由二十四個基本三角形所組成，氣如同八面體，包含的三角形有四十八個之多，因此一個氣的元素是由兩個火的微粒子相互結合所產生，氣的再度分裂可以形成兩個火的微粒子，要是經由壓縮和凝聚，發生爆炸成爲水的型態。在每一種情況當中，結果是只要其中之一的立方體首先獲得實質的成分，雖然它並非最早單獨存在，但透過變形作用，通常會爲其他的立方體供應所需的材料；另外一種方式是在不同的環境裡面，賦予它運動的能力，對於接著而來的立方體據有領導和先制的地位，就整體而言它最早保有適合的名字。」

33 阿蒙紐斯說道：「狄奧多魯斯對於幾何學的問題非常感到興趣，已經竭盡全力予以規範，最後看來他所運用的假定還是無法獲得成效，事實既然如此，倒也沒有什麼可怪之處。他堅持所有與五有關的事物，無須在同時創造出來，可能最簡單的事物由於遭遇的困難最少，所以會最早出現。經由這樣的推論好像不會與事實發生牴觸，然而他制定的原則，認爲事物當中並非最簡單而基本的形式最早產生，有時反而是笨重又複雜的形式，就在它們可以存在的時候，更早從事物當中浮現出來。」

「除此以外，假定在幾何學當中有五種立方體是最基本的要素，由於這種意義所具備的說服力，所以世界的數目與它完全相同，然而就舉證的可能性來看，狄奧多魯斯僅僅提到四個，像是正立方體即六面體受到忽略，也可能是他與對手在玩一些花樣，因爲正立方體的性質使它不能變成爲其他的立方體，同時也無法

107　參閱柏拉圖《泰密烏斯篇》55E及後續各段。

108　無論是蒲魯塔克還是柏拉圖，都提到pyramid「金字塔」和pyr「火」之間，已經有語源學的關係；參閱本章下面一節。

讓其他的立方體具備變形的能力，如同那些不具備類似性質的三角形，相互之間不能取得類似的條件。普通三角形對其他三角形而言，只要居於下方作為基礎就是半三角形；在這種狀況下成為等腰三角形的條件非常特殊，就是它不會趨向其他的三角形，更不會兩者合併成為一個。」

「因此就會有五種立方體和五個世界，其中只有最重要的立方體和世界正在形成，正立方體可以說是最早出現，其他的立方體都不可能，由於正立方體的特性在於不會變形成為其他的立方體。我忽略一個事實，他們肯定十二面體的要素在於保持等邊的原則，柏拉圖認為四面體、八面體和二十面體的建構莫不如此。」阿蒙紐斯笑著繼續說道：「你必須解決這個問題，要不然就將困難的地方說出來，讓大家可以集思廣益，不要在裡面兜圈子浪費時間。」

34 這時我接著說道：「至少目前我不願提供無中生有的意見，或許會對自己的觀點做一番查驗，總比不相信別人的說法要好得多。我再重複在開始時所說的話，基於假定存在兩種性質，其中一種可以從感覺得到明確的證據，它的變形來自創造和滅亡，出現的狀況是無所不在；另外一種性質基本上屬於概念的範疇，經常持久不變，主要的缺陷在於本身的分割造成多樣性；因而我們對於有形和主動的質量，不能使它集中帶來緊密的結合，反而形成分離和割裂，就會感到氣憤和懊惱。不朽和神聖的事物最適合的方式，必須保持團結統一，盡全力避免四分五裂。甚至就是差異的力量在理性和感覺方面造成概念的歧見，較之於位置的分離產生更大的隔閡和間隙。」

「柏拉圖反對以偏概全的論點[109]，認為存在只限於五種事物：生存、相同、差異、運動和靜止。只要認同這五種有形要素的存在，由於每一種都能參與其事，可以發揮最大的功能，從而得知它們已經混合起來，如果五個有形的要素受到類似的模仿，這也不會讓人感到可怪。正立方體有平坦的表面可以保持穩定的狀態，明顯看出是一種與靜止有關的立方體；對於四面體或角錐而言，由於它的邊形成最簡單的結構，加上極其尖銳的角，任何人都會注意到它具備激烈和好動的性質。十二面體的性質在於廣闊的內涵可以包容其他的立方體，可以視為一種與所有有形存在都發生關聯的規範。對於剩下的兩種立方體，二十面體或八面體可以說是分別擁有差異或相同的性質。」

「基於這方面的理由，八面體促成氣的產生，一種單獨的型態可以將所有存

109　柏拉圖《智者篇》256C；參閱本書第28章〈德爾斐的E字母〉14節。

在之物包容在它的範疇之內；水可以視爲二十面體，混雜的過程使它具備最大多樣性的特質。如果自然界對於所有的事物需要一種均衡的分布，大可以相信世界能夠就所依循的模式，創造出來的數量既不會過多也不會過少，每一世界當中的每種模式都擁有領導的位階和權力，早在原始物體建構之初就已經獲得。」

35　「我們爲了使柏拉圖感到安慰，刻意就自然界的生殖和變形將它區分爲許多等級。另外有件事請大家深入考量和特別注意，那就是最早出現的數字[110]（我的意思是指一這個基數以及它的不定二元性），其次就是數字的發展序列如此紊亂，可以稱之爲無限。所幸基數一具備的性質，可以用來限制和阻止在『無限』當中出現的無效、無理和不定，賦予它的類型和模式，使得它在某種法則之下接受和容納『有限』的概念，接著的步驟是對有關事物的認知和辨識加以證明。」

「當前所有的第一原理開始出現就與數字有關，不過，除了基數一之外，無論多大的數量都不是數字，因爲這些數量從無限的概念中創造出來，如同物體的一種型態，將它切成兩段以後，其中一邊會多些，另一邊會少些。任何一個較大的數量要經過基數一加以區隔以後才能變成數字。如果將基數一放在旁邊不予理會，不定的二元性將所有的數字拖進混亂之中，使得它沒有韻律、規範和度量可言。如同事物不能將形式置之不顧，特別是形式可以定出事物的外觀和次序，雙方的第一原理都必須存在於數字之中，從這裡產生最早和最大的分歧和差異。」

「因爲不定的第一原理是偶數的創造者，還有具備優勢地位的奇數，二是第一個偶數而三是第一個奇數。這兩個數字組成的五是奇數卻具備很大的發展潛能[111]。差異的天生需求使得認知的辨識和有形的物質分爲若干部分，數字不是第一個偶數也不是第一個奇數，從這兩個數字構成第三個數同樣是由兩個基本原則所產生；這兩個基本原則分別創造出偶數和奇數，彼此的結合不可能形成分離；使得奇數和偶數都能擁有一個第一原理的性質和潛能。因此當二與三兩個數的配對，較好的一個數對未決定的數占有優勢，因爲未決定的數會使有形之物分離，唯有用占優勢的數加以阻止。等到事物被分配到兩者，中間部分的結合不讓整體分成兩個部分，未決定的差異創造出許多世界，帶往變化多端的方向。然而相同與限制的力量所產生的成效在於使奇數發揮作用，不允許自然界的進展超越最佳

110　參閱本書第28章〈德爾斐的E字母〉7-9節。

111　參閱本書第28章〈德爾斐的E字母〉8節。

的範圍之外。如果基數一保持純粹的本質，事物不會出現任何的分裂，由於它與二元性的力量結合以後，就會接受切割和分離，只要奇數能夠壓制偶數，這種狀況就會停止。」

36 「這是古代的人民習慣將計數稱爲『五個一數』[112] 的道理所在。基於同樣的理由，我認爲panta『全部』這個字源於pente『五』，如同pentad『五個一組』是第一個數字的組合。從數字的乘積可以清楚得知，所有的基數除了五之外，要是與任何一個數相乘，得到數字不同的尾數[113]，五與偶數相乘得到的尾數是十，要是與奇數相乘得到與本身相同的尾數。我差點忽略一件事實，五是最先兩個平方的和，須知一的平方是一而二的平方是四；從而可以算出一數的平方是二，這是最均衡的等腰直角三角形[114]，首次得到對邊或底邊對斜邊之比爲一比一又二分之一。」[115]

「或許這些事項與我們討論的主題沒有什麼關係，另外一件事卻不容忽視，那就是這個數字具備劃分性質的能力，好像自然界將很多事項用五來分配。例如，它讓我們擁有五種感覺或感官，這點大家都很清楚，還有就是靈魂的五個部分[116]：成長、知覺、欲念、堅忍和理性。還有每隻手都有五根手指，以及經過五次的篩選可以獲得生育力最強的種子，從記錄得知婦女一胎最多可生五位子女[117]。埃及人的傳說雷亞孕育出五位神明[118]，暗示五個世界的創造來自單一的根源。以及地球的表面區分爲五個地帶；天空有五個圓周，就是兩個極圈、兩根回歸線和

112 參閱本書第27章〈埃及的神：艾希斯和奧塞里斯〉56節；以及第28章〈德爾斐的E字母〉7節。
113 這種說法並不正確，除了五與任何奇數相乘得到與本身相同的尾數，像是5×1＝5，5×3＝15，5×5＝25，5×7＝35，5×9＝45；還有六與任何偶數相乘得到與該數相同的尾數，像是6×2＝12，6×4＝24，6×6＝36，6×8＝48；參閱本書第28章〈德爾斐的E字母〉8節。
114 等腰直角三角形兩邊的平方之和等於斜邊的平方，亦即兩邊的平方各為1，則斜邊的平方為2。
115 比較準確的數字是1:1.414，亦即2的平方根是1.414。
116 參閱本書第28章〈德爾斐的E字母〉13節；柏拉圖《國家篇》410B，440E-441A；《泰密烏斯篇》70節及後續各段，把靈魂的五個部分與我們的內臟和骨肉配合起來，使得敘述的內容極其冗長。
117 參閱本書第21章〈羅馬掌故〉2節；亞里斯多德《動物史》第7卷4節；好像蒲魯塔克那個時代，曾經出現六胞胎的例子，而且官方加以證實。
118 這種說法可以參閱本書第27章〈埃及的神：艾希斯和奧塞里斯〉12節，所生的五位神明是奧塞里斯、阿魯埃里斯、泰封、艾希斯和尼弗齊斯；然而在希臘神話中，雷亞卻生下六個子女即赫斯提亞（Hestia）、德米特、天后赫拉、天神宙斯、海神波塞登和冥神哈得斯。

中央的赤道。如果太陽、金星和水星的運行是同一路徑，那麼就有五種行星的軌道。世界的架構以和諧爲基礎，我們知道四弦琴的演奏有五種音調[119]，即低音、中音、泛音、綴音和高音；音樂的音程也有五種，即四分之一音程、半音程、全音程、一又二分之一音程和倍音程。誠如亞里斯多德所言[120]，自然界對所有事物的安排，不求周延而以五爲滿足。」[121]

37 「有些人會這樣說：『柏拉圖用五種幾何圖形推論出世界的數量有五個[122]，爲什麼要說神明用第五種建構完成對宇宙的布置？』他聯想到的問題是世界的數量要多於一個，也可以說無論是一個或是五個，都是存在的事實，所以他堅持的看法具備數的緣起。我們對於他的概念在運用的時候，要盡量保持合理的可能性，像是我們考量運動的變化，一定要密切注意物體的本身，特別是外形的改變，由此得知他對我們的教導非常平實，讓大家了解到事物的變化與它構成的本質息息相關[123]。例如火的產生來自氣肇因八面體破裂和分解成爲四面體，或者氣的產生來自火肇因四面體受到外力的壓迫結合成爲八面體；元素不可能停留在原來的狀態，只是避開或帶到其他的位置，這種方式能夠排除在變化的途徑上形成障礙的任何事物，或者保持改變以後的性質不再復原。」

「柏拉圖舉出一個比喻將變動的狀況敘述得更加明晰[124]，可行的方法如同『用風扇或篩子將穀粒中的糠秕除去』，元素使得物體經歷的顚簸，如同它本身要受一番折磨。還有一種描述的方式相當適合實況，元素使宇宙的構造變得完美之前，每樣事物都占有不同的位置。整個局面所以處於這種狀況，那是宇宙沒有神明存在的關係，最早出現的五種屬性形成各自爲政的現象，立即帶往不同的方向，不會形成完美或絕對的分離；只有所有的事物混合在一起，劣勢或居下位者通常會追隨優勢或居上位者，根本不理會自然律的原則。」[125]

119　參閱本書第28章〈德爾斐的E字母〉10節；第69章〈論柏拉圖《泰密烏斯篇》有關「靈魂的出生」〉31節；以及第78章〈論音樂〉22節。

120　參閱亞里斯多德《論風格》第2卷4節。

121　這種論點在我國更爲明顯，諸如：五行、五刑、五金、五官、五倫、五彩、五味、五聲、五穀、五臟等等，可以舉出更多的例證。

122　參閱柏拉圖《泰密烏斯篇》55C；討論到宇宙的數量是有限還是無限這個問題，柏拉圖反對原子論者認爲有無限多個宇宙的說法。

123　參閱柏拉圖《泰密烏斯篇》57C。

124　參閱柏拉圖《泰密烏斯篇》52E；特別提到元素因爲輕重的差別，會分散到不同的地方。

125　很多學者認爲蒲魯塔克應該修正這種論點，凡事遵循自然律並且採取同一步調。

「基於不相為謀的理論產生不同種類的物體，分別朝著各自的方向運動，它們之間的空隙造成相等數量的分離，一些不是純粹的火而是具備火的特質；還有就是已經混合的以太，帶有難以捉摸的縹緲和輕盈；還有一些並非單獨的土，整體而言擁有土的屬性。最重要是氣與水保持緊密的關係，哲學家曾經談到，他們想盡辦法要讓裡面充滿許多外來的元素。不是神明要將物質分開或者將剩下的部分放置在其餘的地方，完全是本身的行動造成分離，運用相異的方法就會陷入極大的混亂之中，這時神明才會接管所有的工作，不僅恢復秩序，還要拿出適當的手段和工具使它聚集起來。」

「等到祂像一位總督和警衛建立理性，就會為存在的原始個體創造無數的世界。我們從阿蒙紐斯的記載得知彼此的因果關係，感謝柏拉圖向我們提供的觀念，我個人對於有許多世界這件事並不表贊同。柏拉圖的意見認為世界的數量不止一個，然而絕不是無限，當我看到事物的特性是如此雜亂無章，保持在絕對分離的狀態，這時它不會依附一個單位，根據理性也不容許趨向無限，所以我認為這方面的概念毫無道理可言。我們無論在何處總要將學院的教誨記在心頭[126]，不要表現盲從和輕信的態度，特別是在討論『無限』這個觀念的時候，通常會感到無所適從，那麼自己總得找到一個穩固的立足點。」

38 等到我講完以後，德米特流斯說道：「蘭普瑞阿斯提出正確的看法，認為優里庇德的詩句，

神為了讓我們時常出現失誤，
所以會安排形形色色的事務。[127]

表示的意義不像他所說那樣是『一種詭計』，然而事實的確如此；即使我們自認對這些事情有相當的認識，可以大膽宣布個人的意見，還是免不了心生疑慮。這位作者還說『討論要追根究柢』[128]，對於假定的事項要探求它的起源。前面曾經提過，半神放棄神讖的職責對於預言的事務不加理會，如同音樂家將他的樂器丟在一旁視之若敝屣。這時就會涉及一個更重要的問題，有關於工具和權柄的成

---

126 參閱第28章〈德爾斐的E字母〉7節。
127 參閱瑞克《希臘悲劇殘本》之〈優里庇德篇〉674頁No.972。
128 參閱本書第28章〈德爾斐的E字母〉13節，說是優里庇德提到討論必須做進一步的回顧。

因，可以使職掌預言的祭司和女祭司獲得神明的啟示，表現出洞察世事和未卜先知的能力。我們不能說半神對神讖保持沉默就認定祂放棄職責，除非我們確知過去祂使得神讖發揮功效，已經獲得大家的信服。」

阿蒙紐斯加入談話說道：「你真的認為半神如同赫西奧德所說『陷身迷霧』[129]，不如靈魂能夠善盡本分？我的內心執著一種信念，人與人的差異不是引起悲劇就是喜劇，然而靈魂與靈魂的差異卻能使肉體適合當前的生活。基於類比的推論方式，靈魂接觸到靈魂使它們對未來產生某種印象，這種事並非毫無道理，要說不可思議也是言過其實。我們無法用語言或文字將所有的資料傳輸給他人，僅僅身體的接觸或是眼神的注視，更是難以達到它的成效，看來只有靈魂的交流才能提供雙方更多的認識。蘭普瑞阿斯，你一定還有另外的事情要交代，看來還是無法讓你免開尊口。不久之前我們聽到傳聞，說你與一些外鄉人在勒巴迪亞談論這方面的題材，只是傳話的人記不清楚你發表的那些高見。」

我說道：「你無須大驚小怪，其間出現很多狀況以及讓我們分心的事，那天正是頒布神讖和奉獻犧牲的日子，使得我們的談話非常散漫，不僅沒有目標而且前後無法連貫。」

阿蒙紐斯說道：「現在你有一群聽眾，卻沒有可以吸引他們的論點，希望你抱著熱烈的態度，不辭辛勞去尋找和獲得所需的資料。如同你所看到的狀況，大家已經放棄所有的爭執和辯駁，願意傾聽你的演說，讓你可以盡情高談闊論。」

39 還有其他人加入要求的行列，我等待片刻以後繼續說道：「阿蒙紐斯，事實上你應該利用這個難得的機會，對於有關的問題公開說出個人的看法。如果靈魂的作用在於服侍肉體，或者成為肉體不可分離的部分，那麼半神誠如你和超凡入聖的赫西奧德所說：

　　祂成為地球上面神聖的居民，
　　終歸是凡夫俗子的守護精靈。」[130]

「半神擁有與生俱來的本能，對於未來的事件尚未發生之前，不僅知悉還要加以揭露，至於談到一般的凡人，為何肉體裡面的靈魂會喪失這方面的效能？當

129　赫西奧德《作品與時光》125行。
130　赫西奧德《作品與時光》123行。

靈魂離開肉體以後，要是先前它沒有天賦的能力或特權，同樣也不會產生自然增值的現象；靈魂通常擁有天生的能力，只是在與肉體結合以後降到最低的程度，有些已經藏匿起來完全無法覺察，還有一些非常微弱而且暗淡失色，如同人們在濃霧當中的視覺和置身水裡的行動，是那樣的無效和緩慢，對於這方面的功能更要加以培養和恢復，必須移去和清除留在外面的遮蓋和阻障。太陽的光線只要穿過雲層，看起來就不會那樣的刺目，雖然太陽極其明亮，濃霧還是讓我們看到的物品變得模糊不清；靈魂一旦受到臭皮囊的束縛，如同光線受到雲層的掩蔽，不再需要擁有預言的能力。即使原來的特質還保持不變，在與人類的習性混雜起來以後，像是瞎眼的盲人已經不能視物。」

「我們檢視靈魂的一切作為，雖然看不到具體的形象，仍舊不應感到驚奇或是難以置信。任何事物會在剎那之間走入過去，這也是存在或實質的終結，無論是行動、語言和經驗莫不如此。時間如同永不停息的潮流，帶著萬物向前行進。我不知道靈魂的功能為何會依附在肉體上面，就現存的事物當中無法找到類似的例子。有關阿尼（Arne）這個城鎮帶來的問題，帖沙利人獲得的神讖吩咐他們要注意那些

耳聾聽到和目盲看見的人士。」[131]

「須知記憶對我們而言，如同可以聽到聲音的聾子，以及可以看見事物的瞎子。我曾經表示對很多狀況不要感到驚異，如果靈魂不再能控制身體的感官，由於它們之間的關係非常密切，所以期望類似的狀況不要發生；出於對未來的過分依賴和刻意交往，所有過去已告終結的事物遭到遺棄，只留下對它們的思念。」

40「所有的靈魂都擁有預言的能力，這是與生俱來的天賦，只是深藏不露很難明確的表現，有時會在夢中洩漏光輝燦爛的才華，或者發生在臨終之際[132]，肉體經過洗滌除去所有的不潔，達到一種時空暫停的彌留狀況，回光返照使得靈魂從肉體中釋放出來，理性和思考的能力可以充分發揮，因為它已經進入未來那種想像和虛幻的疆域。優里庇德在詩中用嘲諷的口氣，提到

---

131 參閱修昔底德《伯羅奔尼撒戰爭史》第1卷12節；說是特洛伊陷落以後六十年，現在所稱的皮夏夏人被帖沙利人逐出阿尼，定居在皮夏夏這個地方；須知此地過去稱為卡德密。

132 原注要我們參閱柏拉圖《答辯篇》39B，其實這段的要旨是說逃避罪惡比逃避死亡更為困難；雖然我已被死亡追及，那些陷害我的人也將被罪趕上。

神奇的預言家和精明的術士，
具備揣摩和推測世局的本事。」[133]

「這種說法並不正確，優異的預言家是見多識廣的智者，他的靈魂所擁有的
感應經由理性的協助，引導他走向正確的道路。預知爾後發生的事件就本身而
論，可以說毫無理性可言而且不能做出立即的決定，如同一塊沒有字跡的黑板，
卻可以接受即將來臨的印象和預感，等於很快從當前的狀況中脫身而出，用不合
邏輯的方式將未來緊緊抓住。離開現實的動作完全取決於肉體的性質，產生的感
應以及預期的改變我們稱之為啟示。」

「這時肉體經常會達到失神和恍惚的狀態。地球的環境給人類帶來有如浪濤
洶湧的影響力，其中有些產生的結局是狂亂、疾病和死亡；還有援助、利益和恩
惠，每個人都有這方面的經驗，這也是很平常的事。只有預言的趨勢和風格最為
神聖，可能通過空氣而發生，或者陪伴著奔騰的水體，等它灌輸到身體裡面，會
在靈魂當中創造出一種非比尋常的氣質，具備的特性很難用筆墨加以形容，類似
之處可以提供很多比擬的事物。溫暖和散布使得它開放幾條通道，未來的印象會
從裡面傳送出來，如同酒的勁道進入頭部，就會表現很多不常見的動作，儲藏心
頭的話在不知不覺當中盡情洩漏。

虔誠的酒神信徒有著狂亂的心，
經常在喧囂的場合對眾人顯靈。[134]

參照優里庇德的詩句，只要靈魂變得無比的炙熱，就將端莊和審慎丟在一邊，須
知人類的智慧根源於此，使得靈感和啟示產生轉變或是無謂的消耗殆盡。」

41 「這個時候有人公開宣稱，乾旱產生的熱力可以提升預言的本領，
使得它的內涵更為純淨精鍊，如同赫拉克萊都斯所說『乾燥的靈
魂』[135] 有同樣的意義。潮濕只會使視力和聽覺遲鈍，等到它接觸鏡面或是與空

133　參閱瑞克《希臘悲劇殘本》之〈優里庇德篇〉674頁No.973；以及本書第29章〈德爾斐的神
　　讖不再使用韻文的格式〉10節。
134　優里庇德的悲劇《酒神信徒》298行。
135　赫拉克萊都斯說過「乾燥的靈魂最為完美」這樣富於哲理的話，經常被後人引用；參閱狄爾
　　斯《哲理詩殘卷》第1卷〈赫拉克萊都斯篇〉100頁No.B118；本書第67章〈論肉食者鄙〉第

氣混合起來，就會奪去它的亮度，所有的物體顯得暗淡無光[136]。還有就是很不可能反對下面的事：靈魂當中預言的元素就是啓示的能力，處於寒冷和緊密的狀態會變得更加機警和敏銳，如同燒紅的鋼鐵在冷水中淬火。」

「更有甚者，錫與銅的合金使得原本鬆散的質地，變得無比堅硬[137]，外表顯得光輝耀眼；靈魂要是與預言的幻想密切結合，可以充滿虛無的空間使之更爲精實，這也是無法阻擋的趨向。物與物之間因爲質地相同產生吸引力和適應性，如同豆類使紫色顏料在染整的過程中容易著色，碳酸鈉經常使用於紅色織物。伊姆皮多克利的詩句：

> 眾人都穿亞麻布縫製的服裝，
> 閃爍美麗又奪目的紅色光芒。[138]

尊貴的德米特流斯，我們經常聽你說起賽德努斯(Cydnus)河，還有阿波羅留在塔蘇斯那把神聖的佩劍，因爲賽德努斯河的水流除了它以外，不會再去洗滌別的兵器；只有那條河夠資格提供備受尊敬的用途。」

「奧林帕斯山發生類似的現象，祭壇前面的香灰累積成堆，爲了使它們固結不要飛散，澆上從阿爾菲烏斯(Alpheius)河汲來的水，其他地方的液體都不能產生凝聚的作用。」

42 「地球上面有成千上萬條河流，如果其中一條能使靈魂產生啓示的作用，先期顯現未來的印象，這也不是讓人感到驚異的事。傳說的內容同樣符合我的陳述，根據記載知道預言的能力在某些地點的上空留連不去，最早出現的狀況是有位牧羊人在該地發生意外，墜落在深淵竟然給他帶來未卜先知的本事，原來大家對他表示輕視，等到他能預先告知即將發生的事件，眾人對他欽佩之情溢於言表。德爾斐見多識廣的人士都知道流傳已久的故事，這位主人翁的名字叫作科里塔斯(Coretas)。」

「我個人的看法認爲靈魂會與預知的感應發生密切的關係，如同視力之與光

(續)———

1篇6節；以及蒲魯塔克《希臘羅馬英豪列傳》之〈羅慕拉斯傳〉28節，闡述從凡人變成神明的過程，說是「完美的靈魂像一道森冷的光」。

136　參閱本書第77章〈會飲篇：清談之樂〉第8篇問題10第3節。

137　參閱亞里斯多德《論動物的生殖作用》第2卷8節。

138　參閱狄爾斯《哲理詩殘卷》第1卷〈伊姆皮多克利篇〉255頁No.B93。

具備同樣的性質。雖然眼睛可以視物，沒有光線就不能發揮應有的功能[139]，靈魂的預知能力像眼睛一樣，需要某些媒介引起激發的作用。古老社會的民眾將阿波羅和太陽視為同一個神祇，他們體認到類似關係的推測，不僅正確而且合理，那就是肉體之於靈魂，視力之於理解，以及光線之於事實，如同太陽的力量之於阿波羅的本質，因而他們將太陽當作阿波羅的後裔子孫，從開始直到永恆，因為太陽對於我們的知覺當中的視覺，促進和引發它的功能和活動，如同神明對於靈魂賦予預知的能力。」

43 「因此有人獲得結論，兩者合而為一的神明具備同樣的性質，指出神讖對阿波羅和地球是一視同仁，無分軒輊。認為太陽為地球創造出適合的氣氛和環境，帶著預言啓發性質的幻想飄浮向前而行。赫西奧德提到地球的時候，能比其他哲學家有更為深刻的認識，他說

> 廣闊的大地擁有堅實的基礎，
> 承載流轉四方的眾生和萬物。[140]

因而我們相信它的恆久不滅和生生不息。提到預言能力與地球的關係，可能在某些地點消失不見蹤跡，也可能在某個位置繼續發揮作用，整個狀況可以視為飄流不定，出處不明，隨著時間和環境發生變化和移動，從出現在眼前的事物可以獲得正確的判斷。談到湖泊和河流的狀況，特別是一些溫泉，在某些地點經常會消失不見，或者不知不覺當中逐漸沉陷地下，經過一段時間在原地出現，也可能潛流到附近地區再度重見天日。」[141]

「如同我們知道開採一空的礦區，目前都面臨放棄的處境，例如阿提卡的銀礦和優卑亞的銅礦，特別是後者用冷鑄法製造極其鋒利的兵器，伊斯啓盧斯的詩句：

> 優卑亞人善於冶煉青鋒刀劍，

139　參閱本章第47節；以及柏拉圖《國家篇》508A-509B。

140　赫西奧德《神譜》117行。

141　這種現象在希臘不會令人感到奇異，有的地區會經常發生，像是色摩匹雷就以附近的溫泉而得名；參閱本書第45章〈論天網恢恢之遲延〉12節。

一朝利器在手便可縱橫世間。」^{142}

「優卑亞的岩石可以製造像紗線一樣的石質纖維^{143}，只是不久之前才停止生產。我想各位一定看到過用這種材料製成的毛巾、魚網和婦女的頭蓋，放在火中不會燃燒，如果擁有的織物受到污染變得骯髒，物主只要將它丟進炙熱的火焰當中，不過片刻工夫就會變得明亮和乾淨。到今天這種工藝手法已經失傳，無法再從礦區的產品當中，提煉出細如毛髮的纖維。」

44 「亞里斯多德的學院很明確的表示，地面所有的變化始作俑者是蒸發作用^{144}，事物基於這種性質必須消失不見，接著是位置的改變以及再次用全部力量引起爆炸；出於坦誠的態度和堅定的信念，確認超凡入聖的精靈才會啟示預言，只是祂們擁有的能力不能永遠保持，更無法避開歲月的影響，還是會發生不時的遷移。過多的雨水會使祂們耗盡能量，霹靂的威力可能使祂們神形俱滅，特別是一場釀成災害的地震，造成地層下陷和毀滅性的混亂，由於蒸發的氣體改變位置，或者發現完全受到掩蔽的出口，從遺留的痕跡可以找到巨大地震所摧毀的城市。他們提到奧考麥努斯（Orchomenus）^{145} 瘟疫流行，眾多的人口幾乎滅亡殆盡，提里西阿斯（Teiresias）^{146} 的神讖因而式微，到今日仍舊沒沒無聞不為人知。西里西亞遭到同樣的下場，前面我們曾經談到這件事，德米特流斯，這裡沒有人比你更了解整個狀況的來龍去脈。」

45 德米特流斯說道：「你們知道我離開該地有很長一段時間，對於目前的狀況已經不太清楚。過去當我在那裡的時候，摩普蘇斯（Mopsus）和安菲洛克斯（Amphilochus）^{147} 的神讖非常風行，我要告訴大家一件非常神奇的

---

142 參閱瑞克《希臘悲劇殘本》之〈伊斯啟盧斯篇〉107頁No.356；銅的冷鑄經過證實的確非常堅硬而且富於韌性。

143 有關石綿的運用這是最早的記載。

144 參閱亞里斯多德《天候與氣象》（*Meteorologica*）第1卷3節；西塞羅《論占卜》第1卷19節和第2卷57節。

145 奧考麥努斯是皮奧夏最大和形勢最險要的市鎮，始終為斯巴達人所據有，並派駐強大的守備部隊。

146 提里西阿斯是底比斯一位目盲的預言家。

147 摩普蘇斯和安菲洛克斯同心協力，一起在小亞細亞的西里西亞建立殖民城市瑪拉斯，後來此地以神讖的靈驗享有大名。

事，這與摩普蘇斯的神讖很有關係。西里西亞的統治者對於宗教事務抱著三心二意的態度，我認爲他對事物始終堅持懷疑論的觀點，很難接受他人的說服表示願意相信，特別是他爲人傲慢而且自視甚高。何況他還是伊庇鳩魯學派的學者，對於自然科學的研究非常精到，淵博的知識深受世人的讚譽，因此大家斷言他對神讖這類的事物，表現出不屑一顧的模樣[148]。所以他對於極其重大的事項，下令由一個自由奴出身的人負責，看起來像是派間諜前往敵國去從事活動一樣，特別是身上帶著密封好的寫字板，上面寫著他要詢問的事項，內容爲何沒有人知道。來人按照習慣要在聖殿過夜，第二天早晨記下晚間的夢境：好像有位容貌英俊的人士站在他的身邊，只說了一個『黑』字，接著這個幻影就消失不見。大家對這個夢境感到不解，引起很多揣測之辭，統治者聽到以後驚駭莫名，馬上跪下向著神明膜拜，打開寫字板向大家展示上面的問題：『奉獻的犧牲應該是白牛還是黑牛？』產生的結局是使所有的伊庇鳩魯學派人士亂成一團，統治者按照指示用黑牛作爲祭品，從此以後對於摩普蘇斯的神讖深信不疑。」

46 德米特流斯說完故事，整個人陷入沉思之中。我很想結束對於這個問題的討論，注視坐在一起的菲利浦和阿蒙紐斯，看來他們像是還有一番話要說，我只有閉口不語。

最後阿蒙紐斯說道：「蘭普瑞阿斯，菲利浦對於剛才所說的話，會表示同樣的意見，因爲他與大多數人的看法一致，阿波羅與太陽是完全相同的神明。我不僅感到很大的困難而且關切更爲重要的事項，首先是不知道爲什麼出現這樣的狀況，剛開始討論問題的時候，我們屈從於邏輯的推理，勉爲其難將預言這門技藝，從神明轉移到半神的身上，現在就我看來像是大家硬把半神拉進去以後，接著將祂們從神讖和三腳鼎的旁邊趕走，因爲我們將預言的起源，連帶存在的方式和能力，都歸之於風、幻想和蒸發作用。因爲提到鋼鐵的冶煉、加熱和淬火，只能用來降低神祇的名聲，聯想到有關最後的成因，如同優里庇德所下的結論，他讓賽克洛普斯[149]知道實情，亦即：

　　無論大地是否已經力竭勢窮，

148　戴奧吉尼斯‧利久斯《知名哲學家略傳》第10卷135節。
149　獨眼巨人賽克洛普斯是天神烏蘭努斯和蓋亞的後裔，根據赫西奧德的說法，他們共有兄弟三人，都是火神赫菲斯都斯的工匠，專門製造雷電；荷馬的《奧德賽》把他描述爲吃人的怪物。

總得長出青草養肥我的牛群。」[150]

「只是這裡還有一個大相逕庭的地方：他說他不會向神明奉獻犧牲，須知『餵飽自己的肚皮是最為神聖的職責』；然而我們卻要用犧牲和祈禱來討好神明，這是獲得神讖應付的代價。如果靈魂原本擁有預言的能力，只是因為空氣的特殊狀況，或者是潮流的趨勢激起它有所行動，那我們又何必膜拜神明？四蹄緊蹙的牲口流露出恐懼和戰慄的神色，將酒傾注在牠的身上並不能解除痛苦，那麼酹酒的儀式又有何意義？如同其他的犧牲搖動頭顱，全身所有部分都在地面上輾轉翻滾，同時伴隨悽惻的悲鳴。」

「他們的說法是只有神讖不能發生作用，才可以避免血腥的奉獻，甚至無須具備預言能力的女祭司。雖然這僅僅是假定事項，他們還是把成因幾乎全部歸之於神明或者半神，一切都是祂們的行動，給予相信也是合理的事；至於你提及的觀點從基礎上來看缺乏足夠的理由。蒸發作用的出現無論是否來自犧牲的動物所激發，能夠產生啟示並且傾向於靈魂的感應，總算出現一件難得的幸事；還不僅是女祭司的靈魂，任何一位普通人都有可能發生接觸。為了達成神讖的目標非要運用一位婦女，規定她終生保持純潔和貞操，加以嚴密的防範讓她不得安寧，看來這種方式實在過於愚蠢。」

「德爾斐的人民普遍相信科里塔斯是第一位擁有預言能力的人，因為他正巧在那個地點從懸崖上面掉下去。我認為這件事如果不是出於傳聞或捏造，對於任何一位放牛趕羊的牧童而言，應該都沒有多大差別。我曾經計算希臘人從神讖方面獲得多少恩惠和好處，這些都是它答應要盡到本分的事，諸如戰爭的勝敗、城市的興建、瘟疫的蔓延和作物的歉收，從而得到的結論是如此令人感到不快，指出這些重大事件的發現和根源，來自機遇和偶然並非神明和天意。」他最後還加了幾句話，說道：「根據上面舉出的事實，我希望蘭普瑞阿斯把他的看法告訴我們，菲利浦，你是否願意稍微再等一下？」

菲利浦說道：「沒有問題，所有在場人士跟我一樣，會把你說的話再好好想一想。」

47 這時我面對著他說道：「菲利浦，阿蒙紐斯的教誨不僅要讓我做進一步的思索，同時還使我感到惶恐不安，當著像你們這樣的一群學

150　優里庇德的悲劇《賽克洛普斯》332-333行。

者面前，我好像沒有考慮年齡的差距，公開發表某些似是而非的論點，明知世人
對於神祇抱著虔誠的敬畏之心，還要攻擊或擾亂大家在宗教方面的信念。我要把
柏拉圖當成我的證人和律師，引用他的話來爲自己辯護。柏拉圖曾經批評安納克
薩哥拉斯這位古代的哲學家[151]，說他過分執著物質方面的成因，遵循的路徑完全
依據需要的原則，認爲所有的作用在於身體的行爲，忽略動機和目標造成的影
響，這才是事物的肇始和根源。」

「柏拉圖是第一位從事這方面研究的哲學家，認爲萬事萬物起源於神明的創
造，而且言之成理，同時也不會剝奪事物的存在基於需要的成因，理解到感覺的
宇宙不能拘泥一格，只要事物的發生合乎天理人情，即使安排的方式不夠純精，
能夠依據規範仍舊可以接受。當務之急在於提到如何將神明視爲藝術家。我們可
以先將混酒鉢知名的托架和基座舉出來作爲例子，希羅多德特別將它稱爲『酒鉢
的支撐』[152]。製成整件物品的材料是鋼鐵，要用火作爲工具使它軟化，要用水作
爲工具使它堅硬，否則無法鍛接成爲可以使用的產品。技術和動機成爲最具支配
力量的原則，可以安排必要的工序達成既定的目標。」

「任何一位創作者有這樣的描述可以獲得不朽的名聲[153]：

　　當代的大宗師波利格諾都斯，
　　定居薩索斯擁有顯赫的家世；
　　描畫出特洛伊城的陷落慘劇，
　　洗劫的街道遺留遍地的死屍。

波利格諾都斯（Polygnotus）[154]將所有的情景和人物的容貌描繪得栩栩如生。然而
就使用的材料而論，不能將顏料放在一起研磨，進行的程序會喪失所有的色澤，
得到的混合物不能達成任何視覺的效果。他經過調查和研究，知道夕諾庇的土壤
帶有特殊的紅色，如果不小心混合黃色的赭土就會發生變化，或者攙進煤煙成爲

151　柏拉圖《斐多篇》97B-C；開始柏拉圖同意安納克薩哥拉斯的論點，心靈產生秩序，它是一
　　切事物的根源；等到後來發現心靈在他的手中變成無用的東西，使得柏拉圖感到失望。

152　這個托架是利底亞國王阿利阿底奉獻給神廟的物品，第一個用鍛接法製成的鐵器，證明當時
　　已有很高的工藝水準；參閱希羅多德《歷史》第1卷25節；鮑薩尼阿斯《希臘風土誌》第10
　　卷16節之1。

153　貝爾克《希臘抒情詩集》第3卷〈賽門尼德篇〉502頁No.160；或艾德蒙《希臘抒情詩》第2
　　卷399頁；參閱鮑薩尼阿斯《希臘風土誌》第10卷25節之1。

154　薩索斯的波利格諾都斯(500-445 B.C.)是當代名聲最爲響亮的畫家。

米洛斯的灰色大地，豈不是有損他藝術家的名聲？」

　　「工匠掌握鋼鐵在硬化和鍛鍊的過程中所有的細節，知道如果用火焰的溫度控制材料的性質，暫時失去原來堅固的硬度有助於鑄造成形，然後浸入不帶雜質的水中，冷卻作用使烈火造成組織的柔軟和鬆散得以收縮和緊密，達到荷馬所稱『百煉精鋼』[155] 的要求，然而一位調查者難道會毫無保留的相信，這完全是熟練的司務創造出來的工作？我認為不會。事實上有些人會質疑藥劑的成效，他卻不會廢除最基礎的醫學。柏拉圖宣稱我們之所以能夠看見，是太陽的光線混合其他的來源射入我們的眼睛，我們之所以能夠聽到是因為空氣的振動[156]，這時他的本意並沒有抹殺最基本的事實，那就是出於理性和天意的設計，讓我們擁有天賦的視覺和聽覺。」

　　48 「我們可以概括的說，創造的形式談起類別非常複雜，然而卻只有兩種成因，年代最為古老的神話作者和詩人，他們的選擇是著眼於權勢最高居於上位的天神，大聲疾呼世間萬事萬物出自祂的恩典，這也是最普通的概念：

　　　　天神宙斯就是存在的根苗，
　　　　祂執掌真理的均勢和中道。[157]

他們不願趨向更具說服力的自然成因。然而在另一方面，年輕的一代卻願意追隨所謂的唯物論者或自然主義哲學家，這些學者拋棄華麗和神聖的起源，背離古老學院的傳統教學方式。他們將所有事物歸咎於人類的身體和行為，以及從這些行為當中產生的衝突、變形和結合。從而得知無論是神意成因還是自然成因，就據以建立的基礎來看都有缺陷，因為前者忽略或輕視居中的斡旋和原動力，後者則全部歸功於事物的來源和運用的方法。」

　　「柏拉圖是頭一位明確領悟這兩種觀點的人，等於是創造萬物激發生機的代理人不可或缺的助手，他知道與這些行動相關的基礎事物，對於故意誤導我們的敘述，澄清之後可以免於產生疑慮。事實上我們不會將預言的技術視為沒有神意

155　荷馬《奧德賽》第9卷393行。
156　參閱本章42節；以及柏拉圖《國家篇》507C-D和508D。
157　《奧菲烏斯殘留的詩句》第6卷10節；參閱穆拉克《希臘哲學殘篇》第1卷109頁。

的支持，或是不合於理性的要求，因為我們將這方面的事務當成人類的靈魂最主要的素材，認為靈性的啟示和蒸發作用等於一種樂器，或者是用來演奏這種樂器的琴撥或吹口。」

「首先我們要知道地球會產生蒸發作用，太陽授與地球所有調整或遞變的能量，從我們祖先遺留的習俗得知，共同的說法這些都是神明的賜與。其次就這種經過處理的架構和成規而言，如果我們將半神視為它的監督、看守和警衛，等於是一種調整樂器使之聲音更為優美的動作，像是將這根弦放鬆一點或將那根弦拉緊一點，可以把其中不協和以及干擾的成分除去，合作無間的過程不會給演奏者帶來任何的煩惱和痛苦，諸如此類的行為像是我們不會做出任何不合理或不可能的事。」

49 「很多宗教的問題並不盡然如此，最早奉獻祭品的目的是為了明瞭神明的意圖，會給將要宰殺的犧牲戴上花圈，或者將酒澆在牠們的身上舉行祈福的儀式，我們這樣做真是與理性的行為背道而馳。等到祭司和神職人員說他們奉獻犧牲和舉行酹酒的儀式，在於觀察即將宰殺的牲口，會出現那些動作以及恐懼戰慄的狀況，然而除了讓我們知道神明已經留在神廟之外，他們又能從這些行為獲得那些指示和徵候？特別是我們向神明奉獻的犧牲，無論就肉體或靈魂這兩方面來說，應該保持純潔乾淨、毫無瑕疵以及未受損毀。」

「有關肉體的指示並不難覺察，他們測試靈魂使用的方式，像是把粗糙的麥粉放在公牛的面前，或者用豌豆去餵豬，要是這些動物不吃，卻說養的牲口本身出了問題。他們還提到公羊的例子，冰冷的水提供確切的證據，突然遇到下雨天會讓牠們保持安靜不動，正常狀況下的靈魂不會具備這種性質。就我個人的看法，如果有人相信犧牲之所以會戰慄，那是神明留在神廟的徵兆，否則的話那是他在外巡遊，我的陳述只要產生這種結果，所有的難題都會迎刃而解。每種才藝都能發揮與生俱來的功能，是好是壞完全看當時的狀況而定，如果不能因勢利導掌握機會，唯一合理的說法是神明已經有所表示。」

50 「我認為蒸發作用不會在所有的時間都處於同樣的狀況，它的強或弱會週期性的出現。很多國外人士以及神廟裡面所有的工作人員都可出面為我作證。一間向神明請示迷津的大廳，有時機緣湊巧會聞到撲鼻而來的香氣，那些向神明膜拜的人們，身處最神聖的地點感到莫大的恩惠，像是發自最貴重的香料，或者是溫暖的氣候帶來百花齊開的季節。如果這點還不能取信於

人，至少會同意擁有預言能力的女祭司，遭遇到有違常理的影響，只是在情節方
面大同小異而已；啓示的感應與她的靈魂結合從而帶來左右的力量，使她無法保
持原來的氣質，那種趨於完美的諧和，照說在任何場合都不會產生變化。」

「現在她感受到煩惱和憂慮，還有更多無以名之的鬱悶，依附她的肉體還滲
入她的靈魂，等到她飽嘗感情方面的痛苦，最好的辦法是避免投身在神明的制約
之下，因爲這時她做不到心無罣礙的程度（她應該像一件安好弦或調好音的樂
器），何況還處於情緒激動和心思變遷的狀態。飲酒對於量大的醉鬼不會產生同
樣的作用，愛好木簫的名家對於激昂的音調有不同的處理方式，一群人參加酒神
信徒的狂歡宴會，受到飽灌黃湯的刺激出現放縱的行爲，或多或少還是大不相
同，就像他們之間的氣質有所差異。」

「特別是靈魂當中想像力的功能，似乎受到肉體變化的操控，兩者之間因而
產生互動，明顯的事實出現在睡夢之中。有時我們發覺自己在夢中被一大群形形
色色的幻象所圍困，等到事過境遷能夠平靜入睡不再受顯靈的干擾。我們得知從
道利亞（Daulia）[158] 來到此地的克利昂，他說他很多年來已經不再出現夢境，赫里
亞（Heraea）[159] 的色拉西米德（Thrasymedes）在老年人當中也有這種狀況。成因取
決於身體的氣質，如同有些人傾向憂鬱就會深受夢境和幻象過多之苦，這也是一
種極端的現象；因此有人以連續做夢的能力獲得名聲，豐富的想像力使得他在解
夢的時候可以左右逢源，如同一個人射出很多支箭，總會誤打誤撞命中目標。」

51 「想像和預言的稟賦無論何時都要給予適當的調節，保持寧靜的心
情去接受感應，如同曾經服過藥物一樣，獲得啓示很快就能預知未
來的事故；如果不能達成這樣的條件，神意的啓示就不會降臨，甚至帶來誤導、
反常和混亂，如同我們所知女祭司的例子，沒有活多久就香消玉殞。這件事情發
生的緣起是國外來了一個代表團請求神讖指點迷津，據說供作犧牲的牛隻在酹酒
儀式當中，一動也不動顯出毫無反應的樣子，祭司在來人誠摯的請求之下，繼續
進行典禮超越相沿已久的習俗和規定，只有犧牲遭遇洪水即將溺斃的狀況下，最
後才會答應他們的要求。」

「那麼爲何會發生接觸到女祭司的結局？她在不知不覺中履行頒布神讖的職
責，他們說她顯出一副無精打采的模樣，等到她開口說話就知道狀況不對，因爲

158　道利亞是福西斯地區一個城市，就在德爾斐附近。

159　赫里亞是阿卡狄亞一個市鎮。

她的聲音極其嘶啞刺耳，這時她像一條負荷過重的船，上面滿載威力強大又邪惡無比的精靈。最後她變得歇斯底里發出恐懼又尖銳的叫聲，衝出門外仆倒在地。結局是一陣混亂，無論是代表團的成員，還是神讖的通事尼康德以及在場的神職人員，全都逃走一空。過了一會他們進入神廟，發現她已經站起來神志還很清醒，就這樣也不過多活幾天而已。」

「因為這樣的緣故他們要護衛女祭司的貞節，在她的生活當中不得與陌生人交往和接觸，頒布神讖之前要先占卜吉凶，保持最適當的氣質和性情以供神明附身，避免所受的感應對自己造成傷害。精靈的魔力不會對所有的人都產生影響，即使同一對象也不會依循原來的方式，主要的作為在於啟發和開創，運用適當的時機達成求新求變的目標。來自神明和半神的權勢和能量還是會泯滅、終止或衰老，從合乎理性的角度來看，位於地球和月球之間一切事物即使延續到無窮的時光，最後還是變得疲困不堪。有人斬釘截鐵的表示，超越月球之外的事物無法居留，面對無限和永恆只有棄之不顧，開始著手不斷的變形和重生。」

52 我在最後又多加幾句，說道：「我對於陳述的論點，跟你一樣都經過再三的思考，現在不僅有人表示異議，甚至還產生完全相反的結論，看來目前的狀況不可能讓大家意見一致，因此讓我們暫停討論以後再說，希望能像菲利浦一樣，提出諸如太陽和阿波羅之類大家都感興趣的問題。」

第三十一章
德行能否學而致之

1 我們在討論德行的時候，有個問題引起爭辯，是否可以把「審慎」、「公義」和「正直的生活」教給所有的人；然而我們感到奇怪之處，就是演說家、船長、音樂家、建築師與農人的成就，過去在書籍上面都有記載；鑑於「正人君子」只是一個名字和稱呼，就像「馬人」、「巨人」和「獨眼怪」，很難得到明確的意義；因此我們不應該有這種認定，任何沒有缺陷的行為就是美德，或是任何純淨無瑕的性格來自感情，或是任何不近外人的生活產生屈辱；即使自然女神出於自動自發給我們帶來很多的好處，要是我們抱著漠不關心的態度，這些有利的優點也難以發揮作用。如同稻穀之中攙雜了稗子，讓人感到美中不足。人們可以學習彈琴跳舞以及閱讀書籍，還有農事耕種和騎乘馬匹；他們學會穿衣戴帽，還有如何斟酒烤肉。所有這些事情沒有指點不可能做得中規中矩；何況提到的德行都是過一個美好生活必須達成的項目，難道就不必給予教導，全都無須訴諸理性的指引，沒有任何技巧以及在不經意之間就可以得到？

2 啊！可憐的人類！為何我們一定要說德行不可傳授，同時還會讓它無法存在？如果學習孕育至善的觀念，須知阻礙傳授的功能就是對美德的摧毀。柏拉圖說得好，即使詩句的音步使用出現錯誤，對於七弦琴的和諧不會造成影響[1]；所以兄弟之間不應該有隔閡，朋友之間不應該有爭執，城邦之間不應該有戰爭，否則會給雙方帶來最大的傷害和痛苦；沒有人會說一個城邦爆發內戰，問題出現在腔調有了不同的意見，例如特契尼斯（Telchines）這個名字，重音究竟在前面還是後面都有不同的認定[2]；就是一個家庭裡面的夫妻，不會為分辨經線和緯線發生口角。然而大家有共同的看法，要是沒有經過教導和學習的過程，不

---

1 參閱柏拉圖《克萊托奉篇》407C；以及本書第42章〈論羞怯〉16節。
2 按照希羅迪阿努斯・特克尼庫斯（Herodianus Technicus）的論點，Telchines這個名字的重音是在後面。

會有人去搬弄織布機，或是拿出一本書做樣子，或者坐在豎琴前面發呆，如果他要是不怕別人取笑的話，即使這樣傷到顏面也沒有什麼了不起(像是赫拉克萊都斯曾經說過「要在人前炫耀，先在角落受罪」的話)[3]；然而從另一個角度來看，每個人都認為在很多方面無須教導，雖然他沒有學到如何與妻子、奴僕、同胞或君主相處，他還是可以成功的維持好一個家庭、安排好一椿婚事、治理好一個城邦或是擔任好一個職位。

戴奧吉尼斯看到一個小孩在吃糖果，就打了家庭教師一個耳光，問題所在不是學生沒有好好的學，而是師傅沒有嚴格的教[4]。一個人要是從小就沒有學好規矩，那麼他過團體生活的時候，餐桌上面就不可能有文雅的態度。如同亞里斯托法尼斯(Aristophanes)[5]所說的那樣：

> 一個人要坐有坐相且吃有吃相，
> 就是笑也不能張著嘴像打呵欠；[6]

如果他們沒有學會與人類相處，何以在進入家庭、城邦、婚姻、生涯和官職這一類的團體當中，竟然不會在相互的關係方面受到指責？

有人向亞里斯蒂帕斯問道：「你喜歡到處去旅行，對不對？」他帶著笑容回答道：「沒錯，要是我真的去過那些地方，最後的結果也不過是浪費路費而已。」[7]那麼，你為何不這樣說：「要是一個人在接受教育以後不能變得更好，繳給家庭教師的束脩豈不是浪費金錢而已？」子女在斷奶以後開始接受教育，如同保母或護士用雙手照顧他們的身體[8]，家庭教師依據慣例要鑄造小孩有健全的人格，採取的步驟首先要走上德行的道路。

有一個斯巴達人被人問到，他的教導在那方面最有效，他說道：「我讓我的子女知道，唯有榮譽的事才會帶來歡樂。」然而家庭教師應該教些什麼？走在大

3　參閱狄爾斯《哲理詩殘卷》第1卷72頁No.95。
4　從這種行為來看，戴奧吉尼斯不像是一個憤世嫉俗的犬儒學派哲學家。
5　亞里斯托法尼斯(457-385 B.C.)是希臘最偉大的喜劇家，雖然是雅典人，卻住在伊吉納島，全部作品有四十多部劇本，現有十一部傳世，像是《阿查尼人》、《武士》、《雲層》、《黃蜂》、《和平》、《鳥群》、《青蛙》、《參加會議的婦女》、《財源廣進》等。
6　亞里斯托法尼斯的喜劇《雲層》983行。
7　朱維諾《諷刺詩》第8卷97行；用這這種方式表現諺語的特色。亞里斯蒂帕斯交遊很廣，不論到何處都有權貴富豪接待，用不著他自己花一毛錢。
8　柏拉圖《國家篇》377C。

街上面見人要低頭表示謙恭；用一根手指去試鹹魚，至於新鮮的魚、麵包和肉類可以用兩根指頭[9]；坐的姿態和穿的斗篷要能適合所處的場地[10]，以及諸如此類瑣碎的事情。

3 為何會如此？他說醫生的醫術不過是治療疹子或是除去指甲的肉刺，不會涉及腹膜炎、熱病或是腦炎之類的疑難重症。所以會有這樣大的差異，難道在於有人說那是因為學校、課堂和書本所教都是芝麻小事，負起重大和特殊的職責出於暴力的突然發作和意外事故？有人斷言沒有訓練的划船手不會操作槳和櫓，倒是要把船隻的掌舵看成不學就會的事，豈不是更為荒謬不經；所以大家才有這樣的觀點，那就是一般和普通的技術需要學習的過程，至於德行則大可不必。顯然這種做法與錫西厄人[11]實事求是的精神大相逕庭。根據希羅多德的記載[12]，錫西厄人為了避免奴隸偷乳酪就將他們的眼睛弄瞎，他們所持的理由不足以犧牲人的視覺，雖然採用有利和產生附帶作用的方式，我們認為這不夠資格稱之為德行的實踐。

查瑞阿斯(Charias)之子凱利阿斯對身為將領的伊斐克拉底(Iphicrates)問道[13]：「你是誰？一個弓箭手、盾牌手、騎兵還是重裝步兵？」伊斐克拉底回答道：「都不是，你所說的兵員都聽我的指揮。」他們提到無論是弓箭的使用、穿著沉重鎧甲的戰鬥、投石器的操作以及騎術的精進，都要經過長期的學習和教練，至於大軍的指揮和統御完全出於機遇，根本沒有先期的教導和傳授，就是人選也是依據各種無關的因素，豈不是讓人感到何其荒謬。還有更為可笑的事就是認為審慎這種德行，可以視為極其重要的人格特質，全部出自天性不是後天的學習可以獲得；須知人類要是缺乏審慎的作為，其他的技藝和本領都無法帶來好處和利益。指揮要能掌握審慎的原則，所有的行動和安排都會井然有序，每個人在指定的崗位發揮最大的功用；例如要想舉行宴會使得賓主盡歡，每一位僕役都經

9　這種說法要表示的意義很隱澀，其中的文字可能有脫落或錯謬之處。

10　參閱亞里斯托法尼斯《雲層》973行及後續各行，特別提到家教很好的小孩，在公眾場合的一言一行都要合乎規矩；《雲層》1568行敘述穿著斗篷最正確的方法。

11　古代希臘所稱的錫西厄泛指喀爾巴阡山脈到塔內斯河(頓河)之間廣大的區域，甚至延伸到裡海一帶；錫西厄人是指中亞的遊牧民族，當時與黑海北岸地區的希臘殖民地有貿易來往。

12　希羅多德《歷史》第4卷2節，瞎眼的奴隸可能是錫西厄人對奴隸某種特定的稱呼，只是希臘人誤解才有這種說法。

13　查瑞阿斯和伊斐克拉底都是雅典的將領，西元前4世紀享有很大的名聲；特別是伊斐克拉底改進步兵的作戰效能，392 B.C.在科林斯會戰擊敗斯巴達重裝步兵組成的方陣。

過訓練，知道

　　肉類的切割燒烤以及斟倒美酒，[14]

難道身爲總管就可以不懂得接待的規矩？[15]

14　荷馬《奧德賽》第15卷323行。
15　這篇隨筆大部分內容都已散失，僅僅留存其中一段或分開的數段而已。

第三十二章
論倫理的德行

1 這篇隨筆當中,我的意圖是要將德行稱之爲倫理,甚至可以視之爲倫理,主要的區別來自沉思默想,亦即靈魂當中所包含的情緒以及它所形成的理性,進而查明它的基本性質以及這種性質如何存在。有關涉及靈魂的部分是否接受給予的安排,供應本身所屬的理性或是被其他部分的理性所分享,如果出現後者這種狀況,或者先應混合所有的因素,具備比本身更好的條件再去做,或者是靈魂的這個部位被其他的部分所引導和統治,可以認定相關的感覺分享統治部分的權力。須知德行的存在要能獨立於所有事物之外,還要免於彼此之間的糾纏不清,我認爲這是當然之理。簡而言之,最好的辦法是接受哲學家的意見之外,同時還保留與他們相反的觀點,更不必對他們的主張過於吹毛求疵,像是有些非要對他們質疑不可,就能表示我的看法更爲明確和肯定。

2 伊里特里亞的麥內迪穆斯(Menedemus)[1] 不讓德行有複數和差異的存在,雖然強調它的獨一無二,倒是可以擁有很多的名稱;類似的項目只是用節制、勇氣和公正來表示它的意義,諸如「販夫走卒」和「人」是指同樣的對象。開俄斯的亞里斯頓認爲德行的基本屬性之一可以稱爲身心健全[2];在有關方面他做出若干區分列舉很多的目次,就像黑與白有明顯的對比;例如,經過考慮我們應該去做或是加以避免的言行稱之爲謹愼[3];控制欲望以及要求歡樂應在適量和合時的限度之內稱之爲節制;律定人際之間的相互關係和商業交易的舉措對應稱之爲公正:如同一把刀無論拿來切什麼東西,仍舊是同一把刀;如同火維

---

1 麥內迪穆斯是西元4世紀末葉逍遙學派哲學家和政治家;他的出生地伊里特里亞位於優卑亞島。

2 參閱阿尼姆《古代斯多噶學派殘卷》第1卷86頁。

3 如同亞里斯多德《奈科瑪克斯倫理學》第6卷6節提出的論點,認爲謹愼乃「對世事多變之關切」。

持單一的特性，雖然它的燃燒使用不同的物質。

可以明顯看出西蒂姆的季諾對這方面的意見，也有若干評估和考量[4]；他將謹愼定義為：有關分配所有物給別人要能公正；有關選擇或避免要能節制；有關必須容忍之事要能堅毅。有人支持季諾的主張，在這些定義當中，他把謹愼這個字所具備的意義是當成知識來使用。克里西帕斯提出個人的見解[5]；相對於人類每種不同的特性都能形成一種德行，而且對於這種特性有相異的貢獻，如同柏拉圖所表示的現象，那是無意之間激起「成群的德行」。須知大家以前對它並不熟悉有些還不知道；像是從形容詞「勇敢的」獲得「英勇」，還有「溫和」來自「溫柔的」以及「正直」來自「公正的」；其他像是嬌媚、清高、偉大、尊榮分別來自不同的形容詞；其他的特性帶有要求的條件，與前面強調的項目都很類似，像是機敏、親切、精明如同美德，充斥在哲學的著作裡面，帶著很多愚拙的名稱，實際上的用處不大。

3 然而前面所提這些人都會同意[6]，德行是靈魂當中支配部分的某種特質以及從理性產生的功能；或許是它的理性符合德行就會更為堅定，不會動搖。他們也會認定靈魂當中激情和非理性的部分，與它的理性部分無法區別，即使兩者有所差異以及理性的本質使然，仍舊無濟於事；兩者處於相同的位置，也可以稱為理解和靈魂當中支配的部分，他們還提到兩者全部的轉移和變遷，出於它的感情狀況和變化的過程，符合所要求的性質和條件，因而成為兼有善惡兩元的論點。它本身沒有包含非理性，所以稱為非理性在於衝動的壓倒力量，變得強大而且據有優勢，急著做出暴虐的行為，完全違背理性的堅定信念[7]。其實激情依據它的性質就是一種敗壞和放縱的理性，形成於荒謬和錯誤的判斷，獲得新增的能量和強大的活力。

所有的哲學家就這方面的亮度和眞理而言，就我看來似乎都是門外漢，我們當中每個人都是眞正的雙重性質和合成式樣。因為其他的雙重性質他們無法辨

---

4 參閱阿尼姆《古代斯多噶學派殘卷》第1卷48頁；本書第71章〈論斯多噶學派的自相矛盾〉7節。

5 克里西帕斯(280-206 B.C.)生於西里西亞的索利，成為斯多噶學派的領導人物；參閱阿尼姆《古代斯多噶學派殘卷》第3卷59頁。

6 阿尼姆《古代斯多噶學派殘卷》第1卷49-50頁及第3卷111頁。

7 這種表達的方式，可以參閱柏拉圖《巴門尼德篇》(*Parmenides*)141D；以及馬可斯·奧瑞留斯(Marcus Aurelius)《沉思錄》(*Meditations*)第2卷5節。

識，僅僅知道比較明顯的一種，就是靈魂和身體的混合。靈魂也是兩種相異和獨特性質的合成物，如同身體需要獸性的部分，要在自然女神的強制之下，與理性混雜和結合起來。同樣可以使我們對畢達哥拉斯有進一步的認識，這從人類熱中於音樂的研究可以得知，在他的推薦之下我們用音樂蠱惑和安撫靈魂[8]。從而了解靈魂並不是每一部分都聽命於訓練和學習，也不是每一部分都順從理性改變邪惡的行為。然而有若干部分需要加以說服，如果不是固執到無可救藥的地步，經過哲理的薰陶之後，可以與它們合作，或是加以塑造或馴化。

柏拉圖明確、肯定和毫不保留的理解到我們這個小宇宙的靈魂[9]，不會是簡單也不會是純粹更不會是不變，它的混合在於同一性和另一性的可能潛力，在一部分為了保持控制，會用同一指令從均衡和運轉當中獲得掌握；然而在其他部分它分裂成為運動和循環，造成彼此矛盾對立和四處游離。從而興起這些事物在區別、改變和差異方面的開端，能夠存在和終結在地球上面。人的靈魂亦復如是[10]，相對於宇宙的靈魂可以認為它的一部分或複製品，遵守原則的規範結合在一起，根據比例對應於宇宙的統治，過程絕不簡單也不會從屬於類同的感情。它所擁有智力和理性的部分，天賦的職責是對個體的統治和管理，像是另外的激情和非理性部分，由於多變和混亂需要一位監督者。提到的第二部分再細分為兩個單元，一個天生就有意願陪伴身體和服侍身體，就將它稱之為欲求；另外一個單元有時會結合外力用在這個部分，有時會將能量和活力借給理性，因而稱之為意志。柏拉圖表示主要的差別在於智力和理性的部分，要與欲求的部分和意志的部分處於對抗的立場[11]，事實上這種差異會延續下去，它們會與較好的部分經常發生不服與爭執。

亞里斯多德開始的時候，在很大的範疇內運用這些原則[12]，從他的著作當中可以很明顯看出來；後來他將意志納入欲求的部分[13]，所持理由是認為憤怒是一種欲求，回報的過程會引起痛苦[14]，不過，到最後他還是繼續將激情和非理性的

8　柏拉圖《優特迪穆斯篇》290A。

9　柏拉圖《泰密烏斯篇》35A及後續各段；參閱本書第69章〈論柏拉圖《泰密烏斯篇》有關「靈魂的出生」〉。

10　柏拉圖《泰密烏斯篇》69C及後續各段。

11　柏拉圖《國家篇》435A及後續各段。

12　參閱本章第7節及有關注釋。

13　參閱亞里斯多德有關著作：如《論靈魂》（*De Anima*）第3卷9節；《偉大的倫理學》（*Magna Moralia*）第1卷1節；《優迪穆斯倫理學》第2卷1節；《奈科瑪克斯倫理學》第1卷13節。

14　參閱亞里斯多德《論靈魂》第1卷1節；以及塞尼加《論憤怒》（*De Ira*）第1卷3節。

部分與理性區別開來，並不是這個部分完全沒有理性可言，如同理性是靈魂當中
知覺的部分，或是滋養和生長的部分（這些部分對於理智根本不會順從也不加以
理會，僅是血肉之軀的分支要完全歸附於身體），雖然激情的部分不在理性的範
圍之內，本身也不具備理性的功能，基於它的性質會對理性和智力的部分給予注
意，如果不是愚昧的歡樂和沒有節制的生活使它遭到徹底的敗壞，激情的部分就
會轉向理性，順服給予的控制和遵從施加的指導。

4 有人會對這些部分像是非理性何以屈從理性，感到百思不解，就我來說
好像沒有完全認定是理性的力量，

> 竟然如此氣勢宏偉且無遠弗屆；[15]

雖然它的支配和引導運用適應性極強的方法，不會嚴苛而且剛愎自用，具有一種
屈從和降服於駕馭的特質，比起任何可能的強迫或暴力更爲有效。我們的呼吸、
筋肉、骨骼和身體其他的部位，雖然屬於非理性部分，等到衝動來臨就會結合理
性使駕馭的基礎爲之動搖；準備聽命從事，全部變得更爲緊繃，最後會拉攏擠在
一起。一個人想要跑，他的腳是行動的關鍵部分，如果想要做出擲或抓的動作，
他的手負起主要責任。詩人的描述何其動人心弦，下面的詩句表明非理性之所以
同情和順從理性[16]：

> 珀妮洛普的眼淚流下美麗臉龐，
> 誰知思念的良人卻坐在她身旁；
> 睿智的奧德修斯憐憫悲痛愛妻，
> 欺騙仇敵的目光絲毫不會游移。

一個人要聽從判斷的安排，保持平穩的呼吸、鎮靜的神色和強忍的淚水。

我們從這裡可以得到最明確的證據，就是與生俱來的欲望和行動，會受到抑
制變得平靜下來，因爲理性或法律都在禁止我們接近美好的事物，舉凡會在一瞥

---

15 瑞克《希臘悲劇殘本》之〈優里庇德篇〉648頁No. 898。
16 荷馬《奧德賽》第19卷208-212行；參閱本書第34章〈論寧靜的心靈〉16節；以及第39章
　　〈言多必失〉8節。

之下讓我們產生激情的東西。有一種狀況會經常發生，有人看到美麗的婦女立即陷入愛河，雖然這時還不知道或沒有查出她的身分；等到發現錯誤因為著迷的對象是自己的姊妹或女兒，出於理性的干涉所有的烈焰立即熄滅，就是肉體和血液都恢復正常，一切的機能都要聽從判斷的安排。還有就是我們在吃過一些烹調精美的食物和肉類以後，由於經過人工的料理和裝飾，事先難以發覺其中的差錯，等到一旦得知它們的不潔、不法或是違背禁食的規定，不僅在判斷方面引起痛恨和懊惱，就是身體也會分擔心靈的厭惡，出現噁心和嘔吐的症狀。

我很怕大家認為我把一些牽強又幼稚的例證帶進討論之中，如果我注意魯特琴、豎琴和木簫之類的樂器，藉著音樂的功能用來煽起或緩和人類的激情，即使空虛的靈魂也能順應它的判斷，歌曲符合愉快和悲傷的氣氛，在於莊嚴的旋律和縱情的調性，這些人都用得到他們的經驗和寓意。他們提到季諾有天在將要抵達劇院的路上[17]，阿米比烏斯（Amoebeus）用豎琴彈奏的歌曲[18] 傳入耳中，就對他的門生說道：「快走，讓我們前去欣賞和諧美妙的音樂，這是動物的腸管和筋絡製成的弦樂器，以及木材和骨頭製成的管樂器，經由理性、比例和規範的參與之下，所能獲得的演出成果。」

只是讓這些主題通過檢視，我很高興能從對手那裡學到一些東西：是否當他們看到形成習慣和經過飼養和訓練的狗、馬和家禽，吐露出可以理解的聲音，做出感人或設想的姿態，這些都可以歸之為理性的作用，這時牠們的動作有幾分符合應有的本分和我們的利益。他們聽到荷馬的詩句，說是阿奇里斯

鼓勵他的騎兵和步卒進入戰場；[19]

我要說他們對這些是否仍舊感到奇怪和懷疑，是否心靈的功能可以訴諸我們的憤怒、欲望、愉快和悲痛，成為一種習性讓我們能夠順從理性，受到它的影響感到滿意，變得全然的歸屬絕無別的企圖；特別考量到這些功能不會與智力分離，沒有身體的支持就無法重新塑造，任何強大的暴力或打擊都不可能讓它成形，根據它的性質只會隸屬智力，通常會結合在一起，共同接受撫養和教育，經由親密的交往才能發揮影響的力量。

17　阿尼姆《古代斯多噶學派殘卷》第1卷67頁。
18　參閱蒲魯塔克《希臘羅馬英豪列傳》之〈阿拉都斯傳〉17節；阿昔尼烏斯《知識的盛宴》第14卷623D；以及伊利安《歷史文集》第3卷30節。
19　引用荷馬《伊利亞德》第16卷167行。

　　因此，無論是道德或倫理，德行僅是大約描述這個題目的名稱而已，特別是道德具備非理性的性質，因而才能給予命名，觀念的形成來自理性，所以獲得這種性質在於與習慣有所區別；何況理性不會將激情全部抹除（既沒有可能也沒有可用的手段），僅在灌輸道德之際加以限制和規範，這時激情並不缺少而是給予應有的比例和尺度；審慎運用注入的理性發展出向善的後天性向。據說靈魂擁有三種東西[20]：能力、激情和習慣。現在能力處於激情的起點，或者是未曾加工的原料，要是舉例來說，像是暴躁、羞怯、鹵莽；激情是能力的引發或運作，如同憤怒、慚愧、大膽；最後就習慣對非理性的能力而言，是一種確定的力量和條件。確定的條件受到習慣的培育：由於理性的關係受到錯誤的教育，激情在對立的方面變成邪惡；設若教育的成效極其卓越，結果就會產生德行。

5 　　總而言之，哲學家不能把德行當成一個名詞或者應用到「倫理」這個字眼上面，我們必須討論兩者之間的差異，要從基本原理著手；世界的事物有兩類，其中有些是絕對存在，其他則與我們發生關係。絕對存在的事物是地面、天空、星辰、海洋；存在的事物與我們有關是善與惡；產生欲望和應予避免的事物；帶來歡樂和痛苦的事物；理性會期待沉思相關的兩者，要是它僅僅專注絕對存在的事物，就會被稱為合乎科學和耽於冥想；要是它涉及存在於與我們發生關係的事物，稱為深思熟慮和切合實際；後面這種德行的活動可以稱為謹慎而前者就是智慧。

　　謹慎不同於智慧，在於思考功能專注某種與實踐和激情有關的行動，它的存在與理性完全一致。因而謹慎要靠著機運，智慧並無此需要，也不必斟酌的再三[21]，就可以達成適當的結局，與智慧有關的事物仍舊保持原狀沒有任何改變，如同幾何一樣並不需要審慎考量三角形的三個內角之和等於兩個直角；知道它必然如此（因為與謹慎有關的事物，現在可以是這一種或另一種方式，也就是無法保證確切和不變的事物），如同沉思的心靈進行的活動與第一原理有關，永存的事物先天欠缺變異的能力，無須引起深入考慮的作用；有些事物都是可用的材料，充滿各種錯誤和混亂，謹慎必須經常涉入其中；從而邁進機遇的領域，只要出現懷疑的狀況就要多方考量，最後下達決心採取行動貫徹實施，為了減少沉思以免拖延不決，需要衝動發揮影響力，事實上已處於非理性的範疇。

20　參閱亞里斯多德《奈科瑪克斯倫理學》第2卷5節，斯托貝烏斯《牧歌》第2卷7節。

21　參閱亞里斯多德《奈科瑪克斯倫理學》第3卷3節以及第6卷5節。

激情的衝動肇端於倫理的德行，需要理性將它保持在適當的範圍之內，防止在適當的季節出現過多或過少的現象。這樣的狀況確實如此，激情和非理性的發展有時極其猛烈而快速，有時比起對它的要求顯得衰弱而怠惰。因而任何事情只要一以貫之就會成功，要想腳踏數條船必然失敗。暗示我們要走標誌明顯和不會陷入複雜的單一道路，要是在多條道路上面碰運氣就會迷途。無論我們是超過還是不及都沒有什麼影響。

理性的實踐是與生俱來的工作：消除激情帶來的缺失和濫用的後果。衝動很快屈從於病痛和虛弱或者畏懼和遲疑形成的阻礙，倉卒之間放棄所有的善行，理性的實踐只要登場就會重新激起衝動的力量。等到衝動逾越適當的範圍，喪失應有的秩序到處流竄，理性的實踐會移走它的暴力成分，阻止它不要過分急進。理性灌輸到靈魂當中非理性的部分，用來限制激情的運動，靠著倫理的德行免於不足或過度，能夠保持均衡的中庸之道。我們不能說均衡或中庸具備所有的德行，無論是智慧或謹慎都列入知性的範疇，堅持不需要非理性功能的立場，容納在靈魂的部分不僅純潔而且未受激情的污染，兩者的本身絕對完美，擁有理性極度的力量，使得知識這個帶有神意和恩典的因素，從而給我們帶來最大的幸福。

就另一方面而言，我們需要德行肇因於肉體所受的限制，基於上天要想達成實踐的目標要拿激情作爲工具，並非一定要毀滅或廢除靈魂當中非理性的部分，而是要加以約束和規範，如同把中庸或均衡視爲它的特性，訴諸極端的手段是認同它的力量和性質，因爲這樣做才不會過度或不足。

6 中庸可以做種種不同的解釋（很簡單的看出三種方式，其一爲混合物的性質位於未混合的成分之間，像是灰色之於白色和黑色；其二爲容納與被容納位於被容納與容器之間，像是八之於十二與四；其三爲參與而不會趨向極端，像是無爲位於善與惡之間）[22]。有人認爲德行沒有任何方式可以稱爲中庸，因爲不能將不同的惡混合起來，也不能將包含其中的成分加以度量，知道有那些短缺或超出，不會完全免除激情所產生的衝動，可以在其中發現過多或不足。

這樣看來中庸就感覺來說可以從音樂的聲調與和諧中獲得，中音部是音調適中的音符，可以免於高音部的尖銳高昂和低音部的深沉渾厚；德行所產生的活動和具備的功能關係到非理性的部分，可以摒除衝動的減低或過度，特別是不會同時出現僭越和缺失，將每一種激情都降到節制和完美的程度。可以舉例來說，他

22　參閱亞里斯多德《奈科瑪克斯倫理學》第2卷6節。

們認爲英勇就是位於怯懦和鹵莽之間的中庸之道[23]，因爲就靈魂的精神部分而言，前者是一種缺失而後者是一種僭越；類似的性質，像是慷慨與溫和都是中庸之道，分別處於慳吝與揮霍以及冷漠與殘暴之間；節制的本身和公正亦復如是，後者按照契約分配就應有數不得過多或過少，前者規範欲望在沒有感覺和過度放縱之間取得均勢。

實在說，在最後的例證中，非理性的概念已經表達得特別清晰，讓我們可以提到它與理性之間的差異，還能顯示出激情在本質上與理性迥然不同，自律或克己[24]與節制極其類似，放縱可以視爲歡樂和欲望就是要一意孤行，如果這些都屬於靈魂的同個部分，我們自然可以像是用來形成判斷一樣，期望能夠如願得到判斷。其實節制所屬範疇是理性在那裡引導和操控激情的因素，就像馴化的動物服從繮繩的約束，可以抑制欲望以及願意接受謙恭和禮儀。一個自律的人出於理性所主宰的力量能夠直接控管他的欲望。然而這樣做不是沒有痛苦，亦非全然出自說服，如同受到拳頭和棍棒的攻擊，橫向跳開以後再進行抵抗，接著有力的制服進而掌握整個局勢，即使這時自己的內心陷入掙扎和混亂之中，還是應該全力對付外在的情勢。

有關這種性質的爭執柏拉圖的描述極其傳神[25]，他把靈魂比喻爲兩匹馬和馭夫，那匹劣馬一直與共軛的同伴過不去，同時讓馭夫感到困惑不安，於是他用力去控制那匹搗亂的傢伙，用繮繩和口嚼逼牠就範；如同賽門尼德所說[26]：

> 免得紅色皮帶從你的手中掉落。

須知克己或自律還不夠資格納入完美德行之列[27]，我們認爲其間還有相當程度的距離。因爲和諧的好與壞之間無法產生中庸或均衡，過分的激情不可能遭到抑制，靈魂當中渴求的部分不會因聽命和順從變成理解的部分，然而會因苦惱引起焦慮以及衝動受到限制，雖然與理性形影不離，卻帶著敵意和排斥的態度，如同生活在反叛的環境當中，像是

23　參閱亞里斯多德《奈科瑪克斯倫理學》第2卷7節；斯托貝烏斯《牧歌》第2卷7節。

24　參閱亞里斯多德《奈科瑪克斯倫理學》第7卷9節。

25　柏拉圖《菲德魯斯篇》253C及後續各段。

26　貝爾克《賽門尼德的吉光片羽》No.17；以及艾德蒙《希臘抒情詩》第2卷311頁No.48。

27　參閱亞里斯多德《奈科瑪克斯倫理學》第4卷9節，認為它「混合美德和惡行」。

整座城市瀰漫香薰燭燎的味道，
充滿祈禱的聲音和絕望的哀叫。[28]

即使如此，一個自律的人從他的靈魂可以得知，在於它缺乏堅持的勇氣以及它要進行的爭執。

基於同樣的理由，無法自律有時不能算是惡行，恣意放縱絕對難逃應有的罪名。恣意放縱在於邪惡的激情和邪惡的理性；在前者的影響之下，出於欲望的引誘會做出可恥的行為，至於後者在欲望的支持之下，判斷力會走上歧途，會使知覺失去發現錯誤的能力。恣意放縱可以獲得理性的幫助，保存判斷的力量留在原封不動的狀況，然而基於激情較之理性更為強大，會把判斷的無用一掃而空。

這是無法自律何以會與恣意放縱有所不同，因為激情的關係理性處於最難堪的狀況，甚至不敢與恣意放縱展開直接的戰鬥；如果處於無法自律的狀況，理性與欲望爭辯像是欲望總是以它馬首是瞻。理性一直在指導著無法自律並且成為它的擁護者；恣意放縱的特質在於理性很高興分享它所犯下的罪孽，提到無法自律有這方面的缺失，理性的行動非常勉強。理性有意願要與恣意放縱做出不體面的舉止，根本不願為無法自律失去良好的名聲。

至於談到兩者之間的差異，文字的描述沒有具體的行為那樣明顯。例如，他們說到恣意放縱的人士，

全身金光閃閃的愛神離我而去，
還有什麼歡樂可以讓我們享用？[29]
沒有如花美眷還不如一死了事。

還有另外的描述方式：

人生除了聲色犬馬和飲食男女，[30]
即使軍國大事我看來一文不值。

28　索福克利的悲劇《伊底帕斯王》4-5行。

29　艾德蒙《悲歌與抑揚格詩體》第1卷89行。

30　柯克《阿提卡喜劇殘本》第2卷〈阿勒克瑟斯〉No.271；本書第2章〈年輕人何以應該學詩〉4節引用全詩。

如同他對歡樂抱著默許的態度，就會讓整個靈魂陷入敗壞之中；至少他會說出想要做的事[31]：

> 最好的解脫在我就是不惜一死，

他的判斷如同他的激情罹患類似的病症。

提到無法自律就會有相反或不同的方式：

> 自然女神逼我違背原來的心願；[32]

以及：

> 啊！眾人皆知這是神明的旨意，
> 大家對行善去惡還是沒有興趣。[33]

以及：

> 精神已經屈服不再有任何抗拒，
> 如同浪濤衝擊下錨鉤沉入沙礫。[34]

詩人用「錨鉤沉入沙礫」的描述方式並不是不恰當，因為理性沒有受到控制，也無從表示堅定的立場，將它的判斷遺棄給靈魂當中鬆弛和軟弱的部分。

倒是非常接近下面這兩行知名詩句所要表示的意象[35]：

> 我就像用巨索綁在岸邊的船隻，

---

31 柯克《阿提卡喜劇殘本》第3卷〈Adesp篇〉第450頁No.217。

32 瑙克《希臘悲劇殘本》之〈優里庇德篇〉第634頁No.840。

33 瑙克《希臘悲劇殘本》之〈優里庇德篇〉634頁No.841；參閱聖保羅《羅馬書》第7章19節：「故此，我所願意的善，我反不做；我所不願意的惡，我倒去做」；奧維德《變形記》第7卷21節。

34 瑙克《希臘悲劇殘本》之〈Adesp篇〉911頁No.379；本書第53章〈致未受教育的統治者〉6節引用，有些學者認為此詩與下一首都是優里庇德的作品。

35 瑙克《希臘悲劇殘本》之〈Adesp篇〉911頁No.380。

颶風颳起未繫纜繩將很難維持。

詩人在這裡將判斷的力量稱之爲「纜繩」，用來阻止出現可恥的行爲，卻因爲激情的關係而斷裂，如同遭到大風的吹襲。恣意放縱的人在欲望的乘風破浪之下，以全速直接向著歡樂行駛；然而無法自律的人航程是如此的曲折，竭盡努力不要在激情的衝擊之下沉沒，最後還是觸礁發生海難落得羞辱的下場。

如同泰蒙(Timon)[36]用來諷刺那位哲學家的詩句：

誰知火儒學派的安納薩爾克斯，
到處想表現堅定和無畏的意志，
他們說他了解的真理全是壞事；
自然女神拿欲望當成尖銳長矛，
逼他退回虛僞的原處無路可逃，
詭辯家只要聽到就會心驚肉跳。[37]

明智之士雖然有節制的能力卻做不到自律的要求；愚蠢的人雖然恣意放縱也不能說他毫無自律的能力，因爲前者獲得歡樂在於能夠保持體面和榮譽，後者對於羞恥根本不會放在心上；因此，無法自律對詭辯的心靈而言是非常明顯的標誌，只要出於他自己的決定，理性不可能保持堅定的立場。

7 那麼這就是無法自律和恣意放縱產生差異的所在；還有就是自律甚嚴與節制能力之間的區別在於前者的配合；因爲自律甚嚴仍然無法免於悔恨、痛苦和憤慨；節制的人基於他擁有的靈魂，處於所有的場合都能泰然自若，不會出現劇烈的改變，非理性與理性的諧和與混合能夠使他保持清明的神智。等到配備無法抗拒的說服力，加上不可思議的溫和態度，你看到這樣的人就會說：

停息的風聲帶來海面一片安寧，
出於神力的作用波濤不再翻滾；[38]

36　弗留斯的泰蒙(320-230B.C.)是懷疑學派哲學家，寫出《諷刺雜詠》(*Silloi*)的詩人，曾經在雅典講學，後來以卡爾西頓的詭辯家知名於世。

37　參閱狄爾斯《哲理詩殘卷》第2卷238頁；本書第77章〈會飲篇：清談之樂〉第7篇問題5第3節引用此詩。

38　荷馬《奧德賽》第12卷168行。

欲望極其暴虐、憤怒和激烈的行動在理性的安撫之下逐漸停息，自然女神需要的作爲在於同情、柔順和友善。

當人們要選擇一個行動方案的時候，很願意合作達成目標，不會逾越理性的指示，不會有所短缺或誤導，更不會拒絕聽命從事，每一種的欲求都在易於引導，像是

> 斷奶的幼駒慢跑在母馬的身邊，[39]

證實色諾克拉底對眞正的哲學家所持的說法，只有他們做想做的事，不像其他人要遵守法規做不想做的事。如同狗遭受責打或是貓聽到雜音，不再理會給牠們帶來歡樂的事物，甚至懷疑對牠們產生威脅的危險。

明顯得知靈魂感受到欲望的差異和區別，像是有些力量用來對抗或是用來駁斥；有人非常肯定的表示，激情與理性沒有本質上的差別[40]；無論兩者之間出現爭執或是派系的傾軋，僅是其中之一發生轉換，同樣的理性對兩方面都產生影響，突然和急速變遷使它逃過我們的注意。因此我們無法得知靈魂同樣的功能，能夠適用於色欲和悔恨、憤怒和畏懼，以及受到歡樂的引誘陷身於淫蕩和邪惡，過後又能恢復到原來的狀態。他們說事實上欲望、憤怒、畏懼和其他所有事物都與見解和判斷有所違背，不會在靈魂的某一部分發出這種激情，只會同意和助長整體的管制功能，換句話說，產生某種行動在這個時刻著手改變的過程，如同兒童突然發起的攻擊，是這樣的激烈和狂暴，那是因爲兒童的體格較弱，所以才會不穩和易變，必須先下手爲強不可。

相關的論點可以非常明顯的看出，完全背離我們的知覺作用。沒有人能夠察知自己從欲望到判斷有所改變，反之亦然；愛人受到理性的規勸認爲雙方已經決裂，他應該抗拒激情的要求停止付出他的愛意，事實上他無法辦到，等到他被激情軟化屈服於戀愛的魅力，情願放棄合乎理性的判斷程序。無論他是聽從理性繼續對抗激情，或是在激情的掌握之下繼續從命而行，都可以在理性的照耀之下，很清楚看出自己犯下的錯誤。他不可能藉著激情去消滅理性，同樣無法運用理性去排除激情，他處於其間在那裡來回走動，還不能對兩者置身事外。

39　貝爾克《希臘抒情詩集》第2卷〈賽門尼德篇〉738頁No.5；參閱本書第5章〈人之何以自覺於德行之精進〉14節。

40　阿尼姆《古代斯多噶學派殘卷》第3卷111頁。

　　有人現在認為欲望變得擁有控制的功能，這時理性就在同個位置，經過整頓重新對抗欲望。如同有人認為獵人和獵物不是兩個分離的物體，而是相同的東西，現在可以是獵物，經過變化成為獵人[41]。像是這些人明顯忽略此事，可以拿來對付知覺作用獲得的證據，讓我們知道在這些案例中，不是兩者之一有所改變，而是彼此相互的對抗和爭執。

　　他們用反駁的口吻說道：「為什麼會這樣？人的思考功能經常分歧和轉移到反對的論點，認為這只是權宜的辦法，其實仍舊是同一件事並沒有改變，難道這其中有什麼差錯之處？」我們應該說：「的確如此，只是程序並不完全類似。」因為靈魂當中的知性部分，不會在此反對將它當成一種或相同的功能，像是已經精通不同的推論過程，或者認為這是一種單一的論證，可以應用於數個爭辯之中，視為許多不同的討論主題。因此這些論證或思考不會伴同騷擾或焦慮同時出現，就是激情也不會橫加干涉，沒有人受到逼迫非要選擇與理性作對的事物，如同為了達成平衡的狀態，某些躲藏在暗處的激情，會附加在天平的一端，免得理性的重量破壞均衡。

　　所以會發生這種狀況，不是兩個論證的對立，完全是野心、競爭、寵愛、嫉妒或畏懼這些情緒在作祟，也可以認為這是兩個不同理性之間的爭辯；如同詩中出現的狀況[42]：

　　　　拒絕挑戰可恥接受又感到害怕；

還有就是下面的敘述方式：

　　　　可怕的死亡會帶來崇高的聲譽，
　　　　渴望能夠活下去讓人感到歡娛；[43]

有關民事和職業方面訴訟的判斷，由於匆忙產生突如其來的激情，會引起時間的

41　參閱愛默生(Emerson)的《梵天神》(*Brahma*)：
　　　紅色的凶神下手絕不留情，
　　　世間遭殃的生靈只有認命，
　　　他們都不明白天道的精算，
　　　我會繼續保持和輪迴互換。
42　荷馬《伊利亞德》第7卷93行。
43　瑙克《希臘悲劇殘本》之〈優里庇德篇〉638頁No.854。

浪費而處於非常嚴重的狀況。如同接受國王的商議和諮詢，一個人的發言要想獲得賞識，不在於支持那一方面的意見和爭論，而是能夠不理會公眾的利益，完全適應國王的情緒和欲念。

看來在實施貴族政體的城邦，行政長官不容許政客在大庭廣眾之間，發表長篇大論的煽動性演說，理性要是沒有受到激情的影響，傾向於保持正確的方針以求得內部的平衡。如果激情介入加以干預，靈魂當中感到歡樂和痛苦的部分，會與形成判斷和思考的部分產生衝突和對立。除此以外，由於哲理的思考在目前不會感覺痛苦，對於那些保持不同意見的人士，我們受到影響以後一再改變自己的觀點，然而亞里斯多德本人以及德謨克瑞都斯和克里西帕斯(Chrysippus)[44]，對於從前堅持的教條，為何在撤回以後不會引起驚慌或痛苦，甚或還能有快慰之感？因為激情的發生不會反對靈魂當中沉思和精確的部分，還有就是靈魂當中非理性的部分仍然平靜無為，不會干涉到這方面的問題。

理性摒除錯誤的成見，樂於傾向真理的道路，而且真理很快出現；完全基於理性而非反對的關係，功能的存在使它屈從於說服才會改變意見。對大多數人而言，他們的考量、判斷和決定，在處於感情的狀況下都會轉換為行動，然而在理性的路途上會提供障礙和困難，因為理性受到非理性的阻撓和混淆，那是歡樂、畏懼、痛苦或希望之類的感情起而反對所致；在這狀況之下，感覺要做出決定，在於它與兩者都有接觸；其實一方要是獲得控制權，不會對另一方趕盡殺絕，只是逼著對方順服，不要再做無謂的抵抗。

愛人會規勸自己運用理性去對付他的激情，因為兩者同時存在他的靈魂當中，可以明顯感覺到兩者之間的衝突，就會用手壓制過於猛烈的一方，使它的氣焰不要引起別的事故。從另外一方面來看，思考和臆測的過程當中沒有激情存在的餘地（發揮沉思默想的功能是最常見的方式），如果理性和激情達成平衡，判斷就不會產生作用，僅僅感到困惑不知所措，對立的結局會使知性活動為之停止或者產生疑慮。

無論天平偏重那邊，贏的一方壓制對手占有上風，結果是不費多少力氣就能除去反對的意見；總而言之，理性用來對付理性是非常明顯的事，無法區分為兩件相異的事項，只是單一事項因為感覺產生不同的印象。然而理性與非理性的部分發生爭辯，出於自然之理無論勝敗都難以免於焦慮和遺憾，接著是非理性在衝突過程將靈魂分裂成兩部分，這時才會出現明顯的差異。

44　克里西帕斯為西元前3世紀的哲學家，奠定斯多噶學派的理論基礎。

8 不僅從它們之間的爭執，即使從隨後產生的結果，一個人非常了解感情的起源和肇始，與理性是截然不同；由於愛一個品學俱優的貴族子弟，與愛上一個作惡多端的浪子並沒有多大的差別；或者是一個人毫不講理對著自己的子女或父母發脾氣，從另一方面來說，可拿義正辭嚴用來代表他的子女或父母，對著他們的敵人和暴君則可怒容相向。如同在某種狀況之下，覺察激情與理性的意見不合大起衝突；或許處於另外的場合，得知對於靈魂當中激情的部分所做的說服與認同，那是放在天平上面的理性處於有利的局面，因而增加它那一邊的重量。再者，一位正人君子娶得合法的妻室，各方面必然待之以禮，拿出尊敬和端莊的態度與她相處，等到繼續下去一段時間，雙方變得更加熟悉就會產生激情，這時他會覺察到理性的實踐，會增加閨房之樂的摯愛。

年輕人要是有幸遇到教導有方的明師，開始的時候追隨他以及對他大聲讚譽，目的是為了學習的順利，後來他們對他油然而生孺慕之情，不僅是他親密的同伴和門生，還是他至愛的人，從事實的表現可以看到這樣的關係。對於城邦優秀的官員以及友善的鄰居和夫妻雙方的姻親，人們都可以出現交往極其融洽的狀況。開始的時候彼此的交往只是盡責而已，即使認為這對雙方都是有利可圖；後來才會在不知不覺之中增進真正的情誼，看來激情的因素獲得理性的幫助可以強化說服的力量。因而他說的話並非明確得知[45]：

> 兩種謙虛之一不會有壞的影響，
> 另一種把家庭的聲望負在肩上；

只是他已經覺察到他的感情通常聽從理性的引導，同時還要列陣在理性的一邊，然而他為何會經常違背理性，竟讓猶豫和遲疑使得機會白白溜走以及行動面臨失敗？

9 我的對手基於明確的真理，面對這些論點逼得採取讓步的作為，堅持要將羞愧稱之為「謙虛」[46]、歡樂稱之為「愉快」，畏懼稱之為「防範」。同樣的情緒等到依附理性，就為它取一些動聽的名字；要是它對理性不僅反對而且暴力相向，就會取一些刺耳的名字，沒有人對這種委婉的做法有所指責。如同

45　說話的人是斐德拉(Phaedra)，她是雅典國王帖修斯的妻子，愛上繼子希波萊都斯；優里庇德的悲劇《希波萊都斯》385-386行。

46　阿尼姆《古代斯多噶學派殘卷》第3卷107頁。參閱本書第42章〈論羞怯〉2節。

有罪的判決宣布以後，他們就會流下眼淚、四肢發抖而且面色改變，用來取代憂愁和畏懼，同時將這種情緒稱之爲「懊悔」和「困窘」，並且用「熱中」這個名詞掩飾所有的欲望。他們通過幻想的名字作爲媒介，沒有經過理性的思考，只是運用曲解和詭辯的方式，希望擺脫和逃避事實的眞相。

　　然而就是這些人會引用其他的例子，會將「愉快」、「意志」和「防範」稱之爲「對於情緒的正常感覺」而不是「無感覺」，目前看來使用的字句非常正確。因爲「正常感覺」的出現在於理性不能清除情緒，凡是富於節制的人士，會將情緒按照次序組合起來安置在靈魂當中。一個人依據內心的判斷要能敬愛父母而不是一味寵愛男色或侍妾，提到邪惡和缺乏自律的人士所出現的狀況，就是無法達成這方面的要求。即使內心的判斷要他們厚愛娼妓和諂媚奉承的小人，何以會不理會外來的影響而立即照辦無誤？如果情緒與判斷是同一回事，那麼愛與恨就會遵從判斷的指示，知道何者應該去愛而何者應該去恨。

　　發生的現象與原來的期望完全背道而馳：有些判斷具備迫使情緒就範的力量，還有一些判斷會使情緒根本不予理會。由於證據的力量迫使他們不得不爾，這些人只有很肯定的表示判斷不是情緒[47]，僅能將過分強烈的衝動與情緒結合。根據我們對情緒的了解，它的判斷功能和知覺功能有很大的差異，就這方面來說一個可以用來安排行動，一個只能算是受到感動。克里西帕斯在很多場合，定義堅忍和自制爲追隨理性的信念所出現的狀態，知識的證據可以發揮強有力的作用，如果與我們的意見不同，只要受到說服就會追隨；從另一方面來看，如果無法說服就會繼續發生爭辯。

10 設若所有的錯誤和過失都完全相等，那麼他們會在很多方面對於眞理起了藐視之心，在目前這個討論的場合也就不適合加以駁斥。須知處於這種狀況下的感情，他們很明顯是拿來否定理性，即使證據確鑿還是要反對到底；根據偏激的論點可以說是每一種感情都是錯誤，每一個人無論他是悲傷、畏懼或是產生欲念，全都犯下無法饒恕的罪行。然而可以看出最大相異之處，就是感情要依據它過大或過小的強度。即使埃傑克斯經常臨陣爭鋒勇往直前[48]，現在看到他慢慢從對手面前退回，難道就能說他比多隆更加畏敵如虎[49]？亞歷山

47　阿尼姆《古代斯多噶學派殘卷》第3卷93頁。

48　參閱荷馬《伊利亞德》第11卷547行；埃傑克斯的避戰是出自宙斯的要求。

49　參閱荷馬《伊利亞德》第10卷374行及後續各行；多隆之所以害怕戴奧米德，完全是體能和武藝的問題。

大因爲誤殺克萊都斯，後悔到幾乎要自裁[50]，就能說他像柏拉圖那樣，爲蘇格拉底的死亡感到同樣的哀痛？

悲傷在毫無徵兆的狀況下變得極其難以忍受，意料之外比起預期發生會帶來更大的痛苦。可以舉例來說，要是期望看到某人能享用榮華富貴，然而卻得知他被施以令人髮指的酷刑，如同帕米尼奧（Parmenio）對他的兒子斐洛塔斯（Philotas）產生的感受[51]。雖然人們都會受到敵手的咒罵，誰敢斷言奈柯克里昂（Nicocreon）對安納薩爾克斯（Anaxarchus）的怒氣沖天[52]，要與瑪迦斯（Magas）對斐勒蒙（Philemon）的火冒三丈不相上下[53]？奈柯克里昂用鐵杵將安納薩爾克斯搗成齏粉；瑪迦斯僅僅命令劊子手將他的利劍放在斐勒蒙的頸子上面表示斬首的動作，然後讓他平安離開。這也就是柏拉圖爲什麼會將憤怒稱爲「靈魂的筋腱」[54]，道理在於嚴厲無情能夠加強傷害的力量，要靠著仁慈和善才能減輕破壞的效果。

要想逃避上述的情形亦非易事，我的敵手[55]拒絕承認激情的強勢和暴力，認爲它的存在與判斷完全一致，因而易於犯下錯誤。雖然可以維持在刺激、緊縮和擴散的狀況，還是可以藉由非理性因素的操作，就它所及的程度給予增多和減少。然而可以明顯看出是判斷的不同所導致，像是那些認定已經陷入貧窮處境的人士，他們當中有很多不會做壞事，當然會出現一些宵小和歹徒，甚至有人犯下十惡不赦的罪行，最後只有從懸崖上面縱身跳下，或者投到海中淹死。

有些人認爲死亡是一種罪惡，因爲它將生命當中美好的事物奪走，或者是陰曹地府有永恆的酷刑和恐怖的懲罰。還有人認爲健康的身體受到大家的厚愛，因爲它符合自然女神的要求發揮最大的功用，與其他的事物相比，可以說是世界上最珍貴的東西。他們對於

50　蒲魯塔克《希臘羅馬英豪列傳》之〈亞歷山大傳〉51節，提到亞歷山大用長矛刺死克萊都斯，因而在第52節描述他懊惱到幾乎要自裁的地步。

51　斐洛塔斯是亞歷山大最倚重的將領帕米尼奧之子，因為涉嫌謀逆受到處決；參閱蒲魯塔克《希臘羅馬英豪列傳》之〈亞歷山大傳〉49節。

52　安納薩爾克斯是亞歷山大的朋友，他背後對塞浦路斯的僭主奈柯克里昂說出不利的讒言，很可能導致家破人亡的後果，等到亞歷山大崩殂，受到奈柯克里昂極其殘酷的報復；參閱戴奧吉尼斯‧利久斯《知名哲學家略傳》第9卷58-59節。

53　瑪迦斯是托勒密二世的同父異母兄弟，後來出任塞倫的總督；斐勒蒙是雅典的喜劇家，在演出的時候開了瑪迦斯的玩笑，讓他很沒面子；就這個狀況硬要與安納薩爾克斯的損害相比，實在沒有什麼道理。

54　柏拉圖《國家篇》411B，可以與本書第33章〈論控制憤怒〉8節敘述的情節做一比較。

55　整篇隨筆所說的敵手或對方都是指斯多噶學派的人士，參閱阿尼姆《古代斯多噶學派殘卷》第3卷119頁。

享受萬貫家財和兒女成群之樂，

以及

獲得帝王和神明的地位和權勢，[56]

在經過一番比較以後，沒有受到重視也不會熱中；最後他們認為沒有健康的身體，德行會變得一無是處，同樣有人把判斷所犯的錯誤看得非常嚴重，也有人覺得不過爾爾。

這方面的理論目前不值得駁斥，可以從當前的探討獲得其他的觀點。我的對手也承認非理性在本質上就與判斷有所不同，所謂的非理性是感情陷入極其激烈的狀態，這也符合他們的說法。他們的注意力僅僅有關名稱和表達的方式，卻拋棄爭論中的要點不予理會，那就是激情和非理性的因素，與得自理性和判斷的因素截然不同。

克里西帕斯在他的著作《論未能言行合一的生活》(*On the Failure to Lead a Consistent Life*)中提到：「憤怒會使人盲目，經常不讓我們看到極其明顯的事物，很多狀況應該讓我們操心卻受到忽略。」[57] 他還要進一步的說明：「一旦激情高漲就會驅除合乎正確判斷的過程，所有的事物看來不像它應有的樣子，向前推動的力量靠著違反理性的暴虐行為。」米南德的詩句可以證明他所言不虛：

哎呀！我的狀況是如此的可悲，
就在我要做出正確的選擇之際，
天賦的才智竟在體內四處流離。[58]

克里西帕斯進一步表明，每一種理性的創造物對於所有事務的處置都合乎自然之道，同時還受到它的統治。我們要是在衝動的刺激之下或是受到暴力的脅迫，還是會拒絕理性的要求，這種情形屢見不鮮。然而在這篇隨筆當中，他知道結論所陳述的內容，就是激情和理性之間存在著極大的差異。如同柏拉圖的論

56 亞里弗朗(Ariphron)《健康頌》(*Paean to Health*)3-4行，參閱貝爾克《希臘抒情詩集》第3卷597頁或艾德蒙《希臘抒情詩》第3卷401頁。
57 阿尼姆《古代斯多噶學派殘卷》第3卷94頁，只是這個題目的名字跟現在不一樣。
58 柯克《阿提卡喜劇殘本》第3卷〈米南德篇〉173頁No.567。

點，爲何被人視爲可笑的事[59]，在於他說一個人擁有較好的部分也有較壞的部分，有時會成爲自己的主人，有時則不會。

11 不管運用的方式爲何，每個人都不可能具備雙重性質，那就是在他的本體之中同時擁有好和壞亦即善與惡，如果情形的確如此，何以能在主宰自己的同時又被其他的事物所控制？基於一個人的自制和克己，能讓後天的壞與惡從屬於先天的好與善，使得壞與惡受到壓制無法出頭；然而他可以允許好與善的因素，追隨或從屬他的靈魂之中無節制和非理性的部分，這時所謂的壞與惡在情不自禁之下處於違背自然女神的狀態。

與生俱來的理性在自然女神的命令之下，賦予神意用來領導和統治無理性的機能，直接從身體獲得它的起源，經由自然女神的規劃有極其類似之處，可以分享身體的激情同時會受到它的污染。等到理性進入身體當中就會合併在一起，因而我們才會有急迫的欲求[60]，受到刺激對於有形的目標採取所需的行動，有時變得非常猛烈無法加以制止，有時會鬆弛下來使身體保持變化的狀況。

年輕人有充沛而溫暖的血液，他們的食色欲望很快炙熱而又狂暴的發作；老年人欲望的根源容納在肝臟裡面，走向絕滅的過程當然會虛弱和萎縮，如同身體的激情成分在衰退之際，理智倒是變得愈來愈活躍；從而得知獸性也可以看成一種激情。我認爲問題不出在他們的見解是對或是錯，有鑒於很多人的靈魂充滿無助的緊張和畏懼，就說英勇和衝動的行爲必定帶來危險，當然會有人加以反對。用來控制血液、呼吸和身體的機能通常引起不同的疾病，由於感情的部分從如同根部的肉體當中湧出，同時帶著它的性質和結構。

一個人經由感情的激動所引起的憐憫和喜悅以及身體相應的動作，可以從蒼白或滾燙的面龐、顫抖的四肢和狂跳的心臟得到證實；從另一方面而言，這種情緒的散布和擴大，會使我們對於歡樂感覺到希望和期待。等到只有心靈或智能受到感動，沒有其他的激情從旁加以煽動或干擾，這時身體處於平靜的休憩當中，不會讓心靈產生任何的作爲和行動；即使心靈從事思考有關數學和某些科學的項目，據說對於非理性或不人道的功能沒有多大助益。因此，事實非常清楚，我們的身體和心靈這兩大部分，從彼此之間的關係可以看出具備不同的機能。

59　柏拉圖《國家篇》430E。

60　柏拉圖《泰密烏斯篇》86B。

12 一般而論，我的兩個對手都會接受，這也是非常明顯的事，世上有些事物為後天的習慣所掌控，當然也有一些受到先天的性向影響，如果說一些出自非理性的靈魂，那麼理性和智力的靈魂同樣會發生作用；特別是一個人只要參與這些事項，對於我提到其間所有出現差異之處，都會表示同意；因為他受到的控制來自後天的性向，同時先天的性向給他帶來教養，能夠運用理性和智慧。因此，非理性的靈魂當中有與生俱來的部分，通常可以說是感情的主要動機，不能視為偶發的附屬品項，當成存在的必需要素，不能將它全部除去，必須給予細心的照料和妥善的教育。

色雷斯人萊克格斯的表現不算是理性的工作[61]，他為了怕感情帶來的傷害，就連同全部有所助益的成分，砍除以後消滅得一乾二淨。有的神明會照應我們的莊稼[62]；有的會保護種植的葡萄樹[63]，修剪四處亂長的枝條，除去過分濃密的葉簇，然後培育和處理剩餘有用的部分。這樣就不會為了免得喝醉，非要把酒倒在地上不可[64]；也不會由於害怕出現激情，一定要將令人不安的成分全部萃取一空，須知這兩種習性都來自畏懼之心[65]。

人們盡力使得牛和馬不要亂踢和猛衝，至於牠們的行為和動作並沒有加以限制；等到豢養的牲口受到抑制變得更加馴服，這時感情的運用就能合於理性；我們不會說為了安全起見，一定得割斷牠們的腳筋，或者為了利於牠們的服行勞役，要將靈魂當中野性的因素全部切除。何況品達曾經說過[66]：

> 馬適合拖車然而牛最好是耕田，
> 如果你想殺死一頭凶狠的野豬，
> 更重要的是得找到勇敢的獵犬。

---

61 這位萊克格斯是色雷斯國王，對於戴奧尼蘇斯氣憤不已，所以下令砍除葡萄樹；參閱阿波羅多魯斯《作品全集》第3卷5節以及法蘭茲的注釋。
62 這是指海神波塞登，祂所以會照顧植物，那是因為世界所有的水源都受祂的管轄；參閱本書第13章〈七位哲人的午宴〉15節。
63 當然是酒神戴奧尼蘇斯。
64 柏拉圖《法律篇》773D；裡面提及「見到國家能像斟滿美酒的好碗真不容易，即使是婚姻和家庭亦復如是」，意思是不能喝醉以後非要打破才算數。
65 蒲魯塔克的觀點是酒要靠水來調節，那就是沖淡或稀釋以後才喝；激情要用理性來控制。
66 貝爾克《品達的吉光片羽》No.234；本書第34章〈論寧靜的心靈〉13節，引用更為詳盡的詩句。

這些動物都是充滿激情的種類，能夠發揮更大的用處，可以服侍理性以及有利於德行的加強：像是惱怒經由節制可以助長勇氣；痛恨邪惡對於堅持正義大有裨益；當靈魂受到愚蠢和傲慢會使靈魂變得極其激動，要靠著義憤制止一個人的名成利就逾越應有的報酬[67]。

即使他有這番意願，就能因為自然傾向於愛情可以與友情斷絕關係，或者不再具備人性的同情心理，或是相互參與快樂和悲傷的善舉？有人犯下錯誤在於不願因為愛情而瘋狂，所以將它完全拋棄[68]，同樣不合理的事在於有人不願有垂涎之心，所以譴責人際之間的交往。從另一方面來說，大家可以按照自己的愛好去參與各種活動，有人怕不慎跌倒所以不願賽跑，或者會失去準頭所以不敢射箭，或者是聲音會走調就不敢開口唱歌；聲樂的技巧是要在全音域之內產生和諧的共鳴，不能沒有深沉的低音和尖銳的高音。

就身體的狀況來說，醫術用來維持健康，不是使人降低體溫或者免於發冷，而是兩者的量成比例的混合。等到理性基於感情的功能和活動出現公正和節制，倫理的美德就會在靈魂之中產生。因為靈魂如同腫脹和患有熱病的身體，就會擁有過多的痛苦或快樂或恐懼。如果快樂或痛苦或恐懼能夠緩和，就不會有上述的狀況發生。荷馬對於這方面的描述說出讚譽的話[69]：

　　　勇士臨危不懼保持從容的神色，

這種論點不是除去而是增加敬畏警惕之心，為的是使忠義之士能夠智勇雙全而非有勇無謀，能夠積極進取而非膽大妄為；因此一個人就他的歡樂而言，要能免於極度高漲的欲念，要是就對過失的懲處而言，不要對惡行抱著除之必快的仇恨心理；對於前面這種狀況，他運用的方式是不能麻木不仁要適可而止；後面這種狀況，要求公正處理不能野蠻殘酷。

激情就事實而論可以完全不會出現，那麼很多人的理性會變得消極被動而且沒有反應，就像一個領航員在風已停息下來，他卻還沒有發覺所產生的變化。這種說法的確真實不虛，立法者已經有這方面的認知，如同了解市民彼此之間的關係，才會將野心和競爭的情緒列入他們所制定的法條之中；但是只要這種關係涉

67　阿尼姆《古代斯多噶學派殘卷》第3卷100頁。

68　柏拉圖《法律篇》716A。

69　荷馬《伊利亞德》第13卷284行。這是克里特人領袖艾多參紐斯對默瑞歐尼斯所說的話。

及到敵人，要用鼓號齊鳴的破陣樂，激勵高昂的士氣和振奮殺敵的精神[70]。依據柏拉圖的論點，這種狀況不只出現在詩歌之中[71]，雖然事情荒誕不經，說是他受到繆司的激勵和傳授，擁有精確的知識和專門的技術，成爲一個行家老手，即使投身戰場，憑著奮不顧身的鬥志也可以所向無敵。這種素質據荷馬的說法是神明灌輸給人類：

> 等到祂把所有的事情交代清楚，
> 賜給眾人的領導者無窮的力量；[72]

以及：

> 竟然出現這樣瘋狂的暴力行爲，
> 不能說是沒有神明在一旁觀看；[73]

好像神明還要加上激情，當成到達理性的誘因和媒介。

我們可以看到這些對手經常運用贊許的手段鼓勵年輕人，拿出規勸的言辭對他們大肆譴責；遇到前面的狀況會讓他們感到喜悅，後面的狀況難免會帶來痛苦（事實上，訓誡和譴責會產生悔恨和羞辱，這樣使得前面是一種痛苦，而後面是一種畏懼）[74]；他們特別要用這些方法來改進所提出的指控。柏拉圖當眾受到讚揚的時候，戴奧吉尼斯[75]說出他的看法：「一個人花這樣多的時間去談論哲學，卻從來沒有讓人感到痛苦，還有什麼事比這個更爲偉大？」[76]門人子弟不適合運用色諾克拉底的話，說是受到「哲學的支配」[77]，如同年輕人的情緒會受羞恥、

70　這種論點可以與第33章〈論控制憤怒〉10節的說法做一比較，斯巴達人用吹奏笛子的方式，從他們的戰鬥人員當中除去憤怒和急躁的情緒。

71　柏拉圖《菲德魯斯篇》245A；參閱瑙克《希臘悲劇殘本》之〈艾昂篇〉533A及後續各段。

72　這位神明是阿波羅，眾人的領導者是指赫克托；荷馬《伊利亞德》第15卷262行。

73　瘋狂的暴力是說戴奧米德；荷馬《伊利亞德》第5卷185行。

74　阿尼姆《古代斯多噶學派殘卷》第3卷98頁及後續各頁。

75　希臘的主要哲學家當中，有三位的名字都叫戴奧吉尼斯，本章所指應該是來自夕諾庇的戴奧吉尼斯(413-323 B.C.)，犬儒學派最知名的人物，憤世嫉俗的態度對後世的影響極其深遠。

76　這番話很像阿契達穆斯對查瑞拉斯的評論；參閱本書第4章〈如何從友人當中分辨阿諛之徒〉11節。

77　參閱戴奧吉尼斯‧利久斯《知名哲學家略傳》第4卷10節。

絕望、悔恨、歡樂、痛苦和野心所支配一樣。對這些而言，如果理性和法律維持適宜而有益的掌握，就會有效的為年輕人安排一條應走的路。因此一位斯巴達籍的家庭教師講話能抓住要領，他說他要讓學生相信所說的話，那就是榮譽的事會給人帶來快樂，反之則會使人煩惱不安[78]。從而讓我們得知沒有比它更崇高和更美好的教育方式，特別有利於出生於自由人家庭的兒童。

78　柏拉圖《法律篇》653B-C。

第三十三章
論控制憤怒

對話的發言者：蘇拉和方達努斯

1 蘇拉(Sulla)[1]：方達努斯(Fundanus)[2]，就我的看法，好的辦法如同這種類型的畫家：他們在完成作品以前要一次又一次仔細的琢磨，一下收回凝視眼光，一下從頭查看畫面，再度出現新的評估，務求將不斷考量的熟悉感覺全部隱藏起來，從而抓住任何最小的差異之處。一個人只要時時能夠沉思默想，就不會受到意識的干擾因而打斷它的連續性，更不會出現心智分離的狀況(不管怎麼說，每一個人都會對自己做出過寬的判定，看來還是別人的看法比較正確)；另外一個很好的方式，就是再三的檢驗他所交的朋友，從而知道他所處的狀況；當然也可以經由對他的了解，認定他的朋友是那一類的人物；當然我們不是想要知道他的容貌突然變得蒼老，或者他的身體是好還是壞，而是經由他的朋友，檢驗他的行為和性格，是否隨著時光的推移，變得更為卓越而且已經除去過去的缺失。就我目前的狀況而言，在離開羅馬將近一年以後，回來又與你相處有五個月之久，要說你所具備的德行已經有長足的進步，這是自然女神賜與的禮物，一點都不會讓人感到奇怪。我看到你對憤怒原來具有強烈的傾向，不計代價也要盡情發洩，現在有了很大的變化，接受理性的考驗表現如此的溫馴和降服，使得我對於你的為人有另一種說法：

　　啊！他的舉止是如此文質彬彬！[3]

1　這位是色克久斯‧蘇拉(Sextius Sulla)，蒲魯塔克的朋友，本書第77章〈會飲篇：清談之樂〉第2篇問題3第2節提及他。

2　全名是該猶斯‧米尼修斯‧方達努斯(Gaius Minicius Fundanus)，為蒲魯塔克及小普里尼的朋友，後者的《書信集》第5卷第16封信就是寫給此人。

3　荷馬《伊利亞德》第22卷373行，這是赫克托死後，亞該亞人對著他的屍體所說的風涼話。

然而和善的性格不會讓你給人帶來怠惰或軟弱的印象；像是地面因為耕種的抑制作用，變得更為平坦而且深入土層，有助於獲得豐碩的收成，就是田園的生活使你消除衝動的性格，不會再有火爆的脾氣。

這種理由非常明顯，任何因為年齡關係引起的精力減退，不會讓你靈魂當中意志的因素變得衰弱不振；況且類似的狀況也不會自動自發的產生，基於一些見識高明的訓誡可以接受極其巧妙的處理方式。然而我必須讓你知道事實真相，那就是當我們的朋友厄洛斯告訴我所有一切的時候，我懷疑他願意充當證人，依據的理由是他的心地非常和善，這種狀況不完全是針對你而來，特別就一個有教養的人而言，無須採用這樣的作為；雖然如同你所知道問題的所在，他絕不會為了討好任何人而放棄自己的意見。事情就是這樣，厄洛斯因為你的關係，不願做不稱職的證人，所以堅持要辭去這方面的責任。這一次旅行讓我們有閒暇的時刻進行長談，那麼可以告訴我，雖然你曾經詳述醫藥的治療過程，到底是那一種矯正的方式，能夠改變你的氣質，聽從約束而且你談話的口吻非常親切，用溫和的態度遵從理性的規範。

方達努斯：好吧，蘇拉，你是一位個性慷慨的朋友，要是談到自己又將如何呢？你是否可以再謹慎一些，不要讓你的善意和友誼使你忽略我某些真正的特性？因為在很多場合，甚至就是厄洛斯本人，都無法讓他的脾氣達成荷馬筆下的服從和要求[4]；因為痛恨惡行的關係所以情緒變得極其激動。看起來好像我比他更加溫和。如同想要改變某些高音的調性，因為在與其他高音對比之下，認為它應該處於低音的位置。

蘇拉：方達努斯，你所說兩種推測之詞都難以成立，請就我所問的題目給予回答。

2 方達努斯：我記得有一種非常有用的訓誡來自繆索紐斯（Musonius）[5]，蘇拉，他這樣說：「希望接受不斷的治療以後能過安全和健康的生活」。我不認為一個人的痊癒要靠著那個理由，就像我們使用藜蘆根一樣；洗浴身體的同時連帶疾病一起清除乾淨，有些症狀仍舊留在我們的靈魂裡面，要對這方面的診斷保持不斷的監視。理性的力量不具備藥物的效能，只能算是有益健康的食物，等到對它習慣以後，可以產生極其卓越的狀態和充沛的活力；如果他們處於

4　參閱荷馬《奧德賽》第20卷23行，所謂荷馬式的服從，就是對痛苦不發一言默默忍受。

5　繆索紐斯‧魯弗斯（Musonius Rufus）是西元1世紀斯多噶學派哲學家，他是當代知名哲學家和教育家伊庇克特都斯的老師。

高位而且相當自負，規勸和告誡無法發揮作用，這種情緒只能造成更大的困難。有如癲癇症者發病四肢伸展躺在地上，沒有比馨香的配製品更好的藥劑，使得患者甦醒過來，還是無法根除病痛的襲擊。

甚至他們擁有處於高位的身分，然而其他的激情還是要屈從於理性，無須用救援的方式進入靈魂，如同麥蘭修斯（Melanthius）[6] 所說那樣，脾氣

　　　無法改變心靈去做可怕的行為；[7]

恰恰相反，它使得感官的功能完全封閉，加上鎖鍊無法與外界接觸，如同一個人在家中縱火將自己燒死，使得裡面所有的東西陷入混亂、煙霧和嘈雜之中；即使靈魂想要給予援手，對於任何事物無法看見也不能聽到。一個人陷入激情和憤怒的驚濤駭浪之中，除非他具備理性的力量可以接受外來的援助，否則要他聽從別人的勸告，如同人海當中一艘受到暴風雨吹襲被水手放棄的船，船長要想將它安全駛回的機會是微乎其微。

如同一個人擅長於對抗敵人的圍攻，首先要聚集和儲備所有可用的物資和糧草，以免外援切斷之下有所匱乏；所以就我們的狀況而言，供應哲學的理念用來對抗脾氣的發作，要將這方面的知識輸送到靈魂當中，需要的時候可以立即使用，這比外來的援軍更能發揮最大的作用。除非靈魂的深處已經有理性，由於外在的喧囂它無法聽到任何聲音；就像一位水手長指揮划槳手，每一個命令都被大家聽得清楚，還得按照要求去做；然而靈魂聽到規勸的話，要是語氣平靜而溫和，它會擺出藐視的態度；要是出於粗魯的口吻而且加以堅持，這時靈魂就會勃然大怒。事實上，盛氣凌人和剛愎固執的作風，除了本身會受到感應，對任何人來說彼此的溝通都很困難，就像防衛極其森嚴的暴政，摧毀它的人一定是出生在同個屋簷之下，而且接受完全類似的教養，須知只有裡應外合的方式可以成功。

3 持久和經常的發怒會使靈魂陷入險惡的處境；等到脾氣變得像是患了潰瘍[8] 一樣，通常的結果是突然爆發出狂暴、陰鬱和乖戾的行為，這時很

6　有兩位悲劇家的名字都是麥蘭修斯，一位是西元前5世紀的雅典人，另外一位是西元前2世紀的羅馬島人，本章所提是後者。

7　參閱瑙克《希臘悲劇殘本》760頁；本書第45章〈論天網恢恢之遲延〉5節，同樣引用此詩，只是表達的意義則大相逕庭。

8　柏拉圖《國家篇》411B-C。

容易吹毛求疵而且遷怒於人，對於微不足道的過失都認爲是對本人最大的冒犯，
像是一片很薄的鐵板上面經常會出現擦撞的痕跡。如果判斷力在一開始就不讓怒
氣發作，完全制服保持安靜，這樣不僅在當時獲得防治的效果，就是爾後使得心
靈更加穩固，很難受到激情的攻擊。拿我個人的例子來說，只要抗拒憤怒兩、三
次以後，就會獲得像底比斯人的經驗，他們首次擊退斯巴達人[9]，認爲自己有了
天下無敵的名聲，以後在任何會戰中都不會敗北；因而我獲得令人感到驕傲的自
覺，可以用理性來征服那個難纏的對手；我認爲不僅要像亞里斯多德所說的那
樣，停止憤怒要給它當頭一盆冷水，還要敷上畏懼的濕布讓它的火氣很快熄滅[10]。
老天爺，只要歡樂出現的地方，誠如荷馬所言在很多狀況之下，脾氣會迅速「增
加溫度」或者煙消雲散[11]。我一直認爲這種激情並非完全無可救藥，至少我們還
得盡人事聽天命。

因爲憤怒並非經常有重要而有力的起源，事實上完全相反，甚至一個戲謔的
手勢，一句嘲諷的言詞，一陣輕視的笑聲或者某人做出點頭的表示，以及其他很
多類似的事物，使得很多人受到激動因而怒氣沖天；如同海倫用這句話向她的姪
女打招呼：

> 伊里克特拉，應趕快找個對象；

她在惱怒之下，就這樣回答：

> 還是遲一點才能顯出你有見識
> 這樣不會做出羞辱家門的醜事。[12]

注滿美酒的大碗交到凱利昔尼斯（Callisthenes）手中，這時他的話激怒亞歷山大[13]，

9　那是371 B.C.的琉克特拉會戰。

10　這段話顯然來自亞里斯多德已經佚失的作品，就是在羅斯蒐集的斷簡殘編當中，仍舊無法找
　　到；不過，在他的《問題》第10卷60節，提到畏懼會使激昂的情緒很快降溫。

11　荷馬《伊利亞德》第23卷598-600行。

12　優里庇德的悲劇《歐里斯底》72行及99行。

13　凱利昔尼斯生於奧林蘇斯，是亞里斯多德的外甥，當代知名的歷史學家和哲學家，陪同亞歷
　　山大遠征東方，直到328 B.C.被處死為止，除了記錄亞歷山大的功勳，還寫出一部希臘編年
　　史；參閱蒲魯塔克《希臘羅馬英豪列傳》之〈亞歷山大傳〉54節，只是裡面沒有提到這位哲
　　學家說過那句話；以及阿昔尼烏斯《知識的盛宴》第4卷434D。

只不過他說：「爲了喝下亞歷山大的酒，就是捨命陪君子也是應該的。」[14]

4 因此，要阻止用兔毛、燭芯或破爛廢物所點燃的火焰，應該是很容易的事；甚至抓緊實物到相當程度，可以很快毀滅和耗盡

　　年輕人的活力連同名匠的珍品，[15]

如同伊斯啓盧斯當年遭遇的命運。因而一個人從開始就要注意他的脾氣，特別提到有些人，對於那些毫無意義的閒聊或脫口而出的下流話，在開始聽到的時候表示不以爲然的態度，等到冒出煙來接著慢慢發出熊熊的烈焰。實際情況的處置應該完全相反，僅僅保持沉默和置之不理，就能控制不會到達燎原的情勢；讓它沒有燃料供應，火焰就會自動熄滅；同樣的道理只要在最早的時候，就不要煽起無明的怒火，更不必自人傲慢到非要發脾氣不可；一定要採取預防措施先期加以撲滅。雖然海羅尼穆斯(Hieronymus)的論點和勸告對人大有助益[16]，我對他下面的說法並不感到滿意；他在文章當中大聲疾呼，說是發怒的行爲極其快速，我們的知覺作用很難及早辨識，只有在發作以後才能得知它的存在。

　　事實上沒有一種激情在初期就可以輕易的察覺，然而一定會經過醞釀和刺激的過程。老實說荷馬曾經用非常技巧的手法，教導我們要有這方面的經驗，就是讓阿奇里斯接受信息，突然之間爲悲傷所壓倒，在《伊利亞德》中有下面的詩句[17]：
　　來人說完這件慘劇的來龍去脈，
　　一團悽惶的烏雲將他全身籠罩。

至於荷馬描述阿奇里斯對阿格曼儂大發脾氣[18]，是經過一段時間慢慢形成，特別是聽到對方說了很多無禮的話，才變得火冒三丈；如果這兩個人在開始就吞回所

14　還有學者認爲這句話是諷刺亞歷山大的神性，他取代戴奧尼蘇斯的位置成爲酒神，不能說爲了陪他飲酒竟然要醫藥之神來解救；因爲這裡的「捨命陪君子」，在原文當中是「凱利昔尼斯喝完以後將阿斯克勒庇斯叫來」。

15　瑙克《希臘悲劇殘本》之〈伊斯啟盧斯篇〉107頁No.357。

16　海羅尼穆斯是西元前3世紀來自羅得島的逍遙學派哲學家。

17　安蒂洛克斯帶來佩特羅克盧斯被殺的噩耗；荷馬《伊利亞德》第18卷22行。

18　荷馬《伊利亞德》第1卷101行及後續各行。

說的話或是阻止他們的發言，就不會引起雙方的爭執，即使產生衝突也不會到達這樣嚴重的程度。

所以蘇格拉底只要發覺他控制不住自己[19]，會對朋友說出難聽的話，就會馬上前往海邊，

> 如同暴風雨沿著岬角向前吹襲，[20]

他的音聲會降低下去，臉上布滿笑容，看人的眼光顯得更加柔和，要能發揮一種內在的影響力，用來控制和壓抑衝動的激情，保護自己不要犯下過錯和受到迎頭痛擊。

5 閣下，第一件事要像推翻一個暴君那樣去控制自己的脾氣，並非服從和聽命它的吩咐，像是不斷的大聲吶喊、表現出凶狠的樣子以及捶打自己的胸膛，而是要保持安靜，不能讓情感變得更加激烈，就像我們患病一樣在那裡輾轉反側和不停的抱怨。愛人的所作所為，無論是在所愛之人的窗下高歌一曲，還是在他的家門口掛上花環，都是為了減輕魅力或優雅帶來的痛苦，這些都是實情：

> 我來此沒有大聲喊叫妳的芳名，
> 僅為了表示愛意親吻妳的門楣，
> 要說犯風流罪過使我欲辯無言。[21]

同樣的狀況是送葬者全都陷入慟哭和哀號之中，他們用眼淚帶來更多的悲傷。不論民眾在那種狀況下做了什麼和說了什麼，都會火上澆油引起更大的動亂。

對我們而言最好的方針是讓自己保持鎮靜，甚至馬上離開或者躲藏起來，或者找一個平安的地方留在那裡，雖然我們覺得立刻會發作一次癲癇[22]，不能認命就此倒下去算數，更不能讓別人受到牽連；特別是朋友很容易遭到無妄之災。我

---

19 參閱塞尼加《論憤怒》第3卷13節之3。
20 作者的名字不詳；參閱貝爾克《希臘抒情詩集》3卷721頁；艾德蒙《希臘抒情詩》第3卷473頁；更為詳盡的詩篇引用在本書第11章〈養生之道〉13節。
21 凱利瑪克斯《頌歌集》第43首5-6行；參閱普羅帕久斯《悲歌》第2卷30節之24。
22 參閱塞尼加《論憤怒》第3卷10節之3。

們不可能不分青紅皂白，就會愛上或是嫉妒或是畏懼任何一位人士，如果脾氣發作也不能說沒有人受到波及和影響。我們發怒的對象會是朋友和仇敵，會是子女和父母，不錯，還將神明包括在內，還有那些野獸家畜和沒有生命的器具，如同薩邁瑞斯（Thamyris）的做法：

> 折斷豎琴的雙臂將它鍍成赤金，
> 拉緊的弦從此喪失悅耳的聲音。[23]

　　潘達魯斯訴諸發誓賭咒，如果他沒有燒掉自己的弓，情願被人打斷手臂[24]。澤爾西斯不僅對海洋加上烙印施以鞭笞[25]，還送一封信給阿索斯山，上面寫著：「神聖的阿索斯，你的絕頂雖然可以抵達天庭，這段期間不能掉下一塊巨岩增加工程的困難，否則我會將你劈開投進大海。」[26] 因為暴躁的脾氣可以做出很多可怕的事情，而且大多數都極其荒謬，這也是激情最為痛恨和最為蔑視的事，通常對這兩方面必須再三的斟酌考量。

　　6 在我而言是對是錯還不知道，必須從頭開始就要學會如何應付憤怒：如同前面提到那些出現在其他人身上的激情，斯巴達人經常說起希洛特人酒醉後不堪入目的模樣[27]。首先，希波克拉底提到最危險的疾病[28]，會使患者氣色大變以致面目全非，我特別觀察到那些大發雷霆的人，他們的容貌、神色、姿態、音調都有劇烈的變化[29]；因此我對這種激情產生一種印象，只要想到就會感到難以釋懷，如果我以恐怖和錯亂的暴怒出現在朋友、妻子和女兒的面前，不僅看起來是如此野蠻和陌生，就是聲音也是極其刺耳和粗魯；我曾經有過幾次經驗，見到很親近的朋友發怒的狀況，和善的態度、安詳的面容和文雅的談吐全部

23　瑞克《希臘悲劇殘本》之〈索福克利篇〉183頁No.223；參閱荷馬《伊利亞德》第2卷594-600行，敘述樂師薩邁瑞斯不幸的遭遇。

24　荷馬《伊利亞德》第5卷213-216行，潘達魯斯說他只要能夠安返家園，就會燒掉弓箭，否則情願讓人砍下他的腦袋。

25　參閱希羅多德《歷史》第7卷35節。

26　可以與希羅多德《歷史》第7卷24節的文字做一比較。

27　斯巴達人進入伯羅奔尼撒半島以後，征服拉柯尼亞地區的部落，將全部土著當成奴隸，希洛特人幾乎成為農奴的代名詞。

28　參閱希波克拉底《症狀和徵候》（Prognosticon）2節。

29　參閱塞尼加《論憤怒》第2卷35節。

一掃而空，就是雙方的溝通都相當困難。

可以拿演說家該猶斯·格拉齊的案例來說明[30]；他的性格非常嚴苛而且說話不留情面，經常在演講的時候情緒激動，聲調變得高昂而且會惡言相向；為了矯正這種有害的習性，要一位奴隸帶著定音笛站在他的後面，等到發現主人因發怒而改變聲音，馬上用笛子吹出一段柔和的旋律，像是

> 牧羊人的木笛如同雄蜂的飛行，
> 發出催人入眠低沉的嗡嗡聲音；[31]

該猶斯聽到以後立即克制怒火，降低音調變得更為溫和，這樣一來暴烈的脾氣就不會發作。要是我的身邊有精明的同伴在關懷著我，他們手裡拿著一面鏡子，在我怒氣沖天的時刻，照出我那醜陋和凶狠的模樣，就可以減少我未來要面對的煩惱[32]；他們這樣做如同給別人浴後整容一樣，用處當然沒有像對我那樣來得更為有效。任何人平常不會注意諸如此類不自然的狀況，等到發覺所有外在的形象全部扭曲，他對憤怒的激情會抱著另外的看法。

其實有些人很高興將可愛的神話說給我們聽，雅典娜(Athena)吹奏笛子受到薩特的指責[33]，對於他的表演根本不放在心上：

> 還說祂的容貌改變到難以辨識；[34]

等到祂看到河中反映面孔的倒影，惱怒之餘就將笛子扔掉；即使美妙的旋律可以用來安慰難看的容貌，又能管什麼用？還有馬西阿斯(Marsyas)[35]將笛子的吹口貼著腮放在嘴邊，用力之餘會使面孔扭曲，想出一種方法來遮掩難看的模樣；

---

30 蒲魯塔克將人弄錯了，應該是身為兄長的提比流斯·格拉齊(Tiberius Gracchus)才對；參閱
　　《希臘羅馬英豪列傳》之〈提比流斯·格拉齊傳〉2節。

31 伊斯啟盧斯的悲劇《普羅米修斯》(Prometheus)574-575行；愛奧(Io)在她的祖父阿古斯笛聲
　　的引導之下，說出這一番話來。

32 參閱塞尼加《論憤怒》第2卷36節之1-3。

33 參閱蒲魯塔克《希臘羅馬英豪列傳》之〈亞西拜阿德傳〉2節；奧維德《歲時記》第6卷699
　　行及後續各行；以及阿昔尼烏斯《知識的盛宴》第14卷616E及後續各段。

34 瑙克《希臘悲劇殘本》之〈Adesp篇〉911頁No.381。

35 馬西阿斯是一位擅長音樂的精靈，要與阿波羅比賽吹奏笛子，結果被神明將他的皮活活剝下。

他在臉部下方用皮帶緊緊綁住，

如同神廟四周配置耀眼的金飾；[36]

這樣一來發出的聲音非常難聽，使得他感到氣憤，因而

心情極其激動是前所未有的事。[37]

海面被風吹得波濤洶湧，據說投下糾結成團的海草就會平息下來；然而靈魂受到擾動如同出現一個漩渦，怒氣從中拋射而出就會說難以入耳的話，帶有挖苦和謾罵的意味，受到牽連的演講首先遭到的不幸是喪失聲譽，暗示他們之所以如此是生性使然，其實完全出於情緒的作用；須知有的人僅僅一句話被認爲是敵視、誹謗和惡意，如同柏拉圖所說：「微不足道的事端惹來最爲慘重的處罰。」[38]

7 當我提到這些事情的時候，就會小心翼翼的保留起來，讓自己記得可以加以運用。即使對一個發燒的人也有很大的好處，怒火中燒之際，以說話不要得罪人最爲重要。須知生病發燒會出現一種不好的症狀，就是他的舌頭處於不自然的狀態，當然這不能算是得病的成因；一個怒氣沖天的人他的舌頭變得粗魯帶有難聞的臭味，失禮的話語就會脫口而出，侮辱的言辭造成無法挽回的敵對和爭論，裡面包含著會引起潰爛的惡意。就是沒有混合著水的酒也不會像憤怒那樣，可以製造出過分的言行和討厭的舉止。酒後吐眞言同時會帶來歡笑和娛樂，不像怒氣大發的咆哮攪雜著膽汁的苦澀。鑑於一個人在飲宴歡樂的場合保持沉默，會讓整個團體感到尷尬和討厭，然而某些人在受到激怒的狀況下能夠保持心平氣和，就會贏得大家的尊敬，有如莎孚對我們提出的規勸：

我們的胸中要是充滿難忍怒氣，

必須抑制任性的舌頭發出狂吠。[39]

36　柴昔茲(Tzetzes)認為這兩句詩出自賽門尼德的《契利阿德》(*Chiliades*)第2卷372行；參閱貝爾克《希臘抒情詩殘卷》No.177；有的學者認為作者是希米阿斯·羅狄斯(Simias Rhodius)。

37　瑙克《希臘悲劇殘本》之〈Adesp篇〉907頁No.361；參閱本書第38章〈靈性之愛是否較肉體之愛更有價值〉2節。

38　這是柏拉圖《法律篇》935A和717D的綜合敘述。

39　貝爾克《希臘抒情詩殘卷》No.27；不像是蒲魯塔克恢復使用伊奧利亞腔調來寫作。

8 考慮到這些狀況就可讓我們不斷注意那些受到憤怒所控制的人，進而了解到壞脾氣所表示的性質，那就是沒有很好的教養，缺乏男子漢的氣概，以及不具備任何高傲或偉大的習性。然而大多數人卻將憤怒的騷擾當成正確的行動，憤怒的恫嚇當成無畏的信心，憤怒的固執當成性格的力量；還有一些人宣稱憤怒的殘酷就是偉大的作為，憤怒的無情就是堅定的決心，憤怒的陰鬱就是對邪惡的痛恨，到頭來這些都是言過其實的藉口。一個人的行動和作為在怒氣大發之際都傾向於渺小和軟弱，對於婦孺擺出狂暴的面容，在犬馬和牲口身上發洩他的情緒，如同一位著名的拳擊摔角手帖西奉，每當不順心就用腳去踢豢養的騾子。

暴君在屠殺無辜中犯下的罪惡，卑鄙的靈魂因殘酷和變態的行為表露無遺；當他陷入狂怒和痛苦的烈焰之中，對於那些曾經刺痛他的人，就用毒蛇的咬齧來發洩凶狠的情緒；如同受到重擊的皮肉會出現浮腫，過分懦弱退縮的心靈容易受到傷害，為了先發制人會養成衝動的脾氣[40]。這也是婦人比起男士，病患比起常人，老人比起壯士，以及命運乖戾的失意者比起一帆風順的青雲客，更容易發怒的原因所在。舉例來說，通常會因小事生氣的對象，就是守財奴對他的管家，貪吃鬼對他的廚子，妒性大發的男子對他的妻子，自負的人難免誹謗的攻訐，其中最難堪的狀況，如同品達所說[41]：

> 城市當中那些野心勃勃的地主，
> 發覺他們的討好只會給人痛苦。

軟弱同樣會給靈魂帶來難以言喻的災禍，如同有人所說的那樣，激情的爆發不會是「精力的泉源」[42]，靈魂由於自我防衛的衝動受到強烈的刺激，出現過度的伸張和抽搐的現象。

9 沒有人願意見到這種造成不利結局的例證，僅僅在迫不得已之下略做說明；至於運用溫和手段的將憤怒引導到其他方面，等到討論這部分的時候，我很樂於聽取有關的事實或者提供親身的體驗，而且從開始就藐視下面的做

40　殘酷的暴君如同毒蛇，縱容怒氣的發作如同一種自衛反應，同時證明他是一個天生欺軟怕硬的懦夫。

41　貝爾克《希臘抒情詩殘卷》No.210。

42　柏拉圖《國家篇》411B，可以與本書第32章〈論倫理的德行〉10節敘述的情節做一比較；蒲魯塔克沒有與柏拉圖作對的意願，在不得已的狀況下只有盡量不提他的名字。

法，如果有人這樣說，

> 你看錯這個人才要他忍辱負重，[43]

以及

> 將他踩在地上加以無情的踐踏，[44]

或是其他挑撥的表達方式，認為誤導可以將一個人的怒氣，從婦女的寢室轉移至男子的居所。

　　雖然堅毅在各方面都能與公正符合一致，在我的看法是它的爭奪是為了擁有溫和的形象，這些原來就屬於它所有；雖然在某些狀況之下，地位卑下者反而成為占有優勢者的主人。然而為了慶祝克服憤怒的功績，可以在靈魂當中樹立一個戰勝紀念碑（赫拉克萊都斯說起這種爭鬥的困難：「無論人們抱多大的希望，即使買到手還得付出靈魂的代價」[45]）；擁有偉大和勝利的實力對抗激情，不僅用得著頭腦和筋骨[46]，已經證明要靠著判斷力當成武器。

　　因為這個緣故我盡力蒐集和找尋資料，不僅是哲學家的嘉言懿行，由於蠢漢認為哲學家的言行難免惹他們生氣，所以要把國王和僭主也算在內。例如安蒂哥努斯對部下的態度[47]，有些士兵在靠近御帳的地方詛咒他，認為國王不可能聽到，誰知他在裡面用手杖去趕他們，並且大聲叫道：「啊，神哪！你們要罵我為什麼不跑遠一點呢？」

　　還有亞該亞人阿卡狄昂（Arcadion）的案例[48]，他一直對於菲利浦詆毀不休，甚至勸他的同胞

43　瑞克《希臘悲劇殘本》之〈Adesp篇〉912頁No.382。

44　貝爾克《希臘抒情詩集》第3卷694頁；艾德蒙《悲歌與抑揚格詩體》第2卷304頁；有的學者根據特殊的四音步詩體，認為作者應是阿契洛克斯。

45　狄爾斯《哲理詩殘卷》第1卷170頁No.85；參閱蒲魯塔克《希臘羅馬英豪列傳》之〈馬修斯‧科瑞歐拉努斯傳〉22節；赫拉克萊都斯的本意是指愛情而非憤怒。

46　或許引用柏拉圖《國家篇》411A的要旨，只是加以局部修正而已。

47　這位是綽號「獨眼龍」的安蒂哥努斯一世；參閱本書第15章〈國王和將領的嘉言警語〉28節。

48　參閱阿昔尼烏斯《知識的盛宴》第6卷249C-D；阿卡狄昂從馬其頓逃走，正巧在路上遇到菲利浦，後者問他放逐以後準備前去那個地方，要在那裡留多久；這是他對菲利浦的回答。

逃到沒人知道那位暴君的地方；[49]

後來阿卡狄昂有機會前去拜訪馬其頓，菲利浦的僚屬認爲國王不會讓這個傢伙離開，非要給予懲處不可；然而菲利浦遇到他非常親切的接待，爲了表示友善派人送給他很多禮物。過後他吩咐僚屬去探聽狀況，想要知道阿卡狄昂目前在希臘人面前說他什麼；所有人都證實他現在變成國王的頌揚者，到處都在推崇他的智慧和仁慈；於是菲利浦說道：「看來我是一個比你們更爲高明的醫生。」菲利浦參加奧林匹克運動會的比賽，有人進讒提及希臘人在背後說他的壞話，雖然他一直對他們非常友善；菲利浦說道：「他們這樣做，等那天受到虐待就不要怪我？」

其他像是彼昔斯特拉都斯之於色拉西布盧斯[50]、波森納之於穆修斯[51]、瑪迦斯之於斐勒蒙，他們的行爲同樣受到大家的稱許。瑪迦斯在劇院的一齣喜劇當中，公開受到斐勒蒙的嘲笑：

瑪迦斯，這是國王給你寫的信；
可憐的傢伙早知不會有這回事。[52]

後來斐勒蒙在帕里托尼姆(Paraetonium)[53]的海岸被暴風吹落海中，這樣才被瑪迦斯抓到成爲俘虜；於是瑪迦斯下令一位士兵用他的劍輕觸這位喜劇家的頸脖，用很仁慈的態度解除他身上的枷鎖，同時還送給斐勒蒙一粒骰子和一顆球，把他當成沒有見識的兒童讓他返回家中。

一位老學究譏諷托勒密的無知，於是托勒密就考問對方誰是佩琉斯(Peleus)[54]的父親，這位老學究說道：「你得先告訴我拉古斯的父親是誰[55]，我才答覆你的問題。」這是在譏笑國王的身世讓人感到懷疑，聽到這種有欠考慮和極

49 這是對荷馬《奧德賽》第6卷122行和第22卷269行，極其拙劣的模仿。

50 雖然色拉西布盧斯以掃除僭主爲職志，彼昔斯特拉都斯還是將女兒嫁給他，403 B.C.色拉西
　　布盧斯終於重建雅典的民主政體。

51 穆修斯想要刺殺波森納，被捕後表現大義凜然受刑不屈的氣節，後者在感動之餘，讓他獲得
　　自由。參閱蒲魯塔克《希臘羅馬英豪列傳》之〈波普利柯拉傳〉17節。

52 柯克《阿提卡喜劇殘本》第2卷522頁No.144。

53 帕里托尼姆是北非地區一個港口。

54 佩琉斯的父親是宙斯和伊吉娜(Aegina)所生的伊阿庫斯(Aeacus)，後來成爲地府的判官；佩
　　琉斯與女神帖蒂斯生下蓋世英雄阿奇里斯。

55 表面上托勒密一世的父親是拉古斯，然而大家都知道他是馬其頓國王菲利浦的私生子。

其輕率的言辭，任何人都會動怒生氣。然而托勒密說道：「如果對國王開玩笑是不適當的行爲，那麼自己身爲國王也不能用這種方式對待別人。」

　　亞歷山大對於凱利昔尼斯和克萊都斯毫不留情[56]，較之習以爲常的行爲要嚴苛得多。波魯斯成爲他的俘虜，卻要求亞歷山大對待他「要像一位國王」[57]。亞歷山大問他：「還有別的沒有？」波魯斯回答道：「全都包含在『要像一位國王』這句話裡面。」因爲這個緣故他們將國王加上神明的頭銜，稱爲Meilichios或「仁德之君」；我相信雅典人將他稱爲Maimactes或Boisterous[58]。看來懲罰是弗里斯[59]和邪惡精靈的工作，跟高踞在奧林匹克山的天神沒有關係。

10 菲利浦要把奧林蘇斯(Olynthus)[60]夷爲平地，這時有人說起這件事：「他不可能重建像這樣大的一座城市。」[61]因而一個人也可以對著「憤怒」說道：「你有能力去摧毀、破壞和推翻一切東西，只是提起事物的興建、保存、赦免和諒解，就人的德行來說，全是溫和、寬厚、節制和仁慈所能完成的工作，也只有卡米拉斯、梅提拉斯(Metellus)[62]、亞里斯泰德和蘇格拉底這樣的人物，才能負起這些使命；如同螞蟻或馬蠅叮在傷口上面一樣，緊緊依附絕不放鬆。」根據我的研究運用發怒的方式來自我防衛，大部分都無法獲得效用；只是浪費唇舌[63]對別人進行無用的攻訐、謾罵和威脅；就像一群小孩在賽跑，由於缺乏自我的控制，大家爭先恐後擠成一團，抵達終點之前都已跌倒在地。

　　從這方面可以看出，一位羅馬將領的僕人對著羅得島人，拿出無禮的態度在那裡大呼小叫，於是這位羅得島人對他說道：「你的態度在我看來一文不值，因

56　參閱蒲魯塔克《希臘羅馬英豪列傳》之〈亞歷山大傳〉51節和55節；以及塞尼加《論憤怒》第3卷17節之1。

57　參閱蒲魯塔克《希臘羅馬英豪列傳》之〈亞歷山大傳〉60節和季格勒(Zeigler)的注釋。

58　雅典人為了邀寵起見，用奉承的口吻將亞歷山大稱為宙斯或「仁君」；這裡的Maimactes是宙斯使用的頭銜，Boisterous即「和善」之意。

59　弗里斯或伊瑞尼斯(Erinys)是復仇三女神－阿勒克托(Alecto)、提西福涅(Tisiphone)和墨蓋拉(Megaera)的共同稱呼。

60　奧林蘇斯是位於卡夕得西半島的希臘城市，348 B.C.被菲利浦焚毀後夷為平地。

61　所以會存有這種想法，可以參閱品達《皮同賽會頌》第4卷484行；以及本書第3章〈論課堂的聽講〉6節。

62　這位梅提拉斯是指奎因都斯‧西昔留斯‧梅提拉斯‧馬其頓尼庫斯(Quintus Caecilius Metellus Macedonicus)，名聲響亮的羅馬將領，曾於143 B.C.任執政官；參閱本書第16章〈羅馬人的格言〉11節。

63　參閱塞尼加《論憤怒》第1卷19節之2-3。

爲就是你的主人也不會用這種方式說話。」還有索福克利在尼奧普托勒穆斯和優里披拉斯完成披掛以後準備上陣，就說

> 雙方沒有謾罵的言辭也不猖狂，
> 拿著青銅兵器衝進決鬥的圍場。[64]

雖然蠻族會在他們的刀劍上面塗毒藥，眞正的英勇不需要過多膽汁的體質[65]，完全在於道理上面站得住腳，須知憤怒和恚恨會讓武器變得鏽蝕容易折斷。

不管怎麼說斯巴達人用吹奏笛子的方式，從他們的戰鬥人員當中除去衝動的情緒，還在會戰之前向繆司奉獻犧牲，爲了在內心能夠不斷維持應有的理性；他們擊潰敵人之後不會實施追擊[66]；他們在士氣高昂之際還能召回出擊的兵力，就像一把短劍運用起來極其靈活。然而有人在完成報復的工作之前，大發雷霆的震怒已經屠殺數以千計的人員，如同居魯士[67]和底比斯人佩洛披達斯[68]採取毒辣的手段；阿加索克利卻用溫和的語氣對付辱罵，他正在圍攻城市的時候，對方有人大叫：「陶匠，你拿什麼東西當薪餉付給這些傭兵？」[69]他不動聲色笑著說道：「等我拿下這座城市你就會知道。」還有一個安蒂哥努斯的例子[70]，有人站在一個市鎮的城牆上面，對著他的殘疾大肆嘲笑，他向著這些人說道：「你們怎麼這樣有眼無珠，我認爲自己的相貌非常英俊！」等到他奪取城市就將諷刺他的人發賣爲奴，並且說他們要是再敢罵他，他會找他們的主人去理論。

我提過律師和政客都因爲怒不可遏犯下很大的錯誤；亞里斯多德說起他的朋友薩摩斯人薩特魯斯，當他在抗辯的時候會用蠟將耳孔塞住[71]，免得聽到對造的侮辱之辭，火氣大發之餘影響到訟案的進行。我們不要因爲奴隸犯下小過錯就非

---

64 這是索福克利在他的劇本中，對於兩位角色的描述，只是這齣戲沒有流傳後世；參閱瑙克《希臘悲劇殘本》之〈索福克利篇〉No.768。

65 苦味的膽汁是憤怒的毒藥，這種體液過多的人無法控制自己的情緒。

66 參閱鮑薩尼阿斯《希臘風土誌》第4卷8節。

67 很可能是指小居魯士，參閱色諾芬《遠征記》第1卷8節之26-27；但是塞尼加《論憤怒》第3卷21節，認爲居魯士大帝是罪魁禍首，至於希羅多德《歷史》第1卷205節敘述的狀況，並非事實。

68 參閱蒲魯塔克《希臘羅馬英豪列傳》之〈佩洛披達斯傳〉32節，這裡不能說他殺敵的手段過分凶狠，只是不該輕身履險使自己喪失性命。

69 阿加索克利是陶匠的兒子，參閱本書第15章〈國王和將領的嘉言警語〉22節之2。

70 這是綽號「獨眼龍」的安蒂哥努斯一世；參閱塞尼加《論憤怒》第3卷22節之4-5。

71 亞里斯多德《問題》第3卷27節；斯托貝烏斯《花間飛舞》第3卷551頁加以引用。

得施以懲罰，難道這樣才算是盡到自己的責任？特別是奴隸害怕恐嚇和威脅就會逃走[72]。因此奶媽用來哄嬰兒的話：「不要哭，我會餵奶給你吃」，用在我們發脾氣的時候，倒是能夠產生很大的作用：「不要慌張、不要喊叫、不要急著採取行動，這樣問題容易解決，會給你帶來更多的好處。」身為父親的人看到兒子想要將東西砍成兩半，或是在上面做出一個切口，他就會拿出刀子自己動手，很多人的辦事方式出於這種心態，把一切交給情緒去掌控；同樣我們記得不要在動怒之際對人施以懲處，最後就會做出追悔莫及的事[73]。

11 鑑於所有的激情都需要紀律和訓誡，喪失理性和剛愎固執所形成的缺失，經由不斷的練習才能加以馴化和降服，其中又以學到如何控制憤怒更為重要，必須讓它成為唯命是從的奴僕。我們對於激情不要有嫉妒的心理更不能畏懼，無須為它競爭以獲得榮譽，因為我們經常為它怒氣大發，由於它擁有的權勢如同我們的主人，引起很多的冒犯和過失。它很容易帶著我們到達的地方，像是立足在非常滑溜的位置，沒有一個人能夠站穩來拯救我們。除非我們能用溫和的手段掌握巨大的權勢，對於妻子和朋友經指控我們何其疏忽的言辭，抱著不以為意的態度，否則我們不可能在犯下煽動激情的罪行以後，還能保有一種不負責任的職務。談起如何對待奴僕的問題，沒有什麼比起卸責的言辭更讓我感到不齒，說是由於他們很少受到重責所以才會變壞。

實在說我也是後來才對這方面有所了解，首先，即使縱容奴僕讓他們在某些方面出現差錯，總比非要扭曲自己的性格，拿出憤怒和酷烈的手段來改進他們要好得多。其次，我看到很多奴僕所以會有進步，不是受到懲罰而是獲得寬恕，特別是他們對變壞感到羞愧，這才是自我革新的起點。他們對於主人的服從只要頷首示意，比起其他人給予痛責和鞭笞，在執行的時候更加心甘情願，我對這點深信不疑，那就是統治的要領是講理而不是亂發脾氣。並不完全像詩人所說的那樣[74]：

　　余畏吾父，

---

72 參閱塞尼加《論憤怒》第3卷5節之4。

73 參閱色諾芬《希臘史》第5卷3節之7。

74 這位詩人是指荷馬，《伊利亞德》第3卷172行，這是海倫向特洛伊國王普里安請安問候。參閱蒲魯塔克《希臘羅馬英豪列傳》之〈克里奧米尼斯傳〉9節；以及柏拉圖《優特弗羅篇》12A-B。

敬兮愛兮；

從另一方面而言，有的人所以敬愛是由畏懼所引起，行爲的糾正會遭到不斷的責打，而且下手毫不留情，所以這些人做了錯事從無悔意，還要用盡辦法不讓別人得知。

我經常在心中揣摩一件事，就是那個教我們彎弓的人不會禁止我們射箭，只是射不中目標那可不行；就是施以懲處也不會受到阻礙，因爲我們已經受到教導，訂出的罰則不僅及時而且適度，運用的方式正確可以產生有利的效果。因此我要盡力擺脫憤怒帶來的影響，懲處一個人之前不能剝奪他辯護的權利，對於上訴案件會傾聽他的陳情。這兩種過程所花費的時間，能讓激情有停下來喘息的機會，經過一陣緩延之後所有的怒氣會慢慢消失；這個時候所下的判決可以找到正確的模式，擬定的刑責有適當的衡量，更不會留下任何可以反對的藉口，讓受到懲處的人事後提出申訴；如果懲罰不是出於憤怒的情緒，那麼就會承認自己的確犯下罪行。最後，避免出現最爲羞辱的事情，那就是奴隸在法庭的陳述比起主人更爲公正。

亞歷山大崩殂以後，福西昂爲了不讓雅典人過早發動起義或是很快相信傳聞[75]，因而向大家說道：「各位雅典市民，如果他今天已經過世，不管是明天還是以後，總無法改變既成的事實。」同樣對於那些在暴怒之下急著想進行報復的人，我可以勸他道：「如果這個傢伙今天犯下誣告你的罪行，不管是明天還是以後，總無法改變既成的事實，延後執行的懲罰不會有什麼壞處，過於急促的處分總是讓人感到委屈，這方面的狀況在過去是屢見不鮮。」

一個奴隸在五天或十天以前，因爲肉烤得太老，或是打翻了餐桌或是叫喚他來得太慢，現在才給予鞭笞的處分，難道也算是過於急躁和倉促？這樣做之所以讓人感到殘酷無情，在於把這種小事還牢記在心，非要給予懲處不可。如同透過霧氣看到人體的形狀一樣，平常的事物在暴怒發作之餘顯得更爲嚴重。

基於這些理由我們才會將這些例證和教訓，留在腦海不可或忘。如果我們做出無懈可擊的決定，仍舊有人對它冒犯而且是邪惡的行爲，這時的處理已經不能摒除和放棄懲罰，如同我們在喪失食欲以後會將食物留下；沒有任何事情比在暴怒之下的處罰引起更爲嚴重的後果，我們要是火冒三丈就不能做出懲治的決定，

<hr>
75 參閱蒲魯塔克《希臘羅馬英豪列傳》之〈福西昂傳〉22節；以及本書第15章〈國王和將領的嘉言警語〉49節之11。

將整個案子留下暫時不要處理。

我們的狀況非常類似那群懶惰的划槳手，晴朗的天氣躺在港口的碼頭上面休息，過後要冒生命的危險趁著颶起的大風啓碇出海。有時我們在懲罰方面提出指摘，理由是產生疏忽和過分軟弱，雖然可以加速趕辦，還是不可逞一時之快或者發洩忿怒的心理，就像冒著狂風暴雨啓航一樣險象環生。一個人飽受饑餓的痛苦得到食物就會埋首大嚼，這完全是基於本能的驅使乃理所當然之事，然而人類對於懲罰的執行不應抱著如饑似渴的需求，更不能在怒氣大發之下，像是提高興趣一樣激勵大家要去惡整別人。反倒是一個人根本沒有懲罰的意願，這時他要提出充分的理由來堅定意志，像是在迫不得已的狀況下非要執行不可。

亞里斯多德提到他那個時代在伊楚里亞的奴隸，會因笛子吹奏的音樂感到苦惱，這是表示有人正受到鞭笞的處分；人們不應該渴望懲罰的執行當成一種享受，使自己獲得歡娛和滿足，特別是用刑的過程當中興奮無比，事後又感到後悔懊惱[76]，須知前面的狀況是獸性大發，接著卻是婦人之仁。我們應該具備充分的理由，對於懲罰抱著當行則行的態度，既不會悲傷也不會歡樂，更不會讓人以為憤怒而感到遺憾。

12 這對憤怒而言或許並非徹底的治療，只是有些人陷入這種激情之中，暫時擺脫不利的影響以及預先防範可能的錯誤；如同海羅尼穆斯所說的那樣，雖然脾臟的腫大是熱病的徵兆，同時證明這種症狀的出現會使病情緩和。我一直正在考量憤怒的起源，特別提到不同的人士所以易於發怒基於不同的成因，大家相信其中最常見的狀況是受到藐視或忽略[77]；因而我要幫助這些人免於遭到憤怒帶來的損害，那就是盡可能不要懷疑別人的行動，說是出於輕蔑或傲慢，或歸之於無知、需要、情緒或不幸，這樣就不會產生遷怒和怨恨之心；如同索福克利對國王所說的話[78]：

　　時運不濟，
　　萬事無益；

76　參閱本書第45章〈論天網恢恢之遲延〉5節，可以拿來與本節全文做一比較，重點在於不能對所有的過錯實施倉促的懲罰；以及塞尼加《論憤怒》第1卷17-18節。

77　參閱亞里斯多德《修辭學》第2卷3節。

78　索福克利的悲劇《安蒂哥妮》563-564行；蒲魯塔克《希臘羅馬英豪列傳》之〈福西昂傳〉1節引用這兩句詩，只是它的目的是用來貶低德行的力量。

以及阿格曼儂敘述他奪走布里塞伊斯（Briseis）[79]是受到神明的蠱惑，所以願意

> 賠償重禮，
> 彌補過失。[80]

　　懇求的行動絕不曾受到指摘和蔑視，當他以受到傷害表示低聲下氣，等於把別人認爲他高傲的印象一掃而空。只是一個人在暴怒之下不會謙恭有禮，這時倒是可以採用戴奧吉尼斯的回答方式[81]：有人對他說道：「戴奧吉尼斯，他們都在譏嘲你。」他應聲道：「笑罵由人笑罵，好事我自爲之。」如同發怒的人不會考慮到自己會受到非難，而是一味指責那些冒犯他的人，無論這種行動是出於軟弱或輕率、疏忽或慳吝、昏瞶或幼稚。只是這種情況不能用在奴僕和朋友的身上，因爲奴僕都對我們忠心不貳，朋友都能獲得我們的歡心，由於我們的人情通達和善意相待，即使力有不逮或是有所閃失，雙方的情分還是不改初衷。

　　有時可以想見我們對別人的蔑視，不僅用粗暴的言行羞辱自己的妻子、奴隸和僚屬，還經常對著客棧老闆、水手和酒醉的騾夫大發雷霆。就是那些向我們狂吠的狗和擠著我們的驢子，都會惹得我們火冒三丈[82]；就像一個傢伙想要揍趕驢人，誰知那位驢夫說道：「我是雅典人，你不能動我一根寒毛。」最後只有指著驢子說道：「這總不該是雅典人吧！」就上去對牠拳打腳踢一頓。

13 自私和乖戾的性格加上奢侈和柔弱的習氣，會使我們不時引發陣陣的怒意，逐漸累積在心靈的深處，活躍的程度有如一群飛翔的黃蜂。如果一個人說是不需要太多的身外之物，就能感到生活過得非常舒適，沒有比這個有助於他對於奴僕、妻子和朋友，表現出溫和而文雅的態度；只是狀況並非全然如此，像是

79　布里塞伊斯是被俘的女奴，成為阿奇里斯的侍妾深受寵愛，後來被盟軍統帥阿格曼儂奪去，阿奇里斯憤而退出作戰的隊伍。

80　荷馬《伊利亞德》第19卷138行；所謂重禮除了神明賜與的冑甲，阿格曼儂送給他七只銅鼎、二十個大鍋、十二匹駿馬，八位絕色美女和十泰倫黃金。

81　參閱蒲魯塔克《希臘羅馬英豪列傳》之〈費比烏斯‧麥克西穆斯傳〉10節；以及戴奧吉尼斯‧利久斯《知名哲學家略傳》第6卷54節。

82　參閱柏拉圖《國家篇》563C。

　　某君對菜餚的烹調實在太挑剔，

　　沒有一種食物能讓他感到滿意；[83]

因而有人不喝沒有冰過的酒[84]，不吃從市場買回來的麵包，不碰用陶盤所裝價廉的東西，就是睡覺的床都要非常柔軟；他用棍子和拳頭責打侍候在餐桌旁邊的奴僕，使得他們汗流浹背的不停奔走，急迫的程度像是要為發炎的潰瘍去找膏藥，這樣的人過著無能為力、愛發牢騷和從不如意的生活方式，在各方面都受到束縛和奴役。經常發作的脾氣如同慢性的痰症，加深的怒意成為到處流竄的腫瘤。我們必須讓身體養成習慣，滿意於平淡簡樸和自給自足的生活，一個人能夠減少需要就不會對偶爾的匱乏感到失望。

　　我們從開始就訓練自己如何對待每日的飲食，這並不是一件很困難的事，如果我們能夠很安靜的享用放在前面的菜餚，即使廚子把一無是處的醬汁澆在烤肉上面，就是不滿意也不要生氣發怒；只是有些人的看法並不一樣，他們希望

　　　不再有像這樣難以下嚥的晚餐，[85]

甚至於奴僕都要受到責打，妻子要被痛加詛咒，因為食物不是燒焦就是烤糊，連麵包都是冰冷[86]。

　　阿昔西勞斯(Arcesilaus)[87] 有次款待朋友和幾位國外的來賓，等到用餐時發現沒有麵包，因為奴僕忘了購買，我們之中任何一位遇到這種困境，除了人叫又能有什麼辦法？阿昔西勞斯僅僅笑著說道：「大家有幸享受用來招待哲學家的流水席！」[88]

　　某天蘇格拉底帶著優特迪穆斯(Euthydemus)[89] 從角力場返家，詹第普怒氣沖沖走到他們面前，對著他們大聲謾罵，最後連桌子都被她推翻在地[90]，優特迪穆

83　柯克《阿提卡喜劇殘本》第3卷〈Adesp篇〉472頁No.343。

84　參閱塞尼加《論憤怒》第2卷25節之4。

85　荷馬《奧德賽》第20卷392行。

86　參閱塞尼加《論憤怒》第2卷25節。

87　阿昔西勞斯(316-241 B.C.)生於伊奧利亞的普塔尼(Putane)，繼承克拉底(Crates)領導柏拉圖學院，後來成為新柏拉圖學派的創始者。

88　因為沒有麵包，可以很快結束餐宴，讓大家享受〈會飲篇〉敘述的清談之樂。

89　優特迪穆斯是當代知名的詭辯家，與蘇格拉底建立深厚的友誼。

90　本書第34章〈論寧靜的心靈〉11節，提到內容完全雷同的故事，只是主人翁換成七賢之一的

斯感到深受冒犯，站起來趕快離開，這時蘇格拉底說道：「下次到你家希望不要見到一隻母雞飛進來，出現目前這種天下大亂的狀況，然而誰會把這種事放在心上？」

我們用和藹的面容帶著歡笑的情誼接待朋友，對於奴僕無須皺著眉頭擺出令人感到畏懼的可怕姿態；我們要使自己養成習慣，對於任何種類的餐桌器皿都很喜歡，不像有些人非要從很多酒具當中只選某一個高腳杯或牛角盃，絕不用其他的東西來喝酒，據說馬留[91]就是如此。還有人對於裝橄欖油的瓶子和浴室用的刷子，感覺起來都只中意其中之一，發現慣用之物毀壞或是遺失，負責的奴僕便受到極其嚴厲的懲罰。因而任何人要是易於發怒，必須禁絕罕見或稀有的物品，像是酒杯、指環和寶石之類，比起常見和容易買到的東西，一旦丟失更會令人火冒三丈。

尼祿[92]製成一座八角形的帳棚，巨大的結構以美麗和價昂著稱於世，所以塞尼加(Seneca)[93]才會這樣說：「等到你失去這件物品，就不知道從哪裡可以買到同樣的東西，只能證明自己是一位窮人。」後來的確發生不幸的狀況，運輸的船隻出事使得帳棚沉沒海中，尼祿想起塞尼加所說的話，抑制自己的脾氣忍受重大的損失。擺出開心的神情面對生命中重大的事務，會使一位主人關懷和善待他的奴隸；如果他對奴隸都抱著仁慈之心，就會把他統治下的屬民當成朋友。

我們說過那些剛買回家的奴隸，一直想要打探新主人的個性，重點不在於他是否迷信或嫉妒，而是脾氣的好壞；我們可以看到一個家庭要是經常怒氣沖天，即使妻子再貞節也令丈夫無法忍受，丈夫再寵愛也讓妻子難以同房，甚至朋友之間都不可能密切交往。婚姻和友誼對於憤怒都無法寬容，只要不發脾氣就連酒醉的人都容易相處。雖然戴奧尼蘇斯的權杖用來懲治醉漢，這是指喝酒過量以後鬧事，或是飲未攙水的酒出現狂暴的行為，以及耽誤祭禮的儀式和應有的舞蹈；否則就會從寬免於追究。單純的瘋狂可以在安蒂塞拉(Anticyra)[94]獲得醫治，要是

彼塔庫斯。

91 這是曾七次出任執政官的該猶斯‧馬留；參閱本書第16章〈羅馬人的格言〉12節。

92 尼祿‧克勞狄斯‧日耳曼尼庫斯(Nero Claudius Germanius, 37-68 A.D.)是羅馬帝國第五位皇帝，被弒身亡，在位期間為54-68 A.D.。

93 後世學者認為羅馬哲學界的代表人物，共和時期是西塞羅而帝國時期是塞尼加，評價之高可見一斑。塞尼加中年遭到放逐，阿格里萍娜予以重用才得以敕回，負責尼祿的教育，等到尼祿登基，協助處理國政，初期頗有一番作為，65 A.D.涉及畢索(Piso)陰謀擁立案，被迫自殺。

94 安蒂塞拉是福西斯地區一個小鎮，瀕臨科林斯灣，出產可治瘋病的草藥藜蘆根知名於世；參閱奧盧斯‧傑留斯《阿提卡之夜》第17卷15節之6以及它的注釋。

瘋狂加上憤怒就會產生悲劇和慘痛的故事。

14 我們不能在開玩笑的時候動怒，會給培養友情的場合帶來敵意；不能在學術討論的時候動怒，會給知識的愛好帶來爭吵；不能在宣布判決的時候動怒，會給權威的當局帶來傲慢；不能在教導學生的時候動怒，會對學習產生沮喪和痛恨的情緒；不能在家業興旺的時候動怒，會增加別人的嫉妒之心；不能在競爭的時候動怒，會驅除別人對你的同情；一個人變得性格暴躁和喜歡口角，會失去大家的擁護和愛戴。如同普里安(Priam)[95] 所說的那樣：

> 滾開！你們這些懦夫何其膽小！
> 難道就不能留在家中抱頭痛嚎，
> 非要來到這裡惹得我平添煩惱？[96]

在某些狀況之下表現出愉悅的心情會對處理問題大有助益，當然有些只能用來裝點場面，還是有些會使事情變得更爲美好；保持君子的風度可以抑制怒火，使得陰鬱的心胸爲之豁然開朗。

優克萊德(Eucleides)與他的兄弟發生口角[97]，他的兄弟對他說道：「要是我不找你算這筆帳，那我眞是罪該萬死。」優克萊德回答道：「要是我不讓你平息怒氣，那我眞是罪該萬死。」立即使得他的兄弟受到感動，雙方和好如初。某位人士喜愛寶石而且對高價的指環非常著迷，有次竟然對波勒蒙惡言相向，波勒蒙沒有回嘴只是對著這個人所戴的指環看個不休，罵他的人很高興的說道：「波勒蒙，這樣看不會怎樣，要是放在陽光下面就會變得更加美麗。」

還有就是亞里斯蒂帕斯(Aristippus)[98] 與伊司契尼斯(Aeschines)[99]，因爲某件事雙方冒出怒火，有人問道：「亞里斯蒂帕斯，你們兩人還能保持原來的友情

95　普里安是特洛伊國王，有五十個兒子，其中十九個是王后赫庫巴(Hecuba)所生，包括赫克托(Hector)、赫勒努斯(Helenus)、龐蒙(Pammon)、安蒂福斯(Antiphus)、特羅伊盧斯(Troilus)和帕里斯(Paris)，都是能征善戰的英雄人物。

96　荷馬《伊利亞德》第24卷239-240行。

97　麥加拉的優克萊德是西元前4世紀服膺蘇格拉底思惟理念的哲學家。

98　亞里斯蒂帕斯是生於塞倫的哲學家，認爲人生唯一的目標是追求快樂，創立塞倫學派，想要過奢華的生活，對於色諾芬和柏拉圖的學說感到不屑一顧。

99　提到的伊司契尼斯不是舉世知名的悲劇家，這位是西元前4世紀的哲學家，平生以服膺蘇格拉底的學說爲職志。

嗎？」他回答道：「那只能在夢中出現，須知我現在處於清醒的狀態。」這個人前往伊司契尼斯那裡問他道：「難道我真是如此的不幸和無藥可救，所以才無法從你那裡得到不一樣的回答？」他說道：「這一點都不奇怪，如果你在各方面都比我優越，那麼對於這件事就可以分辨出來，我所作所為都很正確。」

我們馴服野獸使牠們的性格變得溫和，所以才會將狼仔和幼獅抱在懷中；

> 婦女和小孩都能用溫柔的手掌，
> 為奔走敏捷的野豬搔身上的癢，
> 比角力士更容易使牠臥倒地上。[100]

然而在暴怒的衝動之下，卻會拋棄子女、朋友和夥伴，就像那些凶狠的野獸，要在奴僕和市民同胞的頭上肆虐。我說我們不必用欺騙的字眼，把我們的冒火和生氣稱之為「正義的公憤」；我始終認為發怒是靈魂的激情和病態，雖然我們大可以將它稱之為「先見之明」，或是「大公無私」，或是「信仰虔誠」，對這方面倒是不必有什麼限制。

15 季諾經常提到種子是一種混合物，包含靈魂所有的功能[101]；這樣說來憤怒也是種子的混合物，把所有的激情都納入其中。不僅可以得到痛苦和歡樂，還有橫蠻無禮的態度；雖然這是嫉妒的病態享受完全出於他人的惡意，卻比嫉妒的本身更為敗壞風氣。努力的目標不是讓自己免於厄運，而是要將不幸投到對手的身上，使得他無法逃脫毀滅的下場；可見最不討人喜愛的欲望完全是與生俱來，就是渴望讓別人感到痛苦；這也就是為何我們接近浪蕩子弟的家門，聽到吹笛女郎在清晨仍舊吹奏不停，如同某人所說的那樣，還看到「酒的渾濁渣滓混雜著花冠的香氣」[102]，以及腳步蹣跚的奴僕坐在門首猛灌黃湯。殘酷和暴躁的人有一種特別的表徵，從那些奴僕的面孔可以很清晰的見到，他們的身上也烙著類似的記號，何況他們還戴著腳鐐。

> 怒火中燒的人士要是留在家中，

---

100 瑙克《希臘悲劇殘本》之〈Adesp篇〉912頁No.383。
101 阿尼姆《古代斯多噶學派殘卷》第1卷36頁No.128。
102 這是索福克利的殘句，出處不詳。

　　唯一聽到的音樂是哭泣的哀鳴。[103]

像是管家受到無情的鞭刑，連侍女都被拿來拷問；這些人證實所有的苦惱都令人感到同情，因爲它來自爲了滿足欲望和歡樂的憤怒。

16 有些人眞正產生「義憤塡膺」的情緒，經常會在難以抗拒的狀況下大發脾氣，這時他應該拋棄極端和暴力的形式，就是對於當代的人物也不能過分相信[104]。一旦信心受到打擊就會增強怒意，像是一個人過去被認爲是君子，現在證明他是不折不扣的小人；或者最要好的朋友竟然反目成仇，這些爲能讓人不氣沖斗牛。就拿我的性格來說，你們毫無疑問都很清楚，帶著難以克制的衝動，對於我的鄉親懷抱誠摯的善意，極其相信他們的所作所爲。因此，就像一個人異想天開要在空中行走一樣，我發覺對人愛得愈深愈感到自我的迷失，等到絆倒在地心中更爲悲痛；其實我從沒有讓自己減少對愛的癖好和熱誠，或許可以運用柏拉圖的關照來抑制對人的過分信任[105]。

　　柏拉圖說他拿常用的詞句稱許數學家赫利康[106]，人之異於禽獸者幾希，只是心智有所變化而已；他生怕那些在城市裡面受過教育的人士，作爲一個凡人和凡人的後裔[107]，難免會暴露出人性當中所繼承的弱點和缺陷。索福克利說是他在尋找

　　人性的特色發覺大都卑劣不堪；[108]

看起來他對人類實在是過於蔑視和貶損，這種乖戾偏頗和自以爲是的判斷，難怪要惹得我們大發脾氣；這是突如其來和毫無期待之下讓人感到不知所措。我們要像帕尼久斯（Panaetius）[109]那樣無論處於何種狀況，都能運用安納克薩哥拉斯

103　瑙克《希臘悲劇殘本》之〈Adesp篇〉913頁No.387；本書第40章〈論做一個多管閒事的人〉6節。

104　參閱柏拉圖《斐多篇》89D。

105　柏拉圖《書信集》第13封360C，參閱本書第34章〈論寧靜的心靈〉16節。

106　赫利康是柏拉圖的朋友，曾經將他推薦給敘拉古的僭主戴奧尼休斯。

107　參閱柏拉圖《法律篇》853C。

108　瑙克《希臘悲劇殘本》之〈索福克利篇〉311頁No.769；參閱本書第35章〈手足之情〉8節。

109　帕尼久斯是羅得島人，斯多噶學派哲學家，羅馬斯多噶學院的創立者，他的作品在西元前2世紀風行一時。

(Anaxagoras)的訓示[110]，他在他的兒子亡故之際說道：「我現在知道所生的後裔是必死的凡人。」因而我們不論面臨那些場合，每當出現差錯讓我們惱怒不堪的時候，都可以這麼說：「我現在知道不能爲一個奴隸去找一個哲學家」、「我現在知道對於朋友我還是可以犯錯」、「我現在知道我的妻子真是一個女人」。

如果我們經常用柏拉圖的話來問自己：「我跟他們又有什麼不同？」我們可以轉個方向用這個理由反求諸己，不必一味的責怪別人，等到我們自己都需要給予更大寬容，無須運用「義憤填膺」來對付我們的敵手。我們當中每一個人在生氣和受到懲處的時候，都會有一個類似亞里斯泰德或加圖的人物，在那裡向我們發號施令：「不可偷竊！」「不可說謊！」「你爲何如此怠惰？」最讓人感到屈辱的事，莫過於我們發著脾氣去責怪別人的惱羞成怒，知道在暴怒之下的懲罰會出現差錯還是一意孤行；看來並沒有學會醫生的手法，那就是用

> 苦口的藥物來淨化體液的膽汁；[111]

事實上我們若用治療作爲藉口，會使得病情更加險惡。

因此，我說服自己無須過分熱中於追根究柢，一個人要是對任何事項都很好奇，非要打探得清清楚楚不可，對於公事的處理就會徇私，像是把所有的工作交給一位奴隸，所有的行動交給一位朋友，所有的公眾娛樂交給自己的兒子，所有的閒言耳語交給自己的妻子，造成的結果是經常甚至每日都要爆發一陣怒火，整體而言還是個人的陰鬱和慍怒的氣質使然。誠如優里庇德所說的那樣：

> 神將歷史發展的主軸抓在手中，
> 細節的部分交由造化小兒撥弄；[112]

我的觀點是有見識的人不能凡事都看命運女神的臉色，同時也得避免疏忽和漫不經心之處；有些事情可以相信自己的妻子，或者分別交給奴僕、朋友僚屬去經

110　安納克薩哥拉斯(500-428 B.C.)是頭一位生於愛奧尼亞的哲學家，定居雅典，從事教學和寫作，他是伯里克利的老師和知己。

111　瑙克《希臘悲劇殘本》之〈索福克利篇〉312頁No.770；參閱本書第34章〈論寧靜的心靈〉7節；以及第62章〈論月球的表面〉7節，只是表達的形式稍有不同。

112　瑙克《希臘悲劇殘本》之〈優里庇德篇〉675頁No.974；本書第55章〈爲政之道的原則和教訓〉15節再度引用；參閱盧坎《法爾沙利亞》第5卷340行及後續各行；以及賀拉斯《詩藝》191-192行。

辦，如同一個統治者可以設置各種職位加以運用，像是監督、會計和行政人員，自己要靠著理性和智慧，掌握主要的方針和重大的事項。須知細小的字體會損害目力，過多的瑣碎雜務就會傷神，而且容易引發怒氣[113]，等到養成這種壞習慣，對於軍國大事的處理造成極其不利的影響。

就上面考慮事項還要加以補充，我始終認為伊姆皮多克利所言「遠離邪惡」[114]，不僅極其重要而且非常神聖；也要讚譽那些立下誓言的人士，他們要像一位哲學家，行事務求光明磊落和公允正直：像是戒除女色和飲酒以一年為期，禁欲的行為用來推崇神明的偉大；還有就是在規定的時間內絕不說謊，密切注意自己的行為不得有所逾越規範，無論是開玩笑或者鄭重其事，所有的言行都要真誠不虛。然後我要拿來與自己的誓言做一比較，認為在神明的眼中是同樣的聖潔和歡娛：首先是要過幾天不發脾氣、清醒和無酒的日子，作為祭品的蜂蜜裡面也不攙一點酒[115]；然後延長一到兩個月的時間，逐漸使得我的忍性獲得更大的進步，不斷保持謙恭有禮的談吐，寧靜的情緒免於憤怒的干擾，純潔的心靈不受惡毒的言辭和冒犯的行為所污染；滿足激情很少的歡樂要付出很大的代價，會給我們的精神帶來很大的負擔和煩惱，以及最為羞辱的悔恨。我認為這樣做代表神明會給予大力鼎助，根據過去的經驗顯示這是正確的判斷：我們原來就擁有這種寧靜、溫和以及富於人性的精神，無須憂愁不會發生密切的接觸，從而使我們為之心生不快之感。

113　參閱塞尼加《論憤怒》第2卷26節及第3卷11節。

114　狄爾斯《哲理詩殘卷》第1卷369頁No.144；參閱赫里克(Herrick)的詩：
　　要想罪惡斷根，
　　必須釜底抽薪。

115　伊斯啟盧斯的悲劇《攸門奈德》(*Eumenides*)107行和索福克利的悲劇《伊底帕斯在科洛努斯》100行及481行，就像是獻給復仇三女神(攸門奈德是祂們的通稱)的祭品。

第三十四章
論寧靜的心靈

蒲魯塔克致佩修斯(Paccius)[1]：敬祝政躬康泰

1 我最近接到你的來信，囑咐我拿「寧靜的心靈」當成題目寫一些資料，還有就是要我在《泰密烏斯》[2]這篇隨筆當中，對於有關的問題很仔細的闡明要旨。這時湊巧我們的朋友厄洛斯非要立刻啓航前往羅馬不可，因為他接到方達努斯[3]大人一封信函，就他的脾氣來說催他趕快動身不得耽誤。即使我沒有足夠的時間來滿足你的需要，還是不能讓朋友從我這裡到你家中的時候空著雙手，好在平素我在這方面為自己蒐集了很多資料，全都記載在筆記上面現在摘錄給你，我想你對「寧靜的心靈」抱持的觀念，讓它的內涵能使你的生活有所裨益，目標不是華麗的詞藻和文雅的風格，只在滿足閱讀的樂趣。

我向你恭賀像是你有了成為將領的朋友，擁有的名聲不亞於善於辯論的議員；獲得的經驗讓劇中那位麥羅普斯(Merops)[4]瞠乎其後，因為不可能像批評他那樣說是

> 暴民將你驅逐以後發出喝采叫聲，[5]

其實從當時的情形來說，讓我們得知產生這種情緒也是當然之事；我想你始終記得經常聽到的話，像是貴族穿的鞋子不能讓我們除去痛風的苦楚，價昂的指環不能讓戴著的手指不長肉刺，莊嚴的皇冠不能在加冕後免於頭痛的煩惱。我們知道金錢、名聲和內廷的影響力，不會給我們帶來豁達的心靈和不受打擾的生活，要

---

1 佩修斯的名字只出現在這篇隨筆，除此以外付之闕如。
2 就是本書第69章〈論柏拉圖《泰密烏斯篇》有關「靈魂的出生」〉這篇隨筆，作者特地為他的兩個兒子奧托布盧斯(Autobulus)和蒲魯塔克而寫。
3 參閱上一篇隨筆《論控制憤怒》，方達努斯是兩個對話人之一。
4 參羅普斯是埃塞俄比亞國王和克利美妮(Clymene)的丈夫，成為優里庇德的悲劇角色。
5 瑙克《希臘悲劇殘本》之〈優里庇德篇〉606頁No.78。

是我們得到以後沒有興趣可言，一旦失去又會痛苦萬分，試問金錢、名聲和官職又能讓我們獲得什麼好處？

我們的一切成就都來自理性，等到靈魂當中激情的部分超越應有的範圍，依靠理性很快將它拉回原處，更不能讓欲望成為到處氾濫的激流，必須盡早運用理性加以規範和抑制。亟須認同色諾芬的規勸之辭[6]，身處順境必須感激神明滿懷崇拜之心，即使迫切的需要逼得我們必須順從，仍舊要充滿信心提出祈求，一切要基於善意和友愛的情誼；見識高明的人士經常思考這方面的道理，要在心靈的困擾產生災難之前加以安撫和平息，這得靠長期的準備工夫，帶來的幫助非常有效。凶狠的狗會受到陌生的叫喊變得極其狂暴，只有熟悉的聲音可以讓牠安撫下來；靈魂的激情亦復如是，需要用同樣的方式將它導向正途。

2 現在他[7]會說：「一個人要保持寧靜的心靈，無論公務或私事都不應涉及。」如果必須付出消極無為的代價，首先就讓我們知道要想悠然自得，它的價格是非常昂貴的。雖然他在勸告病情極其沉重的患者，

可憐的人哪！躺在床上不要起來。[8]

身體的症狀帶來極其劇烈的疼痛，要想讓它麻痺沒有感覺，這不是一種治本的醫療方法；為了除去靈魂的煩惱和悲傷，要求病人整日無所事事，對人的言行必須盡量低調，無論是朋友、親人或城邦帶來的問題都不必理睬，看來這位醫生的醫術不會高明。

其次談到一個人想要心靈清靜無為，非要對所有的雜務都得置身事外，這也不是很好的辦法。如果這種說法言之有理，那麼婦女比起男士就要更加優閒，因為她大部分時間留在家中，這樣一來如同赫西奧德的詩句，說是北風

不會吹襲皮膚柔嫩如凝脂的少女。[9]

---

6 色諾芬《居魯士的教育》第1卷6節之3。

7 說話的人是德謨克瑞都斯，參閱狄爾斯《哲理詩殘卷》第2卷132頁No.3；馬可斯·奧瑞留斯《沉思錄》第4卷24節；以及塞尼加《論憤怒》第3卷6節之3；只是蒲魯塔克誤會他的意思，因為德謨克瑞都斯沒有要大家完全放棄公職生涯。

8 優里庇德的悲劇《歐里斯底》258行。

9 赫西奧德《作品與時光》519行，詩人在後面還加上一句：「她陪著慈母留在室內沒有出

然而比起所能列舉的例子，更爲痛苦、激動和沮喪，那是所引起的嫉妒、迷信、野心和空虛的想像，慢慢滲入婦女的閨房之中。雖然利特斯[10] 獨自住在鄉村有二十年之久，

　　身邊僅一位老婦人為他準備飲食，[11]

放棄他的出生之地[12]、家庭親人和國王身分，當他處於落寞和沮喪的環境，只有憂愁是他永不辭退的伴侶。

對於很多人而言，即使毫無動靜也會引起強烈不滿，這種狀況有詩爲證[13]：

　　佩楚斯高貴之子快捷的阿奇里斯，
　　仍舊站在船隻的旁邊怒氣未停息，
　　滿懷懊惱還是不願參加軍事會議；
　　心高氣傲的人物遠離激烈的戰場，
　　浪費時間讓孤寂充滿沮喪的心房，
　　曾幾何時又對喧囂對陣產生渴望。

完全是出自他心情激盪和暗自傷神，所以才會說出：

　　現在的我每日獨坐在座艦的舷邊，
　　讓自己成為大地極其無用的負擔。[14]

因爲這樣的緣故，就是伊庇鳩魯都不會相信[15]，就說有些人熱中於名聲和榮譽，就會導向不求進取和無所作爲的生涯；他們應該克盡職責投身政壇從事公眾的活動，完全出於先天的習性使然，如果他們不能滿足欲望，沒有採取行動會給他們

（續）─────────────
　　去」；參閱本書第40章〈論做一個多管閒事的人〉3節。
10　利斯特是奧德修斯的父親。
11　荷馬《奧德賽》第1卷191行。
12　伊色卡島上一個市鎮，他一直住在島上沒有離開。
13　荷馬《伊利亞德》第1卷488行及後續各行。
14　荷馬《伊利亞德》第18卷104行。
15　烏西尼爾《伊庇鳩魯學派》328頁No.555；後續的文章斯托貝烏斯引用在《花間飛舞》第3卷652頁。

帶來更大的困擾和傷害。

　　哲學家對於公職事務的謬誤之處,不提一個人是否具有參加的能力,而是強調一個人為何不去過懶散的生活。恬淡或激昂的心靈並不取決於一個人的工作,是做得多還是做得少,而是這些工作視為高尚卓越還是低賤卑劣。某位哲者[16] 持這種說法,對於善行的忽略和輕視與從事犯罪與邪惡的行為,同樣讓世人感到惱怒不已。

3 有人認為一種相當特別的生活可以免於痛苦,那就是成為農夫或是單身男士或是國王,只有這些人可以無憂無慮,不妨把米南德說的話記在心頭[17]:

> 費尼阿斯,我認為富人何須借貸,
> 不必為金錢進出整日煩惱又悲哀,
> 為何不把黃白之物全部置於度外,
> 移去重擔夜晚能憩睡到天色大開。

他繼續提到不幸的命運落在富翁身上,他們的遭遇有如貧漢:

> 生活和悲傷的關係難道不算親戚?
> 無論貧富總是逃不脫注定的限期。

　　就像那些生性怯懦又暈船的人到了海洋[18],如果他們能從一隻小艇換到大船上面,接著再由大船來到一艘戰艦,認為這次的航行會更為舒適;事實上所有的情形毫無改善,暈船反胃和膽小害怕仍舊與他同在;即使生活方式有所轉變,那些在他靈魂當中引起憂慮和苦惱的事項[19],還是得不到撫慰和解決;主要問題是對事務沒有經驗,獲得的判斷不足以解決問題,以及沒有能力或知識將現有的條

16　這位哲者是指德謨克瑞都斯。

17　來自米南德的喜劇《演奏西色拉琴的樂師》(*Citharistes*);參閱柯克《阿提卡喜劇殘本》第3卷〈米南德篇〉79頁No.281。

18　本節開頭以及後續的文章,斯托貝烏斯引用在《花間飛舞》第3卷249頁。

19　參閱盧克里久斯《論萬物的本質》第3卷1057行及後續各行;塞尼加《論寧靜的心靈》第2卷13行及後續各行。

件做正確的運用。舉凡重大的過錯如同海上的暴風雨，無論是富豪或寒士一起受到折磨，有家室或未結婚同樣要吃苦頭；因為這些人要逃避公職生涯，然後發現他們的日子平靜得難以忍受；由於他們想要在宮廷裡面謀求發展，等到獲得飛黃騰達的機會，立即感到厭倦得無以復加。

有人認為

生病的無可奈何真讓人了無生趣，[20]

會給妻子帶來無窮的煩擾，他們會對醫生抱怨不停，同時夫妻會為床第之事感到苦惱；即使有人來探望，就像艾昂(Ion)面臨的狀況，

每位朋友來時心情沉重離去神傷。[21]

後來等到病情好轉身體康復，就會對所有的事物感到高興和愉快；昨天他還在厭惡雞蛋、精製的糕點和美味的菜餚，今日已經大啖搭配橄欖和水田芹的家常麵包。

4 理性使得人類對每一種生活都過得容易，產生的改變和轉換都感到快樂。亞歷山大聽到安納薩爾克斯談起數目無限的世界就流下淚來[22]，他的朋友問他何以為此事煩惱，他說道：「我不會為數目無限的世界哭泣，然而我們為何不能成為其中之一的領主？所以才會感到傷心難過。」克拉底(Crates)[23]雖然只有一個包裹而且身穿脫毛的斗篷，整個一生都像歡度節慶過著快活的日子。實在說阿格曼儂的負擔在於他是很多人的國王：

你們應該知道我是阿楚斯王之子，
宙斯讓我忍受比別人都多的差池。[24]

---

20 優里庇德的悲劇《歐里斯底》232行。

21 艾昂是西元前5世紀生於開俄斯島的詩人、散文家和悲劇家，沒有作品傳世；瑙克《希臘悲劇殘本》743頁No.56。

22 狄爾斯《哲理詩殘卷》第2卷238頁No.A11；這件事發生在安納薩爾克斯陪伴亞歷山大至印度期間，參閱戴奧吉尼斯‧利久斯《知名哲學家略傳》第9卷61節。

23 克拉底(365-285 B.C.)生於底比斯，犬儒學派哲學家和知名的詩人。

24 荷馬《伊利亞德》第10卷88-89行。

提起戴奧吉尼斯的軼事，就在他被送到市場發售為奴的時候，躺在地上不停打趣拍賣員，等到那位執事叫他站起來，他沒有照辦還帶著嘲笑的口氣說道：「你何不當作自己在賣一條魚？」[25] 蘇格拉底雖然人在監獄，還是與他的朋友討論哲學的問題；菲松(Phaethon)[26] 在飛升天堂之際，流著眼淚說是沒有人能把他父親留給他的馬匹和戰車，帶到那裡交給他本人。

一個人穿鞋子要順著腳的方向，不能反過來穿著，生活也要能適應每個人的天性。有人認為不是習慣而是智慧使我們選擇的生活過得更為甜美[27]，那是一道從我們體內流出的清泉，要保持它的沉寂和潔淨，反映所有外部的偶發事件變得更為熟悉，因為我們知道如何應對，就不會給我們帶來憂傷，這一點有詩為證[28]：

> 適應環境發怒不是好的處理方式，
> 凡事順其自然無須顧慮個人利害；
> 有人務求完美無缺誠然值得贊許，
> 能夠輕鬆自如才能分辨對錯好壞。

5 柏拉圖提到我們的生活，好比賭徒已經擲出骰子，再無後悔的餘地，只能聽從理性的安排[29]，才是應對問題最好的辦法。因為我們無法保證自己的命運，只是在接受以後有權決定如何面對，好的方面要盡量把握機會，要是不如所願也要將傷害減到最低限度。一個人對於如何生活沒有熟練的技巧和足夠的知識，如同病人的身體虛弱到無法忍受熱和冷的刺激，一帆風順就會喜氣洋洋，遇到挫折就會懷憂喪志，所以無論是好還是壞，同樣對他帶來重大的干擾。

被稱為無神論者的狄奧多魯斯(Theodorus)[30] 經常提到，他用右手將論述交給大家，聽眾卻用左手將它接過去；對於那些無法聽得進教誨的人士而言，命運女神用右手靈活遞交給他們的東西，經常極其笨拙的伸出左手還露出一副可憐相。見識高明的人如同蜜蜂從百里香吸取花蜜；有些植物的味道極其辛辣，生長

---

25 參閱戴奧吉尼斯‧利久斯《知名哲學家略傳》第6卷29節。

26 菲松是阿波羅和克利美妮所生的兒子。

27 這是畢達哥拉斯學派堅信不疑的教條之一。

28 出自優里庇德的悲劇《貝勒羅豐》，參閱瑙克《希臘悲劇殘本》之〈優里庇德篇〉446頁 No.287。

29 柏拉圖《國家篇》604C。

30 狄奧多魯斯是西元前4-3世紀生於塞倫的哲學家，以主張「無神論」知名於世；參閱本書第27章〈埃及的神：艾希斯和奧塞里斯〉68節；以及波利拜阿斯《歷史》第38卷2節之8-9。

在最乾燥的地方[31]，很多事物來自最艱苦的環境，它們不僅適應還能發揮最大的功用。

6 那麼我們首先要下一番陶冶和教化的工夫；像是一個人扔塊石頭去打狗，結果是誤中他的後母，這時他會說：「看起來不算壞！」像是命運女神不能讓我們如願以償，很可能改變原來的方向。戴奧吉尼斯遭到放逐[32] 就是「看起來不算壞！」這才開始導向一個哲學家的生涯。西蒂姆的季諾只有一艘商船，等到得知在海中沉沒，連帶損失所有的貨物，他大叫道：「命運女神，實在太感激了，看來我一定如祢所願穿上哲學家的長袍。」[33]

那麼為何還要阻止我們效法這些人士？難道你會在競選官職的拉票中遭到失敗？你還是可以住在鄉間照顧自己的家務事。難道你會拒絕與權貴人物建立友誼？你的生活不會因而陷入危險和煩惱的處境。難道這些事務會占據你所有的時間還讓你操心不已？如同品達所說的那樣，即使是

> 熱水不能讓所有的四肢感到鬆弛；[34]

崇高的名聲和榮譽加上相當的權力，會讓

> 非常勞累的工作一點都不會吃力。[35]

難道出於誹謗或嫉妒的關係使你變成嘲笑和謾罵的對象？薰人欲醉的和風將你帶到繆司和學院的面前[36]，如同柏拉圖當年遭到的折磨，那是來自戴奧尼休斯的友情所產生的暴風雨[37]。

31　參閱本書第2章〈年輕人何以應該學詩〉12節；以及波菲利《論禁絕》第4卷20節。
32　參閱戴奧吉尼斯‧利久斯《知名哲學家略傳》第6卷21節。
33　參閱戴奧吉尼斯‧利久斯《知名哲學家略傳》第7卷5節；本書第6章〈如何從政敵那裡獲得好處〉2節；塞尼加《論寧靜的心靈》第14卷3節；以及艾德蒙《悲歌與抑揚格詩體》第2卷〈克拉底篇〉66頁No.21A。
34　品達《尼米亞頌》第4卷4行。
35　優里庇德的悲劇《酒神信徒》66行；參閱本書第50章〈愛的對話〉15節。
36　這所學院是特地建造以奉獻給繆司。
37　戴奧吉尼斯‧利久斯《知名哲學家略傳》第3卷19-21節提到一個很好的例子：戴奧尼休斯為了陷害柏拉圖，返國途中將他發售為奴；有位朋友將他贖回，還在學院裡面為他買了「一個小花園」。

　　看到知名之士像你一樣遭遇厄運不會感到痛苦，對於你尋求寧靜的心靈會大有幫助。舉個例子來說，難道沒有後代子孫會讓你苦惱萬分？想一想羅馬的國王沒有一位能將王國傳給自己的兒子[38]。難道目前的貧窮困頓給你帶來莫大的壓力？好吧，如果能讓你有所取捨，難道你願意成為皮奧夏人當中的伊巴明諾達斯(Epameinondas)[39]，還是羅馬人當中的法布瑞修斯(Fabricius)[40]？

　　有人說「我的妻子受到別人的勾引」，難道你沒有讀過刻在德爾斐的銘記？那行文字是：

　　　　斯巴達王埃傑斯統治海洋和陸地，
　　　　他用仁慈的手將我妥善安置此處；[41]

或許你沒有聽說亞西拜阿德誘姦埃傑斯的妻子泰密婭(Timaea)[42]？據說她對著侍女竊竊私語，要把自己的嬰兒稱為亞西拜阿德。埃傑斯能夠成為最著名和最偉大的希臘人，這件醜聞對他沒有造成任何影響和妨礙。

　　司蒂坡(Stilpo)有個人盡可夫的女兒，然而那個時代所有哲學家當中，他卻能夠過著極其美滿的生活[43]，看來這兩件事毫無關聯；等到梅特羅克利(Metrocles)[44]為此對他大肆指責，他反問道：「這是我的錯還是她的錯？」梅特羅克利回答道：「這是她的罪過卻是你的不幸。」他說道：「你這樣說是什麼意思？即使犯了錯就不能免於追究？」梅特羅克利說道：「當然不可以。」他說道：「難道不幸帶來的過失同樣無法幸免於罪？」梅特羅克利認為就是如此。他說道：「一個人的運氣不好，因為大家的不幸而造成他的不幸，這又該如何？」

38　雖然羅馬王政時期的七位國王，都不是以兒子繼承父親的方式獲得王位，還是有人要把國王譯為「皇帝」，事實上蒲魯塔克成年以後，正是維斯巴西安(Vespasianus)統治的時代，他是羅馬第一位父以傳子的皇帝；同時也可證明這篇隨筆完成的時間，是在69 A.D.以後。

39　伊巴明諾達斯是底比斯的將領和政治家，西元前4世紀最偉大的人物之一，最受蒲魯塔克的推崇，琉克特拉會戰和曼蒂尼會戰打敗斯巴達人，結束斯巴達數百年在希臘的霸權，他在362 B.C.作戰受傷逝世，接著才有馬其頓的崛起和亞歷山大的遠征行動。

40　這是曾於282及278 B.C.出任執政官的該猶斯‧法布瑞修斯‧盧辛努斯；參閱本書第16章〈羅馬人的格言〉2節。

41　普里傑(Preger)《希臘銘文》(Inser. Greac. Metricae)76頁No.87。

42　參閱蒲魯塔克《希臘羅馬英豪列傳》之〈亞西拜阿德傳〉23節。

43　司蒂坡是當代享譽甚隆的哲學家，曾在參加拉建立一所學院；這件事參閱戴奧吉尼斯‧利久斯《知名哲學家略傳》第2卷114節。

44　馬羅尼亞(Maroneia)的梅特羅克利是犬儒學派哲學家，他的著作在300 B.C.左右風行一時。

經由溫和與理性的辯論，他能把憤世嫉俗的辱罵看成閒聊家常的喋喋不休。

7 大多數人會為所犯的過錯感到痛苦而且激起怒火，不僅包括他的朋友和親戚，就是他的仇敵也都如此。主要的缺失是對別人的攻訐和謾罵，心懷嫉妒和猜疑的惡意，愚蠢的行為讓別人受到損害，因而使得鄰居大發脾氣，朋友焦慮不已，還有就是對於城邦有欺騙的行為，行政方面受到官員的指控。這些事情就我看來，你像其他任何人一樣都會遭到麻煩，帶來困惑和不安，如同索福克利筆下影射的醫生，

　　苦口的藥物用來淨化體液的膽汁，[45]

因為他們的激情和弱點給你帶來痛苦，所以你對他們的行為感到惱怒和煩悶；不管怎麼說，這些都可以納入非理性的範疇。甚至你在處理事務的時候，表現個人的關懷和專注，事實上大多數的狀況會出乎意料之外，這時人們認為最好是運用其他可行的方式，得到的結果還是不能讓人感到滿意。

　　因此，不要認為幫助他們解決困難或走上正道是你的責任，要知道這樣做不管怎麼說並非易事；如果你仔細想一下，他們有這種反應也是很自然的事；如同醫生已經用鉗子夾緊傷口，這時你要盡可能的溫柔還要能控制自己的情緒；你能感受到極大的歡娛在於豁達的心情，並非其他人的不快和惡行所帶來的苦惱，這些人對你而言就像狗的吠叫，不過是依據他們的天性有所表示而已。你即使受到很多的委屈和打擊，不要再把詭辯的言辭或本身的弱點，緊緊抱在懷中不願放手，這樣就像渣滓會排放到低凹和下陷的地面，惡行會讓其他人受到感染。

　　有些哲學家認為對於不幸的人不必過分同情，理由是幫助我們的鄰居是行善之舉，卻不必分享他們的悲傷痛苦，無須讓自己陷入他們的困境之中。更重要是我們知道自己做錯事，或是內心處於無助的狀態，這些哲學家還是不讓我們失望或感到沮喪，吩咐我們要在毫無痛苦之下革除身上的惡習，就像我們必須要做一樣。讓我們考量一下，由於沒有人關心我們或者願意接近我們，無論發生任何事情都會毫無道理給我們帶來苦惱和困惑，這能說它讓人感到體面或能夠產生啟發嗎？

　　尊貴的佩修斯，這是不可能的事，你可以看得很清楚，我們在獲得警報以後

45　瑙克《希臘悲劇殘本》之〈索福克利篇〉312頁No.770。

並沒有立即進入崗位，對於遭遇的一般過失不放在眼裡，只是抗拒那些針對我們而來的罪行；所以我們的動機在於圖利自己而不是憎恨邪惡的行為。那是過分憂慮公眾事務以及不足為取的嗜好和欲望，在另一方面，反感和厭惡會對人產生疑懼和敵意，我們認為成因是某些想要的東西被奪走，或是所遇到的一方給人帶來不快。有的人會養成調適自己的習慣，使得處理公眾的事務更加容易，或者控制自己的情緒，在與他人相處的時候變得更加和善。

8 讓我們繼續討論有關的境遇以及所產生的困擾。如同一個人患有熱病，不管任何東西吃進口中，都會感到苦澀而且沒有味道，等到他看見其他人吃同樣的食物，沒有任何不愉快的感覺，這時他不再指責飲食，完全歸罪於患病的身體；同樣讓他看到其他人面臨類似的狀況，表現愉快的心情和不受冒犯的樣子，那麼他對所處的環境就會停止指責和抱怨，從而有助於心靈的寧靜；即使我們處於事與願違的困境，仍舊認為我們所有之物會帶來愉悅，產生吸引他人注意的魅力，使得好的成分混雜其中以減輕壞的因素造成的影響，讓善行發出的光芒照亮罪惡的黑暗。要是強光照耀眼睛會引起暫時的失明，為了恢復視力會轉過頭，去看色澤溫和的草地；然而我們盡力使心靈面對痛苦的事情，迫使它與不愉快的對象相處在一起，這一切都在拖拉之下強迫它離開更好的環境；然而一個人只要適應這方面的狀況，不會笨拙到對愛管閒事的人講這樣的話[46]：

> 你這個懷有惡意的傢伙，為何能
> 雙眼專注別人的缺點卻放過自己？

閣下，你用尖銳的眼光細察你自己的問題，同時還讓它不斷的活生生的留在心靈之中，為何不能將你的想法直接用在美好的事物上面？如同玻璃放血杯可以排除身體裡面敗壞的血液，你卻吸取充沛的元氣讓身體陷入最惡劣的處境；只是證明你比那位開俄斯人沒有占到半點的優勢，因為他身為酒商將醇美的好酒售給別人，自己的餐桌上面只能找到發酸的次級品，有人問他的奴隸何以會讓主人這樣做，也不去管一管，得到的回答是：「要將劣質的酒找出來喝掉，才有佳釀留在手中。」事實上絕大多數人士繞過生命當中最美好宜人的部分，急速趕往沒有

---

46 柯克《阿提卡喜劇殘本》第3卷〈Adesp篇〉476頁No.359；參閱本書第40章〈論做一個多管閒事的人〉1節；以及賀拉斯《訓誡》（*Sermones*）第1卷3節25-27行。

歡樂和讓人厭惡的地方。

　　亞里斯蒂帕斯的做法大不相同，他有足夠的智慧權衡事物的輕重，將不利的條件轉變成有利，提升自己到能發現問題所在的位置，從而產生容光煥發的精神和積極進取的朝氣。他失去一處收成非常豐碩的產業，某位人士用前來慰問作為藉口，卻表現出幸災樂禍的心態，於是亞里斯蒂帕斯向來人問道：「你只有一小塊田地，我仍舊保有三個農莊，這話沒錯吧？」對方點頭認可以後，他說道：「豈不是我應該安慰你才對？」只有心智不全的人才會出現失常的行為，那就是對失去的東西感到苦惱，不是對保留的物品覺得欣慰；這些人如同一個幼小的孩童，要是他擁有很多玩具只要其中一件被人拿走，就會大哭大鬧將其餘的玩具全部拋棄；如果命運女神在某一件事情上面，給我們帶來很大的困擾和阻礙，這時就會感到整個局面處於不利的狀況，氣餒之餘要想克服目前的困難，已經是更不容易著手。

9　某人問道：「我們確實擁有卻又無法真正獲得的東西是什麼？」得到的回答是崇高的名望，還有人說是壯觀的房屋或者賢慧的妻子，甚至有人提到知己之交。塔蘇斯的安蒂佩特（Antipate）死前在病榻上面[47]，細數一生當中所有美好的事物，連從西里西亞到雅典的一帆風順都沒有忘記。所以我們不要忽略平凡和普通的事物，有時只要能夠回想幾件就會讓我們心生感激，最主要是還能活在世上仰頭注視耀目的太陽。這時我們之間沒有對外的戰爭和黨派的內鬥，完全是國泰民安和四海昇平的景象；我們可以從政做一番事業，或是留在家中過悠閒的生活，這一切都可以自由的選擇。浮現的事物目前讓我們的心靈更為寧靜，也可以想像它們無法存在世間，使得我們記得在患病的時候祈求痊癒，戰爭的時候祈求和平，以及作為一個無人認識的外鄉客，在這樣一個大城市[48]裡祈求友誼。

　　等到我們一旦獲得名聲和朋友以後，要是被剝奪將感到何等的痛苦。我們發現問題所在並非事物失去以後變得更加重要和珍貴，或要穩妥保有就視為可有可無；任何事物只要無法擁有就不能故意增加它的價值，也不能說費很大力氣獲得的東西就會變得身價高漲，甚至讓我們生活在畏懼和戰慄之中，就是害怕它的損毀和喪失；或者是把它看成毫無價值，免得在失去以後帶來更大的悲痛；最關緊

47　塔蘇斯的安蒂佩特是一位斯多噶學派的哲學家，亡故於150 B.C.前後；這件事參閱阿尼姆《古代斯多噶學派殘卷》第3卷246頁No.15；蒲魯塔克《希臘羅馬英豪列傳》之〈該猶斯·馬留傳〉46節；以及斯托貝烏斯《花間飛舞》第5卷1086頁。

48　很可能是指羅馬。

要之處還是我們要抱著歡樂和愉悅的心情,對於擁有的事物做有效的運用,即使一旦失去也能夠忍受,如果眞正出現這種狀況,我們只有處之泰然。如同阿昔西勞斯所說,大多數人認爲正確評估別人的詩文、繪畫和雕塑,應該運用心靈之目和肉體之眼,傾注所有微小的細節部分,這時他們卻大而化之忽略自己的生活;雖然有很多讓心靈愉悅的事物可以沉思默想,他們寧願看重外表的形體,對於不相干的人士大肆頌揚他們的名聲和運道;就像一位姦夫要從別人的妻子那裡獲得滿足,對於家中的元配擺出不屑一顧的態度。

10 一個人盡可能去檢驗自己的現況和運道,對於心靈的寧靜會有極大的助益,即使辦不到也應該與境遇較差者相比,千萬不要像一般人那樣,總要與占上風的人分個高下不可,像是坐牢的奴隸要與在外的奴隸比,在外的奴隸要與被解放的奴隸比,被解放的奴隸要與生而自由的人比,生而自由的人要與市民比,市民要與富翁比,富翁要與行省首長比,行省首長要與國王比,國王還要與神明比,就是神明都想擁有發出雷霆和閃電的能力;他們只對欠缺之物朝思暮想不勝垂涎,卻對目前獲得的好處和地位從不知感激和滿意。

> 我從不奢望如同捷吉斯富有四海,[49]
> 對他的黃金珠寶也從無羨慕之心;
> 斷絕神明的功德也不愛龐大王國,
> 塵世的榮華富貴超越我自知之明。[50]

有人或許會說:「他是一個薩索斯人。」[51] 然而其他人也不過是開俄斯人、蓋拉夏人和俾西尼亞人而已;這些人要是與他們的市民同胞一樣,無論是名聲和權勢都沒有多大的差別,不僅無法滿足,還爲沒有穿上貴族的官靴而淚流滿面;即使他們能有這身的打扮,還是爲沒有成爲羅馬的總督而咳聲嘆氣;如果他們擁有總督的頭銜,沒有成爲執政官仍舊滿懷悲傷;等到出任執政官,位階沒有列於首席而是屈居第二,依然感到遺憾不已[52]。他們爲何一定要對命運女神找一些忘

---

49 捷吉斯(Gyges)是西元前7世紀的利底亞國王。

50 貝爾克《希臘抒情詩殘卷》之〈阿契洛克斯篇〉No.25。

51 亞里斯多德《修辭學》第3卷17節,提到阿契洛克斯當時住在薩索斯,他的觀點是借用一個名叫卡戎的木匠之口說出。

52 有關這方面的例子,可以參閱西塞羅《爲穆里納辯護》第8章18節。

恩負義的藉口，好讓自己接受責怪和懲罰？至少他的心中懷著有益的想法，知道
太陽俯瞰整個世界，碌碌眾生

　　　　可以從廣袤的大地獲得豐碩收成，[53]

要是他不如其他人士那樣出名或富有，也不會陷入沮喪和坐愁城。他知道他過的
日子比起數以萬計的世人更為美好，現有的一切都不愁匱乏，還會循著原來的道
路繼續前進，這時他會感到心滿意足，對於自己的生活讚美不已。

　　你現在參加奧林匹克運動會，面對精挑細選的對手不可能輕易贏得勝利。然
而處在現實生活的環境，由於你比很多人都要優越，允許你表現出驕傲的神情，
須知成為嫉妒的目標總比對別人懷著羨慕之心要好得多；除非你非要像布萊阿里
斯或海克力斯這樣的人物做你的對手。你不會佩服那位生下來就要坐在轎子裡，
地位比你還要高的人，甚至用不屑的眼光注視那些吃力的轎夫；你知道聞名於世
的澤爾西斯當年渡海而來，那些在阿索斯山挖掘運河[54]以及在海倫斯坡建造浮橋
的人[55]，他們在鞭策之下是何等的辛苦，等到橋被海流沖斷，那些人都被割去耳
朵和鼻子；這時你要考慮他們的心情，他們會認為你的生活和運道是何等的幸福。

　　蘇格拉底聽到他的朋友埋怨城市的物價太高[56]，說是：「開俄斯的美酒要賣
一邁納；紫袍的價格是三邁納，半品脫的蜂蜜是五德拉克馬。」他就帶著這位朋
友來到穀物市場，「半配克的粗粉只要一奧波，這裡的東西真便宜」；然後再帶他
到賣橄欖油的店鋪，「一夸脫只要兩個銅板！」接著再去布料市場，「一件無袖的
背心只要十德拉克馬，雅典的確是物美價廉的城市」。我們要是聽到有人這麼
說，因為我們不是執政官或行省的總督，所以處理的事務無關緊要，甚至還會陷
入悲傷的處境，這時應該回答道：「我們的政務有光彩奪目的成就，我們的生活
讓人感到羨慕不已，我們無須乞求別人也沒有很大的負擔，更不必過著奉承討好
的日子。」

53　貝爾克《希臘抒情詩殘卷》之〈賽門尼德篇〉No.5。
54　參閱希羅多德《歷史》第7卷22-24節，澤爾西斯所以要挖出一道運河，那是因為上一次遠征
　　行動，水師試圖繞過阿索斯山的時候遭遇風暴，發生船隻大部分遇難翻覆的慘劇。
55　參閱希羅多德《歷史》第7卷56節，當澤爾西斯渡過海峽之際，有位當地人這樣說道：「啊！
　　宙斯！你為何要變成波斯人將名字改為澤爾西斯，率領全世界的軍隊來此地，好把希臘人
　　消滅殆盡？如果不是他們助紂為虐，你自己也沒有能力做到。」
56　參閱戴奧吉尼斯‧利久斯《知名哲學家略傳》第6卷35節。奢侈品比起日用品的價格必然昂
　　貴，這是古今中外都能通用的道理。

11 人類是如此愚蠢，使得我們養成習慣，生活當中將眼光注視在別人身上，對於自己倒是網開一面；天性之中包含過多的嫉妒和惡意，個人得到命運的眷顧不會感到快樂，等到別人擁有就會覺得若有所失。那些受到你羨慕和為之驚奇不已的對象，不要為外表的富麗堂皇所眩惑，總要拉開用名聲製成的俗氣簾幕，就會看到很多不堪入目的東西，以及那些為他們帶來苦惱的事物。

名聲響亮的彼塔庫斯以勇敢、智慧和公正享譽於世[57]，有次他在款待賓客的時候，他的妻子發著脾氣走進來將餐桌推翻在地，所有的來賓驚慌不知所措，這時彼塔庫斯說道：「每個人難免都有不如意的時刻，只能盡其所能隨遇而安。」

> 有的人活躍在市場看來談笑風生，
> 等到進入家門轉眼就變成可憐蟲，
> 那是家有悍妻施威實在太過蠻橫，
> 他整日裡坐困愁城只有咄咄書空。[58]

很多像這樣的災難伴隨財富、聲譽和帝王的寶座，販夫走卒不知道當事人身受的苦楚，那是炫耀的外表掩蓋所有的實情。

> 阿格曼儂身為國王擁有莫大權柄，
> 他是天之驕子也是享有福氣的人。[59]

諸如此類的祝賀之辭僅能來自亮麗的外觀，在於他手持精製的兵器和胯下碩壯的戰馬，加上四周環繞冑甲鮮明的武士；然而卻從他的內心發出痛苦的喊叫，像是抗議他的光榮是如此的空虛和無奈。

> 備受眾人崇拜的宙斯乃天神之子，
> 祂的偏見讓我變得極其愚昧無知；[60]

---

57 本書第33章〈論控制憤怒〉13節提到同樣的故事，只是當事人變成蘇格拉底。
58 柯克《阿提卡喜劇殘本》第3卷〈米南德篇〉86頁No.302；參閱本書第9章〈善與惡〉2節。
59 荷馬《伊利亞德》第3卷182行。
60 荷馬《伊利亞德》第2卷111行及第9卷18行。

以及

> 老丈！我羨慕你在世間能享高齡，
> 人生何必歷盡危險非要獲得榮名。[61]

這方面的反省可以減少我們對天道無常的抱怨，鄰居獲得好運我們要為他感到高興，輪到自己身上也就不必大驚小怪。

12 還有一件事情會妨礙到寧靜的心靈，就是我們無法抑制自己的衝動，那是缺乏相應的能力所致，如同水手在暴風雨之中不能操控船帆一樣。我們期望的目標過於崇高偉大，等到面臨失敗卻責怪運道欠佳和天命難違，並非自己的愚昧不識時務，如果他想用犁頭當成弓箭或是用戰斧去獵取野兔，這跟運氣的好壞就沒有關係；或者是用柳條魚簍或手網去捕鹿或野豬，抓不到也不能怪老天與他作對；他因為過於愚蠢和固執，才會想做不可能的事情；自私利己的行為是應受譴責的主要對象，人們受到驅使對於任何項目都想獲得勝利，激起的欲望對於任何事情都不會感到饜足。世人不僅要求能在同一時間享有財富、學識、體能、歡樂的情緒和知心的伴侶，城市的國王和權貴都是他的朋友，即使如此他豢養的獵犬、賽馬、鵪鶉和鬥雞，都能為他贏得比賽的獎品，否則就會讓他們感到哀傷難過。

戴奧尼休斯一世在他那個時代而言，已經成為首屈一指的暴君，由於他認為寫詩難以取勝詩人斐洛克森努斯，就是辯證法也不能與柏拉圖相擷並論，無法滿足好勝心感到惱怒而怨恨，就將斐洛克森努斯押到採石場做苦工[62]，還把柏拉圖打發前往伊吉納準備出售為奴。著名的短跑名將克瑞遜（Crison）在比賽中故意放水輸給亞歷山大，他雖然沒有大發心中脾氣還是憤憤不平[63]。荷馬筆下的英雄人

61　這是阿格曼儂對一個老傭人說的話；優里庇德的悲劇《伊斐吉妮婭在奧利斯》16-18行。

62　本書第25章〈論亞歷山大的命運和德行〉第2篇1節，曾提到這個故事，只是情節有點不同，說是戴奧尼休斯將自己寫的劇本交給斐洛克森努斯提供意見，結果被他用筆全部刪掉，暴君大怒將他送到採石場做苦工；因為愛才，次日又將他放回，過幾天再派人將寫的詩要他過目，這時斐洛克森努斯對來人說道：「你還是把我押回採石場吧！」

63　蒲魯塔克《希臘羅馬英豪列傳》之〈亞歷山大傳〉4節，提到他的腳程很快，有人問他是否願意參加奧林匹克運動會的短跑項目，得到的回答是如果有其他的君王出賽，倒是可以下場比試一下；至於對那些運動選手，雖然不會厭惡還是抱著冷淡的態度。

物阿奇里斯，在一開始就說[64]：

> 沒有那位亞該亞人作戰比我更行，
> 儘管會議當中他們說話非常動聽。

有位名叫米嘉柏蘇斯的波斯人參觀阿皮勒斯(Apelles)[65]的畫室，想要表示他對藝術非常精通，阿皮勒斯讓他閉嘴並且說道：「只要你保持安靜不要開口說話，憑著外表的裝飾和打扮大家把你看成權貴人物；你要是喋喋不休的講個不停，那些研磨顏料的門徒就會嘲笑你的無知。」有些人對於斯多噶學派抱著打趣和取笑的態度[66]，聽說他們學派當中的智者不僅具備謹慎、公正和英勇諸般美德，他的身分像政客、詩人、將領、富翁和國王。他們認為自己值得冠上所有的頭銜，如果不能達成就會感到鬱悶；甚至就是天神，每位神祇也都擁有不同的職權，一位享有「戰神」的稱號，另外還有「預言之神」以及「穀物女神」；宙斯指派阿芙羅黛特職掌婚姻和愛情[67]，理由是祂無須參與戰爭的行動。

13 人生所能追逐的目標，有些無法與我們的個性相合並存，甚至出現背道而馳的情景；例如修辭學的練習和數學的研究，在在需要安定的生活和閒暇的時刻；政治的職務和國王的友誼，要是無法全力以赴或者忙到非得用去所有的時間不可，還是不能獲得任何成就。「盡量滿足飲食之欲，可以強壯身體使之充滿活力，然而靈魂相對變得軟弱」[68]；我們為了保存金錢和增加財富必須給予毫不鬆弛的照顧，然而哲學素養的薰陶就得視錢財如糞土。並不是每個人都要有偉大的志向，必須遵從阿波羅神廟的題辭，一個人應有「自知之明」，運用自己的能力去做適合的事情，有些出於自然女神的安排，有些即使出於機運的巧合也不要逆天行事，人生的道路可以選擇也不必非要經過競爭；像是

---

64 荷馬《伊利亞德》第18卷105-106行。

65 阿皮勒斯是西元前4世紀享譽最隆的希臘畫家；伊利安《歷史文集》第2卷2節提到同樣的故事，只是這個畫家變成朱克西斯。

66 阿尼姆《古代斯多噶學派殘卷》第3卷164頁No.655；以及賀拉斯《訓誡》第1卷3節124行及後續各行。

67 荷馬《伊利亞德》第5卷428行及後續各行。

68 這段話出自安德羅賽德(Androcydes)的著作，他是一個擅長醫學的作家；參閱本書第67章〈論肉食者鄙〉第1篇6節；以及阿昔尼烏斯《知識的盛宴》第4卷157D。

> 馬匹適合拖車而牛最好用來耕田，
> 船隻要像海豚疾馳速度快如閃電，
> 你若想殺死草叢當中凶狠的野豬，
> 必須及早訓練好一批勇敢的獵犬。[69]

一個人已經有高深的學問和卓越的才智，要是不能像奧德修斯那樣同時擁有力氣，

> 如同在高山峻嶺之間哺育的雄獅，[70]

還得溫柔如同一隻瑪提西（Meltese）犬依偎在寡婦的膝部，這時就會感到煩惱而痛苦；如果一個人不能同時具備伊姆皮多克利、柏拉圖和德謨克瑞都斯的才氣，寫出宇宙當中顛撲不破的真理；或像優豐瑞昂（Euphorion）[71] 娶一位有錢的老婦人，或像米狄斯成為亞歷山大的貼身遊伴[72]，經常在一起痛飲美酒，或是沒有像伊斯門尼阿斯（Ismenias）[73] 和伊巴明諾達斯，分別以財富和英勇受到讚譽，因而感到無比的懊悔和抑鬱。

我們知道賽跑選手得不到角力家的桂冠不會懷憂喪志，他們只對自己這個項目的優勝，激起興高采烈的歡呼和洋洋得意的情緒。

> 你與斯巴達結合成命運的共同體，
> 必須盡力為它爭取勝利的紀念碑。[74]

還有梭倫的詩文可以為證[75]：

69　貝爾克《希臘抒情詩殘卷》之〈品達篇〉No.234。

70　荷馬《奧德賽》第6卷130行。

71　優豐瑞昂是西元前3世紀住在卡爾西斯的詩人，擅長敘事詩和史詩。

72　根據《起居注》的記載，亞歷山大害熱病以後，還由米狄斯陪他擲骰子消遣，過不了幾天崩殂在巴比倫；參閱蒲魯塔克《希臘羅馬英豪列傳》之〈亞歷山大傳〉78節。

73　伊斯門尼阿斯與伊巴明諾達斯是同時代的人物，而且都是底比斯人，只是前者是該城的政治家及首富。

74　瑙克《希臘悲劇殘本》之〈優里庇德篇〉588頁No.723；它的出處是優里庇德的悲劇《特勒法斯》（Telephus）；參閱本書第48章〈論放逐〉8節。

75　貝爾克《希臘抒情詩集》第2卷427頁No.15；參閱本書第5章〈人之如何自覺於德行的精進〉6節；以及蒲魯塔克《希臘羅馬英豪列傳》之〈梭倫傳〉3節。

> 請看那些奸邪小人全在貪圖富貴，
> 我們都是忠義君子務期知分守貧；
> 重視美德懿行可以獲得終生福分，
> 裝滿錢財珠寶末了還是過眼煙雲。

自然科學家斯特拉托（Strato）聽說麥內迪穆斯的門生弟子很多，就人數而論他無法相比，有人問起他回答道：「願意前來沐浴總比塗油上場較量的人要多很多，這又有什麼好奇怪的呢？」[76] 亞里斯多德在給安蒂佩特的信上寫著：「亞歷山大不能因為統治無數人民，就有權利可以擺出傲慢的神情；任何人只要對神明擁有正確的概念，都有權利打內心感到無比的驕傲。」[77]

一個人對於自己的家當可以懷有崇高的理想，然而鄰居的財產他還是不能置喙或有意冒犯。我們不能期待藤蔓上面長著無花果，或是橄欖樹結出成串的葡萄。我們不能同時在各方面都無往不利，像是不僅有錢還有學問、不僅是指揮官還是哲學家、不僅會奉承別人還會坦誠無私、不僅生活節儉還能一擲千金；即使我們辦不到也不必妄自菲薄或悶悶不樂，更不必認為自己的人生是一片空白。

再者，自然女神對我們的教誨可以說是不遺餘力，像是祂供應不同的食物給生活型態相異的動物，不會讓牠們全是狩獵食肉、啄食種子或挖掘塊莖的種類，同樣祂讓人類有各式各樣謀生的方法和工具，

> 陸地和海洋供應眾生大量的物質，
> 牧人、農夫和獵戶都能各取所需。[78]

因此，正確的方式是選擇適合自己的行業，然後全力以赴的辛勤工作，其他的問題可以不予理會；赫西奧德說過這樣的話[79]：

> 須知同行是冤家這話說來總不差；

---

76 本書第5章〈人之如何自覺於德行的精進〉6節，提到季諾有同樣的故事，只是把門生弟子的人數用合唱團來比而已。

77 朱理安皇帝在寫給提米斯久斯的書信當中，引用亞里斯多德這一段話。

78 品達《地峽運動會頌》第1卷48行；參閱本書第29章〈德爾斐的神讖不再使用韻文的格式〉24節。

79 赫西奧德《作品與時光》25行；這一節的文字直到終結，都被用來注釋赫西奧德的詩句。

我們不能證明這有什麼不對。大家對於同一職業和分享共同資源的人士，一直抱著猜忌和排斥之心，要知道有錢的財主嫉妒博學之士，名流會對富翁羨慕不已，就是律師也在排擠詭辯家，甚至出於命運的安排，市民和貴族都會嫉妒在劇院大獲成功的名角，或者奉承國王跟前的歌伎和奴僕，他們這樣做給自己帶來很大的煩惱和自責。

14 每個人出於不同的激情以及所引起的反應，在他們的靈魂當中有一個儲藏室，可以放置寧靜和騷動，如同裝滿善與惡的大甕放在「宙斯的廳堂上面」[80]。愚人總是忽略和輕視目前應做的善行，因爲他們好高騖遠一直想著未來的事；智者對於不再掌握在手裡的利益，仍舊栩栩如生保存在記憶之中。目前的有利處境只允許我們做很短時間的接觸，然後避開我們的認知和感覺，像是在愚弄我們以後，彼此不再有任何聯繫或是建立從屬的關係。就像一幅畫繪出某人在地獄[81]奉命用麥稭搓成繩索，冥王哈得斯卻在他的身旁安置一頭驢子，把他的成果全部吃進肚裡。

如此沒有感覺和不知感激的健忘，偷偷進入群眾的心中發揮最大的影響力，不再記得閒暇、友情和享受的快樂時刻，讓所有的行動和成就全都無疾而終；等到過去與現在交織起來，生命就不能統合成一貫的整體，分離的昨日與今日或明日還是迥然不同，就是今日也不會保持原狀，遺忘可以明確表示任何過去的事物無法召回，也就是它不會再度的發生。學院講授的教義學否定物體的成長和增進，理由是物質的質點在不斷的流動，我們的身體一直在改變之中，今日之我已非昨日之我[82]。有人對於從前發生的事件不願回憶或是記在心頭，只是讓它隨著時間消失，每天在他而言是呆滯而空虛，所有一切都依靠翌日，無論是去年還是昨天，都沒有任何事情與他有關。

---

80 荷馬《伊利亞德》第24卷527行，本書第2章〈年輕人何以應該學詩〉6節引用有關的詩句；參閱柏拉圖《國家篇》379D，有完全雷同的表達方式。

81 這個人是奧克努斯(Ocnus)或「怠惰者」(Sloth)；根據鮑薩尼阿斯《希臘風土誌》第10卷29節的記載：這幅畫是波利格諾都斯繪製，掛在德爾斐的列士契(Lesche)；參閱普羅帕久斯《悲歌》第4卷3節21-22行；戴奧多魯斯‧西庫盧斯《希臘史綱》第1卷97節；以及普里尼《自然史》第35卷137節。

82 參閱本書第28章〈德爾斐的E字母〉18節；特別提到「人已經進入今日的我，所以死亡就是昨日的我；等到人要進入明日的我，則今日的我即將死亡。沒有人能保有以往的我或者只有一個我，而是不斷成為很多個我，甚至就是物體也都會出現完全相似的東西，像是經由難以覺察的運動所鑄造而成」。

15 這種問題當然會擾亂寧靜的心靈；另外一種出現以後產生更大的功效；如同蒼蠅停在鏡子光滑的表面就會滑落，留在粗糙和有刮痕的地方保持文風不動；人們的心思不會久留在令人高興的事物上面，那些帶來不快和煩惱的問題始終糾纏在記憶之中。或許就像他們提到奧林蘇斯某個地點所降落的甲蟲，之所以將牠們稱爲「瀕死之蟲」[83]，是因爲牠們沒有辦法再飛起來，只能在地面爬行兜著圈子直到力盡而亡。當人們對於遭遇的災禍陷入沉思，看來他像是面臨逆境不願恢復原狀；就像繪畫運用色澤和明暗的筆法，靈魂會將最顯赫和最光彩的經驗放在最明亮的位置，那些陰鬱不願爲人所知的部分，就會加以掩蓋或打到看不見的角落。要想全部抹殺或者清除乾淨也是難以辦到的事。

有人說：「宇宙的和諧如同琴的弦和弓，彼此力量的對應和配合」[84]，所有世間的事物都不可能全然純潔或者說是沒有攙雜其他東西；如同音樂有低音音符和高音音符，或是文法當中要討論母音和子音；無論是音樂家還是文法學家，他們對於音符或字母都不會有好惡之心，最重要是將它們綜合起來做最有效的運用[85]。因而人類的事務也要考量正反、對錯、是非的兩個對立面，按照原則全部容納在內。看來它的含義如同優里庇德的詩句：

> 善惡難分，好壞參半；
> 人生如此，何以爲斷？[86]

我們即使處於逆境也不能懷憂喪志或者消沉絕望，如同音樂家拿出異中求同和截長補短的手法，使得旋律和節奏更爲悅耳動聽。

所以我們要發揮天賦才華，善盡素養能力，譜出人生最爲和諧美妙的音樂。提起米南德的詩句：

> 每個人自呱呱落地都有精靈牽扶，

83　亞里斯多德《論奇特的傳聞》（*De Mirabilibus Auscultationibus*）120節；以及普里尼《自然史》第11卷28節。

84　說這句話的人是赫拉克萊都斯；參閱狄爾斯《哲理詩殘卷》第1卷〈赫拉克萊都斯篇〉162頁No.51。

85　柏拉圖《斐勒巴斯篇》17B及後續各段。

86　瑙克《希臘悲劇殘本》之〈優里庇德篇〉369頁No.21，來自他的悲劇《伊奧盧斯》；參閱本書第2章〈年輕人何以應該學詩〉7節。

在生命的神秘祭典導向德行之路；[87]

看來並不能有那麼正確，只是伊姆皮多克利很明白的表示，我們在出生以後都受
到兩位命運之神或精靈的照應，並且把我們奉獻給「位於前列的克蘇妮婭
（Chthonia）和職掌預言的赫利歐庇（Heliope），面赤的德瑞斯（Deris）和灰眼的哈摩
妮婭（Harmonia）；還有幾位山林水澤的仙子和精靈，像是凱利斯托（Callisto）、伊
司拉（Aeschra）、蘇歐莎（Thoosa）和迪妮婭（Denaea），加上可愛的尼默底
（Nemertes）和黑瞳的阿莎菲婭（Asapheia）」。[88]

16 這些變化多端的角色表示我們擁有形形色色的激情，不和的種子隨
著我們一起來到世間，由於我們的生活陷入混亂之中，也使得它們
處於不平等的狀態；有識之士祈求能夠行善，通常他的期待都會落空，總要避免
過猶不及趨向極端。一個人即使無法像伊庇鳩魯那樣看得透徹[89]，說是「他至少
還心懷期盼能見到明日的需要，雖然大多數人都能確如所願」，我們對於財富、
名聲、權勢和官位這些令人感到羨慕的事物，總得抱持有一天會全部喪失的畏懼
之心。對於任一事物的過度渴求，自然而然害怕它的失去，這與最早出現無從抑
制的欲念，比較起來沒有多大的差別；即使獲得以後帶來的喜悅，也會變得低迷
無力，而且處於不穩定的狀態，有如在風中左右擺動的火焰。人類憑著理性可以
大膽向命運女神這樣說：

> 我歡迎你能帶來一帆風順的好運，
> 即使事與願違我的痛苦也會很輕；[90]

即使大家無法忍受人生的巨大損失，但憑著信心和無所畏懼，卻能讓他很高興運
用現有的優勢。

87　柯克《阿提卡喜劇殘本》第3卷〈米南德篇〉168頁No.550。
88　狄爾斯《哲理詩殘卷》第1卷360-361頁No.122；這些名字表示的意義像是克蘇妮婭是「地球
　　之女」；赫利歐庇是「太陽之女」；德瑞斯是「爭執」；哈摩妮婭是「和諧」；凱利斯托是「艷
　　麗」；伊司拉是「醜陋」；蘇歐莎是「快捷」；迪妮婭是「緩慢」；尼默底是「真誠」；阿莎菲
　　婭是「輕浮」。
89　烏西尼爾《伊庇鳩魯學派殘卷》307頁No.490；參閱賀拉斯《書信集》第1卷第4封13-14。
90　或許是凱利瑪克斯留下的斷簡殘編；參閱塞尼加《論寧靜的心靈》第11卷3節。

很可能出現一種狀況，我們不僅稱讚安納克薩哥拉斯有豁達的胸襟，因為他對兒子的夭折只是表示「我知道他是必死的凡人」，同時還加以仿效應用到命運女神施展的威力：「我知道現有的財富也是過眼煙雲。」「我知道將官職賜給我的人還會將它拿走。」「我知道我的妻子非常賢慧，然而她是一個女人，我的朋友都是男人，就屬性看來誠如柏拉圖所言，如同野獸一樣隨時產生變化，只有很少的人或事物才會出現例外。」[91] 即使一個人有周全的準備，同時還具備充分的條件，很多事情還是無法如願以償，然而遭遇到的狀況都是出於意料之外；因而我們瞧不起那些帶有傷感意味的口吻：「我從來沒有想到竟然如此」，或「我希望有別的事情發生」，或「我根本不抱這樣的期許」，這樣就能除去像是心臟的狂跳和悸動之類的狀況，瘋狂的行徑和擾亂的心靈很快恢復平靜。喀尼德（Carnendes）[92] 提醒我們要知道極其重大的事件都是出乎意料之外，整體而言是引起悲傷哀痛和沮喪失意的成因。

馬其頓王國的疆域要比羅馬小很多，等到帕修斯戰敗以後，除了他哀悼自己被俘的處境，所有人都認為他是全世界最不幸的亡國之君[93]；伊米留斯是戰勝的征服者，等到他功成名就向神明獻祭以後，將陸地和海洋的指揮大權交給繼任者，這時所有人都認為他是洪福齊天的名將；然而他有很好的理由，知道他會將得到的權力再度放棄。須知帕修斯從來沒有想過會失去王國，產生的結局真是令人感到驚奇。像是荷馬讓我們知道一樁未曾期望發生的事件，會產生多麼強烈的效果：奧德修斯看到他的狗在向他搖著尾巴，感動得不禁流出眼淚[94]，然而他坐在哭泣的妻子身旁，情緒並沒有這樣的激動[95]；因為他面臨後面這種狀況的時候，運用理智的力量可以控制自己的情緒；前面的情形完全出乎他的意料突然發生。

17 一般而言，雖然這種事情的發生違反我們的意願，所以會給我們帶來痛苦和煩惱，部分原因在於它們具備的性質會給人感到刺激，還有就是習慣和意見會讓我們變得柔弱，最後變得只有盡量的忍耐。米南德的詩的確對大家都有好處，甚至對於偶發性的狀況加以極力反對[96]：

91　柏拉圖《書信集》第13封360D。

92　塞倫的喀尼德在西元前2世紀中葉，成為雅典柏拉圖學派的首腦人物，曾經以哲學家身分擔任使節前往羅馬，憑著無礙的辯才和淵博的學識，使得朝野為之心折。

93　參閱蒲魯塔克《希臘羅馬英豪列傳》之〈伊米留斯・包拉斯傳〉34節。

94　荷馬《奧德賽》第17卷302-304行。

95　荷馬《奧德賽》第19卷208行及後續各行。

96　柯克《阿提卡喜劇殘本》第3卷〈米南德篇〉52頁No.179，出自他的喜劇《仲裁者》。

只要不承認就沒有人可以傷害你，

　　一個人面對不幸和災難的打擊，無法在身體和靈魂處於最佳狀態之下加以制止，他怎麼能表示這樣的意思，說是它們不會接觸到你的身體和靈魂，也就是說它不會貶低你父親的出身，不會使你的妻子與人通姦，不會奪去你的功勞和位於前排的座次[97]？

　　有些狀況就所具備的性質會給我們帶來痛苦，像是生病、焦慮、朋友和子女的亡故，為了對抗一定要有心理準備，我們可以借用優里庇德著名的詩句：

> 哎唷！為什麼要發出嘆息的聲音？
> 凡夫俗子必須忍受人世間的創傷。[98]

抑制我們的激情以及阻止我們的心靈落入絕望的深淵，沒有比理性能夠發揮更大的效用，至於將物質的需要和命運的特性置放在我們的面前，那只是提醒我們有這一方面的工作。我們的身體暴露在天命的安排和神意的控制之中，即使擁有更為安全和堅固的住所，還是無法逃脫命運女神的擺布和撥弄。

　　德米特流斯攻占麥加拉整座城市以後，就問司蒂坡遭到什麼損失，這位哲學家說道：「沒有人能奪走我擁有的財富。」[99] 等到命運女神將我們搶劫和剝削一空，我們的體內留存某些東西，那是亞該亞人

> 所奪不去的財產和牽不走的牛羊。[100]

自然女神要是無法對命運女神保有堅實而穩固的優勢，我們無須對祂施予誹謗和攻訐，同時要考量這方面的不快只能暴露我們的缺失和短處；我們應該掌握最好的部分，讓擁有的福分處於效能最佳的狀態，也就是正確的信念和豐富的知識，

97　無論是大規模的公眾表演、劇院和集會，前排的座次是一種特權，通常授與特殊功勳的市民、外國貴賓或行政官員。

98　瑙克《希臘悲劇殘本》之〈優里庇德篇〉449頁No.300，出自他的悲劇《貝勒羅豐》。

99　本書第1章〈子女的教育〉8節，說是無法奪走他的「德行」；蒲魯塔克《希臘羅馬英豪列傳》之〈德米特流斯傳〉9節，說是「知識」；司蒂坡是一位哲學家，應該是「知識」和「德行」而非「財富」。

100　荷馬《伊利亞德》第5卷484行，這是赫克托的盟友呂西亞國王薩佩敦對他說的話。

以及理性的實踐終結於德行的獲得。

我們面對未來要不屈不撓充滿信心,對於命運女神的態度要拿蘇格拉底作爲榜樣;蘇格拉底回答指控者的詰問以後,就向著陪審團說道:「安尼都斯(Anytus)[101]和梅勒都斯(Meletus)[102]只能置我於死地,然而他們傷害不到我分毫。」事實上,命運女神能用疾病圍困我們,拿走我們的財產和所有物,在人民或暴君面前誹謗我們;祂卻不能讓一個善良、勇敢和高尚的人變得卑鄙、怯懦、低賤、無知和嫉妒;祂更不能將我們擁有的氣質全部剝奪;持續的存在有助於我們面對生命,如同一位船長面對無邊無際的大海。

身爲船長沒有能力平靜洶湧的浪濤或者止息強烈的風勢,無法在需要的時候就能找到可以停泊的港口,也不可能在充滿信心和毫無所懼之下等待海難的發生;然而他一直都不會陷入絕望,運用他的技術來解決困難,

> 命令水手要盡快落下桅杆的主帆,
> 轉瞬間避開吞噬船隻的驚濤巨浪;[103]

等到海洋像崩塌的高塔那樣壓下來,他還是渾身發抖面無人色坐在那裡。有見識的人對於身體的痼疾也要先求得心靈的安靜,即使患病的初期也要用生活的節制、清淡的飲食和活動的減少,使得病情不至於變得更加嚴重;如同阿斯克勒皮阿德所說的那樣[104],「要將船帆收起和捲好,便能安然度過暴風雨」;一旦疾病來勢洶洶完全失去復元的能力,如同漏水的船隻在港口關閉的狀況下,只有靠著泅水求生。

18 過於畏懼死亡會使人喪失求生的欲望,好比一個蠢漢沒有別的辦法,只能將身體緊緊依附在可以到手的物品上面;荷馬描述奧德修斯抓住一棵無花果樹[105],可怕的查里布狄斯(Charybdis)大漩渦在他的身下急轉,

---

101 安尼都斯是一位西元前5-4世紀的雅典政治家,對亞西拜阿德極其愛慕,參閱蒲魯塔克《希臘羅馬英豪列傳》之〈亞西拜阿德傳〉4節,後來他指控蘇格拉底犯下「腐蝕人心,褻瀆神聖」的罪行。

102 梅勒都斯是一個非常邪惡的雅典人,他出面控訴蘇格拉底腐化年輕人。

103 參閱貝爾克《希臘抒情詩集》第3卷730頁;以及瑙克《希臘悲劇殘本》之〈Adesp篇〉910頁No.377。

104 阿斯克勒皮阿德是一位詩人,出生地是薩摩斯島,對於航海生涯有深刻的體認。

105 荷馬《奧德賽》第12卷432行。

> 平穩的海風沒有讓他停留在原地，
> 也不可能颳起他的身體迅速前進；[106]

就會對於處於極其危險的狀況感到心驚膽戰。他要是了解到靈魂的特性，就會得知死亡帶來的改變，可能會更好至少不會太壞，這對保持寧靜的心靈去經歷塵世的生活，相信會有很大的裨益；要是一個人生命當中歡樂和先天的部分占有優勢，那麼他會過無憂無慮的生活，等到完全相反又違背常理的要素獲得上風，只有毫無畏懼的告別塵世，那時

> 神明一定如我所願可以求仁得仁；[107]

像這樣的人我們怎麼會認為他落入煩惱、苦悶和痛苦的處境？

這時他[108]會說：「命運女神，我會先祢採取預防措施，封閉所有祢可能接近我的通路。」鼓勵自己奮鬥的勇氣，不必趕緊逃走或是閂上大門或是嚴加防備；這可以說是知識和理性所產生的效果，只要每個人堅持他的信念，就可以達成最高的理想。我們給予多方的讚譽和效法，充滿積極進取的精神，經由自我的要求和考驗，對於任何枝微末節都不會等閒視之，即使一件小事都不會規避或拒絕；我們的心靈關切所有的世事，不會拿「或許沒有任何事情比起這件更加困難」這句話，作為不願動手的擋箭牌。就那些生性怠倦耽於冥想的人而言，放縱的心靈全被最容易的方式占用，從惹人討厭的環境退向帶來歡樂的地方。換一個角度來說，他要是能把悲傷、病痛和放逐做成沉思的主題，安撫受到騷擾的心靈能夠鎮定不驚，運用理性的力量泰然自若地負起重擔，那些對一般民眾看來如此悲慘和可怕的事物，在他眼中完全虛有其表而且一無是處；因為他靠著自我的認知在各方面都顯得特出[109]。

106　瑙克《希臘悲劇殘本》之〈伊斯啟盧斯篇〉81頁No.250，出自他的悲劇《斐洛克特底》（*Philoctetes*）。

107　優里庇德的悲劇《酒神信徒》498行；參閱賀拉斯《書信集》第1卷第16封78-79。

108　這個人是蘭普薩庫斯的梅特羅多魯斯，西元前4-3世紀的知名哲學家，是伊庇鳩魯的門人和知己。

109　參閱西塞羅《突斯庫隆討論集》第3卷81節。

19 甚至米南德的詩都會讓我們戰慄不已，因為他的名言[110]：

　　沒有人敢說他爾後不遭意外之災；

他們並不知道張開眼睛直視命運女神的面孔，對於避開悲傷能有多大的幫助，也不必在自己的內心捏造出「溫和柔順」的幻境[111]，等於在諸多希望的陰影下面孕育成長，遭遇逆境沒有堅持和抗拒的力量。我們可以這樣回答米南德：「你說得不錯，真的

　　沒有人敢說他爾後不遭意外之災，

然而一個人活在世上卻可以大聲的說：『我不會去做說謊欺騙和謀財害命這些壞事。』」這樣做是在我們的能力範圍內可以辦得到的事，對於我們獲得寧靜的心靈有極大的幫助。

　　從另一方面來說，

　　自己知道一時不察有可怕的行為，[112]

如同身上長著一處潰瘍，我的良心使得靈魂為之悔恨不已[113]，不僅帶來創傷甚至於鮮血淋漓。因為痛苦的成因即使除去還是會留下遺憾，靈魂只要感到羞辱就會帶來刺激和懲罰。如同有人因為患上瘧疾的發冷或是熱病引起的發燒，產生很大的痛苦和煎熬，比起身體從外部來源感到的寒冷和炎熱，像是凜冽的寒風或熾烈的日曬會更加難過；如果是命運女神帶來的災難，有些根本沒有道理可說，倒是更加容易忍受，唯獨一個人真正感到焦慮不安，在於

　　都是自己的過錯與他人毫無關係，[114]

110　柯克《阿提卡喜劇殘本》第3卷〈米南德篇〉103頁No.355。
111　可能引用荷馬《奧德賽》第21卷151行。
112　優里庇德的悲劇《歐里斯底》396行；參閱狄爾斯《哲理詩殘卷》第2卷〈德謨克瑞都斯篇〉199頁No.264。
113　斯托貝烏斯《花間飛舞》第3卷604頁，引用本節下面的文字。
114　荷馬《伊利亞德》第1卷335行；還有學者認為這句詩的作者是凱利瑪克斯。

令人惋惜之處不是他的厄運而是他的罪行，墮落的事實帶來羞辱會使內心的苦惱更爲尖銳。

　　寧靜的生活不是靠著精美的住所、龐大的財富、顯赫的家世以及高階的職位，更不是文雅動聽的口齒和滔滔不絕的辯才，一個人要想保持心安理得應該避免邪惡的行爲和意圖，擁有泰然自若和潔白無瑕的氣質，心靈的泉源是如此的清澈純淨，公正和誠實的言行會合成奔騰的溪流[115]，帶來心醉神迷的滿足，一個人感受到強烈的精神活力，使得享樂到達狂熱的境界，持久不忘的記憶力比希望更加甜蜜，如同品達所說可以安度老年的生活[116]。喀尼德有類似的表示，一個空空如也不再使用的香爐，在很長時期之內仍舊聞得到它馥郁的氣味[117]；智者的靈魂當中不會讓美好的行爲成爲永存的記憶，始終保持栩栩如生的印象，而是使得他們享有灌溉的好處，生長更爲茂盛興旺；所以他一來到就表示瞧不起那些人，因爲他們過著悲傷和謾罵的生活，豈不是如同一塊受到災難的土地或是一個接受放逐的地點，被拿來指派給我們的靈魂一樣？

20　戴奧吉尼斯的說法深獲我心，有次他在斯巴達看到居停主人，經過一番修飾和打扮以後參加祭典的行列，於是說道：「善心之士難道不該把每天都當成節日？」這話不錯，只要我們保持清醒的心靈，可以讓每一次的遊行行列，看起來都非常華麗壯觀。宇宙是神聖的寺廟適合神明的居住，人在出生以後被帶進其中，在這裡他不是一個遲鈍的旁觀者，完全由手工製成的沒有生命不能移動的形象，而是如同柏拉圖所說的那樣，很容易辨識到神性的心靈[118]，從而表露與生俱來生命和運動的起源，就像太陽、月亮和星辰的屬性，河川奔流滔滔不絕的水源，大地供應植物和動物生存所需的養分。

　　生命如同最完美的神秘祭典的入會儀式，充滿寧靜和歡欣的氣氛，不是一般庶民採用的做法，像是崇拜克羅努斯或宙斯舉行的祭祀[119]，還有泛雅典節（Panathenaea）[120] 或其他的節慶，享受飲食和各種表演的項目，支付報酬給帶來

115　參閱阿尼姆《古代斯多噶學派殘卷》第1卷〈季諾篇〉50頁No.203；以及本書第4章〈如何從友人當中分辨阿諛之徒〉12節。
116　柏拉圖《國家篇》331A；品達說：「根據正義和虔誠生活的人，有希望成為他可愛的伴侶，給他的心靈帶來歡樂，讓他享有安詳的晚景。」
117　參閱賀拉斯《書信集》第1卷第2封69。
118　參閱柏拉圖《泰密烏斯篇》92C和《伊庇諾米斯篇》（Epinomis）984A。
119　就羅馬人而言，這是神農節（Saturnalia）。
120　泛雅典節是雅典一年一度最主要的節慶，日期是從Hekatombaion月（7月）23日到30日，並於

歡笑的啞劇和舞蹈。我們在莊嚴的場合入座以後保持肅靜，沒有人會像參與葬禮一樣的哭泣，如同他要觀賞阿波羅運動會，或是在克羅努斯的祭祀中飲酒；等到神明在祂們的節慶當中命令我們要大擺場面，或是在神秘的祭典裡面舉行入會的儀式，歡樂的氣氛就會變得貪婪而污穢，我們的心情感到沉重和羞辱，生活的大部分時間都會陷入愁雲慘霧之中。

　　人們喜愛旋律優美的樂器和歌聲啁啾的鳴禽，看到動物的嬉戲和歡躍就會心情愉悅；要是從另一方面來說，野獸在噪叫和咆哮的時候表露出凶狠的模樣，就會讓人有完全不同的感受。等到他們發覺自己的生活毫無樂趣可言，那些極不愉快的經驗、困難和永無止境的憂慮，帶來的壓力和痛苦使他們感到心灰意懶，他們不僅無法讓自己得到緩和與減輕；然而它的來源又在何處呢？甚至就是別人在向他們訴說的時候，連一點規勸的話都聽不進去，那就是他們應該以順從之心不再抱怨目前的困境，以感恩之心回憶過去都能渡過難關，以進取之心對未來懷抱光明的希望，拋棄所有的恐懼和疑慮。

(續)――――――――――――

　　28日舉行盛大的祭祀。

第三十五章
手足之情

1 斯巴達人將古代的戴奧斯庫瑞(Dioscuri)雕像稱之為「共享香火者」[1]，這是兩座木頭雕刻的神像，中間用兩根橫梁連接在一起，相互並列和永不分離的形式，用來表達神明的兄弟情誼真是再適合不過了。尼格里努斯(Nigrinus)和奎伊都斯(Quietus)兩位賢昆仲[2]，我所以將〈手足之情〉這篇隨筆呈獻給你們，也就是只有你們夠資格接受這份禮物。因為包含在文章裡面的規勸和忠告，你們早已貫徹履行，根本不需要別人的鼓勵，在你們的一生當中，完全證實大家極其關切的事物。你們從相互友愛所獲得的歡樂，保有持恆的毅力使得你們的決心更加堅定，如同大家所說的那樣，靠著對於德行的執著與奉獻，你們的言行贏得所有旁觀者的贊許。

亞里斯塔克斯(Aristarchus)[3]是狄奧迪克底(Theodectes)的父親，有次受到一夥詭辯家的嘲笑，他對他們說道：「古代像你們這樣的人僅僅只有七位[4]，時至今日要想找到同樣數目的『非詭辯家』，那可得花一番工夫。」因而就我個人的觀察所得，當今手足之情的難以見到，如同要在古人當中找到兄弟相互憎惡，一樣是很不容易的事。大眾得知的例子表示他們之間難以平息的恨意，讓人感到錯愕之餘，就被當成警世的教材出現在悲劇和舞台上面。目前這個世界要想找到相親相愛的昆仲，給人帶來的驚奇不下於見到摩利歐妮兩個舉世知名的兒子[5]，按照

---

1 卡斯特和波拉克斯這對攣生子成神以後，獲得戴奧斯庫瑞這個共有頭銜；還有人將祂們稱為坦達瑞迪(Tyndaridae)，意為「水手的保護神」。

2 兩兄弟的身分不詳。

3 瑞克根據蒐集的資料，將亞里斯塔克斯的名字更改為亞里斯坦德魯斯(Aristandrus)，這個人是法西利斯(Phaselis)的悲劇家狄奧迪克底的父親。

4 指的是希臘七賢，他為當今這一類沽名釣譽的人多不勝數而深表感慨，須知真正的智者有如鳳毛麟角；參閱希羅多德《歷史》第1卷29節、第2卷49節和第4卷95節。

5 摩利歐妮的攣生子是優里都斯(Eurytus)和帖阿都斯(Cteatus)；參閱阿波羅多魯斯《史綱》第2卷7節。

大家所了解的狀況，據說這對兄弟呱呱落地的時候，他們的身體全都連在一起；因而共同享用父親的財產、朋友和奴隸，令人難以置信和帶來不祥的徵兆，在於一個靈魂可以運用兩個身體的四隻腳、四隻手和兩對眼睛。

2 自然女神對於兄弟關係的運用可以舉出非常類似的例子，像是我們的身體就最需要的部分而言，無論是手、足、眼睛、耳朵和鼻孔，構成的方式如同兄弟和孿生子，同時還告訴我們所以將它們分開，不是要引起衝突和鬥爭，而是相互的維護和幫助。祂把我們的手分成五根長短不等的手指，供應大家最實用和最靈巧的工具，因此古代的哲學家安納克薩哥拉斯指出，人類的智慧和才能在於雙手[6]。反過來說好像也很對[7]，人之所以成為最聰明的動物，並不是因為他獲得雙手；自然女神賦予他的理性和才藝，讓他擁有的工具能夠適合所具備的能力；這對每個人而言都是很明顯的事實：大自然從同一根源創造出兩個兄弟，或者三位甚至更多，並不是要他們彼此漠不關心和針鋒相對，所以會成為分離的個體，是為了更進一步的通力合作。如果世間真正有一種生物長著三個身體和一百隻手臂，所有的肢體都會聚集在一起，在彼此無法分開和相互干擾的狀況之下，不可能做任何事情。

談到昆仲無論是留在家中還是遠居國外，如同他們投身公職還是從事農耕，都可以得到所需的幫忙和援助；他們必須保存自然女神授與的原則，那就是相互的善意和彼此的和諧。要是他們辦不到，我認為不是全部出了問題，像是兩隻腳的行走會相互絆倒，或是手指的糾結扭曲[8]；只能說就是同一個身體，還是要將濕與乾、冷與熱綜合起來，分享同樣的習性和飲食，在一致認同之下產生最佳的體質，各種機能和感官得到調和與互助，才能達到健康和美好的狀況；要是這方面出了差錯，即使有「萬貫家財」或者

獲得帝王和神明的地位和權勢，[9]

既不能享受也得不到任何好處。他們中間出現狡詐和傾軋的鬥爭，等於用感受差

---

6 狄爾斯《哲理詩殘卷》第2卷30頁No.102。
7 參閱亞里斯多德《論動物的器官》(*De Partibus Animalium*)第4卷10節。
8 參閱色諾芬《回憶錄》第2卷3節18-19。
9 出自亞里弗朗《健康頌》；前面這段文字斯托貝烏斯經過改寫，引用在他的《花間飛舞》第4卷658頁。

辱的心情，像野獸一樣去敗壞和毀滅身體當中的人性。

兄弟的和諧使得家庭的基礎穩固帶來興旺和發達，彼此相親相愛如同歌聲悅耳的唱詩班；不會做任何鉤心鬥角和引起衝突的事情，就連說一說或想一想都沒有必要。須知歷史上多的是反面例子，這種情形有詩為證：

> 舉國鬩牆之爭唯惡賊得享大名；[10]

如同家庭裡面有一位誹謗中傷的奴僕，外面有一位挑撥離間的阿諛之徒，或是城邦有一位滿懷惡意的市民。如同生病的身體不願接受正常的飲食，渴望很多口味奇特和戕喪健康的食物。他們只要對於自己的親人，內心懷著中傷和猜忌的念頭，就會引進一批邪惡的損友，空虛的房間會變得壅塞不堪。

3 希羅多德在他的書中提到一位阿卡狄亞的占卜者[11]，為了逃脫監牢免於酷刑和死罪，自己切斷鎖在木枷之內的一隻腳，等到獲得安全以後，因為需要就裝上一隻義足；後來這個人與自己的兄弟發生爭執，就從市場或角力場找陌生人當同伴，這樣做沒有什麼好處，只是自願切除血肉相連的手腳，將自己的身體接上外部獲得的肢體。我們出於本能的需要，不僅歡迎還要尋找友愛和情誼，可以教導我們善待自己的親戚，鞏固彼此的關係和加強彼此的互助；因為自然女神的要求，我們不能夠也不適合去過沒有親友、沒有交往和遁世隱居的生活。米南德的說法非常正確[12]：

> 我們不要在酒宴和作樂的場合，
> 能將生命中的知己在那裡尋找；
> 要是朋友的作為能讓大家沾光，
> 對任何人都是難以企求的美好。

10　貝爾克《希臘抒情詩集》第3卷690頁；艾德蒙《悲歌與抑揚格詩體》第2卷284頁；蒲魯塔克引用在《希臘羅馬英豪列傳》之〈亞歷山大傳〉53節、〈尼西阿斯傳〉11節和〈賴山德與蘇拉的評述〉1節。

11　這個人是伊利斯的赫吉西斯特拉都斯(Hegisistratus)，參閱希羅多德《歷史》第9卷37節。

12　柯克《阿提卡喜劇殘本》第3卷169頁No.554；本書第7章〈論知交滿天下〉1節，只引用其中一句。

自然女神將最早的友誼灌輸在父子和兄弟之間，那是出自最為真實的徵兆、仿效和想像，要是一個人對這種情誼都不尊敬和推崇，試問他能給外來的陌生人任何善意的保證嗎？有人寫信給他的同伴會冠上「金蘭」的稱呼，等到與自己的親手足在同一道路上面行走，都不肯給予任何的關切和照顧，請問對外人又有什麼樣的感情存在？有人把兄弟的遺像裝飾得花團錦簇，同時又在鞭打和摧殘他的屍體，冷酷的行動豈不像是一位瘋子；或者對某人用「兄弟」的名字給予尊敬和稱讚，卻又對他極其憎恨還要時刻的提防和規避，矛盾的舉止豈不是表示他的神志不清，甚至可以說自然女神認為最神聖的事情，他並沒有謹記在自己的腦海之中。

4 　就這方面可以舉例說明，我記得住在羅馬的時候曾經調解兩兄弟的爭端，其中一位獲得哲學家的名聲。從外表看來他似乎不僅是一位兄弟還是一位哲學家，虛偽的頭銜和騙人的稱呼像是戴上一個假面具，當我要求他的行為舉止要適合自己的身分，像一個兄長對待幼弟或者一個哲學家對待初學者那樣。他說道：「你說得非常對；我是把他當成初學者看待，至於是同一個父母的親兄弟，我認為這並不重要。」我說道：「看來你是數典忘祖，所以對於出身任何家庭都認為毫無關係。」對於所有的哲學家而言，即使他們沒有共同的認定標準，至少會將自然女神和法律之神掛在嘴裡念念有詞，而且特別推崇前者的功德，因為祂認為父母僅次於神明，要給予最高的敬意和榮耀[13]。人類接受的恩典除了來自神明，就是生育和教養他們的父母，「宗教要人類負起這種最早和最沉重的債務」[14]。

一個人對於父母的不能奉養或是有意冒犯，最能表現他那種邪惡的性格。等到法律禁止我們損害或虐待別人，要是我們的言行對父母有所不敬，或者不能讓他們感到歡樂，即使許多缺失不是當面發生，就一般人的看法這不僅褻瀆神聖，同樣還違背城邦的法律。兒女基於天性對父母有孺慕之情，還有什麼比昆仲之間持恆不變的善意和友情，更讓父母感到歡娛和安慰？

5 　任何事情從另外的角度來看更容易明白其間的端倪。我們提到有些狀況會使父母感到悲傷，像是兒女虐待受他們器重的奴僕，對於他們引以為

13　赫西奧德《作品與時光》707行。
14　柏拉圖《法律篇》717C；照顧父母的需要：首先是食宿，其次是身體，再者是心靈。

傲的莊稼和田園沒有妥善的照顧，或者疏忽家中豢養的獵犬和馬匹；要是這些動物對兒女過於愛戴和服從，也會讓老人產生嫉妒之心受到傷害；再者我們看到一些讓父母難過的地方，像是受到他們稱讚的音樂會、戲劇演出以及運動員，他們的兒女竟然加以輕視或給予噓聲。當我們提到這些瑣碎事務的時候，竟然把父母漠不關心兒子之間相互的口角、仇恨和惡意，甚至安排他們之間要為利益和行動彼此對抗，最後形成兩敗俱傷的局面，視為理所當然不值得大驚小怪？沒有人會說父母對於子女的決裂認為無關緊要，可以置之不理。換句話說，自然女神讓兄弟的身體分離，才會有手足之情以及得到相互的愛護，從而使得他們的情緒和行動緊密結合，分享彼此之間的學習、娛樂和運動，這種情誼變得格外的甜蜜和美滿，會讓他們的父母度過「寧靜的晚年」。

一位父親即使愛政治、地位和財富，比較起來總不如愛自己的兒女；因此做父親的人最高興的事，莫過於看到自己的兒子彼此和睦融洽，比起他們獲得響亮的名聲、龐大的財富和崇高的地位，更感到喜悅和滿足。他們提到西茲庫斯（Cyzicus）的阿波羅妮絲（Apollonis），她是攸門尼斯王（King Eumenes）的母親[15]，另外還有三個兒子名叫阿塔盧斯、斐勒提魯斯（Philetaerus）和阿昔尼烏斯；她經常向神明祈禱感激賜給的恩典，不在於榮華富貴和帝國的權勢，而是看到她的長子身為國王，其他三個兒子擔任他的侍衛，整天都在帶著刀劍的兄弟圍繞之下，竟然非常放心毫無猜忌和畏懼的感覺。

有一個與此相反的例子，阿塔澤爾西茲發覺他的兒子渥克斯，使出陰狠毒辣的手段對付自己的兄弟，絕望之餘很快在悲傷當中亡故[16]。如同優里庇德的詩句[17]：

閱牆箕豆的殘酷內戰何其無情。

對他們的雙親而言沒有比這種狀況更為殘酷。有人懷著恨意無法抑制盛怒，就會責備父親為何讓他有這樣的兄弟，同時怪罪母親為何生出這樣的兒子。

15　這是指帕加姆國王攸門尼斯二世（197-158 B.C.），他是羅馬在東方最主要的盟友，共同對抗安蒂阿克斯三世。
16　參閱蒲魯塔克《希臘羅馬英豪列傳》之〈阿塔澤爾西茲傳〉30節。
17　瑙克《希臘悲劇殘本》之〈優里庇德篇〉675頁No.975。

6 彼昔斯特拉都斯在他的兒子都已成年以後，還要安排第二次的結婚[18]，就說他們是多麼的優秀給他帶來很大的榮譽，所以他想成為有更多像他們這樣兒女的父親。品德高尚和行事公正的兒子，不僅因為敬愛自己的父母所以彼此更加相親相愛，也因為彼此的相親相愛使他們更加敬愛自己的父母。所以他經常想到還會對大家說起，感激上天的恩典讓父母受到供養，以及有兄弟在旁相互扶持，實在說從他們手裡得到的東西，不僅珍貴還讓人感到高興。荷馬描述特勒瑪克斯說他沒有兄弟是極大的不幸[19]：

> 宙斯要家族絕後讓人只有獨子。

赫西奧德提出勸告要讓「唯一的兒子」繼承父親的產業[20]，其實這種觀點並不盡然理想，就他自己而言是九繆司的門生弟子[21]，繆司這個名字來自homouousas即「常聚不散」之意，她們的感情融洽充滿姊妹的情誼。拿子女與父母的關係來說，手足之情不僅僅只要愛他的兄弟姊妹，還可以證明他會去愛他的父親和母親。再拿父母對子女的關係來說，要讓他們知道兄弟的情誼，對於父母的重要性是無可比擬也無從取代。

反過來說，子女所能繼承壞的榜樣，會從他們的父親那裡得到證實，就是他一直痛恨他的兄弟。一個人在成年以後不斷與親生的兄弟爭吵，為了爭家產還鬧上法庭，然而他還教訓自己的兒女要和睦相處，豈不是

> 你對別人的沉疴能夠妙手回春，
> 自己患有痼疾卻無法藥到病除；[22]

言行不一的後果就會削弱說服的力量。

無論如何，底比斯的伊特奧克利提到自己兄弟[23]的時候，要是說成

---

18 蒲魯塔克《希臘羅馬英豪列傳》之〈馬可斯·加圖傳〉24節，提到彼昔斯特拉都斯要娶亞哥斯的泰摩娜莎(Timonassa)為第二任妻子，就用這種方式讓成年的兒子無話可說。

19 特勒瑪克斯是奧德修斯的獨子；參閱荷馬《奧德賽》第14卷117行。

20 赫西奧德《作品與時光》376行；參閱《赫西奧德評論》No.37。

21 赫西奧德《神譜》22行。

22 瑞克《希臘悲劇殘本》之〈優里庇德篇〉703頁No.1086；已經引用在本書第4章〈如何從友人當中分辨阿諛之徒〉32節。參閱伊斯啟盧斯的悲劇《普羅米修斯》473行。

23 伊特奧克利和他的兄弟波利尼西斯是伊底帕斯的兒子。

> 我要高升到太陽和星辰的天國，
> 擁有的疆域較之宙斯毫不遜色，
> 這時要將你放逐到黑暗的地獄；[24]

然後建議他的兒女要能讓

> 城邦之間保持錯綜複雜的關係，
> 盟國交往長存藕斷絲連的情誼，
> 人與人的接觸擁有對等的權利；[25]

聽了這番偽善的話誰不對他懷著藐視之心？

　　還有阿楚斯（Atreus）用可怕的晚餐來款待自己的兄長[26]，竟然會規勸自己的嗣子，

> 總要運用友情和強調血胤關係，
> 唯有大家齊心協力能解決難題，[27]

前後矛盾的行為豈不是令人為他感到齒冷？

7 看來最切實的做法是要徹底除去兄弟之間的恨意，否則會為老年的父母帶來持續的痛苦，對子女在幼年的教育做出最壞的榜樣。這也是用誹謗和指控來對付這種兄弟的成因，除非他們都知道對方運用很多邪惡的手段，否則就會像他們的市民所想的那樣，他們在一起接受教育，共同生活很長時間，還有同一批親戚，如此緊密的關係不可能成為致命的仇敵；得到的推論是必須有重大

24　優里庇德的悲劇《腓尼基人》504-506行。

25　《腓尼基人》536-538行；這是做母親所說的話，約卡斯塔勸伊特奧克利要與他的兄弟和諧相處；這位約卡斯塔是伊底帕斯的母親和妻子，還為伊底帕斯生下伊特奧克利和波利尼西斯兩兄弟。

26　邁森尼（Mycenae）國王庇洛普斯（Pelops）的兩個兒子阿楚斯和昔伊斯底（Thyestes）彼此鬥爭，因為弟弟誘姦了嫂子，所以阿楚斯抓走兩個姪子，殺死以後割下肉做菜款待他們的父親，還將血攪入葡萄酒讓昔伊斯底喝進肚中。

27　這是阿楚斯對他的兒子阿格曼儂交代的話；瑙克《希臘悲劇殘本》之〈Adesp篇〉912頁No.384。

的理由,才會摧毀堅不可破的堡壘。基於這樣的緣故很難調停兄弟之間的紛爭,所有的事情都緊密結合在一起,很不容易整理出頭緒,即使膠黏有時會稍有鬆動,很快又會恢復原狀;所以一起生長的身體發生破裂或分離,很難發現一種方法可以將它結合起來;友誼的建立會經歷長時期的考驗變得更爲親密,等到一旦分手會很容易和好如初,兄弟之間要是切斷自然形成的聯繫和束縛,他們不可能再結成一體,即使這樣做,他們的調解要忍受猜疑之心,就像醜惡的壞疽暫時隱藏不讓人看見。

人與人之間的敵意都會伴隨最令人感到痛苦的感情,像是爭執、憤怒、嫉妒和難以忘懷的錯誤,偷偷溜進我們的思想之中,對於我們的心靈帶來刺激和干擾;要是對一位兄弟產生敵意會使情勢變得更加嚴重,因爲對象是與我們共享犧牲和家庭神聖儀式的人,不僅將來要共用一個墓地,過去還有共同的生活和類似的習慣,這種敵意在我們目睹之下保持讓人痛苦的形象,瘋狂和愚蠢的行爲讓我們每天都無法忘懷,因爲它使來往最密切的親戚,原來和藹甜美的面孔變得猙獰可怖,從小就已熟悉和可愛的聲音讓人害怕聽到。

還是可以看到其他的兄弟出現的狀況,從很多案例中得知他們住在一個屋簷下,同在一個餐桌進食,產業和奴隸都沒有分家,然而他們各自擁有不同的朋友和賓客,難免會讓人進一步的考量,會說兄弟所愛的對象彼此都充滿敵意,其實這種想法根本站不住腳,全世界的人都很清楚,朋友和酒肉之交就像「戰利品」一樣隨時可以得到;等到老年通過子女的婚姻可以得到很多「親戚」[28];然而要想得到另外一位兄弟是不可能的事,如同一個人被砍掉一條手臂以後,還想得到新的手臂,瞎掉一隻眼睛以後還想得到新的眼睛[29];所以我們認同一位波斯婦女的論點[30],她說她寧願失去子女也不願失去兄弟,因爲子女她還可以再生,父母過世她再也得不到兄弟。

8 有人會說:「要是有一個時乖命蹇的兄弟該怎麼辦?」[31]我們首先要記得一件事:時運不濟會讓人緊抓每種友誼不放,索福克利才有這種論點,說他尋找

28　荷馬《伊利亞德》第9卷406-409行。

29　這段文字出自索福克利的悲劇《安蒂哥妮》905行及後續各行。

30　希羅多德《歷史》第3卷119節。這是英塔弗里尼斯(Intaphrenes)的妻子對大流士所說的話。

31　這個人是海羅克利(Hierocles);參閱斯托貝烏斯《花間飛舞》第4卷661頁。

人性的特色發覺大都卑劣不堪。[32]

因此那些與我們有關的人物，像是親戚、朋友和愛侶，要說他們全都純潔無私，品德高尚，遠離一切卑劣、激情和邪惡，這幾乎是不可能的事[33]。

斯巴達人每逢要娶年幼的女子爲妻，就說他們寧可選擇受害最少的不幸[34]；所以我們提出審慎的忠告，忍耐自己兄弟的缺失和過錯，總比接受不熟悉的陌生人給予的考驗要好得多，因爲前者出於對自己人的維護不會遭到指責，後者應受非難完全出於自動自發的行爲。無論是酒肉之交的朋友、戰場上面同生共死的夥伴，還是一般前來赴宴的賓客：

> 友情的枷鎖應訴諸雙方的需要，
> 絕非單方面可用人力勉強打造。[35]

提起親手足則不然，他們有同樣的血統和教養以及來自同一父母，對於這種血親的關係，允許出現錯誤也應該給予讓步，當他陷入困境的時候應該這樣說：「我是你的兄弟，無論如何

> 我不能見你遭到不幸丟下不管，[36]

即使你惹來麻煩或者個人的愚蠢所致，我同樣要給予關照，免得在無意之中給你帶來懲處，特別是在倉促之間更讓人感到苦澀，要知道你所以如此，完全是父母遺傳造成的疾病。」

狄奧弗拉斯都斯說得好，我們對於不同血統的外人，不能先去愛他再有應不應該這樣做的決定[37]；而是先要做出正確的決定再去愛他；然而基於人類的天性就會拒絕這種特權存在，對於諺語所說相處之久可以吃掉一擔鹽的人[38]，也不會

32　瑞克《希臘悲劇殘本》之〈索福克利篇〉No.769；參閱本書第33章〈論控制憤怒〉16節。

33　亞里斯多德《奈科瑪克斯倫理學》第8卷12節。

34　蒲魯塔克引用自亞里斯托法尼斯的喜劇《阿查尼人》909行。

35　瑞克《希臘悲劇殘本》之〈優里庇德篇〉549頁No.595；很可能出自他的悲劇《派瑞索斯》。

36　引用荷馬《奧德賽》第13卷331行。

37　溫默《狄奧弗拉斯都斯的吉光片羽》No.74，斯托貝烏斯《花間飛舞》第4卷659頁引用這段文字。

38　這是指共同生活很長時間的人，像是夫妻和父子。

等待這種機會到來；出生以後就一起生活的同胞，他們的關係是基於愛的原則，即
使發覺對方的過失和缺點，也不會表現出粗魯的態度或者提出嚴厲的指責。你說
人們有時會忍受沒有親屬關係的人所犯的錯誤，甚至那些偶然在飲宴、娛樂和運
動場合認識的人，可以從相互的交往中得到歡樂，難道會用惱怒的面容和無情的
態度來對待自己的兄弟？為什麼有很多人喜愛凶狠的狗和難以馴服的馬，或是飼
養山貓、獵豹、猿猴和獅子，然而卻無法忍受自己兄弟的愚鈍、野心和易怒的脾
氣。還有一些人把他們的家產和財富浪費在侍妾和娼妓的身上，卻為了一座房屋
或一塊田地要與自己的兄弟決鬥；最後會用「厭惡霉運」的名義來憎恨自己的親
手足，同時擺出趾高氣揚的傲慢神色，指控他的兄弟犯下十惡不赦的罪行。他們
對於別人不會採取這樣激烈的手段，只是訴諸所在的團體，要大家有所提防罷了。

9 這裡提出的內容就像整篇隨筆在開始所寫的序言，重點不像其他作者那
樣，放在如何分配父親的財產方面，而是雙親仍舊在世的時候，教養的
錯誤導致子女進入歧途，因而產生爭執和嫉妒的心結。亞傑西勞斯（Agesilaus）接
位成為國王[39]以後，送給長老會議每位成員一頭牛，用來表示感激他們的支持，
民選五長官對他施以罰鍰的處分，說他不應該用賄賂的方式爭取民眾的認同，何
況他們屬於城邦所有，他不可以讓他們成為個人的追隨者。我們規勸身為兒子的
人要孝順父母，不在於圖謀獨占所有的家產，或者將其他兄弟應有的持分據為己
有。很多人像是扮演民眾煽動家拿出各種手段對付自己的同胞手足，為了滿足貪
婪的心理運用似是而非和毫無正義的藉口，將數量最多和最有價值的繼承物從他
們那裡搶走，須知這些都是父母的產業，他用奉承討好和挑撥離間的行為切斷兄
弟的後路，趁著父母忙碌和對他的信任，找到機會就下手攻擊，特別是兄弟的過
失一旦讓父母覺察，或是有什麼蛛絲馬跡出現，這時更要表示自己是如何的盡
責、服從和審慎。

反過來要談談正確的做法，人子之道在於見到父親對自己的兄弟大發脾氣的
時候，要能分擔兄弟的過失和責任，甚至首當其衝忍受責備，這樣可以減輕父親
的怒火；同時要花一番心思幫助兄弟重新獲得父親的寵愛。如果是疏忽所產生的
錯誤，他可以力陳這是出於兄弟的好意才會失去機會，或者他在從事其他的工
作，或者出於他的判斷應該把重點和力氣用在別的方面。阿格曼儂提起他的弟

---

39 斯巴達國王亞傑西勞斯因為殘疾在身，繼承方面要克服很多困難，更需要有力人士的大力支
　　持；參閱蒲魯塔克《希臘羅馬英豪列傳》之〈亞傑西勞斯傳〉5節。

弟，那種說法和口吻值得贊許，有詩為證[40]：

> 他不是怠惰、愚蠢或心不在焉，
> 完全唯我馬首是瞻善盡其職責。

　　身為父親不僅相信自己的兒子，還盡量為他開脫一切責任，如果有人將兄弟的輕率馬虎稱之為「心地單純」，他們的愚蠢糊塗稱之為「直爽真誠」，他們的爭奪對抗稱之為「滿懷抱負」，父親聽到以後會很高興的接受[41]。結果是作為一個斡旋者所採取的方式，可以讓父親不再為自己的兄弟生氣，同時還增加他對自己的好感。

　　10 犯錯的昆仲要是運用這種方式來為自己辯護，其他的人才會轉過頭對他施以嚴厲的譴責，態度非常坦誠的指出他的過失以及因為疏忽造成的差錯。一個人不會對於兄弟的放縱置身事外不予理會，更不會因為他們犯了過失產生藐視的心理（後面的行動像是他有一種幸災樂禍的心理，前面的做法像是他在那裡教唆和慫恿）；應該說是他很在意自己的手足，所以要再三的規勸和教誨，同時對他們的行為感到悲傷難過。即使他當著兄弟的面是態度很激烈的指控者，到了父親的跟前就變成兄弟最熱心的辯護律師。

　　如果一位兄弟沒有犯罪卻遭到控訴，這時固然在各方面要屈從父母的意願，忍受他們的憤怒和痛苦，還要代表兄弟向父母提出請求和辯解，因為他受到委屈不應該給予批評和懲罰。一個人不必害怕索福克利的詩是為他而寫：敢與

> 父親對簿公堂的兒子最為可恥，[42]

要是他代表兄弟所說的話全都坦誠無私，那就像是他在接受不公正的待遇；如果能證明父母犯下錯誤使得兒子無事，那麼「訴訟」的敗北比起獲勝的滋味更加甜美。

40　這是麥內勞斯表現的行為，因為海倫是他的妻子，所以這場戰爭是為他而打；參閱荷馬《伊利亞德》第10卷122-123行。

41　就是這些藉口才會引起更多的爭端，造成更大的誤會；參閱本書第4章〈如何從友人當中分辨阿諛之徒〉12節。

42　索福克利的悲劇《安蒂哥妮》742行。

11 父親過世以後，比起從前更要緊緊依附兄弟的善意，用眼淚和悲傷分享對死者的摯愛，拒絕接受奴僕的暗示和同伴的誹謗，因為他們各自安排在對立的陣營，這時對戴奧斯庫瑞的手足之情必須深信無疑，特別提到[43]孿生子當中那位波拉克斯，有人在他的耳邊悄悄說中傷他兄弟的話，他就一拳把那個傢伙打死[44]。

等到他們提出要求分配父親的財產，不必像大多數人立即相互宣戰，然後發出

請聽我說，戰神之女阿拉拉，[45]

諸如此類的呼叫聲音，準備好武器要開始接敵行動；倒是應該傾盡所有的辦法防範那一天的來臨。從而得知對某些兄弟而言，是永難和解的敵意和鬥爭的開始，至於另外一些人則是友誼諧和的根源。這些不但要靠他們自己的商議，同時需要共同和公正的朋友在場，然後如同柏拉圖所說「憑著公正的抽籤」[46]，讓他們每個人給予和接受應得和適合的一份，分家的宗旨在於對產業的關切和管理，大體而言它的運用和擁有都不是來自攤派和分配。有些人因為計算非常精明，所以拍賣的出價要比自己的兄弟高，就連過去父母買給他兄弟的奶媽和小廝，現在都到了他手中，雖然這些奴隸跟他的兄弟成為親密的同伴，最後還是被他帶走，當他從這方面占到便宜的時候，卻喪失遺產裡面最寶貴和最有價值的東西，就是親手足的友情和信任。

我們知道有些人並不在乎多拿些好處，僅是他們生性喜愛競爭，所以非要搶到手裡不可，其實對於父親的財產並不比從敵人那裡贏得的戰利品，表現出更大的尊敬和關懷。這一類的人物如同歐庇斯的查瑞克利（Charicles）和安蒂阿克斯，他們分家的時候連一個銀杯都要切成兩半，一襲斗篷都要撕成兩截[47]，所以在悲劇當中出現詛咒的聲音，那就是

43　提到這件事的人是菲西德（Phercydes），西元前5世紀初期出生在雅典的散文作家，主要的作品有十卷神話和歷史。

44　斯托貝烏斯《花間飛舞》4卷659頁引用這個故事。

45　克里斯特《品達的吉光片羽》No.78；參閱本書第26章〈雅典人在戰爭抑或在智慧方面更為有名？〉7節。

46　柏拉圖的對話錄《克瑞蒂阿斯篇》（Critias）109B。

47　可以拿所羅門對兩個婦人爭孩子的判決做一比較，他們難道不感到慚愧？

兄弟分遺產要用最鋒利的刀劍。[48]

還有一些傢伙向外人吹噓他們的算計是如何的狡猾和精細，所以遺產的分配要比他們的兄弟得到更大的好處，其實他們應該在謙讓、慷慨和順從方面勝過自己的親手足，從而感到喜悅和驕傲。

　　爲了證明這一點可以引用阿瑟諾多魯斯的例子，現在還有很多市民同胞不時提到他的事蹟。他有一位名叫色儂（Xenon）的兄長，也是他那份產業的管理人，生性浪費，甚至將他的財富都揮霍一空，最後色儂犯下強姦婦女的罪行，遭到法庭起訴喪失全部保管的產業，籍沒以後繳給皇家的金庫。阿瑟諾多魯斯這時還是嘴上無毛的小夥子，等到他名下的家產發還以後，他並沒有忘記自己的兄長，把所有的田地和錢財拿出來再分一次；他對兄長犯下的錯誤，從未表示憤怒和氣惱的神色，仍舊保持平靜和忍讓的態度，手足之情聞名整個希臘世界。

12 梭倫提到城邦的治理原則[49]，就說人人平等不會引起內部的動亂和叛變；他爲了表示對群眾的大力支持，認爲在所得方面要拿合乎民主制度的算術分配，用來取代基礎非常堅實的幾何分配[50]。一個人就家中的產業向兄弟提出他的看法，應該將柏拉圖規勸市民對城邦的態度奉爲圭臬，盡可能摒除「是我的」和「不是我的」的觀念[51]，要是他做不到這一點，那就應該堅持平等的信念，可以扑卜家和萬事興的長遠基礎[52]；也可以讓他能從前人的作爲中得到啓發：像是利底亞國王[53] 問起彼塔庫斯的經濟狀況，他回答道：「比起我想要的錢財多兩倍都不止，讓人感到遺憾是我的兄弟已經亡故。」這種做法不在於能否獲得金錢，而是要「盡量減少雙方的敵意」[54]。

48　優里庇德的悲劇《腓尼基人》68行，伊底帕斯用慘酷的詛咒，加在他那兩位兒子身上；參閱伊斯啟盧斯的悲劇《哀求者》789行。

49　參閱蒲魯塔克《希臘羅馬英豪列傳》之〈梭倫傳〉14節。

50　算術分配要求每個人得到相等的數量，評估的標準在於數字；幾何分配要求每個人得到的數量應該符合他的地位，評估的標準在於比例。

51　蒲魯塔克對於柏拉圖的觀念產生誤解；柏拉圖《國家篇》462C提到，「是我的」和「不是我的」在於強調城邦的團結，他說：「一個城邦極大多數市民對同一事物，能用同一方式說出『是我的』或『不是我的』，那麼它就是治理最好的國家。」

52　或許這種觀念出自優里庇德的悲劇《腓尼基人》588行。

53　這位國王的名字叫作克里蘇斯；參閱戴奧吉尼斯‧利久斯《知名哲學家略傳》第1卷75節。

54　優里庇德的悲劇《腓尼基人》539行。

誠如柏拉圖的觀點，一般認為運動來自物體不能保持平衡，靜止或休息是物體達成平衡的狀態[55]。一個家庭的兄弟不可能全部平等，或是在各方面給予相同的立足點，然而所有不平等的方式都很危險，因為這會培養和促成兄弟之間的爭執和敵對（從另一方面來看，每個人的天賦才能從最早開始就是一種不平等的分配，然後經由各種形式的命運安排，從而產生猜忌和嫉妒這種為害最大的疾病和瘟疫，不僅給家庭帶來毀滅的後果，城邦也跟著一起遭殃）；對付這種不平等的狀況，一定要提高警覺注意防範，不能讓它猖獗起來有興風作浪的機會。

有人對一位兄弟提出非常正確的規勸，首先他應該在各方面要比他的夥伴占有上風，要讓他的名聲給他們帶來光彩，他的友誼為他們帶來好處；如果他是一位精明的演說家，要盡量發揮口若懸河的才華，產生的效果比他們大很多；其次他對他們不要表現傲慢的神色或藐視的態度，不僅盡量順從他們的要求，還要抑制自己的性格不讓他們感到壓力，使得他的優勢不會引起嫉妒，還能讓他們感到人格的平等，須知他能夠達成所望的目標，不是他的運道與大家有什麼不同，在於他謙和節制的氣質和積極進取的精神。例如盧庫拉斯是年紀較大的兄長，不願單獨就任官職，放棄提名競選最適當的時機，等待他的弟弟到達候選的年齡，兩個人同時成為市政官[56]。波拉克斯的選擇是要與他的兄弟一起擔任半神，也不願獨自一個人成為神明，在這種狀況之下，他就像他的兄弟一樣無法除去必死的後果，否則只有他可以永生，卻不能讓卡斯特獲得應有的特權。

有人可能會說：「幸運的人呀！你擁有崇高的名聲、卓越的表現和興旺的事業，卻能處於最有利的狀況，那就是可以讓家人分享你的光彩，提升自己的身分和地位，又不會減少你的運道和福氣。」柏拉圖為了使自己的兄弟能夠出名，就在他最好的著作當中給予大力的推薦，像是格勞康和埃迪曼都斯（Adeimantus）[57]在《國家篇》的對話，以及他最年幼的弟弟安蒂奉[58]在《巴門尼德篇》的表現。

13 昆仲之間的稟賦和機運大不相同，即使彼此存在不平等的狀態，不可能其中一位比起其他人在各方面都占有優勢；據說來自同類物質的兩種因素或成分具備完全相反的功能。出自同一父母的兩個親兄弟，要說其中

---

55 參閱柏拉圖《國家篇》547A，經過查證並沒有本文所敘述的說法。

56 參閱蒲魯塔克《希臘羅馬英豪列傳》之〈盧庫拉斯傳〉1節。

57 柏拉圖的父母是亞里斯頓和珀里克提奧妮（Perictione），生下四個子女，以柏拉圖的年紀最小，他有兩個哥哥格勞康和埃迪曼都斯以及一個姊姊波托妮（Potone）。

58 柏拉圖的父親過世後，他的母親改嫁給堂叔皮瑞蘭披斯（Pyrilampes），生下幼弟安蒂奉。

一位如同斯多噶學派的智者，還兼有英俊瀟灑、文雅風趣、品德高尚、家財萬貫、辯才無礙、博學多聞和慎思明辨等優點[59]，而另一位兄弟則是面目醜陋、人品低劣、目不識丁、胸無點墨、貪財好色、拙於言辭、衝動易怒；像這樣天差地別的對比不可能有人相信。不論繼承人的狀況如何，即使是最爲聲名狼藉和出身低賤的傢伙，他的性格、才能和氣質，總有一部分可以表現正面的效益，如同詩中描述的景象：

> 頑童腳下那一大片的芒草叢中，
> 溫柔的迎春花正在燦爛的怒放。[60]

因而他在其他方面能夠占上風，對於自己的兄弟還是不要抹殺或隱藏他們的優點，像是逼迫他們參加運動會的競賽，輪到他出場就自動認輸，讓大家知道他的兄弟有更好的表現，而且在很多方面都能發揮有利的作用，用這種方式不斷除去引起嫉妒的成因，拿走木柴就會讓爐火熄滅，同時還能讓它無法死灰復燃。

要是他繼續在自己認爲占有優勢的方面發展，盡力使得他的兄弟成爲支助者，或者是幫他出主意的顧問：像是自己在打官司的時候，讓他成爲出庭律師；自己擔任官職在履行責任的時候，把他看成一個政治家向他請教；很多私人事務的處理，讓他培養出愛好和興趣；簡而言之，不要把他的兄弟放在一旁置之不理，應該讓他參加那些高貴和有價值的行動，共同分享榮譽和成就；要是他就在自己的身邊要立即運用，即使他離開到別的地方也要等他回來。總之，要表示他的兄弟在各方面都很優秀，只是生性不愛強出鋒頭和爭權奪利而已；這種方式對自己沒有絲毫損失，卻讓他的兄弟可以開闢光明的前途。

14 上面所述是給占有優勢的兄弟提出的忠告。從另一個角度來看，居於劣勢一方應該多多思考，並不是只有他的兄弟比他更爲富有、更有學問或更加出名，其實他不如很多的人，說數目有一億都不止，多得可以

---

59 這種斯多噶學派的悖論不僅自相矛盾，還受到極其惡劣的仿效，至少賀拉斯就是如此，參閱他的《諷刺雜詠》第1卷3節。

60 作者不詳；參閱貝爾克《希臘抒情詩集》第3卷689頁；艾德蒙《悲歌與抑揚格詩體》第2卷282頁；以及本書第3章〈論課堂的聽講〉13節。

從廣袤的大地獲得豐碩的收成；[61]

　　他在一大群運氣很好的傢伙當中行走的時候，是否他應該嫉妒四周每一個人；然而只有一個人讓他感到苦惱，那個人跟他最親近而且關係密切，看來他沒有留下空間給那些比他更不幸的人。就像梅提拉斯[62]抱持的想法，認為羅馬人要感激神明，沒有讓西庇阿這樣偉大的人物出生在其他的城邦；如果可能的話，我們每個人都應該祈禱，認為自己的成功可以超過所有其他人物，然而不會出現這種狀況，由於他的兄弟是如此優越可以發揮無比的影響力，使得他自己都垂涎三尺。

　　有些人的事業發展非常不順利，會為自己有出名的朋友覺得極其興奮，或者為與指揮官和有錢人的關係非常友好表示無比驕傲；然而他只會想到兄弟的光輝成就會使自己相形見絀，這時心中就會感到五味雜陳。他要是聽人敘述祖先的戰功彪炳，雖然已經得不到好處也無法分享光彩，得意的神色還是溢於言表；然而自己兄弟的事業開展順遂，或者仕途飛黃騰達，或者高攀權貴之門，卻讓他們深受抑鬱和沮喪的痛苦。問題在於他們不應該僅僅嫉妒一個人，必須把心中的不滿更換方向，使它能夠發洩在不同血統的外人身上，如同人們會將城邦的叛逆和動亂，轉變為對外的戰爭和異域的遠征：須知我對

特洛伊人和他的盟邦大開殺戒，
你也可以拿亞該亞人如法炮製；[63]

看來這是除去猜疑和嫉妒最自然不過的目標和對象。

15 手足之間的關係如同天平的兩個稱盤，雖然處於相對的位置，還是不要讓自己向下沉落，免得兄弟就會升到高處；要像較小和較大的兩個數字相乘一樣，即使是普通的運道都會使兩兄弟得到倍增的利益。我們提到人的手指，可以用它來寫字或是彈奏樂器，硬說比不會的手指占有很大的優勢，這種論點並沒有什麼道理，雖然出於組織的結構還得靠後天的練習才能達

61　貝爾克《希臘抒情詩殘卷》之〈賽門尼德篇〉No.5。

62　這一位是羅馬知名的將領奎因都斯・西昔留斯・梅提拉斯・馬其頓尼庫斯(Quintus Caecilius Metellus Macedonicus)，曾於143 B.C.出任執政官，四個兒子隨後出任同樣職位，故獲得「老梅提拉斯」(Metellus the Elder)的稱號；參閱本書第16章〈羅馬人的格言〉11節。

63　荷馬《伊利亞德》第6卷227行及229行；這是亞哥斯國王戴奧米德對格勞斯所說的話。

成，大家都知道手指天生長短不一，就是排列也有差別，即使最大而且強有力的拇指，要在位置相對的幾個手指的協助之下，才能得到抓緊物品的能力。克拉提魯斯(Craterus)和伯瑞勞斯(Perilaus)是知名的人物[64]，分別是安蒂哥努斯王和卡桑德的兄弟，獲得信任負責管理軍隊和宮廷的事務；像是安蒂阿克斯和塞琉卡斯，還有格里帕斯(Grypus)和西茲昔努斯(Cyzicenus)[65]這幾個傢伙，沒有扮演好位居自己兄弟之下的二號角色，渴望黃袍加身登上王座，釀成悲劇發生很多慘痛的事件，就是整個亞洲都受到莫大的影響。

　　一個人只要有很強烈的野心和抱負，對於名聲和職位優於他的人上就會引起嫉妒和猜忌，為了防止兄弟之間出現這種不利的後果，應該在不同的領域追求他們的地位或權勢，以免造成「兩虎相爭」的局面。野獸據以為生的食物都是同樣的來源，彼此之間非爭鬥搶奪不可；運動員訓練和奮鬥的對象就是相互競賽的敵手，因而拳擊手會對摔角手非常友善，長跑手也會對角力手示好，他們之間會相互幫忙和喝采鼓勵。事實上也就是基於這樣的緣故，坦達里烏斯的兩個兒子，波拉克斯贏得拳擊的勝利，卡斯特的擅長是賽跑。荷馬的描述之下圖瑟以射技知名於世，他的兄弟是位於戰線前列的重裝步兵，

　　　　用發亮的盾牌掩護圖瑟的身體。[66]

因而在服務城邦的各種職務當中，將領通常不會嫉妒獲得民眾擁戴的領導人物；同樣是靠著演說本領為業的人士，出庭律師不會嫉妒教修辭學的老師；就拿醫生的行業來說，營養師也不會嫉妒外科醫師；不僅如此，他們之間還會相互諮詢請教，彼此大力的捧場和稱讚。

　　兄弟為了追求卓越的名聲，進入同一行業或運用類似的技藝，出現的狀況像是兩人同時愛上一位婦女，都想勝過對方獲得她的好感。如果在不同的道路上面旅行，彼此當然無法提供幫助；然而遵循迥異的生活方式，不僅可以盡力避免嫉妒之心，雙方還可以給予更多的服務。這種情形如同笛摩昔尼斯和查理斯[67]，還

64　克拉提魯斯有兩位，一位是亞歷山大最倚重的將領，另外一位是安蒂哥努斯二世哥納塔斯的同父異母兄弟，這裡指的是後者。

65　格里帕斯和西茲昔努斯後來都登上王座，分別稱為安蒂阿克斯八世和安蒂阿克斯九世，在位期間前者是125-96 B.C.而後者是114-95 B.C.。

66　圖瑟的兄弟是埃傑克斯；荷馬《伊利亞德》第8卷272行。

67　參閱蒲魯塔克《希臘羅馬英豪列傳》之〈笛摩昔尼斯和西塞羅的評述〉3節及〈福西昂傳〉7節。

有就是伊司契尼斯和優布拉斯(Eubulus)，以及海帕瑞德和李奧昔尼斯，每一對夥伴的前者都在說服人民和制定法律，後者都在指揮軍隊將文字轉變成行動。一個人出於天性和本能，很難不對自己兄弟的名望和權勢產生嫉妒和羨慕，這時他要盡可能將所形成的競爭力，轉移到他們的欲望和抱負上面，等到他們成功以後會給大家帶來歡樂而不是煩惱。

16 我們更要顧慮一件事，必須防止親戚或家中成員那些有害無益的談話，甚至就是自己的妻子也與其他人一樣，為了讓你有積極的進取心，會對你說：「看看你兄弟的狀況，可以說應有盡有，大家都在讚揚他，人人都對他獻殷勤，不像你現在落到門可羅雀的地步，根本沒有人理會。」一個有見識的人應該這樣回答：「不僅如此，由於有一個受到大家尊敬的兄弟，直到現在我還在沾他的光，否則怎麼得了！」蘇格拉底說過寧願朋友有權而不是有錢這種話；對於一個有見識的人來說，自己擁有龐大的財富、高階的官位或無礙的辯才，與他的兄弟在從政、經商或執法方面，因為高尚的人品和卓越的才華，獲得眾人的讚譽，可以視為無分軒輊的佳聞和美事。

這些方法可以用來安撫和消除不對等關係帶來的摩擦和怨恨，然而在那些沒有這方面認識的兄弟當中，自然而然會出現其他的差異，像是年齡的懸殊就是其中之一。通常年紀較大的兄長認為有權支配和管教幼弟，無論各方面都居於優勢的地位，名聲和威望當然包括在內，強制的做法會讓人產生厭惡之感；至於做弟弟這一方面，受到控制就會反抗，性情變得乖張易怒，用藐視的心理來貶低兄長的權威。結果是年幼的弟弟有一種受到委屈和歧視的感覺，同時對於兄長的訓誡和勸告抱著憎惡和規避的心理；身為年長的哥哥始終執著於優勢的地位，害怕他們的兄弟出頭像是自己遭到淘汰一樣。

通常我們認為自己的看法很正確，那就是把接受的恩惠當成不可或缺，卻將給予他人的好處視為價值不大，雙方都同意年齡的確會帶來認知的差異，我們要勸年長者化大為小，不必凡事都看得嚴重無比，年幼者要化小為大，很多事務不像料想的那樣容易；我們從而可以讓一方免除傲慢和怠忽，另一方擺脫輕蔑和藐視。須知長兄關懷幼弟是再適切不過的事，當然會給予引導和規勸，幼弟也會推崇、效法和追隨他的兄長；要讓前者的焦慮和操心，像是一個有難同當的夥伴而不是呵護備至的父親，要靠著說服的力量而不是下令強制執行；對於兄弟的成就表露欣喜的面容還要到處頌揚，不要批評他的錯誤或者盡力加以抑制；他的意圖不僅樂於大力鼎助，還要表達仁慈的心意。年幼者的競爭在於極力仿效而不是針

鋒相對，因爲模仿的行動表示贊許，敵對只是反應嫉妒的心態。基於這種緣故，一個人喜愛願意像他的人，對於肖似敵手的人物難免要加以打壓。幼弟對於兄長可以用很多方式表示敬意，其中以順從最關緊要，彼此之間要相互尊重，始終表達誠摯的善意和無私的支持，即使出現嫌隙也會盡量讓步以求和好如初。

　　加圖從幼年時代開始就比他的兄長昔庇阿聽話[68]，無論是對人的溫和與個性的安靜，都讓他獲得大家的稱讚；等到兩兄弟長大成人以後，昔庇阿對於加圖非常佩服，凡事都唯他馬首是瞻，任何作爲都要先獲得他的同意。據說有一次昔庇阿在一份具結書上蓋過印鑑，等到加圖進來表示不願副署，昔庇阿要求退回文件把蓋好的印塗去作廢，在這樣做以前沒有向加圖詢問何以如此，可以證明對他的信任已到無以復加的地步。伊庇鳩魯對他的兄弟照顧得無微不至，所以深獲他們的尊敬和愛戴[69]，他的學識特別是他的哲學論點受到他們的頌揚，如果說他的主張有什麼錯誤之處，他們還是不斷爲他辯白，提出證明說從小就沒有看到任何一個人，能夠比伊庇鳩魯更爲睿智更加聰明。我們不得不欽佩他能激起自己兄弟的奉獻精神，還能讓別人感覺他們的手足之情。

　　有位年代更加接近的逍遙學派哲學家阿波羅紐斯，稱讚他的幼弟索蒂昂（Sotion）更勝他一籌，當時有人提出名聲不可與人分享的說法，他立刻出面加以駁斥。就拿我個人來說，這一生受到命運女神的厚愛眞是不勝枚舉，特別是賜給我的兄弟泰蒙那種無私無我的友情[70]，眞是無法報答神明於萬一，我想只要與我交往過的人士都很清楚，你們這些最親密的朋友就更不要講了。

　　17 年齡比較接近的兄弟應該防止出現其他的困擾，有些瑣碎的事項要是繼續不斷發生，就會變成一種有害的習慣，在各種場合之下都會引起彼此的冒犯和惱怒，最後的結果是難以挽回的怨恨和厭惡。最早的不和起源於各種兒戲，諸如飼養的動物和牠們之間的搏鬥，像是他們的鵪鶉或鬥雞；後續的爭執發生在角力場的競技，獵犬的狩獵成果以及馬匹的比賽，一直到更爲重大的事件，這時他們不再抑制或降服競爭的精神和進取的抱負。

　　我們這個時代那些有權有勢的希臘人，首先不會爲舞者或樂師產生敵對的行

68　參閱蒲魯塔克《希臘羅馬英豪列傳》之〈小加圖傳〉3節；奎因都斯・塞維留斯・昔庇阿（Quintus Servilius Caepio）應該是他同父異母的兄長。

69　烏西尼爾《伊庇鳩魯學派殘卷》之〈伊庇鳩魯篇〉155頁No.178。

70　本書第77章〈會飲篇：清談之樂〉第1篇問題2和第2篇問題5，蒲魯塔克都讓他的兄弟泰蒙參加談話。

爲,其次是不願進行招來猜忌的較量,那就是要用可以游泳的浴池、柱廊的長度和位於伊迪普蘇斯(Aedepsus)[71]的宴會廳來比個高下;接著是部隊運動所到的地點和位置,繼續從事切斷輸水渠道和轉換它們的供水,變得如此野蠻和毫無顧慮,直到一切財物都被僭主剝奪爲止[72],最後遭到放逐成爲沒有立錐之地的貧民,我說他們即使陷入這種狀況,彼此之間還是憎恨不已。制止兄弟之間產生競爭和嫉妒的心結並非無關緊要之事,特別從開始就不要讓它偷偷溜進瑣碎雜務之中,主要的作爲在於相互的讓步,以及知道如何嚴加防範,須知縱容兄弟所能獲得的歡樂,總比戰勝他們所能感受的慘痛要好得多。古代的史家沒有將「卡德密大捷」(Cadmeian victory)這個稱呼送給別人,而是用來諷刺那些如同「底比斯兄弟」[73]的人物,因爲他們贏到令人感到羞辱和得不償失的勝利。

你會問何以如此?難道那些以性格溫和以及行事公正享有盛名的人士,即使有很多機會也不提出異議和實施反駁?不錯,狀況就是這樣。我們可以看出所以會有激烈的衝突,完全出自事物的本身,沒有辦法確定這樣的爭執,會因輸贏所產生的憤怒激起任何情緒問題。我們要用公正的態度注意正義女神發揮的影響力,也就是祂手裡拿著的天平。這時要盡快使得引起爭執的事物付諸法庭的辯論,要從陪審員或仲裁者那裡獲得最後的裁決,這才能將其中的污穢清除乾淨,否則就像染料已經滲入布匹的纖維,顏色牢固的結合很難將它洗去。

我們要拿畢達哥拉斯學派(Pythagoreans)的成員作爲榜樣,他們之間沒有親屬關係,只是分享訓導和教育的成效而已,如果有人因憤怒而相互謾罵,會在日落之前握手擁抱重歸於好[74]。熱病伴同鼠蹊部的腫塊出現不是危險的症狀,等到紅腫消失還在繼續發燒,表示這種疾病來自更深一層的原因。兄弟之間的不和因爲爭執的事項獲得解決而停息,表示確實是這一樁事引起彼此的勃谿;如果仍舊反目不相來往,提到的事項只是一個藉口而已,會包含一些帶有惡意和難以說出口的原因。

18 有些籍貫不是希臘的兄弟,他們之間發生的衝突值得我們加以調查,因爲他們所爭不是一塊田地、幾個奴隸或是一群牲口,目標是

---

71 伊迪普蘇斯是位於皮奧夏的小鎮,當地的溫泉可以治病,成為極其著名的療養和休閒勝地。

72 出於學者的臆測,認為指的是羅馬皇帝圖密善。

73 這裡提到的「底比斯兄弟」,是指伊底帕斯的兩個兒子伊特奧克利和波利尼西斯,非要拚個你死我活不可,要知道不管誰贏都是得不償失,這就是「卡德密大捷」的真諦;這與七士對抗底比斯的遠征行動毫無關係,不僅如此,後者才是忠義之士應有的作為。

74 參閱《聖經新約全書:以弗所書》第4章26-27節:不可含怒到日落;也不可給魔鬼留地步。

整個波斯帝國。大流士（Darius）過世以後，有些人認爲亞里阿密尼斯（Ariamenes）有權繼位成爲國王，因爲他是先王眾多兒女當中的嫡長子；還有人擁護居魯士之女阿托莎生的兒子澤爾西斯[75]，呱呱落地的時候大流士已經登上九五之尊的寶座。亞里阿密尼斯離開米提人（Medes）的國土，率領的軍隊沒有表示敵意，平靜的姿態像是尋求法庭公正的判決。這時澤爾西斯已經加冕，就像一位國王在執行他的權責。聽到兄長來到的通報，取下王冠和佩帶的飾物，前去迎接亞里阿密尼斯，相互行擁抱之禮；他向兄長送上貴重的禮物，吩咐使臣要這樣說：「你的兄弟澤爾西斯這番心意，是爲表示他對你的推崇和敬愛，如果經由審查和選舉的程序，他要是被波斯人奉爲國王，就會讓你坐在他的右邊，擁有『一人之下，萬人之上』的地位。」亞里阿密尼斯說道：「我接受送來的禮物，然而我認爲我有權繼承波斯帝國，等到我擁有以後，保證與我的兄弟共享富貴，其中又以澤爾西斯居於首位。」最後判定的日子來到，波斯人指派大流士的兄弟阿塔巴努斯（Artabanus）擔任庭長，澤爾西斯想要規避他們所做的決定，產生的結果可能出於阿塔巴努斯的授意，他認爲正確的方式是訴諸民眾對他的信任。他的母親阿托莎叱責他道：「我兒，阿塔巴努斯是你的叔父也是最正直的波斯人，爲何你對他毫無信心？不論那位兄弟經過判定成爲波斯國王，就是居於第二同樣獲得尊榮，你對這樣的競爭爲何懷有畏懼之心？」澤爾西斯被他的母親說服不再有異議，等到審查經過裁定，阿塔巴努斯宣布帝國的繼承權屬於澤爾西斯；亞里阿密尼斯聽到以後立即起身向他的兄弟致敬，用手引導他登上國王的寶座。從此以後亞里阿密尼斯受到重用，能夠享盡榮華富貴，他對澤爾西斯忠心耿耿，最後在薩拉密斯海戰陣亡，英勇的行爲可以表彰他的兄弟一生光榮的事蹟[76]。讓我們把它當成善行和德行最爲崇高的模範。

安蒂阿克斯（Antiochus）[77]對於權力有強烈的欲望確實值得譴責，然而他的手足之情也讓人感到欽佩，雖說這種情分還不足以熄滅他的雄心壯志。他爲了王國的繼承與塞琉卡斯交戰，身爲幼弟卻得到母親的支持。等到戰事擴展開來，塞

75　參閱希羅多德《歷史》第7卷2-3節，已經將所有情節交代得非常清楚，只是繼承的問題出現在大流士生前而非死後。希羅多德認爲即使沒有大流士的認可，澤爾西斯仍舊成爲國王，因爲他的母親阿托莎握有絕對的權力。

76　亞里阿密尼斯的職位是澤爾西斯的水師提督；參閱蒲魯塔克《希臘羅馬英豪列傳》之〈提米斯托克利傳〉14節。

77　這位是敘利亞國王塞琉卡斯二世凱利尼庫斯（Callinicus），他是安蒂阿克斯二世的幼子，也是安蒂阿克斯大帝的父親，在位期間246-226 B.C.，因英勇善戰而獲得「神鷹」的稱號。

琉卡斯在會戰中被蓋拉夏人擊敗，他的失蹤讓人以爲他已經陣亡，特別是他麾下的部隊遭到蠻族的追殺，潰不成軍之餘，散布在廣大的地區。等到安蒂阿克斯得知噩耗，立刻脫下紫袍換上黑色喪服，關閉宮廷的大門要爲他的兄弟舉哀。不久以後聽到塞琉卡斯安全無恙的信息，重新徵召一支軍隊；他爲了感恩向神明奉獻犧牲，同時通知他所統治的城市，舉行盛大的祭典表示慶祝。

雅典人杜撰神明之間鬥爭不已的神話眞是荒謬得可笑[78]，即使如此也不願稍做修正，像是他們通常會將Boedromion月第二天（9月2日）略去不提，因爲那一天是波塞登和雅典娜發生爭執的日子。通常我們會避免在這一天在家中與親人發生口角，最好是大家忘記有這麼一件事情，那麼就是出現差錯也沒有關係；其實一年之中有很多好日子讓我們生活在一起，即使有一個徵兆不佳的凶日又何必在意？除非自然女神將賜給我們的德行，像是溫順和容忍這些自我抑制的產物，讓它毫無成效或沒有任何意圖，否則我們很有道理用在交往密切的朋友和親人身上。我們在犯錯以後可以要求和獲得寬恕，等到別人有了過失，我們同樣顯示出善意和愛護；因爲這層關係，我們對別人的憤怒不可等閒視之，等到他們提出赦免的時候也不要固執己見。從另一方面來說，我們犯下過錯要及時請求別人給予寬恕，這樣做可以先期消除他們的怒氣；即使我們受到冤屈和傷害，在他們提出要求之前就答應給予赦免。

蘇格拉底學派的優克萊德以淵博的學識知名於世[79]，有次他的兄弟用欠缺考慮和極其蠻橫的語氣向他說道：「我要是不找你算清這筆帳，那眞是罪該萬死！」他聽到以後回答道：「我要是不能讓你息怒還像從前那樣愛我，那眞是罪該萬死！」

要是拿攸門尼斯王[80]的案例來說，那不僅是講講而已，完全是用行動來表示，呈現的仁慈和友善眞是無人可及。馬其頓國王帕修斯是他不共戴天的仇人，花錢買通一些凶手將他除掉。這些人在靠近德爾斐的地點埋伏，因爲知道他要從海邊步行前往神廟獻祭。在他的後面投擲很多大石塊擊中他的頭顱和頸部，陷入昏迷倒在地上，使得他們認爲他已經死亡。攸門尼斯遇難的消息很快傳播開來，他的一些朋友和僕人回到帕加姆，帶來的噩耗使他們成爲這場禍事的目擊證人。

78　參閱本書第77章〈會飲篇：清談之樂〉第9篇問題6，可以知道神明之間有領域的爭執，可惜除了第1節其餘的文字都已失落，否則倒是可以明瞭更多的狀況。

79　本書第33章〈論控制憤怒〉14節提到同樣的故事。

80　這位是帕加姆國王攸門尼斯二世，他是阿塔盧斯一世的兒子，在位期間197-159 B.C.。

阿塔盧斯是國王最年長的弟弟,正直無私,對攸門尼斯比所有人都更加忠誠[81];現在他不僅登上寶座成為國王,還娶他的寡嫂斯特拉托妮絲(Stratonice)為妻,雙方發生肉體關係。等到消息傳來攸門尼斯還活在世上,正在返回都城的途中;阿塔盧斯取下頭上的王冠,像平常的習慣那樣手執長矛,與其他的衛士一起前去迎接國王。攸門尼斯不僅用誠摯的態度緊握他的手,還擁抱王后表示欣喜和情意。等到返國以後還活了相當長的時間,沒有給予任何責備或猜忌的暗示之辭;等到他過世以後,就將王國和他的妻子都留給阿塔盧斯。那麼阿塔盧斯的做法又如何呢?他在攸門尼斯死後明確表示,雖然他跟妻子生了很多子女,還是不讓他們有繼承的權利[82],從此全心全力培養和教育兄長的兒子,當阿塔盧斯還在世的時候就讓姪子繼位,用對國王的禮節向他致敬[83]。

康貝西斯在夢中感受極大的威脅,從而相信他的兄弟會成為亞細亞的國土,就在沒有任何人證物證的狀況之下,將他的兄弟處死以絕後患[84]。基於這樣的緣故,康貝西斯過世以後,接位的順序從居魯士的世系轉移,大流士家族獲得繼承的權利。那是因為大流士知道如何將權力下放,不僅是他的兄弟就連朋友都能參與國家的政務。

19 還有一件事情要謹記在心,可以防止兄弟之間發生不和與衝突:我們在任何時間都要特別小心,應該結識兄弟的朋友保持經常的聯繫,還要避免與他們的仇敵建立親密的關係;至少在這方面要能效法克里特人的方式,雖然他們不斷產生口角,甚至要用戰爭來解決爭端;等到受到外來敵人的攻擊,就會修好內部的矛盾發揮團結的作用,他們將這種現象稱之為「家族的融合」。

有人如同爆發的洪水沖過崎嶇不平的地面,所有立場不穩的親屬和朋友關係,全部遭到破壞和毀滅;要是他對兩邊都懷著痛恨之心,首先就會攻擊實力虛

81　攸門尼斯的弟弟除了阿塔盧斯,還有兩位分別是斐勒提魯斯和阿昔尼烏斯,彼此非常友愛,毫無猜疑和嫉妒之心。

82　要為新生的嬰兒舉行一種儀式,父親當眾將他抱起來承認這是合法的子女;阿塔盧斯並不會否認自己親生的兒子,只是不讓他們有繼承王位的權利。

83　斯特拉托妮絲結婚十六年未生子女,等到攸門尼斯二世逝世才懷孕生下一個兒子,取的名字是攸門尼斯,按照波利拜阿斯《歷史》第30卷2節的記載,一直到五歲都沒有舉行承認的儀式,後來還是繼承名義上的叔父,實際上卻是親生之父的阿塔盧斯二世,而且他取的稱號是阿塔盧斯三世;參閱李維《羅馬史》第42卷15節。

84　參閱希羅多德《歷史》第3卷30節。

弱容易屈服的一方。任何人只要保有愛人之心，身爲年輕和眞誠的朋友就會感受到這番情意；一個人要是向他的兄弟大發雷霆，彼此產生嫌隙和猜忌，惡意最重的仇敵就會向他表示，像他一樣的憤怒和覺得不值。就像伊索寓言[85]裡面那隻假裝擔憂不已的貓，打探生病的母雞目前的狀況，就對牠說道：「最近好嗎？」母雞回答道：「很好，只是你要離我遠一點。」

某些人要是來搬弄是非或者想要挖出一些不願人知的機密，這時可以對他們說道：「如果我和我的兄弟不用爲了應付造謠生事的人花費太多的精力，目前的情況倒是一切都平安無事。」當我們的眼睛發炎的時候，什麼道理我不清楚，最好的辦法是不要凝視某種顏色或目標，免得我們的視力受到刺激或傷害；然而我們爲了挑毛病找麻煩，竟然對著自己的兄弟大發脾氣的時候，恨不得整個團體變得天下大亂，這時毫不考慮在眼睛發炎的狀況下注視刺激性很強的顏色。其實在出現難以收拾的場面以後，明智的做法是避開大家的注意，趕快離開我們的仇敵和那些心懷不軌的人士，花整天的時間與兄弟的親朋好友在一起，甚至去拜訪兄弟的妻子，坦誠說明雙方爭執和抱怨的理由。

有條諺語說得很好，兄弟在一起行走的時候，不要讓大石頭落在他們的中間；要是有隻狗從兄弟之間跑過，就會讓人爲此感到煩惱；因爲他們害怕出現的徵兆會引起兄弟和諧關係的決裂；然而他們卻不知道，只有裝腔作勢和造謠挑撥的人來到他們當中，才會帶來一失足成千古恨的結局。

20 這次的討論內容雖然繁雜，引用狄奧弗拉斯都斯的說法[86]還是很有道理：「如果可以共有朋友的所有物，那麼朋友的朋友必然可以共有。」[87]有人將這個勸告用在自己的兄弟身上，而且要加以強調。他們有不同的熟悉友人和談話對象就會造成彼此的疏離，那些對於形形色色的朋友有所偏愛的人，會很高興在他們之間激起競爭之心，結果是他會很容易被他們說服，就會追隨他們的意願採取行動。人與人之間性格的不同可以從選擇不同的朋友，非常清楚的分辨出來，所謂「近朱者赤，近墨者黑」就是這個道理。

手足之間的情分不是靠著吃喝玩樂來鞏固，或是每天聚在一起才能維持，主要在於友誼的共享和敵意的同擔，他們從同一批人當中得到歡樂，另外一批人讓

85 伊索《寓言集》16和16b。

86 溫默《狄奧弗拉斯都斯的吉光片羽》No.75。

87 參閱亞里斯多德《奈科瑪克斯倫理學》第8卷9節之1；以及柯克《阿提卡喜劇殘本》第3卷〈米南德篇〉6頁No.9，應該是出自他的喜劇《阿迪菲》(Adelphoe)。

他們產生厭惡和規避。因爲友誼通常難以忍受誹謗和衝突，只要在任何狀況之下激起憤怒和指責，靠著朋友的調解可以消弭於無形，關鍵在於他們對於雙方的來往都很密切，而且表示完全相等的善意。像是錫能將破裂的銅器焊接在一起，因爲這兩種金屬具備同類的性質；作爲兄弟之間共同的朋友，要對雙方的性格和愛好瞭如指掌，才能使他們相互表達好感，從而建立更爲堅實的友誼；只要他們還是保持冷漠無情的習性，不願順從對方的要求，如同一首歌曲使用錯誤的音符，不但沒有諧和的旋律反而帶來刺耳的聲音[88]。有人引用赫西奧德的詩句：

　　知己之交不能與兄弟相提並論；[89]

這種說法是否正確倒是讓人感到懷疑。因爲一個人成爲兩兄弟共有的朋友，同時可以發揮很大的影響力，就像我們在前面敘述的狀況，只要他在中間大力的撮合，就會使兄弟的感情變得更加牢固。好像赫西奧德生怕大部分朋友都是有害無益，問題在於嫉妒和自私是人類的天性。

甚至我們對一個朋友感到同樣的情誼，還是得小心將它保留給自己的兄弟，首先是公家的職位和行政的事務，將他介紹和推薦給擁有權勢的人物，一般而言，我們處理問題還得顧慮公眾的眼光，將好處給人也要有所區別，更要掌握它的分際，特別是關係到崇高的地位和權勢，根據自然女神的指示是最好的辦法。職位的分派或事務的處理要是讓朋友獲得優先，並不顯得對他們有多麼重視；要是將兄弟列在後面就是輕視的表示，不僅讓他感到羞辱還會貶低他的地位。

有關方面的問題我已經充分表達個人的意見，米南德的詩句眞是刻畫得露骨三分：

　　心愛之人最難忍受忽視和冷落；[90]

提醒和教導我們要切記在心，對於我們的兄弟不可有藐視的心理，可以相信自然女神在這方面發揮最大的影響力。馬的天性是喜愛人類，犬隻對於主人也是忠心耿耿，如果不能給予適當的飼養和照顧，牠們也會逐漸疏遠和隔離。身體與靈魂的關係何其密切，要是受到靈魂的漠不關心或淡然處之，彼此合作的意願就會消

88　更正確的說法是四音音階「只會造成分離，不會帶來結合」。
89　赫西奧德《作品與時光》707行。
90　柯克《阿提卡喜劇殘本》第3卷〈米南德篇〉213頁No.757。

失，對於靈魂的運作帶來傷害甚至全盤予以放棄。

21 關懷自己的兄弟當然是應盡的責任，要是在所有的事務上面，對於兄弟的岳父母都表示親切和好感，這才是真正極其可貴的待人之道，就是對兄弟的奴僕也抱著愛屋及烏的態度，記得要感謝治好他們疾病的醫生，及時表揚那些與他們一起在外國旅行或從事遠征的朋友，不僅同生死共患難，還提供卓越和忠誠的服務。對於自己的嫂子或弟媳都要非常恭敬，如同神聖的事物，言行不得稍有逾越[91]；如果她受到丈夫的尊重，我們要讚美她的風範值得大家效法；要是她受到丈夫的冷落，我們對於她的苦惱表示同情；當她在生氣的時候要給予安慰，即使她犯下微小的過失，要跟大家一起充當和事老；要是你與自己的兄弟因為個人問題發生齟齬，可以前去向她訴苦，至於是對是錯大可以略而不提。

我們的兄弟還未結婚或是沒有子女，要讓他們知道這種狀況使我們非常操心，無論是勸戒或譏諷總要想盡辦法讓他趕快娶妻，同時要他結一門合法的好親事。一旦等到他得到子女以後，我們要為他大事慶祝，還把功勞歸於他的妻子；對於他的小孩我們要視為己出，甚至要更加疼愛，就是犯了過失也要和顏悅色的規勸，不能讓他們對自己的父母那樣有畏懼之心，如果他們結交損友或有不良的嗜好，也要善言加以制止不得置身事外，同時要調停他和父母之間的感情。

柏拉圖的姪兒史樸西帕斯是一個行為放縱的浪子，受到他的教化能夠革面洗心[92]，運用的方法不會在言語和行動上讓他感到痛苦，特別是這個年輕人受到父母的譴責，離開自己的家庭前來投奔他，柏拉圖表現出非常友善的態度，從來沒有對他發過脾氣，最後讓史樸西帕斯受到感動，他的舉止行動產生極大的轉變，不僅尊敬柏拉圖，同時對他的哲學修養佩服得五體投地。當初還是有些朋友責備柏拉圖，對於這個年輕人沒有苦口婆心的教誨；柏拉圖說他是一個哲學家，要用身教來代替言教，一切要從日常的生活做起，讓他知道如何除去羞辱與榮譽之間的差異。

帖沙利人阿琉阿斯(Aleuas)是一位傲慢和無禮的年輕人，他的父親對他極其反感，指責起來毫不留情面；他的叔父對他優容有加事事給予照應；等到帖沙利

---

91 可以與本章第4節最後的說法做一對照和比較。
92 柏拉圖的教育方式可以參閱他的《書信集》第7封，特別是拿敘拉古的僭主戴奧尼休斯作為施教的對象，雖然最後的結果是未能如其所願。

人派遣代表團前往德爾斐，請求神明以抽籤[93]的方式決定誰是國王；阿琉阿斯的叔父不讓他的父親知道，偷偷將他的名字放在其中，阿波羅女祭司抽出的就是阿琉阿斯這根籤；他的父親不承認這件事，說他的名字並沒有列入，顯然是出現錯誤所致；於是他們再度派遣人員去向神明請求指點迷津，職掌預言的女祭司堅持原先的指示，特別提到

> 神明中意的人選長著滿頭紅髮，
> 這個小孩有阿奇迪絲做他媽媽。[94]

阿琉阿斯得到父親的兄弟給予幫助即位成為國王，他的建樹勝過以往的君主，使他的家族擁有響亮的名聲和強大的權勢。一個叔父應盡的責任，是要讓他兄弟的兒子有光明磊落的行為，獲得應有的地位和適當的職務，從而他自己感到愉悅和驕傲；特別是他給予的幫助在於鼓勵姪兒從事光榮的建樹，對於獲得的成功要毫不吝惜的讚美；雖然不必誇獎自己的兒子，推崇自己的兄弟是高貴的事情，完全不會出於私心，是非常神聖的舉動；對我來說用善意和愛心照顧姪兒，同樣可以獲得別人的稱許。

　　古代的知名人物當中，同樣出現激勵晚輩積極進取的例子；像是海克力斯有六十八個兒子，然而他卻更愛自己的姪兒，甚至到了今天，很多地方還是他與愛奧勞斯(Iolaus)共享一個祭壇[95]，人們在祈禱的時候用兩個人的名字，好能得到他們的保佑。伊斐克利是海克力斯的兄弟[96]，在拉斯地蒙會戰中喪生，海克力斯悲痛之餘，率軍退出伯羅奔尼撒地區。琉柯色(Leucothea)在她的姊姊過世之後撫養留下的嬰兒，後來帶著成年的姪子成為享有祭祀的神祇[97]，羅馬的婦女為了紀念這兩位舉行琉柯色節慶，還將神明的名字改為馬圖塔，按照傳統的習俗，節慶期間要把姊妹的兒子帶在身邊。

93　希臘原文的「籤」就是「乾豆」；要說用乾豆作籤這是頭一回有正式的記載。

94　他的母親是阿奇迪絲，參閱羅斯《亞里斯多德殘篇》No.497；要知道大名鼎鼎的皮瑞斯就是「髮紅如火」。

95　愛奧勞斯幫助他的叔叔海克力斯擊斃尼米亞的獅子。

96　伊斐克利與海克力斯是同母異父的兄弟，他們的母親都是阿爾克米妮(Alcmene)，海克力斯的父親是宙斯，伊斐克利的父親是安斐特里昂(Amphitryon)。

97　英諾是一位不幸的母親，見到丈夫阿薩瑪斯殺死兒子黎克爾(Learchur)，就帶著另外一個兒子梅利瑟底(Melicertes)跳海自裁，結果成為神明，獲得琉柯色的稱號；她是一位運氣很好的阿姨，幫她的姊姊塞梅勒撫養酒神巴克斯；參閱蒲魯塔克《希臘羅馬英豪列傳》之〈卡米拉斯傳〉5節。

第三十六章
論子女之愛

1 希臘人由於彼此缺乏互信,所以才將付諸審判的案件[1]帶到特定的調解人前面,或是送到外國的法庭去處理,如同民眾對於非當地產物有迫切的需要,他們寧可從其他人上得到公正的裁定,不讓判決出於自己人的手中。哲學家之間都會意見不合,所以在很多方面都難得到定論,舉凡討論情緒、天性和習慣這些問題的時候,還要參考無理性的動物具備的狀況,豈不是如同把案件交給外國的法庭,認為訴訟程序不會受到非法的影響或賄賂?或許這就是對於人類的腐化和墮落所提出的指控,毫無問題是基於有其必要和重大事項,像是我們要仿效馬、狗和鳥類的行為,才知道如何成親、生育和培養子女(能說自然女神沒有對我們給予明顯的指示);我們將「性格」和「情緒」這些術語用在原生動物身上,豈不是在譴責我們的生活背離自然女神的要求,從最早開始就排斥和否定第一原理?

自然女神讓沒有說話能力的野獸,保留的特質是單純樸實和排斥混雜,然而人類的理性和習慣,由於接受很多意見和偶然出現的判斷,在經過調整和修正以後,已經喪失最切合實際情況的形式。像是藥劑師可以調製出氣味不同卻能讓人愉悅的香水,它的基本原料還是同一種精油。認為非理性的動物較之理性的人類更能遵循自然女神的法則,這也沒有什麼值得可怪之處。從而得知動物在很多方面比起植物實有不如,自然女神沒有將想像、衝動和欲望給予植物,彼此之間因而不會出現極大的差異和分歧;人類要是能從自然女神的欲念當中脫身,一定會帶來前所未有的的震驚;植物雖然被限制的條件綁得很緊,還是在自然女神的控制之下,通常會沿著祂引導的唯一道路前進。

然而就野獸具備適應生存的能力、非比尋常的精明快捷以及喜愛自由的生活

---

1 蒲魯塔克所以會有這種看法,那是因為很多較小的城邦,會將發生爭執需要仲裁的案件,送到較大的城邦如雅典和羅得島去處理,這並不是希臘人之間缺乏誠信,只是對自己的市民同胞採取防範的手段。

來看,還是沒有得到高度的發展。牠們的本能就是非理性的衝動和欲望,經常在環狀的路徑上面徘徊,不會遷移到更遠的地方,像是自然女神給牠們供應可以下錨的地方,指點牠們一種明確的方式,如同一頭驢子要在籠頭和繮繩的操縱之下繼續前進。對人類來說不受控制的理性才是擁有絕對權力的領主,現在已經發現一條偏離正軌和進行改革的道路,另外一條沒有留下明顯和確定的痕跡,能夠讓自然女神一目了然。

2 提到動物的存在能夠順應自然之道,這與雌雄兩性的結合很有關係。首先,它們不像萊克格斯[2]和梭倫[3]的市民,獨身或晚婚要面對法律的問題;或是像許多羅馬人那樣,不必為沒有子女害怕喪失市民權,或是非要追求多生子女(ius trium liberorum)的榮譽[4];或者就是結婚生子在於免得自己有繼承的權利卻沒有繼承人。其次,雄性不必在所有的季節都得與雌性交配,因為兩性的關係不是出於歡樂而是要傳宗接代;因此只有春季的微風吹拂之下[5],產生的氣溫最適合於性交[6]。雌性基於本能和性欲的驅使要去尋找雄性,靠著皮肉發出誘惑的香氣和特別裝飾的身體,牠們滿布在露水打濕的柔嫩草地上面。等到雌性感覺自己懷孕而且對性已經厭膩,就會安靜離開雄性,要為後裔的安全找尋適合生產的地點。

就這個題材來說不可能記錄所有這些具備研究價值的過程,只能說其中每一種動物,基於牠們擁有天賦的能力、無比的耐性和自我的控制,都能對牠們的後代付出最大的愛心。還有就是我們認為蜜蜂是非常聰明的昆蟲,相信牠

　　　能夠釀出淺黃色又美味的蜂蜜,[7]

2　斯巴達人用非常嚴肅的態度對待婚姻問題,他們要處分的對象是不結婚的人、晚婚的人和婚事不當的人;參閱蒲魯塔克《希臘羅馬英豪列傳》之〈賴山德傳〉15節及〈萊克格斯傳〉15節;本書第17章〈斯巴達人的格言〉53節之14;以及斯托貝烏斯《花間飛舞》第4卷497頁提到的亞里斯頓。

3　梭倫對於與婚姻有關的繼承和財產問題,制定各種法律條文,至於獨身或晚婚並不把它當成一回事;參閱斯托貝烏斯《花間飛舞》第4卷521頁。

4　奧古斯都制定的法條,一個人要是子女少於三人,繼承的權利和市民特權都會受到限制。

5　參閱盧克里久斯《論萬物的本質》第1卷10-20節。

6　參閱亞里斯多德《動物史》第6卷18節。

7　這句詩的作者是賽門尼德;參閱貝爾克《希臘抒情詩集》第3卷411頁。

充滿香甜的糖分可以滿足我們的味覺。然而我們卻忽略其他生物具備智慧和技巧，可以明顯看出是用來養育牠們的後代。例如魚狗（翠鳥）在繁殖的季節就會蒐集荊棘，來自一種俗名海松的植物，用它當成築窩的材料，織成的鳥巢有長橢圓的外形很像一個魚簍；編好以後放在浪濤中沖擊變得更為緊密，層層包裹的表面甚至可以防止水分的滲透。整個窩巢的質地非常堅硬，就是用鐵器或石塊都很難將它撕裂開來。最令人感到驚奇的地方，它的開口完全適合魚狗的體型和度量，其他過大或過小的動物都無法進入，他們說海水的水滴非常微細，還是無法將它浸濕。

有一種名叫海狗的鮫鯊是很好的例子，幼體孵出以後就在母魚的體內生活[8]，允許牠們出去覓食，遇到危險就會回到母魚的口腔，還讓幼魚留在裡面睡覺。

母熊是性情凶暴又陰鬱的野獸，剛出生的幼熊尚不成形狀而且沒有可見的關節，牠的舌頭如同某種工具，可以將幼熊的皮膚塑出外形[9]，所以母熊對牠的後代不僅是養育而已。

荷馬在《伊利亞德》一書中描述獅子的威武，說牠

> 帶著幼獅在森林裡面遇到獵戶，
> 憑實力垂下眼瞼表示不屑一顧；[10]

難道詩人也像野獸一樣有這種概念，為了讓子女能夠活命會向獵人屈服？一般而言，動物愛牠們的子女會使怯懦變得勇敢，懶惰變得勤快，貪吃變得耐饑；就像荷馬的著作中提到的狀況：

> 母鳥將找到的食物都銜回巢中，[11]

自己忍住腹中饑渴去餵食嗷嗷待哺的雛鳥，這時牠的尖喙夾得很緊，免得昆蟲在掙扎當中無意滑入食道；以及：

> 就像一條母狗護衛弱小的犬崽，

8　可見鮫鯊就像慈鯛是一種胎生的魚類。

9　參閱奧盧斯·傑留斯《阿提卡之夜》第17卷10節。

10　荷馬《伊利亞德》第17卷134-136行。

11　荷馬《伊利亞德》第9卷324行。

向陌生人咆哮擺出拼命的姿態；[12]

能夠摒除畏懼挺身而出，完全基於最原始的本能作用。

松雞與牠的幼鳥在一起的時候，發現遭到獵人的追逐，會讓幼鳥趕快向前逃竄，自己留在原處兜著圈子吸引獵人的注意，等到幾乎快被人抓住，才向前飛一段距離，停下來休息像是給獵人有捕獲的希望，這樣暴露在危險之中直到幼鳥獲得安全爲止，這才飛離追逐者的視線。

我們幾乎每天都可以看到母雞照顧一窩小雞的狀況，低垂牠的翅膀掩住躲在中間的幼雛，用帶著歡樂和愛意的咯咯叫聲在呼喚牠們，有的爬到牠的背上，還有的四散奔跑。看到狗或蛇出現恐慌之餘趕快逃走，要是威脅到牠的子女，即使實力相差懸殊，還是站在原地奮力抵抗。

自然女神關懷母雞、狗和熊的後代，就相信祂會將感情灌輸給這些動物，而不是祂要盡最大的力量讓我們感到羞辱或是爲了傷害我們？或許這些例子是明顯的證據要我們追隨自然女神的引導，只是對於那些無動於衷的人士而言，要譴責他們對這方面的毫無感覺，須知他們之所以藐視人性，在於他們要是無法獲得所期望的好處和利益，他們便沒有興趣去愛也不知道如何去愛。劇院的觀眾會讚揚詩人藉著角色念出的道白[13]：

人之愛人難道是為了獲得回報？

然而按照伊庇鳩魯的說法，就是因爲父母愛護子女，所以子女才會孝順母父[14]。設若動物通曉人類的語言，有人會將牠們帶到劇院，這時無論是馬、牛、狗和鳥都會這樣說：「如果只是出於獲得回報，不是無償的奉獻和本能的天性；狗就不會愛牠的小狗，馬也不愛牠的幼駒，鳥更不會愛未離巢的雛鳥。」任何人只要有感情就會承認這番話，真是表達得擲地有聲。要是生育的過程、分娩的陣痛和動物的繁殖都是「本能的驅使」和「免費的禮物」，那麼人類的借貸、工資和賄賂，給予的條件就是要求回報，啊！老天爺！真讓人感到可恥！

12　荷馬《奧德賽》第20卷14-15行。

13　這位劇作家是誰不得而知；參閱柯克《阿提卡喜劇殘本》第3卷〈Adesp篇〉450頁No.218。

14　烏西尼爾《伊庇鳩魯學派殘卷》320頁No.527。

3 有些陳述的情節難以相信根本不值一提。正如那些沒有經過人工栽培的植物，像是野生的葡萄、無花果和橄欖樹，自然女神還是將耕種作物的原則用在它們的身上，有的地方會很嚴苛何況並不理想；祂將子女之愛同樣賜給無理性的動物，有關牠的公正性以及牠的進展無法超越實用的範疇，雖然不夠完美卻也相當適合；然而就人類的狀況而言，因為他們是理性又過著群體生活的動物，自然女神讓他們產生公正和法律的概念，知道崇拜神明、興建城市以及養成仁慈的人道精神，供應高貴、美麗和多產的後代，讓我們享受子女帶來的快樂以及對他們的愛，這種感情從最開始就陪伴著我們，從身體的結構就能發現相關的特質。即使自然女神無論在何處祂的工作都非常準確卓越，技術極其精湛熟練，不會出現過猶不及的狀況；如同伊拉西斯特拉都斯（Erasistratus）所說：「祂不會裝模作樣的虛應故事。」[15] 然而有關生產的過程不可能有適當的方式加以敘述，從古以來對於這一類帶有禁忌的題材，不要讓我們的注意力很精確的固定在它的名字和稱呼上面；最適合的方式是對生育過程的機能有關隱藏不為人知的部分，給予關心要做最有效的運用。

奶汁的生產和餵食可以證明自然女神確有先見之明，以及照應備至的開闊胸襟。婦女的呼吸緩慢加上容積較小，血液的含量超過它的需要，就會來到皮膚的表面，加以限制以後在那裡流動。正常狀況之下自然女神根據習慣和關懷的本意，會以月份為周期運用身體內部的導管將血液排放出去；用來減輕和清潔身體其餘的部分，子宮像是在耕耘以後變得更加肥沃，適合精液在裡面播種。等到它容納已經授精的卵，接觸以後將卵包裹起來就能在那裡生根（如同德謨克瑞都斯所說：「臍帶從開始就出現在子宮裡面，如同留在停泊的位置用繩索將船繫得很牢固，不讓高漲的潮水或湍急的海流將它沖走。」[16] 現在已經感到果實在那裡等待成熟）。

自然女神關閉導管停止每月的淨化作用，拿要排出去的血液作為培育胚胎所需的養分[17]，等到胎兒開始成形以後，留在子宮裡有足夠的時間供它成長，這時需要其他的養分和棲息的位置。祂會比任何園丁或灌溉者更為仔細小心，要把血液改變到另外的用途，就像供應源頭給小溪的地下流泉；輸送血液的管路所能採用的方式，不是在那裡敷衍塞責或者毫無感情，溫和的體熱和充滿女性氣質的輕

15　伊拉西斯特拉都斯是服務塞琉卡斯一世宮廷的醫生，後來在亞歷山卓開業；參閱蒲魯塔克《希臘羅馬英豪列傳》之〈德米特流斯傳〉38節。

16　狄爾斯《哲理詩殘卷》第2卷171頁；參閱本書第24章〈論命運女神庇護羅馬人〉2節。

17　參閱塞蘇斯《論醫學》第7卷7節之17。

柔呼吸，經由乳房內部的處理和調節，發生消化、吸收和轉變的作用。然而乳汁不像氾濫的小溪，流通以後也不會噴出來[18]。乳房最後會變得更加豐滿，像是裡面充滿細微的通道，很平順的濾過乳汁。可以用來供應儲備的食物給幼兒，整個容器適合他的嘴型，接觸和抓緊的時候都會感到愉悅。

設若自然女神要是沒有將愛護和照顧子女的本能灌輸給母親，無論生育的工具是多麼完備，運用的方法即使帶有先見之明，還是無法獲得好處和優勢。

> 所有在地面呼吸和爬行的生物，
> 沒有一種比人類活得更為艱苦；[19]

詩人[20]要敘述的對象如果是剛出生的嬰兒，這話一點都不錯。沒有任何東西能像這樣的醜陋、無助、赤裸、奇特、骯髒，任何人只要看過生產的場面，總有一天晚上他會明確指出，自然女神沒有給人來到世間安排一個乾淨的通道。呱呱落地全身血污像是遭到殺害的模樣，除了出自天性的喜愛，沒有人願意將他抱起摟在懷中給予親吻。其他動物有鬆弛的乳房下垂在腹部，不像人類是長在胸部，做母親的人可以將嬰兒抱在懷中哺乳，所以生產和養育的目標和原則在於慈愛的親情，不完全重視實用的便利。

4 有關的討論可以回溯到原始的人類，對於最早懷孕的婦女以及見到剛生嬰兒的男子而言，沒有任何法律規定他們要養育子女，不會期待感恩圖報或是獲得「養兒防老，積穀防饑」的酬勞[21]。還不止如此，我非常肯定母親對於子女抱著敵視和惡意的態度，因為她們在生小孩的時候，要冒著極大的危險和忍受不斷的陣痛：

> 赫拉的女兒艾莉昔婭職掌生育，
> 會用無情的手打擊分娩的婦女，

18　參閱蒲魯塔克《希臘羅馬英豪列傳》之〈伊米留斯‧包拉斯傳〉14節。

19　荷馬《伊利亞德》第17卷446-447行。這是宙斯看到幾匹駿馬為馭者佩特羅克盧斯的死亡而流淚，情不自禁的自言自語。

20　這裡的詩人是指荷馬。

21　參閱柏拉圖《法律篇》717C。

讓她們感受到椎心刺骨的痛苦。[22]

生過小孩的婦人告訴我們，荷馬寫不出這樣的詩句，那是名叫賀姆瑞德(Homerid)[23]
的產婦，親身經歷整個過程才會有深刻的體驗，認為那種尖銳的疼痛，從五臟六
腑當中發出。

　　自然女神將疼愛子女的感情灌輸在母親身上，為的是使她就範同時引導她前
進。即使這種劇痛仍舊讓她感到發燒、震驚和無法忍受，她還是不會對剛生的嬰
兒產生疏遠或規避的感覺，轉過頭向著他微笑，要將他抱起來親吻。即使她無法
得到甜美和有利的收穫，只能接受痛苦和勞累，目前的狀況如同他們描述的情景：

> 襁褓的質地很好卻已破舊襤褸，
> 日間暖和夜晚會感到一陣寒意。[24]

古代的父母在這方面的付出又能獲得什麼酬勞和好處？就是以今天來說都不應該
有非分之想，因為他們的期待無法確定而且時間是如此的遙不可待。

　　一個人要是在春分栽植葡萄等到秋天就會結實累累，小麥在金牛座下沉的季
節播種，等到那大熊座的七顆星上升就可以收割，無論是牛馬或家禽在生育以後
立即派得上用場；然而人類的養育是何等的困難，他們的成長是何等的緩慢，要
想有所成就花的時間是何等的長遠，大多數的父親來不及看到已經去世。尼奧克
利無法生前目睹提米斯托克利在薩拉密斯的大捷，密提阿德也不能共享西蒙在優
里米敦的勝利，詹第帕斯聽不到伯里克利對人民發表激昂慷慨的演說，亞里斯頓
沒能感受到柏拉圖的哲學帶來的影響，就是優里庇德和索福克利的父親也都無法
得知兒子獲得優勝。這些父母聽到他們口齒不清學著說話的模樣，見到他們年輕
時候做了很多傻事，像是飲酒作樂和陷入戀愛的情景；伊維努斯(Evenus)所有著
作當中只有這句詩受到大家的推崇，還能讓人始終縈迴於心：

22　荷馬《伊利亞德》第11卷269-271行；艾莉昔婭(Eileithyia)或稱艾莉歐妮婭(Eilioneia)是生育
　　女神，通常協助產婦順利生下嬰兒。
23　賀姆瑞德在古代不是一個婦女的名字，而是指吟遊詩人這樣的階層。
24　來自《尼歐比》這齣悲劇，作者是誰不得而知，有的學者認定是索福克利，還有人說是伊斯
　　啟盧斯。

兒女總給父親帶來畏懼或痛苦。[25]

即使如此，父親仍舊不會停止養育子女，就大多數人來說，他們並不需要子女的供養。更爲可笑的事就是有人認爲有錢人在兒子出生以後，感到安慰之餘會向神明獻祭，因爲他們從現在起就有人支持，最後還會給他們安排葬禮；啊，老天爺，除非認爲一個人生育子女是因爲缺乏繼承人的關係，不可能有任何人願意見到這種狀況，那就是他的財產落到外人的手裡。有人寫出下面的詩句：

世上的砂粒、灰塵和鳥的羽枝，
都已無法累積如此巨大的數字；[26]

提及尋找繼承人的遺產，爲數之多已到令人無法相信的程度[27]。還有就是

達瑞斯這位父親有五十個女兒；[28]

如果他是沒有子女的人，就會出現更多的繼承人，只是他們有很多地方不大一樣。因爲自己的兒子不會爲了繼承的問題心生感激，更不會討好或是表示敬意，知道接受遺產是他們的權利和應盡的責任。

你當然知道外姓的人士圍繞在孤獨的老人四周，就像喜劇家傳誦一時的詩句，描述法庭處理遺產官司的狀況[29]：

陪審員！去浴場要等判決完畢，
大吃大喝一頓還可拿三個銀幣；

以及優里庇德有感而發[30]：

---

25 伊維努斯是西元前5世紀生於帕羅斯島的抒情詩人；參閱貝爾克《希臘抒情詩集》第2卷第270頁；艾德蒙《悲歌與抑揚格詩體》第1卷472頁No.41。

26 這是作者不詳的一句殘詩；參閱艾德蒙《希臘抒情詩》第3卷452頁。

27 羅馬經常流行大規模的瘟疫，所以才有這種現象發生，參閱賀拉斯《諷刺雜詠》第2卷5首。

28 出自優里庇德的悲劇《阿奇勞斯》；瑙克《希臘悲劇殘本》之〈優里庇德篇〉427頁No.228。

29 亞里斯托法尼斯的喜劇《武士》50-51行。

30 優里庇德的悲劇《腓尼基人》439-440行；第一句借用索福克利的戲劇，瑙克《希臘悲劇殘本》之〈索福克利篇〉148頁No.85之1。

> 財富讓人擁有無可匹敵的權力，
> 使得無數的親戚朋友聞風而趨；

雖然這種說法並不那樣簡單，也不見得必然如此，只是對於那些沒子女的人士而言，用在他們的身上倒是非常適合。

有錢的人會擺出宴席款待，有權的人會多方推崇，還有一些律師要免費辦理繼承的案件。從而得知

> 不知何人繼承的富豪權大無比。[31]

不管怎麼說，很多人原來有不少的朋友，經常聽到別人對他的恭維和奉承，等到他有了一個小孩以後，就成爲沒有朋友和無權無勢的人。因而父親獲得子女對於想要擁有權勢並沒有任何幫助，看來自然女神的力量眞是無遠弗屆，祂對人類或動物都是一視同仁。

5 父母對於子女的愛如同其他的美德會被惡行遮蓋變得暗淡無光；如同花園裡面將果樹的幼苗栽種在叢林的旁邊，當然會妨礙以後的成長；或者見到很多人割斷自己的咽喉或是從懸崖上面跳下，能說人的天性就是不愛惜自己的生命嗎？像是伊底帕斯用利刃

> 剜出自己的眼球流血染濕鬍鬚；[32]

以及赫吉西阿斯(Hegesias)拿出口若懸河的辯才[33]，說服爲數眾多的追隨者願意絕食餓死，那是因爲

> 很多人扮演的樣子就像是神明。[34]

31　柯克《阿提卡喜劇殘本》第3卷〈Adesp篇〉484頁No.404。
32　索福克利的悲劇《伊底帕斯王》1276-1277行。
33　赫吉西阿斯是西元前3世紀初葉，生於塞倫的知名哲學家；參閱西塞羅《突斯庫隆討論集》第1卷34節之83；以及華勒流斯‧麥克西穆斯《言行錄》第8卷第9節。
34　這是優里庇德經常套用的道白，像是他的悲劇如《阿塞蒂斯》、《安德羅瑪琪》、《海倫》和《酒神的女信徒》，出現在最後結束的場合。

　　這些人的靈魂陷入失常和病態的狀況，使得天生的性格發生變化，最後就用趨向極端的行為證實自己的命運。母豬咬死還未斷奶的豬仔，母狗也要殘害剛生的幼犬，有些人為了防止厄運臨頭就向神明奉獻犧牲；考慮到這些狀況都是以未來的徵兆作為理由，自然女神規定所有的生物要愛護和養育牠們的後代，不能讓牠們遭到損傷和絕滅。如同黃金在礦脈當中混雜和覆蓋大量泥土，仍然閃爍發出耀眼的光輝；為了揭露他們愛護子女的事實，甚至連天性和感情都受到曲解，這也是非常自然的事。清寒的家庭不願生育子女，在於害怕無法給他們適當的教育[35]，成人以後不是卑屈終生就是粗野無禮，德行方面沒有任何長進，他們認為貧窮是最大的罪惡，因而無法忍受子女要與他們一樣面對苦難的困境，如同他們患上嚴重又悲慘的疾病……[36]

35　有關清寒家庭的子女教育問題，可以與本書第1章〈子女的教育〉11節敘述的狀況做一比較。
36　本篇隨筆的篇幅要是與上一篇〈手足之情〉相比，還不到它的三分之一，何況「子女之愛」就親情而言是人倫的基礎，寫作的範圍更為廣闊，運用的資料更加繁多，從而推測遺漏和喪失的部分相當驚人，後人要想狗尾續貂亦無從下手。

第三十七章
惡習是否足以引起不幸

1 ¹他不甘於像優里庇德所說的那樣：「婚姻」²只是

用他的身體去換寡婦的產業，³

完全為一個不重要而又不確切的理由，好受到別人的恭維和羨慕。這樣一個人最好還是去旅行，不必「踩過一堆溫熱的灰燼」，而是「穿越一場熾旺的大火」，四周都是鮮紅的烈焰，口裡喘息，內心充滿恐懼，全身都被汗水浸濕，一副馬上倒地不起的樣子；他的母親給了他像是坦塔盧斯(Tantalus)⁴的財富，過於忙碌的關係無法享用。西賽昂(Sicyon)⁵有位養馬者是很聰明的傢伙，他送給亞該亞人的國王阿格曼儂一匹腳程很快的母馬當禮物，

> 他不必隨著統帥前往特洛伊，
> 那個狂風咆哮永不停息之地，
> 留在家中享福全靠他的財力，
> 興旺的家業是宙斯賜與根基。⁶

---

1 看到這篇隨筆的脫落和謬誤，真是讓人著急萬分，要等優里庇德這齣悲劇《菲松》(*Phaethon*)的克拉蒙特(Claremont)殘本出土以後，經由它所引用的詩句，從而得知這篇文章的主要意義何在。
2 這是後來推測的文字。
3 瑙克《希臘悲劇殘本》之〈優里庇德篇〉606頁No.775，出自他的悲劇《菲松》。
4 坦塔盧斯是天神宙斯和財神普祿托的兒子，優里庇德的悲劇《尼歐比》有他這樣一位角色，成為財富的化身。
5 西賽昂位於伯羅奔尼撒半島的北岸，與德爾斐隔著五十公里寬的科林斯灣遙遙相望。
6 荷馬《伊利亞德》第23卷297-298行；這個西賽昂人的名字叫作艾奇波盧斯(Echepolus)；參閱本書第2章〈年輕人何以應該學詩〉12節。

現在的廷臣看起來就像一個生意人，即使沒有人召喚他，還是興頭十足地自行投向宮門，即使公家派員護送之下，荒野的露宿非常辛苦，他們想要得到一匹馬、一件飾物或是一些好運。

> 他的妻子慟哭之中撕裂雙頰，
> 還留在菲拉西已成半毀的家；[7]

這時他在外面奔走四處浪跡，希望一個接著一個破滅，還不斷遭到別人的羞辱；甚至就是有些欲望可以滿足，結局還是像命運女神指派的高空繩索藝人，迴旋轉動使得他感到眩暈難忍；他這時有一種想法，認為過著沒沒無聞和安全的生活才能獲得幸福，於是想盡辦法要處於卑微的環境；然而人們還是對他如此的尊敬，認為他有朝一日飛黃騰達，就會在大家的頭頂翱翔。

2 惡習會給所有人帶來不幸，如同一位鬱悶不樂的創始者，由於他不需要工具和協助，才被上蒼授與絕對的權力。暴君和僭主處於不同的狀況，他們要使受到懲罰的對象生不如死，維持一支劊子手和用刑人組成的隊伍，準備烙鐵、轉輪、刑架各種拷問的器械[8]。等到惡習與靈魂結合起來，壓制和摧毀無須任何設備或組織，就能讓這個人的內心充滿悲傷、痛苦、沮喪和悔恨。這也可以證明一件事：很多人落在主子或暴君的手中，肢體遭到摧殘或鞭打，甚至在拷問架上受刑，他們保持沉默不發出一聲哀叫。靈魂運用理性可以減輕痛苦，主要的力量在於阻止和壓制[9]。你不可能命令發脾氣的人息怒或者悲傷的人沉默，你也無法說服被畏懼操控的人堅守陣地一步不退，或者讓人忍受悔恨不會哭泣號叫、撕扯頭髮和捶打胸膛。須知惡習比起縱火或殺戮具備更大的暴力。

3 大家知道城市當局會將寺廟的建築或大型雕塑的合約，用公開招標的方式接受公眾的意見；他們聽取建築師或藝術家為了爭取委製所提出的企劃書，還有帶來的估價單和模型[10]；選擇的對象是同樣的工作花費最少而品質最

7 普羅提西勞斯(Protesilaus)是菲拉西酋長，率領隊伍投效希臘陣營，成為特洛伊戰爭最早喪命的人員；荷馬《伊利亞德》第2卷700-701行。
8 伊斯啟盧斯的悲劇《普羅米修斯》64-65行。
9 參閱西塞羅《突斯庫隆討論集》第2卷22節。
10 諸如里區特(Richter)在《希臘的雕塑家》230頁敘述的狀況，各種模型是必備之物。

佳，還得比別人更加快速。那麼，來吧，我們已經公開宣布目標和意圖，現在是命運女神和惡習在那裡競爭，看誰能得到最後的合約。命運女神爲了讓大家過可憐和悲慘的生活，提供所有可用的方法和各種價昂的工具；祂帶來成群的強盜和無數的戰爭、滿身血腥味的暴君、還有海上的暴風雨和天空落下的雷霆；祂調配毒藥、分配刀劍、散布瘟疫以及召集告密的人；祂讓人戴上腳鐐手銬、建築監獄的圍牆（其中大部分應該屬於惡習而非命運女神，讓我們以爲這些都是命運女神的一部分）。就讓惡習毫無武裝站在那裡，對付人類根本不需要外來的支助，讓它問神明在冥冥之中有何打算，才能使人類落入慘痛和頹廢的深淵：

> 你要威脅無立錐之地的貧民？
> 那位哲人會笑你！命運女神！[11]

　　梅特羅克利在冬天與羊群睡在一起，到了夏季就躺在神廟的入口；波斯國王寒冬留在巴比倫，等到炎夏前往米地亞避暑[12]，然而這位哲人卻要就幸福的人生與國王比個高下；你能將奴役、鎖鍊和拍賣台一起帶來？戴奧吉尼斯同樣瞧不起你[13]，他被海盜出售爲奴的時候，學著拍賣員的聲音叫道：「誰想買一位老師？」你會調製一杯毒藥嗎？難道你不會把它交給蘇格拉底[14]？他是這樣的從容平靜，毫無戰慄的感覺，就連神色和姿態都沒有一點改變，像是很高興的樣子一飲而盡；他能視死如歸在於感到一生過著幸福的日子，甚至「落到哈得斯的手裡都是神明的恩賜」[15]。像是羅馬將領迪修斯[16]爲你所準備的東西，當年他在兩軍之間築成一個火葬堆，爲了羅馬的霸權他要履行誓言，縱身投入烈焰，成爲奉獻給農神的犧牲。
　　印度人當中那些可愛又貞潔的妻子，丈夫亡故以後她們會殉身相隨，最大的榮譽是爭先恐後要在火中喪生，世人都會歌頌她的幸福無人能及[17]。居住在世界

11　有的學者認爲這兩句詩出自某齣喜劇。
12　色諾芬《居魯士的教育》第8卷6節之22。
13　參閱戴奧吉尼斯‧利久斯《知名哲學家略傳》第6卷29節之74；以及伊庇克特都斯《論述集》第4卷1節之16。
14　柏拉圖《斐多篇》117B-C。
15　參閱柏拉圖《斐多篇》58E；以及色諾芬《申辯書》32節。
16　巴布留斯‧迪修斯‧繆斯(Publius Decius Mus)是羅馬領軍與高盧人作戰的將領，曾四次出任執政官。
17　資料來源是參加昔尼斯(Megasthenes)對西元前3世紀印度的茂拉帝國(Maurya Empire)所做

另外部分的智者，要是他還活在人間，不僅神志清醒而且身體健康，沒有用火使
他的靈魂與身體分離，會讓純潔的貞操從肉體當中上升，剩下的臭皮囊被流水帶
走；這些要是就我們世俗之人來看，不可能認爲他得到幸福或者令人感到羨慕。
你願將一個人從萬貫的家財、堂皇的住所、豐盛的飲食和奢華的生活，貶低到只
有脫毛的斗篷、唯一的書囊和乞討每日所需的麵包？這些事情是戴奧吉尼斯獲得
幸福的起點，從而讓克拉底擁有自由和名聲。你要將他釘在十字架上或是施以殘
酷的刺刑？結束生命於戰場陣亡抑或壽終正寢，狄奧多魯斯對於何者最爲關心[18]？
錫西厄人以土葬爲最幸福[19]；依據法律海卡尼亞人要讓狗吞食人的遺體[20]，巴克
特里亞人[21]要切碎屍首去餵兀鷹，如果吃得乾淨不留殘骸，表示這個人的一生有美
滿的結局。

4 你說，誰會做那些帶來不幸的事情？像是喪失男子漢的氣概和非理性的
行爲，沒有經驗的生活方式和欠缺訓練的謀生技能；那些人從幼年開始
保留的想法和觀念，一直到現在都不會改變。命運女神除非得到惡習的通力合
作，否則祂不可能成爲不幸和災難的製造者；像是骨頭浸泡在攙灰的酸液當中，
鬆散到一根絲線都能將它切割成兩截；啤酒讓象牙變得柔軟，可以將它彎曲塑造
成各種型態；要是這種方式行不通，命運女神會先將它刺穿或是將它變成中空，
增加惡習的軟化作用和它的影響力量。如同帕提亞人使用的毒藥[22]，無論是接觸
到它或是攜帶它都不會受到傷害；因爲它只對受傷的人發生作用，因爲容易發生
感染的關係，接受毒藥的流出物產生致命的效果。一個人的靈魂要是很容易被命
運女神摧毀殆盡，一定是他的身上先有已經化膿的傷口，或者是患上某種疾病，
按照這種狀況所能面對的處境，訴諸可憐和悲慘就沒有任何意義可言。

(續)————————————

的敘述。

18 參閱西塞羅《突斯庫隆討論集》第1卷43節之102；華勒流斯‧麥克西穆斯《言行錄》第6卷2
節；以及塞尼加《論寧靜的心靈》第14卷3節。

19 參閱希羅多德《歷史》第4卷71-72節。

20 參閱波菲利《論禁絕》第4卷21節；色克久斯‧伊姆庇瑞庫斯《指控專家學者》
(Hypotyposes)第3卷227節；西塞羅《突斯庫隆討論集》第1卷45節之108。

21 巴克特里亞位於阿姆河和興都庫什山脈之間，即阿富汗一帶，是中亞的古國，我國稱之爲
大夏，唐朝亦稱吐火羅，後爲大月氏所滅。

22 到底是帕提亞人的毒藥還是飲料，根本沒人清楚這是怎麼一回事。

5 何以惡習需要命運女神的協助才能製造出不幸和災難？到底應該怎樣做？須知惡習不可能讓大海出現暴風雨變得波濤洶湧，它不可能環繞山嶺的邊緣沿路埋伏一群強盜，它不可能對結實累累的豐饒平原落下一陣冰雹，它不可能帶來像梅勒都斯、安尼都斯或凱利克森努斯(Callixenus)這樣的指控者[23]，它不可能拿走別人的財富，它不可能禁止法務官下達命令，因爲會給人民帶來禍害。惡習會讓富有、順遂和發達的人感到驚慌不安；給予的暗示是無論是在陸地還是海上，它都會加入和依附在他的身上；它會讓他貪戀女色以致沉淪難以自拔，激起他火冒三丈的怒氣，運用迷信的恐懼使他精神飽受打擊；它會讓他親眼目睹希望的破滅……

23　參閱色諾芬《希臘史》第1卷7節。

第三十八章
靈性之愛是否較肉體之愛更有價值

1 荷馬思索的對象是形形色色的物種，從各方面比較牠們的生活和習性，不禁極其感慨，認為

所有地面呼吸和爬行的生物，
再無那一類比人活得更艱苦；[1]

同時發覺人類之所以不幸，關鍵在於做的壞事太多。我們知道自己贏得邪惡的勝利，才會成為最可憐的動物。讓我們拿這個問題去跟自己比較，分開身體和靈魂就個別的不幸爭出一個高下，有一件工作並非無利可圖，倒是確有需要，等到人生終了才得到答案，那就是究竟是命運女神還是我們自己，使得我們的生活過得如此悲慘。身體會有疾病滋生那是自然女神的關係，靈魂的邪惡和墮落完全是自作自受，然後才會帶來難以忍受的痛苦。如果最惡劣的狀況得以改善，減輕它的負擔和原本欠缺的強度，這對獲致寧靜的心靈將有很大的助益。

2 伊索寓言裡面的狐狸與花豹[2]各自為美麗的外形爭論不下，後者展示牠的身體帶有光澤的皮毛還裝飾明亮的黑點，前者只有土黃色的皮膚看起來一點都不起眼：這時狐狸說道：「裁判先生，你們不要光看外表，我的內在美絕對是花豹無法比擬於萬一。」[3]基於天性的機敏和狡猾，根據需要隨時改變他的立場。我們應該訴說自己的狀況：「啊！人類！你有很多的病痛是來自身體，不待外求自然而然產生，很多是無中生有的降臨逼得你只有接受；你要是能夠展

---

1 荷馬《伊利亞德》第17卷446-447行，天神宙斯看到幾匹駿馬為馭者佩特羅克盧斯的戰死而流淚，自言自語所說的話。
2 伊索《寓言集》第42則。
3 蒲魯塔克引用的詩句，很可能來自一位不知其名又熟悉三音步抑揚格的詩人。

示內部的結構，如同德謨克瑞都斯所說的那樣，你會發現一個儲藏寶物的金庫，裡面裝滿邪惡的言行和反常的狀態，只是沒有暴露到外面讓人得知[4]；惡習豈不就如同地下的伏流和隱河，不正常狀態的分布很廣闊，供應充沛的水量引起噴出的泉源？」身體的疾病很快可以檢查出來，像是脈搏的跳動、膽汁的多寡、體溫的高低以及突發的劇痛更能肯定它的存在；靈魂當中的邪惡常能逃過大多數人的注意，剝奪受害者對本身的認知，使得它的為禍更為劇烈。

　　雖然有充分的理由可以認為疾病會對身體造成影響，也會給靈魂帶來痛苦無法做出正確的判斷[5]。從另一方面來看，有病的靈魂對身體其他部分同樣帶來影響，更難做出合理的判斷；必須了解靈魂的疾病以「愚昧無知」居於首位，對於大多數人而言完全喪失治癒的希望，緊附不放直到生命結束。從開始就知道可以擺脫疾病的糾纏，這對身體的復元有很大的助益；有些人根本不相信他會生病，即使有了病痛不知道應該如何處理，甚至拒絕給予治療，就是手上有藥也不願使用；實在說有些身體的疾病所以感到可怕，在於患病以後讓你無法覺察身體的狀況：像是昏睡症、偏頭痛、癲癇、中風以及因發炎導致的熱病，情況嚴重會引起精神錯亂和意識不清；如同一件樂器能夠

　　　　心情激動到前所未有的程度。[6]

3 專業醫生抱持的觀點，首先要讓人不生病，其次是生病以後必須知道面臨的狀況[7]，同時還要了解所有的病痛都會影響到靈魂。即使一個人的行為是如此的愚蠢無知、荒唐放縱或者違背正義，他們並不認為自己做了錯事，甚至還理直氣壯自以為是。雖然沒有一個人能把患上熱症稱之為「身體健康」，或是有了肺病稱之為「狀況良好」，或者為痛風所苦稱之為「步伐快捷」，或者病容滿面稱之為「氣色紅潤」；當然還是有很多人把大發脾氣稱之為「英雄氣概」，把愛好男色稱之為「友情深厚」，把嫉妒猜疑稱之為「積極進取」，或者怯懦怕事稱之為「謹慎小心」。還有就是身體的疾病要找醫生，可以對症下藥獲得治療；然而有些人的靈魂有了不正常的現象，就會避免與哲學家見面；他們認為自己有責任可以調適和處理。事實上依據正常的推理原則，視力有缺陷總比發瘋容易忍

4　狄爾斯《哲理詩殘卷》第2卷172頁No.149。
5　西塞羅《突斯庫隆討論集》第3卷1節。
6　瑙克《希臘悲劇殘本》之〈Adesp篇〉907頁No.361。
7　西塞羅《突斯庫隆討論集》第3卷6節之12。

受，痛風總比腦炎的症狀要輕微得多。

　　一個人要是知道自己的身體患病，就會大聲吩咐請醫生來看診，同意大夫給眼睛塗藥膏，或者放血讓動脈加速流通；如同你聽到發瘋的阿加維（Agave）[8] 念出的道白：

　　　　我們已進行陣容龐大的追捕，
　　　　要從高山峻嶺獲得高貴獵物；[9]

因爲她不知道抓在手中的東西就是愛子的頭顱，也就感覺不到傷心和痛苦。他的身體有病就會順從醫生囑咐，安靜躺在床上等待痊癒，有時在發燒的時候，身體就會輾轉反側無法入睡，醫生就會坐在他的身旁，口氣很溫和的勸他：

　　　　可憐的人哪！躺著不要起來。[10]

　　那些靈魂有病的人行動最爲積極，根本不想休息。行動的起點可以看成一種推進的力量，靈魂的異常狀態就是強烈的衝動。這也就是一個人最需要休息、安靜和放鬆的時候，爲何不讓靈魂獲得片刻閒暇的理由所在；或許是發作一頓脾氣，或許是與人產生爭執，或許是突然陷入戀愛，或許是有人帶來悲痛，這等等的狀況將他拉到公眾的面前，剝去所有的衣服讓他赤裸無地自容，被迫之下做出很多法律不容許的事情，講出很多不適合當時那種場合的言辭。

　　4　壞天氣帶來的危險不在於船隻無法出航，而是阻止它不能進入港口；靈魂產生的暴風雨更加嚴重，不讓受到擾亂的理性能夠安撫和鎮定下來。船隻要是沒有船長和壓艙物，混亂之中毫無目標的漂流，偏離航道在搖晃中向前衝撞，它的下場是發生可怕的海難，裝載的人員都會喪失性命。基於同樣的緣故，靈魂的沉疴比起肉體的重症更難以處理，因爲人們只能讓自己接受肉體帶來

8　阿加維是卡德穆斯的女兒，她和艾克昂（Echion）所生的兒子平修斯（Pentheus）是底比斯國王，平修斯不相信戴奧尼蘇斯擁有神明的威力，於是戴奧尼蘇斯使阿加維發狂殺死自己的兒子，她的手裡拿著平修斯的頭顱，出現在酒神的宴會當中，帶著狂喜的神情像是除去凶殘的野獸。
9　優里庇德的悲劇《酒神信徒》1169-1171行；參閱蒲魯塔克《希臘羅馬英豪列傳》之〈克拉蘇傳〉33節；以及賀拉斯《訓誡》第2卷3節303行。
10　優里庇德的悲劇《歐里斯底》258行。

的痛苦，對於靈魂不僅要忍受它的痛苦還會做出損害別人的惡行[11]。

我何必詳細敘述與靈魂有關諸多疑難雜症？然而這正是適合記在心中的時刻。何以你會看到一大群吵鬧的民眾，混亂之中向著法院和市民大會推擠前進？這些人士所以聚集起來，不是爲了向本土的神祇宰殺犧牲，不是參與每個家庭共有的宗教儀式，不是像利底亞人那樣「將頭一批的收成[12]當成祭品奉獻給阿斯克拉(Ascraean)的宙斯」[13]，不是爲了崇拜戴奧尼蘇斯，要在神聖的夜晚舉行神秘的祭典以及狂歡的酒宴；倒是像一年一度會在亞洲發生而又到處蔓延的瘟疫，把他們趕了出來擠成一堆；正在訴訟和對簿公堂的莊嚴時刻來到，占有壓倒優勢的群眾如同氾濫的洪水，將整個市民大會完全淹沒，沸騰的怒氣激起「殺人和被殺」[14]的騷動。爲何會出現熱症和瘧疾這些疾病？爲何會引起血液的阻塞、體溫的失調、體液的氾濫這些徵候？如果你檢查所有的訟案，就會知道完全出於個人的問題，其中一件的成因是無法克制的憤怒，另一件是狂熱無比的野心，還有就是違反正義的欲望……

11　參閱西塞羅《突斯庫隆討論集》第3卷5節之10。

12　哈利卡納蘇斯要為阿斯克拉的宙斯舉行盛大的祭祀；參閱阿波羅紐斯《奇特的歷史事件》(*Historia Mirabilium*)No.13。

13　有的學者認為是品達的詩句，只是出處不詳。

14　荷馬《伊利亞德》第4卷451行：被殺者的哀叫和殺人者的呼聲。

第三十九章
言多必失

1 革除饒舌多嘴的習性卻把哲學拿在手裡，這真是麻煩又困難的工作[1]；講句理性的話，治療的過程需要願意傾聽的人；喋喋不休的毛病就是聽不進別人的話，他們總是在那裡講個不停。可以看到首先出現的症狀：愛嚼舌根變得聽覺失聰。我認為他們是故意裝聾賣傻，還一直埋怨自然女神，為何要讓他們長著兩個耳朵，卻只有一根舌頭[2]。優里庇德用詩描述那位毫無頭腦的聽眾，運用的手法倒是很有見地[3]：

> 我的話他根本沒有放在心中，
> 睿智之言終歸還是馬耳東風；

這兩句詩改一下用在嘮叨者的身上更為適合，那些多嘴的人會讓別人產生這種印象：

> 我的話他根本沒有虛心傾聽，
> 睿智之言終歸還是夢幻泡影；

只要稍微多想一下，得知一個人說話沒有人聽，他也不會聽別人的話；甚至他在聽了一會兒以後，好辯的習性像是經歷落潮後開始高漲，故態復萌的狀況一直不斷重演。

1　蒲魯塔克非常喜愛這方面的題材，本書第6章、第34章、第40章和本章，內容有很多雷同之處；只是在編排的次序方面，本篇在蘭普瑞阿斯目錄的編號是92號，位置居於最前面，不像在本書列於第6章〈如何從政敵那裡獲得好處〉和第34章〈論寧靜的心靈〉之後。

2　阿尼姆《古代斯多噶學派殘卷》第1卷〈季諾篇〉68頁No.310。

3　瑙克《希臘悲劇殘本》之〈優里庇德篇〉649頁No.899。

他們將建在奧林匹亞的一座知名建築物稱為「七聲柱廊」，只要對著它喊一聲，就會聽到七次回音[4]。很少幾個字就讓喋喋不休的行為運轉起來，使得四周充滿嘈雜的話語，

　　激動心情到前所未有的程度。[5]

有人認為那些聒絮不停的傢伙，他們的耳朵沒有一條與靈魂相連的通道，倒是與舌頭建立直接的聯繫[6]。一般而言通常大家都會記得對方說了什麼，那些講起話來滔滔不絕的人，會把別人的話不管是否重要都當成耳邊風；因而他們就像一個空空如也的容器[7]，缺乏感覺的反應，卻產生無法辨識的噪音。

2 我們的決定是連試都不願意試一下，因而會對刺刺不休的人說道：

　　噓！小子！沉默有很多美德；[8]

其中以虛心受教和保持聆聽居於首位，這對喜歡講話的人而言，是可望不可即的優點，這也不可能出現在他們的身上，即使擁有會讓他們感到更加難堪。靈魂其他方面的弊病像是喜愛金錢、榮譽或歡樂，至少可以達成他們的願望，只是對信口雌黃的人而言，三緘其口這是非常困難的事：他總想周圍有一群聽眾，只是大家看到他唯恐避之不及。如果相識的市民坐在公眾場合的長椅上面，或是在柱廊附近閒逛，看到喋喋多言的傢伙走了過來，大家很快交換一個信號，遷移營地到別的位置。

通常在會議當中出現冷場的尷尬狀況，他們說是赫耳墨斯（Hermes）[9]親身參加的緣故，等到一位碎嘴的嘮叨者來到宴會或社交的場合，每個人變得很喜愛安

4　這是位於阿蒂斯（Attis）東邊的一座柱廊；參閱鮑薩尼阿斯《希臘風土誌》第5卷21節之17；以及普里尼《自然史》第36卷15節之100。

5　瑙克《希臘悲劇殘本》之〈Adesp篇〉907頁No.361。

6　亞里斯托法尼斯的喜劇《參加帖斯摩弗里亞祭典的婦女》18行。

7　俗語：「整瓶醋不響，半瓶醋咣嘟」。

8　瑙克《希臘悲劇殘本》之〈索福克利篇〉147頁No.78。

9　赫耳墨斯是宙斯和邁亞的兒子，神的使者和職司旅遊、貿易和商業之神；每月第四天雅典人要向祂獻祭。羅馬人稱祂為麥邱利。

靜，同時不願整個局面在他的掌握之下，如果他隨心所欲打開話匣子，

> 就在強烈的暴風雨即將來襲，
> 北風帶著巨浪打擊遠方海岬；[10]

生怕在急遽顛簸之中暈船，他們趕快起身離開。這些都是多嘴饒舌的人命中注定要面對的狀況，他在陸地或海上的旅行途中，除非徵召朋友陪伴他，否則無論在餐桌上面或是帳棚裡面，都很難找到一個自願的聆聽者。特別是這位不停說話的傢伙，一定會抓緊你的斗篷或拽住你的鬍鬚不放，有時要你點頭認可還在你的脅下戳那麼一下。你得像阿契洛克斯所說的那樣，

> 要想妥善應付只有一走了之。[11]

　　我認爲明智如亞里斯多德也會同意這種權宜之計。一個多話的人讓亞里斯多德感到不勝其煩，除了重複那些聽起來很愚蠢的故事，還不停的追問：「亞里斯多德，你難道不覺得奇怪？」亞里斯多德說道：「要是有人能忍得住你的刺刺不休，沒有拔足飛奔，那才令人感到奇怪。」一個有同樣毛病的人，講了一大篇廢話以後說道：「倒楣的哲學家，跟我談話一定讓你煩透了。」亞里斯多德說道：「神啊，倒不見得，好在我根本沒聽。」事實上，那些饒舌多嘴的人一定要逼我們與他談話，自然女神的設計是多麼巧妙，即使外來的聲音湧入耳中，心靈深處的思想可以神遊太虛不受任何影響。因而高談闊論的傢伙發現很不容易控制聽者，一方面是對方不願注意他們在說些什麼，另一方面總是抱著不予置信的態度。如同大家認定舉凡縱欲過度的人，精力衰弱很難獲得子息一樣，一個人要是瞎說胡扯，他講的話沒有用處也得不到效果[12]。

3　自然女神在我們的舌頭外面建立堅固的柵欄，身體所有的器官沒有像它那樣受到嚴密的保護，甚至最外圍還有牙齒在那裡站崗；等到出於理性

10　作者不詳；貝爾克《希臘抒情詩集》第3卷721頁。
11　阿契洛克斯是西元前8或7世紀的抒情詩人，生於帕羅斯島，當時能與荷馬齊名，僅留下殘句；艾德蒙《悲歌與抑揚格詩體》第2卷182頁No.132。
12　參閱蒲魯塔克《希臘羅馬英豪列傳》之〈萊克格斯傳〉19節。

的要求拉緊「保持安靜的韁繩」[13]，舌頭要是不肯服從或拒不接受制止，最後只
有咬住它直到滿嘴是血。按照優里庇德的說法[14]：

> 遭遇災難並非門戶沒能關緊，
> 在於有不能保密的多嘴愚人；

有人說沒有門的庫房或無法綑緊的錢袋，對於它的主人毫無用處；要是嘴巴沒有
封好或緊閉，如同黑海的出口發生的現象，有不斷滾滾向外傾注的洋流，很明顯
的表示說出的話沒有什麼價值。因為他們無法遇到相信的人，語言表達就不能達
成它的目標。一個人發表演說就是要聽者接受認為所言不虛，然而貧嘴的人即使
說的是真話也沒人相信。如同麥子裝在密封的大甕裡面，最後發現它的重量會增
加，表明質量產生惡化的現象；等到某一件事從多話者的口裡說出來，由於加油
添醋的關係，無形之中損害它的可信度。

4 我認為任何一位潔身自愛的人都要盡量避免醉倒在地；根據有些人的說
法，憤怒就是瘋狂隔壁的鄰居[15]，爛醉則與瘋狂同處一室，也可以說酗
酒就是發瘋，只是持續的時間較為短暫而已；須知喝醉完全是自作自受怨不得
人，應該受到更多的譴責[16]。敘述酒醉的行為經常提到伴隨任性的胡言亂語，對
這方面我不願多加挑剔。詩人有這樣的表示：

> 明智的人喝酒過量都會亂性，
> 唱歌跳舞還會吃吃傻笑不停。[17]

這又有什麼可怕？僅是唱歌、跳舞和傻笑？沒有什麼事情比起

> 不應該說的話竟然衝口而出，

13　荷馬《伊利亞德》第5卷226行；雖然原文是「閃亮」的韁繩，基於同音字的雙關語，可以說
　　成現在這種意思。

14　優里庇德的悲劇《酒神信徒》386和388行。

15　這是來自安蒂法尼斯的詩句；參閱柯克《阿提卡喜劇殘本》第2卷128頁No.295。

16　參閱塞尼加《倫理學隨筆》第83卷18節。

17　荷馬《奧德賽》第14卷463-466行；阿昔尼烏斯《知識的盛宴》第5卷179E-F。

會帶來更大的危險以及造成更恐怖的結局。或許詩人想要解決這個問題,所以先請哲學家進行討論,就是酒能發揮很大的影響力以及竟然喝醉,這兩者何以會有天淵之別,就他的說法「飲酒」可以讓人鬆弛產生飄飄然的感覺,「喝醉」則是蠢到極點的行為[18]。如同諺語所說的那樣:「人在清醒的時候很多事情保持在內心,等到醉後就管不住自己的舌頭。」

畢阿斯(Bias)[19]在酒宴中保持沉默,有一位高談闊論講個不停的傢伙,竟然用嘲笑的口氣對他表示不滿,畢阿斯說道:「你為何蠢到連用酒杯都管不好自己的舌頭?」[20]某位人士在雅典款待波斯國王派來的使節[21],來客提出熱誠的要求希望有機會與哲學家見面,很多人在交談的時候都是盡情的表達意見,只有季諾在旁悶聲不吭[22],使節非常有禮的向他敬酒,說道:「季諾,我們向國王報告的時候,要是提到你該怎麼表示呢?」他回答道:「就說我是住在雅典的老者,酒宴當中總是三緘其口。」

保持沉默給人的印象是穩重、端莊和明理,等到酒醉成為一個剌剌不休的傢伙,讓人感到行事糊塗又蠻橫,只是一味的強辭奪理。哲學家對醉漢的定義是顛三倒四的說話和亂七八糟的行為[23],飲酒只要保持沉默和寧靜就不會受到指責,實在說醉漢因為貪杯的關係要賣弄愚蠢的口舌,多言成癖的人不管在何種場合,那怕是在市民大會、劇院或者散步當中,無論是酒醉還是清醒,總是沒日沒夜在那裡亂發謬論。如同給你看病的醫生,有時他會比疾病更為煩人;如同你在船上認識的同伴,有時會比暈船更讓人感到討厭;如同一個朋友的稱讚,有時會比別人的責備更讓人感到痛心;就是在一個團體當中,逞口舌之利的傢伙即使忠誠可靠,我們認為精明的惡棍要是與他相比,會讓人得到更多的歡樂。索福克利的詩篇當中,埃傑克斯(Ajax)說話的口氣大言不慚,尼斯特(Nestor)為了安撫對方,從他的談吐知道他是飽學之士:

---

18 這是斯多噶學派哲學家克里西帕斯的意見;參閱阿尼姆《古代斯多噶學派殘卷》第3卷163頁 No.644及179頁No.712。

19 西元前6世紀的畢阿斯生於小亞細亞的普里恩,為希臘七賢之一的智者。

20 笛瑪拉都斯和梭倫都有同樣的故事;前者參閱本書第17章〈斯巴達人的格言〉28節之4;後者參閱斯托貝烏斯《花間飛舞》第3卷685-686頁。

21 還有人說這是托勒密一世索特爾或安蒂哥努斯一世「獨眼龍」派來使節;前者參閱戴奧吉尼斯‧利久斯《知名哲學家略傳》第7卷24節;後者參閱斯托貝烏斯《花間飛舞》第3卷680頁。

22 古代著名的哲學家有兩位的名字都叫季諾,本節所指是生於西蒂姆的季諾(333-262 B.C.),斯多噶學派的創始人;參閱阿尼姆《古代斯多噶學派殘卷》第1卷64頁No.284。

23 引用克里西帕斯說的話;參閱阿尼姆《古代斯多噶學派殘卷》第3卷163頁No.643。

> 你說話會頂撞舉止還算規矩，
> 我心中不滿並不會責怪於汝。[24]

我們對於多言賈禍的人不會這麼客氣，相反的是，不合時宜的說話會摧毀和抹殺所有值得感激的行為。

5 黎昔阿斯[25]將寫好的辯護講稿交給他的訴訟當事人，這個人讀過幾遍以後感到失望就去見黎昔阿斯，說他讀第一遍的時候感到妙不可言，等到再讀兩遍發覺不僅單調乏味，而且無法達成說服別人的效果。黎昔阿斯笑著說道：「好吧，要知道你在法官前面也只能陳述一遍而已。」一定要考量黎昔阿斯所擁有的才華和魅力！就我個人對他的認識，從他的身上

> 我看到梳著紫色髮辮的繆司，
> 將刀筆的功力賜給這位律師。[26]

荷馬所說的話全都是真理，只有這位詩人經歷人類的挑剔和批評，不僅千古長存還能歷久彌新，他的魅力始終處於最佳的狀態；雖然如此，他只要提到自己

> 就說他的個性非常討厭重複，
> 須知那件往事他已交代清楚；[27]

他害怕給人帶來厭膩而極力避免陳腔濫調，故事的情節會暗藏難以注意的伏筆，所以他要引導聽者在不同的人物、情景和場合之中轉移，不斷的新奇之感讓大家獲得撫慰和滿足。多話的人用嘟嚷囉唆的言辭讓我們的耳朵不勝其煩，如同一張羊皮紙再三刮去重複寫上的字，現在已經變得污穢不堪。

---

24 瑙克《希臘悲劇殘本》之〈索福克利篇〉312頁No.771。

25 本書第58章〈十位演說家的傳記〉第3篇對這位阿提卡政治家和法學家有詳實的敘述。

26 這是出處不詳的殘句；貝爾克認為它的作者是莎孚，參閱《希臘抒情詩集》第3卷703行；戴爾（Diehl）則說它的作者是巴克利德，參閱《抒情詩集》（*Anthologia Lyrica*）第2卷162頁。

27 荷馬《奧德賽》第12卷452-453行。

6 那麼讓這個成為頭一件要謹記在心中的事，雖然我們發覺飲酒能夠激起歡樂的情緒，建立彼此之間深厚的友誼，有時因為運用的方式錯誤，就會產生酒醉以後不舒服的感覺，那是強迫別人飲下大量未攙水的葡萄酒所致[28]；語言帶給人類最大的樂趣，讓人際的交往和聯繫更為緊密，要是運用錯誤和帶有惡意，就會產生完全相反的效果；因為他會冒犯想要討好的人，嘲笑想要讚譽的人，本想獲得對方的厚愛反倒帶來憎恨；如同他無法與阿芙羅黛特（Aphrodite）共享愛情，因為祂會用魔法的腰帶，趕走和疏遠想要與祂作伴的人；就像他對於藝術是一個陌生人，不能成為繆司的朋友，從他的言論當中會激起惱怒和敵意。

7 人類所能遇到的微恙或重症，有的立即帶來生命的危險，有的頑強可惡難以治癒，有的令人感到難堪可笑；一個人要是患了饒舌多嘴的毛病，等於將三種特性聚集一身；因為一個喋喋不休的人，會將大家都知道的事搬出來一再重複談論，就會受到訕笑和譏諷；引起人們的痛恨因為他訴說的內容，不是別人的隱私就是齷齪；還有他會洩漏機密帶來危險，免於惹禍上身唯有避之為上策。安納查西斯在梭倫的家中接受款待，酒宴未完已經沉沉入睡，發現他用左手護住私處，右手掩住自己的嘴巴[29]，因為他認為舌頭要嚴密的看管。很多人因為沉溺女色遭到身敗名裂，還有很多城邦和帝國因為機密洩漏難逃絕滅的命運，兩者做一比較，要想前者舉出案例超過後者，那真是一件不容易的事。

蘇拉圍攻雅典[30]，可用來作戰的時間非常有限，

> 還有其他工作讓他在意分心；[31]

米塞瑞達底（Mithridates）[32] 蹂躪整個亞細亞地區，馬留的黨派再度據有羅馬。他派出的細作在理髮鋪聽到老人在閒談，說是赫普塔契康（Heptachalcon）那個要點沒有防守，會讓整座城市面臨陷落的危險[33]。等到他聽取獲得的情報，立即在午

---

28 葡萄酒的酒精含量很低（古代沒有蒸餾只有醱酵），如果攙水再飲，要想喝醉可真不容易。

29 安納查西斯是錫西厄部族統治階層的人物，為了追求學識曾經遊歷各地，大約在597 B.C.抵達雅典，受到梭倫熱烈的歡迎。

30 參閱蒲魯塔克《希臘羅馬英豪列傳》之〈蘇拉傳〉14節，他在86 B.C.攻占雅典。

31 荷馬《奧德賽》第11卷54行。

32 這是指潘達斯國王米塞瑞達底六世(132-63 B.C.)，從89-63 B.C.他與羅馬人發生三次米塞瑞達底戰爭。

33 這個地點靠近雅典的派里猶斯門，獲得北牆的掩護，可以通往最主要的港口派里猶斯。

夜集中兵力，突破該地以後長驅直入，幾乎要將雅典夷爲平地，展開屠殺使得滿地都是屍首，西拉米庫斯(Cerameicus)已經血流成河。蘇拉所以痛恨雅典人在於他們的言語而不是行爲；市民站在城牆上面向他和梅提拉[34]謾罵，口裡念著

> 要說蘇拉是何人，
> 麥粉上面撒桑椹，[35]

諸如此類的打油詩，以及其他無中生有的誹謗之辭；如同柏拉圖說過的話：「輕狂的言語會帶來嚴厲的懲罰。」[36]

還有就是一個人的多嘴償事，沒有能夠除去尼祿讓羅馬獲得自由[37]。當時所有的準備工作都已完成，只要再等一個晚上，就會讓暴君死無葬身之地。這個要動手除害的人[38]，看到從劇院到皇宮大門的路上，一個五花大綁的囚犯要帶到尼祿的面前，正在自怨自艾厄運臨頭。他走近囚犯的身邊細聲說道：「老兄，只要祈求神明保佑你今天能夠安然度過，到了明天你會感謝我的大恩。」這個囚犯抓住他說話的含義要爲自己打算，在我看來

> 那個傢伙是自私自利的笨蛋，
> 放棄到手的東西要捨近求遠；[39]

爲了自身的安全更有把握出賣公理正義在所不惜。就將那個人所說的話向尼祿舉發，陰謀分子立即受到逮捕，經歷烙鐵、皮鞭和拷問架的酷刑，始終加以否認；誰知他沒有受到逼迫不知不覺之間會將機密洩漏出來。

---

34 梅提拉是蘇拉的妻子，參閱蒲魯塔克《希臘羅馬英豪列傳》之〈蘇拉傳〉13節。

35 這兩句詩是形容蘇拉的面貌，臉色白皙，長滿鮮紅的粉刺，參閱蒲魯塔克《希臘羅馬英豪列傳》之〈蘇拉傳〉2節。

36 柏拉圖《法律篇》935A和717D。

37 塔西佗《編年史》第15卷54節及後續各節，對於行刺尼祿的陰謀活動，有極其詳盡而深入的記載，只是與本節敘述的狀況，根本沒有絲毫雷同之處。

38 或許這個人指的就是蘇布流斯·弗拉烏斯(Subrius Flavus)，參閱塔西佗《編年史》第15卷49節。

39 這句詩的作者是赫西奧德，來自他的詩集《海克力斯的盾牌》。

8 哲學家季諾受到酷刑逼供[40]，為了不願洩漏他所知道的秘密，咬斷舌頭吐向暴君[41]。莉伊娜(Leaena)的堅忍和自制使得她享有崇高的聲譽[42]，雖然她的身分只是一個娼妓，卻參與哈摩狄斯和亞里斯托杰頓的陰謀團體，推翻僭主的暴虐統治[43]。她抱著最大的希望，就是所有的婦女都應該從事這份工作；她在一場宣誓的儀式當中，和大家共飲厄洛斯神聖的混酒缽，立下誓言絕不洩漏知道的秘密[44]。等到謀反者失敗自殺身亡，她經過審問要求揭發逃過偵查的人士，始終堅定不屈沒有洩漏半點口風，讓他們經驗到一種高尚的激情，以能愛上這樣的女士為榮。後來雅典人製作一尊沒有舌頭的青銅母獅雕像，放置衛城的山門旁邊，用來表彰莉伊娜大無畏的精神以及保護神聖秘密的勇氣。

講句老實話，沒有人會為保持沉默感到遺憾，大多數時間會為輕率開口表示抱歉[45]；再者，還沒有說出口的話以後可以再說，等到話說出口就是「君子一言，駟馬難追」[46]。我始終認為如何說話需要教師的指導，緘默無語需要神明的支持，我們從神秘祭典的入會儀式可以學習到這方面的課程。詩人將口才最好的奧德修斯，描述為最能惜語如金的人[47]，就連他的兒子、髮妻和奶媽無不如是；我們聽到他的奶媽說道：

> 我緊閉嘴巴絕不吐出一個字，
> 就像一塊生鐵或頑強的橡樹；[48]

以及極其感人的場面：

40　古代有兩位知名的哲學家都叫季諾，這一位來自伊利斯(Elis)，生於490 B.C.，是巴門尼德的門人和知己；參閱狄爾斯《哲理詩殘卷》第1卷249頁A7；以及西塞羅《突斯庫隆討論集》第2卷22節之52。

41　根據蒲魯塔克的說法這位僭主是卡里斯都斯(Carystus)的狄邁盧斯(Demylus)。

42　參閱鮑薩尼阿斯《希臘風土誌》第1卷23節之1；以及阿昔尼烏斯《知識的盛宴》596F；莉伊娜這個名字的意義是「母獅」，她是亞里斯托杰頓的情婦。

43　這裡的僭主是指雅典的希皮阿斯(Hippias)和希帕克斯；參閱修昔底德《伯羅奔尼撒戰爭史》第6卷54-59節；以及亞里斯多德《雅典的政體結構》第18卷2節。

44　愛情和男色的動機貫穿整個陰謀活動的主要情節，像是帖塔拉斯和哈摩狄斯的姊妹、亞里斯托杰頓和哈摩狄斯、莉伊娜和亞里斯托杰頓，以及彼此之間錯綜複雜的關係；所以厄洛斯的混酒缽成為一個象徵的物品。

45　這是賽門尼德所說的一句名言，蒲魯塔克在本書中多次引用。

46　賀拉斯《詩藝》390行。

47　詩人是指荷馬。

48　奧德修斯的奶媽名字叫作優里克莉婭(Eurycleia)；引用荷馬《奧德賽》第19卷494行。

> 珀妮洛普潛潛淚水流下臉龐，
> 誰知思念的良人坐在她身旁；
> 睿智的遊子在憐憫悲痛愛妻，
> 欺騙仇敵的目光絕不會游移。[49]

他對自己的舌頭和嘴唇有這樣大的克制力量，就是身體的其餘部分都能聽命服從理性，他吩咐眼睛不要流一滴淚水，口腔不要透出一絲氣息，神色不要有一點改變，

> 他的心靈對於痛苦默默忍受；[50]

他的理性甚至擴展到非理性或非自主的行動，就連呼吸的緩急和血流的快慢，都要順從意志的控制和掌握。

他的同伴大部分都具備這方面的特質，當他們被賽克洛普斯拉出來，把他們的頭在地上亂撞，還是不願招認奧德修斯是首領，沒有說出用火烤硬的木樁，準備用來對付這個怪物的眼睛，即使被他生嚼吃進肚中，還是保守秘密不說一個字[51]；要說自制和忠誠的德行，沒有人能夠超越這個例子。提到彼塔庫斯（Pittacus）的表達方式，對所有人都有很大的啟示[52]；埃及國王派人將作為犧牲的動物送給他，吩咐他辨識出最好和最壞的部分，切除下來然後叫使者帶回；這時他就用刀將這頭牲口的舌頭割下，肯定這個器官是行善或為惡最具成效的工具。

9 優里庇德的悲劇當中，英諾是一位勇敢的婦人，她說她知道

> 遵從理性的約束要沉默無聲，
> 只有安全無虞才會暢所欲言。[53]

---

49 荷馬《奧德賽》第19卷210-212行。

50 荷馬《奧德賽》第20卷23行。

51 荷馬《奧德賽》第9卷對整個過程有詳盡的敘述。

52 本書第3章〈論課堂的聽講〉2節，以及第13章〈七位哲人的午宴〉2節，提到情節完全相同的故事，只是當事人換成畢阿斯。

53 瑙克《希臘悲劇殘本》之〈優里庇德篇〉486頁No.413。參閱本書第48章〈論放逐〉16節。

高貴的皇家教育非常實用，接受的人首先要學會保持沉默，隨後才是說話要得宜適切。例如威名遠播的國王安蒂哥努斯，他的兒子問他什麼時候撤收營地，他說道：「你擔心這個幹什麼？難道你不會聽號角的聲音？」[54] 當然我們不能說他對於要把王國留給他的人，還不相信所以要保守機密？他這樣做是教導自己的兒子，能夠控制情緒而且對這方面的事情要多加提防。老梅提拉斯[55] 開始戰役行動，有人前來請教有關部署的問題，他說道：「如果我認為身上穿的外衣知道這件機密大事，就會脫下來丟進火裡燒掉。」

攸門尼斯聽到克拉提魯斯進軍的信息[56]，沒有將真相告訴幕僚，託辭領軍的來將是尼奧普托勒穆斯。因為他的士兵都瞧不起尼奧普托勒穆斯，然而他們不僅尊敬克拉提魯斯的名聲，同時還讚譽他在作戰時的英勇。大家在不了解真實狀況之下發起會戰，最後贏得勝利，還將克拉提魯斯殺死，這時他才出面認出對手的身分。攸門尼斯的成功在於藏匿不讓敵人發覺的戰術運動，以及封鎖信息無人知道對手是戰無不勝的名將；他的朋友對於他沒有提出預警，給予稱譽而不是譴責。你因為不相信他們可以拯救他們的性命，即使受到他們的批評，總比你怕受到指控，相信他們反而讓他們遭到毀滅要好得多。

10 然而一個人可以渾無顧忌言所欲言，卻能要求別人保持沉默？如果這件事物不應讓人知道，那麼告訴別人就犯下錯誤；如果你讓秘密從口裡溜出去，然後想要對別人加以限制，那等於放棄自己的職責，依靠對方的好意給予安全的庇護；如果他不能做得比你更好，那是你自取滅亡怪不得別人。要是他做得比你好，那麼你的得救超過期望只能歸於運氣，這時你會發現你對別人的信心遠勝於自信。或許你會說：「這個人是我的朋友。」他還是有其他的朋友，受到信任的程度與我對他的信任沒有什麼差別；再者，他的朋友也會相信其他的朋友。等到關係一層一層的建立以後，不能克制的洩密加倍的增多；如同性質為一元的物質[57] 不能超越它的範圍，因為它始終以一為單位的單數（所以才稱為一元）；二元是差異之處存在不確定的開始（一旦改變就會從單數成為複數）。

54　這是馬其頓國王安蒂哥努斯一世「獨眼龍」；參閱蒲魯塔克《希臘羅馬英豪列傳》之〈德米特流斯傳〉28節。

55　這位是143 B.C.出任執政官的奎因都斯‧西昔留斯‧梅提拉斯‧馬其頓尼庫斯。

56　參閱蒲魯塔克《希臘羅馬英豪列傳》之〈攸門尼斯傳〉6-7節。

57　這裡討論一元和二元的性質，可以參閱亞里斯多德《形上學》(*Metaphysics*)No.987 b26和No.1081 a14。

因此一件事情的內容限於第一位所有者得知這是眞正的秘密，如果經過其他人，它的性質就變成一種謠言的狀態。

詩人在他的作品中提到「說出的話」都會「長著翅膀」[58]：你要是讓一個能飛的東西離開手中，那就很不容易再回來，同樣你要是讓一句話溜出口中，不可能去逮捕它或是控制它[59]；這時你會

> 讓它舉起和展開迅速的雙翼，
> 越過遼闊海洋從此處到該地。[60]

一條船乘風破浪前進，他們試著要阻止它，就得靠纜繩和拋錨減低它的速度；要是一件傳聞跑出港口，這樣說來就沒有停泊地或下錨處可用，會帶著雜聲和回音衝向呼喚它的人，會讓他陷入巨大和可怕的危險當中。要是從另一個角度來看，就像一個小火花

> 點燃愛達山的森林冒起烈焰，
> 告訴某人秘密立刻全城傳遍。[61]

11 羅馬元老院接連幾天暗中商議某項機密政策[62]，完全是不確定的因素和產生疑慮所引起。有個婦人在其他方面都很賢慧，然而她是一個婦道人家，纏著自己的丈夫不斷追問，爲了想知道到底是怎麼一回事。她發誓賭咒說是保守秘密不會講出去，同時還流著眼淚在埋怨，說是沒有受到信任讓她感到顏面無光。這位羅馬人想要知道妻子是否可靠，還要證明她的行爲是多麼愚蠢，說道：「老婆，算妳贏了，只有讓妳知道這件可怕又異常的狀況。我們獲得消息說是祭司看到一隻在天空飛翔的雲雀，戴著黃金的頭盔抓住一根長矛；我們想要查明這個預兆的凶吉，所以一直在與占卜官不停的商議和討論。這件事妳一

---

58 詩人是指荷馬，《伊利亞德》和《奧德賽》經常使用整套固定的飾詞、短語和段落，像這個就是其中之一。

59 參閱瑙克《希臘悲劇殘本》之〈優里庇德篇〉第691頁No.1044。

60 可能出自阿契洛克斯(Archilochus)《抒情詩集》；參閱艾德蒙《悲歌和抑揚格》第2卷142行。

61 詩中的愛達(Ida)山位於小亞細亞的弗里基亞，是宙斯登基的地點；瑙克《希臘悲劇殘本》之〈優里庇德篇〉486頁No.411，來自他的悲劇《英諾》。

62 這是帕皮流斯·普里特斯塔都斯(Papirius Praetestatus)的故事，參閱奧盧斯·傑留斯《阿提卡之夜》第1卷23節。

定要守口如瓶不得洩漏。」說完以後動身到羅馬廣場去辦事。他的妻子立刻將貼身侍女喚進寢室，捶打胸膛拉扯頭髮叫道：「哎呀！看看我的良人和城邦，將來會變成什麼樣子？」這位侍女順著女主人的心意，趕緊問道：「到底是怎麼一回事？」這時她就一五一十講給侍女聽，最後還像那些多嘴的人一樣，總要加上一句話：「千萬不要告訴別人！」她等到婦人講完就離開房間，見到一位女僕跟在後面，馬上把聽到的事說了出來，女僕接著告訴前來探望她的愛人。

這件事迅速傳播開來，甚至趕在杜撰者的前面來到廣場。因為他遇到一位熟人向他問道：「你離開家就直接來到這裡？」他說道：「不錯，剛到而已。」「那麼你聽到什麼狀況沒有？」「怎麼，難道有重大事故不成？」「有人看到一隻雲雀戴著黃金頭盔抓著長矛，官員已經前往元老院報告這個消息。」這位丈夫笑著說道：「這要感激我的妻子，散布的速度真是快得驚人，甚至比我還要先到羅馬廣場。」於是他馬上去拜訪負責的官員，好讓他們不要感到憂慮；為了懲罰他的妻子，等到進入家門就說道：「老婆，妳把我害慘了，發現秘密的洩漏是從我們的家中傳出去，現在已經變得眾人皆知，由於妳管不好自己的嘴巴，所以我才會受到放逐的處分。」他的妻子否認是自己的錯並且說道：「有三百人參加開會，為什麼這筆帳要算在我們的頭上？」他說道：「三百人！胡說什麼！整個故事是我編出來好試試妳，竟然大驚小怪到這種程度。」做丈夫的人用這種方式考驗自己的妻子，不僅安全也非常有效，就像我們想要知道大甕是否會漏，可以將水灌滿試一下，不要先就把酒或油倒了進去[63]。

弗爾維斯(Fulvius)[64]是凱撒・奧古斯都的機要幕僚，有次聽到年老的皇帝為家族人丁的薄弱和生活的孤獨，感到懊惱和傷心；他有兩個孫兒已經亡故[65]，唯一活在世間的波斯都繆斯(Postumius)[66]，犯下過錯受到放逐，他迫不得已只有接納妻子與前夫所生的兒子，成為羅馬帝國的繼承人[67]；這時他對這位孫兒起了憐憫之心，計劃要將波斯都繆斯從國外召回。弗爾維斯聽到這件事洩漏出去讓自己的妻子知道，這位貴婦人竟然告訴身為皇后的莉維婭；莉維婭擺出不留情面的態度指責奧古斯都，如果他原先就有這個打算，為何不早點將他的孫兒召回來，現

63　有的學者認為這種描述的方式，可能是蒲魯塔克引用自某些詩句。
64　塔西佗《編年史》第1卷5節，提到情節非常相似的傳聞，只是當事人由弗爾維斯換成費比烏斯・麥克西穆斯。
65　指該猶斯・凱撒(Gaius Caesar)與盧契烏斯・凱撒(Lucius Caesar)。
66　即波斯都繆斯・阿格里帕(Postumus Agrippa)；參閱塔西佗《編年史》第1卷3節。
67　莉維婭和前夫提比流斯・克勞狄斯所生的兒子提比流斯。

在這樣做會讓提比流斯成為仇視和鬥爭的目標。等到弗爾維斯如往常一樣在早晨進入皇宮，說道：「陛下，向你致敬。」奧古斯都回答道：「弗爾維斯，與你訣別。」弗爾維斯知道他的意思立刻離開，馬上趕回家中，派人將妻子叫出來向她說道：「凱撒發現我沒有為他保守機密，因此我的打算是自求了斷。」他的妻子說道：「你說得很對，我們結髮多年還是無法讓你管好我多嘴的習慣，現在只有請你讓我走在你的前面。」她拿出利刃在丈夫的前面先一步自裁身亡。

12 菲利庇德（Philippides）[68]是當代德高望重的喜劇家，黎西瑪克斯王很有禮貌的問他：「我有那些東西可以與你分享？」他的回答非常得體：「陛下，除了你要保守的機密，其他都可隨你的意思。」饒舌多嘴伴隨與它同樣嚴重的惡習就是極其好奇。喋喋不休的人一直在打探很多事情，這樣才能使他有很多新聞可以講出去。他們到處尋找探求那些嚴密隱藏尚未洩漏的事物，不僅作為閒聊的資料，愚蠢的方式如同將寶物存放在小販簡陋的庫房裡面，誰都可以輕易拿到手。這種情形像是小孩的手裡拿著一塊冰，他們無法一直拿在手裡又不願將它丟掉。或者可以把秘密看成有毒的動物[69]，捉到牠以後要是抱在懷中，不僅無法限制牠的行動，很可能受到反噬；他們說到海鰻和毒蛇從出生就有咬嚙的習性[70]，等到秘密從口中逃了出來，對於洩漏的人帶來毀滅和殺害的效果。

常勝的塞琉卡斯[71]在對抗高盧人（Gauls）的會戰中喪失全部軍隊和權勢，他拋棄頭上所戴的皇冠，帶著三四位隨員騎著馬匹逃走。他們在荒野當中彎彎曲曲走過很長的路途，就在缺少食物感到絕望之際，正好接近某一個農家。湊巧主人在家就向他要求供應麵包和飲水。農夫將他們安置在作坊裡面，盡量給予最好的接待；等到認出國王的面孔，這時感到好運的來臨，看出國王不願讓人知道的模樣，開始還能克制自己不要做出任何表示，等到他護送國王到大路上面，就要分手的時候說道：「再見，塞琉卡斯王。」塞琉卡斯伸出右手將他拉過來像是要吻別的樣子，然後給隨員一個信號，拔出劍將農人刺死：當時的狀況如同

68　菲利庇德是新喜劇的代表性人物，作品深受好評，西元前4世紀初期風行一時；參閱蒲魯塔克《希臘羅馬英豪列傳》之〈德米特流斯傳〉12節。

69　伊索《寓言集》第97則。

70　參閱亞里斯多德《動物史》第6卷13節以及《論動物的生殖作用》第3卷4節。

71　這位是敘利亞國王塞琉卡斯二世凱利尼庫斯。

　　頭在塵埃中打滾嘴還在說話。[72]

要是那個人仍舊保持沉默，繼續忍耐一下，等到國王以後贏得勝利恢復原有權勢，我想他能賺得豐碩的報酬，不在於殷勤接待而是保持緘默。問題出在這個人自認提供友善的服務，對未來充滿希望，不必克制自己的欲望，有了可以表達心意的藉口。

13 多言賈禍的人不需要什麼理由就可以自取滅亡。現在舉例說明，人們在理髮鋪閒聊的時候，只要提到戴奧尼休斯的僭主政體，就會說堅如磐石已成長治久安的局面[73]；理髮匠笑著說道：「我很奇怪你們怎麼認為戴奧尼休斯這樣有把握，要知道他每隔不了幾天，就得讓我的剃刀在他的咽喉上面來回遊動。」等到戴奧尼休斯聽到此事，就將理髮匠施以磔刑的懲罰。

　　要說理髮匠是多話的傢伙這一點都不令人感到奇怪，那些喜歡閒談的話匣子川流不息的在他的鋪子裡進進出出，當然他就會感染說三道四的習氣。像是阿奇勞斯王[74]就給多嘴的理髮匠合乎身分的回答，當他坐在椅上整理好圍巾以後，理髮匠問道：「陛下，你的頭髮要怎麼理？」阿奇勞斯說道：「保持安靜。」

　　雅典人在西西里全軍覆滅的消息最早是從理髮匠的口裡傳出[75]，因為有一個奴隸從戰地逃回來，理髮匠在派里猶斯得知此地；於是他馬上離開店鋪盡速趕到雅典，唯恐別人從

　　　　他那裡奪去通風報信的光榮；[76]

全城很快引起一陣驚慌，群眾聚集在市民大會要追查謠言的起源。這位理髮匠帶到前面加以盤問，然而他講不出提供消息者的姓名，只能說是來自一個不知身分的無名人士。整個會場陷入混亂之中，大家在惱怒之餘大聲叫道：「嚴刑懲處這個信口雌黃的壞蛋，把他綁在拷問架上面，編製的情節完全是一片謊言，誰聽過這樣荒謬的事？誰相信他的胡說八道？」木輪推進來以後，就將他的手腳拉伸綁

72　荷馬《伊利亞德》第10卷457行。
73　參閱蒲魯塔克《希臘羅馬英豪列傳》之〈狄昂傳〉7節和10節；伊利安《歷史文集》第6卷12節。
74　即馬其頓國王阿奇勞斯。
75　參閱蒲魯塔克《希臘羅馬英豪列傳》之〈尼西阿斯傳〉30節。
76　荷馬《伊利亞德》第22卷207行。

在上面，就在這個時候，帶來噩耗的信差已經抵達，他們是逃過那場屠殺的倖存者；所有的市民星散一空，每個人都有喪事需要辦理，只留下刑架上面受罪的可憐蟲。等到獲得釋放已經是白日將盡快到黃昏，他就問用刑的劊子手，他們是否聽到他說起「尼西阿斯這位將領都已喪生」這段話。看來無可救藥和積習難改的厄運，對於喋喋不休的人而言是慣常之事。

14 如同人們飲下苦口又難聞的藥劑，對於裝它的杯子都會感到厭惡，所以那些帶來壞消息的人，受到大家的憎恨和引起反感，也是很正常的事。因此，索福克利非常簡潔的提出問題[77]：

> 信　差：你的耳朵還是靈魂感到刺痛？
> 克里昂：我的感受自行承擔與你何關？
> 信　差：為惡者傷你心壞消息逆你耳。

帶來噩耗的人與造成災禍的始作俑者，我們看來都是一群壞東西，因為他們同樣引起心中的痛苦；所以口風不緊與犯下過錯就罪行而言無分軒輊。

斯巴達有一座雅典娜神廟，著名的銅殿發生失竊事件，現場找到一只空酒瓶。成群的民眾很快聚集起來，大家談起都感到不知所措，其中有位旁觀者說道：「如果大家願意聽聽，我倒是可以告訴各位我對那個酒瓶的看法。我認為那群強人從事這件極其危險的工作，會先喝下毒胡蘿蔔汁再把酒帶在身邊，如果逃過巡查沒有遭到逮捕，就飲下未攙水的葡萄酒，解除毒液所能發揮的致命效果；要是他們一旦被捉住，很快就會毒發身亡，不會遭到嚴刑逼供帶來的痛苦。」等到他說完以後，合理的解釋可以說是考慮周詳而且心思精巧，不是出於個人的幻想而是豐富的知識；圍著他的市民一個接一個提出很多問題：「你是什麼人？」「這裡有誰認識你？」「你怎麼知道這樣多？」最後他經過一番查證和拷問，承認自己是那夥強人的成員。

謀殺伊拜庫斯（Ibycus）的凶手難道不是這個原因才會全部落網[78]？他們坐在露天劇院觀賞演出，這時正好有一群鶴從空中飛過，看到以後彼此笑著交頭接

77　索福克利的悲劇《安蒂哥妮》317-319行，對話的人是科林斯的攝政克里昂(Creon)和一個侍衛，後者帶來波拉克斯將要安葬的消息。

78　艾德蒙蒐集到情節極其雷同的故事，參閱《希臘抒情詩》第2卷78頁及後續各頁。

耳，說是伊拜庫斯的復仇使者已經來到。坐在他們旁邊的人無意中聽到，因為伊拜庫斯失蹤很久，沒有人知道他的下落，等到把這個線索報告官府，馬上派出大批人馬將他們逮捕。這些凶手定罪以後全部打入監牢；不是天上的鶴給他們帶來懲罰，失言的差錯迫使他們承認謀殺的行為，好像人類只有這個器官，才是復仇女神或是帶來報應的精靈。

　　身體裡面生病和疼痛的部位對於相鄰的器官，自然而然產生吸引的力量；生性嘮叨的人要管好舌頭，即使發炎和顫抖也不能掉以輕心，對於不能洩漏的事物一定要隱匿掩蓋。因此舌頭必須嚴密監禁，理性如同阻擋洪水氾濫的土堤一樣，放在它的前面發揮制止的作用，再說我們的見識難道還不如天鵝，據說它們在西里西亞飛越陶魯斯（Taurus）山脈的時候，由於當地滿布各種鷹類，所以每隻天鵝的尖喙都含著一塊石頭，產生閂閂或繩繩的作用，讓牠們無法發出長唳的鳴聲，可以在夜間安全通過不被發覺。

15 要是有人問起：

何種人卑劣無恥且天地不容？[79]

要說是賣國的叛徒相信大家都會同意。像是笛摩昔尼斯[80] 提到優特克拉底[81]，就說「他蓋房屋用的梁木來自馬其頓」[82]；還有斐洛克拉底（Philocrates）[83] 接受大量金錢，拿來「作為纏頭之資和買魚」；還有背叛伊里特里亞（Fretria）[84] 的優福布斯（Euphorbus）和菲拉格魯斯（Philagrus），國王[85] 賜給他們土地。

　　言多必失的人是出於志願的叛徒，提供的服務不收取報酬：他並沒有將馬匹[86] 或城牆出賣給敵人，卻會洩漏那些與訴訟案件、黨派鬥爭或政策謀略有關的

79　柯克《阿提卡喜劇殘本》第3卷〈Adesp篇〉544頁No.774。

80　笛摩昔尼斯的講辭〈論騙人的使節〉265和229行。

81　蒲魯塔克在本書第8章〈機遇〉1節提到兩個叛徒，所以還要加上拉昔尼斯才對。

82　自古以來馬其頓的貿易，以木材的出口為大宗。

83　斐洛克拉底是雅典的政客，所以菲利浦的擴張勢力，金錢收買較之戰場勝利獲得更大的成效。

84　伊里特里亞是希臘中部地區的城市，位於優卑亞島的南岸。

85　這位國王是指大流士一世；參閱希羅多德《歷史》第6卷101節；以及鮑薩尼阿斯《希臘風土誌》第7卷10節。

86　此處或許是指特洛伊派出去的細作多隆（Dolon）；參閱荷馬《伊利亞德》第10卷436行及後續

機密。沒有人對他有感激之心，如果他能贏得一個肯聽他說話的人，這時也只會推崇自己的本領。結果如同詩中所描述的那個人一樣，他在毫無考慮之下浪費錢財，不顧一切的傾其所有，得到的回應是

> 你這種做法談不上大方慷慨，
> 喜歡施捨只能說是一種病態；[87]

同樣適合那些說話極其愚蠢的交談者：「你沒有朋友或前來祝賀的人向你指出這點：你喜愛長篇大論的胡扯只是一種病態。」

16 上面的說法並不認為是對饒舌多嘴的指控，只是期望能夠發揮對症下藥的作用；我們要對所患的疾病進行診斷和治療，當然要先查驗病情和徵兆。一個人的身體非常健康，他的靈魂不會養成規避或消滅痛苦的習慣；只有我們經由理性的實踐發覺自己患病，才會產生輾轉反側的難過以及伴隨而來的傷害和羞辱。從目前這些例子當中，我們得知喇喇不休者面臨的困境：他們想要給別人帶來好意卻引起別人的憎恨；他們想要給別人帶來歡樂卻引起別人的惱怒，他們認為別人會對他們讚譽誰知卻是訕笑；他們為此花費很多錢財卻得不到任何收穫；最後的結局是損害朋友、幫助敵人和毀滅自己。所以治療這種疾病的第一步，運用理性從而得知多言賈禍，只會帶來人格破產和痛不欲生的後果。

17 我們要運用理智的力量，讓自己的行為與饒舌好辯背道而馳，多聽多記多思考，對於緘默寡言不吝於贊許，承認沉潛寧靜的人士具備莊嚴、神聖和崇高的性格，演說家發表簡潔動聽的講話始終縈迴心頭，短短的交談充滿感情會讓人讚譽和愛戴，要是與信口雌黃和喋喋不休的傢伙做個比較，他們的作為真像是一位智者。柏拉圖讚譽說話扼要有力的人[88]，宣稱他們是技術高明的標槍選手，無論說什麼都能掌握明確、可靠和坦誠的主旨[89]。萊克格斯讓他的市民同胞從小接受的教育，就是培養多聽少說的習性，發言要符合簡潔和清晰

（續）————————————————————

　　各行。

87　這兩句詩的作者是伊庇查穆斯；參閱凱貝爾《希臘喜劇殘本》第1卷142頁No.274。

88　柏拉圖《普羅塔哥拉斯篇》342E。

89　如同說話要有明確的目標，才能在比賽中靠著一擲就可擊敗對手。

的要求[90]。

塞爾特布里亞人爲了除去鐵器所含的雜質，就將它們埋在土裡一段時間，取出來將生的鏽全部擦拭乾淨，這時就會變得更爲鋒利[91]。斯巴達人主張言之有物，嚴格的訓練已經清除浮誇的廢話，經過調節可以發揮完美的效能；他們的演說在遣詞用字方面多用格言和警語，具備其他民族所不及的本領，就是以簡短的句法給問話人以機智和敏捷的回答，這方面的表現要歸功於穩重和沉默的人格特質。

我們必須非常仔細提供說話簡潔的案例給饒舌多嘴的人，讓他們知道這種表達的方式是多麼的感人和有效。例如：「斯巴達當局致菲利浦：請想一想在科林斯的戴奧尼休斯。」[92] 再者，菲利浦寫給他們的信：「如果我入侵拉柯尼亞，就會把你們全部趕出這個地區。」斯巴達當局的回信只有兩個字：「如果」。德米特流斯王氣憤之餘大叫道：「斯巴達人怎麼只派一個使者來見我？」使者神色不變的回答道：「一對一夠了。」[93]

言簡意賅的演說家在古代仍然深受眾人的讚美；德爾斐的阿波羅神廟裡面，安斐克提昂會議刻在牆上的銘文，不是《伊利亞德》或《奧德賽》的詩句或者品達的頌歌，而是「自知之明」、「中庸之道」和「立下誓言，災禍相隨」這幾句警語；細膩而樸素的表達手法令後人神往不已，如同暮鼓晨鐘產生教誨和警惕的作用。阿波羅怎麼會不喜歡祂的神讖簡短扼要？祂所以被人稱爲洛克賽阿斯（Loxias），難道不是讓祂的指示寧可晦澀也不要冗長[94]？有的人用信號下達命令不說一句話[95]，這樣做豈不是獲得更多的稱許和讚譽？

以弗所的市民向赫拉克萊都斯提出要求[96]，請他就和諧這個問題向人家發表意見，他登上講台就拿出一杯冷水，撒些麥粉在上面，添加少許薄荷攪拌一下，倒進嘴裡喝了下去接著離開。展示的目的是要讓大家知道，唯有簡單的飲食和不

---

90 參閱蒲魯塔克《希臘羅馬英豪列傳》之〈萊克格斯傳〉19節。

91 參閱戴奧多魯斯·西庫盧斯《希臘史綱》第5卷33節，塞爾特布里亞人是居住在西班牙中部地區的部族，民風極其強悍好戰。

92 戴奧尼休斯二世遭到罷黜，離開敘拉古放逐科林斯，就在那裡開辦一所學校，成為一群小孩的老師；這與20世紀初期英國人要德皇威廉二世(William II)：「請你不要忘了聖赫勒拿島（南大西洋一個孤島，拿破崙放逐該地後亡故）」，恐嚇之辭出於同樣的道理。

93 參閱蒲魯塔克《希臘羅馬英豪列傳》之〈德米特流斯傳〉42節；本書第17章〈斯巴達人的格言〉5節之16，提到情節雷同的故事，只是變成埃傑斯三世對菲利浦所說的話。

94 阿波羅有很多稱號，用於祭祀、典禮或儀式，因時、因地、因人、因事有所不同；Loxias這個字即「模稜兩可」、「含糊不清」之意。

95 參閱戴奧吉尼斯·利久斯《知名哲學家略傳》第7卷66節。

96 狄爾斯《哲理詩殘卷》第1卷144頁A3。

求奢華的生活，才能保持城邦的和衷共濟。錫西厄國王西盧魯斯有八十個兒子，當他快要過世的時候，要他們將一綑箭桿拿進來，用繩索綁緊問他的兒子誰能將它折斷，每個人試過以後都無法辦到，這時他將箭桿抽出來，一根接著一根很容易掰成兩截。他用這種方法向所有的兒子表示，唯有團結合作才能具備最強大的力量，一盤散沙就會衰弱很快被人各個擊滅。

18 一個人要是經常記起和回想類似的例子，就不會從愚蠢的刺刺不休中尋找樂趣。就我個人的狀況來說，對於家中的奴隸覺得始終欠他們的情分，因為只要我交代的任何重要事情，都能如我所願料理得極其妥當。演說家普庇烏斯‧畢索（Pupius Piso）很怕瑣碎的家事帶來的煩惱，規定他的奴隸只能問什麼答什麼，不准多說一句話。後來克洛狄斯出任重要官職，他為了示好起見邀請他前來午餐，準備極其豐盛的宴會；開席的時間來到，其他的賓客都已光臨，只有克洛狄斯沒有消息，畢索一再派遣奴隸去催，想要知道他何時抵達，一直等到黃昏才感到失望，畢索就問他的奴隸：「聽著，是你親自把邀請函交給他的嗎？」奴隸回答道：「我是按你的吩咐去做。」「為什麼他沒有來？」「因為他已經拒絕。」「那麼你當時為何沒有告訴我？」「因為你沒有問。」

這是在羅馬遇到的狀況，要是雅典人的奴隸，任何問題都會一五一十告訴主人，甚至

> 和平條約要用那些術語去寫，[97]

不論多麼重要的事務都包括在內，兩個城市相異之處完全是習慣和傳統的力量。

有關這個問題下面還要加以討論。

19 對於一個多話的人，很不可能用其他的辦法，制止他不要滔滔不絕說個不停，這種病症只能靠著建立良好的習慣才能根治。首先，當一個鄰人提出問題請教的時候，他要勉強自己保持沉默，一直到其他人都無法回答；如正索福克利所說的那樣：

97　柯克《阿提卡喜劇殘本》第3卷〈Adesp篇〉473頁No.347。

運籌帷幄目的不是賽跑比快，[98]

當然它的著眼更不是信口開河和胡亂作答。賽跑的勝利者是第一個來到終點的人；要是有人提出非常適切的答案，最好的方式是加入同意的行列，作為一個友好的擁護者就會獲得贊許；如果所說的答案風馬牛不相及，也不要指出答話者不了解問題的本意，或者說他只是敷衍搪塞而已，特別是不要招惹別人的反感或駁斥。

我們特別要注意這種狀況，當一個人提出問題的時候，千萬不要搶著回答，先要聽一聽他對這個問題有什麼看法。尤其是在時間很充裕的狀況，這時已經有人回答，不必將其他人擠到一邊自告奮勇作答；看起來像是我們在侮辱問者和被問者；認為對被問到的人沒有能力提供問者的需要；同時對問話者而言，竟然無知到這種問題還需要幫助的程度。特別這種鹵莽而輕率的答覆總是帶有無禮的意味。有人想要表示自己很有見地，對於先提出建議的人會有貶損的言辭：「他對你能有什麼用？」或「他懂什麼？」或「只要我在這裡，沒有人敢回答這個問題。」我們有時問別人一些問題，並不是需要答案，而是博得對方的善意，因為我們希望能進行充滿友情的談話，如同蘇格拉底與瑟伊提都斯（Theaetetus）和查米德（Charmides）那樣[99]。

無論是阻止別人回答問題，或是不讓他傾聽其他人的說話，或是吸引他的注意力到自己身上，或是打斷他與別人的交談；這些不適當的行為如同做買賣在抬高價格，像是你去親吻一個人，而他心裡始終念念不忘，希望另外一位能像你一樣向他表示好感；或者像在你轉過頭去看某人，這時他卻注視別人，對你沒有一點興趣。有的人被問到以後無法提供所需資料和消息，提問的人盡量克制不滿的心理，保持謙和有禮的態度，然後再去請教其他人。一個人要是回答問題發現提出的答案有了錯誤，通常都能獲得對方的諒解；如果他自告奮勇非要提供答案不可，同時還要修正別人的錯誤引起爭執，最後發現完全是自己的錯，就會惹來惡意的批評成為大家的笑柄。

20 我們對於問題的回答不要掉以輕心，那些多話的人對這方面都非常注意：首先，他對那些引起他開口只是為了加以無禮的取笑，一定

98　瑙克《希臘悲劇殘本》之〈索福克利篇〉312頁No.772。

99　柏拉圖《瑟伊提都斯篇》143D及《查米德篇》154E。

要擺出嚴肅的態度給予正式的回答。有些人並不需要別人提供資料，只是為了消遣打發時間，有些問題完全是針對個人的愛好，能夠嘵嘵不休講出一大篇愚蠢的廢話。我們為了防止這類人物的干擾，不要很快變換正在交談的問題，雖然自己很高興提供這方面的意見，要考量發問者的個性以及提出的問題是否有它的需要。明顯看出發問者急著想要知道答案，嘮叨的人應該知道停止講話，把時間留給問題的提出和答覆；回答者可以就他的看法補充一些資料，答覆長一點沒有多大關係，記住不要超越問題的範圍，或是讓人認為問題毫無價值，同時還要使問題能夠得到其他的答案。

阿波羅女祭司習慣於立即念出神讖，甚至所提問題還沒有終結，因為神明擁有大能：

> 了解耳聾者無法表達的情誼，
> 聽見沉默者沒有聲音的心意；[100]

然而人們想要提供非常審慎的回答，必須了解提問者的見識和意圖，以免落到諺語所說的處境：

> 問非所答使自己像一個傻瓜。[101]

不管在何種狀況之下，愛好說話到如饑似渴或如癡如狂的程度，應該加以預防和制止，可以靠著順應問題的要求，不讓舌頭像奔騰的溪流，在那裡沒完沒了說個不停。其實蘇格拉底用這種方式控制他的渴念，他從來不在訓練以後飲水，除非先打滿一桶水傾注到地面以後，可以讓非理性的部分經過一段時間的等待，好聽從理性的指示。

21 問題的提出有三種回答的方式：僅僅針對需要、禮貌的寒暄語以及純屬多餘廢話。可以舉出例子來說明：像是來者問道：「蘇格拉底在家嗎？」有人不加思索隨口回答：「不在家。」如果他採用拉柯尼亞風格，省略「在家」兩個字，單純使用否定語即可；菲利浦寫信給斯巴達當局，詢問是否

100　參閱希羅多德《歷史》第1卷47節。
101　柯克《阿提卡喜劇殘本》第1卷〈Adesp篇〉494頁No.454。

同意他統率軍隊進入城市，回答是在來函上面寫上一個很大的「不」字，再交給使者帶回。還有一種更爲客氣的答覆，像是：「他不在家，到錢莊去了。」如果他想說得更清楚，不妨加上：「在那裡等幾位訪客。」如果你是一個好管閒事又多嘴的人，特別讀過科洛奉人安蒂瑪克斯的著作[102]，就會這樣說：「他不在家，到錢莊去了，等幾位愛奧尼亞的訪客，來人爲亞西拜阿德帶信給他；據說亞西拜阿德現在離米勒都斯很近，被波斯國王的省長泰薩菲尼斯[103] 奉爲上賓，過去泰薩菲尼斯一直在幫斯巴達人，目前由於亞西拜阿德的關係與雅典人來往密切。亞西拜阿德處心積慮要恢復失土，所以說服泰薩菲尼斯改變他的立場。」如果他願意繼續下去，可以把修昔底德的《伯羅奔尼撒戰爭史》整個第八章交代得清清楚楚；直到米勒都斯再度陷入戰爭，以及亞西拜阿德接受第二次的放逐；在他說完之前，發問者完全失去耐心。

提到這種癖性是很特別的狀況；一個人要讓他的曉曉不休隨著問題的內容，保持在限定的範圍之內，就是根據發問者的需要提供中心和半徑所劃出的圓周。喀尼德沒有獲得響亮的名聲之前，有次在體育館與人發生爭論，因爲他天生嗓門很大，館長派人吩咐他聲音要小一點，喀尼德說道：「請拿出規定聲音大小的標準。」館長給予非常正確的答覆：「我已經告訴與你對話的那個人。」所以要讓提出問題的人按照他的想法，制定規則讓回答問題的人有所遵循[104]。

22 蘇格拉底經常叮嚀我們，沒有感到饑餓就得抗拒誘惑不要進食，沒有感到口渴就得抗拒誘惑不要飲水[105]。所以一個嘮叨的傢伙關心他要談論的題目，他最喜歡就擅長的情節說個不停，要是別人如此對他，惱怒之餘就會盡力阻止。如果他是一個軍人最喜歡談論戰爭的事蹟，荷馬介紹尼斯特這個角色的時候[106]，通常會敘述他一生當中忠勇的義行；要是他在法庭贏得勝訴，或是在君王的宮廷或總督的麾下獲得不次的擢升，如同遭到病魔的打擊還能倖存，要向別人一遍又一遍的傾訴心願，他如何將對手告上法院，以及出庭、辯論和發

---

102 安蒂瑪克斯是一位抒情詩人，蘇格拉底和柏拉圖時代享有盛名，後來的學者認爲他的敘述過於浮誇又冗長。

103 參閱蒲魯塔克《希臘羅馬英豪列傳》之〈亞西拜阿德傳〉24節。

104 參閱戴奧吉尼斯·利久斯《知名哲學家略傳》第4卷63節；本書第54章〈花甲老人是否應該忙於公事〉13節，提到喀尼德因爲年老的關係，說話的腔調變得柔和。

105 參閱色諾芬《回憶錄》第1卷3節之6。

106 荷馬《伊利亞德》第1卷269行及後續各行的描述就是很好的例子。

言的狀況、駁倒對手或被告提出的理由，從最後的判決獲得大家的讚譽。這些人喜愛滔滔不絕的發表意見，總比讓大家知道他無聊到在觀看喜劇時打瞌睡要好得多[107]；他會搧風點火講一些剛剛聽到的傳聞，每一次成功的敘述會得到更加新鮮的材料。因此他要拿出各種藉口好將他熟悉的題目扯出來，不僅在於

> 肚子痛起來就用手趕緊搗住，[108]

這個諺語的意思是不讓別人知道自己的弱點，同時還能享受自己發言的快樂，舌頭不停的扭動讓回想當中出現的欲望獲得滿足。

他要是與戀愛中的人士在一起，為了能夠據有與對方談話的時間，會就他記憶所及淨說一些愛情的問題。如果他不能對著人類表達這番心意，就會向無生命的物品傾訴：

> 啊！可愛的床！我們要休息；

以及

> 啊！神聖的燈！沒人會懷疑，
> 巴契斯說你是最偉大的神祇；[109]

要說那種題材會讓喋喋不休的人感到興趣，其間的差別還真不小，不像在白色大理石上面用粉筆畫線，那樣難以分辨清楚。不管怎麼說，他對某一類型的題目是門外漢，要是發表意見就會露出馬腳，所以要盡可能加以規避；有時人們為了討好他，就會讓他在喜愛的問題上面詳述來龍去脈。

須知談話的人對於某些題目感到同樣的困難，因為經驗的關係或者習慣使然。要是他們比別人占有很大的優勢，像這樣的人就會自私而虛榮，因為他們認為

> 能夠掌握長處和優點的所在，

---

107 柯克《阿提卡喜劇殘本》第3卷〈米南德篇〉48頁No.164。

108 這條諺語出自斯托貝烏斯《花間飛舞》第5卷860頁。

109 柯克《阿提卡喜劇殘本》第3卷〈Adesp篇〉438頁No.151及152。

　　大好機會自然會在那裡等待；[110]

博覽典籍的學者盡力讓人知道他擅長歷史，文法學家總要咬文嚼字表現出高深的學問，還有那些喜愛異地風光和到處飄流的旅行家，就會聲稱他們對地理知識和風土人情瞭如指掌。因此我們要提防這一類的題目，因爲愛好長篇大論的人會受到吸引，他們就像野獸不斷在熟悉的場所出沒。

　　居魯士還是一個年輕人的時候，待人接物的方式受到大家的贊許[111]，特別是他與階級、地位相當的友伴在一起，要是與人比賽都是他占下風的項目，一方面是他不會居有優勢給別人帶來惱怒，另一方面是從失敗中學到更多的東西。提到說話曉曉不休的人則不然，任何題材即使可以讓他增長見聞和學識，只要他不熟悉就會加以排斥和拒止，因爲他幾乎無法讓自己保持片刻的沉默，他會賣力工作直到交談在他的驅使之下，都是陳腔濫調的連篇廢話。如同我的家鄉有位人士，得到機會讀過埃弗魯斯(Ephorus)[112] 的兩三卷書，這樣一來使大家煩得要死，幾乎每次的宴會都成爲一場潰敗，因爲他不斷在那裡講述琉克特拉會戰和後續狀況有關細節；他因而獲得「伊巴明諾達斯」這個綽號[113]。

23 無論如何，我們能將多話的人轉移到其他方向並不是一件壞事，討論學術的題目過多，談話的過程趨向沉悶會讓人感到不快。有些人喜歡寫文章與人展開激戰，像是斯多噶學派的安蒂佩特[114] 對於喀尼德極其反感[115]，因爲喀尼德對於斯多噶學派的攻擊不遺餘力；安蒂佩特不肯與對手發生正面衝突，盡量避開見面的機會，只是著書立說來駁斥對方的論點，從而獲得「筆武士」的稱呼。多話的人只會與人打筆墨官司虛應一應故事[116]，聽到警報會與群

110　瑙克《希臘悲劇殘本》之〈優里庇德篇〉413頁No.183；出自他的悲劇《安蒂歐普》。

111　色諾芬《居魯士的教育》第1卷4節之4。

112　西元前4世紀的埃弗魯斯生於小亞細亞的賽麥(Cyme)，伊索克拉底的門生，當代知名的歷史學家，著有三十卷《希臘和小亞細亞城邦史》，從多里斯人入侵到340 B.C.佩林蘇斯遭到洗劫爲止，文筆流暢，內容豐富，對後世學者產生很大的影響，蒲魯塔克從他那裡獲得許多寶貴的資料。

113　伊巴明諾達斯是底比斯的將領和政治家，對抗斯巴達的聯軍在他的指揮之下，贏得琉克特拉會戰和曼蒂尼會戰的勝利。

114　塔蘇斯的安蒂佩特是斯多噶學派的哲學家，亡故於150 B.C.前後；阿尼姆《古代斯多噶學派殘卷》第3卷244頁No.5。

115　參閱奧盧斯‧傑留斯《阿提卡之夜》第17卷15節。

116　柏拉圖《法律篇》830A-C，參加比賽的拳擊選手，會在賽前安排激烈的訓練，要找優秀的

眾保持距離，這樣就不致變成朋友的負擔，如同狗在棍子和石頭上面發洩牠的怒氣，就會減少對人類的危害。知道自己說話曉曉不休的傢伙，能夠經常參與學識淵博和年高齒尊的文人圈子，可以獲得莫大的好處，出於敬佩他們提出高明的見解和卓越的論述，就會養成三緘其口的好習慣。

我們在有話要衝口而出的時候，一定要保持警覺的心理，養成先思考再張嘴的習慣，特別要經過一種推論的程序：「我的話為什麼要給人帶來壓力，或者喋喋不休一直在那裡糾纏不清？那些問題會使我變得極其嘮叨？我為了不讓人感到討厭應該怎麼說才好？」我們很難免除所說的話給自己帶來的負擔和壓力，前面提到它會與你長相左右；任何人說話總有目的，因為他要將自己的意願告訴對方，或者有益於聽到的人所提出的意見和承諾，或是愉快的交談讓雙方的感情更為融洽，或是為了工作和業務的需要進行討論。語言的溝通要是對說者無用而且聽者也感覺不到它的重要，也不能使人歡樂，更沒有任何吸引人的魅力，那又何必非說不可？因為言語和行為沒有差別，它們都存在著徒然無用和白費工夫。

所以我們要將賽門尼德的格言奉為圭臬，謹記在心不可或忘，他說他從來不因保持沉默感到遺憾，卻經常要為輕率開口覺得抱歉。我們必須記得「坐而言不如起而行」，所有事物仍然以屬行為主；人們為了除去打嗝和咳嗽的小毛病，情願忍受再大的困難和痛苦。希波克拉底的話真是金玉良言，緘默不會讓人感到口渴以及引起悲傷和難過[117]。

（續）

　　同伴進行逼真的對打。

117　希波克拉底是古代聲望最高的醫生，他的自我要求和對同業的訓誡，直到今天還是放之四海
　　皆準的至理名言。

第四十章
論做一個多管閒事的人

1 居家的環境必須通風良好不能晦暗陰鬱，冬季要避免有害身體健康的寒冷潮濕；我們對於從小生長的地方，熟悉和喜愛的環境不願搬遷，還是可以改進現有的狀況，像是變更樓梯的位置，多開幾個門窗或是封閉某些通道，增加光源並且促進空氣的流通。有些城市現在獲得改善，就拿我住的小鎮[1]來說，原來面對西風的來向，到了下午接受巴納蘇斯山（Parnassus）[2]反射已變得微弱的陽光，據稱靠著奇朗（Chaeron）[3]使出全力將本鎮轉向東方。伊姆皮多克利是一位博物學家[4]，堵塞山嶺間一條峽谷，不讓南風將有害的濕氣吹進平原，可以減少肆虐整個國度的瘟疫。受到嚴重危害的心理狀態會讓寒冷和黑暗進入靈魂，最好是把它們推出以後，將根基打掃乾淨；就會給我們留下晴朗的蒼穹、明亮的光線和純淨的空氣。如果尚有不可能做到的事，至少要用類似的方式加以互換或調整，讓它們能夠轉個方向或產生少許位移。

心靈的各種痼疾當中，首先要提出來的就是好奇的毛病，就是想要知道別人遭遇困難或出了問題的欲念[5]，還有一種說法就是窺伺的心態獲得滿足，可以免於嫉妒或惡意的侵擾：

> 你是滿懷恨意和怨懟的傢伙，
> 專注別人缺失卻讓自己作惡？[6]

不要將好奇心從事物上面全部移走，只是將它轉到內部這個方向，如果你對詳述

---

1 位於皮奧夏的奇羅尼亞。
2 巴納蘇斯山是位於德爾斐的聖山，距離奇羅尼亞約三十五公里。
3 奇朗是阿波羅的兒子，傳說中奇羅尼亞的建立者。
4 狄爾斯《哲理詩殘卷》第1卷284頁A 14。
5 例如米南德筆下好奇心極重的奴隸；柯克《阿提卡喜劇殘本》之〈米南德篇〉No.850。
6 柯克《阿提卡喜劇殘本》第3卷〈Adesp篇〉476頁No.359。

別人的災禍和憂愁感到很大的興趣,不妨拿來用在自己的家庭:如同

> 阿利遜溪的洪流全力向下衝,
> 涵蓋之廣猶如橡樹落葉紛紛;[7]

這兩句詩表示你一生當中所犯的錯誤、靈魂所受的痛苦以及應盡義務的忽略,為數是如此眾多,為害是如此巨大。

色諾芬對這些狀況經過詳盡和特定的調查[8],提出很好的意見供我們參考,就一個審慎的管事人而言,他要為戰爭的武器、廚房的用具、農耕的鋤犁、宗教的擺設和神聖的物品,分別準備不同的庫房和貯藏室;因此每個人要對自己做詳盡的檢討,獲得正確的資料,首先在於找出內在的激情所犯的過失,諸如嫉妒、猜疑、貪婪或怯懦,以及其他邪惡的傾向。其次是嚴格查驗自己的住處,你那好奇心的窗戶和邊門面對鄰居的財產,應該立即將它封閉;要導向自己的家庭,注意的對象是男子的寢室、婦女的閨房和僕人生活和工作的位置。你在這裡感到好奇和多管閒事,不會一無是處或是充滿惡意,如果一個人只是自我要求,像是

> 我犯了那些錯到底做了什麼?
> 細數應盡責任那些受到忽略?[9]

這不僅有用也是值得慶幸的事。

2 神話人物當中的拉米婭(Lamia)[10],據說她在家中睡覺保持盲目的狀態,因為她將眼睛取下來裝在罐子裡面,等到離開家到外面才有正常的視力;所以我們每個人都如此,只有關係到別人的問題,就會不懷好意去多管閒事,如同人類長著一雙眼睛,可以到處亂看一通。我們經常失足以致顛沛流離,主要在於無法得知個人的缺失和惡習,始終不會照亮那些看不到的地方,好對自己的言行做仔細的檢查。愛管閒事的人對他的仇敵比對自己更有用處,他要找出別人的過錯給予譴責,還要展示出來使得眾人皆知,即使嚴加防範或是願意改

---

7 這首詩的出處不詳,所用的字句就有謬誤。
8 色諾芬《論家庭的管理》第8卷19節之18。
9 畢達哥拉斯《詩的光輝》42行。
10 拉米婭是希臘傳說中的女妖或精靈。

進，他還是不肯放過；雖然他對外部的事務抱著極大的興趣，卻忽略家中的錯誤是如此嚴重。就拿審慎的奧德修斯來說[11]，直到那位瞎眼的預言家[12]，讓他知道自己現在已經來到冥府，否則他還拒絕與親生的母親說話，即使與她的交談還詢問其他婦女的狀況[13]，特別是關係密切的泰羅(Tyro)和美麗的克洛瑞斯(Chloris)[14]，以及伊庇卡斯特(Epicaste)為何自縊而死，

> 屍體用繩索的活結高懸頂梁。[15]

我們對待自己的事務抱著懶散、無知和忽略的態度，卻要打探世界上面其他人物的家世門第：像是鄰居的祖父是敘利亞人，祖母是色雷斯人[16]；某人欠債三泰倫現在已經付不出利息。我們會去詢問一些無聊的八卦新聞，諸如某人的妻子從那裡返回家中，以及某甲和某乙躲在角落密談些什麼。明智的蘇格拉底把他的好奇心用在正道，詢問他的追隨者有關畢達哥拉斯制定的規範，何人能夠貫徹哲人的信念發揮最大的功用。

亞里斯蒂帕斯在奧林匹克運動會遇到伊斯考瑪克斯(Ischomachus)[17]，就問後者蘇格拉底用何種談話的方式，能對年輕人產生最大的影響力。等到亞里斯蒂帕斯從蘇格拉底的對話錄，拾取零星的材料和局部的內容，心靈的感動像是身體受到巨大的衝擊，臉色變得蒼白一副弱不禁風的模樣。最後他乘船前往雅典，像要汲取清泉讓求知的焦渴得到滿足，從此追隨蘇格拉底從事哲學的研究，他一生的目標和任務，是要教導年輕人如何認清和戒除自己的惡智。

3 然而有些人無法面對自己的生活方式，認為它的味同嚼蠟毫無興趣可言，甚至將自己的觀念和想法都包括在內；理性力量如同外面的光，他們的靈魂充滿各種邪惡的想法，所有存在於內部的成員受到威脅產生恐懼，躍向或是潛行到其他民族關心的事物，使得自己的惡意得以中飽和自肥。好比家中養

11　荷馬《奧德賽》第11卷88行及後續各行。
12　預言家的名字為提里西阿斯。
13　荷馬《奧德賽》第11卷299行及後續各行，最先還是問他妻子珀妮洛普的狀況。
14　泰羅是特洛伊戰爭希臘聯軍將領克利塞斯的妻子，克瑞洛斯是尼斯特之父普洛斯(Pulos)先王尼琉斯(Neleus)的王后。
15　荷馬《奧德賽》第11卷278行，她的遭遇如同伊底帕斯的母親約卡斯塔。
16　表示的意思是這兩人可能都是奴隸。
17　伊斯考瑪克斯是家產殷厚的雅典人，與蘇格拉底的交往非常密切。

的母雞，雖然有足夠的食物，還是會跑到牆腳

> 去刨糞堆當中殘留一些穀粒；[18]

那些包打聽的人也是如此，對於光明正大的題材和敘述不屑一顧，要是他的刺探沒有受到阻礙，或者不會給人帶來困擾，他同樣不感興趣；他要挖出每個人家中隱藏的秘辛和不爲人知的煩惱。

埃及人被問到爲什麼要帶嚴密包裹的東西，他的回答極其巧妙：「就是爲了好讓你以爲有見不得人的事，可以追問不休。」如果你過著快樂的生活，爲何你要追根究柢那些匿跡的事？不先打招呼就進入別人家中，這是非常失禮的行爲；現在的門房以及過去的敲門，都是提出一個告知，有外人要進入免得遇到非常尷尬的狀況，像是內眷的服裝不整、奴隸受到責打或侍女在那裡尖聲叫嚷。那些喜歡刺探別人家庭的人，最喜歡偷偷得知諸如此類的瑣事。

一個門風和管理都極其嚴格的家庭，即使邀請他前去拜訪他都沒有意願，因爲當這樣的旁觀者毫無情調可言；只有嚴密鎖在房間裡不得洩漏的事物，他會非常樂意發覺再通知外面的人。亞里斯頓曾說：「惱人的風會颳起我們的衣裳，露出赤裸的身體。」[19] 多管閒事的人不僅剝掉別人的斗篷和長袍，還把圍在外面的高牆視若無物，他猛推大門將它打開能夠長驅直入，就像一陣刺骨的寒風「穿透少女軟嫩的皮膚」[20]，偷偷溜進去尋找紙醉金迷的生活和通宵達旦的飲宴。

4 就像喜劇中的角色克里昂（Cleon），

> 他的手在乞討心裡卻想偷竊；[21]

看來那些到處窮忙的人眞是不可思議，他們的手、腳、眼光和想法，同個時間零星分散在不同的場合，無論是富翁的府邸、寒士的破屋、王侯的宮廷或者新婚夫

18　這句詩的作者很可能是凱利瑪克斯。

19　這位亞里斯頓是西元前3世紀，生於開俄斯島的斯多噶學派哲學家；阿尼姆《古代斯多噶學派殘卷》第1卷89-90頁No.401。

20　赫西奧德《作品與時光》519行。

21　亞里斯托法尼斯的喜劇《武士》79行。

婦的閨房，都難以逃過他們的好奇和窺視。他們對外鄉人的事務都很熟悉，還要打聽城邦最為黑暗的機密，那怕會帶來身敗名裂的危險都在所不計。如同他帶著強烈的好奇心要去檢驗草藥的功效，在口腔未能覺察到有害物質之前，輕率的嘗試讓有毒的植物損壞頭腦的機能。

他們會很勇敢刺探權貴人物的隱私，只要這種機密的行動被對方發覺，通常會給自己帶來立即毀滅的打擊；如同過於好奇的眼睛[22]，對於反射的光線所能詳述的區域或環境，無法讓他感到滿足，非要定睛凝注明亮的太陽不可，刺眼的強光會造成盲目的效果，以至於喪失視力陷入黑暗之中。這也是喜劇家菲利庇德所以能睿智答覆的理由[23]，有次黎西瑪克斯王向他說道：「我擁有的東西，你看那些可以與你共享？」菲利庇德說道：「陛下，除了你的秘密，其他都可以。」

宮廷有很多事物得到君王的歡心，非常樂於讓大家知道，像是豐碩的宴會、驚人的財富、盛大的祭典和受寵的廷臣；論及有關機密的事務，絕對避免接近，必定視若無睹。一位極具權勢的國王不會隱瞞他的所愛，歡樂的場合就會喜笑顏開，款待和賞賜的開支不會讓他皺起眉頭；任何有需要隱匿的項目就會讓他提高警覺，像是黑暗不能公開的問題、帶來苦惱的困難、不能接觸的事物、引起盛怒的人物、沉思施與的懲罰、對於妻子的嫉妒、對於兒子的猜懼以及對於朋友的懷疑。提防驚天動地的變化和聚集濃厚的烏雲，只要將隱藏的東西揭露出來，就會發出轟隆的雷聲和耀眼的閃電。

5 那麼，如何能夠避免這種惡行？要讓我們喜愛追根究柢的習性，進行一種轉換和變更的程序，如同前面所說的那樣，盡可能讓我們的靈魂傾向更加美好和更多歡樂的目標。導引我們的好奇心到相關宇宙的事物，包括天與地、海與陸在內。你可以按照自己的個性，探索和喜愛那些或大或小不可思議的事物，這樣做又有什麼困難？就大的項目來說，你可以將好奇心用在太陽：它從何處沉沒以及從何地升起？可以研究月球的圓缺盈虧，就像人類的命運一樣無常善變，所以才會有這樣的詩句來描述它的性質：

初生如新月，
夜夜增清輝；

22　參閱色諾芬《回憶錄》第4卷3節之14。

23　前面兩章都提到這個故事，證明喜劇家菲利庇德的見識真是無人能及。

> 天道忌盈滿，
> 衰減至朔晦？[24]

這些都是自然女神的秘密，即使受到揭露袖也不會老羞成怒。或許你沒有好高騖遠的心態，可以將探索的對象轉到很小的項目：為何有的植物整年都能開花結實帶著成簇的綠葉，展現豐碩和繁茂的外貌；有的植物只能某個時期如此，其他季節如同揮霍一空的浪子，所有的養分耗用完畢，露出光禿禿空無一物的形象？為何植物生長的果實外形有這樣大的差異，林林總總像是長形、圓形、帶著尖銳和多角的形狀？

或許你認為這些項目沒有將人類的惡行包括在內，所以無法引起大家的好奇。如果你熱中於干預的行為，就會想盡辦法去培育邪惡的事物，還要與它相處在一起，就像腐爛的屍體出現蛆蟲，讓我們將這些護送到歷史的往日，所有的惡行可以說是應有盡有，這時你會發現：

> 再偉大的人物終歸難逃一死；[25]

其他像是女色的勾引、奴隸的刺殺、朋友的誹謗、調配的毒藥、嫉妒的對象、猜忌的後果、家族的絕滅、帝國的翻覆。不僅可以讓自己得到享受和滿足，從此對於任何一位同伴，都不會感到煩惱和痛苦。

6 好奇心無法從陳年往事的災難當中獲得歡樂，它需要火熱又新鮮的東西；欣賞剛上演的悲劇盛大的場面，對於喜劇和生活當中開心的一面沒有多大興趣。要是有人談起婚禮的熱鬧、禮品的豐碩和護送行列的壯觀，好管閒

24　瑞克《希臘悲劇殘本》之〈索福克利篇〉315頁No.787；參閱蒲魯塔克《希臘羅馬英豪列傳》之〈德米特流斯傳〉45節，對於全詩有另一種譯法：
　　人有悲歡離合，
　　月有陰晴圓缺；
　　貪圖榮華富貴，
　　瞬息灰飛煙滅。
　　世事何似弈棋，
　　浮生直如春夢；
　　嗟爾造化小兒，
　　吾等任憑撥弄。
25　伊斯啟盧斯的悲劇《哀求者》937行。

事的人變成心不在焉的聽者，說他已經知道所有的細節，要求敘述者盡量簡短或跳過不提。要是有人坐在他旁邊提到少女受騙失身、妻子紅杏出牆、官司遭到誣陷、兄弟發生口角，這時好管閒事的人再也不打瞌睡，或者藉口有其他的約會，

　　　　就會問個不停像是大飽耳福；[26]

如同諺語所說：

　　　　好事不出門，
　　　　壞事傳千里；
　　　　要想人不知，
　　　　除非己莫為。[27]

這可說是多管閒事的人就心態而言的最佳寫照。

　　就像放血杯要將體內敗壞的液體排出，好管閒事的人他們的耳朵被最邪惡的故事所吸引。如同城市總有一個城門，用來處理帶有凶兆和遭到厭惡的事物，像是判刑確定的罪犯、遭到流放的人員，以及那些可憐的代罪羊，都會規定要從這裡進出，至於那些神聖不能受到褻瀆的行列，應該避免經過此處；所以就拿多管閒事的人來說，他的耳朵是不讓美好的信息和文雅的言辭進入的通道，它只接受令人毛骨悚然的情節，用來輸送惡臭和腐爛的敘述。

　　　　怒火中燒的人要是留在家中，
　　　　傳來的旋律只是哭泣的哀鳴。[28]

這才是多管閒事的人心中想要的繆司和西倫斯（Sirens）[29]，這也是他們聽到最為悅耳的音樂。

　　好奇心確實是一種激情，想要尋找那些隱藏和掩蓋起來的事物；人性的通病

26　此一殘句出自凱利瑪克斯已失傳的戲劇。

27　瑙克《希臘悲劇殘本》之〈Adesp篇〉913頁No.386。

28　瑙克《希臘悲劇殘本》之〈Adesp篇〉913頁No.387。

29　西倫斯是海洋的仙女，每逢船隻經過唱出美妙歌聲，聽到的人受到蠱惑就會陷入死亡的險境。

是在獲得美好的東西之後，不會密封起來拒絕讓人知道；所以有些人即使沒有值得誇耀之處，還要假裝他已經擁有。多管閒事的人心中存有欲念，就是發掘別人無法露面的困境，這時他整個人被稱爲「惡意」的惱怒所據有，須知惡意與嫉妒和怨恨是親兄弟；嫉妒是見不得別人的好還會引起痛苦，惡意就是看到別人的壞還會感到高興；兩者的起源是暴虐和蠻橫的習性以及邪佞和墮落的本質。

7 不管怎麼說洩漏自己的困苦都讓人感到難過，有些人寧可死亡也不願將隱匿的病痛告訴醫生，可以想像希羅菲拉斯（Herophilus）[30]、伊拉西斯特拉都斯（Erasistratus）[31] 或阿斯克勒庇斯（Asclepius）[32] 這些名醫，特別是最後這位沒有成神還是一位凡人的時候，攜帶藥劑和工具一家接著一家去應診，檢查男士是否患有痔瘡或婦女患有子宮腫瘤。然而這種追根究柢的行業到處都受到尊敬。我認爲有如探子的醫生會被每一個人趕走，因爲他沒有等候召喚前去應診，而是主動前去檢查別人的隱疾。多管閒事的人找出諸如此類的事情，甚至那些更糟糕的狀況，並不是給予治療或加以矯正，完全在於揭發以後要讓大家知道。他們應該受到痛恨也是基於這個理由。

我們對關稅人員的反感和惱怒，不在於他們查驗公開輸入的品項，而是搜尋藏匿的貨物，有時他們打開的行李和包裹，發現裡面裝著別人的財產。法律讓他們依據規定行事，如果不做會給自己帶來損失[33]。多管閒事的人過分重視其他的事務，就會放棄應盡的職責，還讓個人的權益受到打擊。他們很少到自己的農莊度假，因爲無法忍受安靜和孤獨的日子；離開很長一段時間以後，他們不得不回去看看，這時他們對於鄰居的葡萄園比起自己的更有興趣，他們會問別人的牧場有多少頭牛死去，或者有多少葡萄酒變酸。這些消息和牲口的走失很快讓他們感到煩膩。然而貨眞價實的農人對於城市的消息，除了不加理會還要嗤之以鼻，他會說[34]：

城裡的傢伙要草擬和平條約，
盡量找合適的字那是他的事；

30 希羅菲拉斯生於卡爾西頓，亞歷山卓以醫術著稱於世的時代，他是名聲最響亮的解剖學家。
31 伊拉西斯特拉都斯來自考斯島，等到他在亞歷山卓開業以後，成為當代首屈一指的名醫。
32 阿斯克勒庇斯是阿波羅的兒子，亡故以後封為醫藥之神。
33 當時希臘各城邦以及後來羅馬帝國的稅收，都是承包給私人來徵收。
34 柯克《阿提卡喜劇殘本》第3卷〈Adesp篇〉473頁No.347。

走到農村閒逛還要橫加干涉，
我看受到詛咒的流氓在找死。

8 多管閒事的人把鄉間當成毫無吸引力的地方，生活呆板停滯缺乏戲劇化的事務，他要盡快趕回城內的市集、會場和港口，遇到熟人就問：「有什麼消息？」「你怎麼這樣早就來到市民大會的會場？你認為這個城邦的政體會在三個小時之內產生變化？」如果確實有人要告訴他一些事情，他立刻下馬緊握提供者的雙手，親吻對方的面頰，站在那裡仔細傾聽。如果有人遇到他就說一無所知，這時他會很焦急的詢問：「你這樣說是什麼意思？你不是在會場裡面？你沒有從戰爭委員會的旁邊經過？你沒有查問從義大利來的信息？」基於這種理由可見洛克瑞斯的行政官員制定法律的過程非常明智，如果任何人離鎮從外面回來就問：「有什麼消息？」會遭到罰鍰的處分。如同廚子祈求獲得大量的牲口和家禽[35]，漁夫祈求捕獲整網的魚，多管閒事的人唯恐天下不亂，他們祈求災禍、困難、新奇、變遷；他們就像廚子和漁夫，總是希望宰殺家畜或捕獲大魚。

休里埃的立法者[36]制定另外一條很好的法律，舞台演出的喜劇禁止嘲笑任何一位市民，只有姦夫和多管閒事的人除外；實在說通姦就是對別人的歡樂所產生的嚮往；搜尋和查驗的對象是防範嚴密和逃避觀察的事物，這時的好奇心就保密的要求來說，成為一種侵害、違犯和掠奪的行為。

9 有識之士受到影響就會出現這種想法（基於類似的原因，畢達哥拉斯規定年輕人有五年的沉默時期稱之為「噤聲」[37]）：極其好奇伴隨與它同樣嚴重的惡習就是饒舌多嘴，因為他們愛聽也會從傾訴當中獲得樂趣，當他們非常熱心蒐集別人的資料，能夠洩漏出去更是一種難得的享受。然而在增加這種惡習以後，新的毛病就會妨害到欲望的達成；因為每一個人都要保護他所藏匿的事情，不能讓那些多管閒事的人知道；要是受到他們的注視就會做一些勉強的行為，要是發覺他們在傾聽就說一些無關的情節，延緩想要詢問或考量的事務和工作，直到這位包打聽離開為止。即使一些機密的事務正在討論，或是一些重要的工作正在著手進行，要是知道多管閒事的人登場，他們就會停止討論，同時還要

35　要知道專業的廚子也是合格的屠夫，殺牛宰羊是分內之事。
36　休里埃是義大利南部，瀕臨塔蘭托灣的希臘殖民城市，這位立法者是查朗達斯(Charondas)。
37　蒲魯塔克《希臘羅馬英豪列傳》之〈努馬‧龐皮留斯傳〉8節；努馬為了效法畢達哥拉斯的沉默寡言，特別要羅馬人崇拜一位稱為塔昔它(Tacita)的靜默女神。

加以掩飾，如同看到一隻貓跑進家中，主婦會把桌上的魚收進櫥櫃裡面。結果是有些事情每個人都聽說或看到，就是不告訴這些人或是把他們隔離起來。

基於同樣的理由，多管閒事的人被剝奪大家對他的信任：不管從那方面來看，我們對於自己的信函、文件和印鑑，寧可相信奴隸和陌生人不會偷看濫用，總比相信喜愛打探的朋友和親戚要好得多。高貴的貝勒羅豐（Bellerophon）[38]雖然帶著指控他的信函，還是不會撕開封印[39]，如同克制自己拒絕國王的妻子對他的勾引。事實上，好奇心一旦達到打探和窺視的程度，如同犯下通姦的罪行，暗示自己無法克制欲念，何況還要加上更嚴重的狀況，就是表明極其可怕的愚蠢和昏庸。

那些喜歡尋花問柳的人，知道很多婦女是公家的財產，在外面從事拋頭露面的營生，只要很少的花費就可以擁有，也有人不為此圖，非要去找深鎖閨房之中高價的名妓，有時上當遇到人老珠黃的對象，真可以說花錢找罪受。多管閒事的人做出同樣的動作：他們不理會那些看起來美麗、聽起來可愛的事物，還有很多休閒消遣的項目全都置於腦後。卻要花時間去研究別人的通信，即使再微不足道都難以放過；還要把自己的耳朵貼在鄰居的牆壁，就是在街道上面也與奴隸和婦女耳語不休，帶來的後果不僅招惹危險，甚至還會身敗名裂。

10 因為這層關係，想讓多管閒事的人矯正他的惡行，最有用的方式還是要他不要忘記，過去得到的經驗和教訓[40]。賽門尼德經常說起，每過一段時間他打開木櫃，發現裝束脩的盒子很滿，裝謝函的盒子很空，可見人們情願付費也不想表達內心的感情；一個人要是不時打開他裝著好奇心的保管箱，會發現裡面充滿無用、難聞和討厭的東西。或許這種程序讓人覺得受到冒犯，卻能顯示原來的做法是如此的難堪和無知。

假定有個人瀏覽古代的作品，從中摘取一些毫無價值的文章，然後加以編纂出一本書，荷馬將這類的東西稱之為「無用廢物」，在悲劇家的眼中是「失格雜文」，等於將下流的語言用在婦女身上，阿契洛克斯在這方面讓人感到討厭，雖然還沒有讓他在悲劇中受到詛咒的程度，像是那位

38　貝勒羅豐是科林斯和呂西亞的英雄人物，他騎一匹名叫佩格蘇斯的飛馬，殺死為害人類的怪物契米拉。

39　荷馬《伊利亞德》第6卷168行。

40　可以拿本節與第42章〈論羞怯〉19節做一比較。

　　該死的編輯記錄人類的災禍。[41]

甚至就是沒有這些譴責之辭，一個人要是只會把別人的缺失和過錯，蒐集以後儲
存起來，這樣做不僅無恥也不能發生作用。很像菲利浦將所有的惡棍和難以駕馭
的傢伙，聚集起來建立一個「歹徒市鎮」[42]。

　　不過，多管閒事的人檢拾和收集的缺失、錯誤和毛病，不是文字和音韻而是
人們一生的言行，隨身攜帶一個裝著惡習的盒子，那就是他們對往事的回憶，裡
面充滿各種低俗又讓人不悅的記錄。正如在羅馬有些人對於繪畫和雕刻，甚至出
於天意的安排，對於那些要發賣為奴的孌童和美婦，他們都抱著不以為意的態
度；唯獨常去出售畸形和侏儒的市場，尋找那些肢體萎縮、發育不全、長著三隻
眼睛、頭顱狀如鴕鳥的人物，想要知道他們一生下來是否成為

　　混雜的形體塑造猙獰的怪物；[43]

然而一個人要是經常引導別人去大開眼界，很快就會讓大家感到厭煩和噁心；因
此還不如讓多管閒事的人，對下面的事物覺得好奇更為妥當，像是生命當中失敗
的事蹟、受到污染的章紋、別人家中發生的差錯，也可以提醒自己過去的揭發和
吐露，不會給人們帶來任何的好處和利益。

11　早年經由教育和訓練使我們能夠控制自己的情緒，後來成為主要的
因素使我們備受痛苦的折磨。其實好管閒事的習慣所帶來的病症，
發作的過程非常快速，要想治癒卻很緩慢。說起這種習慣是如何獲得，我們從討
論它的治療程序可以得到明顯的認知。首先讓我們從瑣碎和無關緊要的事物開
始。旅行的時候沿著大道前進，要想抑制自己閱讀路旁墓碑上面的銘文又有什麼
困難？散步之際瀏覽寫在牆上的塗鴉又費什麼工夫？我們只能提醒自己，寫在那
裡的東西沒有任何用處，也不會讓人感到快樂：僅是一些某某人的「紀念」、某
某人的「祝辭」、某人是「最好的朋友」，以及諸如此類無聊的廢話[44]，看來就是

41　瑙克《希臘悲劇殘本》之〈Adesp篇〉913頁No.388。

42　雅各比(Jacoby)《希臘歷史殘篇》第2卷〈狄奧龐帕斯篇〉561頁No.110。

43　瑙克《希臘悲劇殘本》之〈優里庇德篇〉680頁No.996；參閱蒲魯塔克《希臘羅馬英豪列
　　傳》之〈帖修斯傳〉15節。

44　我要引用薛利托(Shilleto)的注釋：蒲魯塔克對於碑銘始終不懷好感，因為這會讓那些憤世

不讀這些字句也沒有什麼損失。

真正可以害人的東西，是將喜歡搜尋與自己無關之物的好奇心，在不知不覺之中灌輸到你的靈魂之中；所以獵人要讓年幼的獵犬避開或者不許追隨每一種氣味，這時他用皮帶控制牠的前進或停止，要保持牠的嗅覺不受污染，對於要追蹤的目標要有靈敏的感官，

> 牠用鼻孔搜尋野獸行走途徑；[45]

因而多管閒事的人要限制他的好奇心不要過分浮濫，他的觀察要能保持審慎和清醒。老鷹和獅子在行走的時候，會將爪子收進去[46]，免得尖端受到磨損變得不夠鋒利；如果我們能夠多想一想，就知道學問的好奇心可以獲得銳利的刀刃，所以不要讓無價值的事物讓它受損或變鈍。

12 其次要讓我們養成習慣，當我們經過別人門口的時候，絕對不要伸頭向內探視，即使裡面發生什麼狀況或事故，不必像是受到無形的引力，充滿好奇非要凝視不放，這時我們用得上色諾克拉底所說的話，一個人用腳還是用眼停留在別人家裡，其間沒有多大差別；觀看無法主持正義，就連尊敬都談不上，同樣得不到任何樂趣，所以會說：

> 外鄉人，請你不要東張西望；[47]

因為你能看到屋裡的東西，不過是零亂的廚房用具，偷懶坐著不做事的女僕，都是無關緊要的事物。須知輕浮的斜視和轉動的眼光，會讓我們的靈魂受到扭曲，可恥的習性使得我們陷入墮落的處境。

戴奧吉尼斯是犬儒學派的哲學家[48]，看到奧林匹克運動會獲得優勝的選手戴奧克賽帕斯（Dioxippus），坐在馬車上面凱旋進入城市，注視歡迎行列當中一位美麗的女郎，繼續轉頭一直對著她所在的方向，戴奧吉尼斯說道：「你看這位少

（續）
　　嫉俗的人問起，為何下葬的死者都是好人，壞人到底葬在哪裡？
45　這一句詩的出處不詳，很可能作者是伊姆皮多克利。
46　老鷹很少行走，也沒有腳掌肉墊可以將爪子收進去，應該是「貓」或「老虎」才對。
47　瑙克《希臘悲劇殘本》之〈優里庇德篇〉617頁No.790；或許出自他的悲劇《斐洛克特底》。
48　參閱伊利安《歷史文集》第12卷58節。

女對我們的運動員，竟然使出勒頸的違規手法？」要知道多管閒事的人養成習慣，在向各個方位到處亂看的時候，所有的觀眾都會勒住他的脖子，好將他的頭扭轉過來。我認為發揮視覺的功能不必向四周觀望[49]，樣子就像沒有家教的女傭人，如同靈魂派出去的公差，很快抵達目的地遞交信函，遵從理性的支配和命令循原路返回。

索福克利的話很有道理：

> 伊尼斯人豢養的幼駒很活潑，
> 牠們不受籠頭和繮繩的約束；[50]

牠們不接受我們重視的教導和訓練，使出性子到處亂跑，缺乏理智的抑制就會釀成災禍。雖然一個有關德謨克瑞都斯的故事出自捏造[51]，提到的情節還是很有意思；說他處心積慮要毀去自己的視力，就用一面透鏡將高熱的光線射入眼睛，他這樣做乃是認為視覺無法增進他的智能，反倒是產生干擾和誘惑，所以他要封閉面對外街的窗子，讓心靈留在家中安靜的沉思默想[52]。還有就是我們提到人類為繆司建造的聖地[53]，選擇的地點離開城市，同時他們將夜晚加上「仁慈和藹」的頭銜[54]，相信寧靜和專心有助於問題的審查和解決。

13 說一句老實話，這些都不是困難費力的工作：像是人們在市民大會當中相互對罵叫陣的時候，置身事外不要接近他們；像是群眾跑著去見某人或看某件事情的時候，能夠端坐不加理會；要是你不能控制自己，就趕快起身馬上離開。因為你要與多管閒事的人混在一起得不到任何好處，唯有迫使你的好奇心轉向其他地方，削減它能發揮的力量以及訓練它服從理性，這樣做才能獲得最大的利益。

我們還要加強這方面的訓練，最後可以到爐火純青的地步，像是劇院有名角進行盛大演出，可以從門口經過沒有一絲要進入的念頭；像是朋友來催促我們前

49　這種說法有點逸出理性能夠控制的範圍之外。

50　索福克利的悲劇《伊里克特拉》724-725行。

51　狄爾斯《哲理詩殘卷》第2卷89頁A 27。

52　蒲魯塔克認為本節有些文字如同柏拉圖《斐多篇》66A。

53　這些奉獻給知識和學術的廳堂，如同亞歷山卓的書室和雅典的學院。

54　伊斯啟盧斯的悲劇《阿格曼儂》265行。

去見某位舞蹈家或喜劇演員,可以將他推到一邊;像是聽到賽車場或競技場發出
歡呼的喧囂,不會轉過頭去張望。蘇格拉底規勸我們肚子沒餓就得抗拒誘惑不要
進食,嘴巴沒渴就得抗拒誘惑不要飲水[55];任何可以看見和聽到的東西,如果沒
有需要,就得避免受到它的控制,防止受到它的吸引。

居魯士不願見到潘昔婭,等到阿拉斯庇斯向他提起這位女士,說她有閉月羞
花之貌,沉魚落雁之容,居魯士說道:「就是這個原因我要退避三丈,如果我聽
從妳的說辭與她相見,一旦受到誘惑難以自拔,就會花更多時間與她相處,重大
的工作因為忽略造成不利的影響。」[56] 大流士的家眷成為亞歷山大的俘虜,雖然
他知道大流士的妻子,明眸皓齒、體態輕盈深受君王的寵愛,他寧可前去探視那
位年老的母親,也不願見到年輕又美麗的女兒[57]。我們會偷窺婦女的牙床或在她
們的窗前逗留不去,心裡始終認為這種行為不能算是過失,長此以往我們的好奇
心就會失足滑倒,會與各種惡行變得糾纏不清。

14 你必須先讓自己養成習慣,要能摒除犧牲誠實所能獲得的利益,否
則很難為了達成公正的要求放棄應有的好處;同樣為了達成禁欲的
要求,有時要與自己的妻子保持疏離,因為不可能經常有別人的妻子在勾引你。
那麼運用對別人追根究柢的習性,盡力不要去聽或看與你自己有關的事物,當有
人想要告訴你發生在你家中的問題,為了拒絕知道那些閒言閒語可以把他推出去。

其實就是好奇心作祟才會讓伊底帕斯陷入極其悲慘的災難之中,他始終認為
自己不是科林斯人而是一個外鄉客,後來他遇到拉烏斯[58],還要想找出自己的身
分和家世;等到他殺死拉烏斯,為了登上寶座,就娶親生之母為妻,似乎這一切
都是出於命運的安排,再度想要發覺自己的身世之謎。雖然他的妻子想要阻止他
在這方面的衝動,等到遇見一位知道故事本末的長者,他強迫對方要洩漏所有的
秘密;最後,浮現的情節讓他懷疑真相的存在,這位老人[59]只有大聲叫道,

---

55 參閱色諾芬《回憶錄》第1卷3節之6。

56 參閱色諾芬《居魯士的教育》第5卷1節之8。

57 參閱蒲魯塔克《希臘羅馬英豪列傳》之〈亞歷山大傳〉22節。

58 拉烏斯是底比斯國王,也是伊底帕斯的父親。

59 因為這位長者當年是牧人,在西第朗(Cithaeron)山見到還是嬰兒的伊底帕斯,救了他的性命將
他撫養成人。

啊！我說的故事是多麼可怕！[60]

伊底帕斯仍然因為痛苦感到如此的激動而瘋狂，他的回答是

我已經聽到我應該聽的狀況；[61]

得知的結果是這樣的苦樂參半，好奇心的渴望滿足是如此難以壓制，就像紅腫的傷口在發癢，最後會讓我們將它搔抓得鮮血淋漓。

一個人對於任何事情不弄清楚來龍去脈，就會感到落落寡歡以致若有所失，如果他想要避免這方面的病痛，就要如同詩中描述的情況：

身登大寶的皇后是如此睿智，
她能忘卻和原諒所有的罪惡。[62]

15 因此，我們必須讓自己養成這些習慣：當我們接到一封信函的時候，不要急著很快打開，不要像大部分人的行為，有的人生怕手的動作太慢，竟然用牙齒咬開緊密的封口；一個信差無論是從何地來到，不必催他趕緊上前，甚至讓自己紆尊降貴前去迎接。當一個朋友說道：「我有一些消息要告訴你。」你應該說：「我想知道的東西不是有用就是有益。」

我在羅馬講學的時候，名聞遐邇的魯斯蒂庫斯(Rusticus)在座[63]，後來圖密善被弒就是為了猜忌他的聲譽；有次一位士兵前來講堂，交給他一封皇帝寫給他的信函。這時我停止演說，好讓他有空閒閱讀來信；然而他一直等我講完課，所有聽眾散去以後才打開封口。就是這種處變不驚的修養，大家讚譽他有尊嚴和高貴的氣度。

一個人即使用認可的材料填滿好奇心的胃口，等到變得渾無顧忌的程度，再想加以控制就會很不容易，最後還是惡習帶來的壓力，逼得要去接觸受到禁止的

60　索福克利的悲劇《伊底帕斯王》1169行。
61　索福克利的悲劇《伊底帕斯王》1170行。
62　優里庇德的悲劇《歐里斯底》213行。
63　或許這位就是阿魯勒努斯·魯斯蒂庫斯(Arulenus Rusticus)，於93 A.D.或次年被暴君處決，從他的傳記得知，皮都斯·色拉西阿斯(Peatus Thraseas)認為他的從容就義，是非常神聖的行為。

事物：像是連朋友的通信都要刺探清楚；硬將他們推進秘密的會議；變成神聖儀式的旁觀者做出有失虔誠的行為；踐踏聖地；調查國王的言行。

16 要拿僭主或暴君的狀況來說[64]，必須知道整個城邦所有的事情，就有一群「耳目」和「幫凶」在那裡打探和窺伺，使得他們最受大家的痛恨。大流士·諾蘇斯(Darius Nothus)對於自己的統治毫無信心，猜疑任何人都會形成他的威脅，他是歷史上第一位成立「探員」的機構；戴奧尼休斯父子在敘拉古的人民中間安置可惡的「捕快」，後來等到革命來臨，他的走狗最早被敘拉古人抓起來處決[65]。事實上這些告密者和多管閒事的人習性非常類似，像是來自同樣的氏族和家庭。告密者搜尋的對象是陰謀分子的計劃和反叛的活動；多管閒事的人在調查鄰人的隱私，甚至將他們的時運不佳全都公開在世人的面前。

據說首先將某些人稱之為「背德者」(aliterios)或「罪人」，就是一位多管閒事的人獲得這個名字。雅典有次發生極其嚴重的饑饉，那些擁有小麥的人不願交出來，送到公設的庫房統一分配，等到深夜就在自己家中磨粉不讓人得知，有些人為了打探就去傾聽磨房發出的聲音，從而舉發他們違背法律的罪行，獲得「磨房老鼠」(aliterioi)的稱呼。據說「告發者」(sycophant)[66]的得名也出於同樣的狀況，當時雅典禁止輸出乾無花果，有人要是洩漏或者提供這方面的資料，將違反禁令的人繩之以法，大家認為他這樣做是為了討好當局，所以將告密的人稱之為「阿諛者」(sycophant)。多管閒事的人要考量前面所提的事實，無論出現類似或相關的行為，都應該感到羞辱才對，因為大家從內心的深處就認為他們極其討厭，對於他們的一言一行都非常憎恨。

64　亞里斯多德《政治學》第5卷9節。
65　參閱蒲魯塔克《希臘羅馬英豪列傳》之〈狄昂傳〉28節。
66　參閱蒲魯塔克《希臘羅馬英豪列傳》之〈梭倫傳〉24節，他們還將檢舉的人稱為「阿諛者」。

第四十一章
論愛財

1 有些人認爲一個體型瘦高的傢伙長著很長的手臂，可以成爲一位優秀的拳擊家，教練希波瑪克斯[1] 說道：「不錯，要想獲得勝利的冠冕，手長還得出拳不能落空才行。」要是我們對一位擁有廣大產業和眾多財富，自認爲受到上天眷愛的富豪這樣說：「不錯，要想獲得幸福的人生，錢多還得有地方能買到才行」；同樣會使他感到不知所措（雖然如此，很多人一心一意想要成爲有錢人，明知將來會過悲慘的生活，還是不願用財富去換取幸福）。須知金錢買不到豁達的心靈、高尚的人格、寧靜的生活、樂觀的信心和知足的胸襟。只有念茲在茲想成爲財主的人，才不會對發財抱持藐視的態度；只有那些擁有過多身外之物的財主，才會認爲這些東西確有需要不可或缺。

2 設若我們對於財富不是這樣迫切的渴望，還能有什麼東西會比金錢給人類帶來更多的罪惡？這話沒錯，飲水的人可以不息口渴的欲望，食物能夠用來滿足饑餓的感覺，如果有人說：

> 可憐的希波納克斯何其貧窮，
> 請大家送他一件禦寒的斗篷；[2]

即使多帶來了幾件衣物，同樣會讓他惱怒以至於拒絕接受。然而無論是黃金或白銀都無法安撫對錢財的渴求，即使今年的豐收也難以除去對穀物的貪念。不僅如此，一個人提到財富如同他對江湖郎中所說的話：

1　蒲魯塔克《希臘羅馬英豪列傳》之〈狄昂傳〉1節提到希波瑪克斯，看來他是西元前4世紀中葉的知名之士；參閱阿昔尼烏斯《知識的盛宴》第13卷584C。

2　作者是西元前6世紀以弗所的詩人希波納克斯（Hipponax）；貝爾克《希臘抒情詩集》No.17。

你的偏方只讓我的病情加深。[3]

我們需要麵包和聊遮風雨的小屋，等到獲得所需的食物，財富卻會腐蝕我們的心靈，浮現的欲望是金銀、象牙、翡翠、犬馬，提升我們的貪念從生活必需品到稀少、罕見、無用和難以到手的東西。實在說，如果要求的標準只是僅夠糊口而已，那麼世界上就沒有窮人；須知沒有人會借錢去買一袋麥粉、一塊乳酪、一個麵包或一些橄欖。倒是有人貸款去購置華屋；還有人要買下鄰近的農場、田地或葡萄園；仍然有人念念不忘蓋拉夏人豢養的騾子[4]；或者是一組

把戰車拖得咯崩作響的駿馬，[5]

就會帶著他衝進債務、高利貸和抵押的困境。那麼就如同一個人沒有口渴還要飲水，沒有饑餓還要進食，暴飲暴食除了讓人嘔吐沒有其他的好處，不像其他人可以用來滿足饑餓或焦渴。那些尋找無用和多餘物品的人，有的時候甚至不能維持實際的需要，所以打腫臉充胖子對喜愛財富的人而言，可以認定是一種無法避免的負擔。

3 從另外的角度來看，他們雖然擁有很多財富，不僅一點都不願割愛，還想獲得更多；這時他們的心中突然浮現亞里斯蒂帕斯的話，讓他們感到何其荒謬不經。亞里斯蒂帕斯經常對人這樣說：「如果某人的飲食超過正常分量，還一直覺得不夠[6]，這時他會去看醫生，想要知道是否有什麼病痛，使得他的機能失調，如何才能避免出現這種狀況；一個擁有五個臥榻的人還在想著十個，有了十個餐桌還要再買更多，雖然有大批田產和無數錢財仍舊無法滿足，全副精力用在如何使它不斷的增加。夜不成寢及以賺再多錢都無法壓足貪欲，難道他不應該找有識之士給他診斷，查出使他焦慮和痛苦的成因？」

一個人的口渴是沒有喝水的關係，我們認為他在飲水以後就不會感到焦渴；

---

3 柯克《阿提卡喜劇殘本》第3卷〈Adesp篇〉494頁No.455。
4 說不定是指高盧人，因為這兩個民族對於騾子都有好感，無論是育種或照顧都非常在行。
5 荷馬《伊利亞德》第15卷453行。
6 參閱色諾芬《會飲篇》第4卷37節，特別提到水腫的患者無法將身體的水分正常排放，還感到乾渴要不停的痛飲，可以拿得病的可憐蟲與貪婪的吝嗇鬼作一比較，看起來這兩種人真是旗鼓相當。

如果他一直不停的喝還是有這種需要，這時我們不僅要勸他不要再喝，甚至要將肚中多餘的水嘔吐出來；他的問題不是出在有任何的欠缺和不足，而是他的身體目前出現反常的刺激或熱。因此對於愛錢如命的人而言，非要等到他獲得一處產業，或是發現一處埋在地下的寶藏，或是得到朋友的幫助支付欠款和免於債權人的追討，這時他對財富的需要和欠缺，或許會暫且停息下來。事實上進帳愈多愈難感到滿足，這種龐大的胃口絕非獲得黃金、白銀、馬匹、羊群或牛隻所能治癒，只有他的根基受到災害帶來無可避免的損失，可以讓心靈得到救贖的機會。他的病源不是貧窮而是無法饜足的貪婪[7]，完全出自誤導和未經思考的判斷[8]，除非有人能夠讓他領悟這番道理，否則如同他的心靈裡面滋長一堆絛蟲，他會不停需要大量無用的身外之物。

4 醫生出診探視癱臥在床上的病人，口中呻吟，拒絕進食，經過檢查和詢問並沒有發燒，他的診斷是精神錯亂，無法用藥物治療，接著便離開。我們要是看到某人專心一意想賺錢，發現有支用的狀況就不住的呻吟，雖然他有為數眾多的房屋、土地、牲口、奴隸和衣物，只要得知有人從他那裡得到好處，立即感到痛不欲生，除了把這種疾病稱為心靈的貧瘠，還能有其他的名字嗎？根據米南德的說法，金錢的窮困只要一位朋友的慷慨解囊，可以很容易得到解決；心靈的貧乏無論有多少朋友出力，不管是生前死後都不可能給予多大的幫助[9]。梭倫的話對於這些人倒是非常適用：

> 渴望財富到無遠弗屆的程度，[10]

就有見識的人來說，自然界的財富不僅有它的限制也有它的範圍，只能在一定的區域內發揮最大的用途。

喜愛錢財還有另外一種很特別的方式：那就是不讓自己的欲望有獲得滿足的機會。除此以外，其他的嗜好都要讓欲望不再受到抑制：沒有人會排斥美好的食

7　亞里斯蒂帕斯《論財富》第21卷2節，提到人類只有謀求財富總是感到不夠，參閱亞里斯托法尼斯的喜劇《財源廣進》188-197行；柏拉圖經常拿「無饜」這個字，用於財富和對它的欲望。

8　狄爾斯《哲理詩殘卷》第2卷〈德謨克瑞都斯篇〉190頁No.B 223。

9　一個朋友在死後的幫助就是他留下的遺產。

10　戴爾《希臘抒情詩殘卷》第1卷71行；亞里斯多德引用在《政治學》第1卷3節，看來它的目的完全一樣。

物,因為抗拒的能力實在微弱;喜愛杯中物同樣對酒情有獨鍾,也就是出於愛錢
所以很難拿出來花用。一個人因為他感到寒冷所以拒絕穿上斗篷,因為感到饑餓
所以拒絕吃一塊麵包,我們除了認為他瘋狂和可憐以外,幾乎沒有什麼好談的;
他要是因為喜愛錢財所以拒絕使用,只能說他陷入色拉索奈德(Thrasonides)[11] 敘
述的困境:提到的狀況同時有詩為證:

> 沒有法律禁止我要敝帚自珍,
> 狂野激情不會讓我兩手寬鬆;[12]

我把所有的錢財存放起來加上鎖,或者借給貸款者和代理商,準備繼續聚集和尋
求新的財富,我會與主事的奴僕、佃戶和債務人爭吵,

> 神哪!真讓人感到無可何如,
> 怎麼見到這樣刻薄的守財奴?[13]

5 詩人被問到是否再娶一位婦女為妻,索福克利回答道:「哎呀!朋友!
我現在是一個自由人,垂暮之年又何必為自己找一個瘋狂而又殘暴的主
人。」[14] 所謂的幸福在於歡樂離我而去,欲望也會隨之不告而別;所以阿爾西烏
斯會說……沒有婦女[15]。提到貪婪那得另當別論:像是一位蠻橫又煩人的主婦,
強迫我們不擇手段賺錢卻又不讓我們花用,激起我們的欲念卻騙我們說是唯其如
此才能獲得快樂。斯特拉托尼庫斯(Stratonicus)[16] 嘲笑羅得島人出手大方過於浪
費,說他們的建築極其豪華,像是擁有不朽的生命可以永遠住下去,飲食極其豐
盛,像是馬上要死去沒有下一餐可以享用[17]。喜愛金錢的人為了獲得財富如同浪

---

11 色拉索奈德是米南德的喜劇《受拒的愛人》中的角色。

12 出自米南德的喜劇《受拒的愛人》,參閱科特(Körte)《米南德的戲劇殘本》第1卷127頁
No.5。

13 出自米南德的喜劇《受拒的愛人》,參閱科特《米南德的戲劇殘本》第1卷127頁No.6。

14 參閱柏拉圖《國家篇》329B-C,這段話的意思是年長者要清心寡欲,能夠免於色欲的糾
纏,可以當成一種福氣和解脫。

15 雖然原文殘闕不全,可以參閱貝爾克《希臘抒情詩集》第3卷183頁No.108。

16 斯特拉托尼庫斯是西元前4世紀知名的西塔拉琴演奏家。

17 戴奧吉尼斯‧利久斯《知名哲學家略傳》第8卷63節,以及伊利安《歷史文集》第10卷29
節,都提到這個故事,前者認為這段話是伊姆皮多克利所說,後者斷言出自柏拉圖之口,只
是這兩人嘲笑的對象都是阿格瑞堅屯人。

費的揮霍者，等到運用的時候如同可憐的吝嗇鬼，情願忍受痛苦也不願縱情歡樂。

迪瑪德斯(Demades)有次拜訪福西昂正是午餐的時刻，看到桌上的食物極其粗糲清淡，他對主人說道：「福西昂，有件事讓我百思不解，這些東西你都可以吃下肚，又何必投身政治。」須知迪瑪德斯是一位操縱民意的政客，非常重視口腹之欲，認為雅典沒有足夠的本錢可以讓他大肆揮霍，完全靠著馬其頓的供應才能滿足他的需要(因此安蒂佩特說他等到老年，死後如同奉獻給神明的犧牲，支解一空，只有舌頭和腸胃留了下來[18])。至於你這個不幸的倒楣鬼，說起你的為人是這樣的慳吝、孤獨、自私、為朋友所藐視、為國人所不齒；由於你的卑鄙小氣，使得你一生遭遇很多困難，夜間失眠無法入睡，每天事務繁忙，到處謀求遺產，即使生活富足還是受人輕蔑的對待，難道就沒有一個人覺得驚異？我們聽到一位拜占庭人發覺面容醜陋的妻子竟然有了姦夫，大聲嚷道：「可憐的傢伙，是什麼東西逼得你非要這樣做不可？就像酒中令人生厭的殘渣……」[19]

不幸的人哪！讓國王、皇家的管理階層、城市的主事人員以及民選的議員官吏去搞錢舞弊吧，始終有某些欲望在後面驅使他們，那就是他們的野心、自負和虛榮，迫得這些人要不斷舉行各種宴會，要不斷讓他人獲得好處，要不斷賄賂法庭和議會，要不斷贈送選舉拉票的禮物，還要不斷花錢雇角鬥士用搏命的演出娛樂民眾。你所處理的事務激起巨大的騷亂，卻讓自己陷入眩惑和不安之中，因為你的生活如同受到外殼限制的蝸牛；最後你要忍受各種不便和困苦，因為錢財對你不能發揮任何作用，就像浴場管理員豢養的驢子[20]，每天運送燒水所需的柴束，全身被煙塵和灰燼弄得污穢不堪，還是得不到沐浴、溫暖和清潔。

6 我對這種類型的好財如命說得夠多了，它會讓一個人的生活過得像是驢子或螞蟻。還有另外一種貪婪如同獵食的猛獸；它可以進行合法的勒索，用盡心機成為遺產的繼承人，拿山欺騙、陰謀和策略，算計那些仍舊活在世上的朋友，等到用不正當的手段據有財富，卻又放在那裡置之高閣。蝮蛇、西班牙蠅和毒蛛較之熊和獅子更惹起人類的反感和憎恨，因為那些受害者的喪生並非

---

18 參閱蒲魯塔克《希臘羅馬英豪列傳》之〈福西昂傳〉1節，後來迪瑪德斯的下場極其悲慘，看來安蒂佩特真是一語成讖。

19 原文雖然有很多脫落之處，所要表達的意思還是可以臆測；俗語說得好：「舀去可厭渣滓，就有美酒可喝」；看來他雖然娶了醜妻，可以拿嫁妝彌補自己的損失。參閱亞里斯托法尼斯的喜劇《財源廣進》1085行。

20 開俄斯的亞里斯頓將有錢的慳吝之徒看成驢子，身上背負金銀卻只能吃草料。

出於它們的需要,如同那些人的掠奪出於慳吝較之出於揮霍,更讓人感到憤憤不平;因爲前者獲得的財富沒有運用的意願和能力,不像後者一旦變得富裕或是得到充分的供應,即使千金買笑也不會給別人帶來損害(如同有人抱著一廂情願的念頭,認爲迪瑪德斯總有一天會停止惡棍的行徑,這時笛摩昔尼斯(Demosthenes)說道:「目前你看他就像胃口其大無比的獅子正在擇肥而噬」[21]);財富對於一毛不拔的人而言,不會帶來歡樂或利益,他們的貪婪不會停息和中止,即使整個世界落到他們的手裡,仍舊覺得空空如也。

7 有人會這樣說:「他們爲了把財產保存下來遺留給兒女和繼承人。」至於在世的有生之年不會交出絲毫;不僅如此,就像那些在礦區的老鼠,會把金屑吃下肚中[22],要等它們死後開膛剖肚才能得到。爲何他們非要抱著迫不得已的欲望,將累積的金錢和龐大的家產遺留給他們的後裔?他們的確是爲其他人保存財產,這些人又爲了他們的後代,就像陶製的水管,一根一根將接受的水傳輸下去,自己一滴都不會留下,一直到有外人介入爲止,像是那些告密者或暴君,要切斷管路同時摧毀財富的保有者,會將所有的水源引入其他的渠道;或許如諺語經常提到的狀況,後裔當中出來一個敗家子,很快將所有的財產揮霍一空。如同優里庇德所說的那樣,不僅

　　奴隸之子有劣根性容易變壞,[23]

就是慳吝者的兒子也好不到那裡去,所以戴奧吉尼斯才會毫不客氣的嘲笑:「情願做麥加拉人的公羊也比守財奴的兒子強得多。」[24]

這些傢伙用訓練和教導自己的小孩作爲藉口,事實上卻要毀掉他們,將他們帶上歧路,因爲要把貪婪的性格和卑劣的行爲灌輸到後代的身上,準備在繼承人的心靈深處築起堅固的城堡,確保他們獲得的遺產可以安全無虞。因而不斷給予教誨:「盡可能要進得多出得少,賺得多花得少,存得多用得少;人生在世靠著

21　這句名言經常出現,參閱蒲魯塔克《希臘羅馬英豪列傳》之〈亞歷山大傳〉13節和〈笛摩昔尼斯傳〉23節。

22　參閱溫默《狄奧弗拉斯都斯的吉光片羽》No.174;普里尼《自然史》第8卷57節。

23　瑙克《希臘悲劇殘本》之〈優里庇德篇〉675頁No.976。

24　參閱伊利安《歷史文集》第12卷56節,以及戴奧吉尼斯‧利久斯《知名哲學家略傳》第6卷41節。

財力來衡量自己的身價。」[25] 這種方式不是正常的教育，是對兒子的壓迫和限制，始終讓他們處於閉塞的狀況，如同一個封口很緊的錢袋[26]，任何東西放進去就不會掉出來。這個貯錢的袋子久而久之變得污穢不堪而且臭不可聞，因而守財奴的子女在耳濡目染之下，接觸金錢的過程使他們養成貪婪的習性，像是與他們的父親由同一個模子鑄造出來。

不過，特別要注意到年輕的繼承人要為接受的教導付出代價，他們所以不愛自己的父親是因為龐大的遺產，所以會恨自己的父親是因為沒有真正到手；這些人建立的觀念是金錢凌駕於一切之上，擁有的財富讓人生沒有目標可言；他們會考慮到要去過父親的生活方式，等於他的父親將他們的年華暗中挪用。當雙親還活在世上的時候，身為兒子不斷運用各種伎倆，將金庫當中的錢財偷出來亂花，像是將它視為身外之物一點都不愛惜，不僅用來送給朋友，還浪費在聲色犬馬上面，即使在聽講和學習的過程中還樂此不疲。等到父親亡故兒子接受留下的鑰匙和印章，他的生活方式產生急遽的改變，冷漠和嚴峻的面孔不帶一點笑容。

過去的一切宣告結束……[27] 像是玩球、角力、學院的研究或黎西姆的課程。這時他們要做的工作是詢問管錢的奴隸，檢查所有的支出和現金，核對總管和債務人的帳目，忙碌和憂慮使得他拒絕邀請的午餐，逼得他要到夜晚才沐浴，再也不去理會

　　練習的角力場和德西的聖泉。[28]

這時如果有人問道：「你會去聽哲學家的講課嗎？」得到的回答是：「怎麼可能？家父過世以後我沒有空餘的時間。」[29] 可憐的傢伙，你的父親留下什麼東西能比得上你被剝奪的閒暇和自由？最好是他沒有給你增加負擔，現在是你的財富在控制和掌握著你，看來你就像赫西奧德筆下的婦人，

　　未受歲月摧殘已經人老珠黃，[30]

25　參閱賀拉斯《諷刺雜詠》第1卷1節62行，以及它的注釋。
26　錢袋不會比它裝的東西更有價值；參閱斯托貝烏斯《牧歌》第4卷31節33行，以及塞尼加《書信集》第87封18節。
27　這裡的文字出現殘缺。
28　優里庇德的悲劇《腓尼基人》368行。
29　財富對於哲學的鑽研形成阻礙；參閱塞尼加《書信集》第17封3節。
30　赫西奧德《作品與時光》705行。

因爲來自貪婪的憂慮和狂亂，使得你的心靈長出過早的皺紋和華髮，同時使得你的意志消沉，抱負斲喪和友情凋零。

8 有人會說：「好吧！你就沒有見過有些人的用錢眞是一擲千金？」我們可以這樣回答：「亞里斯多德認爲這一類的人有兩種，一種是錯誤的用錢，另一種是有害的用錢[31]，難道你沒有聽過？無論那種方式都不是正常的消費，前面一種對當事人而言，沒有任何好處也無法獲得名聲，後面一種只能造成災難和引起羞辱。」首先讓我們考量有那些「用錢」的方式，才會使財富獲得更高的名聲。僅僅提到如何運用就可以嗎？事實上在這方面有錢的財主不如家道普通的人物。

根據狄奧弗拉斯都斯的說法，應該落實「視財富爲糞土」的觀念，才不會成爲嫉妒和猜忌的目標[32]；凱利阿斯和伊斯門尼阿斯分別是雅典和底比斯最有錢的人，他們對於財富的運用都能秉持蘇格拉底和伊巴明諾達斯的原則。

像是阿加豐吩咐樂師離開宴會的大廳，前去婦女的閨房爲她們演奏，認爲賓主之間的談話是最高尙的娛樂；當你想要讓有錢人與寒士獲得同樣的接待[33]，這時就得將華麗的服裝、昂貴的飲食和一切無用的多餘之物，全部捨棄不用，要讓你的

> 指導高懸在爐火的煙霧當中，
> 牛馬和騾子的勞累變得輕鬆；[34]

一旦我們獲得足夠的智慧和清醒的心靈，就會將金匠、寶石鑲嵌匠、香水調配師和廚師以及所有無用之物，全部趕出我們的城邦[35]。甚至有些人雖然不是有錢的財主，同樣可以擁有足夠的東西滿足他的需要，因爲財富最大誇耀之處在於它的奢侈與揮霍。

---

31 羅斯《亞里斯多德殘篇》No.56；參閱蒲魯塔克《希臘羅馬英豪列傳》之〈佩洛披達斯傳〉3節。

32 參閱溫默《狄奧弗拉斯都斯的吉光片羽》No.78，以及蒲魯塔克《希臘羅馬英豪列傳》之〈萊克格斯傳〉10節。

33 參閱柏拉圖《會飲篇》176E以及《普羅塔哥拉斯篇》347C-D。

34 赫西奧德《作品與時光》45-46行。

35 參閱蒲魯塔克《希臘羅馬英豪列傳》之〈萊克格斯傳〉9節。

我想你對帖沙利人史科帕斯(Scopas)的話一定表示贊同[36]；有人向他提出要求，將家中過多而且無用的物品送給那些用得著的人，得到的回答：「就是這些無用的多餘之物而非生活的必需品，使得我擁有幸福和受人羨慕的名聲。」所以有些人對於遊行的排場或是祭典的豐盛，遠較自己的生計更爲重視，在這方面大家都抱著類似的看法。

傳統的戴奧尼西亞(Dionysia)節慶[37]在古老的時代，只有一種喜氣洋洋的家庭式遊行行列，頭一位手提一罐酒身上裝飾葡萄的枝葉，接著是前來祝賀的人牽著一頭羊，隨後又有一位帶著一筐乾無花果，殿後那位背負一個很大的陽具模型。時至今日這種簡略的慶祝方式完全消失不見，現在的遊行行列裝飾得金碧輝煌，大家穿華麗的衣物戴著面具，乘坐各式各樣的車輛。從而得知，財富的作用將有用的生活必需品全部埋葬在無用和多餘的廢物之下。

9 我們大多數人都會犯下特勒瑪克斯的錯誤，他雖然沒有經驗也談不上品味，看到尼斯特的房間有臥榻、餐桌、衣物、寢具以及可口的葡萄酒，可以供應他的需要，並沒有表示贊許的意思；等到他訪問麥內勞斯的宮廷，見到展示的象牙、黃金和琥珀，大感驚異之餘不禁叫道：「我認爲

> 宙斯位於奧林帕斯山的廳堂，
> 陳設的華麗也沒有如此壯觀；

蘇格拉底或戴奧吉尼斯聽到以後，必然會有這樣的指責：

> 無用的廢物代表虛榮和胡鬧，
> 有識之士看在眼裡只會訕笑。[38]

可憐的傻瓜！你應該拿走妻子要穿的紫袍和佩戴的飾物，免得她搔首弄姿迷惑來自國外的貴賓[39]，你已經知道家中會出現這種狀況，爲何你會爲訪客將住所裝修

36　參閱蒲魯塔克《希臘羅馬英豪列傳》之〈馬可斯‧加圖傳〉18節。

37　這種節慶在阿提卡的鄉村地區舉行，參閱亞里斯托法尼斯的喜劇《阿查尼人》247行及後續各行。

38　荷馬《奧德賽》第4卷74-75行。

39　這位貴賓是帕里斯，他與海倫的私奔引起血流成河的戰爭。

如同劇院或舞台？」

10 這就是財富所能發揮的功能，誇耀的場面除了充當證人和觀眾，再也沒有其他用途。這與自制的能力有多麼大的差異，要去追求智慧以及對於神明的了解，即使對人的認識不清又有什麼關係！像是能夠自行發光的靈魂，洋溢無與倫比的發射物[40]，能給不斷交往的同伴帶來歡樂，運用它的力量去領悟神的旨意，這時無須考慮會被人或神所見或是充當證人[41]。談起德行和理性的本質之眞，以及包括幾何和天文在內的數學之美[42]，豈是財富給你帶來的馬具、項圈和飾物所能比擬？只要沒有人看見或是不加以注意，財富變得效用不大而且不會光彩奪目，所謂用「錦衣夜行」表示何必多此一舉就是這個道理；像是有錢的財主與自己的妻子或密友用餐，不會擺出香櫞木的桌子和金製的酒器，僅是普通的家具和器皿，他的妻子也不會戴金佩玉，只著家常的服裝。等到舉行盛大宴會，這是身分和地位的表現，財富發揮戲劇化的效果，像是「他從船上搬出銅鍋和三腳鼎」[43]，貯藏室的各種燈具不再閒置，改用金銀製作的酒杯，就連執事人員都要換上嶄新的衣帽，各種貴重的器具全都派上用場，等於宣稱他的財富在於供應大家的需要。看來眞正的主人是自己單獨進餐，準備盛宴是爲款待外來的人士。

---

40 參閱亞里斯多德在戴奧吉尼斯・利久斯的《知名哲學家略傳》第5卷17節所說的話：「視力從四周的空氣當中獲得光明，如同靈魂從不斷的學習當中增長智慧」。

41 參閱柏拉圖《國家篇》580C。

42 參閱柏拉圖《高吉阿斯篇》475A。

43 荷馬《伊利亞德》第23卷259行，阿奇里斯這樣做是為了增加葬禮的光彩。

第四十二章
論羞怯

1 某些沒有實用價值的野生植物，能夠與栽培的穀類、葡萄和果樹共生在一起，對於作物的成長沒有任何妨害，農夫可以拿它作為一種指標，從而知道土壤是否養分不夠，應該開始施肥。心靈的各種激情與植物的狀況非常相似，有些成分相當敗壞然而可以自然發展；有些具備優秀的素質能夠相應於理性的教化。我在這裡將這次討論的題目稱之為〈論羞怯〉，並沒有表示貶損之意，然而它會引導走向偏差和錯誤的行為。人有慚愧汗顏之心與感覺完全麻木都會產生同樣的過失，前者會因所犯的錯誤感到悲傷和痛苦，不像後者都是寡廉鮮恥的傢伙，可以從中享受莫大的歡樂。一個人要是做了卑鄙污穢的事情，沒有恥辱之心就會毫不在乎，然而羞怯僅是與卑賤的外表有幾分類似之處，就讓它成為驚弓之鳥；從而得知羞怯是過分重視恥辱造成的現象，它在這裡的名字是dysopeomai[1]，所謂 prosopon「面孔」有時會反映出心靈的困窘和驚慌。如同katepheia「頹廢」這個字的定義是痛苦，使得我們kato「垂頭喪氣」，等到用謙卑的態度屈從講情關說的當事人到某一種程度，甚至都不敢注視對方的面孔，這就是所謂的「羞怯的順從」。

如同一位演說家所說的那樣[2]，真正的羞怯在他的眼中不是少女而是農奴。因而一個凡事羞怯順從的人，人格特質完全顯示在臉部，從而得知他的心性是優柔而軟弱，放棄自己的立場到可恥的地步，才能獲得「謙虛」這個美好的稱呼。加圖曾經說過，他喜歡看到年輕人的臉孔是紅裡透黑而不是蒼白無神[3]，止確的教育和訓練使我們害怕譴責而不是勞累，畏懼奚落而不是危險。雖然如此，有時我們為了不願犯錯，所以才會多方顧慮因而膽小怕事，這種狀況也應該避免，很

---

1 dysopeomai意為「因為糾纏不休變得極其厭煩，最後只有順從了事」；與用在本節的講法有很大的差異，很可能是蒲魯塔克沒有弄清楚這個字的語源，才會產生不應出現的錯誤。
2 雅各比《希臘歷史殘篇》之〈泰密烏斯篇〉No.122。
3 參閱蒲魯塔克《希臘羅馬英豪列傳》之〈馬可斯‧加圖傳〉9節。

多人所以變成懦夫不願採取冒險犯難的行動，因爲他們對於別人的誹謗和非難，以及預期的險阻和艱辛，同樣感到無法面對。

2 我們所以會出現這樣重大的缺失，並非我們對於過於軟弱的羞怯毫不在意，也不是我們僅僅贊同不屈不撓的堅定心志；應該想出辦法使得兩種性質能夠非常諧和的混合在一起，分別將極其嚴厲的冷酷和過分殷勤的虛僞，能夠一一排除殆盡，治療的過程會遇到困難，要想矯正非分的行爲不是沒有危險。如同農夫清除野草雜樹，就用鋤頭毫不費力的將它們連根挖起，或是放火將它們焚燒一空，等到他們要爲葡萄、蘋果和橄欖進行修剪或接枝的時候，處理的動作就會柔和特別提高警覺，不要讓留下的花芽受到損壞。哲學家要從一位年輕人的靈魂當中除去嫉妒，這是一種毫無價值又難以控制的生成物，或者將過早浮現的貪婪或縱情聲色的行爲連根清理乾淨[4]；等到將膿血擠出以後緊緊壓住，使得非常深入的切口只留下一個疤痕。

當他對於靈魂當中柔弱和精細的部分，運用洗練的交談當作手術刀，經過辨識就是產生問題的順服和羞怯，他要特別提高警覺，免得還不知道這一次的切除深受各方面的關懷。要是奶媽經常擦洗嬰兒的身體，不僅會使細嫩的皮膚受傷也會讓他感到疼痛；所以我們不要讓一個人在年幼的時候，就將個性當中的羞怯全部根除，這時他很容易變得粗心大意和知錯不改。就像拆除與廟宇緊鄰的住宅，要把相互連接的部分加以支撐，免得受到影響發生倒塌；所以我們在除去羞怯之心的時候，特別注意不要動到相鄰的部分，像是尊敬、殷勤與和善，不僅隱藏其中還緊密的依附不放。那些奉承的字眼像是「友善」、「客氣」和「優容」，使用在一個人的身上，很容易讓他屈服於壓力之下，這時絕對不會用到「嚴厲」和「坦率」。

斯多噶學派的學者從開始就對這些字的意義辨別得非常清楚[5]，像是將「羞愧」與順服要從「尊敬」這個字源加以區分，留下的混亂使得它的稱呼都模糊不清，像是有機會就要造成不便和害處。我們對於給予的名稱不要抱著模稜兩可的態度，應該追隨荷馬的論點，他說

4　須知慳吝好貨是老年人的特性，只有年輕人才會千金買笑；參閱亞里斯多德《奈科瑪克斯倫理學》第4卷第1節。

5　參閱阿尼姆《古代斯多噶學派殘卷》第3卷No. 439和440。

尊敬給人類帶來災禍和幸福。[6]

他首先提到的是它為害甚烈的部分。只有理性除去多餘只留下正確的總數，才會變得大有裨益。

3 一個人感到無可抗拒的強迫因而變得毫無主見，那麼首先要能提出證明說服大家：他的痛苦來自混亂的情緒，表示欽佩不會有任何害處。即使有人為了用形容詞「文明的」和「優雅的」，來取代名詞「莊重」、「偉大」和「公正」而鼓掌喝采，他還是會拒絕接受這方面的誘騙。或許就像優里庇德所描述的佩格蘇斯，是一匹長著翅膀的飛馬，

　　牠順從騎士的意願蹲伏下來，[7]

要知道牠的主人就是貝勒羅豐；對於說項的當事人只有舉手投降，從而自行貶低到同一水平，這樣做的目的是害怕別人說他是「冷酷無情的人」。

埃及國王波考瑞斯的性格極其殘暴，女神艾希斯送給他一條眼鏡蛇，盤據在他頭頂的上方，表示他的判決非常公正不容質疑。因而裝模作樣的殷勤有禮，可以用來壓制意志薄弱和膽怯怕事的人，他們對任何事既不敢反駁更不敢拒絕，做出的判決把公正放在一邊，參加會議只能啞口無言。他們被迫去說和去做很多事情，全都違背個人的意願。不講理的傢伙喜歡代別人作主還要多方加以控制，運用厚顏無恥的手段強迫個性羞怯的人就範；過於馴服的性格如同低下又土質鬆軟的地形，部署該處等於是無險可守，暴露在經驗豐富和行為卑劣的對手面前，對於他們的予取予求，毫無抵擋和擊退的能力。

他是一個差勁的監護人，幼年時期的繼承人不能從他那裡得到任何幫助（布魯特斯說過，一個人要是無法摒除私欲，那麼他在年輕的黃金時代就已經誤入歧途[8]）。索福克利的劇本當中，有一位女士是新婚夫婦的閨房總管，她帶著懊悔的口氣向姦夫說道：

6　這句詩出自赫西奧德《作品與時光》318行，蒲魯塔克認為這是赫西奧德抄襲荷馬《伊利亞德》第24卷44-45行。

7　這句詩的出處是優里庇德的悲劇《貝勒羅豐》，參閱瑙克《希臘悲劇殘本》之〈優里庇德篇〉No.807。

8　參閱蒲魯塔克《希臘羅馬英豪列傳》之〈布魯特斯傳〉6節。

> 你的甜言蜜語使我身敗名裂;[9]

這種殷勤的態度會讓放蕩的心靈更加墮落,他會將擁有的物品全部放棄交給攻擊者:因爲他所處的位置無法防衛自己,沒有任何可以用來阻擋的工具,四面八方的人都可以對他指揮。鑑於最邪惡的婦人都可以得到禮物,爭辯和粗俗的言辭經常超越它所要表達的善意。我對於金錢的喪失應該由羞怯的性格負責一事暫且不提;有些人明明對某人不信任,偏偏違反自己的意願要爲他的借錢給予保證,雖然他知道諺語說得好「呆人才作保」,事到臨頭還是無法推辭。

4 這種錯亂在一生當中帶來的損失多到難以計算,所以克里昂才會對米狄亞說,

> 與其現在把話挑明讓妳恨我,
> 總比吃虧以後追悔要好得多;[10]

他的金玉良言對所有人都非常管用,由於不願反駁所以屈從在壓力之下,同意她延後一天才動手,結果帶給他和整個家族的毀滅。甚至懷疑別人會使出行刺和下毒的手段,一時大意還是會鑄成終生遺憾的錯誤。狄昂並不是不知道凱利帕斯的陰謀,因爲他認爲對一個朋友和貴賓,採取預防措施感到不好意思[11]。

卡桑德之子安蒂佩特盛宴款待德米特流斯,接著是德米特流斯提出在次日晚上回請的要求,安蒂佩特雖然感到氣氛很緊張,由於對方對他的信任願意赴宴,要是拒絕會傷了德米特流斯的情面,所以他只有硬著頭皮前往,就在宴會完畢送客之際遭到殺害[12]。波利斯帕強爲了一百泰倫,願意替卡桑德除去赫拉克利(Heraclea),須知赫拉克利是巴西妮(Barsine)爲亞歷山大生的兒子;前去邀請他參加爲他舉行的晚宴。年輕人不僅疑心重重害怕有不利的舉動,藉口身體不適加以推辭,波利斯帕強對他說道:「閣下,令尊最大的優點就是對朋友推心置腹[13],這方面你要多多學習他的長處,除非你認爲我是一位陰謀分子,有了畏懼之心那

---

9 瑙克《希臘悲劇殘本》之〈索福克利篇〉No.773。
10 優里庇德的悲劇《米狄亞》290-291行。
11 參閱蒲魯塔克《希臘羅馬英豪列傳》之〈狄昂傳〉56節。
12 參閱蒲魯塔克《希臘羅馬英豪列傳》之〈德米特流斯傳〉36節。
13 參閱蒲魯塔克《希臘羅馬英豪列傳》之〈亞歷山大傳〉48節。

又另當別論。」赫拉克利在受激之下感到情面難卻只有赴宴，就在進食之際被他們用繩索勒斃。

赫西奧德的規勸不能說是荒謬或愚蠢，很多人認為是明智之言：

敵人而非朋友才會邀你吃飯。[14]

不要讓仇視你的人給你帶來侷促不安的感覺，他要是明顯看出非常相信你，那就不要對他皺起眉頭。在你邀請他以後他會請你去拜訪，他設宴款待你同樣你會回請，一旦你對他產生不信任的感覺，受到無法扯破臉面的影響，對於自己的防護就會出現疏失。

5　這種痼疾會引起很多後遺症，一定要經由訓練的方式盡力將它治癒，身為一個生手在開始的時候，要從瑣碎的小事做起，因為處理起來比較容易面對。像是晚餐你已經不勝酒力，這時有人還在勸飲，不必逼著自己順服，可以將杯子放下表示婉拒。或者有人邀你在酒後擲骰子，除了不能屈從，就是說些嘲笑的話也要充耳不聞；就像赫邁歐尼（Hermione）的拉蘇斯（Lasus）因為色諾法尼斯不願賭錢，就把他稱為膽小鬼[15]，這時色諾法尼斯說道：「我承認自己是全世界最怕事的懦夫，因為稍有閃失就會淪入羞辱的處境。」

還有就是你遇到一個令人厭煩的傢伙，一直跟在身旁糾纏不放，這時你狠下心來打發他走路，再去趕辦應該做的事務。迴避和嚴拒在實施的時候一定要很堅定，即使讓人感到不滿也不會很嚴重，付出這種代價還是值得，讓你爾後遇到更困難的狀況，可以得心應手的處理。有關這方面的問題，我們要把笛摩昔尼斯的話謹記在心。雅典人受到唆使要加入哈帕拉斯的陣營，正要發起反抗亞歷山大的行動，突然看到亞歷山大的水師提督斐洛克森努斯（Philoxenus）率領的艦隊已經出現在眼前；召開市民大會的所有人員陷入驚怖之中，沒有人敢發言，全場是一片沉默，這時笛摩昔尼斯說道：「他們對於強烈的太陽毫無畏懼之感，難道微弱的燈光會令人眼花撩亂？」如果你缺乏魄力拒絕朋友的邀飲，或是要逃避一個討厭鬼對你的糾纏，這都是情有可原；怎麼可以讓一個胡說八道的傢伙如他的願，而無法用堅定的態度對他說：「現在我很忙，下次見面再談。」要是當著國王的

14　赫西奧德《作品與時光》342行。
15　狄爾斯《哲理詩殘卷》之〈色諾法尼斯篇〉No. A16。

面出現尷尬的狀況,或是市民大會的成員讓你感到侷促不安,這時突然發生重大的事務,你又該怎麼辦?

6 用這種方式對待別人給予的讚揚:訓練自己遂行瑣碎和容易的事項要毫無懼色,久而久之就會發生很大的作用。像是在朋友的宴會當中唱很難聽的民謠,或是如同一位喜劇演員拿很高的報酬,卻將米南德的戲演得一無是處,這時大家還要給予鼓掌和稱譽。我認為一個人保持沉默,不理會毫無誠意和帶著娘娘腔的讚美,應該不是很難做到的事,更不必為這個感到嘆息。如果你沒有自行作主的權力,當一位朋友念出一首如同嚼蠟的詩,或是高聲發表可笑又悖理的演說,請問這時你能有什麼辦法?毫無疑問你可以大事頌揚一番,加入奉承者的行列多方給予吹噓。當他在日常的生活和工作中出現差錯的時候,那你又如何能夠幫助他改正這些缺失?要是他在職務、婚姻或城邦的政策出現偏差和誤導,我們又如何對他進行規勸?

伯里克利的友人向他請教,公開發誓以後還是做了偽證,這時自己應該怎麼辦,伯里克利的回答:「身為你的朋友,我會離開祭壇遠一點。」就我個人的立場,並不贊同這種獨善其身的答覆方式[16],因為這樣表示雙方的關係過於密切。他應該從開始就要保持距離,表現的方式是不要讚譽別人沒有內容的演講,不得為刺耳的歌聲鼓掌叫好,聽到無聊的笑話更不必裝出快活的樣子,不要讓任何人因而質疑他的判斷能力;同時他要持身以正,沒有人敢在他面前說出:「我即使發過誓還能出面做偽證」,或是「我會宣告一個不公正的判決」這一類的話。

7 可以用類似的方式應付金錢的需索:我們首先要在這種狀況下訓練自己,那就是沒有處於重要的時刻,拒絕不會造成很大的困難。馬其頓國王阿奇勞斯舉行宴會,一位家財萬貫的來賓提出請求,將金杯當成禮物賜給他,認為自己有資格獲得這份榮譽,國王吩咐侍者將它送給優里庇德,然後注視這個傢伙的面對他說道:「你雖然開口卻無法得到,他沒有表示倒可以擁有。」要讓他的判斷在無須感受任何困窘之下,能夠自行掌控對於禮物和利益的處理。在另一方面,我們通常不會理睬生性老實的人,甚至就是親戚或需要的朋友也會吃閉門羹,卻把金錢給予那些在你身邊不斷乞求的傢伙,並不是你心甘情願的付出,

---

16 參閱奧盧斯·傑留斯《阿提卡之夜》第1卷3節;以及琉茲克(Leutsch)、詩奈德玢(Schneidewin)《希臘的傳聞軼事》(*Corpus Paroem Gr.*)第2卷523頁。

問題在於你的性格懦弱無法拒絕。

　　年邁的安蒂哥努斯受到拜昂的需索感到煩惱不堪，於是交代下屬道：「給那位討厭又貪心的傢伙一泰倫。」須知他在國王當中最為精明能幹，說起話來絕不饒人，對於糾纏不休的人士從來不假辭色。某次一位犬儒學派人士向他要一個銀幣，他回答道：「我身為國王出手不能這麼小氣。」旁邊有人聽到就說：「那麼給他一泰倫好了。」這時他回答道：「對犬儒學派的學者來說真是太多了。」[17] 戴奧吉尼斯在西拉米庫斯一帶閒逛，到處要求人家把設置在該地的雕像送給他，大家很奇怪他怎麼會有這種異想天開的念頭，他的回答是要嘗試遭到拒絕的滋味。因此，我們首先要運用在一般平民身上，即使是微不足道的事物，只要是不合情理的要求，我們仍舊要讓他們無法得逞，這樣我們才有資源救助需要的人，可以讓施捨發揮最大的功用。笛摩昔尼斯說得好，沒有人能夠在花他不應該花的錢以後，還有能力去花他應該花的錢；一個人感到最為羞辱的事，是在不適當的支出方面過度的浪費，以至於價值重大的項目反而無錢可用[18]。

　　8 羞怯的性格造成對別人的順從，不僅對於家產的處理帶來不智和損害，更加嚴重的地方在於讓我們喪失認知的能力，例如當我們生病的時候，生怕有傷家庭醫生的情面，不去請教這方面的專家；或者是延師教導我們的兒女不去找飽學之士，而是那些登門請求給這份工作的人；最常見的狀況是涉及訟案，我們不去找熟悉法律事務的人士給予幫助，而是無法推辭朋友和親戚的拜託，要讓他們的兒子有機會可以大顯身手，一般而言都是事與願違。我們還可看到那些深受讚譽，自稱是伊庇鳩魯學派或斯多噶學派的哲學家，完全沒有經過選擇或考慮出於正確的判定，而是在親友不斷糾纏之下只有同意，為的是讓他們感到光彩。讓我們為這種狀況保持一個較大的迴旋空間和充分的訓練，能夠適應一般民眾和普通場合。

　　所以我們一定要求自己凡事要有主見，像是不要聽從一個理髮匠的安排，因為怕對他有所冒犯；或者為客棧老闆幾句好聽的話，就留宿在一個各方面條件都很差的地方；我們養成良好習慣，即使在可能性很小的狀況下，盡量要選擇對自己最方便和最有利的目標；如同畢達哥拉斯學派的人士，特別保持注意不能讓左腳架在右腳的上面，或是用一個偶數來取代奇數，這些對於其他人而言根本沒有

17　塞尼加《論恩惠》第2卷17節。
18　笛摩昔尼斯《演說集》第3篇19節。

關係。我們平素應該要有這種認知，無論是舉行一個祭典或是一場婚禮或是一個盛宴，像是有一種人不必邀請，那就是他對你大肆恭維或深表歡迎，卻無法成爲一個朋友或誠實的人。所以一個人要養成習慣和多加訓練，不要在重要的事務方面，成爲一個容易犧牲的受害者，甚至要能證明你在必要時有反擊的打算。

9 雖然要接受訓練獲得經驗，遇到狀況還得多方考量：首先我們切記所有的激情和心中的煩擾不安，總是伴隨著各種惡習和弊病，應該盡量避免陷入卑賤和墮落的處境；像是野心勃勃就會得到羞辱、縱情聲色就會產生痛苦，懶散怠惰就會潦倒終生，爭強好訟就會家破財空[19]；由於一味的順從生怕得到壞名聲，像是爲了逃避煙霧竟然陷身火中。那些人爲了免於侷促不安，所以不願拒絕毫無道理的講情者，後來必定引起指責造成更大的困擾；由於不敢面對私下的非難，最後逼得他要接受公開的打擊。因而對於一個朋友提出金錢的要求，認爲拒絕是感到極其慚愧的事，等到後來出現很多不意的狀況，會使雙方都陷入難以解決的困境。還有人答應要在打官司方面去幫朋友的忙，由於不好意思與對造見面，逼得自己垂下頭來趕快逃走。很多人在特定的方面毫無道理示弱，像是對於女兒或姊妹的親事，接受屈辱或喪失權益的條件，等到事後追悔要重新訂立婚約。

10 他說亞細亞的居民都是一個人的奴隸，在於他們不會說出單音節的「不」字，當然大家知道他在開玩笑並非眞有其事。然而這些人卻受到一再的要求，無須說出任何一句話，僅僅只要皺起眉頭或是垂下眼睛，他們就會停止提供相當勉強和無此必要的服務。優里庇德曾經說過，智者會用沉默作答[20]，我們對於那些欠缺考量的事物更應如此，同時也能說服那些講理的人。

不錯，我們還應準備很多知名人物的格言和警句，用來應付那些糾纏不休的人。像是福西昂對安蒂佩特的回答：「你不能把我看成一個敬重的朋友，同時又是一個奉承的小人。」[21] 還有就是在一次節慶當中，雅典人向他不斷的喊叫，要他出錢讓城市辦理各種活動，福西昂說道：「我要是把錢送給你們而不是交給他，得到的結果是賴債不還的無地自容」；這時他指出債權人就是凱利克利[22]。

19　塞尼加《論憤怒》第1卷12節。

20　瑞克《希臘悲劇殘本》之〈優里庇德篇〉675頁No.977。

21　參閱蒲魯塔克《希臘羅馬英豪列傳》之〈福西昂傳〉30節及〈埃傑斯傳〉2節。

22　參閱蒲魯塔克《希臘羅馬英豪列傳》之〈福西昂傳〉9節。

　　修昔底德說過這樣的話：「承認我們的生活過得拮据並不可恥，不擇手段力求避免貧窮才會給人帶來羞辱。」[23] 要是他過於愚蠢而且個性懦弱，就會用溫順的口吻向當事人求饒，

　　　　閣下，我手裡沒有一點銀兩，[24]

然後給予答應的承諾如同某種誓約：

　　　　友情的枷鎖來自雙方的需要，
　　　　絕非單方面用人力勉強打造。[25]

帕西烏斯(Persaeus)為了將錢借給朋友，就在市場當著一位銀行家的面，草擬並且簽署一張借據，明顯看出他記得赫西奧德的詩句：

　　　　親兄弟明算帳還是要有保證。[26]

旁邊的人感到奇怪就說道：「帕西烏斯，這樣做合法嗎？」他回答道：「照這樣做沒有錯，奉還所借款項能夠維持友誼，不需要採取法律的行動。」很多狀況是開始的時候害怕引起冒犯，所以沒有要求給予擔保，後來訴諸法律因而失去這些朋友。

　　11　柏拉圖寫給戴奧尼休斯的信函由西茲庫斯的赫利康轉呈，特別稱讚這位信差是值得信任的老實人，只是最後還是附加一筆：「我把自己的判斷據實告訴你，然而來人是個凡夫俗子，至於將來有什麼變化還是不得而知。」[27] 像是色諾克拉底就是無法堅持原則，經不起人情壓力，為一個品行不端的傢伙寫推薦信給波利斯帕強；等到這位馬其頓人出面歡迎，詢問他有什麼需要

23　修昔底德《伯羅奔尼撒戰爭史》第2卷40節。
24　瑙克《希臘悲劇殘本》之〈Adesp篇〉No.389。
25　出自優里庇德的悲劇《派瑞索斯》，參閱瑙克《希臘悲劇殘本》之〈優里庇德篇〉No.595。
26　赫西奧德《作品與時光》371行。
27　參閱柏拉圖《書信集》第13封360C-D，文字與原信略有差別，看來是靠著自己的記憶加以
　　引用。

的時候，來人開口索取一泰倫的款項。波利斯帕強如數給付，只是寫信給色諾克拉底，勸他以後對於人員的介紹務必慎重，要經過仔細的查驗。看來色諾克拉底的做法確實過於草率；不過，雖然我們非常清楚某人是個惡棍，等到他離開還是會給他寫推薦信，同時還要送他路費；雖然避開那些縱情女色和喜愛奉承的人，會讓自己失去最大的歡樂；還得厭惡和憎恨厚顏無恥的強求，否則我們就會喪失理性，變得一切由別人代爲作主。如果有任何人在不斷的糾纏之後，迫不得已的狀況下只有答應，我們就可以這對他說：

須知非做不可就是自食惡果；[28]

諸如提出虛假的證辭，做出不公正的判決，選舉運用不法的手段或是借錢給無法歸還的人。

12 即使我們的激情失去控制，要是與勉強自己順從產生的錯誤相比，也不能引起更多的悔恨之心，令人頹喪之處不是緊隨在行動之後，有時尚未開始就已存在：我們的屈服會讓自己惱怒不已，我們出面作證就會感到無地自容，我們要是像夥伴一樣的行動，必然帶來最大羞辱，等到我們面臨失敗的後果，除了謝罪已無法可想。由於個性懦弱無法拒絕，我們在當事人堅持之下，答應很多超過權限的事情；諸如推薦一個人到法院、介紹認識行省的總督；只要沒有意願就要堅定的表示：「我不認識國王，你要找其他的門路。」賴山德在與亞傑西勞斯產生嫌隙以後，知道已經不像從前那樣言聽計從，只能靠著過去的聲名維持顏面，他將狀況告訴前來求情說項的人，絲毫不覺得有難爲情之處，同時要他們去找某人，說他在國王面前可以發揮影響力[29]。一個人不能成爲全能的萬事通也沒有丟臉的地方；我們沒有權力或是缺乏所需的才華，還要著手超過能力的服務或者被迫從事交付的工作，這種方式不僅可恥而且對個人是極大的羞辱。

13 現在提出另外一種觀點。我們對於他們提出的要求，必須很高興給予合理和適當的服務，這並不是毫無助益的順從，因爲已經通過我

28 優里庇德的悲劇《米狄亞》1078行。
29 參閱色諾芬《希臘史》第3卷4節，可以對照蒲魯塔克《希臘羅馬英豪列傳》之〈亞傑西勞斯傳〉7節。

們的選擇。當我們被迫提供有害和失去正義的服務，這時要記得季諾所說的話[30]。
這位哲學家遇到一位認識的年輕人正要從城牆下面溜走，問清狀況得知他有一位
朋友做出違法的事，要求他出面做偽證，他不願意只有趕緊避開。季諾說道：
「傻瓜！這個人做了壞事，不值得你的尊敬更無須畏懼；要是你為了伸張正義，
還能不挺身而出舉發他的罪行？」因為他說過：

　　對付惡棍的手段是以暴制暴，[31]

憑藉這種方法抗拒惡行等於除去我們的壞習慣，首先就是不能成為一個凡事都不
在乎的人，免得我們後來變得厚顏無恥到處講情說項；須知有見識的人所作所為
要求正當合理，特別是對不公正的事存著羞愧之心。

14 還有就是關說講情的當事人如果沒有名氣，或許是出身卑微或者地
位低賤，對付這些人好像是沒有多大困難，還有人用戲謔的口吻說
他們打官司不過敷衍一下而已。這種狀況看起來很像兩個人在浴場裡面，要向狄
奧克瑞都斯(Theocritus)[32]借按摩器，其中一位是陌生人而另外一位是有偷竊習
慣的熟人，他說道：「閣下，我不認識你，所以不能借你；然而，我太認識你
了，更不能借你。」因而這兩個人都沒有達成目標。雅典有一座祭祀「城市保護
者」雅典娜的神廟，黎西瑪琪(Lysimache)是女祭司，一個騾夫向她提出要求，
因為是他運來這些神聖的陶甕，讓他飲一口裝在其中的美酒；她的回答是不可
以，怕的是相沿成習。有一個年輕人的父親是名聲響亮的隊長，自己的個性優柔
寡斷臨陣不能一馬當先，他向安蒂哥努斯提出晉升的要求，國王回答道：「小夥
子，我的俸祿賜給作戰英勇的人，而不是他有一位所向無敵的父親。」

15 講情者如果是地位顯赫和掌握權勢的人，當他就判決或派職向我們
提出要求的時候，非常難以拒絕，要想讓他打消原意更為棘手。加
圖曾經遇到這樣的事件，當時他還是一個年輕人，雖然與卡圖拉斯(Catulus)有
關，我認為對加圖讚揚一番還是有其必要。卡圖拉斯是羅馬最受尊敬的人物，當

30　阿尼姆《古代斯多噶學派殘卷》第1卷69頁。
31　凱貝爾《希臘喜劇殘本》第1卷〈伊庇查穆斯篇〉142頁No.275。
32　開俄斯的狄奧克瑞都斯是西元前4世紀的歷史學家。

時正出任監察官一職，放下身段去見管理國庫[33]的加圖[34]，要為一位受到罰鍰的人士講情，用強硬的口氣堅持自己的主張。最後加圖失去耐心說道：「卡圖拉斯，你這樣做非常不體面，身為監察官不能成為大家的表率，看來我要用棍子把你打出去。」[35]卡圖拉斯在羞愧之餘，只有怒氣沖沖的離開。

至於亞傑西勞斯和提米斯托克利的作為，是否更談不上圓滑和謹慎，這是見仁見智的看法。亞傑西勞斯在他的父親交代他，要對某一個案件做出違法的判決時說道：「你從我們小時候開始教導我們要服從法律的規定，因此我為了尊敬你起見，絕不會做出違法的事情。」賽門尼德要求提米斯托克利看在他的面子上，對於某一件罪行不要追究，他回答道：「詩的體裁和聲韻竟然失格，就不是一位優秀的劇作家；我受到關說不遵守法律的規定，就不是一位盡責的官員。」[36]

16 柏拉圖曾經說過，即使在音步的使用方面有了差錯，對於七弦琴的和諧不會造成影響[37]；所以兄弟之間不應該有恨意，朋友之間不應該有爭執，城邦之間不應該有戰爭，否則會給雙方帶來最大的傷害和痛苦，這些都要靠著法律和正義來阻止。然而有些人對於音樂、文字和韻律，評論它們的對錯和優劣都很挑剔，至於談到執行職責、做出判決或是從事公務，抱著漠不關心的態度。因此我們可以運用這種方式來對付他們；設若有這種惡習的律師由於你在審判訟案向你提出要求，或是不能堅持原則的民選官員因為你在元老院出任議員就前來關說，這時你不妨提出交換條件，就是要他承認在著作的序文出現失格的謬誤，或者在公開演講當中使用語法的不當。他們不會同意，因為無法忍受這種錯誤，我們知道有些人對於這方面非常講究，發表談話的時候重視音韻，遣詞用字到前後兩個母音都不能發生牴觸。

還有一種感到羞愧的求情者是德高望重的人士，可以要他在月圓之夜參加舞蹈活動[38]，或是他在市民大會的場合向大家扮鬼臉。如果他拒絕你，可以暗示他這種不妥，像是失格的謬誤或扮一個鬼臉，要是與違背法律、出庭提出偽證或是

---

33 國庫坐落在卡庇多林山的斜坡上面。

34 卡圖拉斯當選監察官是在65 B.C.，參閱布洛頓（Broughton）《羅馬共和國的官吏》（*The Magistrates of the Roman Republic*）第2卷157頁，裡面提到小加圖出任財務官是在64 B.C.。

35 參閱蒲魯塔克《希臘羅馬英豪列傳》之〈小加圖傳〉16節。

36 參閱蒲魯塔克《希臘羅馬英豪列傳》之〈提米斯托克利傳〉5節。

37 參閱柏拉圖的對話錄《克萊托奉篇》407C-D。

38 這是一種不得體的活動，會讓人感到羞辱；參閱西塞羅《論義務》第3卷19節及24節。

用不正義的手段犧牲老實人的權益滿足惡棍相比，那又算得了什麼？再者，像是斯巴達國王阿契達穆斯（Archidamus）[39]要亞哥斯人奈柯斯特拉都斯（Nicostratus）出賣克羅儂（Cromnon）[40]，答應的條件是獲得大筆金錢和可以選一位斯巴達婦女為妻，這時奈柯斯特拉都斯就說，阿契達穆斯的出身不是海克力斯家族，因為海克力斯是周遊各地撲滅歹徒，他卻要引誘好人變成十惡不赦的罪犯。我們也可以用這種方式應付以君子自詡的人物，如果他前來施壓或是關說，就說他的行為非常不當，已經損害到他的家世和聲譽。

17 那些沒有格調的人士總是對你糾纏不休，這時你必須設身處地仔細想一想：是否你威脅一個守財奴不用擔保就借走一泰倫，甚至一個高傲的人辭職將官位讓給你接替；是否一個野心勃勃的政客願意為你，放棄一次包贏不輸的選舉。坦白說，這些人的激情和惡習仍舊要發揮最大作用，絕不會半途撒手而去，所以我們要聲明自己是正派人物，堅持誠實無欺和公理正義，為了德行的實踐我們絕不放棄所應扮演的角色。當事人前來講情關說的目的如果是為了榮譽和權力，竟然裝出一副可憐相和得到壞名聲，用來增加別人的光彩和氣勢，這豈不是一件很荒謬的事；如同裁判要在比賽中運用欺騙的伎倆，或是官員接受賄賂核定資格不合的派職，將職務、地位和光榮當成酬庸，送給那些不應該獲得的人，等於賠上自己的名望和聲譽。如果當事人的目標是金錢，這種令人起疑的協議，我們難道看不出來是犧牲自己的地位，好讓某人裝滿他的錢包？

我認為大多數人對於這種事都有共同的想法，那就是了解自己會犯下很大的錯誤；就像有人為了打賭或是被迫飲下一大杯酒，雖然他再三拖延和猶豫甚至裝出苦惱的樣子，最後還是遵命喝了下去。

18 懦弱的心靈非常類似身體的結構，對於炎熱或寒冷都無法忍受。那些不斷前來糾纏和索求的人，他們極口讚譽的聲調是如此輕柔；一旦這位當事人遭到拒絕，面對提出的控訴和非難讓人感到膽怯和畏懼。我們要堅定不移守好兩條戰線，絕不屈服於恐嚇或諂媚。須知掌握權力必然引起忌恨，修昔底德曾說：「一個人有偉大的目標去追求，要有明智的心情接受別人的嫉

39　這是阿契達穆斯三世，出自優里龐帝系，在位期間360-338 B.C.。

40　奈柯斯特拉都斯是西元前4世紀亞哥斯的將領，克羅儂是位於阿卡狄亞地區的市鎮，形勢險要而且有重兵把守，成為遏制斯巴達人向北進出的門戶。

妒。」[41]雖然我們認爲很難避免別人的吃味，要是能夠逃過譴責或是不會冒犯與我們有關的人，只要稍微考慮一下就知道這更是不可能的事。我們情願做正當的事情，即使出於誤會惹起憤怒也沒有關係，不必爲了迎合別人而有了不公正的行爲，引起的怨恨較之憤怒使人更難忍受。

再者，講情關說的當事人口中的頌揚和讚美是無用的僞幣，我們必須對它嚴密的防範，不能出現有如豬玀這種家畜的舉止，只要當事人給牠搔搔癢，就會如他所願落入對方的掌控，所有一切都受到擺布。我們應該有這種理念，獨腳站立被人推倒總比傾聽奉承者的花言巧語要好得多，不僅如此，因爲諂媚之言受到拖累或者陷入沉淪那會更加令人不齒。還有一些人把他們看成犯下過錯的人，利用仁慈、人道、憐憫的名義，要把他們從敵視和懲罰當中拯救出來；另外的人做法完全相反，受到說服要與講情關說的人爭吵，甚至向當局提出告發，雖然不必強迫，倒是要冒一些危險；現在只有堅持立場的人受到讚揚，認爲只有他們才佩得上稱之爲「人」，也只有這些人不會軟化和屈從，甚至有些奉承者把他們尊爲「人民的喉舌」和「正義的聲音」。

雖然如此，拜昂還將這類人士比擬爲有耳狀提把的水罐，因爲只要抓住那裡就很容易攜帶。據說詭辯家阿勒克西努斯（Alexinus）在學院裡面到處謾罵麥加拉的司蒂坡，有一位聽課的學生向他說道：「司蒂坡在前幾天對你大事頌揚。」阿勒克西努斯說道：「的確如此，他這個人的說話率直而且坦誠。」麥內迪穆斯的做法完全相反，聽到有人提及阿勒克西努斯非常佩服他，說道：「我從來沒有對他說過一句好聽的話，這個傢伙就像地痞流氓，他所讚揚的人都是惡棍，只有正人君子才會對他不假辭色。」他是如此堅定，才會嚴防出現相互吹捧的狀況；要將安蒂塞尼斯的著作當中，海克力斯對幾個兒子的規勸奉爲圭臬[42]，那就是無須感激任何人對他們的讚揚。他認爲一定要抱持這種觀點：不能讓自己聽到順耳之言，心中不加防備進而受到控制；更不必用奉承的言語回報對方的殷勤。我始終認爲品達的話很有見識，有一個人對他非常欽佩，就說無論在任何地點遇到任何人士，都會對他大肆頌揚一番，品達回答道：「我非常感激你對我的厚愛關懷，只是請你一定要實話實說。」

41　參閱修昔底德《伯羅奔尼撒戰爭史》第2卷64節。
42　出現在安蒂塞尼斯《海克力斯傳》的殘卷中。

19 同樣的方法有助於治療心靈的錯亂和失衡，特別是個性懦弱容易在壓力之下屈服的人更爲有效；要是錯亂和失衡產生很大的影響力，使得我們的判斷出現偏差，甚至陷入侷促不安的處境，知道它會保留在我們的記憶當中，每一想起就會感到後悔和懊惱，一直不斷出現延續很長的時間。要是徒步旅行的人在同個地點連摔兩跤，或是漁船船長駕船在岬角遇著風浪沉沒，如果維持這種印象在他們的腦海裡面，就會盡其可能不要重蹈覆轍，還要提高警覺避免類似災禍發生。因而基於性格羞怯和難以爲情帶來的屈從和謙讓，有時釀成不幸，使得悔恨長存記憶之中，以後面對類似的狀況就能站穩腳跟不會退避。

第四十三章
論嫉妒與憎恨

1 　依據卜面提出的論點,嫉妒與憎恨沒有什麼差異,外表看來非常相似。
有人說罪惡如同綁著許多鉤子的釣線,掛在上面的激情[1]在不斷搖擺之
下,就會讓它們彼此糾纏在一起。像是身體有不同的疾病,來自類似的成因和出
現相同的症狀,一樣會給我們的心靈帶來困擾。人只要走運就會感受苦難的臨
頭,一方面是他會受到別人的憎恨,另一方面是他遭遇別人的嫉妒。我們認為善
意與這兩者背道而馳,它總是希望我們的鄰居能夠興旺發達;憎恨和嫉妒之所以
極其類似,是因為這兩者的目標在於排斥友情的存在。它們的類似之處不能保證
完全相同,如同兩者的不同可以明顯看出其間的差異,我們從對後者的檢查可以
解決這個問題,首先要注意這兩種激情的根源何在。

2 　憎恨起源於一種基於私心的概念,自古以來認為人類具備這種情緒是不
可取的罪惡,即使出於整體考量或者針對個人都難逃外來的指責[2];然
而從另一方面來看,凡是一個人認為自己受到冤屈和迫害,自然而然就會產生憎
恨之心;至於那些對別人做出損害或惡行的人,大家對他不僅給予非難還感到厭
惡。功成名就和紅運高照毫無疑問引來嫉妒,須知自發的情緒沒有界限可言[3],
像是任何光耀奪目的東西對發炎的眼睛,同樣都會給它帶來刺激[4]。然而憎恨有
它的設定範圍,無論何種狀況都會針對特定的目標。

1 　亞里斯多德將嫉妒和憎恨都稱之為激情;參閱亞里斯多德《奈科瑪克斯倫理學》第2卷5節。
2 　參閱亞里斯多德《修辭學》第2卷4節之31。
3 　參閱亞里斯多德《奈科瑪克斯倫理學》第2卷7節之15;西塞羅《論演說家》第2卷52節和
　　《突斯庫隆討論集》第4卷7節;以及阿尼姆《古代斯多噶學派殘卷》第3卷No.415。
4 　參閱瑙克《希臘悲劇殘本》之〈Adesp篇〉No.547。

3 其次，甚至沒有理性的動物都有憎恨的對象：如同有些民族對於黃鼠狼、甲蟲、蟾蜍和蛇抱持深惡痛絕的態度。日耳曼尼庫斯(Germanicus)[5]討厭見到公雞，對牠的啼聲更難忍受；波斯的祅教祭司到處捕殺河鼠[6]，不僅是他們仇視這種動物，就連神明也將牠視爲一種冒犯，久而久之連所有的阿拉伯人和埃塞俄比亞人，都保持這種不尋常的習慣。

4 凡是動物相互之間不會引起嫉妒，因爲它們對於運道的好壞沒有任何概念，光榮或羞辱對牠們沒有影響，須知這方面的怒氣就會帶來猜疑和忌恨[7]；有些動物彼此產生仇恨和敵意，像是老鷹和蛇[8]、烏鴉和夜梟[9]、山鶉和金翅雀，相互之間保持永不停息的戰爭，據說最後這兩種鳥類連血液都不會混合[10]，只要注入同一容器之中，就會分離爲不同的液體。還有就是獅子仇視公雞，以及象對於豬極其厭惡[11]，完全是基於畏懼所產生的自然反應。因而嫉妒似乎與憎恨大不相同，動物的習性只會接受仇恨，對於嫉妒像是敬謝不敏。

5 再者，沒有人對於公正平等感到嫉妒，如同沒有人認爲命運氣數毫無正義可言，因而人們對於好運都會抱著猜忌之心。從另一方面來說，很多人仍然無比憎恨正義，對於這種狀況稱之爲「確有可恨之處」，要是他們遇到嫌棄和厭惡的人，想盡辦法不能避鬼神而遠之，這時我們倒是難以給予譴責。無可質疑的證據顯示，無論何種場合都有人承認他感到極其憤恨，卻從來沒有人公開說他嫉妒某些人士。實在說在所有的狀況當中，對於邪惡的痛恨的確值得我們讚譽。

萊克格斯的姪兒查瑞拉斯是斯巴達國王，他的個性溫和柔順，共治的阿奇勞斯聽到有人頌揚他的仁慈，便說道：「查瑞拉斯就連惡棍都一視同仁，還有誰能

5　日耳曼尼庫斯(15 B.C.-19 A.D.)是奧古斯都之姊屋大維婭(Octavia)的外孫，雖然他的生父是德魯薩斯，卻過繼給提比流斯為子，獲得凱撒的稱號成為帝國的繼承人，後因病在軍中亡故。

6　參閱本書第27章〈埃及的神：艾希斯和奧塞里斯〉46節。

7　參閱西塞羅《論演說家》第2卷51節。

8　參閱亞里斯多德《動物史》第4卷1節。

9　參閱伊利安《論動物的習性》第5卷48節。

10　參閱亞里斯多德《動物史》第9卷1節；伊利安《論動物的習性》第10卷32節，以及普里尼《自然史》第10卷74節。

11　參閱本書第65章〈陸生或海生動物是否能更為靈巧〉32節；塞尼加《論憤怒》第2卷11節；普里尼《自然史》第8卷9節。

說他不善良呢？」[12] 荷馬對於瑟西底身體的殘疾有非常詳盡和明確的描述，提到他的性格極其邪惡只有簡潔的一句話：

他最痛恨阿奇里斯和奧德修斯；[13]

看來只有最卑劣的傢伙才會仇視仁德之士。人們都會否認他們存著嫉妒之心，如果你明確表示他們犯下此種過失，這時他們找出種種藉口，說他們基於憤怒、畏懼或憎恨，以及任何可以說得出口的激情，用來掩飾內心無所不在的嫉妒，暗示靈魂的錯亂只有這方面無法給予懇切的交代。

6 須知人類的激情如同植物，應該供給養分才能成長茁壯[14]；它們之所以增強加劇是處於不同的狀況或環境。如果我們憎恨的對象是深受其害的惡行，會讓我們加深恨意；要是我們嫉妒別人的美德，在自嘆不如的狀況下，也會加重這種情緒的刺激。這可以用來解釋提米斯托克利為何會有這種想法，他說他在年輕的時候所以沒有卓越的表現，那是因為他還沒有受到別人嫉妒的緣故[15]。只有穀物成熟和玫瑰盛開的時候，甲蟲才會大量出現。嫉妒會如影隨形緊緊跟著這些角色和人物，關鍵在於他們有卓越的表現，無論是德行和名聲都處在如日中天的地步。相互對比之下無法報復的惡行會加深我們的恨意。那些用不實的指控將罪名強加在蘇格拉底身上的人，他們的行為是如此的卑鄙惡劣，受到全體同胞的痛恨和唾棄，沒有人願意借火給他們照亮要走的路，沒有人回答他們提出的問題，甚至在同一個浴場會將他們用過的水倒掉以免受到污染，等到發現面對的憎恨已到無法忍受的程度，最後的下場是自縊身亡[16]。

從另一方面來看，偉大崇高的地位和光輝耀目的運道，通常會消除嫉妒於無形。等到亞歷山大或居魯士擁有無上的權勢，成為世界的主人，很難想像有人會對他們起了嫉妒之心。如同照耀在人類頭頂的太陽，就連投下的陰影都會湮滅或

12 參閱蒲魯塔克《希臘羅馬英豪列傳》之〈萊克格斯傳〉5節。
13 荷馬《伊利亞德》第2卷220行。
14 參閱亞里斯多德《奈科瑪克斯倫理學》第2卷2節。
15 參閱狄爾斯《哲理詩殘卷》第1卷109頁；柯克《阿提卡喜劇殘本》之〈Adesp篇〉No.385。
16 安尼都斯和梅勒都斯遭到報應之事，參閱戴奧吉尼斯·利久斯《知名哲學家略傳》第2卷43節；戴奧多魯斯·西庫盧斯《希臘史綱》第14卷37節。

變得渺小[17]；等到好運讓人平步青雲到無法搖晃的地位，這時嫉妒被顯赫的光榮所征服，在無法可施的狀況下只有萎縮和退避。不過，即使仇敵擁有顯赫的地位和強大的權力，不會使憎恨變得溫和與寬容。雖然沒有人會嫉妒亞歷山大，痛恨他的人不在少數，暗中策動的陰謀行動，最後的目標是要置他於死地[18]。因而這也算是一種災難：他們會停止嫉妒之心還是會憎恨不已；因為地位低微的敵人還是讓人痛恨，然而沒有人會嫉妒一個時運不濟的傢伙。

我們這個時代有一位詭辯家曾經說出這樣的話，嫉妒的人能從憐憫和同情獲得最大的愉悅。因此，這兩種激情之間有截然不同的差異：憎恨的性質與幸或不幸沒有什麼關係，等到一個人的運氣到達頂點，原來的嫉妒再也無法維持下去[19]。

7 還有就是讓我們站在否定的立場檢驗這些相同的原則，或許這種做法才能表示我們的不偏不倚。人們放棄敵視和仇恨，首在有足夠的證明對方不再對他們做出不講正義的事情，其次則是過去認為是惡行現在看來成為好意，第三當事人接受對手的好處，修昔底德說過：「最後提供的服務和報酬雖然微不足道，還是有機會平息最大的傷害。」

不過，第一種狀況對於嫉妒不會發生作用，雖然他們知道自己沒有受到委屈，還是會堅持對方的不當行為對個人造成的損失[20]；其餘兩種狀況實際上會讓人憤怒不已，因為嫉妒的眼睛不能容忍對方據有的優勢，以及享受善意帶來的名聲，進而認為德行會使對方蒙受最大的福分。甚至他們因為運氣的關係接受別人給予的利益，這會帶來更大的痛苦[21]，讓他們在意圖和權力兩方面都產生嫉妒；德行會產生意圖，好運會帶來權力，這兩者都是上天賜與的恩典。看來嫉妒與憎恨大不相同，任何事物要是能安撫其中之一的痛苦，那麼對另外一種激情會帶來更多的折磨。

17　須知嫉妒是光榮所投下的陰影，參閱斯托貝烏斯《牧歌》第3卷38節35行。

18　亞歷山大從印度班師，看到當時的局面動盪不安，採取大規模的整肅行動，凡是忠誠有問題的將領和省長，一律處死絕不寬恕，巴迪安(Badian)的著作對這段期間有詳盡的描述，並且稱之為「恐怖的統治」。

19　參閱亞里斯多德《修辭學》第2卷10節之5。

20　參閱亞里斯多德《修辭學》第2卷9節之3；以及西塞羅《突斯庫隆討論集》第4卷8節。

21　參閱巴西爾(Basil)《論嫉妒》(De Invidia)93C。

8 讓我們對這兩種激情進行檢驗，試圖找出它們的嗜好和傾向。憎恨者的意圖[22]是要傷害對方，所以憎恨的意義有它限定的範圍，運用某些工具和手段等待機會達成傷害的目的；不管怎麼說，這種方式就嫉妒而言並不存在。很多人對親戚和知己存著嫉妒之心[23]，並沒有意願要看到他們的沒落和敗亡，或是讓他們遭逢不幸和災難，只是他們的運道和幸福對自己是難以忍受的負擔。如果可能就會貶損他們的名聲和光榮，從另一方面來說，要是做不到這點，自己就得忍受無可挽回的災難所帶來的痛苦；就像一座富麗堂皇的府邸高矗在上方，會讓我們處於投下的陰影裡面，那怕只有一部分能夠脫離它的影響也應感到滿足[24]。

22 參閱亞里斯多德《修辭學》第2卷4節之31；戴奧吉尼斯·利久斯《知名哲學家略傳》第7卷113節；以及阿尼姆《古代斯多噶學派殘卷》第3卷96頁No.396。

23 朋友更是嫉妒的首要目標；參閱柏拉圖《斐勒巴斯篇》48B、49D和50A；以及色諾芬《回憶錄》第3卷9節之8。

24 參閱色諾芬《回憶錄》第3卷9節之8；以及克里西帕斯對嫉妒的定義。

第四十四章
論不會得罪人的自誇

1　赫庫拉努斯(Herculanus)，我的好友，理論上我們認為向別人談論自己的地位有多麼重要，權勢有多麼偉大，這是一種冒犯他人的行為；實際上為了避免引起別人的反感，倒是很少人會因為這種不當的舉止而受到指責。優里庇德有這樣的詩句[1]：

> 能買得到的演說使自誇無須花錢，
> 因為吹噓的風氣沒有顧慮和忌諱；
> 建立的功勳除了讓歡樂安居其中，
> 無論是真是假算起來都沒有關係。

然而他經常讓他筆下的英雄人物大吹法螺，甚至到令人無法容忍的地步；像是很多充滿戲劇化的冒險行動，以及那些不適合拿出來談論的激情。

　　品達同樣有這種表示：

> 過分的誇耀會使腔調變得更瘋狂，[2]

他對於頌揚自己擁有的權力從不感到厭倦，事實上他的確值得讚譽，請問誰又會拒絕？話說回來，甚至就是在運動會獲得桂冠，也要別人來宣布勝利者，可以避免自誇引起的忌恨。等到泰摩修斯在文藝競賽打敗弗里尼斯，將他的告捷文章寫出奉獻給神明的頌辭之中：

1　瑙克《希臘悲劇殘本》之〈優里庇德篇〉675頁No.978。
2　品達《奧林匹克運動會頌歌》41行。

> 米勒都斯人泰摩修斯能獲得優勝，
> 卡蒙之子是愛奧尼亞的蹩腳詩人。[3]

我們討厭聽到宣布自己勝利那種刺耳又得意洋洋的聲音。

　　色諾芬曾經說過，別人的讚揚需要詳盡的敘述產生心花怒放的感覺，自我吹噓只會貶損對方的人格給大家帶來痛苦[4]；首先，我們要把自誇當成羞辱的行為，即使對於別人的贊許都要感到侷促不安[5]；其次要知道自我炫耀是不公平的行為，即使是別人的賜與還是會讓人養成傲慢的習氣；最後要是我們沉默不語的傾聽，會讓人以為我們心懷不滿或產生嫉妒，如果覺得情面難卻要隨聲附和，那麼我們的判斷能力會被人大打折扣；我們表示尊敬所以要當面給予讚揚，並不是卑躬屈膝毫無男子氣概的奉承，這兩者還是有很大的差別。

　　2 我們對於經常出現的狀況不要漠然視之，政治家所以敢於自吹自擂，並非基於個人的光榮或愛好，完全是當時的情勢和環境有這個必要，問題對他而言最為現實，特別是他答應有卓越的建樹，結果卻不夠理想或無法達成，誇耀成為自我辯護的手段。來自大眾的頌揚產生最為慷慨的回報，從一顆種子當中收穫最甜美和最豐盛的果實。其實就他的功勞而言，這並不能算是報酬或補償，因為政治家可以依據他的行動，要求大家給予認同和評估：他情願享受信心的滿足和卓越的名聲，提供更多更好的資源從事更高貴的行動；因為人們的讚譽要是抱持相信和友善的態度，就會很高興和很容易把它做得更加完美：處於疑慮和厭惡的環境當中，不可能讓一個人的長處發揮功用，更無法迫使排斥的人接受給予的福利。政治家的自我誇耀是否還有其他理由，這是一個值得深思的問題，我們不要忽略它可能的用途，即使有這樣的表示也要避免輕浮和冒犯的言行。

　　3 現在的讚譽是如此的虛浮不實，讓人產生一種感覺，即使接受也不過徒然浪得虛名而已。要是很顯然讓人看出他的目標，在於野心的滿足和對名聲不合時宜的欲念，這樣就會給他帶來極大的羞辱。一個人遭遇饑饉到了最悲慘的關頭，臨死之際被迫違背人性，竟然要啃自己的肉當作食物；因此當他們對

3　參閱魏拉摩維茲《泰摩修斯的吉光片羽》No.27。

4　色諾芬《回憶錄》第2卷1節之31。

5•　笛摩昔尼斯〈論王權〉128節；昆蒂良引用於《演說家的教育》第11卷1節之22。

於讚譽存有如饑似渴的欲念，卻又無法發現別人會對他齊聲頌揚；他們會對不雅的可憐景象改換一種尋找生計的外觀，要為虛榮的欲念給予有力的援助。

等到他們沒有可能成為讚揚的對象，這時就會否定屬於別人的榮譽，對於卓越的成就抱著打壓的態度，即使發出耀目的光芒頓時為之黯淡失色；這時他們的行為不僅是愚蠢而已，更可以說是極其嫉妒和充滿惡意。俗語說得好，只有無聊的人或傻子才會多管閒事[6]；嫉妒會將自誇推到門外，其餘的頌揚會夾雜猜忌，能夠免除是值得高興的事。實在說我們無法忍受這種來自別人的讚譽，應該讓給那些地位相當和條件相配的人，因為只有他們值得接受應有的頌揚。如果滿口讚譽的人本身毫無價值或者別有所圖，我們不必將他的奉承之辭據為己有，除了拒絕接受，更應該澄清所言並非實情，這樣一來有很多的錯誤可以避免發生。

4 首先要注意的地方，就是當你為名聲辯護的時候，或是答覆對你的指控，自我誇耀不能引起別人的厭惡，如同伯里克利對大家的演說[7]：「我對於你們的憤怒不會屈服：因為我相信針對各位的需要，已經採取有效的措施；因為我熱愛我的城邦，不會受到金錢的賄賂和收買。」他在這個時候沒有大唱高調，表露虛榮自負的面孔，擺出不可一世的姿態；而是展現崇高的精神和偉大的氣質，絕不會委屈求全或者屈服於傲慢的嫉妒心理。對於這些人而言，甚至通過我們後來的判斷，還是不認為適合當時的狀況，那怕是自我膨脹的講話，只要有充分的證據和一切訴諸真相[8]，還是能捕捉到它的靈感，讓人為之得意洋洋和欣喜若狂。

事實會認可這種方式；即使將領受到指控說他們擔任指揮職務，沒有在任期完畢之前返國，竟然入侵拉柯尼亞，還要操縱梅西尼人的事務；佩洛披達斯表示認罪乞求大家饒恕，操縱民意的底比斯人走上前去對他痛責一番；伊巴明諾達斯詳述他的光榮事蹟，如果他重建梅西尼城、蹂躪拉柯尼亞以及聯合阿卡狄亞的行動，完全違背大家的意願，他的結論是準備接受死刑的處分；他們甚至不願等待投票結果，拿來反對制裁的行動，對於這個人的讚譽混合愉悅和歡笑，立即下令

6　琉茲克《希臘的傳聞軼事》第2卷690頁。

7　修昔底德《伯羅奔尼撒戰爭史》第2卷60節，雅典在伯羅奔尼撒戰爭吃了敗仗，隨後遭到瘟疫元氣大傷，伯里克利面臨各方的譴責，在市民大會對群眾發表演說。

8　修辭學家經常提到口若懸河的本領勝過基於學識才華的判斷；參閱西塞羅《論演說家》第2卷42節，以及昆蒂良《演說家的教育》第8卷3節之3-4。

解散市民大會[9]。

即使荷馬筆下的第尼盧斯(Sthenelus)[10]說出這樣的話：

> 我們比父執輩在各方面都要高明，

我們都無法對他多加指責，而是要記起下面的說辭：

> 可恥呀！身為勇士泰迪烏斯後裔，
> 為何臨陣畏縮始終凝視戰場退路？[11]

第尼盧斯不願讓自己受到委屈，卻能原諒朋友冒犯的言辭，要用自我誇耀的談吐，維護光榮的聲譽。

西塞羅經常吹噓他處理加蒂藍(Catiline)叛國案大獲成功的事蹟[12]，滔滔不絕讓羅馬人感到無比的厭煩；西庇阿說坐在那裡審判他的人是何等無禮，因為他們靠著西庇阿給予他們的權力，才有資格審判全人類；在座人士聽到以後大受感動，就將花冠戴在他的頭上，簇擁他前往卡庇多的神廟向宙斯奉獻祭品。西塞羅的誇耀並非出於需要，完全為了滿足個人的虛榮；西庇阿面臨危險的處境，只有運用自我表彰打消別人的嫉妒和猜忌[13]。

5 面對審判或處於危險更能運用這種方式，災難臨頭較之萬事順遂，無論自我誇耀或是接受讚揚都更加得體。因為幸運給人的感覺是已經將光榮抓在手中，看起來好像確有其事，其實並不盡然如此。滿足他們那種驕傲的感覺

---

9 參閱蒲魯塔克《希臘羅馬英豪列傳》之〈佩洛披達斯傳〉25節，雖然演說家麥內克萊達斯(Menecleidas)沒有達成整肅對手的目標，後來還是引起內部的鬥爭，損害城邦的團結。

10 第尼盧斯是亞哥斯人，率領部隊參加特洛伊戰爭，立下很多汗馬功勞；荷馬《伊利亞德》第4卷405行。

11 這裡所指泰迪烏斯的後裔，就是希臘陣營的勇將戴奧米德；荷馬《伊利亞德》第4卷370-371行。

12 盧契烏斯‧塞吉烏斯‧加蒂藍(Lucius Sergius Catiline)出身沒落的貴族世家，60 B.C.左右崛起羅馬政壇，受到執政官西塞羅的指控，說他在義大利煽動風潮，從事陰謀叛國活動，下達元老院「最終敕令」，62 B.C.逮捕加蒂藍案涉嫌人員，全部遭到處死。參閱昆蒂良《演說家的教育》第9卷1節之17。

13 李維《羅馬史》第38卷50節之12。

才會獲得快樂，然而針對其他的項目而言，非要經歷各種艱苦和困境，才會從他們的野心當中除去誇耀的作風。舉凡從外表上看來，像是要奮勇對付霉運或提振士氣，關鍵在於身處逆境絕不乞求給予同情，更不會自憐自艾以至一事無成。

我們認爲有些傢伙在公眾場合，翹起下巴昂首直入，一副目中無人的樣子，當然會受到大家的指責；等到參加拳擊比賽或從事戰鬥的時候，雄赳赳氣昂昂大步前進，卻會受到我們的喝采和稱讚。所以一個人要是受到厄運的打擊，更要屹立不搖擺出奮鬥到底的姿態，

> 要像一個拳擊手般盡量迫近對方，[14]

運用自我期許的積極進取，從陷入卑賤和悽慘的狀況提升到光榮和勝利的場面。我們受到感動不是因爲冒犯或鹵莽的行動，而是奮鬥和絕不認輸的情操。

荷馬筆下的佩特羅克盧斯，只要保持謙虛和不會出口傷人的態度，出陣作戰就會贏得勝利，等到在那裡耀武揚威，對著赫克托(Hector)說出

> 即使像你這樣的角色多到二十幾，
> 一擁而上我還是不把它放在眼裡；

最後難逃慘死沙場的命運[15]。福西昂的性情溫和，平素謙恭有禮，不會輕易指責別人的錯誤，他的朋友與他被判處死刑，其中一位過於悲傷在那裡不停的埋怨，這時他神情從容的說道：「我的老友，你這是怎麼啦？能與福西昂同生共死，還有什麼不滿足的地方？」[16]

6 一位政治人物的功勳得到不公正的回報，甚至到了忘恩負義的程度，這時他會盡可能爲自己大肆吹噓，這也是很自然的事；即使就是阿奇里斯很多時候還是不敢目空一切，對於上界的神明表現唯命是從的模樣，因而他說：

> 倘若我們得到宙斯給予慷慨同意，

14　索福克利的悲劇《特拉契斯的婦女》442行。
15　荷馬《伊利亞德》第16卷845行。
16　本案一共有五人判處死刑，這是他對休迪帕斯所說的話；參閱蒲魯塔克《希臘羅馬英豪列傳》之〈福西昂傳〉36節。

最後還是攻下固若金湯的特洛伊。[17]

他要是受到無禮的指責或誹謗的侮辱，大發脾氣之下就會逞口齒之利：

我的艦隊將十二座城市洗劫一空；[18]

或是：

他們沒看到我的頭盔在那裡晃動。[19]

因為懇求給予公正的對待就把言論自由包括在內，讓自我誇耀有充分發揮的餘地。

提米斯托克利處於功成名就的時期，從來不會讓自己的言行惹起別人的憎惡，當他看到雅典人對他產生反感，亟須盡力加以擺脫不可，這時他毫不猶豫的說道：「各位品格高尚的朋友，是不是你們從同一隻手裡接受恩惠已經感到厭煩？」[20] 還有就是：「各位把我當成一棵篠懸木，壞天氣來到下面躲避風雨，等到豔陽高照就會亂砍枝葉。」[21]

7 很多城邦的市民無法忍受對外征戰的勝利，就會對於將領做出忘恩負義的舉措，冤屈的行動讓他們得到迫害者的稱呼；只要將領曾經誇耀自己的作為，即使有人起來譴責他的勝利，也會受到大家的原諒，不會對這個唱反調的人有任何非難之處。例如，他們讓笛摩昔尼斯暢所欲言，在〈論王權〉那篇演講當中，用很大的部分不斷自我吹噓，同時對於那些指控他的言辭，認為他在戰時的行為舉止，看起來像是使者和政客而非英勇的戰士，他並不感到刺耳反而覺得是光榮的事。

17　荷馬《伊利亞德》第1卷128-129行。
18　荷馬《伊利亞德》第9卷328行。
19　荷馬《伊利亞德》第16卷70-71行。
20　參閱蒲魯塔克《希臘羅馬英豪列傳》之〈提米斯托克利傳〉22節。
21　篠懸木是枝葉繁密、造形美麗的觀賞性木本植物，一般種於庭園或作為行道樹；參閱蒲魯塔克《希臘羅馬英豪列傳》之〈提米斯托克利傳〉18節。

8 運用相互的對照得知很多事並沒有遠離上面所述的狀況。一個人受到指控說他的行為不僅可恥而且卑鄙，用來表示完全相反的意思，可以產生極其得體的效果[22]。萊克格斯(Lycurgus)[23]在雅典受到辱罵說他花錢去買通一位告發者，這時他說道：「這麼多年我的職務是要逮捕可恥的行賄者而非收賄者，現在竟會如此誣衊我，到底把我看成那種類型的市民？」梅提拉斯(Metellus)說西塞羅的證辭，使受害的人比起得救的人要多得多[24]，他回答道：「誰敢起來否認我完全是實話實說而非靠著口才取勝？」

笛摩昔尼斯說過同樣的話：「如果我僅僅用言辭玷污城邦的光榮，就有人要殺我以謝國人，難道這種做法就能算是主持正義？」[25] 以及「那些邪惡的傢伙曾經說過，如果我不採取睜一隻眼閉一隻眼模稜兩可的態度，所有的盟邦都會離我們而去，你們為何不想一想其中的道理？」[26] 一般而言，〈論王權〉這篇演說運用的對比最為適切，幾乎每一個指控都以自誇的態度做出嚴厲的駁斥。

9 這篇演說還有一個重點應該特別注意：他從公開發表的言論當中，除去攻擊冒犯和自以為是的辭句，運用非常和諧的方式混合聽眾和他自己的讚譽和推崇[27]。那就是頌揚雅典人對優卑亞人和底比斯人採取極其高貴的態度，以及他們對拜占庭和克森尼斯的人民表現無比仁慈的善行，在提到當前這些狀況的時候，他們承認已經善盡教導的使命[28]。只有拿出巧妙的手段才會使聽者不必帶著防範之心，樂於接受講話者的嘉許；等於暗示這些都是他們自己的讚譽之辭，很高興能夠詳述他們成功的事蹟，接著才會推崇他的功勞和認可他的行動，因為基於他的關係使得這一切都成為可能。

麥內克萊達斯(Menecleidas)[29]嘲笑伊巴明諾達斯比阿格曼儂更加驕傲，在

22　參閱阿普西尼斯(Apsines)《修辭的藝術》(*The Art of Rhetoric*)第7章273頁。

23　這位萊克格斯(390-324 B.C.)是雅典的政治家，本書第58章〈十位演說家的傳記〉第7篇敘述他的事蹟。

24　奎因都斯‧西昔留斯‧梅提拉斯‧尼波斯(Q. Caecilius Metellus Nepos)是梅提拉斯家族知名之士，曾任57 B.C.的執政官，西塞羅在政壇上面最主要的敵手；參閱蒲魯塔克《希臘羅馬英豪列傳》之〈西塞羅傳〉26節。

25　笛摩昔尼斯〈論王權〉101節。

26　笛摩昔尼斯〈論王權〉240節，有關的內容引用在阿普西尼斯《修辭的藝術》第7卷274頁。

27　參閱西塞羅《論創作》第1卷16節。

28　笛摩昔尼斯〈論王權〉80節及後續各節。

29　麥內克萊達斯一直對伊巴明諾達斯和佩洛披達斯妒恨在心，等到底比斯的聯軍進攻斯巴達，指控他們違背布卡久斯(Bucatius)法的規定，延後交出指揮權達四個月之久。

於前者這樣對大家說道：「各位底比斯的市民，由於大家的同心協力，我才能在一日之內推翻斯巴達帝國，事實上都是你們的功勞。」

10 要是一個人讚揚自己慷慨大方不惜一擲千金，會使聽者感到極大的敵意和憤恨，如果他用這種言辭稱許別人，非僅不至於引起如此強烈的反感，倒是經常得到贊同的聲音和表示欣慰的語氣；重點在於掌握適當的時機，即使已經養成讚譽別人的習慣，只要它的目的和行為不是為了自己，可以達成同樣的效果。有些人運用這種方法安撫聽者，將他的注意力拉回他們的身上，雖然他們總是講起別人，會使對方很快認同說話的人所建立的功勳，值得給予同樣的讚譽。如同一個傢伙要詆毀別人，說出的言詞用在自己身上，就不算是欺騙行為，像這種損人利己的做法，看來他是在詆毀自己而不是別人。

當一個老好人稱讚別人的時候，等於提醒聽眾要意識到他的功勞，大家立刻驚叫道：「你竟然與那些政客有所不同？」亞歷山大推崇海克力斯，後來他受到安德羅科都斯（Androcottus）這些文士的頌揚，出於同樣的功勳贏得他們的尊敬[30]；等到戴奧尼休斯藐視傑洛，甚至在他的名字上面大作文章[31]，這種因為嫉妒所引起的無心之失，損害到自己的權勢所建立的尊嚴和地位。

11 政治家在任何狀況之下應該了解其間的差異，必須掌握適當的時機有最好的表現。那些被迫非要讚許自己的人有時會受到諒解，只是運用的過程要很正確；自己不要先入為主堅持任何論點，摒除榮譽加在身上的負擔，整個事件部分歸之機遇，部分歸之神明。阿奇里斯的說法很有道理：

> 我殺死此人完全出於神明的旨意；[32]

泰摩利昂的做法值得仿效，為了紀念作戰勝利，在敘拉古為幸運女神建立一個祭壇，同時將自己居住的房舍奉獻給守護神[33]。

---

30 這位是投向亞歷山大陣營的印度酋長，還有一個眾所周知的名字叫作旃陀羅笈多（Chandragupta），後來建立偉大的孔雀王朝，首都設在恆河岸邊的巴利波塔（Palibotha）。

31 戴奧尼休斯用雙關語諷刺傑洛，說gelos這個字就希臘原文是「嘲笑」之意，所以他現在成為西西里的「笑柄」。有鑑於戴奧尼休斯的僭主統治極其暴虐，相較之下傑洛的君權政體可以說是相當優異。

32 荷馬《伊利亞德》第22卷379行。

33 參閱蒲魯塔克《希臘羅馬英豪列傳》之〈泰摩利昂傳〉36節。

　　伊諾斯(Aenos)的皮同[34]適當的舉止值得大家的效法，他殺死科特斯回到雅典以後，所有的演說家在市民大會爭先恐後向他讚美不已，等到他發覺有些人露出嫉妒和不以爲然的樣子，就走到前面向大家說道：「各位雅典的人民，所有的作爲都是神明的意圖，不過借我的手臂除去巨奸大惡而已。」蘇拉爲了免於別人的猜忌之心，不斷提起他有多麼好的運氣[35]。

　　人們情願向命運或氣數拱手稱臣，總比敗於征服者的能力和德行要光彩得多，就前者來看每個人都可以獲得優勢，後面這個狀況得知敗北的責任歸於自己的作爲。札琉庫斯(Zaleucus)制定的法典[36]之所以會受到洛克瑞斯人的喜愛，是由於他宣稱雅典娜不斷在他面前出現，經過祂的指示和教導完成立法的工作，他自己可以說毫無建樹和貢獻。

12 或許對於極其固執又容易嫉妒的人，必須要發明這一類的藥物和鎮定劑；僅就處事公正的人而言，即使運用其他的策略還是不會犯下錯誤，這裡所說的策略就是我們的讚譽要加以修正：推崇的對象要是擁有口才、財富或權勢，這時必須考量他是否是一位值得頌揚的人物，公開的讚美是否會對他造成損害，以及是否可以引導更爲有益的生活。我們對於讚揚對象的轉移不會有多大意見，更不會爲了向別人喝采覺得有多麼光彩，只是眞正有功勞的人沒有給予應得的贊許，倒是感到非常生氣。他讓人感覺到一種印象，就是對頌揚者的不滿，原因在於讚譽不合時宜，特別是給予的美言出於錯誤的理由，更是令當事人深感失望；要運用他的優點和長處，不讓人們把注意力放在缺失方面，或者他對頌揚充滿熱烈的期望，更要向他表示要如何做才會讓讚譽正確無誤。

　　實在說，像這樣的話：「我環繞雅典不是興建石頭和磚塊的城牆，你可以看到大批的部隊、騎兵和盟軍」[37]，就是運用這種程序最好的寫照。還有伯里克利的說法：這位雅典的政治家正在彌留之際，他的朋友都很悲傷，大家讚譽他偉大的德行、無上的權威、卓越的功勳和輝煌的勝利，他擔任主將征討敵人，爲雅典

34　皮同是柏拉圖的門生和追隨者，率領軍隊出征色雷斯獲得壓倒性的勝利。

35　蘇拉除了接受菲力克斯(Flix)的稱號，還為自己取了伊巴弗羅迪都斯(Epaphroditus)的名字；須知菲力克斯是拉丁語意為「幸運」，伊巴弗羅迪都斯是希臘語意為「阿芙羅黛特的寵兒」。

36　札琉庫斯是650 B.C.左右的立法者，據說他為洛克瑞斯人制定第一部希臘的法典，雖然條款非常嚴酷，還是被在義大利和西西里的希臘城邦所採用。

37　笛摩昔尼斯〈論王權〉299節；參閱赫摩吉尼斯(Hermogenes)《權勢之道》(*How to be Forceful*)第25章。

興建的凱旋紀念碑就有九座之多；這時他正好清醒過來，聽到他們說的話就提出指責，為什麼他們對於風雲際會的虛名，始終沒有忘記稱讚，因為其他的將領都可以創造這樣的功績，反而對他最卓越和最偉大的成就，不是沒有提到就是置之不理；他說道：「沒有一個雅典人因為我犯下錯誤而白白犧牲性命。」[38]

這樣的先例使得頌揚更有價值，因為他們不會贊許演說家的口若懸河，轉移到他的生活方式和性格特質；不會推崇一位將領的指揮若定和決勝千里，運用自由表達的方式嘉許他仁慈和公正。還有就是讚譽會過甚其詞到引起反感的地步，很多人使用它如同招惹嫉妒的諂媚，看來還能允許一個人這樣說：

「我不是神，何以認為我無所不能？」[39]

如果你真正了解我，應該稱讚我的廉潔、節制、理性和仁慈。」就他來說即使滿懷嫉妒也不會用在不求聞達者的身上，無須爭奪出自真心的讚美，對於錯誤和虛榮的奉承抱著拒之千里的態度。

身為國王沒有意願稱為神明[40]或神之子[41]，對於費拉德法斯（Philadephus）[42]、斐洛米托（Philometor）[43]、優兒吉底（Euergetes）[44]或狄奧菲勒斯（Theophiles）[45]這些名字，倒是用很大方的態度，非常高興獲得高貴又人性化的頭銜。人們憎恨作者或演說家濫用「智者」的稱呼，他們很高興接受給予的讚揚，就是說他們對智

---

38 參閱蒲魯塔克《希臘羅馬英豪列傳》之〈伯里克利傳〉38節，後人特別推崇在他掌權期間，沒有任何一位政敵受到殺害。

39 荷馬《奧德賽》第16卷187行。

40 塞琉卡斯世系的國君當中，像是安蒂阿克斯二世、四世和六世，以及德米特流斯二世和三世，沒有使用「神明」的頭銜，有些身為統治者卻接受封神的稱號和祭祀。

41 亞歷山大稱為「宙斯之子」或「神之子」，參閱蒲魯塔克《希臘羅馬英豪列傳》之〈亞歷山大傳〉27節；德米特流斯一世的稱號波利奧西底（Poliorcetes）意為「波塞登之子」或「海神之子」，參閱阿昔尼烏斯《知識的盛宴》第6卷253C。

42 費拉德法斯意為「愛自己的兄弟或姊妹」，採用這個稱號的國君人數眾多，像是塞琉卡斯世系的德米特流斯二世和安蒂阿克斯六世；帕提亞王國的阿塔巴努斯一世；康瑪吉尼（Commagene）的王后愛奧塔普（Iotape）；潘達斯的米塞瑞達斯四世；以及埃及王朝的托勒密二世、十世和十三世。

43 斐洛米托意為「敬愛母親」，採用這個稱號的國君，像是托勒密六世、七世和十一世；克麗奧佩特拉二世（Cleopatra II）和三世；貝隆尼斯三世（Beronice III）和阿塔盧斯三世（Attalus III）。

44 優兒吉底意為「恩主」，安蒂阿克斯七世和托勒密三世、六世和七世都使用這個稱號。

45 狄奧菲勒斯意為「神的寵兒」，沒有找到使用這個稱號的君王。

慧的愛好[46]，舉凡建立勳業的榮譽以及其出人頭地的行為，都要用謙遜的口氣和以不冒犯別人為原則。精通修辭學的詭辯家在表現口才的場合，接受聽眾「詞藻多麼奧妙」和「說話有如神明」的喊叫，看來他錯失真正的推崇之辭，諸如「詞藻多麼坦誠豁達」和「說話有如正人君子」。

13 像是技術高超的畫家，不讓明亮的光線和繽紛的色彩，損害他已發炎的眼睛，作畫的時候盡量把環境安排得較為陰暗，所以一個人的自我誇耀不要表露出光芒萬丈的氣勢，總要提到一些差錯和不如意的地方，必要時還可以自我消遣一番，從而降低聽者的厭惡和嫉妒帶來的危險。伊庇烏斯（Epeius）對於自己的拳腳工夫在那裡大吹牛皮，一擊之下可以撕裂對手的皮膚和砸爛敵人的骨頭[47]：

> 竟然無法滿意，能說我作戰不力？[48]

他為了減輕運動選手過於自誇的缺失，承認是沒有男子氣概的懦夫，這種方式未免令人感到可笑。

一個人要是富於機智和度量，就會不時提起自己失足的往事、經常犯下的錯誤、野心產生的感觸，以及接受教導和追求知識因為努力不夠造成的缺陷；如同奧德修斯當時面臨的掙扎：

> 我的內心充滿欲念傾聽悅耳情歌，
> 皺著眉頭要夥伴鬆開綁我的繩索；[49]

還有就是

> 我很想見到那人獲得回報的禮物，
> 是不聽勸告應得的下場令人痛哭。[50]

46　參閱柏拉圖《菲德魯斯篇》278D。
47　荷馬《伊利亞德》第23卷673行。
48　荷馬《伊利亞德》第23卷670行。
49　荷馬《奧德賽》第12卷192-194行。
50　荷馬《奧德賽》第9卷228-229行。

一般而言只要讚譽當中包含短處和缺失，即使沒有到達墮落或可恥的程度，還是可以化解嫉妒所帶來的怨恨。

很多人掌握機會公開宣稱自己的家世清寒或者出身低賤，運用這種方式稱許自己的奮鬥，可以免除別人的嫉妒之心。阿加索克利舉行宴會招待賓客，會讓年輕人使用鑲金嵌銀的酒杯，自己只用粗製的陶器向大家敬酒，這時他說道：「各位可以看到堅毅、勤勞和勇氣能夠發揮多大的作用，過去我一度拿泥土製造酒杯，現在用的材料變成黃金。」大家認為阿加索克利沒有顯赫的門楣，家境貧窮早年以陶工為生，從無藉藉名以至於飛黃騰達，最後成為掌握莫大權勢的國王，幾乎整個西西里成為他的領地。

14 我們認為自誇可用的解毒劑在於來自外面的推薦，還有一些人天生就能滿足別人的稱讚。加圖經常提到自己忽略個人的事務，為了考慮國家大事夜晚無法成眠，公而忘私的精神遭到大家的嫉妒。這種狀況真是有詩為證：

> 我要從容自在不受注意留在人群，
> 還能分享最有智慧者應得的福分；[51]

這樣的做法難道還不高明？還有就是：

> 過去我不願喪失勤勉獲得的報酬，
> 倒是對現在的任勞任怨甘之若飴；[52]

他們要是完全免費或者沒有經過多大困難，就獲得龐大的家產和田地，必定招來嫉妒的眼光；如果出錢購買花了很大力氣而且價格高昂，當然不會引來閒言閒語[53]。

---

51 參閱蒲魯塔克《希臘羅馬英豪列傳》之〈馬可斯·加圖傳〉8節。

52 出自優里庇德的悲劇《斐洛克特底》，參閱瑙克《希臘悲劇殘本》之〈優里庇德篇〉No.787及789。

53 參閱西塞羅《論演說家》第2卷52節。

15 誠然自誇會引起大家的反感和嫉妒，只要運用得當還能發揮功效和獲得好處，我們不僅可以滿足於讚譽，還能著眼於更深遠的目標。首先要考慮的狀況，就是一個人自我誇耀，是否可以說服聽者鼓舞勇氣，激勵他們的抱負和爭勝的心理，如同尼斯特詳述他在戰場的事蹟，佩特羅克盧斯聽到以後熱血沸騰[54]，更讓九位鬥士情願犧牲個人的性命，也要進行單打獨鬥的對決[55]。

勸戒包括行動和爭論，表達說話者個人的經驗，將生命賦予出面挑戰的人：它對聽者產生激勵和鼓舞的作用，不僅喚醒他的熱情和堅定他的志向，同時還提供希望最後達成並非不可能的目標。斯巴達的合唱隊中，老人首先唱出[56]：

吾輩青春少年時，
力拔山兮氣蓋世；

青年大聲應和：

英雄有後幸何之，
敵寇膽敢來比試；

兒童最後結尾：

勇冠三軍誰家子，
年少不輸凌雲志。

立法者高明的手段如同政治家那樣，運用人民現成的例子引導年輕人，最好的模範就是身教和言教並重。

16 為了要使聽者感到懾服和畏懼，用來抑制他們的盲從和衝動，就是自我吹噓和炫耀一番，也沒有什麼不當之處，還要再次引用尼斯特的戎馬生涯：

54　荷馬《奧德賽》第9卷655-762行。

55　荷馬《伊利亞德》第7卷123-160行；參閱亞里斯泰德《演說集》第49篇35節。

56　參閱蒲魯塔克《希臘羅馬英豪列傳》之〈萊克格斯傳〉21節。

> 我一直與英勇的人物有深厚交情，
> 他們對我的建議絕不會掉以輕心。[57]

亞里斯多德曾對亞歷山大說起，不能因爲他是偉大帝國的統治者就有驕傲的權利，任何人只要對神明有正確的理念，都可以在眾人面前炫耀一番。不論是因公或因私所產生的敵人，下面這句話都非常管用：

> 世間有些身為父親的人何其背時，
> 他們所生的兒子竟敢捋我的虎鬚；[58]

亞傑西勞斯提到波斯國王（他們自稱「萬王之王」）就說：「他們如果不能比我更公正，否則憑什麼可以比我更偉大？」[59] 拉斯地蒙人大肆抨擊底比斯人，伊巴明諾達斯答覆道：「我們總能讓你停止發表拉柯尼亞式的演說，即使再簡潔也沒有用。」

　　上面的例子都可以用來對付公私兩方的敵人，我們與朋友和市民同胞在一起，只要時機適當可以用自負的口吻誇耀個人的才能，可以抑制過於衝動的盲從使之平靜下來，激勵那些恐慌和怯懦的人使他們的精神獲得鼓舞。居魯士只有處於危險或戰爭當中，「才會表現出炫耀自己的模樣，至於平時從不會說大話」[60]。還有安蒂哥努斯二世[61] 通常都會神志清醒，所有的行爲都很節制，有次在考斯島的外海與敵軍交鋒，一位幕僚對他說道：「你難道沒有看出敵軍的船隻在數量上占有優勢？」他不客氣的回答道：「不錯，閣下認爲我們應該有多少才夠用？」

　　荷馬對於這方面有相當的體認，所以會讓奧德修斯有類似的表示；等到他們的船隻陷入查里布狄斯大漩渦當中，全體人員因爲震耳欲聾的嘈雜聲音，感到心驚膽戰不知所措的時候，奧德修斯用這番話提醒他們，他有高明的技巧和堅定的心志：

> 眼前的處境並不比過去更為憂慮，

57　荷馬《伊利亞德》第1卷260-261行；參閱笛歐‧克里索斯托姆《演說集》第57篇4節。

58　荷馬《伊利亞德》第6卷127行；引用於亞里斯泰德《演說集》第49篇108節。

59　參閱蒲魯塔克《希臘羅馬英豪列傳》之〈亞傑西勞斯傳〉23節。

60　參閱色諾芬《居魯士的教育》第7卷1節之17，引用於亞里斯泰德《演說集》第49篇105節。

61　參閱蒲魯塔克《希臘羅馬英豪列傳》之〈佩洛披達斯傳〉2節。

> 獨眼巨人將我們關在深邃的洞窟，
> 靠著我的智慧才能還是安全無虞。[62]

這對一個政客或自以為是的詭辯家或在旁邊喝采歡呼的人而言，並不能算是自我炫耀，只是一個男子漢大丈夫要提供德行和知識給他的朋友，使得他們在絕望的時候還能積極進取。面臨關鍵時刻想要獲得成功的結局，主要在於出現一位有經驗和才華的領導者，能夠讓大家建立信心和發揮勇氣。

17 前面已經提過，那些最沒有政治家風度的人，才會讓自己去與別人爭奪美言和虛名；有些讚譽之辭產生誤導作用，帶來極大的破壞力量，造成個人的墮落和腐化，因為它鼓勵彼此競爭邪惡的行為，或者引誘採用不可靠的策略，甚至那些重大的事項都用打賭的方式來決定；它不會損害居於阻撓和反對的一方，或者用指出雙方差異之處，轉變聽者的意圖到更好的途徑。我認為只要惡行受到抨擊和指責，等到看見群眾有了禁絕的念頭，總會使一方感到滿意。如果惡行獲得一個穩固的立足點，地位和名聲使它走上歡樂或利益的道路，更能增加難以抗拒的誘惑力，人類的天性即使再幸運或堅強，都無法保證不會屈服。須知讚譽的對象不是個人而是行動，它們具備的惡意會使政客用來發動戰爭。因為這一類的讚譽之辭容易引起誤解；帶來的仿效和競爭看起來會很高貴，有時適得其反只會引起羞辱。

像這樣的讚譽最好要能表達它的本意為何，特別是與心悅誠服的推崇相提並論的時候，很容易看出其間的差別。據聞悲劇名角狄奧多魯斯（Theodorus）有次向喜劇演員薩特魯斯（Satyrus）表示，能使觀眾哄堂大笑沒有什麼不得了，要讓大家痛哭流涕才是本領[63]。我認為一位哲學家應該這樣回答狄奧多魯斯：「閣下，為何非要讓大家如喪考妣不可，能使人類終結憂愁和悲傷的演出才值得欽佩。」這種自誇真正有利於聽者，對於他們的判斷可以產生矯正的作用。季諾對狄奧弗拉斯都斯大批門生弟子說道：「你們的合唱隊人多勢眾，歌聲的悅耳與我們相比有所不如。」[64]

李奧昔尼斯在戰役的進行當中，還能保持處於優勢的局面，有一位演說家問

62　荷馬《奧德賽》第12卷209-212行。

63　兩位都是西元前4世紀名聞遐邇的演員，只是這個故事並不見於任何記載。

64　參閱阿尼姆《古代斯多噶學派殘卷》第1卷No.280。

起福西昂，針對當時的情況他會怎麼辦，福西昂回答道：「只要我出任將領，不會讓你們有機會發表葬禮演說，所有的死者都會埋在家族的墓園。」[65] 所以很久以前才會有這樣的詩句刻在基碑上面：

> 貪圖口腹之欲，
> 喜愛尋歡作樂，
> 人生不過百年，
> 萬事得過且過。[66]

克拉底非常高興應和，因而寫出下面的墓誌銘：

> 時刻不忘求知，
> 凡事反覆深思，
> 人生不過百年，
> 總得效法繆司。[67]

這種讚譽極其美好而且給予幫助，教導我們要欽佩和喜愛給人類帶來裨益的事物，不在於虛榮的表面和繁盛的種類。讓我們就這個觀點和其他問題，加入討論的主題當中。

18 現在的討論雖然要進行到另一個要點，還是讓我們繼續談一談如何避免不合時宜的自誇。人類的自私自利就是護衛自己最堅強的堡壘，盛氣凌人和睥睨一切的誇耀有時就會傾巢而出，只要仔細探索知道這是個人的野心在作祟。人們要維持身體的健康，必須避免前往不衛生的地方，還有就是妥善照顧自己的生活起居，也就是要明瞭自愛之道；有些靠不住的情況和話題，即使是極其微小的誘因，都會讓我們犯下無心之失。

首先是別人獲得讚揚會使自己爆發敵意，如同前面所說的那樣，有時只有自

---

65 參閱蒲魯塔克《希臘羅馬英豪列傳》之〈福西昂傳〉23節，戰爭中陣亡的人員埋葬在公眾的墓園；參閱修昔底德《伯羅奔尼撒戰爭史》第2卷34節。
66 欽克爾（Kinkel）《希臘史詩殘卷》（*Epicorum Graec. Fragmenta*）第1卷308-311行；薩達納帕拉斯的的墓誌銘可用這兩句詩表達它的含義；參閱西塞羅《突斯庫隆討論集》第5卷35節。
67 狄爾斯《哲理詩殘卷》之〈克拉底篇〉No.8。

我炫耀一番，它緊緊抓住某個可以控制的渴望，強調光榮就像身上發癢一樣，需要給予刺激和抓搔，特別是他的同僚或下屬，因為某些事務受到讚揚和稱頌；如同肚餓的狀況下看到別人的用餐，不僅食指大動而且感到更加饑腸轆轆；有些人追求光榮已經到如癡如狂的地步，別人的讚譽還是無法熄滅嫉妒的怒火。

19 其次，一個人只要有了成就，無論是出於運氣還是自己的能力，對於他的事蹟自然而然產生一種誇耀的心情，還會給自己帶來深受感動的喜悅，有時會對所說的話加油添醋，特別是向你提到他們作戰獲得的勝利、處理城邦事務的順當，以及其他公開很受讚揚的行動或演說，同時發現在將自己包含其中以後，很難保有持平的態度，這方面所出現的錯誤，特別是廷臣和軍人最容易受到牽連，還有就是出任行省的職位，或是負責重大事務，任期完畢以後返國的人員，很難逃脫這方面的糾纏。這時他們存有一種想法，就是這樣做並沒有全部都在贊許自己的功勞，僅僅在於提供一些資料，讓在上位的人能夠知道如何表揚他們；還有另外一種觀點與這個只有少許不一樣，可以明顯看出，所以會提到這些人士，不是對他們的地位或權勢有興趣，而是用這樣顯赫的人物，可以帶來無比友善和親切的證據。當我們談起如何接受別人讚譽的時候，應該保持小心翼翼的態度，不要讓對方產生我們又在自誇的聯想，或者認為我們已經沾染這方面的惡習，否則就很難再把佩特羅克盧斯拿出來當成幌子，好用來為自己人吹大擂一番[68]。

20 引起非難和譴責的話題同樣會有失言的危險，有些人渴望光榮已經陷入病態，倒是可以提供機會讓他脫離這種災禍。特別是年長的人士更容易迷失：一旦他們有機會經常對別人提出勸告，批評有害的習慣和不利的行動，久而久之認為自己有非凡的智慧，可以在這種場合當中做出卓越的貢獻。實在說一個人的談話能夠隨心所欲無所顧忌，不僅在於年齡上面的差別，名聲和功勳同樣重要。有的地方他們無論怎麼做都是不太適宜，所以會受到責備在於引起野心勃勃的競爭。

我們當中其餘年齡的人士要小心避免出現這種狀況，必要時要保持機智的反應，用來改變會引起爭論的話題。指出鄰居的缺失不管怎麼說都會讓人感到痛

68　荷馬《伊利亞德》第19卷302行，表面看來那些女奴為佩特羅克盧斯的死齊聲哀悼，實際上她們卻為自己的不幸感到傷心欲絕。

苦，由於對方很難忍受，所以需要有老練和圓滑的手腕。一個人在責罵別人的同時還混雜對自己的稱讚，或者運用別人的羞辱來確保自己的光榮，這種損人利己的行為不僅可恨而且極其下流。

21 最後，如果一個人的心靈非常軟弱對於名聲極其重視，特別要提高警覺以免陷入困境，不能把討好別人的頌揚之辭，用來吹噓自己的功勞。要是聽到過分捧場的奉承話，他們應該感到難以為情，不要表露出一副理所當然的樣子[69]；對於那些說你建立豐功偉業的人，必要時應該加以制止；即使難以指出其中的虛假，也要表示他們對自己的行事，無法保持持平的立場和公正的態度。有些人不斷奉承自己，到最後只會愚蠢到大吹法螺；或者投出虛有其表的誘惑物，好去騙某些人願意對著自己夸夸而談；還有人像米南德筆下喜歡吹牛的士兵，一副呆頭呆腦的樣子，被人用開玩笑的口吻問一些無聊的問題：

> 這個疤痕是怎樣來的？一根標槍；
> 啊，請告訴我們兩軍作戰的狀況？
> 當時我在雲梯上面正要爬上城牆。
> 擺出嚴肅的表情展示傷勢的時候，
> 他們用眼斜視著我然後笑了起來。[70]

22 在這種場合一定要特別注意，不要讓別人的讚美使得自己受寵若驚，也不必因為提出合於胃口的問題就聽從對方的擺布。有些人以不斷炫耀自己為能事，受害者要是未能預防和善加保護，爾後只要回憶起來還是心有餘悸，認為沒有任何一種談話能比它更為苦惱和厭惡。雖然我們特別指出，一個人僅僅聽到自我吹噓，並不會對爾後造成損害，然而基於本能還是感到困擾和不適，很想盡快逃離可以自由的呼一口氣。甚至就是一位奉承者、一位食客或是有急需的人，他們對於一位有錢人或是高官或是國王，即使在有所求的狀況之下，聽到他們不斷在那裡讚譽自己，還是覺得難以忍受，甚至聲稱他為此已經付出最高昂的代價。如同米南德的悲劇當中那位證人的角色：

---

69 笛摩昔尼斯〈論王權〉128節；以及科特《米南德的戲劇殘本》第2卷176頁No.527。
70 科特《米南德的戲劇殘本》第2卷234頁No.745。

他擺明害我！宴會的菜真難入口；
老天爺！這是一位大老粗的權謀；
誰還能忍得住他在那裡大吹其牛？[71]

　　士兵和暴發戶誇張又炫耀的談話，當然會刺激我們的情緒和語言的運用方式，即使是詭辯家、哲學家和指揮官，有關討論的主題都會發表自認非常重要的意見，同樣會肯定自己的看法，就這方面而言對於我們產生顯著的影響。如果我們記得一個人的讚譽通常包括別人的誹謗和責備，這種虛榮通常的結果是帶來恥辱，如同笛摩昔尼斯所說，只會讓聽眾感到一陣驚愕，對於自我寫照完全不會相信[72]；我們一定要堅持這種觀點，除非能讓周邊的人和自己都能得到莫大的好處，否則避免有事沒事將本人掛在嘴上。

71　科特《米南德的戲劇殘本》第2卷234頁No.746。
72　笛摩昔尼斯〈論王權〉128節。

蒲魯塔克札記 II

2014年6月初版　　　　　　　　　　　　　　定價：新臺幣850元
有著作權・翻印必究
Printed in Taiwan.

著　　　者	Plutarch
譯　　　者	席　代　岳
發　行　人	林　載　爵

出　版　者	聯經出版事業股份有限公司	叢書編輯	梅　心　怡
地　　　址	台北市基隆路一段180號4樓	校　　對	呂　佳　真
編輯部地址	台北市基隆路一段180號4樓	封面設計	顏　伯　駿
叢書主編電話	(02)87876242轉211		
台北聯經書房	台北市新生南路三段94號		
電　　　話	(02)23620308		
台中分公司	台中市北區崇德路一段198號		
暨門市電話	(04)22312023		
台中電子信箱	e-mail：linking2@ms42.hinet.net		
郵政劃撥帳戶第0100559-3號			
郵撥電話	(02)23620308		
印　刷　者	世和印製企業有限公司		
總　經　銷	聯合發行股份有限公司		
發　行　所	新北市新店區寶橋路235巷6弄6號2樓		
電　　　話	(02)29178022		

行政院新聞局出版事業登記證局版臺業字第0130號

國家圖書館出版品預行編目資料

蒲魯塔克札記/Plutarch著 . 席代岳譯 . 初版 . 臺北市 .
聯經 . 2014年6月（民103年）. I. 616面 . II. 584面 . III. 608面 .
IV. 584面 . 17×23公分 .（聯經經典）. 譯自：Moralia
ISBN 978-957-08-4396-5（I. ：精裝）
ISBN 978-957-08-4397-2（II. ：精裝）
ISBN 978-957-08-4398-9（III. ：精裝）
ISBN 978-957-08-4399-6（IV. ：精裝）

1.倫理學 2.道德

190   103007859